이한우

1961년 부산에서 태어나 고려대학교 영문과를 졸업하고 동 대학원 철학과 석사 및 한국외국어대학교 철학과 박사 과정을 수료했다. 〈뉴스위크 한국판〉과 〈문화일보〉를 거쳐 1994년부터 〈조선일보〉 기자로 일했고 2002~2003년에는 논설위원, 2014~2015년에는 문화부장을 지냈다.

2001년까지는 주로 영어권과 독일어권 철학책을 번역했고, 이후 『조선왕조실록』을 탐색하며 『이한우의 군주열전』(전 6권)을 비롯해 조선사를 조명한 책들을 쓰는 한편, 2012년부터는 『논어로 논어를 풀다』 등 동양 사상의 고전을 규명하고 번역하는 일을 동시에 진행해오고 있다.

2016년부터는 논어등반학교를 만들어 현대인의 눈높이에 맞추어 고전을 강의하고 있다. 2017년부터 2021년까지 약 5년에 걸쳐 『이한우의 태종실록』(전 19권)을 완역했으며, 그 외 대표 저서 및 역서로는 『이한우의 『논어』 강의』, 『이한우의 인물지』, 『이한우의 설원』(전 2권), 『이한우의 태종 이방원』(전 2권), 『이한우의 주역』(전 3권), 『완역 한서』(전 10권), 『이한우의 사서삼경』(전 4권), 『대학연의』(상·하) 등이 있다.

이한우의 제왕학으로 배우는 리더십

- 이한우의 논어등반학교 (문의 02-2088-7330, 최인아책방)
- VOD(영상강의) 이한우와 함께 읽는 논어 (문의 nextpoten.com)
- 이한우와 함께 읽는 주역 (문의 nextpoten.com)
- CEO논어학교 (문의 nextpoten.com)

이한우의 노자 강의

이한우의 노자 강의

『도덕경』 5천 자에 담긴 무위자연의 제왕학

이한우 옮김

道德經

『도덕경』으로 『도덕경』을 풀다

21세기북스

『도덕경』 5000자를
제왕학 관점에서 해석하다

1. 노자(老子)는 누구인가?

한 인물 노자(老子)에 대해서는 다른 정보가 3가지 있는데 그 원천은 사마천(기원전 145~86년)[1]의 『사기』 권63 「노자 한비 열전(老子韓非列傳)」이다.

노자(老子){【정의(正義)】(노장 계통의 책인)『주도옥찰(朱韜玉札)』과 『신선전(神仙傳)』에서 이렇게 말했다. "노자는 초(楚)나라 호현(苦縣) 뇌향(瀨鄉)

---

[1] 자는 자장(子長)이고 사마담(司馬談) 아들이다. 7세 때 아버지가 천문 역법과 도서를 관장하는 태사령(太史令)이 된 이후 무릉(武陵)에 거주하며 고문을 익혔다. 20세 무렵 낭중(郎中)이 돼 무제(武帝)를 수행해서 강남(江南)과 산동(山東), 하남(河南) 등지를 여행했다. 원봉(元封) 원년(기원전 110년) 아버지가 죽을 때 그로부터 『사기(史記)』의 완성을 부탁받았고, 3년(기원전 108년) 태사령이 되면서 황실 도서에서 자료 수집을 시작했다.
태초(太初) 원년(기원전 104년) 역법개혁(曆法改革)에 참여해서 당도(唐都), 낙하굉(落下閎) 등과 함께 『태초력(太初曆)』을 수정했다. 천한(天漢) 2년(기원전 99년), 저술에 몰두하던 중 흉노(匈奴)의 포위 속에서 부득이 투항하지 않을 수 없었던 친구 이릉(李陵) 장군을 변호하다가 무제로부터 노여움을 사서 남자로서는 가장 치욕스러운 형벌인 궁형(宮刑)을 받았다. 출옥한 뒤 중서령(中書令)에 올랐다. 더욱 발분해 정화(征和) 3년(기원전 90년)에 『사기』(원래 이름은 『태사공서(太史公書)』)를 완성했다.

의 곡인리(曲仁里) 사람이다. 성(姓)은 이(李), 이름은 이(耳), 자(字)는 백양(伯陽)이고 일명 중이(重耳)이며 외자(外字)가 담(聃)이다. 신장(身長)이 8척 8촌에 황색의 아름다운 눈썹, 긴 귀와 큰 눈, 넓은 이마에 듬성한 이빨, 방형(方形)의 입과 두터운 입술을 하고 있었다. 이마에는 주름[達理] 이 35개 있었는데, 이마 가운데가 두드러진 일각월현(日角月縣)의 상이었다. 코에는 쌍기둥[雙柱]이 있고 귀에는 문이 3개 있었으며 발이 25문, 손이 10문(文)이었다. 주나라 때 사람이며 이(李)의 어머니가 81세 때 낳았다." 또 『현묘(玄妙)』 내편(內篇)에 이르기를 "이(李)의 어머니가 81살에 그를 가졌는데[懷胎], 오얏나무[李] 아래를 거닐다가 왼쪽 겨드랑이를 절개해서 낳았다"라고 했다. 또 이르기를 "현묘옥녀(玄妙玉女)가 유성(流星)이 돼 입으로 들어오는 꿈을 꾸고 그를 가져서[有娠] 72세에 노자를 낳았다"라고 했다. 또 『상원경(上元經)』에 이르기를 "이(李)의 어머니가 밤낮으로 오색 구슬을 봤는데 크기가 탄환만 했고, 하늘에서 내려오자 그것을 삼키니 곧바로 임신했다"라고 했다. 장군상(張君相)이 말했다. "노자는 칭호[號]이지 이름이 아니다. 노(老)는 고(考)이고 자(子)는 자(孶-낳다)다. 온갖 이치를 잘 고찰해서[考] 가르치고 빼어난 깊이에 이르러 마침내 만 가지 이치를 낳아서 길러주고[孶生] 이것들을 잘 교화하니 만물을 구제함에 있어 조금도 남김이 없었다[無遺=無留]."}는 초(楚)나라 호현(苦縣) 뇌향(厲鄕) 곡인리(曲仁里) 사람이다. 성(姓)은 이씨(李氏)다. 이름은 이(耳)이고 자(字)는 백양(伯陽)이며 시호[諡]는 담(聃-귓바퀴 없음)인데 주(周)나라 장실(藏室-일종의 도서관)을 지키던 사관[史]{[색은(索隱)] 살펴보건대 장실사(藏室史)란 주나라 장서실(藏書室-왕립도서관)의 사관이다.}이었다.

공자(孔子)가 주(周)나라에 갔을 때 노자에게 예(禮)에 관해 묻겠노라고 청하니[將問=請問]{【색은(索隱)】『대대기(大戴記)』에도 '청문(請問)'으로 돼 있다.} 노자가 말했다.

"그대가 말하는 바를 보면 그 말을 한 사람들과 그들의 뼈는 모두 이미 썩어버렸고 오직 그 말만 있을 뿐이다. 또 군자는 자기의 때를 얻으면 (관리의) 수레를 타고, 얻지 못하면 바람에 날리는 쑥처럼[蓬累]{【색은(索隱)】유씨(劉氏)가 말했다. "봉루(蓬累)란 '어렵사리 버티다[扶持]'라는 뜻이다. 累(누/루)는 류(六)과 수(水)의 반절음이다. 한 해설자가 말하기를 '머리에 물건을 인 채 두 손으로 그것을 바치고서 길을 가는 것을 일러 봉루(蓬累)라고 한다'라고 했다."} 떠돌게 된다. 내가 듣건대 훌륭한 장사꾼[良賈]은 (귀한 물건을) 깊이 감춰두고서[深藏] 아무것도 없는 것처럼 하고[若虛] 군자는 성대한 다움을 갖추고서[盛德] 용모는 어리석은 것처럼 한다고 했다.

그대는 교만한 기운과 많은 욕심, 거만한 몸가짐[態色]과 쓸데없는 뜻을 버려야 할 것이다. 이는 모두 그대의 몸에 도움이 되지 않는다. 내가 그대에게 해줄 말이라고는 이런 것뿐이다."

공자는 물러나 제자들에게 말했다.

"새에 대해 나는 그것이 잘 난다는 것을 알고 물고기에 대해 나는 그것이 잘 헤엄친다는 것을 알고 짐승에 대해 나는 그것이 잘 달린다는 것을 안다. (그렇기에) 달리는 짐승은 그물[罔]로 잡을 수 있고 헤엄치는 물고기는 낚싯줄[綸]로 잡을 수 있고 나는 새는 주살[矰]로 잡을 수 있다. (그러나) 용(龍)에 이르러서는 나는 그것이 어떻게 바람과 구름을 타고서 하늘로 올라가는지를 알 수가 없다. 나는 오늘 노자를 만나봤는데 그는 마치 용과 같았도다!"

노자는 도(道)와 덕(德)²을 닦았으며 그의 배움[學]이란 스스로를 숨기고 이름을 내지 않는 것[自隱無名]에 힘쓰는 것이었다. 주나라에 산 지 오래 됐는데 주나라가 쇠퇴하는 것을 보고서 이에 드디어 떠났다. 관(關)에 이르렀을 때 관령(關令-관 책임자) 윤희(尹喜)가 말했다.

"선생[子]께서 장차 숨으려 하시니 억지로라도 저를 위해 책을 써주십시오."

이에 노자가 마침내 책 상·하편을 지었으니 도와 덕의 뜻 5000여 자를 말한 것이었다. 그러고는 떠나갔는데 그가 어떻게 삶을 마쳤는지[所終]는 아무도 모른다.

어떤 이는 말하기를, 노래자(老萊子) 또한 초(楚)나라 사람이며 15편으로 된 책을 지어 도가(道家)의 쓰임새[用]를 말했는데 공자와 같은 때(의 사람이)라고 했다. 대개[蓋] 노자는 160여 살이었다고 하고 혹은[或] 200여 살이라고 하는데 이는 그가 도를 닦아 (양생술로) 수명을 기른[脩道養壽] 때문이리라.

공자가 죽은 지 129년이 지난 뒤 역사 기록[史記]에 따르면 주나라 태사 담(儋)이 진(秦)나라 헌공(獻公)을 만나서 말했다.

"맨 처음에 진나라는 주나라와 합쳤다가 떨어졌으나 떨어지고 나서 500년이 지나 다시 합쳤으니 합치고서 70년이 지나고 나면 패자(霸者-패도의 임금)나 왕자(王者-왕도의 임금)가 나타날 것입니다."

어떤 사람은 담(儋)이 곧 노자라고 했고 어떤 사람은 아니라고 했는데 세상에는 그것이 맞는지 아닌지를 도무지 알지 못한다. 노자는 숨어 지낸 군

---

2 공자로 대표되는 유가의 도리[道]나 다움[德]과는 차이가 있어 발음 그대로 옮겼다.

자[隱君子]다.

은군자(隱君子)라는 말은 여기서 나왔다. 그리고 사마천은 노자에
대해 이렇게 평했다.

세상에서 노자를 배우는 사람들은 유학(儒學)을 깔보고[絀]{【색은(索隱)】
絀의 발음은 출(黜)이다. 출(黜)이란 물리쳐 뒤에 둔다[退而後之]는 뜻이
다.} 유학 또한 노자를 깔본다. "도리가 같지 않으면 서로 (함께) 도모하지
말아야 한다[道不同不相爲謀]"[3]라는 말이 어찌 이를 가리키는 것이 아
니랴!

이이(李耳)는 무위자화(無爲自化)했고 청정자정(清靜自正)했다.{【색은(索隱)】
이는 태사공(太史公)이 노자가 행한 일들을 바탕으로 이 편의 말미에 결
론 삼아 말한 것이니, 이 또한 찬(贊)이다. 살펴보건대 『노자(老子-도덕경)』
에 이르기를 "내가 무위(無爲)하면 백성은 저절로 교화되고 내가 고요함을
좋아하면 백성은 저절로 바르게 된다[我無爲而民自化 我好靜而民自
正]"라고 한 것은 옛사람들이 노담(老聃)의 덕(德)을 평해서 말한 것이니
그래서 태사공은 여기에 그것을 가져와 기록한 것이다.【정의(正義)】이는
노자의 가르침을 총괄해서 결론지은 것으로 임금이 억지로 행하는 바[所
造爲]가 없는데도 (백성이) 스스로 교화가 되고 임금이 맑고 깨끗하며[清
淨] 누구에게도 휘둘리지 않으니[不撓] 백성이 스스로 바른 곳으로 돌아
갔다[歸正=自正]는 말이다.}

---

3 『논어(論語)』「위령공(衛靈公)」편에 나오는 말이다.

이 말은 도(道)에 따른 최고의 정치를 말한 『도덕경』 제57장(57-5)에 나오는 말의 일부다.

> 성인(聖人)은 말하기를 "내가 무위(無爲)하면 백성은 저절로 교화되고 내가 고요함을 좋아하면 백성은 저절로 바르게 되고 내가 일삼음이 없으면 백성은 저절로 넉넉해지고 내가 무욕(無欲)하려 하면 백성은 저절로 질박해진다"라고 했다[聖人云 我無爲而民自化 我好靜而民自正 我無事而民自富 我欲無欲而民自樸].

이들 세 사람을 시기로 보자면 첫 번째 노자 이이(李耳)는 공자보다 조금 앞선 춘추 시대 중기 인물이고 두 번째 노자 노래자(老萊子)는 춘추 시대 말기에 해당하며 세 번째 노자 태사 담(儋)은 전국 시대 후반에 해당한다.

인물 노자에 관한 이야기는 이 정도로 하고 그가 썼다고 전해오는 『도덕경(道德經)』에 대한 탐색으로 나아가자.

2. 『도덕경』은 누가 언제 저술했는가?

사마천에 따르면 이이(李耳)는 윤희(尹喜)에게 상편과 하편으로 도(道)와 덕(德)의 뜻을 풀어낸 5000여 자를 지어서 주었다고 했다. 또 노래자는 15편으로 된 책을 지어 도가(道家)의 쓰임새를 말했다고도 했다. 그런데 책의 성격을 보면 『도덕경』은 시종일관 제왕학을 다루고 있다는 점에서 전국 시대 말기를 살았던 태사 담이 보충해 완성했을 가능성도 있다.

이와 별개로 훨씬 시간이 지나서 진한(秦漢) 교체기에 만들어진 것이라는 견해도 있었으나 이 견해는 1973년 중국 호남성(湖南省) 마왕퇴(馬王堆)라는 곳의 옛 무덤에서 비단에 쓴『노자』판본 2가지가 발굴되면서 힘을 잃었다. 그것을 백서본(帛書本) 갑본과 을본이라고 하는데 특히 갑본에서는 한고조 유방(劉邦)의 이름 방(邦)을 피휘하지 않고 그대로 썼으나 을본에서는 방(邦)을 피휘해 국(國)으로 바꿔 쓰고 있다. 다만 내용은 크게 다르지 않다.

왕필본은「도경(道經)」이 앞에 있고「덕경(德經)」이 뒤에 있는 데 비해 백서본은 갑을본 둘 다「덕경」이 앞에 있고「도경」이 뒤에 있다. 그런데 이는 기원전 3세기경에 이뤄진 것으로 보이는『한비자(韓非子)』「해로(解老)」편,「유로(喩老)」편과 배열이 일치한다. 따라서『한비자』집필자 혹은 집필자들은 백서본『노자』를 봤을 가능성이 크다.

『한비자』의 경우「해로(解老)」편,「유로(喩老)」편뿐 아니라 군주의 도리를 논한「주도(主道)」편의 전반부와 통치술의 개요를 밝힌「양각(揚推)」편도『도덕경』과 밀접한 연관이 있다. 각(推)이란 권(權)보다 구체적으로 권력을 행사하는 지침을 말한다. 이는 본문 풀이를 통해 확인하게 될 것이다. 군주의 통치술 문제에 관해서는『노자』를 따르고 있음을 보여준다.

순자(荀子, 기원전 298~238년)[4]가 쓴『순자』「천론(天論)」편은 전반적으

---

4 전국 시대 말기 조(趙)나라 사람으로 성은 순(荀)이고 이름은 황(況)이다. 순경(荀卿) 또는 손경자(孫卿子) 등으로 존칭된다. 정확성은 없지만『사기』에 그 열전이 전한다. 이에 따르면, 15세(일설에는 50세) 무렵에 제(齊)나라에 유학하고 진(秦)나라와 조(趙)나라에서 유세했고, 제나라 양왕(襄王)이 직하에 학궁을 다시 세우자 제나라로 돌아가서 직하(稷下) 학사 중 최장로(最長老)로 존경받았다. 뒷날 그곳을 떠나 초(楚)나라 춘신군(春申君)의 천거로 난릉(蘭陵) 수령이 됐다. 기원전 238년 춘신군이 암살되자 벼슬에서 물러나 그곳에서 문인 교육과 저술에 전념하며 여생을 마쳤다. 당시에는 성문(成文)으로 된 저술이 있었지만 현존하는『순자』20권 32편은 유향(劉向)이 새로 엮은 것이다. 유향이 당시 전해

로 분위기가 『도덕경』과 매우 비슷한데 그중에 노자를 평하는 짧은 글이 나온다.

노자는 굽힘에 대해서는 본 바가 있으나 펼침에 대해서는 본 바가 없다.

이 말은 스스로 겸퇴(謙退)하는 면에서는 밝았으나 전진(前進)하는 면에서는 이렇다 할 대강을 제시하지 못했다는 뜻이다. 이어서 순자는 이렇게 덧붙인다.

굽히는 것만 알고 펼치는 것을 모른다면 귀천(貴賤)을 분별하지 못한다.

귀한 사람은 앞으로 나아가고 천한 사람은 뒤에 머무름으로써 상하 신분이 구별된다. 그런데 모두가 유약비하(柔弱卑下)만을 중시한다면 귀천의 구별이 생겨날 수 없다는 말이다. 공자는 귀천을 분별하는 것을 예(禮)라고 해서 매우 중시했지만, 노자는 예(禮)는 말할 것도 없고 인의(仁義)에 대해서도 부정적이었다.

또 여불위(呂不韋, ?~기원전 235년)[5]가 빈객들을 모아 편찬한 『여씨춘

오던 322편을 정리해 『손경신서(孫卿新書)』 32편을 편찬해낸 것을 당나라 양량(楊倞)이 순서를 바꾸고 주를 붙여서 『손경자(孫卿子)』라고 했는데, 이를 나중에 간단히 『순자』라고 부르게 된 것이다.

5 전국 시대 말기 위(衛)나라 복양(濮陽) 사람으로 원래는 양적(陽翟)의 대상인이었다. 우연히 조(趙)나라에 인질로 잡혀 와 있던 진공자(秦公子) 자초(子楚)가 가난하게 지내는 것을 보고는 많은 돈을 투자해 그의 환심을 샀다. 이어 진(秦)나라 태자인 안국군(安國君)과 자식이 없는 안국군의 부인 화양부인(華陽夫人)을 설득해 서자인 자초를 양자로 삼게 한 다음, 임신한 애첩을 자초에게 바쳐서 아내로 삼게 했다. 그리하여 자초가 장양왕(莊襄王)이 되자 막후 권력자로 진나라 정치를 좌우하게 됐다. 진나라 재상이 돼 문신후(文信侯)에 봉해졌다. 동주(東周)를 공격해 멸망시키고 삼천군(三川郡)을 세웠으며, 한(韓)나라와 위(魏)나라의 상당군(上黨郡)을 점령하고 북쪽으로 조나라 땅을 공략해 태원군(太原郡)을 세웠다. 진시황(秦始皇) 영정(嬴政)이 즉위하자 상국(相國)을 지내면서 중보(仲父)로 존중됐다. 다시 한나라와 위나라를 공격해 동군(東郡)을 세웠다. 집안에 식객이 3000여 명에 이르렀고, 가동(家

추(呂氏春秋)』에도 노자에 관한 언급이 나온다. 「불이(不二)」편이다.

노자는 부드러움[柔]을 중요하게 여기고 공자는 어짊[仁]을 중요하게 여기고 묵자는 몸을 다 갈아서라도 천하에 봉사하는 것을 중요하게 여긴다.

우리는 이를 통해 개략적으로나마 전국 시대 말기에 노자 사상이 당대 식자들에게 어떻게 비치고 있었는지 그 정도를 알 수가 있다. 일단 중요한 것은 노자 사상의 성립은 한비자·순자·여불위보다 앞선 시기였으니 아무리 늦어도 기원전 5~4세기 사이임을 알 수 있다.

다소 모호한 부분이 있지만 일단 판본 성립 문제는 이 정도로 하고, 반고 『한서』(이한우 옮김, 21세기북스) 「예문지(藝文志)」에 나오는 도가(道家)에 대한 평가를 통해 유학자 반고(班固, 32~92년)가 바라본 노자에 대한 시각을 알아보자.

도가(道家)의 부류란 대개 사관(史官)에서 나왔기 때문에 성공과 실패, 존속과 멸망, 화와 복에 관한 고금의 도리를 역사적으로 기록한[歷記] 연후에 그중에서 요체를 파악하고 근본을 붙잡아서 맑음과 비움[淸虛]으로 스스로를 지키고 마음을 낮추고 부드럽게 함[卑弱]으로 스스로를 지탱하는 법을 안다. 이는 임금 된 자가 백성을 다스리는 기술[南面之術]로, 요(堯)임금의 능히 겸양함[克讓]⁶, 『주역(周易)』의 겸손함[嗛嗛]과 합치한

僅)만 1만여 명에 달했다. 진왕 10년 진시황이 친정을 시작한 뒤 면직돼 촉(蜀)으로 쫓겨나게 되자 후환이 두려워 자살했다. 일찍이 빈객(賓客)을 모아 『여씨춘추(呂氏春秋)』를 편찬했다.

6 原註-사고(師古)가 말했다. "(『서경(書經)』)「우서(虞書)·요전(堯典)」에서 요임금의 다움을 칭송해 '진실로 공손하고 능히 겸양했다'라고 했다."

다. 한 번 겸손함으로써 4가지 더함[四益]이 있으니[7], 이것이 도가의 장점이다. 그런데 여기에만 푹 빠진 방자(放者)[8]가 이를 행하게 되면 (유가의) 예학(禮學)을 끊어버리고 아울러 어짊과 마땅함[仁義]도 내버리려 하면서 말하기를 "오직 맑음과 비움[清虛]에 내맡길 때만 세상은 다스려질 수 있다"라고 한다.

여기서 주목해야 할 곳은 "임금 된 자가 백성을 다스리는 기술[南面之術]"이라는 언급과 『주역(周易)』 겸괘(謙卦, ䷠)에 관한 언급이다. 이 두 언급은 필자가 『도덕경』이라는 텍스트를 읽어내는 양대 축이기도 하다.

그런데 이미 반고에 앞서 사마천의 아버지 사마담(司馬談, ?~기원전 110년)[9]이 육가(六家)의 핵심을 다음과 같이 요약 정리한 바 있다. 육가란 유가(儒家)·묵가(墨家)·도가(道家)·법가(法家)·음양가(陰陽家)·명가(名家)를 말한다. 이 자료는 한나라 초기의 사상적 문맥을 알려주는 매우 소중한 기록이다. 이를 통해 우리는 『도덕경』을 둘러싼 해석학적 지

---

7 原註—사고(師古)가 말했다. "네 가지 유익함이란 첫째, 하늘의 도리는 가득 찬 것을 이지러지게 하고 겸손을 더해주며, 둘째, 땅의 도리는 가득 찬 것을 변하게 해서 겸손한 곳으로 흐르게 해주며, 셋째, 귀신은 가득 찬 것을 해치고 겸손한 것에 복을 주며, 넷째 사람의 도리는 가득 찬 것을 싫어하고 겸손한 것을 좋아한다는 것이다. 이는 겸괘(謙卦, ䷠)의 단사(象辭)다. 嗛은 謙(겸)과 같은 글자다."

8 譯註—이하에서는 각 가(家)마다 이런 명칭을 붙이고 있는데, 그것은 장점보다는 단점을 말하기 위한 것으로서 지나치게 그 가(家)의 이론에만 편벽된 자를 가리킨다.

9 진(秦)나라 때 촉수(蜀守—촉 태수)를 지낸 사마조(司馬錯)의 8세손이다. 일찍이 당도(唐都)에게 천문을 배웠고 양하(楊何)에게 『주역(周易)』을 배웠으며 황생(黃生)에게 도론(道論)을 익혔다. 무제(武帝) 건원(建元)과 원봉(元封) 연간에 태사령(太史令)에 올랐는데, 원봉 원년(기원전 110년) 봉선대전(封禪大典)을 거행할 때 주남(周南)에 체류하고 있어 참여하지 못하게 되자 분함을 이기지 못하고 죽었다. 제가(諸家)의 학문에 두루 통해 한 스승의 설에 얽매이지 않았다. 생전에 『국어(國語)』와 제자백가(諸子百家)에 의거해 사서(史書)를 찬술했지만 완성하지 못했는데, 나중에 아들 사마천이 『사기(史記)』로 완성했다. 저술에 음양가와 유가·묵가·명가·법가·도가의 학설을 총결한 「논육가요지(論六家要旨)」가 있다. 본문에 소개한 바로 그 글이다. 한나라 초기의 황로지학(黃老之學)을 추앙했다고 한다.

평을 『도덕경』과 가장 가까운 지점에서 바라볼 수 있다.

『역(易-주역)』의 「대전(大傳-계사전(繫辭傳))」에 "이르는 곳은 하나이지만[一致^일치] 온갖 염려를 다 하고, 같은 곳으로 돌아가지만 가는 길은 다르다"라고 했듯이, 음양가(陰陽家)·유가(儒家)·묵가(墨家)·명가(名家)·법가(法家)·도덕가(道德家-도가)는 다 같이 세상을 잘 다스리는 일에 힘을 쓰지만, 그들이 내세우는 이론은 서로 길을 달리한다. 다만 어떤 것은 제대로 살폈고 어떤 것은 제대로 살피지 못했을 뿐이다.

일찍이 나는 음양가의 학술을 가만히 살펴본 적이 있는데 지나치게 번잡하고 세세하며 금기하고 꺼리는 것이 많아서 보통 사람들이 구속받아 두려워하게 했다. 그러나 사계절이 운행하는 큰 법칙을 밝힌 점만은 놓쳐서는 안 될 것이다.

유가의 학설은 너무 광범위하고 요점을 파악하기가 힘들어서 힘써 연구해 봤자 효험이 적고 이로 인해 그들 학설을 다 따르기란 어렵다. 그러나 군주와 신하 사이의 예를 세우고 부부와 장유의 구별을 가지런히 한 점은 바꿔서는 안 된다.

묵가는 지나친 근검절약을 내세워 따르기가 어렵다. 이로 인해 그것을 일일이 그대로 할 수는 없지만, 근본을 강조하고 씀씀이를 절약해야 한다는 주장은 없애서는 안 된다.

법가는 너무 근엄하고 각박하지만, 군주와 신하의 본분을 명확하게 한 것은 바꿀 수 없다.

명가는 명분에 얽매여 진실성을 잃는 점은 있지만, 명분과 실질의 관계를 바로잡은 것은 살피지 않을 수 없다.

도가는 정신을 하나로 모아 행동을 무형의 도에 들어맞게 하고 만물을 풍족하게 한다. 그 학술은 음양가의 사계절 큰 운행이란 순서를 따르고 유가와 묵가의 좋은 점을 취하고, 명가와 법가의 요점을 취해 시대의 변화에 맞춰 변화하고 일과 사물의 변화에 따라 변하고 풍속을 일으키고 일을 시행하니 적절하지 않은 것이 없다. 따라서 그 이치는 간명하면서 파악하기가 쉽고 힘은 적게 들지만, 효과는 크다.

유가는 그렇지 않아서, 군주를 천하의 모범이라 여기기 때문에 군주가 외치면 신하는 답하고 군주가 앞장서면 신하는 따라야 한다. 이렇게 하면 군주는 힘들고 신하는 편하다.

도가의 요체는 그저 강함과 탐욕을 버리고 지혜를 물리쳐서 자연스러운 도를 따르는 것이다. 정신은 너무 많이 사용하면 말라버리고 육체 또한 지나치게 혹사하면 지쳐서 병이 나는 법이다. 육체와 정신을 못살게 굴면서 천지와 더불어 오래도록 함께했다는 경우는 들어본 적이 없다.

무릇 음양가는 4계절, 8방, 12도(度), 24절기마다 거기에 해당하는 규정을 만들어놓고, 그에 따라서 잘 행하면 번창하고 거스르면 죽거나 망한다고 한다. 그러나 꼭 그렇지는 않다. 그래서 사람을 구속하고 겁을 먹게 하는 일이 많다고 했던 것이다. 봄에 태어나고 여름에 자라고 가을에 거둬들이고 겨울에 저장한다는 이 자연의 큰 법칙을 따르지 않으면 천하의 기강을 세울 수 없다. 그래서 사계절이 운행하는 큰 법칙을 밝힌 점만은 놓쳐서는 안 될 것이라고 했던 것이다.

유가는 육예를 법도로 삼는다. 육예와 관련된 경전은 헤아릴 수 없을 만큼 많아서 몇 세대를 배워도 그 학문에 통달할 수 없으며 늙을 때까지 배워도 그 번잡한 예절은 제대로 배울 수 없다. 그래서 "너무 광범위해 요점을 파악하기가 힘들어서 힘써 연구해봤자 효험은 적다"라고 했던 것이다. 그러나 군주와 신하, 아비와 자식들 사이의 예절, 남편과 아내, 늙은이와 젊은이 사이의 규범을 정한 것은 어떤 학파도 바꿀 수 없다.

묵가도 요순(堯舜)의 도덕을 숭상해 그들의 덕행에 대해 "집의 높이는 겨우 세 자, 흙으로 만든 제단은 3개뿐, 풀로 이은 지붕은 제대로 정돈도 하지 않았고 통나무 서까래는 다듬지도 않았다. 흙으로 만든 그릇에 밥과 국을 담아 마셨는데 현미나 기장으로 지은 밥에 명아주잎과 콩잎으로 끓인 국을 먹었다. 여름에는 갈포로 만든 옷을 입고 겨울에는 사슴 가죽으로 만든 옷을 입고 지냈다"라고 말한다.

죽은 사람의 장례에서 오동나무 관의 두께는 세 치를 넘지 않으며 곡소리도 그 슬픔을 다 드러내지 않게 했다. 천하 사람들에게 이를 표준으로 삼아 장례를 치르라고 한다면 존비의 구별이 없어질 것이다. 세상이 달라지고 시대가 바뀌면 모든 일이 꼭 같아야 할 필요는 없다. 그래서 "지나친 근검절약은 따르기가 어렵다"라고 했던 것이다. 그러나 생산의 근본을 강조하고 비용을 절약해야 한다는 주장은 가정을 풍족하게 하는 방법이다. 이는 묵가의 장점으로 어떤 학파라도 없애서는 안 된다.

법가는 가까움과 먼 관계를 구별하지 않고 귀한 신분과 천한 신분을 구분하지 않는다. 오로지 법에 따라 단죄하므로 가까운 사람을 가깝게 대하고 존귀한 사람을 존귀하게 대하는 감정이 단절되고 만다. 한때의 계책은 될 수 있을지 몰라도 오래 사용할 수 없다. 그래서 "너무 근엄하고 각박하다"라고 한 것이다. 다만 군주를 높이고 신하를 낮추며 직분을 분명히 구분해 서로가 그 권한을 침범하지 못하게 한 점은 다른 학파라도 고칠 수 없다.

명가는 너무 꼼꼼하게 따지다가 다 뒤엉켜버림으로써 각자의 진실된 본성으로 돌아가지 못하게 한다. 오로지 명분에만 집착해 모든 것을 결정하므로 인정을 잃는다. 그래서 "명분에 얽매여 진실성을 잃는다"라고 한 것이다. 그러나 명가가 명분과 실질의 관계를 서로 비교한 것은 중시하지 않을 수 없다.

도가는 '억지로 일삼지 않는' '무위(無爲)'를 말하면서 '하지 않는 것도 없는' '무불위(無不爲)'도 말한다. 실제로 행동하기는 쉬운데 그 말이 알기 어렵다. 도가의 학술은 '허무'를 근본으로 삼고 행동상 '순응[因循]'을 쓰임으로 삼는다. 그 자체로 이미 만들어진 세태도, 고정불변의 형상도 없으므로 만물에 순응해 만물의 정상을 추구할 수 있다. 만물에 앞서지도 않고 뒤처지지도 않으면서 순응하기 때문에 만물을 주재할 수 있는 것이다.

법이 있지만, 법에 맡기지 않는 것을 법으로 여기고 때에 맞춰 일을 이루며 법도가 있지만 고집하지 않고 만물과 서로 어울린다. 그렇기에 "성인(聖人)이 없어지지 않고 불멸하는 것[不朽]은 시세의 변화를 따르면서 지키기 때문이다. 비움[虛]은 도의 오래감[道之常]이며, 순응[因＝因循]은 군주가 지켜야 할 벼리[君之綱]다"라고 말한 것이다.

여러 신하가 찾아오게 되면 각자에게 맞는 일을 줘 능력을 발휘하게 한다. 실제 행동과 말이 일치하는 것을 일러 단(端-반듯하다)이라고 하고, 실질과 말이 일치하지 않는 것을 일러 관(窾-비어 있다)이라고 한다. 빈말(-거짓말)을 듣지 않으면 간사한 자가 생기지 않고 뛰어난 이와 불초한 자가 저절로 가려지며 흑백이 저절로 모습을 드러낸다.

이와 같이 운용한다면 무슨 일이든지 이루게 되고 천지자연의 도와 합치돼 듣지도 보지도 못하는 상태로 들어가며 천하를 밝게 비춰 다시 무명(無名)으로 돌아간다.

이것이 유명한 「논육가 요지(論六家要旨)」다. 누가 봐도 사마담이 도가에 상당히 기울어져 있음을 알 수가 있다.

3. 노자는 왜 한비자·여불위 사상의 뿌리가 됐는가?

블라인드 테스트를 해보자. 다음 구절은 중국 사상가 중에서 누가 한 말일까?

도(道)는 만물의 시작이며 가치를 판단하는 근원이다. 이 때문에 눈 밝은 군주는 그 근원을 지켜서 만물의 근원을 알고 이 근원을 다스려서 선악을 구별하는 단서를 안다. 그래서 텅 비고 고요한 태도로 만물을 대하니 사물에 이름을 붙이는 일이 저절로 이뤄지며 세상일이 스스로 결정된다.

중국 철학에 관해 조금이라도 책을 읽어본 사람이라면 십중팔구 '노자'라고 답할 것이다. 이 말만 놓고 보면 그 취지가 정확히 노자 말과 합치하기 때문이다. 그러나 정답은 한비자(韓非子, 기원전 280~233년경)[10]다. 물론 『한비자』라는 책은 한비자 한 사람이 아니라 여러 사람이 저술한 책이라는 견해가 있기는 하지만 말이다.

---

10 한자(韓子) 또는 한비(韓非)로도 불린다. 전국 시대 말기 한(韓)나라 공자(公子)다. 젊어서 이사(李斯)와 함께 순자(荀子)에게 배워 뒷날 법가(法家) 사상을 집대성했다. 덕(德)을 내세우기보다는 법(法)을 내세웠고 형벌은 대신(大臣)도 피하지 않으며 포상은 필부(匹夫)라도 놓쳐서는 안 된다고 주장했다. 일찍이 한왕(韓王)에게 법도(法度)를 분명히 할 것을 건의했지만 채용되지 못했다. 진시황이 그가 쓴 「고분(孤憤)」과 「오두(五蠹)」 등을 읽고 "이 사람과 교유할 수 있다면 죽어도 한이 없겠다"라고까지 감탄했다. 이후 진나라가 한나라를 침공해 그를 화평의 사신으로 오게 했는데 한비가 진나라에 이르자 시황제는 그를 보고 크게 기뻐하며 그를 머물게 해서 중용코자 했다. 나중에 이를 못마땅하게 여긴 이사와 요가(姚賈)가 무고해 투옥한 뒤에 독약을 줘 자살하게 했다. 학설은 상앙(商鞅)과 신불해(申不害) 이론을 채용해 법(法)·술(術)·세(勢)를 겸용할 것을 주장했고 중앙 집권과 군주 전제 정치를 내세웠다.

필자는 예전에 사마천 『사기』 열전을 읽다가 「노자 한비 열전」에 이
르러 큰 의문을 갖게 됐다. 왜 사마천은 성향이 전혀 다르게 보이는 두
사람을 같은 열전에 묶어서 다룬 것일까? 어떻게 무위자연(無爲自然)을
내세우는 노자와 법치(法治)를 내세우는 한비자가 같은 부류일 수 있
을까 하는 의문이었다.

이번에 『도덕경』 풀이 작업을 마치고 나서 다시 『한비자』를 꼼꼼히
읽어보니 그 의문이 어느 정도 풀렸다. 하긴 최근에 다시 「노자 한비
열전」을 정독해보니 사마천은 이미 그에 관한 답을 적어놓고 있었다.

한비의 학문은 황제(黃帝)와 노자 사상을 바탕으로 한다.

이를 고대 중국에서는 황로학(黃老學)이라고 하는데 특히 한나라
초기 현군(賢君) 문제(文帝)가 이를 신봉하며 태평성대를 이뤘다. 노자
가 황로(黃老)로 불릴 때와 노장(老莊)으로 불릴 때는 크게 다르다. 황
로(黃老)의 황제(黃帝, ?~?)[11]는 전설상 인물이기는 하지만 법률 제정자의
상징이다. 따라서 법가(法家)의 뿌리이기도 하다. 한나라 인물인 사마천
은 여기에 익숙했기에 자연스럽게 노자와 한비자를 한 범주로 봤던 것
이다. 게다가 사마천은 중국 역사 기점을 황제(黃帝)로 봤다.

그러면 다음 의문은 '어떻게'다. 어떻게 노자와 한비자가 같은 사상

---

11 헌원의 언덕에서 살아서 헌원씨(軒轅氏)라고도 한다. 또 유웅(有熊)에 국도를 정한 까닭에 유웅씨(有
熊氏)로도 일컬어진다. 염제(炎帝) 때 제후 사이에 분쟁이 일어나자 병사들에게 무기 사용법을 가르
쳐 판천(阪泉) 들에서 함귀(咸歸)를 물리쳐 해결했고 배와 수레를 고안해 교통을 편리하게 했다. 당시
지남거(指南車)를 만들어 탁록(涿鹿)의 벌판에서 치우(蚩尤)를 쳐서 평정하니 제후들이 천자로 받들
어 신농씨(神農氏)의 뒤를 잇게 했다. 토덕(土德)의 서기(瑞氣)가 있다고 해서 황제로 일컬어진다. 세상
사람들에게 집을 짓고 배와 수레를 만드는 법, 양잠과 직면(織綿)을 가르쳤고 간지법(干支法)과 역산
(曆算), 문자를 발명하고 음률을 제정했으며 의약품을 알려주었다고 한다.

일 수 있는가. 그것은 군신(君臣) 관계에 있다. 한비자는 처음부터 신하의, 신하를 위한 학문을 표방했다. 반면에 『도덕경』은 곧 보게 되겠지만 처음부터 끝까지 제왕학, 그중에서도 군왕의 심술(心術)에 관한 것이었다. 달리 말하면 치술(治術)은 빈약한 제왕학이라고 하겠다. 그래서 제왕학이라는 잣대로 노자와 공자를 비교할 경우 노자에게는 치술이 거의 없다는 치명적인 약점이 있다.

『한비자』를 꼼꼼하게 읽어보니 거기에 답이 있었다. 「주도(主道)」편은 말 그대로 군주의 도리에 관한 장인데 내용은 대부분 『도덕경』에 나오는 구절에 대한 풀이로 채워져 있었다. 예를 들면 이런 식이다.

군주는 지혜로워도 생각이 없는 것처럼 보여서 모든 것으로 하여금 자신의 자리를 알게 하고, 현명하면서도 섣불리 행동하지 않아서 신하들의 행동 원인과 결과를 살피며, 또한 용기가 있어도 분노하지 않아서 신하들로 하여금 용맹함을 마음껏 발휘하게 한다. 그러므로 군주는 지혜를 사용하지 않아도 총명함을 갖게 되고, 현명함을 사용하지 않아도 공로를 얻게 되며, 용기를 사용하지 않아도 강함을 갖게 된다. 신하들은 맡은 바 직무에 충실하고 모든 관리는 일정함을 갖게 된다. 이에 군주는 신하들 개개인의 능력에 따라 그들을 부린다. 이를 습상(習常)[12]이라 한다. 그래서 (옛말에) 이렇게 말했다.

"군주는 고요하게 그 자리에 없는 듯이 처해 있으면서 마음을 텅 비워 그가 의도가 있음을 알 수 없게 하도다!"

---

12 『도덕경』 제52장(52-6)에 나오는 말이다.

「주도(主道)」편은 바로 이런 식으로 신하의 법가와 임금의 무위자연이 연결되는 이야기로 가득하다. 좋게 보면 치술이 약한 노자 사상을 한비자의 법가가 보완하는 방식이라 하겠다. 물론 노자 자신이 이런 한비자식 보완을 받아들였을까 하는 점은 별개 문제라 하겠다.

그런데 군신(君臣) 차원을 떠나서 노자의 무위자연과 한비자의 법가는 근본정신 하나를 공유하고 있다. 그것은 다름 아닌 공(公), 그것도 지공(至公)이다.

노자가 말하는 무위자연은 아무것도 하지 말고 자연으로 돌아가자는 말이 아니다. 억지로 뭔가를 하지 말고 자연스럽게 하자는 것이다. 자연스러움은 공(公)이다. 요임금이 아들에게 왕위를 물려주지 않고 효도로 이름난 순임금에게 선위(禪位)한 것이 노자가 볼 때 대표적인 무위자연이다. 공자는 그것을 지공(至公)으로 봤다.

법가의 출발점 또한 공(公), 그것도 지공(至公)이다.

4. 『도덕경』으로 『도덕경』을 풀다 : 해석학적 순환

필자는 2012년 『논어』 풀이집을 내면서 『논어』로 『논어』를 풀어내는 해석학적 작업을 수행한 바 있다. 이 같은 해석학적 작업은 일반적으로 의미(意味, Meaning)를 찾아내려 할 때 크게 도움을 주는 방법이다. 따라서 의미를 다루지 않는 수학 논문이나 과학 논문을 읽을 때는 굳이 이런 방법을 쓸 필요가 없고 순차적으로 논리를 따라가면 그만이다. 그러나 대부분 사상서 혹은 철학서들, 특히 고전(古典)의 경우에는 이 같은 해석학적 방법을 쓸 때 제대로 의미 이해가 이뤄진다.

여기서 간략하게 필자의 『논어』 이해 방법론을 소개한다. 필자는

2007년부터 『논어』를 파고들어 2012년에 『논어로 논어를 풀다』(해냄)라는 책을 내놓았다. 그때 썼던 방법론이 바로 이 '해석학적 순환(Der hermeneutischer Zirkel)'이라는 방법이다.

이 방법론은 해석학의 창시자라 할 수 있는 독일의 신학자 슐라이어마허(Friedrich Schleiermacher, 1768~1834년)가 시작했는데, 처음에는 텍스트 이해에서 활용됐다. 텍스트 전체의 의미에 대한 이해는 일차적으로 텍스트의 각 부분에 관한 해석 결과에 따라 이뤄질 수밖에 없는데, 다시 이런 부분들에 대한 해석은 아직 이뤄지지 않은 텍스트 전체의 의미를 미리 엉성하게라도 그려보는 데서 영향을 받게 된다는 것이다. 성서 같은 텍스트의 경우, 이것을 이해하려면 반드시 다음과 같은 과정을 거치지 않을 수 없다.

예를 들어 우리가 어떤 책을 샀다고 하자. 그러면 일단 우리는 저자와 책제목, 차례를 훑어봄으로써 텍스트 전체의 의미에 대한 모호한 상(像)을 갖고서 책을 읽기 시작한다. 이렇게 부분들을 읽고 해석해감으로써 텍스트 전체의 의미는 때로는 보다 심화되고, 때로는 원래 생각했던 전체 의미에서 벗어나기도 한다. 그러면서 전체 의미의 모호성이 조금씩 제거되고 명료함으로 나아간다. 이렇게 해서 일독(一讀)이 이뤄지면 일차적으로 해석학적 순환(解釋學的 循環)이 완성된다. 그러나 책이 난해하다면 부분에 대한 해석들이 충분치 못해 해석학적 순환을 완성해도 모호성은 남아 있게 되고, 그러면 처음보다는 훨씬 구체적인 전체적 의미를 확보한 상태에서 이독(二讀)을 하게 된다. 그리하여 남아 있던 모호성 또한 제거됨으로써 그 텍스트 전체를 "비로소 이해하게 된다." 물론 텍스트에 따라 삼독(三讀), 사독(四讀)해도 텍스트 전체의 의미에 이르지 못하기도 한다. 필자에게는 『논어』가 바로 그런 텍스트였다.

해석학의 역사는 슐라이어마허를 통해 문법적 해석에만 머물지 않고 텍스트 저자의 '의도'와 읽는 자의 '해석'이 만나는 심리적 해석으로 나아갔다. 이어 빌헬름 딜타이(Wilhelm Dilthey, 1833~1911년)는 그것을 심리 현상에 국한하지 않고 정신(精神)을 이해하는 방법으로까지 발전시켰다. 정신과학적 해석학이 바로 그것이다.

그에 앞서 칸트는 자연과학의 발전을 보면서 질문을 던졌다.

"인간은 어떻게 자연과학을 수행할 수 있는가?"

이에 대한 대답이 그의 『순수이성비판』이다. 간단히 말하면 자연과학을 수행할 수 있는 순수한 이성의 한계를 비판적으로 검토하겠다는 것이다. 딜타이는 19세기에 독일에서 급격히 발전한 역사학의 성과를 토대로 칸트와 비슷한 질문을 던졌다.

"인간은 어떻게 역사학을 수행할 수 있는가?"

이에 대한 대답이 그의 대표작 『정신과학에서 역사적 세계의 건립』(아카넷)이다. 필자는 그중에서 딜타이 해석학의 정수가 담긴 부분만 뽑아서 2002년에 『체험·표현·이해』(책세상)라는 번역서를 내기도 했다. 이를 간략히 소개하는 것이 독자들이 이 책을 읽는 데 도움을 주리라 생각한다.

딜타이의 구상은 명확하다. 체험(體驗), 표현(表現), 이해(理解)의 도식은 개인적 단위로 이뤄지는 삶의 이해다. 우선 당사자의 역사 체험이 있어야 한다. 그리고 말이나 행동으로 드러나는 것이 바로 표현이다. 그러면 우리는 추체험(追體驗, Nacherleben)을 통해 행위자의 정신을 간접 체험함으로써 이해에 이르게 된다. 결국 딜타이의 역사 해석학에서 핵심은 추체험이다. 그렇다고 추체험이 단순한 심리적 현상에만 한정되는 것은 아니다. 딜타이가 심리학을 거부하고 '정신과학'이라는 용어를 고집했던 것도 체험을 심리 현상으로 한정시키는 것을 우려했기 때문이다. 오히려 한 정신과 다른 정신의 만남이 추체험이라고 하겠다. 자연과학이 경험에서 출발한다면 정신과학은 체험에서 출발한다.

그런데 체험이나 이해는 개별 작품에 대한 것이든 전기나 자서전에 대한 것이든 각종 이해의 동심원(同心圓) 중심에는 늘 개인 혹은 자기성(自己性)이 자리하고 있다. 하지만 그렇다고 여기에 한정될 경우 그것은 여전히 심리학이나 인간학의 범위를 벗어나지 못한다. 그렇게 해서는 역사학이 성립할 수 없다.

이제 딜타이는 개인의 범위 밖에 있는 것, 즉 공동체와 역사로 나아가기를 원한다. 부분과 전체의 해석학적 순환 관계와 의미 대(對) 의미의 관계는 여기서도 그대로 적용할 수 있다. 무슨 말인가 하면, 필자의 이번 작업은 노자와 이한우의 해석학적 순환의 결과물임과 동시에 노자의 의미 지평과 이한우의 의미 지평의 만남이라는 뜻이다. 이를 20세기 해석학자 한스 게오르크 가다머(Hans-Georg Gadamer)는 '지평 융합(地平融合, Fusion of horizons)'이라고 불렀다.

『도덕경』 혹은 『노자』에 대해서는 이미 김충열 교수가 "노자는 노자를 통해 이해하라"라고 주장한 바 있다. 다만 『도가철학사상』 2(중천김충열전집간행위원회 엮음, 원주시)에서 김충열 교수가 말한 이노해노(以老解老)는 필자의 그것과는 조금 차이가 있다. 필자가 말하는 이노해노(以老解老)는 가능한 한 『도덕경』이라는 텍스트로 『도덕경』이라는 텍스트를 풀어내자는 것인데 반해서 김충열 교수가 말하는 이노해노(以老解

老)는 당시의 시대 문맥으로 들어가서 읽어내자는 것이다. 그것은 해석학적 해석이라기보다는 역사(학)적 해석에 가깝다. 필자의 이노해노(以老解老)는 본문을 통해 확인하게 될 것이므로 설명을 덧붙이지 않겠다.

5. 노자의 군군신신민민(君君臣臣民民)

공자는 말할 것도 없고 노자 또한 서양 형이상학적 접근과는 전혀 무관하다. 다시 말해 그들의 사상은 천지를 우주로 보고서 우주 창조나 우주 탐구를 논하는 학설과는 무관하다는 뜻이다. 두 사람은 모두 인간사, 특히 다스림을 주제로 삼았으며 공(公)과 사(私) 중에서 오직 공(公)을 정립하는 데 힘쓴 사람이다. 다만 그 공(公)을 정립하는 방법이 달랐을 뿐이다. 그러니 김용옥식의 우주론 운운하는 공허한 동양학은 점점 사람들의 외면을 받고 있는 것이다.

예를 들면 공자는 "군군신신(君君臣臣), 부부자자(父父子子)"를 내세우며 부부자자의 원리로부터 군군신신의 원리를 추출하려 했다. 그렇지만 공자의 강조점은 역시 군군신신의 공(公)에 있었던 것이지 부부자자의 사(私)에 있지 않았다.

반면에 노자 텍스트를 면밀히 읽어보면 '군군(君君)-신신(臣臣)-민민(民民)'의 구조임을 확인하게 된다. 노자는 공자처럼 부부자자에서 군군신신으로 나아가는 친친현현(親親賢賢)을 유추해내는 것이 아니라 임금에게는 하지 말 것[無爲]을, 신하에게는 사사로움이 아니라 도에 따라 뭔가를 할 것[有爲]을 각각 요구한다. 그렇게 되면 백성은 저절로 혹은 스스로[自] 백성다워진다[民民]는 것이다.

한비자 또한 노자와 같은 군군-신신-민민의 구조이다 보니 그는 임금의 길[主道]을 사실상 『도덕경』에 넘겼다. 그 결과 임금은 뭔가를 하는 자리가 아니라 뭔가를 하지 않는 자리가 된다.

『한비자』「주도(主道)」편을 다시 한번 보자. 이하에서 『한비자』 번역은 『한비자집해』(전통문화연구회)를 기본으로 하면서 『도덕경』 본문 부분은 필자 번역으로 고쳤다.

뛰어난 군주가 위에서 정사를 보지 않아도 신하들은 아래에서 떨게 된다. 눈 밝은 군주의 통치 원칙이란 지혜로운 자들이 자신의 지략을 모두 사용하게 하고 군주는 그에 따라 일을 결정하므로 지혜에 있어서 끝이 없다. 그리고 현능한 자로 하여금 그 재주를 다 부리도록 해 군주는 거기에 근거해서 임명하므로 능력에 있어서도 끝이 없다.

『도덕경』은 면밀히 읽어보면 제왕의 치술(治術)보다는 제왕의 심술(心術)에 관한 책이다. 이렇게 되면 구체적인 정치는 신하 몫이 된다. 우리가 법가(法家)로만 알고 있는 한비자가 『도덕경』을 기꺼이 받아들인 까닭이다. 이번에는 「양각(揚攉)」편을 보자.

일은 사방(신하)에 맡기고 요체는 중앙(군주)이 잡아야 한다.

임금이 뭔가 잘하는 바가 있으면 일은 곧바로 방도나 방향을 잃게 된다. 임금이 자랑스레 능력을 내세우기를 좋아하면 신하들에게 속임을 당할 것이고 임금이 언변과 지혜를 내세우기를 좋아하면 신하들은 그것을 이용해 아첨할 것이다.

이제 왜 한비자가 『도덕경』을 자신의 제왕학(帝王學)으로 삼고 자기는 신하학(臣下學)에만 몰두했는지를 이해할 수 있을 것이다.

그 점에서는 같은 법가인 여불위(呂不韋) 또한 다르지 않다. 『여씨춘추』「임수(任數-술수에 맡기다)」편이다.

지극한 지혜는 지혜를 버리고 지극한 어짊은 어짊을 잊으며 지극한 덕은 덕으로 여기지 않는다. 아무 말도 없고 아무 생각도 없이 고요히 때를 기다리다가 때가 이르면 대응하니 마음이 한가한 자가 이기는 것이다. 무릇 대응하는 이치는 조용히 물러나 작위(作爲) 하지 않음과 공정함과 질박함으로 처음과 끝을 바로잡는 것이고 또한 이러한 것들의 기강을 다스려 앞에서 창도하지 않고서도 화합이 있게 하고 앞장서지 않고서도 따름이 있게 하는 것이다. 옛날의 임금 된 자는 직접 작위 하는 일이 적었고 형세에 따르는 일이 많았다. 형세에 따르는 일은 군주의 방도이고 작위 하는 일은 신하의 도리다. (임금이) 작위 하면 어지러워지고 형세에 따르면 고요해진다.

노자의 군군-신신-민민을 정치철학이 아닌 언어 문자학적 접근법을 통해 보증해주는 중요한 저서가 하나 있다. 『죽간에 반영된 『노자』의 언어』(피비프레스)가 그것이다. 이 책에서 조은정 교수는 주어-술어 구조 분석을 통해 통치자 가운데 왕(王)에게는 무위(無爲), 무사(無事-아무 일도 하지 않음), 호정(好靜-고요함을 좋아함), 불욕(不欲), 수박(守樸-질박함을 지킴) 등이 할당되고 신하(그는 보좌진이라고 부름)에게는 과이불강(果而不強)이 할당된다고 말한다. 신하는 성과가 있어도 그것을 강하게 내세워서는 안 된다는 것이다. 이는 공자가 신하에게 요구했던 불벌(不伐-자랑하지 않음)과 그대로 일치한다. 즉 유위(有爲) 하되 자기를 알아줄 것을 기대해서는 안 된다는 뜻이다.

이렇게 하면 백성과 만물은 자연(自然), 자정(自定), 자정(自正), 자균(自均), 자박(自樸), 자위(自爲)하게 된다. 사실 만물이란 곧 백성과 등치어라 할 수 있다. 결국 무위자연(無爲自然)이란 임금이 무위(無爲)하면 신하는 유위(有爲) 하게 되고 그렇게 될 경우라야 백성은 자연(自然)스럽게 교화된다는 말이다.

따라서 조은정 교수의 지적은 시작부터 우리에게 매우 강력한 해석학적 툴을 제공하고 있다. 이 점은 본문을 통해 확인하게 될 것이다.

이 책은 왕필본 『도덕경』을 기본으로 삼았고 동시에 왕필의 『노자도덕경 주(老子道德經注)』를 활용했다. 그래서 장마다 문장을 왕필 주(王弼注)에 입각해 나눠서 풀이했음을 밝혀둔다.

그렇다고 왕필 주를 무조건 따르는 것은 아니고 논쟁의 동반자로 그를 불러왔을 뿐이다. 독자들도 왕필 주 도움을 받되 무조건 의지하지는 않기를 바란다.

여기서 잠깐 왕필은 어떤 사람인지를 살펴보자. 왕필(王弼, 226~249년)은 중국 위(魏)나라의 학자로 하안(何晏)과 함께 위진(魏晉) 현학(玄學)의 시조로 일컬어진다. 풍부한 재능을 타고난 데다 유복한 학문적 환경에서 자라 일찍 학계에서 두각을 나타냈다.

관료인 하안 등에게 그 학식을 인정받아 젊은 나이에 상서랑(尙書郞)에 등용됐다. 한(漢)나라의 상수(象數)나 참위설(讖緯說)을 물리치고 의(義)와 이(理)의 분석적·사변적(思辨的) 학풍을 창설했다. 저서인 『노자 주(老子注)』,『주역 주(周易注)』는 육조 시대(六朝時代)와 수·당에서 성행했으며, 현존한다.

이제 감사의 말을 전할 차례다. 이 책이 나오게 되기까지 많은 분의 도움과 성원이 있었다. 20년 넘게 많은 경험을 쌓을 수 있게 해주신 조선일보 방상훈 사장님, 2016년 회사를 나온 이후 물심양면으로 지원과 응원을 아끼지 않으시는 LS그룹 구자열 회장님께 이 자리를 빌려 새삼 진심으로 고맙다는 말씀을 드린다. 최근 몸담고 있는 경제사회연구원을 설립하고 든든한 후원을 해주시는 안대희 대법관님께도 큰 도움을 받았다. 깊이 감사드린다.

아마도 이 책의 출간을 가장 기뻐해주셨을 분은 고 김충열 선생님이실 텐데 아쉽다. 하늘나라에서나마 축하해주시리라 믿는다. 학문적 기초를 닦게 해주신 이기상 교수님께 감사드린다.

필자의 글쓰기를 늘 응원하고 후원해주시는 21세기북스 김영곤 사장과 편집자 양으녕 님께도 감사의 마음을 전한다.

이번 작업 과정에서도 서울숲 양현재 권혜진 대표의 도움이 컸다. 그리고 함께 공부하는 즐거움을 누리고 있는 우리 논어등반학교 대원들에게 진심으로 고맙다는 말을 전하고 싶다.

그리고 언제나 내 글쓰기의 든든한 원동력인 가족들에게 고마움을 전한다.

2024년 10월 상도동 보심서실(普心書室)에서
탄주(灘舟) 이한우(李翰雨) 삼가 쓰다

차례

도경(道經)

덕경(德經)

일러두기

(1) 주(註)와 관련해 설명을 약간 해야 할 것 같다. 이 책은 배경을 설명하는 과정에서 사마천(司馬
遷)의 『사기(史記)』와 반고(班固)의 『한서(漢書)』를 주로 인용했다. 그래서 『사기』의 경우 원래
주를 주(註)라고 표기하고 그 안에 【정의(正義)】【색은(索隱)】이라는 표기가 다시 나온다. 『한
서』의 경우 원래 주를 원주(原註)라고 하고 필자가 단 주는 역주(譯註)라고 했다. 「도경(道經)」
과 「덕경(德經)」 본문을 포함해 그 외는 번역자가 아니라 풀이자로서 주석을 달았으므로 별도
의 표기 없이 내용만 실었다.

(2) 『도덕경』은 판본이 다양하기로 악명이 높다. 필자는 왕필(王弼) 해석을 기본으로 하면서 비판
적으로 접근했기에 왕필본을 기본으로 삼았음을 밝혀둔다.

도경
道經

제1장

도 가도 비 상도 명 가명 비 상명
道可道 非常道 名 可名 非常名
무 명천지 지시 유 명만물 지모
無 名天地之始 有 名萬物之母
고 상무 욕이 관 기묘 상유 욕이 관 기요
故 常無 欲以觀其妙 常有 欲以觀其徼
차 양자 동출 이 이명 동 위지 현 현지 우 현 중묘 지 문
此兩者 同出而異名 同謂之玄 玄之又玄 衆妙之門

도(道)의 경우에 도라고 할 수 있다고 해서 (모두) 상도(常道-오래가는 도)는 아니듯이

명(名)의 경우에도 명이라고 할 수 있다고 해서 (모두) 상명(常名-오래가는 이름)은 아니다.

무(無)란 하늘과 땅의 시원(始原)을 이름 부른 것이고 유(有)란 만물만사의 어머니를 이름 부른 것이다.

그래서 상무(常無)는 그 (유가 무로부터 생겨날 때의) 미묘함을 살피려 하고 상유(常有)는 (유에서 무로) 돌아가 마치는 바[徼=歸終]를 살피려 한다.

이 2가지는 같은 데서 나왔는데 이름만 다르니 둘을 함께 일러 현

묘하다고 한다. 현묘하고 또 현묘해 온갖 미묘함이 들고나는 문이다.

1-1

도 가도　비 상도　명 가명　비 상명
道 可道 非常道 名 可名 非常名

도(道)의 경우에 도라고 할 수 있다고 해서 (모두) 상도(常道)는 아니
듯이

명(名)의 경우에도 명이라고 할 수 있다고 해서 (모두) 상명(常名)은
아니다.

번역 비평

"도(道) 가도(可道) 비상도(非常道)"를 어떻게 옮겨야 할까? 이는 이
어지는 명(名)에도 그대로 해당한다. 통상 그동안은 맨 처음 나오는 도
(道)를 중시하며 이렇게 옮겼다.

도를 도라고 할 수 있으면 상도(常道)가 아니다.

상도(常道)의 경우 아직 우리말로 옮기지 않고 뒤에 내용을 풀어가
면서 상(常)의 정확한 뜻을 확정키로 한다. 일단은 '오래감' 정도로 옮
겨본다. '영원' 운운하는 번역이 있는데 이는 고대 중국 사상가들 생각
과는 크게 동떨어진 것이라 무시한다. 그리고 맨 처음 나오는 도(道)는

이렇게도 옮길 수 있다.

도의 경우

그러면 전반부는 이렇게 된다.

도의 경우[道] 도라고 할 수 있다고 해서[可道] (모두) 상도는 아니다[非常道].

두 번역 간 차이는 분명히 크다. 전자는 "도를 도라고 하는 순간" 그것은 상도가 아니라는 말이고 후자는 그냥 "도라고 불리는 것들이 다 상도는 아니다"라는 말이다.

후자와 같은 표현 방법은 『논어(論語)』에서도 찾아볼 수 있다. 「술이(述而)」편 32를 보자.

공자가 말했다.

"문(文-애씀)의 경우 내가 남과 같지 않겠는가? (다만) 군자다운 도리를 몸소 행하는 면에서는 나는 아직 얻지 못한 바가 있다[文莫吾猶人也 躬行君子 則吾未之有得]."

이 점은 고스란히 명(名) 부분에도 적용할 수 있다.

명의 경우 명이라고 할 수 있다(혹은 이름 붙일 수가 있다)고 해서 (모두) 상명은 아니다.

이제 도와 명의 관계를 이야기할 단계다. 그래야 바른 문맥이 이뤄진다.

기존 번역은 도와 명을 단순 병렬 관계로 봤다. 그러나 적어도 제1장을 지배하는 문맥은 도(道)가 아니라 명(名)이다. 이는 바로 이어지는 1-2를 통해 확인할 수 있다. 이 점을 놓치게 되면 도와 명이 뒤섞여 기존 풀이들처럼 제1장을 명확하게 풀어내지 못하게 된다.

중국 학계에서는 『도덕경』의 뿌리를 초나라 격언 모음집으로 보는 견해도 있다. 그러나 『논어』가 단순히 공자와 제자들의 대화 모음집이 아니듯이 『도덕경』 또한 단순한 격언 모음집이 아니다. 그럼에도 그런 견해는 『논어』뿐 아니라 『도덕경』에 대해서도 견고하게 자리 잡고 있다. 마왕퇴 필사본 『도덕경』을 독일어와 영어로 번역한 서구학자 한스게오르크 묄러도 『『도덕경』의 철학』(김경희 옮김, 이학사)에서 이렇게 말한다.

둘째, 『노자』는 체계적으로 다루는 주제가 없다. 격언들의 모음집인 『노자』는 단편적인 방식으로 가르침들을 표현한다. 그것의 '철학적 조각들'은 특정한 패턴으로 배열돼 있지도 않다. 논리적 결론들의 특별한 순서도 없고 일련의 논증들도 없다. 그 텍스트가 겨냥하는 명백한 논점도 없다. 공자의 어록인 『논어』처럼 문답의 체재로 철학적 용어나 도덕적 가치를 명료하게 표현하는 스승과 제자 간의 대화도 없다. 성패가 걸린 뚜렷한 쟁점도 없고 내용의 명확한 범위도 없다. 그 텍스트가 무엇을 다루고 있는지에 대한 개괄적인 설명조차 없다. 독자들은 그 텍스트가 뭔가를 애써 전달하려고 한다는 것은 알지만 그것이 구체적으로 무엇인지에 대해서는 그다지 확신하지 못한다.

셋째, 『노자』는 명확한 순서에 따라 읽을 수 있도록 저술된 텍스트가 아니다. 그것은 사실상 시작과 끝을 가지고 있지 않으며 일정한 경로를 따라 전개되지도 않는다. 그동안 출토된 가장 오래된 필사본들은 『노자』에 실려 있는 자료들이 애초에는 (곽점본처럼) 더 짧은 모음집이었고 (곽점본과 마왕퇴본처럼) 서로 다른 순서로 배열돼 있었음을 시사한다.

그러나 『도덕경』은 다루는 주제가 체계적이고 선명할 뿐 아니라 이런 주제는 처음부터 순서에 따라 해석학적 순환을 형성하면서 읽어나갈 때 더욱 명확하게 드러난다.

『도덕경』을 이처럼 오독하게 만든 주범은 어쩌면 이 1-1에 대한 오역에서 비롯되는 것인지 모른다.

앞으로 자연스럽게 드러나겠지만 『도덕경』은 치밀한 내적 논리를 갖고 있다는 점에서 이를 격언 모음집으로 보는 견해는 받아들이지 않는다. 이 점은 이 책을 해석학적으로 읽어가는 과정에서 점차 밝혀질 것이다.

치밀한 내적 논리에 입각해서 각 장과 각 절의 의미를 체계적으로 풀어내지 않으면 『논어』와 마찬가지로 『도덕경』도 자기의 본모습을 제대로 드러내지 않는다. 부분적 실마리와 미리 파악한 모호하고 느슨한 문맥으로나마 각 장과 각 절의 의미를 선제적으로 분명히 하는 일, 『도덕경』은 이 같은 해석학적 절차와 방법을 따를 때 그 본모습에 가장 가까이 다가갈 수 있다.

왕필 주(王弼注)

可^{가도}道之道 可^{가명}名之名 指^{지사}事造^{조형}形 非^비其常^{기상}也^야 故^고不可道^{불가 도} 不可名^{불가 명}
也^야

도라고 할 수 있는 도나 명이라고 할 수 있는 명은 (대부분) 일이나 조형(造形)을 가리키니 이것들은 그런 상(常-오래감)일 수가 없다. 그래서 (그런 일이나 조형은 오래갈 수 없으니) 도라고 할 수 없고 명이라고 할 수 없다.

풀이

이하 왕필 주는 전통문화연구회의 교정본에 입각해서 필자가 직접 옮겼음을 다시 한번 밝혀둔다. 왕필 주를 살피기에 앞서 1-2를 먼저 가져와 봐야 한다.

무 명만물지시(無名萬物之始) 유 명만물지모(有名萬物之母)

자세한 내용은 1-2에서 다루기로 하고 여기서는 다만 이 둘을 "무 명(無名) 천지지시(天地之始) 유명(有名) 만물지모(萬物之母)"로 읽어야 할 것인지 아니면 "무(無) 명(名) 천지지시(天地之始) 유(有) 명(名) 만물지모 (萬物之母)"로 읽어야 할 것인지만 검토해보자. 이는 1-1을 어떻게 읽어야 하는지와 직접 연결되기 때문이다. 도와 명을 단순 병렬 관계로 보면 "무명(無名) 천지지시(天地之始) 유명(有名) 만물지모(萬物之母)"로 읽는다 해도 상관이 없다.

그러나 도보다 명에 초점을 맞춰 "도(道)의 경우 도라고 할 수 있으면 (이미) 상도(常道)가 아니듯이 명(名)의 경우에도 명이라고 할 수 있으면 (이미) 상명(常名)이 아니다"라고 풀이할 경우에는 "무(無) 명(名) 천지지시(天地之始) 유(有) 명(名) 만물지모(萬物之母)"로 읽지 않으면 안 된다. 이럴 때라야 무와 유가 바로 상명(常名)이 돼 개개 사물의 이름(일이나 조형에 대한 이름)과 구별이 될 수 있기 때문이다. 일단 1-1과 1-2에 대한 이 정도 풀이를 바탕으로 왕필 주를 읽어보자.

왕필은 일단 도와 명을 병렬하고 있다. 이어서 한 걸음 나아가 그것이 지사(指事)나 조형(造形)을 가리킨다고 했다. 이것은 무슨 뜻인가.

지사(指事)란 일과 사물을 가리키는 것이고 조형(造形)은 형체를 갖춘 것을 말한다. 아마 왕필도 도와 명을 병렬했기 때문에 지사와 조형을 따로 구별하지 않고 "도라고 할 수 있는 도나 명이라고 할 수 있는 명은 일이나 조형(造形)을 가리키니 그런 상(常)일 수가 없다"라고 봤을 것이다.

분명한 것은 도보다는 명이 명확하게 일이나 조형(造形)과 연결된다는 점이다. 따라서 이처럼 일이나 조형(造形)에 관한 명은 결코 상(常)일 수가 없으므로 상명(常名)이라고 할 수 없다고 말한 것으로 받아들일 수 있다.

상도(常道) 문제는 아직 제기되지도 않았다. 이 점이 매우 중요하다. 1-1에서의 핵심 주제는 도가 아니라 명이다.

이는 자연스럽게 1-2로 이어진다.

1-2

무 명 천지 지 시 유 명 만물 지 모
無 名天地之始 有 名萬物之母
무명 천지 지시 유명 만물 지모
[無名 天地之始 有名 萬物之母]

무(無)란 하늘과 땅의 시원(始原)을 이름 부른 것이고 유(有)란 만물 만사의 어머니를 이름 부른 것이다.

[아직 명(名)이 없는 것은 하늘과 땅의 시원(始原)이고 일단 명이 있는 것은 만물 만사의 어머니다.]

번역 비평

앞서 제기했던 "무명천지지시(無名天地之始) 유명만물지모(有名萬物之母)"를 어떻게 나눠 읽을 것인가는 분명해졌다. "무(無) 명(名) 천지지시(天地之始) 유(有) 명(名) 만물지모(萬物之母)"로 읽어야 한다. 이렇게 함으로써 주제는 이제 명(名)에 머물지 않고 무(無)와 유(有)로 전환한다.

따라서 상도(常道)는 아직 우리가 알 수 없지만 상명(常名)은 분명해졌다. 무(無)와 유(有)가 바로 상명(常名)이다. 현실 속의 구체성을 갖는 지사나 조형은 상명이 될 수 없다. 그리고 곧바로 무엇에 대한 오래가는 이름[常名]이 무엇인지를 밝히는데, 무(無)는 천지지시(天地之始)에 대한 상명이고 유(有)는 만물지모(萬物之母)에 대한 상명이라는 것이다.

여기서도 도(道)는 아직 등장하지 않았다. 역시 1-2에서도 핵심 주제는 도가 아니라 명이다.

왕필 주(王弼注)

凡有^{범유} 皆始於無^{개시어무} 故未形無名之時^{고미형무명지시} 則爲萬物之始^{즉위만물지시} 及其有形^{급기유형}
有名之時^{유명지시} 則長之育之亭之毒之^{즉장지육지정지독지} 爲其母也^{위기모야}
道以無形無名^{도이무형무명} 始成萬物^{시성만물} 以始以成^{이시이성} 而不知其所以^{이부지기소이}(然)^연 玄^{현지}
之又玄也^{우현야}

모든 유(有)란 다 무(無)에서 비롯된다. 그래서 아직 형체가 없어 무명(無名)일 때라야 만물 만사의 시원이 되고 (드디어) 만물 만사가 형체를 갖고 이름이 있게 된 때라야 (도가 만물 만사를) 자라게 해주고[長] 길러주고[育] 형통하게 해주고[亭=亨] 덮어주니[毒] 만물 만사의 어머니가 된다.

도란 무형 무명이면서 만물 만사를 시작하게 하고 (그것들을) 이뤄주지만 (정작 우리는) 만물 만사가 (그 도에 의해) 시작되고 이뤄지는 까닭을 알지 못하니 현묘하고 또 현묘하도다.

풀이

우선 왕필은 무(無)와 유(有) 관계를 설정한다. 여기서 왕필도 무명(無名) 유명(有名)이 아니라 무와 유를 말함으로써 명(名)이 갖는 비중을 받아들이고 있다고도 볼 수 있다.

이어 무(無)와 유(有) 관계를 풀어내면서 "(도는) 아직 형체가 없어 무명(無名)일 때라야 만물 만사의 시원이 되고 (드디어) 만물 만사가 형체를 갖고 이름이 있게 된 때라야 자라게 하고 길러주고 형체를 부여하고 바탕을 이뤄줌으로써 만물 만사의 어머니가 된다"라고 말하고 있다.

무(無)는 만물 만사의 시원, 유(有)는 만물 만사를 길러주는 어머니라고 했다. 즉, 여기서 왕필은 어머니란 유(有)의 영역을 보살피는 자임을 분명히 한다. 장(長)·육(育)·정(亭)·독(毒)은 모두 제51장에 나오는 말로 넓은 의미에서 '길러준다[養]'는 뜻이다. 세상의 어머니가 떠맡아서 하는 일이다. 그것은 뒤에 보게 되겠지만 임금보다는 신하의 본분이다.

이노해노(以老解老)
왕필의 풀이는 제51장을 끌어온 것이다.

사전에 도(道)에 대한 이해를 갖춘다는 차원에서 먼저 제51장을 일독해보자. 여기서 이미 도(道)와 덕(德)을 나눠 말하고 있음에 주목할 필요가 있다.

도(道)는 낳아주고 덕(德)은 길러주며 물(物)은 형체를 갖춰주고 형세는 이
뤄준다[道生之 德畜之 物形之 勢成之].

이 때문에 만물 만사는 도(道)를 높이고 덕(德)을 귀하게 여기지 않을 수
없다[是以 萬物 莫不尊道而貴德].

도(道)는 높고 덕(德)은 귀하지만 무릇 따로 명을 내리거나 하지 않고 늘 자
연스럽게 그냥 둔다[道之尊 德之貴 夫莫之命而常自然].

그래서 도(道)는 낳아주고 덕(德)은 길러줘 (만물 만사가) 자라게 하고 길러 주며 형체를 부여하고 바탕을 이뤄주며 길러주고 덮어준다[故 道生之 德^{고 도생지 덕} 畜之 長之 育之 亭之 毒之 養之 覆之^{축지 장지 육지 정지 독지 양지 복지}].

낳아주고도 소유하지 않고 행하고서도 내세우지 않으며 자라나게 해주고도 주재하지 않으니, 이를 일러 현덕(玄德)이라 한다[生而不有 爲而不恃 長而不宰 是謂玄德].

이를 통해 우리는 왕필이 "현묘하고 또 현묘하도다[玄之又玄也]"라고 했을 때의 현(玄)의 의미를 보다 구체화할 수 있다. 막연히 어둡고 신비롭다는 뜻이 아니라 스스로를 내세우지 않고 주재하려 하지 않아 그 덕을 알래야 알 수가 없다는 뜻이다. 현(玄)을 지나치게 신비화하지 않는 길을 구체적으로 열어주고 있다고 할 수 있다.

참고로 작용이 신묘하다는 의미에서도 현(玄)이 사용된다. 제1장 (1-4)에 그 사례가 나온다.

이 2가지는 같은 데서 나왔는데 이름만 다르니 둘을 함께 일러 현묘하다고 한다. 현묘하고 또 현묘해 온갖 미묘함이 들고나는 문이다[此兩者 同 出而異名 同謂之玄 玄之又玄 衆妙之門].

1-3

故 常無 欲以 觀其妙 常有 欲以 觀其徼^{고 상무 욕이 관 기묘 상유 욕이 관 기요}
[故 常無欲 以觀 其妙 常有欲 以觀 其徼]^{고 상무욕 이관 기묘 상유욕 이관 기요}

그래서 상무(常無)는 그 (유가 무로부터 생겨날 때의) 미묘함을 살피려 하고 상유(常有)는 (유에서 무로) 돌아가 마치는 바[요(徼)=귀종(歸終)]를 살피려 한다.

[그래서 늘 무욕(無欲)에서는 그것으로 미묘함을 살펴서 헤아리고 늘 유욕(有欲)에서는 그것으로 종결점을 살펴서 헤아린다.]

번역 비평

1-3은 '그래서[고(故)]'에 주목할 필요가 있다. 무와 유가 상명(常名)이라고 했고 '그래서' 여기서는 그냥 무와 유라고 하지 않고 상명으로서의 상무(常無)와 상유(常有)를 말한 것이다. 따라서 '상(常) 무욕(無欲)/상(常) 유욕(有欲)'으로 끊어 읽는 풀이는 취하지 않는다. 욕(欲)은 욕심이라는 명사가 아니라 조동사로 본다. 이처럼 잘못 읽는 것은 도와 구별해서 명을 중시한 1-1을 놓친 결과일 뿐이다. [ ] 안은 '상(常) 무욕(無欲)/상(常) 유욕(有欲)'으로 끊어 읽었을 때의 번역인데 이렇게 될 경우 1-2에 연결되지도 않는다.

묘(妙)와 요(徼)는 대비를 이룬다. 묘(妙)란 무에서 유가 생겨나는 미묘하고 미미한 시점이나 지점을 묘사한 것이고 요(徼)란 유가 무로 돌아가 마치는[귀종(歸終)] 시점이나 지점을 묘사한 것이다. 무와 유 혹은 상무와 상유를 말한 다음 그 둘이 만나는 시간적 혹은 논리적 두 지점을 묘사하고 있다. 김충열 교수는 "묘(妙)는 천지지시[본(本)]이고 요(徼)는 만물지말[말(末)]이다"라고 풀었다. 본말(本末)로 본 것이다. 이하에서 김충열 교수의 풀이는 모두 『도가철학사상』1에 바탕을 둔 것이다.

그러니 상무(常無)는 그 미묘함에 집중하고 상유(常有)는 그 돌아가

마침에 집중한다. 이는 2-1에서 말하듯이 "유와 무는 서로 낳아주기
[有無相生^{유무 상생}]"때문이다.

왕필 주(王弼注)

妙者^{묘 자} 微之極也^{미지극 야} 萬物^{만물} 始於微而後成^{시어 미 이후 성} 始於無而後生^{시어 무 이후 생} 故^고 常^{상무}
無 欲空虛^{욕 공허} 可以^{가이} 觀其始物之妙^{관 기 시물 지 묘}
徼^요 歸終也^{귀종 야} 凡有之爲利^{범 유 지 위리} 必以無爲用^{필 이무 위용} 欲之所本^{욕 지 소본} 適道而後濟^{적도 이후 제}
故^고 常有欲^{상유 욕} 可以^{가이} 觀其終物之徼也^{관 기 종물 지 요 야}

묘(妙)란 작은 것 중에서도 가장 작은 것이다. 만물 만사는 지극히
미미한 데서 시작된 뒤에야 이뤄지고 무(無)에서 시작된 뒤에야 생겨난
다. 따라서 상무(常無)해 마음을 텅 비우려고 해야만 만물 만사가 시작
하는 때의 미묘함[始物之妙^{시물 지묘}]을 살필 수 있다.

요(徼)란 돌아가 마침이다. 무릇 유(有)가 이로우려면 반드시 무(無)
를 써야 한다. (뭔가를 하고자 하는) 욕(欲)이 뿌리를 두는 바는 도에 나
아간 뒤에야 구제받을 수 있다. 그래서 상유(常有)가 하려는 바가 있어
야만[欲^욕] 만물 만사를 끝나게 하는 돌아가 마침[終物之徼^{종물 지요}]을 살필 수
있다.

풀이

내용 풀이는 이미 번역 비평에서 마쳤으므로 여기서는 다만 왕필
주 중에서 번역 비평이 필요한 부분을 짚어보고자 한다.

왕필도 분명히 상무(常無)와 상유(常有)를 말하고 있다. 다만 욕(欲)을 조동사로 보지 않고 각각 보충해 '욕공허(欲空虛)'와 '욕(欲)'이라고 했는데 상유의 욕은 아마도 '욕유위(欲有爲)'를 줄인 것이라 할 것이다. 따르지 않는다.

참고로 "상(常) 무욕(無欲)/상(常) 유욕(有欲)"으로 나눠 읽은 김학목 박사는 『노자 도덕경과 왕필의 주』(홍익)에서 "상무욕공허(常無欲空虛) 가이관기시물지묘(可以觀其始物之妙)"를 이렇게 옮겼다.

항상 아무것도 하고자 하는 것이 없음과 공허함에서 사물[物]이 시작되는 미묘함을 살펴서 헤아려야 한다.

가이(可以)를 '~해야 한다'로 옮겼다. 그러나 뉘앙스로 보면 '~할 수 있다'라고 옮겨야 한다.

또 이와 대비되는 "상유욕(常有欲) 가이관기종물지요야(可以觀其終物之徼也)"를 이렇게 옮겼다.

항상 무엇인가 하고자 하는 것이 있음에서는 사물이 되돌아가서 끝나게 되는 종결점을 살펴서 헤아려야 한다.

왕필 주에서의 관련 구절을 필자 입장으로 옮겨도 큰 문제가 없기에 일단 '상무(常無)/상유(常有)'로 보고 옮겼다. 그렇게 하면 1-4에서 말하는 "양자(兩者)"의 의미가 분명해진다.

1-4

차 양자   동출 이 이명   동 위지 현   현지 우 현   중묘   지 문
此兩者 同出而異名 同謂之玄 玄之又玄 衆妙之門

이 2가지는 같은 데서 나왔는데 이름만 다르니 둘을 함께 일러 현묘하다고 한다. 현묘하고 또 현묘해 온갖 미묘함이 들고나는 문이다.

번역 비평

'이 양자(兩者)'란 우리에게는 아주 명백하다. 무와 유, 특히 상무(常無)와 상유(常有)다. 그러나 바로 이어서 보게 되겠지만 처음부터 핵심이 명에 있다는 것을 놓치고 도와 명을 단순 병치한 결과 왕필은 무와 유, 상무와 상유를 놓치게 됐다.

둘이 같은 데서 나왔다는 것은 동근(同根)이라는 말이며 그 명칭만 다르다고 한 것은 둘 다 도에서 나왔기 때문이다.

현(玄)은 그 동근(同根)을 묘사하는 형용어로, 현묘(玄妙)하다고 옮긴다. 뒷부분은 이 점을 더 강조해서 현묘하고 또 현묘해 온갖 미묘함이 들고나는 문이라고 말한다. 이 '문'이란 바로 무에서 유가 시작하는 때의 미묘함[妙]이다.

왕필 주(王弼注)

양자   시 여 모 야   동출 자   동 출어   현 야   이명   소시   불가 동 야
兩者 始與母也 同出者 同出於玄也 異名 所施 不可同也
재수   즉 위지 시   재종 즉 위지 모
在首則謂之始 在終則謂之母

玄者 冥也 默然無有也 始母之所出也 不可得而名 故

不可言同名 曰玄 而言同謂之玄者 取於不可得而謂之

然也

不可得而謂之然 則不可以定乎一玄 若定乎一玄而已

則是名 則失之遠矣[＝大矣]

故曰 玄之又玄也

眾妙 皆從同玄而出 故曰 眾妙之門也

양자란 시원(始原)과 어머니다.

'같은 데서 나왔다[同出]'는 것은 함께 현묘함에서 나왔다는 뜻이고 '이름이 다르다[異名]'는 것은 (시원과 어머니가 만물 만사에) 베푸는 바가 같을 수 없다는 뜻이다. 맨 앞쪽에 있으니 시원이라 했고 맨 끝에 있으니 어머니라고 했다.

현묘함[玄]이란 그윽하고 어두워서[冥＝幽冥] 고요하고 아무것도 구분되는 바가 없음[無有]이며 시원과 어머니가 거기서 나오는데 (그 현(玄)에 대해) 이름 붙일 수 없다.

그래서 함께 이름 지어 말할 수가 없는데도 현묘함이라고 했으니, "함께 일러 현묘하다고 한다[同謂之玄]"라고 말한 것은 그렇게 이름 지어 일컬을 수는 없다는 것을 취한 때문이다.

그렇게 이름을 지어 일컬을 수 없다면 하나의 글자 '현(玄-현묘함)'으로 고정할 수 없고, (그런데도) 만약에 현(玄)이라는 하나의 글로 고정하게 된다면 이것이 바로 (1-1에서 말했던) 이름[名]일 뿐이니 이렇게 될 경우 (그것은 현(玄)이라는 본래적 의미를) 잃어버리는 바가 크다. 그래서 "현묘하고 또 현묘해[玄之又玄]"라고 말한 것이다.

"온갖 미묘함[衆妙]"이란 모두 다 같은 현묘함[玄]으로부터 나온 것이니 그래서 "온갖 미묘함이 들고나는 문이다[衆妙之門]"라고 말한 것이다.

풀이

왕필은 '양자'를 시원과 어머니라고 했다. 1-2에서 우리는 "무란 하늘과 땅의 시원(始原)을 이름 부른 것이고 유란 만물 만사의 어머니를 이름 부른 것"이라는 설명을 봤다. 왕필은 정확히 무와 유, 상무와 상유가 '양자'임을 분명히 하고 있다. 나머지 부분은 그냥 읽어보기 바란다.

일단 우리는 이렇게 해서 제1장 풀이를 마쳤다. 무엇보다 도(道)와 명(名)을 단순 병치시키지 않고 명(名)을 중심으로 읽어냈다면 도(道)가 시작부터 방치되지 않았을 것이라는 아쉬움은 있지만 1-1에서 1-4까지 일목요연하게 이해됨을 볼 수 있다.

도(道)에 관한 이야기는 제4장에 가서야 비로소 등장한다. 마치 『논어』 「학이(學而)」편 1에 나오는 "학이시습지(學而時習之)"의 학(學)이 "무엇"을 배운다는 뜻인지가 「학이」편 6에 가서야 밝혀지듯이 말이다. 공자에게 학(學)은 학문(學文), 즉 애쓰는 법[文]을 배우는 것이었다.

유(有)와 무(無)의 관계는 제11장에 나온다. 1-2를 이해할 수 있는 해석학적 지평은 제11장에 이르러서야 확보된다는 말이다. 그때까지는 설렘과 인내심을 동시에 갖고서 한 걸음 한 걸음 내디뎌야 한다. 11-2 후반부를 보자.

진흙을 이겨서 그릇을 만드는데 그 그릇 속이 비어 있기 때문에 그릇의 쓰임이 있게 되고 문과 창을 뚫어 방을 만드는데 그 방 속이 비어 있기 때문에 방의 쓰임이 있게 된다.

그래서 유(有)는 이로움을 만들어내고 무(無)는 쓰임을 만들어낸다[故有之以爲利 無之以爲用].

유(有)는 이로움, 무(無)는 쓰임과 연결돼 앞으로도 자주 등장한다. 주목해둬야 한다.

천하　개 지 미 지 위 미　사 악 이 개 지 선 지 위 선　사 불 선　이
天下 皆知美之爲美 斯惡已 皆知善之爲善 斯不善已

고 유 무　상 생　난 이　상 성　장 단　상 교　고 하　상 경　음 성　상 화　전 후
故 有無相生 難易相成 長短相較 高下相傾 音聲相和 前

상 수　항 야
後相隨 恒也

시 이　성 인　처 무 위　지 사　행 불 언　지 교
是以 聖人 處無爲之事 行不言之敎

만 물　작 언 이 불 사　생 이 불 유　위 이 불 시　공 성 이 불 거
萬物 作焉而不辭 生而不有 爲而不恃 功成而弗居

부 유 불 거　시 이　불 거
夫唯弗居 是以不去

　　천하 사람들이 다 아름다움이 아름다울 수 있음을 아는 것, 이는
추함 때문일 뿐이고

　　천하 사람들이 다 좋음이 좋을 수 있음을 알 수 있는 것, 이는 좋지
못함 때문일 뿐이다.

　　원래 유(有)와 무(無)는 서로 낳아주고 어려움과 쉬움은 서로 이뤄
주며 긴 것과 짧은 것은 서로 (상대적 관계에서) 비교하고 높음과 낮음은
서로 기울여주며 음(音)과 성(聲)은 서로 조화시키고 앞과 뒤는 서로 따
른다. 이것이 항(恒-늘 그러함)이다.

이런 항(恒)을 갖고서 성인(聖人)은 무위(無爲)의 일에 처하고[處=居]^{처 거} 불언(不言)의 가르침을 행한다.

(항이나 도를 체화한 성인 혹은 성왕은) 만물 만사를 일어나게 하면서도 내세우지 않고[不辭=不伐]^{불사 불벌} (일을) 낳아주면서도 가지려 하지 않으며 (일을) 행하면서도 으스대지 않고 공로가 이뤄져도 자기가 했다고 하지 않는다.

무릇 오직 자기가 했다고 자처하지 않으니 이 때문에 사라지지 않는다.

2-1

天下 皆知美之爲美 斯惡已 皆知善之爲善 斯不善已
故 有無相生 難易相成 長短相較 高下相傾 音聲相和 前
後相隨 恒也

천하 사람들이 다 아름다움이 아름다울 수 있음을 아는 것, 이는 추함 때문일 뿐이고

천하 사람들이 다 좋음이 좋을 수 있음을 알 수 있는 것, 이는 좋지 못함 때문일 뿐이다.

원래 유(有)와 무(無)는 서로 낳아주고 어려움과 쉬움은 서로 이뤄주며 긴 것과 짧은 것은 서로 (상대적 관계에서) 비교하고 높음과 낮음은 서로 기울여주며 음(音)과 성(聲)은 서로 조화시키고 앞과 뒤는 서로 따

른다. 이것이 항(恒-늘 그러함)이다.

번역 비평

미지위미(美之爲美)는 아름다움을 아름다움이게 해준 것 혹은 아름다움이 아름다울 수 있는 것이다. 이에 대해 우리는 적어도 3가지 방식을 생각해볼 수 있다.

첫째는 조물주가 그렇게 만들어준 것이다. 서구의 『성경』식 사고방식이다.

둘째는 아름다움을 구성하는 실제적인 아름다운 요소들이다. 그것은 예를 들면 자지위자(子之爲子)라고 해서 자식이 자식다움을 말하는데 이는 효(孝)가 있어서다. 공자식으로 말하면 효라는 덕이 있으면 자식이고 효라는 덕이 없으면 자식이 아니다.

셋째는 이 둘에서 벗어난, 상대화를 통한 인식의 방법으로 노자는 추함이 있어 아름다움이 아름다움일 수 있다고 말한다. 마치 불효자가 있어 어떤 자식이 효자임을 알게 된다는 것과 마찬가지다.

애당초 노자와 공자의 논법이 전혀 다름을 인지해야 한다. 이어지는 내용을 봐도 노자는 이런 상대성을 통해 자기 정체성을 희미하게 그려내고 있다. 상대화가 꼭 모자란 방법은 아니지만, 실상에 접근하기보다는 오히려 그런 접근을 모호하게 하는 면이 있다는 점을 인식해야 한다.

『도덕경』에서 '고(故)'는 문맥에 따라 '그래서', '그러므로'로 옮겨야 할 경우도 있고 '원래', '본래'로 옮겨야 할 경우도 있다. 『춘추좌씨전』 '민공(閔公) 원년'에도 두예(杜預) 주에서 그런 경우를 볼 수 있다. "비사려지사(非師旅之事) 고 불서차(故不書次)"라는 구절로 "군사의 일이 아니면 원래 차(次-주둔)라고 쓰지 않는다"라는 뜻이다.

그런데 예외적으로 임금 행차를 차(次)라고 썼다는 것이다. 여기서도 아름다움이나 좋음은 뒤에 이어지는 내용보다 작은 사례라는 점에서 '원래'나 '본래'로 옮기는 것이 낫다. 여기서 가장 큰 범주는 유(有)와 무(無)이기 때문이다.

왕필 주(王弼注)

美^미者^자 人^인心^심之^지所^소進^진樂^락也^야 惡^악者^자 人^인心^심之^지所^소惡^오疾^질也^야
美^미惡^악 猶^유喜^희怒^로也^야 善^선不^불善^선 猶^유是^시非^비也^야
喜^희怒^로同^동根^근 是^시非^비同^동門^문 故^고不^불可^가得^득而^이偏^편擧^거也^야
此^차六^육者^자 皆^개陳^진自^자然^연 不^불可^가得^득而^이偏^편擧^거之^지明^명數^수也^야

아름다움이란 사람들 마음이 그쪽으로 나아가 즐거워하는 바이고 추악함[惡=醜惡]이란 사람들 마음이 미워해 싫어하는 바다.

아름다움과 추악함은 마치 기쁨과 노여움과 같고 좋음과 좋지 못함은 마치 옳음과 그름과 같다.

기쁨과 노여움은 같은 뿌리[根]에서 자라나고 옳고 그름은 같은 문(門)에서 나온다.

그래서 어느 한쪽만을 들어서 말할 수 없다.

이 (본문의) 6가지는 다 자연스러움[自然]을 드러낸 것이니 어느 하나만을 들어서 말할 수 없다는 것은 분명한 이치다.

풀이

이것은 누가 봐도 미악(美惡)이나 선불선(善不善)보다는 뒤에 언급한 "유(有)와 무(無), 어려움과 쉬움, 긴 것과 짧은 것, 높음과 낮음, 음(音)과 성(聲), 앞과 뒤" 6가지에 비중이 있다. 물론 미악과 선불선이 포함돼도 상관은 없다.

여기서 중요한 것은 이를 상대주의로 보지 않고 그것들이 서로 뒤엉켜서 하나를 이루는 상태를 자연스러움[自然]으로 선취(先取)해낸 왕필의 관점이다.

왕필은 바로 이 항(恒-늘 그러함)을 자연스러움으로 풀어내고 있는 셈이다. 제2장에서는 이 대목이 가장 중요하다.

최진석 교수도 『노자의 목소리를 듣는 도덕경』(소나무)에서 이 6가지를 언급한 부분이 "노자 철학을 이해하는 데 핵심이 되는 부분"이라고 하면서 이렇게 풀어냈다.

유무상생(有無相生)은 '유와 무가 서로 살게 해준다'로 해석된다. 유는 무를 살려주고 무는 유를 살려준다는 의미다. 무슨 뜻인고 하니, 유가 유인 이유는 유 자체 때문이 아니라 무 때문에, 즉 무와의 관계 속에서 비로소 유가 되고, 똑같이 무도 무 자체 때문에 무인 것이 아니라 유와의 관계 속에서 비로소 무가 된다는 뜻이다.

나머지 5가지도 마찬가지다.

다만 음(音)과 성(聲)은 각각 '그냥 소리'와 '분절된 소리'로 구분되는데 『예기』 「악기(樂記)」편에서는 천둥소리, 벌레 소리 등은 성(聲)이고 자모음이 분절된 소리는 음(音)이며 여기에 가락이 더해지면 악(樂), 즉 음악이라고 했다. 그러나 공자 같은 경우는 정나라 음악을 정성(鄭聲)이라고 했으니 음(音)과 성(聲)은 정확히 구별하는 데 어려움이 있음을 말해두겠다.

2-2

시이 성인 처 무위 지 사 행 불언 지 교
是以 聖人 處無爲之事 行不言之敎

이런 항(恒)을 갖고서 성인(聖人)은 무위(無爲)의 일에 처하고[處=居] 불언(不言)의 가르침을 행한다.

> **번역 비평**

시이(是以)는 흔히 '이로써' 혹은 '이 때문에', '이리하여' 등의 접속사로 자주 사용하지만 여기서는 본문에서와 같이 '항(恒)을 갖고서'라고 옮겨야 앞 내용과 긴장을 유지하면서 뒤에 이어지는 내용으로 넘어갈 수 있다.

성인(聖人)이라는 말이 불쑥 나왔다. 이는 도를 체화한 임금, 즉 성왕(聖王)을 가리키는데 때로는 도를 체화한 재상, 즉 성신(聖臣)을 가리키기도 한다.

'들어가는 말'에서 봤듯이 성인, 성왕에게는 무(無)나 불(不)이 요구되고 있다. 억지스러운 일과 도에 부합하지 않는 말을 하지 말라는 것이다. 언(言)과 행(行)이 핵심을 이룬다.

왕필 주(王弼注)

自^{자연}然己足 爲^{위 즉 패야}則敗也 智^{지혜}慧自^{자비}備 爲^{위 즉 위야}則僞也

자연스러움은 이미 충분하니 뭔가를 억지로 하면[爲^위] 그르치게 된다.

지혜(智慧)는 스스로 갖춰져 있으니 뭔가를 억지로 하면 거짓이 된다.

풀이

2-2에서의 초점은 무위(無爲)와 불언(不言)에 있고 그중에서도 중요한 것은 무위(無爲)다. 무위는 무행(無行)과 다르다. 많은 해설서가 위(爲)와 행(行)을 구분하지 않음으로써 큰 혼란을 빚어내고 스스로 그 혼란에 빠져 헤어날 줄을 모른다.

위(爲)에는 억지스러움, 2-1로 풀이하자면 억지로 아름다움과 추함, 좋은 것과 좋지 못함, 어려움과 쉬움, 긴 것과 짧은 것, 높고 낮음, 음과 성, 앞과 뒤 등을 각각 '나뉘어 고정된' 것처럼 전제하는 모든 행함이 포함된다. 반면에 행(行)이란 억지스럽고 자연스럽고를 떠나 그냥 행하는 것이다. 거기에는 자연스러움도 없고 억지스러움도 없다.

따라서 무위(無爲)란 무행(無行)이 아니다. 무위는 아무것도 하지 않는 것이 아니다. 무행(無行)의 행(行)은 그 자체 모순이지만 무위(無爲)의 행(行)은 말이 된다. 억지스러움이 없이 뭔가를 행하는 것이다. 그것은 항(恒), 즉 자연스러움을 따르라는 말이다. 따라서 무위란 행함이 없는 것이 아니라 억지스러움이 없는 것으로 이해해야 한다.

이제 불언지교(不言之敎)를 풀어보자. 이 또한 아무 말도 하지 않는 가르침으로 풀어서는 안 되고, 2-1과 연관해서 풀어야 한다. 즉 '억지로 구분한' 아름다움과 추함, 좋은 것과 좋지 못함, 어려움과 쉬움, 긴 것과 짧은 것, 높고 낮음, 곡조와 소리, 앞과 뒤 등 자연스럽지 못함에 대해서 말하지 않는, 전혀 다른 방식으로 가르침을 말한다는 뜻이다. 그것은 항(恒)을 이해한 바탕 위에서 말을 하는 것이다. 기존의 여러 해설서는 무위(無爲)를 아무것도 행하지 않는 것으로 잘못 이해한 결과, 불언지교(不言之敎) 또한 아무 말도 하지 않는 가르침이라고 그릇되게 풀어냈다.

이노해노(以老解老)

왕필 주에도 여러 차례 불언(不言)을 언급하고 있지만, '이노해노(以老解老)'라는 해석학적 원칙에 입각해서 먼저 『도덕경』 본문에 등장하는 불언(不言)의 사례를 살펴보자. 제43장(43-3)이다.

불언(不言)의 가르침과 무위(無爲)의 유익함의 경우 천하에서 이에 미칠 수 있는 것이 드물다[不言之敎 無爲之益 天下希及之].

불언의 가르침이나 무위의 유익함처럼 좋은 것이 천하에는 거의 없다는 말이다. 이는 자연스럽게 제2장(2-2)의 내용과 겹친다. 다음으로 제56장(56-1)은 범위가 조금 넓어진다. 이때 지자(知者)란 부정적 의미가 아니라 자연스러움[自然=恒], 즉 도를 아는 자라고 할 수 있다.

아는 자는 말하지 않고 말하는 자는 알지 못한다[知^{지자}者 不^{불언}言 言^{언자}者 不^{부지}知].

이를 왕필은 다음과 같이 풀어냈다.

(아는 자는 말하지 않고) 자연스러움에 바탕을 두고 (말하는 자는 알지 못하지만) 일의 실마리를 만든다는 말이다[因^{인 자연 야 조 사 단 야}自然也造事端也].

마지막으로 제73장(73-3)은 하늘의 도(道) 차원에서 불언(不言)을 언급한다.

하늘의 도(道)는 다투지 않고서도 잘 이기고 말하지 않아도 잘 호응하며 부르지 않아도 스스로 오고 느긋한데도 모책을 잘 세운다[天^{천지도}之道 不^{부쟁}爭 而善勝 不言而善應 不召而自來 繟然而善謀].

그중에서 "말하지 않아도 잘 호응하며[不^{불언 이 선응}言而善應]" 부분을 왕필은 하늘의 도리에 대한 순역(順逆)으로 풀이한다. 호응하는 자는 당연히 백성이다.

하늘의 도에 고분고분하면 길하고 거스르면 흉하니 (그래서) 말하지 않아도 잘 호응한다.

일단 이 정도면 불언(不言)과 무위(無爲)에 대한 『도덕경』 내의 뜻풀이는 된 듯하니 다음으로 넘어가 보자.

2-3

萬物作焉而不辭 生而不有 爲而不恃 功成而弗居
夫唯弗居 是以不去

(만물 작언 이 불사 생 이 불유 위 이 불시 공성 이 불거)
(부 유 불거 시 이 불거)

(항이나 도를 체화한 성인 혹은 성왕은) 만물 만사를 일어나게 하면서도 내세우지 않고[不辭=不伐] (일을) 낳아주면서도 가지려 하지 않으며 (일을) 행하면서도 으스대지 않고 공로가 이뤄져도 자기가 했다고 하지 않는다.

무릇 오직 자기가 했다고 자처하지 않으니 이 때문에 사라지지 않는다.

번역 비평

만물(萬物)을 만물 만사라고 옮겼지만 실은 만사(萬事)다. 앞으로 사물일 경우에만 한정해서 만물로 옮기고 문맥상 일[事]은 철저하게 만사로 옮길 것이다.

공자 텍스트도 대부분 격물(格物)처럼 '일을 제대로 파악하다'로 옮겨야 할 것을 '자연 사물을 알다'로 잘못 옮기는 바람에 엉뚱한 곳으로 빠지는 경우가 많은데 『도덕경』은 처음부터 이 점을 매우 경계하며 풀이 작업을 해가야 한다.

그러면 작(作)의 뉘앙스는 우주론적 창조보다는 어떤 일이 '생겨난다[生]'나 '일어난다[興=起]'는 쪽에 가깝다. 어찌 사람이 창조주처럼 없던 물건을 만들어낸다는 뜻이겠는가?

불사(不辭)는 어떤 일을 생겨나게 하고서도 자기 공로를 말하지 않는 것, 즉 '자랑하지 않는다[不伐]'는 말이다. 나머지 이어지는 둘도 사실상 같은 말이다.

그래서 결론도 이것들을 총괄해서 "무릇 오직 자기가 했다고 자처하지 않으니 이 때문에 (그 공로는) 사라지지 않는다"라며 그 효과를 말한다. 이런 작용이 바로 현묘함[玄]임을 앞에서 살핀 바 있다.

왕필 주(王弼注)

因物而用 功自彼成 故 不居也
使功在己 則功不可久也

만물 만사 자체의 이치에 따라 쓰니 공로는 저쪽 만물 만사로부터 이뤄진다. 그래서 자기가 했다고 자처하지 않는 것이다.

공로를 자기 탓으로 만들 경우 공로는 오래 유지할 수가 없다.

풀이

여기서 어설프게 인간과 사물을 대립시키는 주관과 객관의 이분법을 써서는 안 된다. 그건 서양의 근대에나 있었던 협소한 사고방식일 뿐이다. 저쪽은 꼭 사물이 아니라 상대방 신하나 백성이 될 수도 있기 때문이다. 이 점은 뒤에 가서 『도덕경』이 은둔(隱遁)을 꿈꾸는 사람들을 위한 입문서가 아니라 성왕(聖王)의 심술(心術)에 관한 것임을 밝힐 때 더욱 분명해질 것이다.

2-3 주어는 두말할 것도 없이 항(恒-자연스러움)이다. 그렇다고 자연(自然, Nature)으로 봐서는 안 된다. 왕필이 말한 인물(因物)이 그것인데 이는 대부분 외부 일이나 백성의 자연스러움에 기초를 둔다는 뜻이다.

불벌(不伐)은 『논어』와 『주역』 모두에서 매우 강조하는 공자의 핵심 가르침인데 다만 공자에게서 불벌(不伐)은 철저하게 군신(君臣) 가운데 신하에게만 강조하는 덕목이다. 그러나 『도덕경』에서는 간혹 군신 모두에게 강조할 때도 있다. 그렇더라도 임금의 불벌과 신하의 불벌은 다르다. 임금의 불벌은 무위(無爲)이고 신하의 불벌은 유위(有爲)하되 내세우지 말라는 뜻이기 때문이다. 이 점은 제3장에서 확인하게 될 것이다.

참고로 공자가 말하는 불벌(不伐)을 간략히 정리해보자. 먼저 『주역』이다.

"공로가 있으면서도 겸손하니[勞謙] 군자가 잘 마침이 있어[有終] 길하다."

공자가 말하기를 "수고로움이 있어도 자랑하지 않고[勞而不伐] 공로가 있어도 자기 덕이라고 내세우지 않는 것[有功而不德]은 (그 다음의) 두터움이 지극한 것[厚之至]이니 이는 자신이 공로를 세우고서도 다른 사람에게 몸을 낮추는 것[下人]을 말한다. 다움[德]으로 말하자면 성대하고[盛] 예 갖춤[禮]으로 말하자면 공손한 것[恭]이니 겸손함[謙]이란 공손함을 지극히 함[致恭]으로써 그 지위를 보존하는 것이다"라고 했다.

이것은 겸괘(謙卦, ䷎)의 밑에서 세 번째 붙은 효[九三^{구삼}]에 대한 풀이다. 땅 위에 있어야 할 산[艮^간, ☶]이 자신을 낮춰 땅[坤^곤, ☷] 밑으로 자신을 낮춘 모습이라 겸(謙)이 됐다.

『논어』에는 (공로가 있어서 내세워) 자랑하지 않음[不伐^{불벌}]의 문제가 두 차례 나온다.

먼저 「공야장(公冶長)」편 25다.

안연(顏淵-안회)과 계로(季路-자로)가 시중을 들고 있을 때 공자가 말했다.
"어째서 각기 너희들의 뜻을 말하지 않는가?"
자로가 (먼저) 대답했다.
"저의 바람은 수레와 말, 가벼운 갖옷 입는 것을 친구들과 함께 사용함으로써 해지더라도 유감이 없게 되는 것입니다."
안연이 대답했다.
"저의 바람은 자신의 뛰어남을 자랑하지 않고[無伐善^{무 벌 선}] 자신의 공로를 내세우지 않는 것입니다[無施勞^{무 시 로}]."

안연, 즉 안회(顏回)의 말은 정확하게 이 문맥이다. 그리고 「옹야(雍也)」편에서 공자는 노나라 대부인 맹지반(孟之反)을 칭찬하며 이렇게 말한다.

맹지반은 공을 자랑하지 않았다[不伐^{불벌}]. 패주하면서 후미에 처져 있다[殿^전]가 장차 도성 문을 들어오려 할 적에 말을 채찍질하며 "내 감히 용감해 뒤에 있었던 것이 아니라 말이 전진하지 못했기 때문이다"라고 말했다.

물론 여기서 맹지반이 공로를 세운 것은 아니다. 다만 그는 자신이 뒤에 처진 것이 혹시 후미를 보호하려 용맹을 보인 것으로 오인될 수도 있음을 알고 그 스스로 솔직하게 밝혔는데 공자는 이 점을 높이 평가했던 것이다. 당연히 이런 사람이라면 공로를 세웠다 해도 자랑하지 않았을 것[不伐]이다. 이런 신하를 공자는 마음이 곧다 하여 직신(直臣)이라고 했다. 곧은 마음의 신하라는 뜻이다.

참고로 직(直)은 임금에게 쓰지 않는다. 직군(直君)이라는 말은 없다. 반대로 명(明)은 임금에게 써도 신하에게 거의 쓰지 않는다. 명신(名臣)은 있어도 명신(明臣)이라는 말은 거의 쓰지 않는다. 이때 명(明)은 사람을 잘 보고 일에 밝다는 뜻이다. 그리고 성군(聖君)과 성신(聖臣)처럼 현군(賢君)과 현신(賢臣)은 나란히 쓰인다.

이노해노(以老解老)

공자가 말하는 명(明)은 『도덕경』에 나오는 명(明)과는 조금 차이가 있다.

제16장(16-4)을 보자.

상(常)을 알아내는 것을 일러 명(明)이라고 한다[知常曰明].
상(常)을 알지 못하면 망령돼 흉한 일을 빚어낸다[不知常 妄作凶].

이를 왕필은 다음과 같이 풀어냈다.

상(常)이란 치우치지 않고 겉으로 드러나지 않아서 밝거나 어두운 형체도 없고 따뜻하거나 서늘한 모습도 없다. 그래서 상(常)을 아는 것을 일러 밝음[明]이라고 한다.

상(常)은 방금 우리가 봤던 항(恒)이다. 그런데 같은 제16장에는 2-3을 보다 구체적으로 풀어낼 수 있는 실마리가 있다. 16-5가 그것이다.

상(常)을 알아야 포용할 수 있고 포용하면 마침내 공정할 수 있고 공정하면 마침내 왕(王)이 될 수 있고 왕이 되면 마침내 하늘에 합치될 수 있고 하늘에 합치되면 마침내 도(道)를 따를 수 있고 도를 따르면 마침내 오래 갈 수 있어 죽을 때까지도 위태롭지 않다[知常 容 容乃公 公乃王 王乃天 天乃道 道乃久 沒身不殆].

상은 곧 항(恒)인 것이다. 여기서는 지상(知常)-용(容)-공(公) 하면 왕(王)이 될 수 있고 왕이 되면 마침내 하늘에 합치될 수 있으며 하늘에 합치되면 마침내 도(道)를 따를 수 있는데 도를 따르면 마침내 오래 갈 수 있어[久=不去] 죽을 때까지 위태롭지 않다고 말한다.

이제 2-3에 주어를 할당해 다시 풀어보자.

(항이나 도는) 만물 만사를 일어나게 하면서도 내세우지 않고[不辭=不伐] (무와 유는 일을) 낳아주면서도 가지려 하지 않고 (왕은 일을) 행하면서도 으스대지 않고 (신하는) 공로가 이뤄져도 자기가 했다고 하지 않는다.

무릇 오직 자기가 했다고 자처하지 않으니 이 때문에 사라지지 않는다.

대체로 16-5의 역순으로 도-무유(無有)-왕-신하가 행해야 할 본분을 제기하고 있다. 결국 '사라지지 않는다[不去]^{불거}'는 말은 제2장에서 말한 오래감[久]^구이다.

이렇게 해서 우리는 임금뿐 아니라 신하에 관한 언급도 확보하게 됐다.

『도덕경』에는 또 도·무유(無有)·왕·신하뿐 아니라 백성에 관한 언급도 매우 많다. 『논어』를 풀 때도 군신(君臣)을 끌어들임으로써 많은 구절이 더욱 분명해졌는데 『도덕경』 또한 사정은 크게 다르지 않았다. 군군-신신-민민을 늘 염두에 둬야 한다는 말이다.

여기서 우리는 한나라 회남왕 유안(劉安, 기원전 179~122년)[1]이 찬집한 『회남자(淮南子)』 권12 「도응훈(道應訓)」에 나오는 사례를 살펴보자.

(초나라 장수) 자발(子發)이 채(蔡)나라를 공격해 승리를 거뒀다. 그래서 선왕(宣王)은 교외에 나가 그를 맞이하면서 땅 100경(頃)을 떼어 그를 봉해주고 집규(執圭)의 작위도 주려고 했다. 이에 자발이 사양하며 말했다.

"나라를 다스리면서 정령(政令)을 세우고 제후가 입조 하는 것은 그 임금의 덕에 의한 것입니다. 전쟁을 할 때 호령을 내릴 뿐인데도 맞불어 싸우기 전에 적군이 도망치는 것은 장군의 위엄에 의한 것입니다. 또 군대가 맞

---

1 한고조(漢高祖)의 손자로 회남왕(淮南王) 유장(劉長)의 아들이다. 문제(文帝) 16년(기원전 164년)에 아버지의 작위를 이어받아서 회남왕에 올라 수춘(壽春)에 도읍했다. 문장을 잘 지었고, 재사(才思)가 민첩했다. 오초칠국(吳楚七國)이 반란을 일으키자 호응하려고 했지만 국상(國相-봉국 재상)이 반대해 미수에 그쳤다. 무제(武帝)가 즉위하자 몰래 무비(武備)를 정비했다. 원수(元狩) 원년(기원전 122년)에 일이 실패해서 거병했지만 뜻을 이루지 못하고 자살했다. 이때 연루돼 죽은 빈객(賓客)이나 대신이 수천 명에 이르렀다. 문학애호가로 많은 문사와 방사(方士)를 초빙했으니, 그 수가 수천에 이르렀다고 한다. 빈객들과 함께 저술한 『회남자(淮南子)』는 「내편(內篇)」 8권과 「외편(外篇)」 19권, 「중편(中篇)」 8권으로 구성돼 있었는데, 「내편」 일부분만 현존한다. 노장(老莊)을 주축으로 여러 사상을 통합하려 했고, 도가 사상에 의거한 통일된 이론으로 유교 중심의 이론과 대항했다.

붙어 싸워 적군에게 이기는 것은 여러 백성의 힘에 의한 것입니다. 그런데 여러 백성의 공로에 올라타고도 신 혼자만 작록을 받는 것은 인의(仁義)의 도가 아닙니다. 그래서 사양하고 받지 않는 것입니다."

그래서 노자는 말하기를 "공로가 이뤄져도 자기가 했다고 하지 않는다. 무릇 오직 자기가 했다고 자처하지 않으니 이 때문에 사라지지 않는다"라고 했다.

'사라진다[去]'는 것은 곧 쫓겨난다는 말이다.

제3장

不尚賢 使民不爭 不貴難得之貨 使民不爲盜 不見可欲
使民心不亂
是以 聖人之治 虛其心 實其腹 弱其志 强其骨
常使民無知無欲 使夫智者不敢爲也 爲無爲 則無不治

(항(恒)을 체현한 성왕은) 현능함을 (지나치게) 높이지 않아 백성으로 하여금 다투지 않게 하고 얻기 힘든 재화를 (지나치게) 귀하게 여기지 않아 백성으로 하여금 도둑이 되지 않게 하며 욕심낼 만한 것을 보여주지 않아 백성으로 하여금 마음이 어지러워지지 않게 한다.

이 때문에 성인(聖人)이 다스릴 경우에는 그 마음을 비우게 하되 그 배는 채워주고 그 뜻을 약하게 하되 그 뼈는 강하게 해준다.

늘 백성으로 하여금 무지(無知)·무욕(無欲)하게 만들고 저 지자(智者)가 감히 유위(有爲-억지로 함)하지 못하게 한다. 무위(無爲)한다면 다스려지지 않음이 없을 것이다.

3-1

^{불상} ^현 ^{사민} ^{부쟁} ^{불귀} ^{난득} ^지 ^화 ^{사민} ^불 ^{위도} ^{불견} ^{가욕}
不尚賢 使民不爭 不貴難得之貨 使民不爲盜 不見可欲
^{사민} ^심 ^{불란}
使民心不亂

    (항(恒)을 체현한 성왕은) 현능함을 (지나치게) 높이지 않아 백성으로 하여금 다투지 않게 하고 얻기 힘든 재화를 (지나치게) 귀하게 여기지 않아 백성으로 하여금 도둑이 되지 않게 하며 욕심낼 만한 것을 보여주지 않아 백성으로 하여금 마음이 어지러워지지 않게 한다.

> **번역 비평**

    이 글의 핵심 어휘는 불상(不尙)·불귀(不貴)·불견(不見)으로 모두 '~하지 말라'는 금지어다. 이는 마땅히 임금에게 해당하는 말이다. 그렇게 하면 백성은 저절로[自] 다투지 않고 도둑이 되지 않고 마음이 어지러워지지 않는다고 해 성왕이 해야 할 무위(無爲)를 구체적으로 풀어내고 있다.

    여기서 주목해야 할 표현은 이 3가지가 각각 백성에게 영향을 미치는 관계를 보여주고 있는 "사민(使民)"이다. 이를 유가에서는 관이화(觀而化)라고 한다. 보여줘 교화시킨다는 뜻이다. 백성은 지도자 모습을 보고 알게 모르게 영향을 받기 때문이다.

    원래 백성에 대한 영향을 강조한 것은 오히려 공자가 말한 덕치(德治)라고 할 수 있다. 공자는 임금에게 뭔가를 함으로써 모범을 보이라고 했는데 대표적인 것이 효(孝)다. 임금이 사적으로 효도를 다 하면 백성은 그것을 본받아 자기 부모에게 효도하고 공적으로 임금에게 충성을 다한다는 것이다. 그러나 노자는 일관되게 임금을 향해 '~하지 말라'고 한다. 그렇게 하면 백성은 저절로 좋은 쪽으로 바뀐다는 말이다.

번역과 관련해 조심해야 할 표현은 불상(不尙)과 불귀(不貴)다. 이를 단순하게 받아들이면 현능한 이를 높이지 말고 얻기 힘든 재화를 가볍게 여기라는 뜻이 된다. 상당수 해설자가 이런 식으로 이해해서 노자를 거대한 위선의 세계에 가둬버렸다. 이 점은 공자에 대한 해설자들 풀이에서도 종종 발견할 수 있다.

견득사의(見得思義)나 견리사의(見利思義)가 그것이다. 이 말은 이득을 볼 경우 그것이 마땅한지를 반드시 생각해서, 마땅하다고 생각하면 취하고 마땅하지 않으면 취하지 말라는 뜻이다. 그런데 상당수 해설자는 이득을 버리고 의로움을 취해야 한다는 식으로 오독해 공자를 위선의 세계에 가둬버렸다. 지나치게 하는 것이 바로 작위(作爲)나 욕심이 들어간 '위(爲)'다.

왕필 주(王弼注)

현 유 능 야　상 자 가 지 명 야　귀 자 융 지 칭 야
賢 猶能也 尙者 嘉之名也 貴者 隆之稱也

유 능 시 임 상 야 갈 위　유 용 시 시 귀 지 갈 위
唯能是任 尙也曷爲 唯用是施 貴之曷爲

상 현 현 명 영 과 기 임　하 분 이 경 교 능 상 역
尙賢顯名 榮過其任 下奔而競 校能相射

귀 화 과 용 탐 자 경 취 천 유 탐 협 몰 명 이 도
貴貨過用 貪者競趣 穿窬探篋 沒命而盜

고 가 욕 불 견 즉 심 무 소 란 야
故 可欲不見 則心無所亂也

뛰어남[賢]이란 능력이 있다는 것이고 높임[尙]이란 아름답게 여긴다는 이름이고 귀함[貴]이란 높인다는 명칭이다.

오직 능력 있는 사람에게 일을 맡긴다면 따로 (현능함을) 높여서 무엇을 하겠는가?

오직 쓸 데가 있어 베푼다면 따로 (얻기 어려운 재물을) 귀하게 여겨서 무엇을 하겠는가?

현능한 이를 높여 이름을 드날리게 하면 그 영예가 실제로 그가 맡은 것보다 지나치게 되고 아랫사람들은 다퉈 경쟁하면서 능력을 비교하며 서로를 싫어하고 이기려 할 것이다.

재물을 귀하게 여기기를 그 쓰임보다 지나치게 하면 탐욕스러운 자들이 다퉈 찾아와 담을 뚫고 뛰어넘어 재화 상자들을 찾아다닐 것이요 목숨을 걸고서 도둑질을 할 것이다.

그래서 (윗사람이) 욕심낼 만한 것을 보여주지 않으면 (백성) 마음은 어지럽게 되지 않는다.

풀이

관이화(觀而化)는 공자가 말하는 덕치(德治)의 핵심이다. 『논어』 「학이(學而)」편 9를 보자.

증자(曾子)가 말했다.

"부모님 상을 신중하게 치르고 먼 조상까지 추모하면 백성의 백성다움은 두터운 쪽으로 돌아가게 된다[愼終追遠民德歸厚矣]."

증자의 말에서 주어는 임금이나 윗사람이다. 이것이 바로 관이화(觀而化)다. 어쩌면 공자보다 노자가 더 이 관이화(觀而化)에 강조점을 두고 있는지도 모른다. 다만 공자의 관이화는 군주 혹은 군자가 먼저 모범을 보이라는 식이고 노자의 관이화는 '군주가 ~를 하지 않으면 백성은 저절로 ~하게 된다'는 식이다.

여기서 짚어야 할 점이 하나 있다. 불상(不尚)·불귀(不貴)·불견(不見)을 대등하게 볼 것인지 불상(不尚)·불귀(不貴)가 불견(不見)에 귀결되는 것이라고 볼 것인지다. 여기서 왕필은 분명히 '욕심낼 만한 것'을 2가지로 보면서 하나를 벼슬이 높아짐[貴]으로, 하나를 부유함[富]으로 들고 불견(不見)을 따로 떼어 결론으로 처리하고 있다. 왕필을 따른다.

특히 불견(不見)과 관련해서 『회남자(淮南子)』 권12 「도응훈(道應訓)」에 나오는 사례를 살펴보자.

초나라 영윤(令尹-재상) 자패(子佩)가 장왕(莊王)을 주연에 모셨다. 장왕은 승낙했다가 자패가 연회를 강대(强臺)에 준비해놓았다는 말을 듣고서 가지 않았다. 다음 날 자패는 맨발로 두 손을 모으고 전(殿) 아래에서 북면(北面-신하가 임금을 향해 서는 것)을 하고 아뢰었다.

"전날 군왕께서는 허락하셨다가 아니 오셨습니다. 혹시 신에게 죄가 있어 그리하신 것입니까?"

장왕이 말했다.

"나는 그대가 강대에 연회를 준비해놓았다는 말을 들었다. 강대는 남쪽으로 요산(料山)을 바라보고 또 방황산(方皇山)과 접해 있으며 왼쪽으로는 장강(長江)이 있고 오른쪽으로는 회수(淮水)가 있는데 그 즐거움이란 죽음까지도 잊게 해준다고 한다. 나는 박덕한 사람이라 그런 열락의 장소를 감당할 수가 없다. 아마도 그곳에 갔다가는 돌아올 수 없을 것이다."

그래서 노자가 말하기를 "욕심낼 만한 것을 보여주지 않아 백성으로 하여금 마음이 어지러워지지 않게 한다"라고 했다.

원래 이 구절은 백성에게 욕심낼 만한 것을 보여주지 말라는 것이었는데, 『회남자』는 백성에 앞서 임금 자신부터 이런 것을 보지 않아야 함을 말하고 있다.

한편 여기서 부귀(富貴)에 관한 공자의 말을 들어보자. 『논어』 「이인(里仁)」편 5에서는 "부귀는 사람이라면 누구나 바라는 바"며 "빈천은 사람이라면 누구나 싫어하는 바"라고 말하고 있다. 다만 그 방법이 마땅한지 여부가 중요할 뿐이다. 이 점에서는 노자라고 다르지 않다. 여기서 공자가 걱정했던 것은 벼슬이 높아짐으로 인한 교만[驕]과 부유해짐으로 인한 사치[侈]였다. 그는 이를 불인(不仁)이라 했는데 노자 또한 그 점을 경계하고 있었다.

이노해노(以老解老)

이제 현(賢)만 풀면 된다. 왕필은 현(賢)을 능(能)이라고 했다. 그렇다면 노자에게 현(賢)이란 어떤 뜻인가. 77-2에 답이 나온다.

이 때문에 '성인 같은 임금은 행하면서도 으스대지 않고 성인 같은 신하는 공로가 이뤄져도 자기가 했다고 하지 않으니[不處=弗居]', 그것은 현(賢)을 드러내고 싶어 하지 않기 때문이다[是以 聖人 爲而不恃 功成而不處

기 불욕 현현
其不欲見賢].

여기서 우리는 현(賢)에 대한 정의를 얻을 수 있다. '행하면서도 으스대지 않고 공로가 이뤄져도 자기가 했다고 하지 않는 것'이 바로 현(賢)이다. 현신(賢臣)이다. 공자가 말한 곧은 신하, 즉 직신(直臣)과 그대로 뜻이 통한다. 이런 사람을 어찌 높이지 않을 수 있겠는가. 다만 지나치게 높이는 것은 경계해야 한다. 그것은 사람들 사이에 경쟁하는 마음을 촉발하기 때문이다.

3-1은 따라서 군주가 사람을 쓸 때 조심해야 할 점을 말하고 있다. 『한비자』「양각(揚搉)」편이다.

군주가 어떤 신하를 좋아하면 사단이 많아지고 어떤 신하를 미워하면 원망을 낳는다. 그러므로 좋아함도 미워함도 다 버려서 마음을 비워 도가 깃드는 집으로 삼아야 한다.

군주가 신하와 함께 상벌의 권한을 공유하지 않아야 백성이 군주를 우러러볼 것이니 군주는 어떤 의논에도 끼어들지 않아서 신하로 하여금 스스로 하도록 하게 해야 한다.

군주는 문을 닫고 안에서 빗장을 질러서 방 안에서 뜰을 내다보듯이 해야 한다. (군주가) 참승(參升-양을 재는 도구)을 베풀고 지척(咫尺-길이를 재는 도구)을 구비해 양을 헤아리고 길이를 잴 곳에 적용해서, 상을 줘야 할 경우에 상을 주고 형벌을 가해야 할 경우에 형벌을 가하니 그러면 각자 자기가 한 일에 따라 스스로 상이나 벌을 만든 셈이 된다. 잘한 일과 못 한 일에 따라 상과 벌이 반드시 주어지면 누가 감히 군주를 믿지 않겠는가.

3-2

시이　성인　지치 허 기심　실 기복　약 기지　강 기골
是以 聖人之治 虛其心 實其腹 弱其志 强其骨

이 때문에 성인(聖人)이 다스릴 경우에는 그 마음을 비우게 하되 그 배는 채워주고 그 뜻을 약하게 하되 그 뼈는 강하게 해준다.

번역 비평

이 문장에서는 시이(是以)와 지치(之治)를 넣고 빼는 문제로 논란이 있는데 의미상 차이가 없어 무시한다.

오히려 중요한 것은 그다음이다. 비유가 강하면서도 모호하기 때문이다. 문장은 간단하다.

왕필 주(王弼注)

심 회지　이 복 회식　허 유지 이 실 무지　야
心懷智 而腹懷食 虛有智而實無知也
골 무지 이간　지 생사　이란
骨無志以幹 志生事以亂

마음은 지식을 품고 배는 음식을 품으니 지식이 담겨 있는 것은 비우고 지식이 담겨 있지 않은 것은 채워준다.

뼈는 (사사로운) 뜻을 갖지 않아 일을 주간하게 되고 (사사로운) 뜻은 일을 일으켜 (마음을) 어지럽게 만든다.

일단 마음과 뜻은 덜어내야 하는 것[所損]으로 보고 배와 뼈는 더해줘야 하는 것[所益]으로 본다. 참고로 공자가 말하는 중(中)에는 이처럼 덜어내고 더해주는 것[所損益]이라는 뜻이 있다. 지나친 것[過]은 덜어주고 못 미치는 것[不及]은 더해주는 것이 바로 공자가 말한 적중함[中]이다.

다시 『도덕경』 문맥에서 마음과 뜻, 배와 뼈의 문제를 짚어보자. 이에 대해서는 왕필 주를 따른다.

그런데 이에 앞서 '그[其]'란 누구를 가리키는가? 즉 성인의 마음과 뜻과 배와 뼈인가, 아니면 백성의 마음과 뜻과 배와 뼈인가? '그'가 성인인지 백성인지는 바로 이어지는 3-3에서 가려진다. '그'는 다름 아닌 백성이다.

3-3

常使民無知無欲 使夫智者不敢爲也 爲無爲 則無不治
상 사민 무지 무욕 사 부 지자 불감 위 야 위 무위 즉 무불 치

늘 백성으로 하여금 무지(無知)·무욕(無欲)하게 만들고 저 지자(智者)가 감히 유위(有爲-억지로 함)하지 못하게 한다. 무위(無爲)한다면 다스려지지 않음이 없을 것이다.

'하게 만들다'라는 사(使)의 주어는 3-2에 나온 '항(恒)을 체화한'

성인(聖人), 성왕(聖王)이다.

부사 '늘[常]'에 주목해야 한다는 것은 그것이 상도(常道)나 상명(常名)의 상(常)과도 연결돼 있기 때문이다. 늘 ~할 때라야 상(常)일 수 있다.

무지(無知)·무욕(無欲)은 3-2에 나온 "그 마음을 비우게 하되 그 배는 채워주고 그 뜻은 부드럽게 하되 그 뼈는 강하게 해준다"를 압축해서 말한 것이다.

"무위(無爲)한다면 다스려지지 않음이 없을 것이다"에 주어를 추가하면 "성인 같은 왕이 무위하면서 다스린다면 백성은 다스려지지 않음이 없을 것[無不治]"이라는 말이다.

『도덕경』 원문을 면밀히 검토해보면 문장에서 흥미로운 패턴을 발견할 수 있다. 그것은 노자라는 미지의 어떤 인물이 갖고 있던 핵심 사상과도 관련돼 있다. 즉 임금을 포함한 통치자에게는 늘 '무(無), 불(弗/不)'을 말하고, 그렇게 할 경우 백성은 '저절로/스스로[自]' 달라질 것이라고 말한다. 노자는 백성의 본바탕이 질박하고[樸] 참되다[眞]고 봤기 때문이다. 앞서 본 관이화(觀而化)가 바로 그것이다. 뒤에 가면 이런 사례를 수없이 발견할 수 있는데 제57장(57-5)만 살펴보자.

그래서 성인(聖人)이 말하기를 "내가 무위(無爲)하면 백성은 저절로 교화되고 내가 고요함을 좋아하면 백성은 저절로 바르게 되고 내가 일삼음이 없으면 백성은 저절로 넉넉해지고 내가 무욕(無欲)하려 하면 백성은 저절로 질박해진다"라고 했다[故 聖人云 我無爲而民自化 我好靜而民自正 我無事而民自富 我欲無欲而民自樸].

백성이 자화(自化), 자정(自正), 자부(自富), 자박(自樸)하게 되면 그것이 바로 자치(自治), 즉 저절로 다스려지는 것이자 무불치(無不治), 즉 다스려지지 않음이 없게 되는 것이다.

왕필 주(王弼注)

守其眞也
知者謂知爲也

백성의 참됨을 지키게 하는 것이다.

지자(知者)란 유위(有爲)를 할 줄 아는 자이다.

> **풀이**
>
> 먼저 왕필 주 첫 문장부터 풀어보자. 이 말은 "늘 백성으로 하여금 무지(無知)·무욕(無欲)하게 만들고"를 풀어낸 것이다. 무지·무욕은 백성의 참됨 혹은 본래 모습[眞]이라는 것이다. 그러니 그것을 지키도록 해주는 것이 성인 혹은 성왕(聖王)이 해야 할 일이다.
>
> 문제는 진(眞)이 무엇이냐 하는 것이다. 공자는 무필(毋必-반드시를 기약하지 않음)했던 사람이라 진(眞)을 말하지 않았다. 그러나 『도덕경』에는 진(眞)이 여러 차례 등장한다.
>
> 먼저 제21장(21-5)에서는 "그 정기가 심히 참되니 그 가운데에 믿음이 있다[其精甚眞 其中有信]"라고 했고 제41장(41-10)에서는 "바탕이 참된 것은 마치 더러운 듯하며[質眞 若渝]"라고 했으며 제54장(54-3)

에서는 "(그 도로) 내 몸을 닦으면 그 덕은 마침내 참되게 되고[修之於身^{수지 어신} 其德乃眞^{기덕 내진}]"라고 했다. 정기나 바탕, 덕에 대한 형용어로 '참되다[眞^진]'는 뜻을 쓰고 있는데 하나같이 '억지스러움이 없이 본래 모습대로 질박하다'라는 뜻이다.

왕필도 이런 의미에서 '참되다[眞^진]'를 사용하고 있다. 제28장(28-4) "통나무가 흩어져 그릇이 되니[樸散則爲器^{박 산 즉 위기}]"에 대한 주에서 왕필은 "박(樸)이란 본래 그대로인 것[眞^진]이다"라고 풀이했다. 진(眞)을 박(樸), 즉 통나무처럼 질박한 본래 모습으로 봤다.

이제 지자(智者=知者)만 풀면 3-3은 분명해진다. 여기서 왕필은 짧게 "지자(知者)란 유위(有爲)를 할 줄 아는 자"라고만 말했다. 뒤집어 말하면 무위(無爲)할 줄 모른다는 말이다. 그런데 이것만으로는 부족하다. 이에 대한 상세한 풀이는 다음 이노해노(以老解老)에서 하기로 하고 그에 앞서 "무위(無爲)한다면 다스려지지 않음이 없을 것이다"라는 문장을 검토해보자.

성인(聖人), 즉 성왕(聖王)이 도(道)를 본받아서 하는 정치가 무위지치(無爲之治)다. 이 문장은 마침내 도(道)를 본격적으로 등장시키기 위한 디딤돌 같은 것이다.

제4장부터는 본격적으로 도(로 하는 정치)가 어떤 것인지를 이야기한다. 제1장에서 손님으로 등장했던 도가 이제야 비로소 본격적으로 주인으로 나서는 셈이다.

이노해노(以老解老)

제37장(37-1)에서는 이렇게 말한다.

도(道)는 늘 무위(無爲)하지만 하지 않는 것이 없다[道常無爲 而無不爲].

3-3과 비교해보면 주어가 성인이 아니라 도(道)이고 무위(無爲) 앞에 '늘[常]'이 추가돼 있다. 3-3의 첫 글자도 상(常)이었다.

이제 지자(智者=知者) 문제를 풀어야 한다. 제10장(10-4)부터 살펴보자.

백성을 아껴주고 나라를 다스림에 있어 능히 무지(無知)해야 하리라[愛民治國 能無以知乎]!

우선 기존의 번역은 뒷부분을 의문문으로 옮겨 정반대 뜻으로 푼다. 원문을 능무위호(能無爲乎)로 보기도 하는데 이 경우에도 "능히 무위해야 하리라!"로 옮겨야지 "능히 무위할 수 있는가?"라는 의문문으로 옮기면 뜻이 정반대가 된다. 문맥은 나라 다스림이니 제왕학으로 풀어야 할 내용이다.

그러면 지(知)란 무엇인가? 왕필이 정의한다.

"(임금이) 술책을 부려 성공을 구하고 술수를 부려 숨겨진 것을 찾는 것, 이것이 지혜[知=智]다."

따라서 당연히 이런 지혜로 나라를 다스리려 해서는 안 된다. 항(恒)을 모르는 임금은 이런 지혜로 나라를 다스리려 한다.

이런 지(知)로 백성을 다스려서는 안 된다는 것은 제65장을 통해 분명하게 알 수 있다. 게다가 제65장은 전반적으로 제3장에 대한 풀이 역할을 한다.

옛날에 도(道)를 잘 행한 임금은 백성을 똑똑하게 만들지 않고 그들을 이끌어 우직하게 만들었다[古之善爲道者 非以明民, 將以愚之].

백성을 다스리기 어려운 까닭은 그들이 잔꾀가 많기 때문이다[民之難治 以其智多].

그래서 잔꾀로 나라를 다스리는 임금은 나라를 해치는 자다[故 以智治 國 國之賊].

잔꾀로 나라를 다스리지 않는 것은 나라의 복이다. 이 2가지를 아는 것은 실로 (예나 지금이나) 한결같은 법도다. 늘 (이런) 동일한 법도를 잘 알고 있는 것을 일러 현덕(玄德-현덕자로 옮겨도 됨)이라고 하는데 현덕은 깊고도 멀다 [不以智治國 國之福 知此兩者 亦稽式 常知稽式 是謂玄德 玄德 深矣 遠矣].

3-3의 "늘 백성으로 하여금 무지(無知)·무욕(無欲)하게 만들고"라는 부분과 제65장 "옛날에 도(道)를 잘 행한 임금은 백성을 똑똑하게 만들지 않고 그들을 이끌어 우직하게 만들었다"라는 부분은 『논어』 「태백(泰伯)」편 9와도 그대로 통한다.

공자가 말했다.

"백성이 (모두) 도리를 따르게 할 수는 있어도 백성으로 하여금 (모두) 도리를 알게 할 수는 없다[民可使由之 不可使知之]."

대체로 기존 풀이는 지(之)를 도리[道]로 본다. 물론 도리란 공자에게는 "임금은 임금답고 신하는 신하답고 부모는 부모답고 자식은 자식다워야 하는 것[君君臣臣父父子子]"이다. 그런데 문제는 줄곧 이 구절을 일종의 차별로 풀이해왔다는 점이다. 즉 벼슬하는 군자[人]와 일반 백성[民]으로 나눠서 앞부분은 일반 백성, 뒷부분은 군자에 해당하는 말로 풀이해온 것이다.

그러나 정약용은 당시에 이 같은 신분 차별적 해석에 불만이 있었다. 그는 공자 스스로도 「위령공(衛靈公)」편 38에서 "가르침이 있으면 귀천의 구분이 없다[有敎無類]"라고 말한 것을 근거로, 백성이 우매하다 해 그 지위에만 머물러 있게 한다면 한 달을 넘기도 전에 그 나라는 반드시 망할 것이라고 강조하면서 공자의 말을 이렇게 풀이한다.

다만 도체(道體)란 지극히 크니 우매한 부부라도 알 수 있는 평이한 데서부터 시작해 그 지극한 것은 비록 성인(聖人)이더라도 또한 알지 못하는 바가 있다. 저 농부나 야공(冶工)·상인·어부·사냥꾼이 어찌 그 정미(精微)한 것을 다 알 수 있겠는가? 더욱이 자질이 고르지 못하고 우둔해 지혜롭지 못한 자가 혹 귀족에도 있으니 천족(賤族)이야 말할 것이 있겠는가? 이런 이들은 다만 그것을 말미암게 할 수 있을 뿐이니 이것은 그 원리가 되는 것을 숨기려고 한 것이 아니라 힘이 거기까지 돌아가지 아니해서다. 공자가 말한 바는 (그 경우에 따른) 상황이지 (모든 민(民)을) 그렇게 하자는 것이 아니다.

기존 풀이보다 정약용의 풀이가 진일보한 것은 분명하다. 그러나 여전히 시야를 알고 모르고에 집중하고 있을 뿐, 이 말이 왜 이 문맥에 놓여 있는지를 밝혀주지는 못하고 있다.

「태백(泰伯)」편에 들어와서 『논어』 편찬자는 시종일관 지덕(至德)의 내용을 채워주는 공자의 말과 증자의 말을 배치해왔다. 따라서 우리는 여전히 그 편찬자가 왜 이 자리에 이 공자 말을 배치했는지를 고민하며 이 구절에 담긴 의미를 추출해내야 한다.

참고로 바로 뒤에 「태백(泰伯)」편 10, 11, 12는 지덕과는 정반대로 부덕(不德)을 다룬다. 그렇다면 「태백」편 9는 지덕(至德)함의 중간 결론이거나 아니면 부덕함으로 들어가는 말이 돼야 한다. 물론 여기서는 전자다.

여기에는 지덕한 군자, 즉 "다움이 지극한 통치자가 다스릴 경우"를 추가해서 풀어야 한다. 그러면 이렇게 된다.

(다움이 지극한 통치자가 다스릴 경우) 백성이 (모두) 도리를 따르게 할 수 있다. 백성 모두가 도리를 알게 할 수는 없을지언정.

이렇게 되면 자연스럽게 「학이(學而)」편 9와 연결지어 풀어낼 수 있다.

증자가 말했다.
"부모님 상을 신중하게 치르고 먼 조상까지 추모하면 백성의 백성다움은 두터운 쪽으로 돌아가게 된다."

여기서도 주어는 '지극한 다움을 갖춘 임금'이다. 맨 앞에 생략돼 있을 뿐이다. 『논어』든 『도덕경』이든 주어를 빠뜨린 풀이나 해석이 얼마나 내용을 왜곡하고 오도하는지를 분명하게 알 수 있게 하는 사례라 하겠다.

제4장

^{도 충 이 용 지 혹 불 영}
道沖而用之或不盈

^{연 혜 사 만 물 지 종}
淵兮 似萬物之宗

^{좌 기 예 해 기 분 화 기 광 동 기 진}
挫其銳 解其紛 和其光 同其塵

^{담 혜 사 혹 존}
湛兮 似或存

^{오 부 지 기 수 지 자 상 제 지 선}
吾不知[其]誰之子 象帝之先

도란 텅 비어 있지만, 그것을 (아무리) 쓰더라도 혹 끝이 없다.

깊도다[淵兮]! 마치 만사의 으뜸과 같구나!

그 날카로움을 무디게 하고 그 헝클어짐을 풀어내고 그 빛남을 누
그러뜨리고 그 티끌 같음을 함께한다.

담담하도다[湛兮]! 마치 혹 실제로 존재하는 것 같구나!

(그러나) 나는 (그가) 누구 자식인지 모르겠으나 상제(上帝)보다도 앞
서 있는 듯하다.

이제 비로소 도(道)가 나왔다. 여기서는 도(道)의 모습을 말하는데 "충이용지(沖而用之) 혹불영(或不盈)" 부분을 정확히 풀어내는 것이 관건이다. 나머지는 번역상 별다른 어려움이 없다.

일단 도(道)를 묘사하며 충(沖)하다고 했다. 충(沖)은 충(冲)과 같은 말로 '부드럽다', '담백하다', '비어 있다[空=虛]', '찌르다[衝]' 등의 뜻이 있다. 여기서는 '텅 비어 있다'는 뜻이다.

참고로 최진석 교수는 "도는 텅 비어 있다. 그러나 그 작용은 끝이 없다"라고 풀었고 김학목 박사는 "도는 비어 있으면서 작용해 아무것도 채우지 않을 것 같고"라고 풀었다. 두 사람은 모두 용지(用之)를 '작용'이라고 봤는데 여기서는 단순한 작용이 아니라 누군가가 그 도를 '쓴다', '사용한다'라는 뜻이다. 그러면서도 불영(不盈) 부분에 대한 풀이가 다르다. 각각 "끝이 없다"와 "아무것도 채우지 않을 것 같고"라고 옮기고 있다. 최진석 교수는 혹(或)을 무시했고, 김학목 박사는 그것을 "~ 같고"라고 해서 반영했다. 또 이(而)를 최진석 교수는 '그러나'로 풀어서 옮겼는데 김학목 박사는 그냥 순접으로 봐 따로 옮기지 않았다.

충(沖)이란 '비어 있다[虛]'는 뜻도 있지만 '깊다[深]'는 뜻도 있다. 영(盈)은 '채우다'라는 뜻도 있지만 '끝에 이르다[至]'라는 뜻도 있다. 여기서는 후자의 뜻으로 봐야 한다. 텅 비어 있지만 아무리 그것을 써도 끝에 이르지 않는 것이야말로 현묘함[玄]이기 때문이다.

연혜(淵兮)와 담혜(湛兮)는 앞에 걸리는가 뒤에 걸리는가. 연결고리 역할을 하면서 뒤에 걸린다. 그래서 본문과 같이 옮겼다.

연(淵)은 '깊다[深]'는 뜻 외에 '조용하다[靜]'는 뜻도 있고, 담(湛)은

'더디다[遲]'는 뜻 외에 '맑다'나 '잠기다'는 뜻도 있다.

나머지는 왕필 주를 바탕으로 차례대로 옮기면 된다.

왕필 주(王弼注)

夫 執一家之量者 不能全家 執一國之量者 不能成國 窮力
舉重 不能爲用

故 人雖知萬物治也 治而不以二儀[=兩儀]之道 則不能贍也

地雖形魄 不法於天 則不能全其寧 天雖精象 不法於道 則
不能保其精

沖而用之 用乃不能窮 滿以造實 實來則溢

故 沖而用之又復不盈 其爲無窮已極矣

形雖大 不能累其體 事雖殷 不能充力量 萬物舍此而求其
主 主其安在乎 不亦淵兮 似萬物之宗乎

銳挫而無損 紛解而不勞 和光而不汚其體 同塵而不渝其眞

不亦湛兮 似或存乎 存而不有 沒而不無 有無莫測 故曰 似
存

地守其形 德不能過其載 天慊其象 德不能過其覆 天地莫
能及之 不亦似帝之先乎 帝 天帝[=上帝]也

무릇 (겨우) 한 집안을 장악할 역량을 가진 자는 그 집안을 온전하
게 할 수 없고 (겨우) 한 나라(-봉국)를 장악할 역량을 가진 자는 그 나
라를 이뤄낼 수 없다. 온 힘을 다해 (겨우) 무거운 것을 들고 있으므로

능히 그 역량을 제대로 쓸 수가 없는 것이다.

그래서 사람(즉 임금)이 만사를 다스릴 줄 안다고 해도 그 다스림을 양의(兩儀-유와 무)의 도(道)로 하지 않는다면 넉넉할[贍=裕] 수가 없다.

땅이 비록 형체와 넋[形魄]을 갖고 있다고 해도 하늘을 본받지 않는 다면 그 편안함을 온전하게 할 수 없고 하늘이 비록 정기와 상[精象]을 갖고 있다고 해도 도를 본받지 않는다면 그 정기를 보존할 수 없다.

도는 텅 비어 있으면서도 그 도를 쓰면 그 쓰임이 끝내 다함에 이르 지 않을 수 있고 가득 채워서 그 속을 채우게 되면 채워짐으로 인해 넘 치게 된다.

그래서 텅 비어 있으면서도 도를 쓰고 또 채워지지 않는 상태가 회 복되니 그 행하는 바가 무궁해 이미 지극해진다.

형체가 아무리 커도 그 몸에 누가 될 수 없고 일이 아무리 커도 그 용량을 채울 수 없다. 만사가 이를 버리고서 (다른 데에 가서) 주인을 구 한다면 그 주인은 이에 어디에 있겠는가? (그래서) "깊도다, 마치 만사의 으뜸과 같구나"라고 한 것이 아니겠는가?

날카로움이 꺾여도 손상됨이 없고 얽힘을 풀어내도 수고로움이 없 으며 빛남을 누그러뜨려도 그 몸을 더럽히지 않고 티끌과 같이 돼도 그 참됨을 바꾸지 못한다. (그래서) "담담하도다, 마치 혹 실제로 존재하는 것 같구나"라고 한 것이 아니겠는가? 있으면서도 없고 사라지고도 없 지 않아서 있는지 없는지를 헤아릴 길이 없으니 그래서 말하기를 '실제 로 존재하는 듯'이라고 한 것이다.

땅이 그 형체를 지키지만 (땅의 땅)다움은 사물을 실어줌[載]을 넘 지 못하고 하늘이 그 상에 흡족해하지만 (하늘의 하늘)다움은 사물을 덮어줌[覆]을 넘지 못한다. 하늘과 땅(의 다움)도 능히 그(도)에 미치지 못하니 (그래서) "상제보다도 앞서 있는 듯"이라고 한 것이 아니겠는가? 제(帝)란 천제(天帝-상제)다.

풀이

제4장 풀이는 한 글자도 빼거나 더하지 않고 왕필 주를 따른다.

왕필 주가 장별로 풀이 수준이 다소 들쭉날쭉하지만 제4장에 대한 주는 마치 『주역』 문왕(文王)의 단사(彖辭)를 풀어낸 공자의 「단전(彖傳)」을 떠올릴 만큼 곡진(曲盡)하고 절절(切切)해 더할 것도 없고 뺄 것도 없다.

사족처럼 덧붙이자면 김충열 교수는 도의 이 같은 모습을 단순한 물그릇보다는 우물[井]로 볼 것을 제안했다. 상당히 설득력이 있다. 마침 『주역』에는 정괘(井卦, ䷯)가 있으니 정괘에 대한 공자의 「단전」을 살핌으로써 왕필 주가 얼마나 적실성을 얻은 것인지도 겸해서 살피도록 하자.

정괘는 나무를 상징하는 손괘(巽卦, ☴)가 물을 상징하는 감괘(坎卦, ☵) 밑으로 들어가 있으니 나무 두레박이 물을 긷기 위해 우물물 속으로 들어간 모습이다. 이에 대해 문왕은 이렇게 단사를 달았다.

정(井)은 고을을 바꿔도 우물은 바꿀 수 없으니 잃는 것도 없고 얻는 것도 없으며 오가는 이들이 다 우물을 사용한다. 거의 이르렀는데도 우물에서 두레박줄을 빼내지 못한 것이니 두레박을 깨트리면 흉하다[井 改邑 不改井 无喪无得 往來井井. 汔至亦未繘井 羸其瓶 凶].

이번에는 공자가 이를 풀이한 「단전」이다. 왕필도 바로 이 「단전」을 짓던 공자 마음으로 『도덕경』에 주를 단 것으로 보인다.

물속에 들어가서[巽乎水^{손호수}] 물을 퍼 올리는 것[上水^{상수}]이 정(井)이니 우물은 길러주면서도 그 끝이 없다[養而不窮^{양이불궁}]. "고을은 바꿔도 우물은 바꿀 수 없으니"라고 한 것은 곧 굳세면서 가운데에 있기[剛中^{강중}] 때문이요, "거의 이르렀는데도 우물에서 두레박줄을 빼내지 못한 것이니"라는 것은 아직 공효(功效)가 없기 때문이요, "두레박을 깨트렸기 때문에[羸其甁^{이기병}]"이로 인해 흉한 것이다.

손(巽)의 풀이가 재미있다. 물에 공손하게 해서 그 속으로 들어간다는 뜻으로 이것은 정괘(井卦)의 상하 두 괘 모양으로 말한 것이다. 우물은 남을 길러주는 것이고 늘 한결같다[恒^항=常^상].

이어 "고을은 바꿔도 우물은 바꿀 수 없으니"를 공자는 "굳세면서 가운데에 있기[剛中^{강중}] 때문"이라고 풀었다. 이는 구이와 구오의 강중(剛中)을 통해 우물의 오래감, 한결같음의 까닭을 밝힌 것이다. 고을과 우물은 각각 나라와 땅의 비유로 볼 수도 있다. 즉 땅은 그대로이지만 그 위에 만들어진 국가는 일정함이 없다. 천명에는 일정함이 없어 얼마든지 바뀔 수 있다.

이어 "거의 이르렀는데도 우물에서 두레박줄을 빼내지 못한 것이니"라는 것을 아직 공효가 없다고 한 것은 두레박이 밖으로 나와야 사람들이 비로소 그 물을 쓸 수가 있는데 아직 나오지 않았으므로 아무 소용이 없다는 것을 말하고 있다. 게다가 두레박이 깨진다면 더는

말할 필요가 없다. 여기서 우리는 그 끝을 삼가야 한다[敬終]^{경종}는 경계의
의미를 읽어낼 수 있다.

정괘의 단사(彖辭)나 「단전(彖傳)」은 내용이 어렵지는 않지만, 그 뜻
하는 바가 깊다. 제4장을 음미하는 데 참고가 되기를 바란다.

이노해노(以老解老)

제1장부터 보이던 상명(常名)인 무(無)와 유(有)에 관한 이야기를 일
단락하고 드디어 도(道)를 이야기한다.

먼저 첫 구절과 관련해서 『회남자(淮南子)』 권12 「도응훈(道應訓)」에
나오는 사례를 살펴보자.

조양자(趙襄子)가 (군대를 보내) 적(翟)나라를 쳐서 이기고 우인(尤人)과 종인
(終人)을 빼앗았다. 사자가 돌아와서 이 사실을 보고하자 양자가 때마침
식사를 하려고 하다가 그 말을 듣고 근심에 잠기는 듯했다. 이에 측근이
말했다.

"하루아침에 두 읍을 항복 받은 것은 보통 사람이라면 기뻐할 일입니다.
그런데 주군께서는 침통한 표정을 짓고 계시니 어째서입니까?"

양자가 말했다.

"강하(江河-장강과 황하)의 물은 범람한다 해도 사흘이면 빠지고 질풍 폭우
라도 온종일 계속되지는 않는 법이다. 지금 조씨(趙氏)가 아무런 덕행도 쌓
은 것이 없건만 하루아침에 두 읍을 항복 받은 것은 틀림없이 멸망할 조짐
이 아니겠는가!"

공자가 이 말을 듣고 말했다.

"조씨 집안은 번성할 것이다."

대개 근심하는 것은 번영을 가져다주는 요인이고 기뻐하는 것은 멸망을 가져다주는 요인이다. 이기는 것이 어려운 것이 아니라 승리를 유지해 나가는 것이야말로 어려운 일이다. 뛰어난 군주는 이처럼 승리를 지켜나갔기에 그 복덕이 후세에까지 미치게 됐다. 제(齊)나라·초(楚)나라·오(吳)나라·월(越)나라가 모두 지난날 이긴 적이 있었지만 끝내 멸망한 것은 승리를 지키는 비결을 몰랐기 때문이다.

오직 도가 있는 군주만이 승리를 지켜갈 줄 아는 법이다. 공자는 성문의 장군목을 뽑아낼 정도로 힘이 셌지만, 장사라는 평판이 난 적이 없고 묵자는 공격해 오는 공수반(公輸般)을 막고 굴복시켰지만, 병가(兵家)로 알려진 일이 없었다. 승리를 지키는 데 뛰어난 사람은 강(强)을 속에 감추고 굳이 약(弱)을 드러내는 법이다.

그래서 노자가 말하기를 "도란 텅 비어 있지만, 그것을 (아무리) 쓰더라도 혹 끝이 없다"라고 했다.

제4장이 도의 모습이라면 제77장은 도의 쓰임[用]을 보여준다. 쓰임과 관련해서는 11-2에 나오는 다음 구절을 염두에 둬야 한다.

그래서 유(有)는 이로움을 만들어내고 무(無)는 쓰임을 만들어낸다[故有之以爲利無之以爲用].

도와 무가 밀접하게 연결돼 있음을 알 수 있다. 이제 제77장을 읽어보자.

하늘의 도(道)는 아마도 활을 당기는 것과 같다고 할 수 있으리라. 높은 것은 늘러주고 낮은 것은 들어 올려주며 여유가 있는 자에 대해서는 덜어주고 모자란 자에 대해서는 더해준다[天之道 其猶張弓與 高者抑之 下者舉之 有餘者損之 不足者補之].

하늘의 도는 (이처럼) 여유가 있으면 덜어주고 모자라면 더해주는데 사람의 도는 그렇지가 않다[天之道 損有餘而補不足 人之道則不然].

부족함에서 덜어내어 여유로움을 받든다. 누가 능히 여유로움으로 천하를 받들 수 있는가? 오직 도를 소유한 자일 뿐이다[損不足以奉有餘 孰能有餘以奉天下 唯有道者].

이 때문에 성인(聖人)은 '행하면서도 으스대지 않고 공로가 이뤄져도 자기가 했다고 하지 않으니' 그것은 현(賢-뛰어남)을 드러내고 싶어 하지 않기 때문이다[是以 聖人 爲而不恃 功成而不處 其不欲見賢].

이는 고스란히 "그 날카로움을 무디게 하고 그 헝클어짐을 풀어내고 그 빛남을 누그러뜨리고 그 티끌 같음을 함께한다"에 대한 보충 풀이가 된다. 이 부분과 관련해서 『회남자(淮南子)』 권12 도응훈(道應訓)에 나오는 사례를 살펴보자.

오기(吳起)가 초나라 영윤(令尹-재상)이 돼 위(魏)나라에 가게 됐을 때 초나라 대부 굴의약(屈宜若)에게 물었다.

"초왕께서는 나의 무능함을 알지 못하시고 불초한 나를 일으켜 영윤으로 삼았습니다. 선생께서는 이 기(起)가 하고자 하는 일에 대해 평가를 해주시겠습니까?"

굴자(屈子)가 말했다.

"장차 무엇을 하고 싶습니까?"

오기가 말했다.

"초나라 고위 관직을 깎아서 공평하게 하고, 남는 것을 덜어내어 그 부족한 부분을 메우고 또 갑병을 잘 훈련해 때가 오면 천하와 승리를 다투려 합니다."

굴의약이 말했다.

"제가 듣건대 옛날에 국가를 잘 다스리는 사람은 옛 제도를 바꾸지 않고 일상적인 관례를 함부로 고치지 않는다고 했습니다. 지금 그대는 초나라 고위 관직을 깎아서 공평하게 하고 남는 것을 덜어내어 그 부족한 부분을 메우려 하고 있습니다. 이는 옛 제도를 바꾸는 것이고 일상적인 관례를 함부로 고치는 것입니다. 이런 일을 행하는 자에게는 이로운 일이 일어나지 않습니다.

또 제가 듣건대 분노란 덕에 어긋나는 짓이고 전쟁이란 흉기이며 다투는 것은 사람이 하는 일 중에 지엽말단이라고 했습니다. 그런데 그대는 남몰래 덕을 거스르고 흉기를 쓰기를 좋아하며 사람이 하는 일 중에 지엽말단을 시행하려 하니 도를 어기는 바가 너무도 심합니다.

또 그대는 노나라 병사를 동원해 제나라에 불의의 승리를 거두고 위(魏)나라 병사를 동원해 진(秦)나라에 불의의 승리를 거뒀습니다. 제가 듣건대 남을 재앙에 빠트리지 않으면 스스로 재앙을 당할 일이 없다고 했습니다. 나는 실로 우리 왕께서 여러 차례 하늘의 도리를 어기고 사람의 이치에 어그러지는 일을 하고서도 지금까지 아무런 재앙을 당하지 않아 이상하게 여겨왔는데 그대를 기다렸던 것이군요."

오기는 두려워하며 말했다.

"지금이라도 고칠 수 있겠습니까?"

글자가 말했다.

"이미 형체가 갖춰진 자는 고칠 수 없다고 했습니다만 그대는 (지금이라도) 돈독한 사랑을 베풀고 그것을 독실하게 행해야 할 것입니다."

그래서 노자가 말하기를 "그 날카로움을 무디게 하고 그 헝클어짐을 풀어 내고 그 빛남을 누그러뜨리고 그 티끌 같음을 함께한다"라고 했다.

이어지는 제5장과의 문맥에서 보자면 제4장은 다름 아닌 도(道)의 대인(大仁)한 모습이라 할 수 있다.

제5장

<ruby>天<rt>천</rt></ruby><ruby>地<rt>지</rt></ruby><ruby>不<rt>불</rt></ruby><ruby>仁<rt>인</rt></ruby><ruby>以<rt>이</rt></ruby><ruby>萬<rt>만</rt></ruby><ruby>物<rt>물</rt></ruby><ruby>爲<rt>위</rt></ruby><ruby>芻<rt>추</rt></ruby><ruby>狗<rt>구</rt></ruby>

천지 불인 이 만물 위 추구
天地不仁 以萬物爲芻狗

성인 불인 이 백성 위 추구
聖人不仁 以百姓爲芻狗

천지 지간 기유 탁약 호 허이불굴 동이유출
天地之間 其猶橐籥乎 虛而不屈 動而愈出

다언 삭궁 불여 수중
多言數窮 不如守中

하늘과 땅은 어질지 않아서 만물 만사를 짚강아지처럼 여기고

성인(聖人)은 어질지 않아서 백성을 짚강아지처럼 여긴다.

하늘과 땅 사이는 아마도 풀무 속과 같은 것인가? 비어 있으나 쪼그라들지 않고 움직일수록 더욱더 내놓는다.

말이 많으면 자주 궁하게 되니 빈속을 지키는 것만 못하다.

5-1

천지 불인 이 만물 위 추구 성인 불인 이 백성 위 추구
天地不仁 以萬物爲芻狗 聖人不仁 以百姓爲芻狗

하늘과 땅은 어질지 않아서 만물 만사를 짚강아지처럼 여기고
성인(聖人)은 어질지 않아서 백성을 짚강아지처럼 여긴다.

번역 비평
주어를 먼저 풀어야 한다.

하늘과 땅은 도를 본받고 성인은 하늘과 땅을 본받아 자기의 덕으로 삼는데 이 도를 본받은 하늘과 땅은 어질지 않다고 말한다. 왜? 하늘과 땅을 본받은 성인(聖人)은 또 왜? 그것은 제4장과 연결할 때 답이 있다. 제5장을 제4장과의 연결 선상에서 읽어야 함을 보여주는 것이 제25장(25-10)이다.

사람은 땅을 본받고 땅은 하늘을 본받고 하늘은 도를 본받고 도는 자연스러움을 본받는다[人法地 地法天 天法道 道法自然].

그러면 제4장은 도(道)가 자연스러움을 본받는 모습이라 할 수 있다. 이제 역으로 내려오는 것이다. 그리고 여기서 말하는 사람이란 곧 성인(聖人)이다. 인(仁)의 문제는 풀이에서 자세히 검토하도록 하겠다.

여기서 지적해둘 점이 하나 있다. 조은정 교수는 『죽간에 반영된 『노자』의 언어』에서 "통행본(-왕필본)에서는 도(道)가 천(天) 앞에 놓여서 도-천-지-왕 순서를 따르고 있"지만 곽점본에서는 "천-지-도-왕 순서로 돼 있다"며 도가 처음에는 하늘과 땅 뒤에 있다가 진한(秦漢) 이후부터 대부분 하늘과 땅 앞에 놓이게 됐다고 말한다. 그 사이에 도의 개념이 확대됐다는 뜻이다. 참고할 만하다.

왕필 주(王弼注)

천지 임 자연 무위 무조 만물 자상 치리 고 불인 야
天地任自然 無爲無造 萬物自相治理 故 不仁也

인자 필 조립 시화 유은 유위 조립 시화 즉 물 실 기진
仁者 必造立施化 有恩有爲 造立施化 則物失其眞

유은 유위 즉 물 불 구존 물 불 구존 즉 부족이 비재
有恩有爲 則物不具存 物不具存 則不足以備載

천지 불 위수 생추 이 수 식추 불 위인 생구 이 인 식구
天地 不爲獸生芻 而獸食芻 不爲人生狗 而人食狗

무위 어 만물 이 만물 각 적 기 소용 즉 막불 첨의
無爲於萬物 而萬物各適其所用 則莫不瞻矣

약 혜 자기 수 립 미족 임 야
若慧自己樹[＝효] 未足任也

성인 여 천지 합 기덕 이 백성 비 추구 야
聖人與天地合其德 以百姓比芻狗也

하늘과 땅은 자연스러움에 (모든 것을) 맡겨 억지로 함도 없고[無爲]
억지로 만듦도 없으니[無造] 만사는 스스로 서로를 잘 다스린다. 그래
서 어질지 않다고 한 것이다.

어진 자가 반드시 뭔가를 억지로 만들어 세우고 베풀어 교화하게
되면 (사사로운) 은혜가 있고 억지로 함이 있다[有恩有爲]. (하지만) 뭔가
를 만들어 세우고 베풀어 교화할 경우 만사는 자기의 참됨을 잃게 되
고 (또 사사로운) 은혜가 있고 억지로 함이 있게 되면 일은 함께 보존될
수 없으니 그렇게 되면 어진 자는 죄다 실어주기[載]에 부족하게 된다.

하늘과 땅이 짐승을 위해 꼴을 만들어내는 것은 아니지만 짐승들
은 꼴을 먹고 사람을 위해 개를 만들어내는 것은 아니지만 사람들은
개를 잡아먹는다.

(이처럼 하늘과 땅이) 만사에 억지로 하지 않더라도 만사는 각자 그 쓰
일 바에 나아가니 그렇게 되면 넉넉하지 않음이 없다.

(그러나 반대로) 만일 지혜를 자기로부터 (억지로) 세우게 되면 (만사를) 떠맡기에 충분치 못한다.

성인(聖人)은 그 덕을 (인간사가 아니라) 하늘과 땅과 합치시키기에 그래서 백성을 짚강아지에 비견한 것이다.

풀이

우선 차례부터 분명히 하자.

자연스러움-도-천-지-인 차례이지만 조은정 교수에 따르면 원래는 순서가 이와 달랐다고 한다. 도는 자연스러움을 본받고 이제 하늘과 땅이 도를 본받을 것이고 성인(聖人)은 이런 하늘과 땅을 본받을 것이다. 그것은 자연스러움을 본받는다는 것일 뿐이다. 이렇게 정리한 다음에 5-1을 다시 음미하며 읽어보자.

하늘과 땅은 어질지 않아서 만물 만사를 짚강아지처럼 여기고
성인(聖人)은 어질지 않아서 백성을 짚강아지처럼 여긴다.

이때 어질다[仁]는 것은 만물 만사를 위해, 백성을 위해 뭔가를 억지로 하는 것이다. 그런데 짚강아지처럼 여긴다는 말은 무시한다는 뜻이 아니라 억지로 행하지는 않지만, 그 혜택을 만물 만사가 누리고 온 백성이 누린다는 뜻이다. 그 점을 풀어낸 것이 왕필 주다.

하늘과 땅이 짐승을 위해 꼴을 만들어내는 것은 아니지만 짐승들은 꼴을 먹고 사람을 위해 개를 만들어내는 것은 아니지만 사람들은 개를 잡아먹

는다.

(이처럼 하늘과 땅이) 만사에 억지로 하지 않더라도 만사는 각자 그 쓰일 바에 나아가니 그렇게 되면 넉넉하지 않음이 없게 된다.

여기서는 인(仁)을 공자가 말한 어짊[仁=愛人]과 억지로 연결 지을 필요가 없다. 김충열 교수의 풀이가 곡진하다. 여기서 김충열 교수는 인(仁)을 '인정을 베풀다' 정도로 풀고 있다.

천지는 특별히 어느 일물(一物)에 대해서만 인정을 베푸는 일이 없다. 그 사물이 돼가고 변해가는 것이 자연 섭리에 맡겨져 있는 이상 그것은 천지로서도 어찌할 수 없는 일이니, 만일 천지가 마음을 써줌으로써 사물이 더 오래 생(生)과 성(成)을 누릴 수 있다고 하더라도 천지는 그렇게 하지 않는다. 그 일물에 인정을 베풀다가는 오히려 천하 만물 모두를 망치게 될 것이기 때문이다. 그래서 인정 쪽에서 보면 천지는 만물에 대해서 인(仁)은 있으되 그 인을 어느 하나에 베풀지 않는다는 것이다. 여기서 불인(不仁)과 무인(無仁)을 구분해봐야 한다. 무인은 인이 아주 없는 것이고 불인은 인하지만 인을 베풀지 않는 것이다. 성인이 불인해 백성을 추구(芻狗)로 대하듯 한다는 뜻도 이와 같다.

이노해노(以老解老)
제56장(1~6절)은 5-1에 대한 보충풀이 역할을 한다.

지자(知者)는 말하지 않고 언자(言者)는 알지 못한다.

그 구멍을 막고 그 문을 닫으며 그 날카로움을 꺾고

그 뒤엉킴을 풀고 그 빛을 부드럽게 하고 그 티끌을 고르게 한다.

이를 일러 현동(玄同)이라고 한다.

그래서 친할 수도 없고 소원할 수도 없으며

이롭게 해줄 수도 없고 해롭게 해줄 수도 없으며

귀하게 해줄 수도 없고 천하게 해줄 수도 없다.

그래서 천하의 가장 귀함이 된다.

현동(玄同)이란 앞서 말한 항(恒)의 상태를 충분히 이해한 것을 말한다. 이런 현동(玄同)하는 태도를 가진 사람이 따로 누구를 특정해서 사랑할 수 없으니 그래서 "어질지 않아서 백성을 짚강아지처럼 여긴다"라고 말한 것이다.

이때 인(仁)이란 친(親)이나 사(私)와 같은 뜻으로 사사로이 누군가를 친애한다는 뜻이다. 굳이 말하면 소인(小仁), 작은 어짊이나 사소한 어짊이다. 그렇게 될 경우 공(公)에 이를 수 없다.

현동(玄同)에 대해서는 제56장에서 보다 상세하게 검토할 것이다.

5-2

천지　지　간　기유　탁약　호　허　이　불굴　동 이 유출
天地之間 其猶橐籥乎 虛而不屈 動而愈出

하늘과 땅 사이는 아마도 풀무 속과 같은 것이리라! 비어 있으나 쪼그라들지 않고 움직일수록 더욱더 내놓는다.

하늘과 땅 사이를 '풀무 속'에 비유하고 그 공통점을 "비어 있으나 쪼그라들지 않고 움직일수록 더욱더 내놓는다"라고 했다.

탁(橐)이란 옛날에 대장간에서 불을 피울 때 바람을 일으키는 풀무를 말한다.

약(籥)은 열쇠나 피리를 말하기도 하지만 텅 빈 공간을 뜻하기도 한다. 서양의 파이프 오르간을 탁약(橐籥)이라고 부르기도 한다. 그래서 탁약을 풀무와 피리로 옮기지 않고 '풀무 속 빈 공간'이라고 옮겼다.

왕필 주(王弼注)

橐 排橐也 籥 樂籥也

橐籥之中 空洞 無情無爲

故 虛而不得窮屈 動而不可竭盡也

天地之中 蕩然 任自然

故 不可得而窮 猶若橐籥也

탁(橐)이란 풀무이고 약(籥)은 피리[管]다.

풀무나 피리 속은 텅 비어 아무런 실상도 없고 억지로 함도 없다.

그래서 비어 있으면서도 극에 이르러 쪼그라들지 않을 수 있고 움직이더라도 남김없이 다 소진되지 않을 수 있다.

하늘과 땅의 가운데는 깨끗이 비어 있어 자연스러움에 (모든 것을) 맡긴다.

그래서 궁해질 수가 없으니 마치 풀무나 피리와 같다.

이노해노(以老解老)
5-2는 제4장 첫 문장과 상호 풀어주는 역할을 한다.

도란 텅 비어 있지만, 그것을 (아무리) 쓰더라도 혹 끝이 없다.

그러면서 자연스럽게 '하늘과 땅 사이[天地之間]'는 '하늘과 땅이 본
받고자 하는 자연스러운 도'가 된다.

여기서는 풀무만을 예로 들고 있지만 제11장에서는 보다 다양한
사례를 언급한다.

11-2를 보자.

진흙을 이겨서 그릇을 만드는데 그 그릇 속이 비어 있기 때문에 그릇의 쓰
임이 있게 되고 문과 창을 뚫어 방을 만드는데 그 방 속이 비어 있기 때문
에 방의 쓰임이 있게 된다[埏埴以爲器 當其無 有器之用 鑿戶牖以 爲
室 當其無 有室之用].

그래서 유(有)는 이로움을 만들어내고 무(無)는 쓰임을 만들어낸다[故 有
之以爲利 無之以爲用].

여기서 중요한 것은 유(有)는 이로움을 만들어내고 무(無)는 쓰임
을 만들어낸다는 말이다. 무는 이처럼 도, 쓰임[用]과 연결돼 사용되고
있다.

풀이

하늘과 땅 사이가 텅 비어 있는 것은 풀무 속이 비어 있으면서 그 비어 있음으로 인해 풀무가 제 기능을 하게 되는 것과도 같다는 말이다.

하늘과 땅, 풀무는 모두 비유이며 제5장의 핵심은 바로 이어지는 5-3이다.

5-3

多言數窮 不如守中
<small>다언 삭궁 불여 수중</small>

말이 많으면 자주 궁하게 되니 빈속을 지키는 것만 못하다.

번역 비평

비운다는 것은 비유로 결국은 말을 많이 하지 않는 것이 비움이다. 불언지교(不言之教)와 연결되는 것이니 5-3의 주어는 임금이다.

여기서 중(中)은 '가운데'도 아니고 '적중하다'도 아니고 '텅 비어 있음 혹은 텅 비움[中]'이다.

왕필 주(王弼注)

愈爲之 則愈失之矣
<small>유 위지 즉 유 실지 의</small>
物樹其慧 事錯其言 其慧不濟 其言不理 必窮之數也
<small>물 수 기혜 사 착 기언 기혜 부제 기언 불리 필 궁지 삭 야</small>

橐^탁籥^약而^이守^수數^수中^중 則^즉無^무窮^궁盡^진 棄^기己^기任^임物^물 則^즉莫^막不^불理^리 若^약橐^탁籥^약有^유意^의
於^어爲^위聲^성也^야 則^즉不^부足^족以^이共^공吹^취者^자之^지求^구也^야

억지스러운 행함을 더 할수록 더욱 도를 잃게 된다.

사물에 그(임금)의 지혜를 심고 일에 그의 말을 덧붙여놓았는데 그 지혜로는 (사물을) 구제하지 못하고 그 말로는 (일이) 다스려지지 않으니 반드시 궁하게 되는 일이 잦은 것이다.

풀무의 경우 그 빈속[中]을 지키면 막히거나 다함이 없다. 자기를 버리고[棄己=無爲] 일과 사물에 맡기게 되면 다스려지지 않는 바가 없다. 만약에 풀무가 억지로 소리를 내려는 뜻을 갖게 된다면 풀무질하는 자가 요구하는 대로 소리를 낼 수가 없게 된다.

풀이

먼저 왕필 주에서 주목해야 할 표현이 있다. 물(物)과 사(事)를 나란히 세우고 있다는 점이다. 필자의 관점에서 이는 물(物) 또한 물건이나 사물이 아니라 일임을 보여주는 것이다.

『도덕경』 본문으로 돌아가 보자.

말이 많으면 자주 궁하게 되니 빈속을 지키는 것만 못하다.

여기서 짚어야 할 점은 "말이 많으면"의 주어가 누구인가 하는 것이다. 두말할 것도 없이 그것은 임금이다. 신하나 백성을 염두에 둔 말이 아니다.

결국 제5장의 결론은 이런 뜻이다. 하늘과 땅 사이의 도(道)처럼, 풀무 속처럼 임금이라면 늘 빈속을 지키는 것이 도와 하늘과 땅의 자연스러움을 본받는 것이 된다는 뜻이다. 빈속을 지킨다는 것은 왕필 주대로 자기를 버리는 것[棄己]이다.

이는 자연스럽게 제2장(2-2)에서 말한 "이런 자연스러움을 갖고서 성인(聖人)은 무위(無爲)의 일에 처해[處=居] 불언(不言)의 가르침을 행한다"와 연결된다. 불언의 가르침을 행하려면 먼저 "빈속을 지켜야" 한다. 이렇게 볼 때 3-3에서 말한 "무위(無爲)한다면 다스려지지 않음이 없을 것이다"라는 말은 무위하는 정치의 효험을 표현한 것이라 할 수 있다.

다음 제6장은 곧바로 제5장에 이어져서 '빈속[中=沖]'이 가진 현묘한 작용을 이야기한다.

이노해노(以老解老)

따라서 다언(多言)은 말을 잘하는 것이 아니다. 말을 잘하는 것에 대해서는 제27장(27-2)이 간명하게 말해준다.

말을 잘하면 흠이나 허물이 없고[善言 無瑕謫[=讁]]

말을 잘한다는 것은 결국 불언(不言)의 가르침을 행하는 것이다. 이런 가르침을 행하려면 먼저 무위의 일에 처하지 않으면 안 된다. 성인이 무위의 일에 처하려면 땅을 본받고 하늘을 본받고 도를 본받아야 가능하다는 것은 앞에서 여러 차례 살펴본 바 있다.

공자도 말을 막힘없이 잘하는 것에 대해서는 녕(佞)이라고 해서 매우 부정적으로 봤다. 녕(佞)이란 교묘하게 말재간을 부린다는 뜻이다. 이와 관련해 『회남자(淮南子)』 권12 「도응훈(道應訓)」에 나오는 사례를 살펴보자.

왕수(王壽)가 책을 짊어지고 주(周)나라에 가서 (은둔자) 서풍(西馮)을 만났다. 서풍이 말했다.

"일이란 변화에 호응해 움직이는 것이요 변화란 때에 맞춰 생겨나는 것이니 그래서 때를 아는 자는 일정하게 정해진 행동이 없는 것이오. 책이란 말을 늘어놓은 것일 뿐이고 말이란 도를 아는 지자(知者)에게서 나오지요. 그래서 지자는 책을 소장하지 않소."

이에 왕수는 마침내 책을 불태우고서 춤을 추었다.

그래서 노자가 말하기를 "말이 많으면 자주 궁하게 되니 빈속을 지키는 것만 못하다"라고 했다.

'빈속[中]'은 다음 장의 골짜기 신령[谷神]과 연결된다.

제6장

곡신 불사　시위　현빈
谷神不死 是謂玄牝
현빈　지문 시위 천지 지근
玄牝之門 是謂天地之根
면면 약존 용지 불근
綿綿若存 用之不勤

골짜기 신령은 죽지 않으니 이를 일러 현묘한 암컷이라고 한다.

현묘한 암컷이 나오는 문(門), 이를 일러 하늘과 땅의 뿌리라고
한다.

면면히 이어져 겨우 존재하는 듯하지만 아무리 그것을 써도 다함이
없다.

번역 비평

왜 하필 그냥 암컷이 아니고 현묘한 암컷인가? 이 점에 대해서는
김충열 교수의 풀이가 큰 도움을 준다.

노자가 현(玄)이니 묘(妙)니 하는 용어를 쓸 때는, 듣는 자가 예나 비유로

제6장 **109**

든 실체에 집착할까 봐서 다시 그 형용물을 무형화(無形化)시키기 위해 '어두워서 보이지 않음', '미묘해서 파악할 수 없음'이라는 뜻으로 쓰는 것이다.

노자의 비유에는 반드시 그 비유물에 집착하는 것을 막기 위해 그것마저도 무(無)로 돌리는 용법이 있음을 알아야 한다.

비유가 풍성한 『도덕경』을 읽어가면서 늘 염두에 둬야 할 해석 지침이다.

근(勤)은 여기서는 '부지런하다'보다는 '다하다[盡]'는 뜻이다. 제4장 (4-1) "용지혹불영(用之或不盈)"의 영(盈)과 연결된다.

이노해노(以老解老)

제6장에는 이노해노(以老解老)로 풀어야만 하는 추상적인 어휘들이 많이 나온다. 그중 핵심은 곡(谷)과 빈(牝)이다. 먼저 『도덕경』 범위 안에서 골짜기, 즉 곡(谷)이 갖는 함의(含意)부터 짚어보자.

제15장(15-3)이다.

텅 비어 있음이여, 마치 골짜기와 같도다[曠兮其若谷]!

일단 여기에는 골짜기의 텅 비어 있음[曠=空=虛]이라는 특성을 언급하고 있다. 제5장에서 말한 '빈속[中]'도 같은 뜻이다. 제28장(28-3)을 보자.

그 영광을 알고 그 치욕을 지키면 천하의 골짜기가 되고

천하의 골짜기가 되면 늘 덕(德)은 마침내 넉넉해 다시 통나무로 돌아간다

[知其榮 守其辱 爲天下谷 爲天下谷 常德乃足 復歸於樸].

여기서 골짜기란 천하를 품어주는 어머니와 같은 표상을 띠고 있다. 제32장(32-4)은 조금 다른 각도에서 골짜기(의 물) 문제에 접근하는 길을 열어준다.

비유하자면 도가 천하에 행해지는 것은 마치 시내와 골짜기가 강과 바다로 흘러가는 것과 같다[譬道之在天下 猶川谷之與江海].

즉 골짜기는 도(道)와 같은 것으로 세상을 향해 나아가는 시원(始原)인 셈이다. 제41장(41-6)은 골짜기를 28-3과 비슷한 맥락에서 말한다.

최상의 덕(德)은 골짜기와 같고[上德若谷]

이는 스스로 가장 낮은 곳에 있으면서 모든 것을 받아들이고 모든 것을 내어주는 골짜기의 특성을 말한 것이다. 제6장과 가장 긴밀하게 연결돼 결정적인 시사점을 던져주는 것은 제61장이다.

큰 나라는 맨 아래로 흘러야 하니[大國者 下流] (그래야) 천하의 암컷이요 천하가 모이는 곳이 될 수 있다[天下之牝 天下之交].

암컷은 늘 고요함으로 수컷을 이기고 고요함으로 아래가 된다[牝 常以靜^{빈 상 이정}
勝牡 以靜爲下^{승모 이정 위하}].

그래서 큰 나라가 작은 나라에 자기를 낮추면 작은 나라를 귀의하게 만들
고[故 大國以下小國 則取小國^{고 대국 이하 소국 즉취 소국}] 작은 나라가 큰 나라에 자기를 낮추면
대국(의 마음)을 얻게 된다[小國以下大國 則取大國^{소국 이하 대국 즉취 대국}].

이를 보면 골짜기나 암컷은 일종의 비유로 스스로 가장 낮은 곳에
처함을 가리킨다. 이는 제6장을 이해하는 중요한 단서를 모두 포함하
고 있다. 더불어 골짜기나 암컷을 실제의 골짜기나 암컷으로 이해해서
는 안 되고 나라와 나라 간의 역학 관계에까지 확대해서 쓸 수 있는
유연한 개념임을 분명히 인식할 필요가 있다. 그런 점에서도 시사하는
바가 매우 크고 깊다.

좀 더 자세히 알고 싶으면 미리 제61장을 읽어보고 돌아오는 것도
해석학적 독법의 하나라 하겠다. 빈(牝)의 경우 제61장 중에서 "암컷은
늘 고요함으로 수컷을 이기고 고요함으로 아래가 된다[牝 常以靜勝牡^{빈 상이정 승모}
以靜爲下^{이정 위하}]"는 점만 염두에 두면 충분하다.

또 이노해노(以老解老)로 풀어야만 하는 어휘는 불사(不死)다. 『도덕
경』 전체에서 불사라는 말은 여기에 단 한 번밖에 나오지 않는다. 이
를 섣불리 불멸성(不滅性) 운운하면 옆길로 새고 만다. 제39장(39-3)은
이를 풀어내는 실마리를 준다.

골짜기들은 가득 차 있는 상태로만 있으려 하지 않으니 (이는 그렇게 할 경우)
장차 말라버릴까 두려워하기 때문이다[谷無以盈 將恐竭^{곡 무이 영 장 공갈}].

골짜기의 신령이나 혼은 저절로 죽지 않는 것이 아니라 늘 자기를 비우려 함으로써 오래가는 상태를 유지할 수 있다는 말이다. 불사(不死)를 이해할 수 있는 실마리는 제50장(50-1)이다.

사는 길에서 벗어나면 죽는 길로 들어선다[出生入死].

노자에게는 사는 길과 죽는 길 외에 제3의 길은 없다. 불사(不死)란 곧 사는 길을 걸어간다는 뜻이다.

왕필 주(王弼注)

谷神 谷中央無谷也 無形無影 無逆無違 處卑不動 守靜
不衰 谷以之成 而不見其形 此至物也
處卑而不可得而名 故 謂之玄牝
天地之根 綿綿若存 用之不勤 門 玄牝之所由也 本其所由
與太極同體 故 謂之天地之根也
欲言存邪 則不見其形 欲言亡邪 萬物以之生 故曰 綿綿
若存也
無物不成 用而不勞也 故曰 用之不勤也

"골짜기 신령"이란 골짜기 가운데 있는 무곡(無谷-골짜기라는 형체나 흔적을 넘어선 곳)이다. 형체도 없고 그림자도 없고 거스름도 없고 어김도 없이 낮은 곳에 처해서 전혀 움직이지 않고 고요함을 지켜내며 조금도

쇠하지 않는다. 골짜기는 그것(-골짜기 신령)에 의해 이뤄져 있어 정작 자기 모습은 드러내지 않으니 이는 지극한 존재[至物^{지물}]다.

가장 낮은 곳에 처해 있어 뭐라고 이름 지을 수가 없으니 그래서 그것을 일러 "현묘한 암컷[玄牝^{현빈}-현묘한 골짜기]"이라고 했다.

하늘과 땅의 뿌리는 면면히 이어져 겨우 존재하는 듯하지만, 그것을 아무리 써도 다함이 없고 문(門)이란 현묘한 암컷이 비롯된 곳이다. 그 비롯된 곳의 근원으로 올라가 보니 극(極)과 한 몸이라 그래서 말하기를 "하늘과 땅의 뿌리"라고 했다.

있다고 말하려니 그 형체가 드러나지 않고 없다고 말하려니 만물만사가 그로 인해 생겨난다. 그래서 말하기를 "면면히 이어져 겨우 존재하는 듯[綿綿若存^{면면 약존}]"이라고 했다.

어떤 일이나 사물도 이뤄주지 않는 바가 없는 데 아무리 써도 수고롭지 않으니 그래서 말하기를 "아무리 써도 다함이 없다"라고 했다.

풀이

왕필 주가 곡진하다.

제5장에서 이어져 역시 도(道)를 말하고 있는데 이 제6장을 이해하는 실마리는 제4장 첫 대목이다.

도란 텅 비어 있지만, 그것을 (아무리) 쓰더라도 혹 끝이 없다.
깊도다[淵兮^{연 혜}], 마치 만사의 으뜸과 같구나!

골짜기란 비어 있고 가장 낮은 곳에 자리한 것을 비유적으로 표현한 것이다. 그러면서도 골짜기 신령은 만물 만사를 생겨나게 해준다. 즉 골짜기란 하늘과 땅 사이이고 골짜기 신령이란 도(道)를 비유해 말한 것이다. 자기는 텅 비어 있으면서도 그 쓰임은 무한한 것, 즉 도(道)를 여기서는 골짜기라고 했고 암컷이라고 했다.

면면(綿綿)이란 가느다란 실이 끊어질 듯 말 듯하면서 겨우 이어져 있는 모습을 나타내는 의태어다. 『시경』 「대아(大雅) · 면(綿)」편 첫머리에 '면면과질(綿綿瓜瓞)'이라는 말이 나온다. "면면히 이어진 오이 덩굴이여"라는 뜻이다. 이 면면(綿綿)을 부절모(不絶貌)로 풀이하는데 '끊어지지 않는 모양'이니 여기서와 같은 뜻이라 하겠다.

제7장

天長地久 天地所以能長且久者 以其不自生 故 能長生
是以 聖人 後其身而身先 外其身而身存
非以其無私邪 故 能成其私

하늘과 땅은 장구한데 (이처럼) 하늘과 땅이 능히 장구할 수 있는 까닭은 하늘과 땅이 자기 삶을 억지로 영위하지[自生] 않기 때문이다. 그래서 능히 오래 살아갈 수 있다.

이 때문에 성인(聖人)은 자기 몸을 뒤로 물리지만 몸이 앞서게 되고 자기 몸을 도외시하지만 몸이 보존된다.

(이는) 그에게 사사로움이 없기 때문이 아니겠는가! 그래서 능히 자기 사사로움을 이뤄낼 수가 있다.

번역 비평

하늘과 땅의 비유는 결국 성인(聖人)의 처신을 말하기 위함이다.

우선 골짜기 신령의 불사(不死)에 이어서 하늘과 땅이 장구(長久)하다고 말한다. 따라서 불사(不死)는 장구함의 범위 안에 속하는 것임을 알 수 있다.

여기서 집중적으로 검토해야 할 말은 자생(自生)이다. 노자는 자생(自生)하지 않으므로 능히 장생(長生)할 수 있다고 말한다. 얼핏 자생(自生)은 스스로 생겨나는 것이니 자연스러움에 가까운 것처럼 보인다. 그런데 여기서 노자는 불자생(不自生)하므로 장생(長生)할 수 있다고 말하고 있다. 그러면 자생(自生)을 어떻게 이해하고 해석하고 옮겨야 하는가. 김충열 교수는 제37장에 나오는 도상무위(道常無爲)를 가져와서 풀어낸다.

도상무위(道常無爲), 즉 "도는 늘 무위하다" 또는 "도가 항상[常]할 수 있는 것은 그가 무위자연하기 때문이다"라는 말의 다른 표현인데, '생(生)' 자를 쓴 것이 더 현실적으로 와닿는 예인 것 같다. 천하 만물은 모두 살기 위해 산다고나 할까? 생의 문제에 모든 것을 집중·집착하고 있다. 그래서 그 '생' 때문에 다툼이 일어난다.
모두 자기의 '삶'을 영위하기 위해 남과 대립하거나 다투고, 심지어 그 취생(取生) 때문에 결국은 죽고 살고 한다. 살기 위한다는 것이 어리석게도 죽음을 재촉하는 일이 되고 마는 것이다. 이는 모두 '생'을 자기만의 것, 자사자리(自私自利)의 뿌리로 만들고 있기 때문이다. 그런 의미에서 "불자생(不自生) 고능장생(故能長生)"은 실로 노자다운 역논리(逆論理)이고 반대 효과의 극치라고 하겠다.

이런 역논리, 반대 효과를 노자는 현(玄)이라고 했다. 그렇다면 여기서는 불자생(不自生)을 "자기 삶을 억지스럽게 영위하지 않는 것"이라고 옮겨야 한다.

왕필 주(王弼注)

自生則與物爭 不自生則物歸也
無私者 無爲於身也 身先身存 故曰 能成其私也

(억지스러운 힘을 가해) 스스로 어떤 것을 생겨나게 하면 외부의 일이나 사물과 다투게 되고 자기 삶을 억지로 영위하지 않으면 일과 사물은 (원래 본성으로) 돌아간다.

"사사로움이 없다"라는 것은 자신에게 억지스러움을 행하지 않기 때문에 몸이 앞서게 되고 몸이 보전되는 것이니, 그래서 말하기를 "능히 자기 사사로움을 이뤄낼 수가 있다"라고 한 것이다.

풀이

앞서 말한 대로 골짜기 신령의 불사(不死)에 이어지는 내용이라 달리 새로울 것은 없고, 불사나 장구할 수 있는 까닭을 보다 상세하게 풀어내고 있다.

제7장의 핵심 내용은 성인(聖人)은 "(억지스러운 힘을 가해) 스스로 어떤 것을 생겨나게 하지 않는" 하늘과 땅을 본받아 자기를 내세우지 않는다는 부분이다. 이 역시 성인 혹은 성왕이 하늘과 땅의 자연스러움을 본받아 처신하는 모습이다.

이노해노(以老解老)

제7장에서 풀이가 요구되는 대목은 다음 구절이다.

이 때문에 성인(聖人)은 자기 몸을 뒤로 물리지만 몸이 앞서게 되고 자기 몸을 도외시하지만, 몸이 보존된다.

이에 대한 상세한 풀이가 제2장(2-3)에 있다.

(항이나 도를 체화한 성인 혹은 성왕은) 만물 만사를 일어나게 하면서도 내세우지 않고[不辭=不伐], (일을) 낳아주면서도 가지려 하지 않고, (일을) 행하면서도 으스대지 않고, 공로가 이뤄져도 자기가 했다고 하지 않는다.
무릇 오직 자기가 했다고 자처하지 않으니 이 때문에 사라지지 않는다.

주어는 당연히 성인(聖人), 성왕(聖王)이다. 공로를 내세우지 않은 것 [不辭=不伐]이야말로 성인이 도(道)와 천지(天地)로부터 본받아야 할 자연스러움[恒=自然]이다.
이와 관련해 『회남자(淮南子)』 권12 「도응훈(道應訓)」에 나오는 사례를 살펴보자.

공의휴(公儀休)가 노나라 재상으로 있을 때 생선을 좋아한다는 소문을 듣고서 온 나라 사람이 생선을 갖다 바치자 공의휴는 받지 않았다. 그 제자가 간언해 말했다.
"선생님은 생선을 좋아하시면서 받지 않으시니 어째서입니까?"

공의휴가 대답해 말했다.

"물론 생선을 아주 좋아하지. 그렇기에 받지 않는 것이다. 만일 생선을 받을 경우 재상에서 면직될 텐데 그러면 아무리 생선을 좋아해도 더는 스스로 생선을 공급받을 수가 없지. (반면에) 생선을 받지 않아 재상에서 면직되지 않는다면 능히 오래오래 생선을 공급받을 수 있어."

공의휴야말로 남을 위하고 자기를 위하는 데 밝은 사람이었다.

그래서 노자가 말하기를 "성인(聖人)은 자기 몸을 뒤로 물리지만 몸이 앞서게 되고 자기 몸을 도외시하지만, 몸이 보존된다. (이는) 그에게 사사로움이 없기 때문이 아니겠는가! 그래서 능히 자기 사사로움을 이뤄낼 수가 있다"라고 했다. 또 말하기를 "만족할 줄 알면 치욕을 당하지 않는다[知足不辱]"라고 했다.

지족불욕(知足不辱)은 제44장에 나오는 말인데 지족(知足)을 체계적으로 풀어낸 장이 제9장이다.

이제 마지막 문장만 풀면 된다.

(이는) 그에게 사사로움이 없기 때문이 아니겠는가! 그래서 능히 자기 사사로움[其私]을 이뤄낼 수가 있다.

얼핏 보면 역설처럼 보인다. 사사로움이 없어 사사로움을 이뤄낸다고 하면 '자기 사사로움[其私]'은 대체 무엇인가? 여기서 우리는 노자 말하기의 특징 하나를 포착할 수 있다. 최진석 교수는 이를 다음과 같이 간명하게 정리한다.

노자의 철학은 언뜻 보면 소극적이고 모든 이로움을 방기하는 달관한 은자(隱者)의 이론 같지만, 사실은 더 크고 진정한 효과를 기대하는 철학이다. 자신의 사적인 기준이나 의욕을 버리는 것은 자신의 사적인 기준이나 의욕을 포기하기 때문이 아니라 그것이 바로 능히 그 자신을 완성할 수 있는 길이기 때문이다.

제7장은 이런 역설을 고스란히 담고 있다. 하늘과 땅은 스스로 아무것도 생겨나게 하지 않기 때문에 능히 오래 살아갈 수 있다. 성인(聖人)은 자기 몸을 뒤로 물리지만 몸이 앞서게 되고 자기 몸을 도외시하지만, 몸이 보존되며 이런 연장선에서 사사로움이 없으므로 능히 자기 사사로움을 이뤄낼 수가 있다.

이렇게 해서 우리는 제1장부터 제3장까지는 명(名) 문맥을 따라왔고 제4장부터 제7장까지는 도(道) 문맥을 따라왔다.

지금까지가 도의 모습이었다면 앞으로는 도의 내용으로 들어간다.

제8장

_{상선 약수 수 선리 만물 이 부쟁 처 중인 지 소오}
上善若水 水 善利萬物而不爭 處衆人之所惡
_{고 기어 도}
故 幾於道
_{거 선지 심 선연 여 선인 언 선신 정 선치 사 선능 동 선시}
居善地 心善淵 與善仁 言善信 正善治 事善能 動善時
_{부 유 부쟁 고 무우}
夫唯不爭 故 無尤

가장 잘하는 것은 물과 같다. 물은 만물 만사를 잘 이롭게 해주면서도 다투지 않고 뭇사람들이 싫어하는 곳(즉 가장 낮은 곳)에 처한다.

그래서 (물은) 거의 도(道)에 가깝다.

거처함에 땅을 '잘' 고르고 마음가짐에 깊고 그윽하게 하기를 '잘'하고 남과 더불어 할 때는 어짊을 '잘' 행하고 말을 할 때는 믿음을 '잘' 주고 바로잡을 때는 다스림을 '잘'하고 일을 할 때는 능력을 '잘' 발휘하고 움직일 때는 때를 '잘' 맞춘다.

(이 과정에서) 무릇 전혀 다투지를 않으니 그래서 허물이 없다.

8-1

상선 약수 수 선리 만물 이 부쟁 처 중인 지 소오
上善若水 水 善利萬物而不爭 處衆人之所惡

가장 잘하는 것은 물과 같다. 물은 만물 만사를 잘 이롭게 해주면서도 다투지 않고 뭇사람들이 싫어하는 곳(즉 가장 낮은 곳)에 처한다.

번역 비평

상선(上善)의 선(善)은 그냥 '잘'이다. 8-3에서 이 점을 확인할 수 있다. 상(上)은 최상(最上)이다.

제6장의 골짜기와 암컷에 이어 이번에는 물이다. 이어서 말하듯이 물을 끌어들인 이유는 물은 거의 도에 가깝기 때문이다. 그렇다면 물에는 어떤 속성이 있길래 도에 가깝다고 말하는 것일까? 2가지를 언급한다.

첫째, 만물 만사를 잘 이롭게 해주면서도 남과 다투지 않는다.

둘째, 뭇사람들이 싫어하는 가장 낮은 곳에 스스로 머무른다.

이 둘은 앞서 봤던 대로 도(道)의 효능이다. 다만 한 가지 덧붙여진 게 있다면 부쟁(不爭), 즉 남과 다투지 않음인데 이는 제8장의 핵심 주제이기도 하다.

부쟁(不爭)이 얼마나 중요한 문제인지는 마지막 장인 제81장(81-5)이 부쟁으로 끝난다는 사실을 통해 해석학적으로 선취(先取)해 미뤄 헤아려 알 수 있다.

하늘의 도(道)는 (사람들에게) 이로움을 주지 해로움을 주지 않고
성인(聖人)의 도는 (백성을 위해) 일을 행하되 다투지 않는다[爲而不爭].

위이부쟁(爲而不爭)은 『도덕경』의 결론이자 최종 주제라 할 수 있다. 이 끝은 해석학적 전체를 희미하게나마 우리에게 보여준다는 점에서 매우 중요하다. 어둠 속 항해의 등대와 같다.

왕필 주(王弼注)

人惡卑也

사람은 (누구나) 낮고 비천한 것을 싫어한다.

풀이
도(道)가 이러하듯이 물 또한 이와 같다는 것으로 당연히 성인(聖人)이라면 바로 이 점을 본받아야 한다. 자연스럽게 8-2로 이어진다.

이노해노(以老解老)
『도덕경』에서 물은 어떤 이미지이며 또 부쟁(不爭)을 강조하는 것은 어떤 맥락에서인가. 먼저 물에 대해서는 제78장(78-1)에서 이렇게 말한다.

천하에 물보다 부드럽고 약한 것은 없지만 딱딱하고 강한 것을 공격함에

있어 그 어떤 것도 물을 이길 수 없다[天下莫柔弱於水 而攻堅强者 莫之_{천하 막 유약 어 수 이 공 견강 자 막지}

能勝]_{능승}.

물은 그저 만물 만사를 잘 이롭게 해주면서도 다투지 않게 하고 뭇 사람들이 싫어하는 가장 낮은 곳에 스스로 머무르는 데 그치지 않고 나아가 누구와 붙어도 지지 않는다. 이는 제7장에서 본 "성인(聖人)은 자기 몸을 뒤로 물리지만 몸이 앞서게 되고 자기 몸을 도외시하지만, 몸이 보존된다"라는 역설을 그대로 떠올린다. 다투지 않지만 일단 다투면 반드시 이긴다는 말과 통한다.

이어서 부쟁(不爭) 문제를 살필 차례다. 다툼 혹은 다투지 않게 함은 제3장(3-1)에서 짚은 바 있다.

(항(恒)을 체현한 성왕은) 현능함을 (지나치게) 높이지 않아 백성으로 하여금 다투지 않게 하고

다툼이 어디서 어떻게 일어나는지를 정확히 짚어낸 통찰이다. 이어서 제22장(22-7)을 보자.

무릇 오로지 (남과) 다투지 않기 때문에 천하의 그 누구도 그와 다툴 수 없다[夫唯不爭 故天下莫能與之爭]_{부 유 부쟁 고 천하 막능 여지 쟁}.

호승심(好勝心)이야말로 다툼의 근본 원인이다. 그것은 자기를 자랑하고 내세우려는 데서 나오는데 물의 마음을 가진 성인은 애당초 이런

호승심과는 거리가 멀기 때문에 근원적으로 다투는 일이 생겨날 수가 없다. 적어도 성인 쪽에서 먼저 다투려 하는 일은 없다는 뜻이다. 제66장(66-1)은 자연스럽게 제6장, 제7장과 이 부분을 종합적으로 풀어내는 역할을 한다.

강과 바다가 능히 모든 골짜기의 왕이 될 수 있는 까닭은 그것들이 아래로 잘 낮췄기 때문이다. 그래서 능히 모든 골짜기의 왕이 될 수 있다.

이 때문에 성인(聖人)이 백성 위에 있고자 할 때는 반드시 그 말을 스스로 낮추고 백성 앞에 있고자 할 때는 반드시 그 몸을 뒤로 물린다.

이 때문에 성인이 위에 있어도 백성은 무겁다 여기지 않고 앞에 있어도 백성은 해롭다 여기지 않는다. 이 때문에 천하가 즐거이 추대하면서 싫증 내지 않는다.

이처럼 (성인은) 남과 다투지 않는다. 그래서 천하는 그와 제대로 다툴 수가 없다.

제68장(68-2)에서는 다투지 않는 덕을 갖춘 임금이라야 신하를 잘 쓸 수 있음을 강조한다. 당연한 말이지만 신하들의 재덕(才德)을 시샘하는 임금이 제대로 된 인사를 할 수는 없는 일이다.

사람을 잘 쓰는 자는 남에게 자기를 낮추는데 이를 일러 다투지 않는 덕(德)이라 하고 이를 일러 사람을 쓰는 힘이라고 하며 이를 일러 하늘에 짝한다고 하니 옛날의 지극한 표준이다[善用人者 爲之下 是謂不爭之德 是謂用人之力 是謂配天 古之極].

『논어』에는 이런 마음으로 신하를 쓴 탕왕의 마음을 잘 보여주는 구절이 나온다.

「요왈(堯曰)」편 1이다.

(탕왕이) 말했다.
"나 소자 이(履)는 검은 희생을 써서 감히 거룩하신 상제께 밝게 아룁니다. 죄지은 자[有罪]를 감히 (내 마음대로) 용서하지 못하며 상제의 신하[帝臣]를 제가 감히 숨길 수 없으니 인물을 간택하는 것[簡=簡擇]은 (내 마음대로 하는 것이 아니라) 상제의 마음[帝心]에 있는 것입니다."

탕왕의 이런 마음이 바로 물과 같은 마음이며 이런 마음으로 신하에게 임하는 것이 바로 도를 체화한 임금의 다스림이다. 다투지 않고도 잘 이기는 것을 제73장(73-3)에서는 하늘의 도라고 말한다.

하늘의 도(道)는 다투지 않고서도 잘 이기고 말하지 않아도 잘 호응하며 부르지 않아도 스스로 오고 느긋한데도 모책을 잘 세운다[天之道 不爭而善勝 不言而善應 不召而自來 繟然而善謀].

다투지 않음의 중요성을 단적으로 정리해 보여주는 것이 제81장 마지막 절(81-5)이다. 어쩌면 이것이 앞서 말한 대로 『도덕경』의 결론일 것이기 때문이다.

하늘의 도(道)는 (사람들에게) 이로움을 주지 해로움을 주지 않고[天之道

이 이 불해
利而不害]

성인(聖人)의 도는 (백성을 위해) 일을 행하되 다투지 않는다[聖人之道 爲而^{성인지도   위 이}
不爭]^{부쟁}.

8-2

고 기어 도
故 幾於道

그래서 (물은) 거의 도(道)에 가깝다.

번역 비평

기어(幾於)는 '거의 ~에 가깝다[庶於=近於]^{서어   근어}'라는 뜻이다.

여기서는 물이 곧 도를 비유한 것임을 분명히 한다. 왕필에 따르면 유(有)인 물을 갖고서 무(無)인 도를 드러내 보여준 것이다. 물은 유(有) 중에서는 무(無)에 가장 가까운 것이다.

왕필 주(王弼注)

도 무 수 유 고왈 기 야
道無 水有 故曰幾也

도는 무(無)이고 물은 유(有)이다. 그래서 "거의 가깝다[幾]^기"고 한 것이다.

풀이

여기서는 별도의 풀이가 필요 없다. 이어지는 구절에서는 '다투지 않음[不爭]'이 이 장의 핵심 개념임을 분명히 한다. 이 점은 바로 앞 이 노해노(以老解老)에서 확인한 바 있다.

물과 관련해『회남자(淮南子)』권1「원도훈(原道訓)」에 나오는 다음 언급은 후반부와도 연결된다. 무가 도이면 유는 덕이기 때문이다.

천하 만물 만사 중에 물보다 유약(柔弱)한 것은 없다. 그러나 그 크기는 끝을 알 수 없고 그 깊이는 잴 수가 없다. 멀리멀리 끝없이 먼 곳에까지 이르지만 혹 늘기도 하고 줄기도 해 그 양을 잴 수가 없다[不訾]. 하늘로 올라가면 비와 이슬이 되고 땅으로 내려가면 습기[潤澤]가 되는데 그로 인해 만물이 생겨나지 않음이 없고 온갖 일이 이뤄지지 않음이 없다.

그 크기는 살아 있는 모든 것을 품어 안아주되 좋아하고 싫어함이 없으며 그 은택은 온갖 작은 벌레까지 미치되 보답을 구하지 않는다. 그 부유함은 천하를 충족시켜주되 남음이 있고 그 은덕은 만백성에게 베풀되 허비함이 없다.

(물은) 늘 흘러 다녀 그 끝 간 데를 알 수 없고 너무 미미해 손으로 잡을 수 없다. 손으로 때려도 상처가 생기지 않고 찔러도 상하는 일이 없으며 베어도 잘라지지 않고 불에 태워도 타지 않는다. 졸졸 흐르되 흩어지는 일이 없으며 날카롭기는 금석(金石)도 꿰뚫고 강하기는 천하를 구제할 수 있다. 크게 출렁거릴 때는 무형의 성(城)과 같아서 높디높은 상공으로 치솟기도 하고 천곡(川谷) 사이를 되돌아오는가 하면 도도하게 끝없는 광야를 내달리며 흘러간다. 넘치면 천지에 돌려주고 모자라면 천지로부터 채우며 모

든 만물에 앞뒤를 가리지 않고 나눠준다. 이 때문에 사(私)도 없고 공(公)도 없이 마음대로 넘쳐 흘러가니 물결치는 대로 흘러서 천지와 그 크기를 나란히 한다. 좌도 없고 우도 없이 소용돌이치고 서로 교차하며 만물과 그 시종(始終)을 나란히 한다. 이를 일러 지덕(至德)이라 한다.

무릇 물이 그 지덕을 천하에 능히 이룰 수 있는 이유는 부드럽고 매끄럽기 때문이다. 그래서 노자는 (제43장에서) 말했다. "천하에서 가장 부드러운 것은 천하에서 가장 단단한 것을 몰아내고 무유(無有-형체 없음)는 틈이 없는 곳에까지 들어간다. 나는 이로써 무위(無爲)가 유익한지를 안다."

원래 무형(無形)은 유형적인 만물의 대조(大祖)요 무언(無言)은 유음적 목소리의 대종(大宗)이며 그 아들은 빛이고 그 손자는 물이다. 모두 무형에서 생겨나서인지 빛은 볼 수는 있지만 잡을 수 없고 물은 따를 수는 있지만 훼손할 수 없다. 그래서 형체가 있는 것 중에 물보다 존귀한 것은 없다.

이는 자연스럽게 제43장에 대한 풀이도 된다.

8-3

거 선지 심 선연 여 선인 언 선신 정 선치 사 선능 동 선시
居善地 心善淵 與善仁 言善信 正善治 事善能 動善時
부 유 부쟁 고 무우
夫唯不爭 故 無尤

거처함에 땅을 '잘' 고르고 마음가짐에 깊고 그윽하게 하기를 '잘' 하고 남과 더불어 할 때는 어짊을 '잘' 행하고 말을 할 때는 믿음을 '잘' 주고 바로잡을 때는 다스림을 '잘'하고 일을 할 때는 능력을 '잘' 발

휘하고 움직일 때는 때를 '잘' 맞춘다.

(이 과정에서) 무릇 전혀 다투지를 않으니 그래서 허물이 없다.

여기서 선(善)은 위에서 말한 상선(上善)의 선(善)을 풀어낼 수 있는
실마리를 제공해준다.

'좋다'보다는 부사 '잘(Good)'에 가깝다. 따라서 상선(上善)은 그냥
'가장 잘'로 옮겨야 한다.

왕필 주(王弼注)

言水 皆應於此道也

이는 물(의 속성들)이 모두 이런 도(의 속성들)와 상응한다는 말이다.

풀이

묘하게도 여기서 언급한 7가지 '잘'은 대부분 『논어』에 등장하는
공자의 말들과 대비를 이루고 있다.

(1) 거(居)-선지(善地) : 거처할 때는 살 땅을 잘 골라야 한다는 말
이다. "머무는 곳으로는 땅을 최상으로 여기고"는 일단 아주 뻔한 소
리이고 "살아가면서 낮은 땅에 처하기를 잘하고"라는 기존의 한 번역
은 의역이 지나쳤다. 그저 원문에 충실하면 된다. 『논어』 「이인(里仁)」편
1이다.

"공자가 말했다. '(사람과 마찬가지로) 마을도 어짊이 중요하니 잘 가려 어진 마을에 가서 살지 않는다면 어찌 사리를 안다고 할 수 있겠는가[里仁^{이인} 爲^{위미} 美擇^{택불처인}不處仁 焉得知^{언득지}]?'"

고스란히 '거(居)-선지(善地)'를 풀어낸 것이라 할 수 있다.

(2) 심(心)-선연(善淵) : 공자는 심(心)에 관해 거의 말하지 않는다. 『논어』에는 심(心)이라는 단어가 네 차례 등장하는데 그중에서 이와 관련된 것을 들자면 「위정(爲政)」편 4다.

"공자가 말했다. '70세가 되자 내 마음이 하고자 하는 바를 그냥 따르도 법도에 어긋나지 않았다[七十而從心所欲不踰矩^{칠십 이 종심 소욕 불유구}].'"

이 마음이야말로 깊고 그윽하다[淵^연] 할 것이다.

(3) 여(與)-선인(善仁) : 남과 더불어 할 때는 어짊을 '잘' 행하는 것이 중요하다고 했다. 이는 공자에게서 두 단계로 나타나는데 첫 단계로 『논어』「안연(顏淵)」편 11이다.

"제(齊)나라 경공(景公)이 공자에게 정치에 관해 묻자 공자가 이렇게 답했다. '임금은 임금다워야 하고 신하는 신하다워야 하며 아버지는 아버지다워야 하고 자식은 자식다워야 합니다[君君臣臣父父子子^{군군신신 부부자자}].'"

임금이 임금다운 것이 신하에 대한 임금의 어짊이고 신하가 신하다운 것이 임금에 대한 신하의 어짊이다.

그런데 '더불어[與]'에 초점을 맞추면 두 번째 단계로 나아갈 수 있다.「자한(子罕)」편 29다.

"공자가 말했다. '더불어 배울 수 있다고 해서 (그 사람들 모두와) 더불어 도리를 행하는 데로 나아갈 수는 없으며 또 더불어 도리를 행하는 데 나아간다고 해서 (그 사람들 모두와) 더불어 조정에 서서 일을 할 수는 없으며 또 더불어 조정에 서서 일을 한다고 해서 (그 사람들 모두와) 더불어 권도(權道)를 행할 수는 없다[可與共學未可與適道 可與適道未可與立 可與立未可與權].'"

권도는 더 큰 어짊[大仁]을 행할 수 있을 때만 상황에 맞게 발휘될[時中] 수 있으며 당연히 성왕(聖王)이라야 그럴 수 있다.

(4) 언(言)-선신(善信) : 말을 할 때는 반드시 지켜서 믿음을 줘야 한다는 것은 공자도 늘 강조하던 바다.「학이(學而)」편 7에서 제자 자하(子夏)가 말한 "언이유신(言而有信)"이 바로 그것이다.

(5) 정(政)-선치(善治) :「안연(顏淵)」편 17에서 계강자(季康子)가 공자에게 정치[政]를 묻자 공자는 이렇게 답한다. "정치란 바로잡는 것[正]입니다." 바로잡는다는 것은 바로 다스려짐을 이룩하는 것인데, 공자에게 다스려짐은 두말할 나위도 없이 군군신신(君君臣臣)이 제대로 되는 나라였다. 노자에게 다스림이란 어떤 상태였을까?

(6) 사(事)-선능(善能) : 노자는 "일을 할 때는 능력을 '잘' 발휘하고"라고 말한다. 덕(德)과 능(能)/재(才) 중에서 능과 재를 강조한 것이다. 그런데 공자는 늘 "경사(敬事)", 즉 주도면밀하게 일을 하라고 했고 "임

사이구(臨事而懼) 호모이성(好謀以成)", 즉 일에 임해서는 두려워하며 계책을 잘 세워 일을 성공해야 한다고 했다. 경사(敬事)나 임사이구(臨事而懼)는 일을 시작할 때의 마음가짐이라는 점에서 덕(德)이지만 호모이성(好謀以成)은 명백하게 능(能)/재(才)이다.

(7) 동(動)-선시(善時) : 이때 시(時)란 시간이 아니라 상황이다. 이는 공자가 말하는 "시중(時中)", 즉 상황에 맞게 움직여야 한다는 것과 맥이 통한다.

여기서 선(善)은 그런 점에서 「계씨(季氏)」편 10에 있는 '구사(九思)'의 사(思)와 정확히 통한다.

"군자에게는 반드시 생각해야 할 9가지[九思]가 있다. 볼 때는 눈 밝음을 반드시 생각해야 하고, 들을 때는 귀 밝음을 반드시 생각해야 하고, 낯빛을 취할 때는 따스함을 반드시 생각해야 하고, 용모를 취할 때는 공손함을 반드시 생각해야 하고, 말을 할 때는 진실함을 반드시 생각해야 하고, 일을 할 때는 주도면밀함을 반드시 생각해야 하고, 의문이 날 때는 질문 던지기를 반드시 생각해야 하고, 화가 날 때는 그로 인해 닥칠 어려움을 반드시 생각해야 하고, 이득을 봤을 때는 마땅한지 아닌지를 반드시 생각해야 한다[視思明 聽思聰 色思溫 貌思恭 言思忠 事思敬 疑思問 忿思難 見得思義]."

이어서 노자는 이 7가지를 다음과 같이 요약한다.

"(이 과정에서) 무릇 전혀 다투지를 않으니 그래서 허물이 없다."

즉 7가지를 행하면서 조금도 남과 다투려 하지 않기에[不爭]에 "허물이 없다"라는 것이다.

여기서 우리는 질문을 하나 던져야 한다. 이런 정도로 잘한다면 엄청난 일을 이룰 수 있다고 말을 해야지, 기껏 '허물이 없다' 정도에 이르기 위함이란 말인가?

그렇다면 공자에게 '다투지 않음'과 '허물이 없다' 문제는 어떻게 나타나는가?

먼저 '다투지 않음'을 말하는 「팔일(八佾)」편 7이다.

"공자가 말했다. '군자는 다투는 일이 없는데[無所爭] 반드시 활쏘기에서는 다툰다. (그런데 그 다툼을 잘 들여다보면) 읍(揖)하며 사양하다가 올라가고 (활을 다 쏘고서) 내려와서는 (그 다투려 했던 마음을 녹여 없애기 위해) 술을 마시니, 그 다움이 군자답도다."

이어서 '허물이 없다'를 말하는 「술이(述而)」편 16이다.

"공자가 말했다. '나에게 몇 년이 더 주어져 50세까지 『주역』을 배운다면 큰 허물은 짓지 않을 수 있을 것이다.'"

『도덕경』 22-6, 66-1, 68-2, 73-3, 81-5에는 부쟁(不爭)이 등장하는데 하나같이 하늘의 도를 본받아 남과 다투지 않으려는 것으로 풀이할 수 있다. 성인의 자연스러움 혹은 성인다움은 다름 아닌 부쟁(不爭)인 것이다.

제9장

^{지 이 영 지} ^{불 여 기 이} ^{췌 이 예 지} ^{불 가 장 보}
持而盈之 不如其已 揣而銳之 不可長保
^{금 옥} ^{만 당} ^{막 지} ^{능 수}
金玉滿堂 莫之能守
^{부 귀} ^{이 교} ^{자 유} ^{기 구}
富貴而驕 自遺其咎
^{공 수} ^{퇴 신} ^{천 지 도}
功遂退身 天之道

(이미 적당히) 잡아 쥐고 있는데도 더 채우려는 것은 그만두는 것만 못하다.

(이미 적당히) 다듬어져 있는데도 더 날카롭게 하면 오랫동안 보존할 수 없다.

금과 옥이 집 안에 가득해도 (그칠 줄 모르고 더 욕심을 내면) 아무도 그 것을 지켜낼 수 없다.

부귀하더라도 교만하면 스스로 허물을 남기게 된다.

공로가 이뤄지면 몸을 물려야 하는 것이 하늘의 도(道)다.

9-1

지 이 영지 불여 기이 췌 이 예지 불가 장보
持而盈之 不如其已 揣而銳之 不可長保

(이미 적당히) 잡아 쥐고 있는데도 더 채우려는 것은 그만두는 것만 못하다.

(이미 적당히) 다듬어져 있는데도 더 날카롭게 하면 오랫동안 보존할 수 없다.

번역 비평

엄밀한 번역 비평이 필요한 문장이다. 다행히 왕필 주가 고스란히 번역 비평 역할을 하고 있다.

췌(揣)란 '헤아리다'나 '다듬다'라는 뜻이다.

9-1은 일단 왕필 주에 입각해 풀었지만, 정확한 의미 지평은 9-4에 이르러서야 확정된다.

왕필 주(王弼注)

지 위 부실 덕 야 기 부실 기덕 우 영지 세 필 경위 고 불여 기이
持 謂不失德也 旣不失其德 又盈之 勢必傾危 故不如其已
야 불여 기이 자 위 내 경 불여 무덕 무공 자 야
也 不如其已者 謂乃更不如無德無功者也
기 췌말 영첨 우 예지 영리 세 필 최뉵 고 불가 장보
旣揣末令尖 又銳之令利 勢必摧衄 故不可長保

잡아 쥠이란 덕(德)을 잃지 않음을 말한다. 이미 그 덕을 잃지 않았

는데 또 그것을 채우게 되면 형세상 반드시 기울거나 위태로워진다. 그래서 "그치는 것만 못하다"라고 했다. 그치는 것만 못하다는 것은 곧 다시 말하면 덕도 없고 공로도 없는 것만도 못하다는 뜻이다.

이미 끝을 다듬어 뾰족하게 했는데 또 그것을 날카롭게 해서 예리하게 만든다면 형세상 반드시 꺾이게 된다. 그래서 "오랫동안 보존할 수 없다"라고 했다.

이노해노(以老解老)

제9장의 핵심은 9-4다. 여기서는 일단 그 일반론을 말한다. 이미 갖고 있으면 만족할 줄 알아야지[知足^{지족}] 더는 욕심을 부려서는 안 된다는 말이다.

제44장(44-5)을 먼저 읽어보자.

만족할 줄 알면 치욕을 당하지 않고 그칠 줄 알면 위태롭지 않아서 오래갈 수 있다[知足^{지족} 不辱^{불욕} 知止^{지지} 不殆^{불태} 可以^{가이} 長久^{장구}].

지족(知足)과 지지(知止)는 그대로 9-1을 풀어내는 지침이다. '그치다[已]'는 지(止)다. 눈 밝은 독자는 알아차렸겠지만 44-5는 누가 봐도 임금보다는 신하를 향해 하는 말이다. 제9장 또한 임금이 아니라 신하를 향해 던지는 말이다. 조은정 교수도 제9장은 전체가 보좌진(-신하)을 향한 것이라고 밝히고 있다. 전적으로 동의한다.

그렇다면 거슬러 올라가 제8장은 임금을 향한 것인가, 신하를 향한 것인가? 특히 8-3을 음미하며 읽어보자.

거처함에 땅을 '잘' 고르고, 마음가짐에 깊고 그윽하게 하기를 '잘'하고 남과 더불어 할 때는 어짊을 '잘' 행하고 말을 할 때는 믿음을 '잘' 주고 바로잡을 때는 다스림을 '잘'하고 일을 할 때는 능력을 '잘' 발휘하고 움직일 때는 때를 '잘' 맞춘다.

(이 과정에서) 무릇 전혀 다투지를 않으니 그래서 허물이 없다.

공자에게나 노자에게나 일을 하는 것은 신하이지 임금이 아니다. 임금은 일을 시키는 자리다. 그렇다. 실은 제8장 또한 임금이 아니라 신하를 향한 말이었다. 그래서 물을 닮으라고 했는지도 모른다. 왕필 말대로 도는 무로써 임금이 본받는 것이요 물은 유로써 신하가 본받는 것이어서 상선약수(上善若水)라고 한 것이다. 그렇다면 상선(上善)이란 '신하로서 가장 잘하는 길' 정도로 볼 수가 있다. 이와 관련해 『회남자(淮南子)』 권12 「도응훈(道應訓)」에 나오는 사례를 살펴보자.

(초나라 평왕 손자) 백공 승(白公勝)은 초나라를 차지했는데 부고(府庫)의 재물을 사람들에 나눠주지 않은 채로 7일이 지났다. 석걸(石乞)이 들어와 말했다.

"의롭지 못하게 나라를 얻은 데다가 사람들에게 제대로 베풀지도 못하시니 반드시 우환이 찾아올 것입니다. 사람들에게 베풀 수 없다면 차라리 그것을 불태워 남들로부터 해악을 당하지 않으시는 것이 더 나을 것입니다."

백공 승은 듣지 않았다. 9일이 지나 섭공(葉公)이 쳐들어와서 마침내 대부(大府)를 열어 재화를 사람들에게 주고 고고(高庫)의 무기를 내어 백성에게 나눠준 다음에 그 형세를 몰아 공격해서 19일 만에 백공을 사로잡았다.

무릇 나라가 자기 것이 아닌데 그 나라를 소유하려고 하는 것은 탐욕이 지극하다고 할 것이다. 게다가 남을 위할 줄도 모르고 스스로를 위해서 쓸 줄도 모른다면 지극히 어리석다고 할 것이다. 백공의 인색함을 비유해서 말하자면 마치 어미 올빼미[梟]가 그 새끼를 사랑하는 것과 같다 할 것이다.

그래서 노자가 말하기를 "(이미 적당히) 잡아 쥐고 있는데도 더 채우려는 것은 그만두는 것만 못하다. (이미 적당히) 다듬어져 있는데도 더 날카롭게 하면 오랫동안 보존할 수 없다"라고 했다.

올빼미 새끼는 다 자라면 그 어미를 잡아먹는다고 했다.

9-2

금옥 만당 막지 능수
金玉滿堂 莫之能守

금과 옥이 집 안에 가득해도 (그칠 줄 모르고 더 욕심을 내면) 아무도 그것을 지켜낼 수 없다.

번역 비평

여기서 관건은 앞뒤를 "금과 옥이 집 안에 가득해도 아무도 그것을 지켜낼 수 없다"로 옮길 것인가, "금과 옥이 집 안에 가득하면 아무도 그것을 지켜낼 수 없다"로 옮길 것인가인데 9-1 문맥에 따라 "금과 옥이 집 안에 가득해도"로 옮긴다. 9-3도 마찬가지다.

왕필 주(王弼注)

不若其已 _{불약 기이}

不若其已

그치는 것만 못하다.

풀이

9-2와 9-3은 둘 다 9-1 사례이며 9-4 결론으로 이어진다. 금과 옥을 지키는 비법은 제33장(33-3)에 나온다.

만족할 줄 아는 사람은 (진정으로) 부유하다[知足者 富].

9-3

富貴而驕 自遺其咎

부귀하더라도 교만하면 스스로 허물을 남기게 된다.

왕필 주(王弼注)

不可長保也

오랫동안 보존할 수 없다.

풀이

부귀한데도 교만하다는 것은 멈출 줄 모르는 것이요, 멈출 줄 안다는 것은 겸(謙)하다는 말이다. 그러면 부귀하면서 교만하지 않으면 되는 것일까?

이 문제에 관한 공자와 노자의 차이를 음미해보자.

『논어』「위정(爲政)」편 15다.

자공(子貢)이 말했다.

"가난하면서도 아첨하지 않고 부유한데도 교만하지 않는다면[富而無驕] 어떻습니까?"

공자가 말했다.

"그것도 괜찮지만 가난하면서도 (도리를) 즐기며 부유하면서도 예를 좋아하는 것[富而好禮]만 못하다."

공자는 교만하지 않은 데 그치지 말고 일의 이치[事理=禮]를 좋아하는 데로 나아갈 것을 권한다.

9-4

功遂退身 天之道

공로가 이뤄지면 몸을 물려야 하는 것이 하늘의 도(道)다.

왕필 주(王弼注)

四時更運 功成則移
<small>사시 경운 공성 즉 이</small>

사계절이 번갈아 운행하듯이 공로를 이뤘으면 떠나야 한다.

풀이

먼저 김충열 교수의 풀이부터 읽어보자.

공을 이뤘다는 것만으로도 그 생명은 보람 있는 일이요, 또한 할 도리와 의무를 다한 것이다. 천지 만물 모든 사람에서 진 빚을 갚은 것만으로 홀가분하지 않은가?

그런데도 그 공의 대가를 빼앗거나 챙기려 든다면 결국은 더 큰 빚을 지게 돼 짐이 무거워서 넘어질 수도 있다. 그러니 공을 이루고도 말없이 물러나는 하늘의 길을 배워라. 그래야 그 공은 너에게서 영원히 보람으로 남아 있을 것이다.

『도덕경』에서는 공로를 이루고서도 자랑하지 않는 것이 임금에게도 해당하고 신하에게도 해당한다. 앞 구절(2-3)은 누가 봐도 임금에 해당하는 말이지만 여기처럼 "몸을 물리라"고 한다면 이는 신하에게만 해당하는 말이라 할 수 있다. 임금은 몸을 물리는 것이 불가능하기 때문이다. 이 점은 늘 문맥 속에서 잘 가려야 한다.

그러나 공자에게서는 공로를 이루고서도 자랑하지 않는 것이 전적으로 신하에게만 해당한다. 이 점을 말한 것이 『논어』「학이(學而)」편 1이다.

공자가 말했다.
"남이 자신을 알아주지 않더라도 속으로조차 서운함을 품지 않으니 진실로 군자가 아니겠는가[人不知而不慍 不亦君子乎]?"

이때 남이란 임금이다. 즉 공자는 이런 곧음[直]을 신하의 도리로 본 것이다. 공(功)이란 일을 잘 행하는 것이니 임금이 아닌 신하의 본분이다. 게다가 임금은 물러날 곳이 없다. 예를 들어 은둔은 신하의 문제이지 임금의 문제가 될 수 없다. 임금은 상왕으로 물러날 수는 있어도 은둔할 수는 없기 때문이다. 게다가 공로를 세웠다고 해서 상왕으로 물러난다는 것은 말이 안 된다.

문종(文種)과 범려(范蠡)를 함께 지칭해 종려(種蠡)라고 하는데 두 사람은 월나라 임금 구천(句踐)을 도와 오나라를 멸망시키는 데 큰 공을 세웠다. 그 후 범려는 구천 곁을 떠나기로 하고 문종에게 편지를 보냈다.

새 사냥이 끝나면 사냥에 쓰인 활은 창고에 처박히고, 토끼 사냥이 끝나면 사냥개는 삶아 먹힌다네. 월나라 임금과 환난은 함께할 수 있을지 모르지만, 부귀를 함께 누릴 수는 없을 것일세.

그러나 문종은 자기 공로를 믿고 그대로 월나라에 남았다가 결국 모반을 꾀했다는 이유로 죽음을 맞았다. 공수신퇴(功遂身退)의 지혜를 범려는 알았고 문종은 몰랐던 것이다. 이런 사례는 동서고금 어디서나 수없이 만나볼 수 있다. 중국 역사에서 이런 지혜를 가장 잘 실천한 인물은 장량(張良, ?~기원전 186년)[2]이었다.

---

2 할아버지와 아버지가 연이어 한(韓)나라 재상을 지냈는데, 진(秦)나라가 조국 한나라를 멸망시키자 자객을 시켜 박랑사(博浪沙)에서 진시황을 암살하려다가 실패했다. 그 후 성명을 고치고 하비(下邳) 땅으로 달아나 살았는데 흙다리 위에서 황석공(黃石公)이란 노인을 만나 태공망(太公望)의 병서(兵書) 『태공병법(太公兵法)』을 전수 받았다고 한다. 진2세(秦二世) 원년(기원전 209년)에 무리를 모아 진승(陳勝)의 반란에 호응했다. 나중에 유방(劉邦)의 모신(謀臣)이 됐다.
유방이 군대를 이끌고 함양(咸陽)에 진군했을 때 번쾌(樊噲)와 함께 유방에게 궁실의 부고(府庫)를 봉하고 패상(覇上)으로 철군할 것을 권했고 홍문연(鴻門宴)에서는 기지를 발휘해 유방을 위기에서 구해냈다. 초한(楚漢) 전쟁 때는 여섯 나라가 공존할 수 없음을 제시하면서 영포(英布)·팽월(彭越)과 연대하고 한신(韓信)을 등용할 것 등의 계책을 올렸다. 또 항우(項羽)를 공격해 완전히 궤멸할 것을 건의했는데 모두 유방이 채택했다. 고조(高祖) 6년(기원전 201년), 유후(留侯)에 봉해졌다. 뜻을 이룬 뒤 속세를 벗어나서 벽곡(辟穀)을 하고 신선술을 익히며 여생을 보냈다고 한다.

제10장

^재 營^{영백}魄 抱^{포일}一 能^능無^{무리}離^호乎

專^{전기}氣 致^{치유}柔 能^능若^{약 영아}嬰兒^호乎

滌^{척제}除 玄^{현람}覽 能^능無^{무자}疵^호乎

愛^{애민}民 治^{치국}國 能^능無^{무지}知^호乎

天^{천문}門 開^{개합}闔 能^능爲^{위자}雌^호乎

明^{명백}白 四^{사달}達 能^능無^{무위}爲^호乎

生^{생지}之 畜^{축지}之

生^{생 이 불유}而不有 爲^{위 이 불시}而不恃 長^{장 이 부재}而不宰 是^{시위}謂玄^{현덕}德

혼(魂)과 백(魄)에 머물면서 하나를 품고 있다면 능히 (그 하나에서) 떠나지 않아야 하리라!

기운에 맡겨 부드러움의 극에 이르게 되면 능히 어린아이처럼 되리라!

현묘한 거울(에 긴 그릇됨과 꾸며댐)을 깨끗이 닦아내어 능히 흠결이 없게 해야 하리라!

백성을 아껴주고 나라를 다스림에 있어 능히 무지(無知)해야 하리라!

하늘 문이 열리거나 닫힐 때 능히 암컷처럼 해야 하리라!

명백하게 사방으로 통달해 억지스럽게 함이 없어야 하리라!

낳아주고 길러주되

낳아주고도 소유하지 않고 행하고서도 내세우지 않고 자라나게 해주고도 주재하지 않으니 이를 일러 현덕(玄德)이라 한다.

10-1

_{재 영 백 포 일   능 무 리   호}
載營魄抱一 能無離乎

혼(魂)과 백(魄)에 머물면서 하나를 품고 있다면 능히 (그 하나에서) 떠나지 않아야 하리라!

번역 비평

제10장 전반부에서는 같은 문장 패턴 6개가 나란히 이어진다. 그중 첫 문장의 구조만 분석하면 나머지 5개는 그것을 따르기만 하면 된다.

다만 10-1은 나머지 5개와 달리 앞에 4자가 아니라 재(載)자 하나가 더 있어 5자로 돼 있는데 이를 왕필은 처(處)라고 풀이했다. 김충열 교수도 재(載)는 동사 처(處)나 포(抱)라고 풀었다. 그렇게 되면 하상공의 풀이대로 영(營)은 명사로서 혼(魂)이 된다.

마침 굴원(屈原)의 『초사(楚辭)』 「원유(遠遊)」편에 "재영백(載營魄)"이라는 표현이 나온다.

재영백이등하혜(載營魄而登遐(霞)兮) : 영백, 즉 혼백을 싣고서 하늘 위로 올라가도다!

포일(抱一)에 대해서도 논란이 많다. 김충열 교수는 "정신의 주재인 혼(魂)과 육체의 주재인 백(魄)이 서로 고요한 상태로 들어가서 심신이 편안해짐을 말한 것으로 보인다"라고 했고, 최진석 교수도 "포일은 혼과 백이 서로 얽혀서 하나가 되는 형국을 나타낸다"라고 했다. 이를 따른다.

왕필 주(王弼注)

載^재猶^유處^처也^야 營^영魄^백 人^인之^지常^상居^거處^처也^야 一^일 人^인之^지眞^진也^야
載猶處也 營魄人之常居處也 一 人之眞也
言^언人^인能^능處^처 常^상居^거 之^지宅^택 抱^포一^일 淸^청神^신 能^능常^상無^무離^리乎^호 則^즉萬^만物^물自^자賓^빈也^야
言人能處常居之宅 抱一淸神 能常無離乎 則萬物自賓也

재(載)란 '머물다'나 '거처하다'라는 뜻이고 영백(營魄)은 사람이 늘 머물러 거처하는 곳이다.
하나란 사람의 참됨이다.
(이 구절은) 사람이 능히 늘 머물러야 하는 집에 거처하면서 하나를 품고서 정신을 맑게 해 늘 (집과 하나에서) 떠나지 않아야만 만물 만사가 스스로 손님이 될 것이라는 말이다.

지금까지 우리는 '불벌(不伐)', 즉 자랑하지 않음과 '부쟁(不爭)', 즉 다투지 않음에 초점을 맞춰 성인(聖人)이 본받아야 할 도(道)를 이야기 했는데 제10장에서는 보다 구체적으로 이 도를 어떻게 체화 혹은 체득 할 것인지를 다루고 있다.

이를 김충열 교수는 수양과 인식의 문제로 지적하면서 10-1을 다음과 같이 옮겼다.

정신의 주재인 혼과 육체의 주재인 백을 늘 서로 모아서 하나가 된 상태로 유지하라.

10-2

전기 치유 능 약 영아 호
專氣致柔 能若嬰兒乎

기운에 맡겨 부드러움의 극에 이르게 되면 능히 어린아이처럼 되리라!

여기서 논란이 되는 단어는 "전기(專氣)"다. 최진석 교수는 "기를 집중시켜"라고 했고 김학목 박사는 "기(氣)를 오로지하고"라고 옮겼는데 이에 대한 별도의 언급이 없어 모호하다. 왕필은 그것을 '내맡김[任]'으로 봤는데 문맥상으로도 부드러워 이를 따른다. 김충열 교수도 왕필을 따라 전기(專氣)를 "모든 긴장이 풀어지고"라고 옮겼다.

왕필 주(王弼注)

專^전 任也^{임야} 致^치 極也^{극야}

言任自然之氣^{언 임 자연지기} 致至柔之和^{치 지유지화} 能若嬰兒之無所欲乎^{능 약 영아 지 무소욕 호} 則^즉

物全而性得矣^{물 전 이 성 득 의}

전(專)은 내맡긴다는 뜻이고 치(致)는 극에 이른다는 뜻이다.

(이 구절은) 자연스러운 기운에 자신을 맡겨 지극히 부드러운 조화의 극에 이르러 능히 아무런 사사로운 욕망이 없는 어린아이와 같은 상태가 된다면 일과 사물이 온전해지고 그 본성을 얻게 된다는 말이다.

이노해노(以老解老)

노자에게 영아(嬰兒)란 무엇을 비유하는지만 점검해도 이 절의 풀이는 간명해진다. 먼저 제20장(20-4)이다.

나 홀로 마음이 담담해 아직 조짐이 드러나지 않는 것이 마치 아직 웃을 줄도 모르는 갓난아기와 같다[我獨泊兮^{아 독 박혜} 其未兆^{기 미조} 如嬰兒之未孩^{여 영아 지 미해}].

다음은 제28장(28-1)이다.

그 수컷다움을 알고 그 암컷다움을 지키면 천하의 골짜기가 되고 천하의 골짜기가 되면 늘 덕(德)이 (자기 몸에서) 떠나지 않아 어린아이로 다시 돌아간다[<ruby>知<rt>지</rt></ruby><ruby>其<rt>기</rt></ruby><ruby>雄<rt>웅</rt></ruby> <ruby>守<rt>수</rt></ruby><ruby>其<rt>기</rt></ruby><ruby>雌<rt>자</rt></ruby> <ruby>爲<rt>위</rt></ruby><ruby>天<rt>천</rt></ruby><ruby>下<rt>하</rt></ruby><ruby>谿<rt>계</rt></ruby> <ruby>爲<rt>위</rt></ruby><ruby>天<rt>천</rt></ruby><ruby>下<rt>하</rt></ruby><ruby>谿<rt>계</rt></ruby> <ruby>常<rt>상</rt></ruby><ruby>德<rt>덕</rt></ruby><ruby>不<rt>불</rt></ruby><ruby>離<rt>리</rt></ruby> <ruby>復<rt>부</rt></ruby><ruby>歸<rt>귀</rt></ruby><ruby>於<rt>어</rt></ruby> <ruby>嬰<rt>영</rt></ruby><ruby>兒<rt>아</rt></ruby>].

조금 다른 문맥이기는 해도 이 또한 참고할 만하다. 제49장(49-4)이다.

성인(聖人)은 (모든 백성을) 다 어린아이처럼 여긴다[<ruby>聖<rt>성</rt></ruby><ruby>人<rt>인</rt></ruby><ruby>皆<rt>개</rt></ruby><ruby>孩<rt>해</rt></ruby><ruby>之<rt>지</rt></ruby>].

개략적으로나마 영아(嬰兒)에 대한 노자의 생각이 그려졌을 것이다.

풀이

김충열 교수에 따르면 10-2는 10-1을 구체화한 것이다. 이를 따른다. 혼백이 합일된 지극한 경지가 바로 '어린아이처럼' 되는 것이다. 그 어느 것에도 물들지 않은 일(一)이자 진(眞)이자 박(樸)이다.

10-3

<ruby>滌<rt>척</rt></ruby><ruby>除<rt>제</rt></ruby><ruby>玄<rt>현</rt></ruby><ruby>覽<rt>람</rt></ruby> <ruby>能<rt>능</rt></ruby><ruby>無<rt>무</rt></ruby><ruby>疵<rt>자</rt></ruby><ruby>乎<rt>호</rt></ruby>

현묘한 거울(에 낀 그릇됨과 꾸며댐)을 깨끗이 닦아내어 능히 흠결이 없게 해야 하리라!

남(覽)은 판본에 따라서 감(鑑)으로 돼 있으니 '거울'을 뜻한다. 그러면 현(玄)이 문제다. '현묘한 거울'이란 거무스름한 거울을 말한다. 거울이 맑지 못하고 거무스레하다는 말이다.

거무스레한 거울 자체가 실은 사람의 마음이다. 마음은 그냥 두면 맑지 못하기 때문이다. 그러면서도 그릇됨과 꾸며댐을 닦아낼 경우 현람(玄覽)은 말 그대로 현묘한 거울이 된다. 현(玄)의 중의성(重義性)을 염두에 두면 될 듯하다.

왕필 주(王弼注)

<ruby>玄<rt>현</rt></ruby> <ruby>物<rt>물</rt></ruby><ruby>之<rt>지</rt></ruby><ruby>極<rt>극</rt></ruby> <ruby>也<rt>야</rt></ruby>

<ruby>言<rt>언</rt></ruby> <ruby>能<rt>능</rt></ruby><ruby>滌<rt>척</rt></ruby><ruby>除<rt>제</rt></ruby> <ruby>邪<rt>사</rt></ruby><ruby>飾<rt>식</rt></ruby> <ruby>至<rt>지</rt></ruby><ruby>於<rt>어</rt></ruby> <ruby>極<rt>극</rt></ruby><ruby>覽<rt>람</rt></ruby> <ruby>能<rt>능</rt></ruby><ruby>不<rt>불</rt></ruby> <ruby>以<rt>이</rt></ruby><ruby>物<rt>물</rt></ruby> <ruby>介<rt>개</rt></ruby> <ruby>其<rt>기</rt></ruby><ruby>明<rt>명</rt></ruby> <ruby>疵<rt>자</rt></ruby><ruby>之<rt>지</rt></ruby> <ruby>其<rt>기</rt></ruby><ruby>神<rt>신</rt></ruby> <ruby>乎<rt>호</rt></ruby> <ruby>則<rt>즉</rt></ruby>
<ruby>終<rt>종</rt></ruby><ruby>與<rt>여</rt></ruby><ruby>玄<rt>현</rt></ruby> <ruby>同<rt>동</rt></ruby><ruby>也<rt>야</rt></ruby>

현(玄)이란 일과 사물이 극에 이른 것이다.

(이 구절은) 능히 그릇됨과 꾸며댐을 깨끗이 제거할 경우 완벽한 거울(과 같은 상태)에 이르게 돼 능히 외부의 일과 사물이 그 밝음에 끼어들어서 그 신묘함에 흠결이 생겨나게 할 수 없으리라는 말이다. 이렇게 되면 결국은 현묘함과 같아지게 된다.

결국 깨끗한 거울이 지혜를 상징한다면 현묘한 거울은 못과 같이 깊고 텅 빈 마음을 상징한다고 할 수 있다.

10-4

애민 치국 능 무지 호
愛民治國 能無知乎

백성을 아껴주고 나라를 다스림에 있어 능히 무지(無知)해야 하리라!

번역 비평

나라 다스림의 문제가 나온다. 제왕학으로 풀어야 할 내용이다. 이는 성왕(聖王)은 물론이고 성신(聖臣)이 되기 위해서도 반드시 필요한 마음 수양 방법이다. 그러면 지(知)란 무엇인가? 왕필이 정의한다.

(임금이) 술책을 부려 성공을 구하고 술수를 부려 숨겨진 것을 찾아내려는 것이 지혜[知=智]다.

따라서 당연히 이런 지혜로 나라를 다스리려 해서는 안 된다.

왕필 주(王弼注)

임술 이 구성 운수 이 구익 자 지 야 현람 무자 유 절성 야 치국
任術以求成 運數以求匿者 智也 玄覽無疵 猶絶聖也 治國
무이 지 유 기지 야
無以智 猶棄智也

능 무 이 지 호 즉 민 불피 이 국 치 지
能無以智乎 則民不辟而國治之

(임금이) 술책을 부려 성공을 구하고 술수를 부려 숨겨진 것을 찾아
내려는 것이 지혜이니 현묘한 거울에 전혀 흠이 없는 상태를 유지하는
것은 성(聖)을 끊어내는 것[絕聖]과 같고 나라 다스리기를 지혜로 하지
않는다는 것은 지혜를 버리는 것[棄智]과 같다.

능히 지혜로 하지 않아야 하리라! 그렇게 한다면 백성이 그를 피하
지 않을 것이고 나라가 잘 다스려질 것이다.

이노해노(以老解老)

왕필이 말한 '성(聖)을 끊어내는 것[絕聖]'과 '지혜를 버리는 것[棄智]'
은 제19장에 나온다.

성(聖)을 끊어내고 지(智)를 버리면 백성의 이익이 백배가 된다[絕聖棄智
민리 백배
民利百倍].

인(仁)을 끊어내고 의(義)를 버리면 백성이 효도와 자애로 돌아간다[絕仁
기의   민 복 효자
棄義 民復孝慈].

정교함을 끊어내고 이로움을 버리면 도적이 사라진다[絕巧棄利 盜賊無
有].

이 3가지는 (억지로) 꾸밈[文]이라 충분하지 못하다[此三者 以爲文而 未
足].

그래서 사람들에게 (추가로) 촉구할 바가 있게 해준다면, (그것은) 소박함을
보고 (늘) 질박함을 마음에 품으며 사사로움을 줄이고 (늘) 욕심을 적게 하

는 일에 마음을 쓰라(고 촉구하)는 것이다[故 <ruby>令<rt>고</rt></ruby>有所屬 見素抱樸 少私
寡欲].

또 제65장은 지혜로 나라를 다스리는 문제점을 좀 더 구체적으로
이야기할 뿐 아니라 현덕(玄德)과 연결 짓는다는 점에서 미리 읽어둘
필요가 있다.

옛날에 도(道)를 잘 행한 임금은 백성을 똑똑하게 만들지 않고 그들을 이
끌어 우직하게 만들었다[古之善爲道者 非以明民 將以愚之].

백성을 다스리기 어려운 까닭은 그들이 잔꾀가 많기 때문이다[民之難治
以其智多].

그래서 잔꾀로 나라를 다스리는 임금은 나라를 해치는 자다[故 以智治
國 國之賊].

잔꾀로 나라를 다스리지 않는 것은 나라의 복이다. 이 2가지를 아는 것은
(예나 지금이나) 한결같은 법도다. 늘 (이런) 동일한 법도를 잘 알고 있는 것을
일러 현덕(玄德-현덕자로 옮겨도 됨)이라고 하니 현덕은 깊고도 멀다[不以智
治國 國之福 知此兩者 亦稽式 常知稽式 是謂玄德 玄德 深矣 遠
矣].

| 풀이

10-4는 10-3처럼 했을 때의 효과라 할 수 있다.

특히 마음을 깨끗이 닦는 것을 곧바로 애민치국(愛民治國)으로 범
위를 넓히고 있다는 점에서 '수양'과 '명징한 인식'은 하나같이 임금이

갖춰야 할 수양의 문제라 할 수 있다.

10-5

<ruby>天<rt>천</rt></ruby><ruby>門<rt>문</rt></ruby><ruby>開<rt>개</rt></ruby><ruby>闔<rt>합</rt></ruby> <ruby>能<rt>능</rt></ruby><ruby>爲<rt>위</rt></ruby><ruby>雌<rt>자</rt></ruby><ruby>乎<rt>호</rt></ruby>

하늘 문이 열리거나 닫힐 때 능히 암컷처럼 해야 하리라!

번역 비평

하늘 문이 열리고 닫힌다는 것은 대체 무슨 뜻인가? 왕필은 하늘 문이 열리면 다스려지고[治] 하늘 문이 닫히면 어지러워진다[亂]고 했다. 암컷에 대해서도 왕필 주가 명쾌하다.

암컷은 응할 뿐 먼저 울지 않고 받아들이기만 할 뿐 먼저 행하지 않는다.

암컷이란 신하이며 음(陰)이며 아내이니 응하기는 하지만[應] 주도하지 않으며 따르기는 하지만[從] 아무것도 주도적으로 행할 수가 없다. 이런 점에서 암컷은 『주역』으로 말하면 곤괘(坤卦, ䷁)이자 음효(陰爻)다. 그렇다면 노자는 자랑하지 않음에 이어 여기서도 성왕(聖王)에게 공자가 말한 신하의 도리를 갖출 것을 요구하는 셈이다.

닫히면 어지럽고 열리면 다스려지니 결국 성왕(聖王)의 통치는 능히 암컷처럼 조심스럽게 열 때라야 잘 다스려질 수 있다는 말이다. 혹은 닫혀야 할 때는 닫히고 열려야 할 때는 열리는데 그때마다 능히 암컷처럼 조심스럽게 반응해야만 잘 다스려진다고 풀 수도 있다.

왕필 주(王弼注)

天^{천문}門 謂^위天^{천하}下之所^지由^{소유종}從也 開^{개합}闔 治^{치란}亂之^지際^{제야}也 或^{혹개}開或^{혹합}闔 經^{경통}
通^어於天^{천하}下 故^{고왈}曰 天^{천문}門開^{개합}闔
雌^자應^{응이불창}而不唱 因^{인이불위}而不爲
言^언天^{천문}門開^{개합}闔 能^{능위}爲雌^{자호}乎 則^{즉물자빈}物自賓而^{이처자안}處自安矣^의

하늘 문이란 천하의 모든 것이 그것을 통해 들고나는 곳이다. 열림과 닫힘이란 다스려짐과 어지러워짐의 갈림길이니 (하늘 문이) 혹 열리고 혹 닫히면서 천하에 두루 통한다. 그래서 하늘 문이 열리고 닫힌다고 했다.

암컷은 응할 뿐 먼저 울지 않고 받아들이기만 할 뿐 (억지스럽게) 먼저 행하지 않는다.

(이 구절은) 하늘 문이 열리고 닫히는 과정에서 능히 암컷처럼 해야 한다는 말이다. 만일 그렇게만 한다면 일과 사물은 스스로 손님이 돼 따를 것이고 어디에 있든 저절로 편안해질 것이다.

풀이

왕필은 10-1에 대한 풀이에서 "만물 만사가 스스로 손님이 될 것[萬物自賓^{만물 자빈}]"이라고 했고 여기서도 "일과 사물이 스스로 손님이 될 것[物自賓^{물 자빈}]"이라고 했는데 자빈(自賓)은 성왕의 자연스러운 통치에 호응하는 신하와 백성의 모습을 잘 표현한 것이라 하겠다.

10-6

^{명백} ^{사달} ^{능 무위} ^호
明白四達 能無爲乎

명백하게 사방으로 통달해 억지스럽게 함이 없어야 하리라!

번역 비평

여기서 무(無)는 그냥 부정어이니 별다른 의미가 없다. 위(爲)가 중
요하다. 억지스러운 함이다.

왕필 주(王弼注)

^{언 지명 사달} ^{무미 무혹} ^{능 무 이위} ^{호 즉 물화 의}
言至明四達 無迷無惑 能無以爲乎 則物化矣
^{소위 도 상 무위} ^{후왕 약 능수} ^{즉 만물 자화}
所謂道常無爲 侯王若能守 則萬物自化

(이 구절은 임금이) 지극히 눈 밝고 사방으로 다 통달해서 전혀 미혹됨
이 없고 능히 억지스럽게 함이 없어야 한다는 말이다. 만일 그렇게 한
다면 일과 사물은 (다) 교화될 것이다.

(이것이 바로) 이른바 (제37장에서 말한) "도(道)는 늘 억지스럽게 함이
없으니 후왕(侯王)이 만약에 이를 능히 지킬 수 있다면 만물 만사는 저
절로 교화될 것"이라는 말이다.

왕필은 후왕을 언급해 제10장이 임금을 향한 말임을 분명히 한다.

김충열 교수는 10-6 또한 10-5와의 연관성 속에서 읽어야 한다고 말한다. 즉 치란(治亂)의 기미에 처해 암컷처럼 대응할 때라야 사방으로 통달할 수 있다는 말이다. 결국 10-1부터 10-6까지는 모두 성왕이 되고자 하는 사람이 가져야 할 마음가짐과 그에 따른 효과를 말하고 있다. 이와 관련해 『회남자(淮南子)』 권12 「도응훈(道應訓)」에 나오는 사례를 살펴보자.

설결(齧缺)이 피의(被衣)에게 도를 물었다. 피의가 말했다.

"너의 모습을 바르게 하고 너의 시선을 한곳에 집중한다면 자연의 화기(和氣)가 바야흐로 모여들게 된다. (또) 너의 (이것저것 분별하는) 생각을 없애고 너의 태도를 바르게 하면 (올바른) 정신이 몸에 찾아들고 덕이 너를 훌륭하게 해주며 도가 바야흐로 너와 함께 있게 된다. (그러니) 너는 새로 태어난 송아지처럼 무심하게 (일과 사물을) 볼 뿐 (공연히) 일과 사물의 이치를 (꼬치꼬치) 따지지 말아야 한다."

그의 말이 끝나기도 전에 설결은 어느새 졸고 있었다. (이를 본) 피의는 크게 기뻐하면서 다음과 같이 노래를 부르며 떠나갔다.

"모습은 마른 나뭇가지 같고 마음은 꺼진 재와 같도다. 진실을 알면서도 스스로 자랑하지 않네. 있는 듯 없는 듯 그저 흐릿해 무심하니 더불어 말해볼 수도 없는 사람, 그런 사람은 누구일까?"

그래서 노자가 말하기를 "명백하게 사방으로 통달해 억지스럽게 함이 없어야 하리라!"라고 했다.

『장자(莊子)』「천지(天地)」편에 따르면 피의(被衣)의 가르침은 왕예(王倪)-설결(齧缺)-허유(許由)를 거쳐 요(堯)임금으로 이어졌다고 한다.

10-7

생지 축지
生之 畜之

낳아주고 길러주되

번역 비평

10-1부터 10-6과 같이해서 "(백성을) 낳아주고 길러준다"라는 말이다.

왕필 주(王弼注)

불색 기원 야 불금 기성 야
不塞其原也 不禁其性也

(낳아준다는 것은) 그 원천을 막지 않는 것이고 (길러준다는 것은) 그 본성을 방해하지 않는 것이다.

풀이

왕필 주에 보태거나 뺄 것이 없다.

10-8

생 이 불유　위 이 불시　장 이 부재　시위　현덕
生而不有 爲而不恃 長而不宰 是謂玄德

낳아주고도 소유하지 않고 행하고서도 내세우지 않고 자라나게 해
주고도 주재하지 않으니 이를 일러 현덕(玄德)이라 한다.

번역 비평

현덕(玄德)은 현도(玄道)를 체화한 군왕을 가리킨다.

왕필 주(王弼注)

불색　기원　즉 물 자생　하공　지유　불금　기성　즉 물 자제　하위
不塞其原 則物自生 何功之有 不禁其性 則物自濟 何爲
지시
之恃
물 자 장족　불오 재성　유덕 무주　비 현 이 하
物自長足 不吾宰成 有德無主 非玄而何
범 언 현덕　자 개 유덕 이 부지 기주　출호 유명 자야
凡言玄德者 皆有德而不知其主 出乎幽冥者也

　그 원천을 막지 않는다면 일과 사물은 저절로 생겨날 터이니 무슨
공이 있을 것이며 그 본성을 방해하지 않는다면 일과 사물은 저절로
이뤄질 터이니 무슨 의지함이 있을 것인가!

　일과 사물은 (이처럼) 스스로 자라나고 풍족해지니 내가 주재해 이
룬 것이 아니어서 베풀어진 은덕은 있지만, 주인은 없다. (이런 것이) 현
묘함이 아니면 무엇이겠는가?

무릇 현묘한 은덕을 말한 것은 모두 은덕은 있는데 그 주인을 알지 못하니 (현묘한 은덕은) 그윽하고 어두운 곳[幽冥]에서 나왔으리라는 뜻일 터다.

이노해노(以老解老)

제51장은 그대로 10-7과 10-8을 이해하는 지침이 된다.

도(道)는 낳아주고 덕(德)은 길러주며 물(物)은 형체를 갖춰주고 세(勢)는 이뤄준다[道生之 德畜之 物形之 勢成之].

이 때문에 만물 만사는 도(道)를 높이고 덕(德)을 귀하게 여기지 않을 수 없다[是以 萬物 莫不尊道而貴德].

도(道)는 높고 덕(德)은 귀하지만, 무릇 따로 명을 내리거나 하지 않고 늘 자연스럽게 그냥 둔다[道之尊 德之貴 夫莫之命而常自然].

그래서 도(道)는 낳아주고 덕(德)은 길러줘, (만물 만사가) 자라게 하고 길러주며 형체를 부여하고 바탕을 이뤄주며 길러주고 덮어준다[故 道生之 德畜之 長之 育之 亭之 毒之 養之 覆之].

낳아주고도 소유하지 않고 행하고서도 내세우지 않으며 자라나게 해주고도 주재하지 않으니, 이를 일러 현덕(玄德)이라 한다[生而不有 爲而不恃 長而不宰 是謂玄德].

따라서 현덕자(玄德者)란 이런 도(道)를 체화한 성인(聖人)이라 할 것이다.

제11장

삼십 폭 공 일곡 당 기무 유 거지용
三十輻 共一轂 當其無 有車之用
연식 이 위기 당 기무 유 기지용 착 호유 이 위실 당 기무 유
埏埴以爲器 當其無 有器之用 鑿戶牖以爲室 當其無 有
실지용
室之用
고 유지 이 위리 무지 이 위용
故 有之以爲利 無之以爲用

바큇살 30개가 바퀴통 하나에 모이는데 그것이 비어 있기 때문에 수레의 쓰임이 있게 된다.

진흙을 이겨서 그릇을 만드는데 그 그릇 속이 비어 있기 때문에 그릇의 쓰임이 있게 되고 문과 창을 뚫어 방을 만드는데 그 방 속이 비어 있기 때문에 방의 쓰임이 있게 된다.

그래서 유(有)는 이로움을 만들어내고 무(無)는 쓰임을 만들어낸다.

11-1

삼십 폭 공 일곡 당 기무 유 거지용
三十輻共一轂當其無有車之用

바큇살 30개가 바퀴통 하나에 모이는데 그것이 비어 있기 때문에 수레의 쓰임이 있게 된다.

번역 비평

제11장의 핵심은 11-2의 마지막 부분이다. 거기서는 유(有)가 이로움을 만들어내고 무(無)가 쓰임을 만들어낸다고 말한다. 여기서 무(無)는 없음이라기보다는 '비어 있음[虛]'이다. 이는 도(道)를 보다 구체적으로 설명하기 위한 용어라 하겠다.

왕필 주(王弼注)

곡 소이 능통 삼십 폭 자 무 야 이 기무 능수 물지고 고 능 이과
轂 所以能統三十輻者 無也 以其無 能受物之故 故 能以
통중 야
寡統衆也

바퀴 통[轂]이 능히 바큇살 30개를 거느릴 수 있는 까닭은 비어 있기[無=虛] 때문이다.

자기가 비어 있어[無=虛] 능히 온갖 바큇살을 받아들일 수 있으니 그래서 능히 적음으로 많은 것을 통솔할 수 있다.

새로운 이야기가 아니다. 이미 앞에서 무(無)가 있어 유(有)도 그 이로움을 제대로 발휘할 수 있음을 다룬 바 있다. 그런데 제11장을 보면 무(無)가 유(有)를 가능하게 해주는 존립 근거로서 존재하는 것이 아니라 유와 무가 상호보완적인 관계로 존재하는 것임을 분명히 알 수 있다.

11-2

埏埴以爲器 當其無 有器之用 鑿戶牖以爲室 當其無 有 室之用
故 有之以爲利 無之以爲用

진흙을 이겨서 그릇을 만드는데 그 그릇 속이 비어 있기 때문에 그릇의 쓰임이 있게 되고 문과 창을 뚫어 방을 만드는데 그 방 속이 비어 있기 때문에 방의 쓰임이 있게 된다.

그래서 유(有)는 이로움을 만들어내고 무(無)는 쓰임을 만들어낸다.

번역 비평

11-1에서는 무의 쓰임을 말했고 여기서는 유와 무의 관계를 말했다. 특히 무에 강조점을 둘 경우 맨 마지막 문장은 다음과 같이 옮길 수도 있다.

그래서 있음이 이로움을 만들어낼 수 있는 것은 비어 있음이 쓰임을 만들어내기 때문이다.

사고를 유연하게 한다는 점에서 이런 번역도 충분히 가능함을 언급해둔다.

왕필 주(王弼注)

木^목埴^연壁^벽 所^소以^이成^성三^삼者^자 而^이皆^개以^이無^무爲^위用^용也^야
言^언有^유之^지 所^소以^이爲^위利^리 皆^개賴^뇌無^무以^이爲^위用^용也^야

나무와 진흙과 벽으로 (각각) 수레와 그릇과 방을 완성할 수 있는 것은 모두 다 비어 있음[無=虛]으로 쓰임을 만들었기 때문이다.

이는 있음(수레·그릇·방 등의 쓰임이 있음)이 이로움을 만들어낼 수 있는 까닭은 모두 비어 있음으로 쓰임을 만들어낸 데 힘입었음을 말한 것이다.

풀이

무와 유의 관계에 대한 김충열 교수의 언급이다.

이렇게 천하 만물은 그 체(體)가 유(有)이지만 그 유가 유로서의 쓰임을 다하기 위해서는 그 유의 속을 무로 만들어야 한다. 그 무가 바로 유의 용(用)이 되기 때문이다.

물론 기물이 제대로 쓰이려면 무와 유의 측면 모두 있어야 한다. 권력을 예로 들면 권력을 가졌다는 것은 유(有)이지만 그 권력을 진정으로 크게 쓸 수 있게 만드는 것은 비움, 즉 겸손과 불벌(不伐)·부쟁(不爭)하는 마음이다. 이 점은 분명 노자의 강점이다.

제12장

五色^{오색} 令人^{영인}目盲^{목맹} 五音^{오음} 令人^{영인}耳聾^{이농} 五味^{오미} 令人^{영인}口爽^{구상}

馳騁^{치빙}田獵^{전렵} 令人^{영인}心發狂^{심발광} 難得^{난득}之貨^{지화} 令人^{영인}行妨^{행방}

是以^{시이} 聖人^{성인}爲腹^{위복} 不^불爲目^{위목} 故^고 去彼^{거피}取此^{취차}

오색(五色)은 사람으로 하여금 눈멀게 하고 오음(五音)은 사람으로 하여금 귀먹게 하며 오미(五味)는 사람으로 하여금 입맛을 잃게 한다.

치달리며 들판에서 사냥하는 것은 사람으로 하여금 마음이 발광하게 하고 얻기 어려운 재화는 사람이 가는 길을 방해한다.

이 때문에 성인(聖人)은 배를 위하지 눈을 위하지 않는다. 그래서 저것을 버리고 이것을 취한다.

번역 비평

제12장은 제10장과 대비해서 읽어야 한다. 제10장이 바른길이라면 제12장은 그릇된 길임을 말하고 있기 때문이다. 감각이나 욕망 혹은 욕심에 휘둘려서는 안 된다는 내용이다.

번역과 관련해서는 별도로 지적할 사항이 없다.

다만 거피취차(去彼取此)라는 표현은 뒤에도 두 차례 등장하는데 후자를 버리고 전자를 취한다는 정도의 뜻이다. 여기서는 '눈을 위함'을 버리고 '배를 위함'을 취한다는 뜻이다.

제3장에 나왔던 배[腹]는 이어지는 제13장의 몸[身]과도 연결된다.

왕필 주(王弼注)

爽 差失也 失口之用 故 謂之爽

夫 耳目心口 皆順其性也 不以順性命 反以傷自然 故曰 盲

聾爽狂也

難得之貨 塞人正路 故 令人行妨

爲腹者 以物養己 爲目者 以物役己 故 聖人不爲目也

상(爽)은 어긋나거나 잃어버린다는 뜻이다. 입의 쓰임(즉 맛보기)을 잃어버렸기에 상(爽)이라고 했다.

무릇 귀와 눈과 마음과 입은 모두 자기 본성을 따르기 마련인데 그 타고난 본성과 명을 따르지 않았으니 도리어 스스로 그러함을 해친 꼴이다. 그래서 눈멀고 귀먹고 입맛을 잃어버리고 마음이 발광한다고 했다.

얻기 어려운 재화는 사람이 가야 할 바른길을 막는다. 그래서 사람으로 하여금 잘못된 짓을 하게 만든다.

배를 위하는 사람은 외물로 자기를 기르지만 눈을 위하는 사람은 외물로 자기를 부린다. 그래서 성인(聖人)은 눈을 위하지 않는 것이다.

풀이

제11장에 이어지며, 유(有)를 지나치게 추구하면 용(用)이 없어짐을 풀어서 말한 것이다.

먼저 오색·오음·오미는 우리의 감각과 관련된 것이고 사냥과 재화는 밖에서 우리를 자극하는 것들을 대표적으로 들어서 말한 것이다. 따라서 오색·오음·오미도 적정함을 넘어선 것을 말하는 것이지 오색·오음·오미 그 자체를 말하는 것은 아닐 터다. 둘 다 결국은 외물(外物)에 휘둘리는 것을 경계한 말이다. 이 때문에 "성인(聖人)은 배를 위하지 눈을 위하지 않는다"라고 했다. 이에 대해서는 제3장에서 살펴본 바 있다.

이 때문에 성인(聖人)이 다스릴 경우에는 그 마음을 비우되 그 배는 채워주고 그 뜻을 약하게 하되 그 뼈는 강하게 해준다[是以 聖人之治 虛其心 實其腹 弱其志 强其骨].

이에 대해서는 최진석 교수의 풀이가 명료하다.

여기서 배와 뼈대는 타고난 자연 상태 그대로의 것이다. 인위적 가치 체계가 스며들지 못하는 부분이다. 자연성을 상징하고 있다. 배가 고프다거나 부르다는 판단은 어떤 체계를 근거로 한 판단이 아니다. 아주 직접적이다.

그렇다면 왜 '눈[目]'을 부정하는가? 눈은 겉으로 보이는 것만 본다. 외부를 향해 있다. 반면에 '배[腹]'는 오직 나 자신만을 향해 있다. 이렇게 이해하고 나면 이어지는 "저것을 버리고 이것을 취한다"라는 말은 매우 쉽다. 저것이란 눈이 보는 것이고 이것이란 배가 바라는 것이다.

"저것을 버리고 이것을 취한다"라는 표현은 「덕경(德經)」 첫 장인 제38장(38-4)에도 등장하는데 이곳의 문맥에도 도움을 준다.

전식(前識)이란 도(道)의 화려한 겉모습이요 어리석음의 첫머리다.
이 때문에 대장부는 두터운 곳에 처하지 얇은 곳에 처하지 않고 실질에 처하지 화려한 겉모습에 처하지 않는다. 그래서 저것을 버리고 이것을 취한다.

전식(前識)이란 앞선 시대에 뭔가를 안다고 내세우는 식자들, 특히 실상[實]은 없이 겉치레[華]만 요란한 식자들을 가리킨다. 한비자는 선입견이나 편견으로 사물에 임하는 자라고 밝힌다.

제13장

^{총욕 약경 귀 대환 약신}
寵辱若驚 貴大患若身

^{하위 총욕 약경 총 위하 득지 약경 실지 약경 시위 총욕 약경}
何謂寵辱若驚 寵 爲下 得之若驚 失之若驚 是謂寵辱若驚

^{하위 귀 대환 약신 오 소이 유 대환 자 위 오 유신 급 오 무신 오}
何謂貴大患若身 吾所以有大患者 爲吾有身 及吾無身 吾

^{유 하환}
有何患

^{고 귀 이신 위 천하 자 즉 가이 탁 천하 의}
故 貴以身爲天下者 則可以託天下矣

^{애 이신 위 천하 자 즉 가이 기 천하 의}
愛以身爲天下者 則可以寄天下矣

총애를 받든 모욕을 당하든 깜짝 놀란 듯이 하고 큰 환란을 자기 몸처럼 귀하게 여기라.

총애를 받든 모욕을 당하든 깜짝 놀란 듯이 한다는 것은 무슨 말인가.

총애를 받는다는 것은 신하가 됐다는 것이니 총애를 얻더라도 깜짝 놀란 듯이 하고 총애를 잃더라도 깜짝 놀란 듯이 하라는 말이다.

이를 일러 "총애를 받든 모욕을 당하든 깜짝 놀란 듯이 한다"라고 했다.

큰 환란을 자기 몸처럼 귀하게 여겨야 한다는 것은 무슨 말인가. 나에게 큰 환란이 있게 되는 이유는 나에게 몸이 있기 때문이다. 나에게 몸이 없다면 내가 무슨 환란을 겪겠는가.

그래서 자기 몸을 천하처럼 귀하게 여기는 자라면 천하를 맡길 만하다.

자기 몸을 천하처럼 아끼는 자라면 천하를 맡길 만하다.

13-1

총욕 약경 귀 대환 약 신
寵辱若驚 貴大患若身
하위 총욕 약경 총 위하 득지 약경 실지 약경 시위 총욕 약경
何謂寵辱若驚 寵 爲下 得之若驚 失之若驚 是謂寵辱若驚

총애를 받든 모욕을 당하든 깜짝 놀란 듯이 하고 큰 환란을 자기 몸처럼 귀하게 여기라.

총애를 받든 모욕을 당하든 깜짝 놀란 듯이 한다는 것은 무슨 말인가. 총애를 받는다는 것은 신하가 됐다는 것이니 총애를 얻더라도 깜짝 놀란 듯이 하고 총애를 잃더라도 깜짝 놀란 듯이 하라는 말이다. 이를 일러 "총애를 받든 모욕을 당하든 깜짝 놀란 듯이 한다"라고 했다.

번역 비평

총욕약경(寵辱若驚)은 번역과 관련해 논란이 매우 많은 구절이다. 크게 2가지 길이 가능하다. 각 길을 짚어보자.

먼저 제13장을 신하와 관련된 구절로 풀어내는 경우다. 최진석 교수는 이렇게 옮겼다.

총애를 받거나 수모를 당하거나 모두 깜짝 놀란 듯이 하라.

임금이 총애를 받거나 수모를 당할 일은 없으니 신하와 관련된 구절로 풀어낸 것이다. 그러면 이어지는 내용은 총애를 받든 총애를 잃든 늘 깜짝 놀란 듯이 하라는 권고가 돼 자연스럽다. "깜짝 놀란 듯이 하라[若驚^{약경}]"는 것은 '삼가라[敬^경]'는 말이다.

다만 문장 구조만 놓고 볼 때 "총욕약경(寵辱若驚) 귀대환약신(貴大患若身)"에는 약간의 문제점이 있다. 뒤는 귀(貴)라는 술어가 있는 반면 앞에는 술어가 없다. 그래서 조은정 교수는 이 점을 지적하며 총(寵)을 술어로 봐야 한다는 견해를 내놓았다. 그러면 제13장 번역은 다음과 같이 된다. 조은정 교수의 번역이다.

모욕을 깜짝 놀란 것처럼 귀히 여기고, 큰 우환을 자기 몸처럼 귀하게 여긴다. 모욕을 귀히 여긴다는 것은 무엇인가? 낮게 여겨짐(멸시)을 귀히 여긴다는 것이다. 낮게 여겨져도 깜짝 놀란 것처럼 하고 낮게 여겨지지 않아도 깜짝 놀란 것처럼 하는 것을 "모욕을 깜짝 놀란 것처럼 귀히 여긴다"고 이른다. 큰 우환을 자기 몸처럼 귀하게 여긴다는 것은 무슨 말인가? 내가 큰 우환이 있는 이유는 내 몸이 있기 때문이다. 내 몸이 없어짐에 이른다면 무슨 우환이 있겠는가? 그러므로 천하를 위해 무언가를 할 때 내 몸을 위하듯 귀하게 여긴다면 (그 사람에게) 천하를 맡길 수 있을 것이다. 내 몸을 사랑하는 마음으로 천하를 위한다면 (그 사람에게) 천하를 위탁할 수 있을 것이다.

조은정 교수의 풀이는 문법적 문제를 부분적으로 해결하는 강점이 있지만 제13장의 주체가 임금이냐 신하냐, 그중에서도 재상이냐 하는 내용상의 문제를 검토하지 않은 결과 초점을 벗어난 것으로 보인다. 조은정 교수는 제13장 논의 주체를 왕이라고 밝히고 있지만, 곧 살필 것처럼 제13장은 재상에 관한 이야기지 군왕에 관한 이야기가 아니다.

왕필 주(王弼注)

寵^총必^필有^유辱^욕 榮^영必^필有^유患^환 寵^총辱^욕等^등 榮^영患^환同^동也^야
為^위下^하 得^득寵^총辱^욕榮^영患^환若^약驚^경 則^즉不^부足^족以^이亂^난天^천下^하也^야

총애를 받으면 반드시 치욕을 당할 일이 있고 영예를 얻으면 반드시 환란이 있게 된다. (그래서) 총애와 치욕은 같고 영예와 환란도 같다.
　남의 신하가 돼 총애를 받든 치욕을 당하든 영예를 얻든 환란이 있든 늘 놀란 듯이 두려워한다면 족히 천하를 어지럽히는 일은 없을 것이다.

풀이
왕필은 명확하게 왕이 아닌 신하라는 관점에서 제13장을 풀어내고 있다.

13-2

何謂貴大患若身 吾所以有大患者 爲吾有身 及吾無身 吾
有何患

큰 환란을 자기 몸처럼 귀하게 여겨야 한다는 것은 무슨 말인가. 나에게 큰 환란이 있게 되는 이유는 나에게 몸이 있기 때문이다. 나에게 몸이 없다면 내가 무슨 환란을 겪겠는가.

번역 비평

13-1은 큰 우환이 닥치기 전에 늘 삼가고 조심하는 마음가짐을 말한 것이었다면, 13-2는 큰 환란을 자기 몸처럼 여기라고 말한다. 그런 큰 환란을 남의 일이 아니라 자기 일처럼 떠맡으라는 말이다.

그리고 나서 분명하게 나에게 몸이 있어 내가 큰 환란을 겪게 되는 것이라고 말한다. 이 몸이란 앞서 말한 배[腹]의 연장선에 있는 것이다. 그래서 "귀대환약신(貴大患若身)"은 큰 환란을 중대하게 여기기를 내 몸처럼 해야 한다고 풀 수밖에 없다. 대환(大患)이란 곧 사사로운 우환이나 근심이 아니라 나라 차원의 큰 우환이나 근심을 말한다.

왕필 주(王弼注)

大患 榮寵之屬也 生之厚 必入死之地 故 謂之大患也
人迷之於榮寵 返之於身 故曰 貴大患若身

유 유 기 신 야 귀 지 자연 야
由有其身也 歸之自然也

큰 환란이란 영예나 총애 따위를 말한다. 살아가는 것이 두텁다 보면 반드시 죽음의 땅에 들어가게 된다. 그래서 큰 환란이라고 말한 것이다.

사람이 영예나 총애에 미혹되면 자기 자신에게 (환란이나 치욕이) 돌아오게 된다. 그래서 말하기를 "큰 환란을 귀하게 여기기를 내 몸처럼 여겨야 한다"라고 한 것이다.

(이런 일들은 다) 나에게 몸이 있어서 생긴다. (나에게 몸이 없다면) 자연스러움으로 돌아간다.

풀이

귀대환약신(貴大患若身)을 "큰 환란을 내 몸처럼 귀하게 여겨라"로 옮길 경우 『대학』 삼강령 중 하나인 친민(親民)과 연결할 수 있다. 백성을 내 몸과 같이 여겨서[親民] 백성이 근심할 경우에는 나에게 기쁜 일이 있더라도 백성과 더불어 근심하고 백성이 기뻐할 경우에는 나에게 슬픈 일이 있더라도 백성과 더불어 기뻐하는 것이 바로 친민(親民)이기 때문이다. 그러나 여기서는 자기 몸을 귀하게 여기라는 쪽으로 방향이 잡혔으니 『논어』 「태백(泰伯)」편 3에 나오는 증자의 말에 더 가깝다.

증자(曾子)가 큰 병에 걸리자 문하 제자들을 불러 말했다.

"내 발을 보고 내 손을 봐라. 『시경』에 이르기를 '전전긍긍하기를 마치 깊은 연못가에 임한 듯이 하고 얇은 얼음을 밟는 듯이 하라'고 했는데, 이제

야 나는 형륙을 면한 것을 알겠구나, 제자들이여!"

죽음을 앞둔 증자가 자기 몸을 보존하기를 얼마나 조심했는지를 잘 보여준다.

실은 귀대환약신(貴大患若身)은 이 2가지 의미를 모두 포함하고 있다고 볼 수 있다. 그러면 증자 말은 13-1에 가깝고, 친민(親民)은 13-2에 가깝다. 이 둘을 갖춘 자라면 얼마든지 천하를 맡길 만하다. 이제 13-3을 자연스럽게 연결할 수 있다.

13-3

고 귀 이신 위 천하 자 즉 가이 탁 천하 의
故 貴以身爲天下者 則可以託天下矣
애 이신 위 천하 자 즉 가이 기 천하 의
愛以身爲天下者 則可以寄天下矣

그래서 자기 몸을 천하처럼 귀하게 여기는 자라면 천하를 맡길 만하다.
자기 몸을 천하처럼 아끼는 자라면 천하를 맡길 만하다.

번역 비평

제13장의 내용 전반을 확정할 수 있는 핵심 구절에 이르렀다. 관건은 탁천하(託天下)와 기천하(寄天下)다. 다만 그에 앞서 "자기 몸을 천하처럼 귀하게 여기는 자", "자기 몸을 천하처럼 아끼는 자"란 반대로 읽어야 함을 밝혀둔다. 천하를 자기 몸처럼 귀하게 여기고 사랑하는 자

라는 말이다. 이는 곧 나라를 떠맡을 재상의 조건이다.

이제 탁(託/托)과 기(寄)를 살필 차례다. 『논어』 「태백(泰伯)」편 6을
보자.

증자(曾子)가 말했다.

"6척 고아(임금)를 부탁할 만하고[可以託六尺之孤(가이 탁 육척지고)] 사방 100리 나라
를 맡길 만하며[可以寄百里之命(가이 기 백리지명)] 대절(大節)에 임해서 (그 절개를) 빼앗
을 수 없는 사람이 있다면 이는 군자다운 사람일까? (진정) 군자다운 사람
이다."

조선 시대의 단종 같은 어린 6척 고아를 부탁할 만한 신하라면 진
정한 재상감이라 할 수 있는데 김종서는 그 과업을 수행하지 못했으니
고아를 맡길 만한 신하가 아니었던 것이다. 탁(託)은 이런 뜻이다.

이어 지방 관찰사로 나가는 사람은 임금 시야에서 벗어나니 무슨
짓을 할지 모르는데 임금에게 이런 걱정을 하게 하지 않는 신하가 바
로 사방 100리를 맡길 만한 신하라고 했다. 탁(託)이나 기(寄)는 다 같
은 뜻이다.

왕필 주(王弼注)

無物可以易其身 故曰 貴也 如此 乃可以託天下也
(무물 가이 역 기신 고왈 귀야 여차 내 가이 탁 천하 야)

無物可以損其身 故曰 愛也 如此 乃可以寄天下也
(무물 가이 손 기신 고왈 애야 여차 내 가이 기 천하 야)

不以寵辱榮患損易其身然後 乃可以天下付之也
(불이 총욕 영환 손역 기신 연후 내 가 이 천하 부지 야)

어떠한 것으로도 제 몸과 바꿀 수 없으니 그래서 귀하다고 했다. 이와 같다면 마침내 천하를 맡길 만하다.

어떠한 것으로도 제 몸을 손상할 수 없으니 그래서 아낀다고 했다. 이와 같다면 마침내 천하를 맡길 만하다.

(정리하자면) 총애와 치욕, 영예와 환란으로 제 몸을 손상하거나 바꾸지 않은 다음이라야 마침내 (성왕은) 천하를 들어 그에게 맡길 만하다는 뜻이다.

풀이

임금이 재상을 고를 때는 반드시 천하를 자기 몸처럼 여기는 공심(公心)을 갖춘 자를 골라야 한다는 말이다.

^{시지} ^{불견} ^{명왈} ^이 ^{청지} ^{불문} ^{명왈} ^희 ^{박지} ^{부득} ^{명왈} ^미
視之不見 名曰夷 聽之不聞 名曰希 搏之不得 名曰微

^차 ^{삼자} ^{불가} ^{치힐} ^고 ^혼 ^이 ^{위일}
此三者 不可致詰 故 混而爲一

^{기상} ^{불교} ^{기하} ^{불매} ^{승승} ^{불가} ^명 ^{부귀} ^{무물}
其上不曒 其下不昧 繩繩不可名 復歸無物

^{시위} ^{무상} ^지 ^상 ^{무물} ^지 ^상
是謂無狀之狀 無物之象

^{시위} ^{홀황}
是謂惚恍

^{영지} ^{불견} ^{기수} ^{수지} ^{불견} ^{기후} ^집 ^{고지도} ^{가이} ^어 ^{금지유}
迎之不見其首 隨之不見其後 執古之道 可以御今之有

^{이지} ^{고시} ^{시위} ^{도기}
以知古始 是謂道紀

그것을 봐도 보이지 않는 것을 이름해 이(夷)라고 하고 그것을 들어도 들리지 않는 것을 이름해 희(希)라고 하고, 그것을 만져도 만져지지 않는 것을 일러 미(微)라고 한다.

이 3가지는 (하나하나) 따져 물을 수가 없으니 본래부터 뒤섞여서 하나로 돼 있기 때문이다.

그 위는 밝지 않고 그 아래는 어둡지 않은 채로 근근이 이어져서 뭐라 이름을 지을 수가 없다 보니 다시 아무것도 없는 상태로 돌아간다.

이를 일러 모습 없는 모습, 물체 없는 형상이라고 한다.

이를 일러 홀황(忽恍)이라고 한다.

앞에서 맞이해도 그 머리를 볼 수가 없고 뒤에서 따라가도 그 꼬리를 볼 수가 없다. 옛날의 도를 잡아 쥐고서 지금의 있음을 제어할 수 있다.

이로써 옛 시원을 알 수 있으니 이를 일러 도의 벼리라고 한다.

14-1

시지 불견 　명왈 이　청지 불문 　명왈 희 박지 부득 　명왈 미
視之不見 名曰夷 聽之不聞 名曰希 搏之不得 名曰微
차 삼자 　불가 치힐 　고 혼 이 위일
此三者 不可致詰 故 混而爲一

그것을 봐도 보이지 않는 것을 이름해 이(夷)라고 하고 그것을 들어도 들리지 않는 것을 이름해 희(希)라고 하고 그것을 만져도 만져지지 않는 것을 일러 미(微)라고 한다.

이 3가지는 (하나하나) 따져 물을 수가 없으니 본래부터 뒤섞여서 하나로 돼 있기 때문이다.

│ 번역 비평

백서본(帛書本)에서는 이(夷)와 미(微)가 서로 바뀌어 있다. 이에 대해 김충열 교수는 이렇게 말했다.

왕필본대로 첫 구는 이(夷)로, 셋째 구는 미(微)로 하는 것이 옳을 것 같다. 이(夷)는 형체의 대소(大小) 표현이고 미(微)는 그 형질의 정조(精粗) 표현이기 때문이다. 형체는 눈으로 보는 것이고 형질은 손으로 식별하는 것이라고 봐서.

박(搏)이란 '두드리다', '잡다', '만지다' 등을 뜻한다. 결국 시각·청각·촉각을 말하고 있지만 그렇다고 여기서 감각론을 말하려는 것은 아니다.

왕필 주(王弼注)

無狀無象 無聲無響 故 能無所不通 無所不往 不得而
知 更以我耳目體 不知爲名
故 不可致詰 混而爲一也

모습도 없고 형상도 없고 소리도 없고 울림도 없다. 그래서 능히 통하지 않는 바가 없고, 가지 못하는 곳이 없지만, 알 길이 없고 나아가 나의 귀, 눈, 몸통으로는 무어라 이름 지어야 할지도 알 수 없다. 그래서 "따져 물을 수가 없으니, 본래부터 뒤섞여서 하나로 돼 있기 때문"이라고 한 것이다.

풀이

그것[之]이란 두말할 것도 없이 도(道)를 염두에 둔 표현이다. 14-

2의 그[其]와 이[是] 또한 도를 염두에 둔 표현이고 14-3의 이[是]와 14-4의 그것[之] 역시 마찬가지다.

노자의 도란 한마디 말로 정의할 수 있는 그런 것이 아니다. 아마도 다양한 각도에서 도의 모습을 접근하려는 노력을 보여주는 것이 14-1과 14-2라고 할 수 있다.

치힐(致詰)이란 하나하나 떼어내서 따진다는 말이다. 그런데 보려 해도 보이지 않고 들으려 해도 들리지 않으며 만지려 해도 만져지지 않는 '그것'은 하나로 뒤엉켜 있어 치힐할 수 없다고 말한다. 앞에서는 이 '하나로 뒤엉켜 있음'을 항(恒) 혹은 상(常)이라고 했고 바로 이를 볼 줄 아는 것을 명(明)이라고 했다.

14-2
────

其上不皦 其下不昧 繩繩不可名 復歸無物
是謂無狀之狀 無物之象

그 위는 밝지 않고 그 아래는 어둡지 않은 채로 근근이 이어져서 뭐라 이름을 지을 수가 없다 보니 다시 아무것도 없는 상태로 돌아 간다.

이를 일러 모습 없는 모습, 즉 물체 없는 형상이라고 한다.

번역 비평

교(皦)란 '밝다[明]'는 뜻이고 매(昧)란 '어둡다[暗]'는 뜻이다. 승승

(繩繩)은 '근근이 이어진 모습'으로 면면(綿綿)과 통한다.

왕필 주(王弼注)

欲言無邪 而物由以成 欲言有邪 而不見其形 故曰 無狀之
狀 無物之象

아무것도 없다고 말하고 싶지만 일과 사물이 그로 말미암아 이뤄진
다. 뭔가 있다고 말하고 싶지만, 그 형체를 볼 수가 없다. 그래서 말하기
를 "모습 없는 모습, 물체 없는 형상"이라고 한 것이다.

풀이

우리가 던져야 할 핵심 질문은 "왜 그 위는 밝지 않고 그 아래는 어
둡지 않은" 것인가가 될 수밖에 없다. 또 이어서 그 위와 그 아래가 무
엇을 지칭하는 것인가 하는 질문도 던져야 한다.

"그 위"와 "그 아래"에 대해서는 온갖 풀이가 존재한다. 도란 뒤엉
킨 하나이다 보니 위와 아래가 있을 수 없다. 위란 높은 수준이고 아래
란 낮은 수준이다. 도는 높은 수준과 낮은 수준, 심지어 중간 수준까
지 뒤엉켜 하나를 이루고 있을 것이다. 그랬을 때 높은 수준의 도는 밝
지가 않아서 아무나 다 알 수가 없고 성인(聖人) 혹은 성왕(聖王)이라야
잘 알 수 있다. 반면에 낮은 수준의 도는 어둡지 않아서 일반인이라도
조금만 노력한다면 얼마든지 알 수 있다. 이런 식으로 근근이 이어지
는 어떤 것이 있다 보니 딱히 뭐라고 이름 지을 수가 없다는 말이다.

제14장에서는 도란 어떠어떠한 것이라고 정의할 수 없음을 말하고 있다. 즉 이름 지을 수 없다는 것은 도에 대해 이러저러하게 정의를 내릴 수는 없다는 말이다. "모습 없는 모습, 물체 없는 형상"에 대해서는 『한비자』「해노(解老)」편 풀이를 참고할 만하다.

사람들은 살아 있는 코끼리를 본 적이 거의 없으므로 죽은 코끼리의 뼈를 얻어서 그 모양에 비춰 살아 있는 코끼리를 상상한다. 그러므로 여러 사람이 마음속으로 상상해낸 것을 모두 '상(象)'이라고 한다. 지금 도는 비록 듣거나 볼 수 없지만 성인은 그 드러난 공능(功能)을 잡아서 그 형상을 헤아려 내보인다. 그러므로 『도덕경』에서 "모습 없는 모습, 물체 없는 형상"이라고 한 것이다.

이와 관련해 『회남자(淮南子)』 권12 「도응훈(道応訓)」에도 사례가 나온다. 비교하며 음미해보자.

(전국 시대 유세객) 전변(田駢)이 (천하를 다스리는) 도술(道術)을 갖고서 제나라 왕에게 유세했다. 왕이 그에 응해 대답했다.

"과인이 소유한 것은 (천하가 아니라) 제나라일 뿐이다. 도술로는 우리 제나라의 환란을 제거하기 어렵다. 바라건대 제후국의 정치에 관해 듣고 싶다."

전변이 말했다.

"신의 말씀에는 정치에 관한 것이 없지만 정치를 행하는 데 도움을 얻을 수는 있을 것입니다. 비유컨대 이는 마치 숲속의 나무에서 당장 쓸 재목을 구할 수 없어도 재목감을 얻을 수 있는 것과 같습니다. 임금께서는 (제 말에서) 제나라 정치에 관한 것을 스스로 취해보시기 바랍니다. 곧장 나라의 환란이 제거될 것이며 하늘과 땅 사이, 육합(六合-천지 사방) 안의 모든 것이 도야(陶冶)돼 변화할 것입니다. 이렇게 하신다면 제나라 한 나라의 정치는 문제도 안 될 것입니다."

그래서 노자가 말하기를 "모습 없는 모습, 물체 없는 형상"이라고 했다.

왕의 질문은 제나라였는데 전변은 그것을 재목에 비유했다. 실로 재목은 숲에 미치지 못하고 숲은 비[雨]에 미치지 못하며 비는 음양에 미치지 못하고 음양은 조화에 미치지 못하며 조화는 도(道)에 미치지 못한다.

14-3

──────

是謂惚恍
시위 홀황

이를 일러 홀황(惚恍)이라고 한다.

번역 비평

"모습 없는 모습[無狀之狀], 물체 없는 형상[無物之象]"을 일러 노자는 홀황(惚恍)이라고 이름 지었다. 판본에 따라 홀황(忽恍)이나 홀황(忽恍)으로 된 것도 있다.

먼저 홀(惚)의 뜻을 살펴보자. '흐릿하다'나 '멍한 모양'을 뜻한다.

황(恍)은 '멍하다', '어슴푸레한 모양', '형체가 없는 모양'을 뜻한다.

홀(忽)은 '어슴푸레하다', '분명하지 않다', '멍하다'라는 뜻이다.

또 황(慌)은 '어리둥절하다', '어렴풋하다', '허겁지겁하다'라는 뜻이다.

오늘날 황홀경이라고 할 때의 황홀과는 뜻이 다르다.

왕필 주(王弼注)

不可得而定也
불가득이 정 야

뭐라고 딱 확정할 수가 없다.

이노해노(以老解老)

제14장 전반을 이해하는 실마리는 제21장이다. 먼저 21-2에서는 이렇게 말한다.

도(道)라는 것은 오로지 형체가 없고 오로지 흐릿한 것이다[道之爲物唯恍唯惚].
도 지 위 물 유 황 유 홀

이어서 21-3에서는 이렇게 말한다.

흐릿하고 형체가 없도다! 그 가운데에 형상이 있다[惚兮恍兮 其中有象].
홀혜 황혜 기중 유상

흐릿하고 형체가 없도다! 그 가운데에 사물이 있다[恍兮惚兮 其中有物].
황혜 홀혜 기중 유물

'그'란 바로 황홀 혹은 홀황을 가리킨다. 즉 이런 어렴풋함 속에 상(象)이 드러나고 사물이 존재한다는 말이다.

그렇다면 사물도 도(道)와 독립해서 존재하는 어떤 것이 아니라 도의 흐름 속에서 그 존재가 드러날 수밖에 없다. 마치 하이데거가 존재와 존재자를 구별해서 존재자는 존재로부터 독립해서 존재할 수 없음을 말하는 것과 같다.

14-4

영지 불견 기수 수지 불견 기후 집 고지도 가이 어 금지유
迎之不見其首 隨之不見其後 執古之道 可以御今之有

앞에서 맞이해도 그 머리를 볼 수가 없고 뒤에서 따라가도 그 꼬리를 볼 수가 없다. 옛날의 도를 잡아 쥐고서 지금의 있음을 제어할 수 있다.

왕필 주(王弼注)

고금 수 이 기도 상존 집지 자 방 능어 물 유 유 기사
古今雖異 其道常存 執之者 方能於物 有有其事

옛날과 지금이 비록 다르기는 하지만 그 도란 늘 있었으니 그 도를 잡는 자가 바야흐로 일에 능통할 수 있다. 있다[有]는 것은 그에 해당하는 일이 있다는 말이다.

번역 비평과 풀이

이 구절은 바로 홀황(惚恍)을 비유적으로 풀이한 것이다. 『논어』 「자한(子罕)」편 10에는 수제자 안연(顔淵)이 스승 공자의 도를 묘사하는 장면이 나오는데 이는 14-4 전반부를 보다 구체적으로 이해하는 데 도움을 준다.

> (안연)이 아! 하며 감탄해서 말했다.
> "(스승님 가르침은) 우러러볼수록 더욱 높고 뚫을수록 더욱 견고하다.
> 가만히 바라보면 앞에 있는 듯하다가 홀연히 뒤에 있다[忽焉在後].
> 스승님께서는 차근차근 사람을 잘 이끄셨으니, (옛날의 빼어나거나 뛰어난 사람들이) 애쓴 사례들[文]로 나를 넓혀주시고 일의 이치[禮]로 나를 다잡아 주시어 배움을 그만두려 해도 그만둘 수가 없다.
> 이미 내 재주를 다하고 보니 마치 (스승님 가르침이) 우뚝 서 있는 듯하건만, 정작 내가 가르침을 따르고자 해도 어디서부터 시작해야 할지를 모르겠다."

14-4 후반부, 즉 "옛날의 도를 잡아 쥐고서 지금의 있음을 제어할 수 있다"라는 구절은 왕필 주를 그대로 따른다. 특히 일의 관점에서 이를 풀어내고 있다는 점에 주목할 필요가 있다. 유(有)를 말하고 일[事]을 말했다는 것은 임금보다는 신하에 해당한다.

제13장이 천하를 맡길 만한 재상의 조건에 관한 언급이었다면 제14장은 일에 임한 현상(賢相)이 일의 근본을 장악하는 방법에 관한 이야기다. 이렇게 되면 다시 군왕보다 신하 이야기를 하는 제15장과도 자

연스럽게 연결된다.

14-5

以知古始 是謂道紀
（이지 고시   시위   도기）

이로써 옛 시원을 알 수 있으니 이를 일러 도의 벼리라고 한다.

번역 비평

김충열 교수는 "지금을 미뤄서 먼 옛날의 처음 모습을 아는 것, 이것을 도의 벼리[道紀]라고 한다"라고 말했다.

기(紀)란 무엇인가? 종요(綜要)와 종리(綜理)이니, 많은 것을 하나로 묶는 끈이다. 인간의 모든 경험과 체득, 상상력, 추진력 등 일체의 지혜로서 세상을 보는 등불이고 모든 것을 어리(御理)할 수 있는 끈이 바로 도기(道紀)다.

그래서 도기(道紀)를 얻는다면 현재는 물론 미래의 일도 알 수 있다고 김충열 교수는 말한다.

왕필 주(王弼注)

無形無名者 萬物之宗也
（무형 무명   자 만물 지종 야）

雖^수古^고今^금不^부同^동 時^시移^이俗^속易^역 故^고 莫^막不^불由^유乎^호此^차 以^이成^성其^기治^치者^자也^야

故^고 可^가執^집古^고之^지道^도 以^이御^어今^금之^지有^유

上^상古^고雖^수遠^원 其^기道^도存^존焉^언

故^고 雖^수在^재今^금 可^가以^이知^지古^고始^시也^야

형체가 없고 이름이 없으면서도 만사의 으뜸이다.

비록 옛날과 지금이 같지 않으니 시대가 달라지고 풍속이 바뀐 까닭이고, 이로 말미암아 그 다스림을 이루지 못한 적은 없었다. 그래서 옛날의 도를 잡아 쥐고서 지금의 있음(=일)을 다스릴 수 있는 것이다.

상고 시대가 비록 멀다 해도 그 도는 보존되고 있다. 그래서 비록 지금의 일이라 해도 (얼마든지) 옛 시원을 알 수 있다.

| 풀이

시대마다 도는 다르지만, 근본은 같다. 즉 도의 쓰임[用^용]은 시대마다 다를 수 있지만, 그 체(体)는 하나라는 뜻이다. 결국 제14장은 만사(萬事)가 얼핏 보면 혼돈스럽고 뒤죽박죽인 듯하지만, 현신(賢臣)이라면 옛 도[古道^{고도}]의 근본을 지키면서 때와 상황에 맞게 도를 쓸 수 있다는 내용이다.

여기서 우리는 『회남자(淮南子)』 권1 「원도훈(原道訓)」 중에서 관련 내용을 발췌해 읽어보자.

5000자에 불과한 『도덕경』의 빈 공간을 채워가며 제대로 읽어내려면 정신적 근력(筋力)이 필수적인데 이런 근력을 기르는 데는 이 책 만한 것이 드물다.

○ 무릇 도(道)란 하늘을 덮고 땅도 싣고 있는 것이어서 사방팔방 무한대로 퍼지며 그 높이를 가늠할 수 없고 그 깊이를 잴 수도 없다.

○ 도는 펼쳐놓으면 천지 사방을 덮고 오므려놓으면 한 줌도 안 된다. 작으면서도 크고 어두우면서도 밝으며 약하면서도 강하고 부드러우면서도 굳세다.

○ 황홀해 형상을 짐작할 수 없지만, 그 쓰임은 끝을 알 수가 없다.

○ 골고루 사방을 살피되 그 총체를 잃지 않고 사방 구석구석까지 경영하다가 그 근본으로 되돌아온다.

○ 사지(四肢)를 움직이지 않고 눈과 귀와 손을 쓰지 않는데도 천지간의 형세를 알 수 있는 것은 어째서인가? 그것은 도의 핵심 자루[要柄]를 잡아 쥐고서 무궁한 경지에서 노닐기 때문이다. 그렇게 하려면 천하만사에 대해 인위적인 힘을 가하지 않고 그 자연스러움에 기초해 일이 돼가도록 내맡겨야 한다. 만물 만사의 변화를 하나하나 따라가지 말고 그 궁극적 요체[要趣]를 잡아 쥐고서 만물 만사가 근본으로 돌아가게 해야 한다.

○ 옛날에 하나라 곤(鯀)이 세 길이나 되는 성을 쌓으니 제후들은 모두 등을 돌렸고 나라 안에는 교활한 자들이 생겨났다. 그 아들 우(禹)는 천하가 등 돌린 것을 알고서 성을 허물고 해자를 메웠으며 재물을 풀고 무기와 갑옷을 불태우는 한편 오로지 은덕을 베풀었다. 그러자 멀리 있는 나라는 복

종해오고 오랑캐들은 조공을 바쳤다.

○ 해를 입히려는 마음이 없다면 굶주린 호랑이의 꼬리를 밟더라도 탈이 없다. 하물며 상대가 개나 말임에야! 그러기에 도를 따르는 사람은 안락하게 지내면서도 막힘이 없고, 술수를 일삼는 자는 힘만 많이 들 뿐 공로를 이룰 수 없다.

○ 한 사람의 능력으로는 불과 세 이랑의 택지도 다스리기 어렵지만, 도를 따르고 천지자연에 바탕을 두면 천하를 평정하는 데도 어려움이 없다. 그래서 우왕이 홍수를 다스릴 때는 물을 자기 스승으로 삼았고, 신농(神農)이 농사를 지을 때는 이랑을 자기 스승으로 삼았던 것이다.

○ 소에게는 째진 발톱이 있고 말에게는 갈기와 째지지 않은 발톱이 있는 것은 천(天)이다. 말의 입에 망(網)을 씌우고 소의 코를 뚫어 코뚜레를 꿰는 것은 인(人)이다. 천을 따르는 자는 도와 일체가 되는 자요, 인을 따르는 자는 세속과 어울리는 자다.

○ 성인(聖人)은 인(人)을 갖고서 천(天)을 어지럽히지 않으며 욕(欲)을 갖고서 정(情)을 문란케 하지 않으며 꾀하지 않아도 들어맞고 말하지 않아도 믿음을 주며 억지로 시도하지 않고도 도를 얻고 하지 않고서도 이뤄낸다. 그 정신은 심령 깊숙이까지 통하며 조화와 일체가 된다.

○ 대지는 낮게 있으면서 높이를 다투지 않는데 그렇기에 안정되며 위험

하지 않다. 물은 낮은 곳으로 흐르면서 앞을 다투지 않기에 빨리 흐르며 지체하는 일이 없다.

옛날에 순(舜)임금이 역산(歷山)에서 경작을 했는데 1년이 지나자 사람들이 서로 자갈땅을 일구면서 비옥한 땅은 서로 양보하게 됐다. 강에서 고기잡이를 했는데 1년이 지나자 어부들이 다퉈 얕은 여울로 오면서 (물고기가 많은) 굽고 깊은 곳을 서로 양보했다.

이때 순은 입으로 설교한 것도 아니고 손으로 지시한 것도 아니었다. 다만 무위(無爲)의 덕을 마음속에 품고 있을 뿐이었는데 그 감화가 신령처럼 빠르게 파급됐던 것이다. 순에게 그런 뜻이 없었다면 집집마다 다니며 입으로 떠들었다 하더라도 교화되는 자는 단 한 명도 없었을 것이다.

○ 이른바 무위(無爲)란 만사에 있어 남보다 먼저 하려고 하지 않는 것이요 이른바 하지 않음이 없다[無不爲]는 것은 일과 사물의 본성을 따르는 것이며 이른바 무치(無治)란 자연스러움을 바꾸지 않는 것이요 다스려지지 않음이 없다[無不治]는 것은 일과 사물이 원래 그러한 모습에 바탕을 두는 것이다.

○ 형체가 있는 것 중에서 물만큼 존귀한 것은 없다.

○ 그림자도 모습도 없고 단지 순수한 덕(德)만이 있으니 그것은 아무리 베풀어도 다함이 없고 아무리 사용해도 피곤한 일이 없다. 즉 바라봐도 그 형태가 보이지 않고 귀를 기울여도 그 소리가 들리지 않으며 손으로 잡으려 해도 그 실체를 잡을 수 없다.

무형(無形)이면서 유형(有形)을 생겨나게 하고 무성(無聲)이면서 오음(五音)을 울리며 무미(無味)하면서 오미(五味)를 드러내고 무색(無色)이면서 오색(五色)을 이뤄낸다. 즉 유는 무에서 생겨나고 실(實)은 허(虛)에서 나오는 것이니 천하라고 하는 넓이에서 보자면 만물의 이름은 무형의 일(一)과 같은 것이다.

『도덕경』을 읽어낼 만한 정신력 근력을 기르는 데 도움이 됐기를 바란다.

제15장

^{고 지 선 위 사 자 미 묘 현 통   심 불 가 식}
古之善爲士者 微妙玄通 深不可識

^{부 유 불 가 식 고 강 위 지 용}
夫 唯不可識 故 强爲之容

^{예 혜   약 동 섭 천}
豫兮若冬涉川

^{유 혜   약 외 사 린}
猶兮若畏四隣

^{엄 혜   기 약 객}
儼兮其若客

^{환 혜   약 빙 지 장 석}
渙兮若氷之將釋

^{돈 혜   기 약 박}
敦兮其若樸

^{광 혜   기 약 곡}
曠兮其若谷

^{혼 혜   기 약 탁}
混兮其若濁

^{숙 능   탁 이 정 지 서 청}
孰能濁以靜之徐淸

^{숙 능   안 이 동 지 서 생}
孰能安以動之徐生

^{보 차 도 자 불 욕 영 부 유 불 영   고 능 폐   불 신 성}
保此道者 不欲盈 夫 唯不盈 故 能蔽 不新成

옛날에 선비 노릇을 잘하던 사람은 미묘하고 현묘하게 통달해 그 깊이를 헤아릴 수가 없다.

무릇 오로지 헤아릴 수가 없기 때문에 그래서 억지로 그 모습을 표현하자면 다음과 같다.

조심조심하는 모습이여, 마치 겨울에 시내를 건너는 것과도 같다.

머뭇거리는 모습이여, 마치 사방 이웃을 두려워하는 것과도 같도다.

점잖고 의젓함이여, 마치 손님과 같다.

뿔뿔이 흩어져감이여, 마치 얼음이 장차 녹으려 함과 같도다.

튼실한 도타움이여, 마치 질박한 통나무와 같도다.

텅 비어 있음이여, 마치 골짜기와 같도다.

마구 뒤섞임이여, 마치 흐린 물과 같도다.

누가 능히 탁한 것에 맑은 요소를 더해 서서히 맑게 할 수 있는가?

누가 능히 가만히 정체돼 있는 것에 동적인 요소를 더해 서서히 살아 움직이게 할 수 있는가?

이 도를 품고 있는 자는 가득 채우려 하지 않는다. 무릇 오직 가득 채우지 않으니 그래서 능히 덮어줄 수 있으며 (따로) 새롭게 이루지 않는다.

15-1

古之善爲士者 微妙玄通 深不可識
夫 唯不可識 故 强爲之容
豫兮若冬涉川

옛날에 선비 노릇을 잘하던 사람은 미묘하고 현묘하게 통달해 그 깊이를 헤아릴 수가 없다.

무릇 오로지 헤아릴 수가 없기 때문에 그래서 억지로 그 모습을 표현하자면 다음과 같다.

조심조심하는 모습이여, 마치 겨울에 시내를 건너는 것과도 같도다.

백서본(帛書本)에는 위사(爲士)가 위도(爲道)로 돼 있다. 그러면 옛날에 도(道)를 잘 행하던 사람이 되니 도를 잘 체화한 선비를 말하게 돼 뜻에서는 차이가 없다.

이때 선비란 제15장 문맥을 감안하면 신하를 가리킨다. 즉 선사(善士)는 현신(賢臣)을 말하는 것이다.

조은정 교수도 제15장은 "보좌진은 자신의 속을 너무 드러내지 말고 조심스럽게 처신해야 한다"는 경계를 담은 내용이라고 풀어냈다. 『주역』으로 치자면 신하 괘인 곤괘(坤卦, ䷁)에 해당하는 셈이다.

강위지용(强爲之容), 즉 "억지로 그 모습을 표현하자면"이라는 부분을 좀 더 상세하게 풀어낸 것이 제25장이다.

25-5와 25-6을 합쳤다.

억지로 자(字-글자)로 말하면 도(道)이고[强字之曰道]
억지로 이름을 지어 큼이라고 했다[强爲之名曰大].

예(豫)란 '망설이다', '머뭇거리다'라는 뜻을 지닌 '유예(猶豫)'에서의

'예'다.

왕필 주(王弼注)

<ruby>冬<rt>동</rt></ruby><ruby>之<rt>지</rt></ruby><ruby>涉<rt>섭</rt></ruby><ruby>川<rt>천</rt></ruby> <ruby>豫<rt>예</rt></ruby><ruby>然<rt>연</rt></ruby> <ruby>若<rt>약</rt></ruby><ruby>欲<rt>욕</rt></ruby><ruby>度<rt>도</rt></ruby> <ruby>若<rt>약</rt></ruby><ruby>不<rt>불</rt></ruby><ruby>欲<rt>욕</rt></ruby><ruby>度<rt>도</rt></ruby> <ruby>其<rt>기</rt></ruby><ruby>情<rt>정</rt></ruby><ruby>不<rt>불</rt></ruby><ruby>可<rt>가</rt></ruby><ruby>得<rt>득</rt></ruby> <ruby>見<rt>견</rt></ruby><ruby>之<rt>지</rt></ruby><ruby>貌<rt>모</rt></ruby><ruby>也<rt>야</rt></ruby>

겨울에 (살얼음이 낀) 시내를 건널 때 머뭇거리면서 건널까 말까 하니 그 속내를 알 수 없는 모습이다.

풀이

여기서 선비 노릇을 잘하던 사람이란 제14장에 나온 고시(古始)를 잘 알아서 현재 일에도 잘 적용하는 현신(賢臣)을 말한다. 이를 무(無)와 유(有)로 풀어보자면 이런 뛰어난 신하란 유가 유로만 이뤄진 것이 아니라 무와 섞여서 이뤄지는 것임을 잘 체득한 사람이다.

돌이켜보면 제14장은 유를 유로만 보지 않고 그 황홀을 꿰뚫고서 무를 봐야 한다는 것이었다.

따라서 이런 사람이 "미묘하고 현묘하게 통달해"란 황홀(恍惚) 혹은 홀황(惚恍)에 현혹되지 않고 도를 꿰뚫어 세상일을 간명하게 살필 줄 아는 사람이라는 뜻이다.

15-2

<ruby>猶<rt>유</rt></ruby><ruby>兮<rt>혜</rt></ruby> <ruby>若<rt>약</rt></ruby><ruby>畏<rt>외</rt></ruby> <ruby>四<rt>사</rt></ruby><ruby>隣<rt>린</rt></ruby>

머뭇거리는 모습이여, 마치 사방 이웃을 두려워하는 것과도 같도다.

유(猶)는 바로 앞의 예(豫)와 더불어 머뭇거리는 모습이다. 오늘날에는 유예(猶豫)라고 하면 연기(延期)를 뜻하지만 원래 유예(猶豫)란 결단을 내리지 못하고 우물쭈물하는 모습을 뜻했다. 여기서는 바로 그 뜻이다.

흥미롭게도 바로 이런 모습을 '신하' 공자가 보여주었다. 『논어』「향당(鄕党)」편 4가 그것이다.

(공자께서는) 공문(公門)에 들어갈 때는 몸을 최대한 굽히셨는데 마치 용납받지 못하는 것처럼 보였다.

문을 들어갈 때는 문 한가운데에 서 있지 않으셨고 통행하면서는 문지방을 밟지 않으셨다.

(임금이 부재할 때라도 임금) 자리를 지나실 때는 긴장감으로 낯빛이 변했고 발걸음은 조심조심 떼셨으며 마치 말을 잘하지 못하는 사람 같았다.

옷자락을 모아쥐고 당(堂)에 올라가실 때는 몸을 최대한 굽혔고 숨을 죽여 마치 숨을 쉬지 않는 듯이 했다.

당에서 나와 섬돌 한 층계를 내려서면서부터 (비로소) 안색을 펴서 화평한 표정을 지으셨고 계단을 다 내려와서는 빠른 걸음으로 걸어가셨는데 마치 새가 나래를 편 듯했고 자기 자리로 다시 돌아와서는 원래대로 지극히 공손한 모습을 취했다.

왕필 주(王弼注)

<ruby>四<rt>사</rt></ruby><ruby>隣<rt>린</rt></ruby> <ruby>合<rt>합</rt></ruby><ruby>攻<rt>공</rt></ruby><ruby>中<rt>중</rt></ruby><ruby>央<rt>앙</rt></ruby><ruby>之<rt>지</rt></ruby><ruby>主<rt>주</rt></ruby> <ruby>猶<rt>유</rt></ruby><ruby>然<rt>연</rt></ruby><ruby>不<rt>부</rt></ruby><ruby>知<rt>지</rt></ruby><ruby>所<rt>소</rt></ruby><ruby>趣<rt>취</rt></ruby><ruby>向<rt>향</rt></ruby> <ruby>者<rt>자</rt></ruby><ruby>也<rt>야</rt></ruby>
<ruby>上<rt>상</rt></ruby><ruby>德<rt>덕</rt></ruby><ruby>之<rt>지</rt></ruby><ruby>人<rt>인</rt></ruby> <ruby>其<rt>기</rt></ruby><ruby>端<rt>단</rt></ruby><ruby>兆<rt>조</rt></ruby><ruby>不<rt>불</rt></ruby><ruby>可<rt>가</rt></ruby><ruby>覩<rt>도</rt></ruby> <ruby>意<rt>의</rt></ruby><ruby>趣<rt>취</rt></ruby><ruby>不<rt>불</rt></ruby><ruby>可<rt>가</rt></ruby><ruby>見<rt>견</rt></ruby> <ruby>亦<rt>역</rt></ruby><ruby>猶<rt>유</rt></ruby><ruby>此<rt>차</rt></ruby><ruby>也<rt>야</rt></ruby>

사방에서 중앙의 군주를 함께 공격하니 (군주는) 우물쭈물하느라 나아가야 할 방향을 알지 못하는 것처럼 보인다.

그러나 가장 높은 덕을 가진 사람은 그 기미나 속내를 알아차릴 수가 없으니 그의 속뜻을 알아차릴 수 없는 것이 실로 이와 같다.

풀이

왕필은 제15장이 신하에 해당하는 글임을 놓쳤다. 따라서 후반부 말이 다소 억지스럽다.

15-3

<ruby>儼<rt>엄</rt></ruby><ruby>兮<rt>혜</rt></ruby><ruby>其<rt>기</rt></ruby><ruby>若<rt>약</rt></ruby><ruby>客<rt>객</rt></ruby> <ruby>渙<rt>환</rt></ruby><ruby>兮<rt>혜</rt></ruby><ruby>若<rt>약</rt></ruby><ruby>氷<rt>빙</rt></ruby><ruby>之<rt>지</rt></ruby><ruby>將<rt>장</rt></ruby><ruby>釋<rt>석</rt></ruby> <ruby>敦<rt>돈</rt></ruby><ruby>兮<rt>혜</rt></ruby><ruby>其<rt>기</rt></ruby><ruby>若<rt>약</rt></ruby><ruby>樸<rt>박</rt></ruby> <ruby>曠<rt>광</rt></ruby><ruby>兮<rt>혜</rt></ruby><ruby>其<rt>기</rt></ruby><ruby>若<rt>약</rt></ruby><ruby>谷<rt>곡</rt></ruby> <ruby>混<rt>혼</rt></ruby>
<ruby>兮<rt>혜</rt></ruby><ruby>其<rt>기</rt></ruby><ruby>若<rt>약</rt></ruby><ruby>濁<rt>탁</rt></ruby>

점잖고 의젓함이여, 마치 손님과 같도다.
뿔뿔이 흩어져감이여, 마치 얼음이 장차 녹으려 함과 같도다.
튼실한 도타움이여, 마치 질박한 통나무와 같도다.
텅 비어 있음이여, 마치 골짜기와 같도다.

마구 뒤섞임이여, 마치 흐린 물과 같도다.

엄(儼)은 '엄격하다[嚴^엄]'가 아니라 '의젓하다', '점잖다'라는 뜻이다.

환(渙)은 '흩어지다[散^산]'라는 뜻이다. 물방울이 튀어 흩어지는 모양
이다.

참고로『주역』풍수환괘(風水渙卦, ䷺)는 물(☵) 위로 바람(☴)이 불어
서 물 위를 덮고 있는 모든 더러운 것을 씻어냄을 뜻한다. 여기서는 얼
음이 녹는 모습이다.

돈(敦)은 '도탑다', '진실되다'라는 뜻이다. 그래서 질박한 통나무[樸^박]
와 같다고 한 것이다.

광(曠)은 '텅 비어 있다[空=虛^{공 허}]'는 뜻이다. 골짜기[谷^곡]에 대해서는 제
6장에서 짚어본 바 있다.

혼(混)은 '뒤섞여 있어 흐리다[濁^탁]'라는 뜻이지 '더럽다[汚^오]'는 뜻이
아니다.

왕필 주(王弼注)

凡^범此^차諸^제若^약 皆^개言^언其^기容^용象^상不^불可^가得^득而^이 形^형名^명也^야

여기에 있는 여러 약(若)자는 모두 그 모습과 형상을 구체적으로 이
름 지을 수 없음을 말하고 있다.

약(若)을 써서 비유적으로 표현한 부분들은 김충열 교수의 풀이가 일목요연하다.

그는 일에 임할 때 신중하고 신중하다. 마치 살얼음 위를 걷는 것처럼 한다. 그는 이것저것 여기저기, 여러 면으로 생각하고 또 생각한다. 마치 사면의 적에 포위돼 있을 때처럼 한다. 그것을 뚫고 나올 지혜를 짜내듯이…. 경건하고 몸가짐을 바르게 가다듬는다. 마치 어려운 사람의 집을 찾아간 손님처럼 한다.

그러나 그는 때로는 반짝반짝 빛나고 정명(晶明)하다. 마치 얼음 조각이 녹아내릴 때 투명한 것처럼 그렇다. 그런가 하면 그는 언제나 투박하고 자연스러운 그 상태로 있다. 마치 아직도 자르거나 쪼거나 새기지 않은 나뭇등걸처럼 그렇다. 그는 아직 시비선악, 이해득실이 무엇인지도 모르는 갓난아이처럼 혼융미분의 상태에 있다.

이 정도 되면 현신(賢臣)을 넘어 성신(聖臣)이라 할 수 있다. 참고로 한나라 학자 유향(劉向, 기원전 77~6년)[3]은 『설원(說苑)』(이한우 옮김, 21세기 북스) 권2 「신술(臣術)」편(2-1)에서 '육정(六正)'이라 해 여섯 유형의 바른

---

3 초원왕(楚元王) 유교(劉交)의 4세손이고 유흠(劉歆)의 아버지다. 『춘추곡량(春秋穀梁)』을 공부했고, 여러 차례 외척이 권력을 잡는 일에 대해 경계했다. 선제(宣帝) 때 산기 간대부 급사중에 올랐고, 원제(元帝) 때 산기 종정 급사중에 발탁됐다. 이후 환관 홍공(弘恭)과 석현(石顯)이 전권을 휘두르는 것에 반대하면서 퇴진시키려고 했지만, 참언을 받고 투옥됐다. 성제(成帝)가 즉위하자 다시 임용돼 이름을 갱생(更生)에서 향(向)으로 바꿨고, 광록대부를 거쳐 중루교위에 이르렀다. 궁중 도서의 교감에도 노력해 해제서 『별록(別錄)』을 만듦으로써 중국 목록학의 비조로 간주된다. 춘추 전국 시대부터 한나라까지 사람들의 언행을 분류해 『신서(新序)』와 『설원(說苑)』을 편찬했고, 『시경』과 『서경』에 나타난 여인 중 모범과 경계로 삼을 만한 사례를 모아 『열녀전(列女傳)』을 저술했다.

신하를 다음과 같이 분류 정의했다.

육정이란 다음과 같다.

첫째, 어떤 일이 아직 태동하기 전에, 또 형체나 조짐이 아직 드러나기도 전에 홀로 환하게 그 존망의 기미와 득실(得失-일의 얻고 잃음)의 요체를 미리 알아차린다. 일이 나타나기 전에 이를 미리 막아 임금으로 하여금 초연하게 영광된 자리에 서게 한다. 이로써 천하가 모두 진충(盡忠)하다고 하는 칭송을 듣는 부류는 빼어난 신하[聖臣]다.

둘째, 마음을 비우고 그 뜻을 깨끗이 해서[白意] 선(善)으로 나아가 도리를 믿으면서 임금을 일의 마땅함[體誼]으로 면려하고 임금을 깨우쳐 장구한 계획을 세우도록 하며 장차 미덕에 순종토록 하고 악(惡)을 고치고 구제해서 공을 세우고 일을 성취시킨다. 그러고 나서 그 공을 모두 임금에게 돌리고 감히 혼자서도 자신의 공로를 자랑하지 않는[不敢獨伐其勞] 부류는 훌륭한 신하[良臣]다.

셋째, 몸을 낮추고 겸손히 해 아침 일찍 일어나고 밤늦게 잠자리에 들며 뛰어난 이를 추천하는 일에 게으르지 않다. 늘 옛날 뛰어난 이의 행실을 임금에게 들려주며 그것으로 군주의 의지를 이끌어서 사직과 종묘를 편안히 해주는 부류는 충성스러운 신하[忠臣]다.

넷째, 드러나지 않은 부분을 밝게 살펴 일의 성패 알아보기를 남보다 빨리 해서 이를 일찍 대비하고 구해내며 끌어내어 복구시킨다. 또 이간질을 막고 재앙의 근원은 근절시키며 화를 돌려 복이 되도록 함으로써 임금으로 하여금 끝내 근심이 없도록 하는 부류는 일을 아는 신하[智臣]다.

다섯째, 법을 잘 지켜 받들어 자기가 맡은 일에 충실하되 녹(祿)이나 상을 사양한다. 선물이나 뇌물을 받지 않고 의복은 단정하게 하며 음식은 절약하고 검소하게 하는 부류는 반듯한 신하[貞臣]다.

여섯째, 군주가 어리석어 나라에 혼란이 발생할 때나 임금의 정치가 도리에 어긋날 때, 감히 군주의 성난 안색을 범하고[犯顔]⁴ 군주의 허물을 면전에서 지적하되 죽음도 불사한다. 그 몸이 죽더라도 국가만 편안하면 된다고 여겨서 자기가 한 일을 후회하지 않는 부류는 곧은 신하[直臣]다.

15-4

執能濁以靜之徐淸
숙능 탁이 정지 서청

執能安以動之徐生
숙능 안이 동지 서생

누가 능히 탁한 것에 맑은 요소를 더해 서서히 맑게 할 수 있는가?

누가 능히 가만히 정체돼 있는 것에 동적인 요소를 더해 서서히 살아 움직이게 할 수 있는가?

번역 비평

최진석 교수는 "탁하다는 것은 흐릿하다는 것이지 더럽다는 뜻이 아니다"라고 말했다.

---

4 군주가 화를 내는 안색이더라도 해야 할 말은 하는 것을 뜻한다.

왕필 주(王弼注)

부 회이 리 물 즉 득명　탁이 정 물 즉 득청　안이 동 물 즉 득생
夫 晦以理 物則得明 濁以靜 物則得清 安以動 物則得生
차 자연지도 야
此 自然之道也
숙능 자 언 기난 야 서 자 상신 야
孰能者 言其難也 徐者 詳愼也

무릇 어두움으로 다스리면 외부 일과 사람은 밝음을 얻고 혼탁함
으로 고요하게 하면 외부 일과 사람은 맑아지며 가만히 있음으로 움직
이면 외부 일과 사람은 삶을 얻게 된다. 이것이 자연스러운 도다.

"누가 능히[孰能]"라고 한 것은 그만큼 어렵다는 말이다. "서서히
[徐]"란 상세하고 신중하다는 뜻이다.

풀이

이에 대해서는 김충열 교수의 풀이가 명료하다.

누가 세상의 혼탁함을 막아 다스릴 수 있겠는가. 그러면 아마도 인위보다
는 자연의 변화에 맡겨서 천천히, 아주 서서히 탁한 것이 가라앉고 맑은
물이 올라오게 할 수 있을 것이다.

누가 능히 이 혼란한 세상을 다스려 사람들을 편안히 할 수 있겠는가. 그
러면 인위적으로 조치를 취하지 않고 자연스레 깨닫고 느껴서 각자가 자
신의 위치를 찾고 바른길을 갈 수 있도록 천천히 변화와 생장을 기다릴 것
이다.

이는 누가 봐도 임금보다는 뛰어난 재상이 떠맡아야 할 과제다.

15-5

보 차도 자 불욕 영 부 유 불영 고 능폐 불 신성
保此道者 不欲盈 夫 唯不盈 故 能蔽 不新成

이 도를 품고 있는 자는 가득 채우려 하지 않는다.

무릇 오직 가득 채우지 않으니 그래서 능히 덮어줄 수 있으며 (따로)
새롭게 이루지 않는다.

번역 비평

폐(蔽)는 왕필이 말한 "폐(蔽)란 (덮개 등을) 덮어줌[覆蓋]"이라는 풀이
를 따른다.

왕필 주(王弼注)

영 필 일 야 폐 복개 야
盈必溢也 蔽 覆蓋也

가득 차면 반드시 넘치게 된다. 폐(蔽)란 (덮개 등을) '덮어준다[覆蓋]'
는 말이다.

이노해노(以老解老)

가득 채우지 않음[不盈]에 대해서는 제4장(4-1)에서 살펴본 바 있다.

도란 텅 비어 있지만, 그것을 (아무리) 쓰더라도 혹 끝이 없다.
깊도다! 마치 만사의 으뜸과 같구나[道^도沖^충而^이用^용之^지 或^혹不^불盈^영 淵^연兮^혜 似^사萬^만物^물
之^지宗^종]!

따라서 만사의 으뜸이니 능히 하늘의 도를 본받아 만물 만사를 덮
어줄 수 있고 그렇게 하면서도 뭔가를 새롭게, 즉 억지로 이루지는 않
는다는 말이 된다. 재상이 해야 할 일이다.

참고로 유가에서는 재상, 즉 정승이 해야 할 일은 구체적인 일보다
는 섭리(燮理), 즉 음양의 조화를 고르게 하는 것이라고 봤다.

풀이

그러면 "능히 덮어줄 수 있다"는 무슨 뜻이며 "새롭게 이루지 않는
다"는 또 무슨 뜻일까? 이는 백성을 크게 구제하면서도 새롭게 인위적
인 제도나 정책을 베풀지는 않는다는 뜻으로 봐야 할 것이다. 실어주
는 것[載^재]는 땅의 일이고 덮어주는 것[覆^복]은 하늘의 일이다. 하늘과 땅
의 일을 잘 떠맡는 것이 바로 정승이나 재상이 할 일이다.

이와 관련해 가장 대표적인 정승으로 꼽히는 사람이 한나라 선제
때의 재상 병길(丙吉, ?~기원전 55년)[5]이다. "병길문우천(丙吉問牛喘)"이란
승상 병길이 길을 가다가 불량배들이 패싸움을 벌이는 것을 봤을 때

---

5   율령(律令)을 배워 처음에는 옥리(獄吏)가 됐고, 나중에 정위감(廷尉監)에 올랐다. 무제 정화(征和) 2년
    (기원전 91년) 무고(巫蠱)의 옥사 때 크게 활약해 여태자(戾太子)의 손자 유순(劉詢-훗날의 선제(宣帝))의 목
    숨을 구했다. 유순이 제위에 오르자 태자태부(太子太傅)와 어사대부(御史大夫)를 거쳐 기원전 67년에
    승상(丞相)이 됐다. 항상 대의예양(大義禮讓)을 중히 여겨 길에서 불량배들이 싸우는 것을 단속하는
    일은 시장의 직분이므로 재상이 관여할 바가 아니지만, 수레 끄는 소가 숨을 헐떡이는 것은 계절의
    변화 탓일지도 모른다고 하면서 음양(陰陽)을 가리고 자연의 조화를 꾀하는 것은 재상의 직분이라고
    했다.

는 그냥 지나쳤으면서도 길에서 소가 헐떡거리는 모습을 보고서는 소를 몰고 가던 사람에게 달려가서 왜 소가 숨을 헐떡이는지를 물어봤다는 일화를 가리킨다. 그때 종자가 궁금해서 그 까닭을 물어보자 병길은 이렇게 대답했다.

"불량배들의 패싸움은 치안 담당자가 맡아서 할 일이고 재상은 음양의 섭리를 담당한다. 지금은 아직 더운 철이 아닌데 소가 먼 길을 오지 않고서도 저리 헐떡인다면 이는 음양의 조화가 깨진 것이다. 장차 농사에 큰 피해를 줄 수도 있어서 급히 가서 물어본 것이다."

병길이야말로 도를 품은 재상이라 할 것이다.

15-5와 관련해서 『회남자(淮南子)』 권12 「도응훈(道応訓)」에 나오는 사례를 살펴보자.

공자가 환공(桓公)의 사당에 갔는데, 거기에 그릇 1개가 있고 유치(宥巵)⁶ 라는 이름이 붙어 있었다.

공자가 말했다.

"지금 여기서 내가 이 그릇을 볼 수 있었던 것은 실로 행운이다."

그리고 뒤돌아보며 말했다.

"너희들은 물을 가져오너라."

제자들이 물을 떠 오자 유치에 부었는데 물이 반쯤 찼을 때까지는 똑바로 서 있다가 가득 차게 되자 쓰러졌다.

공자는 자세를 바로잡으며 말했다.

---

6 이때의 유(宥)는 '권한다[勸]'는 뜻이다. 『순자(荀子)』에서는 이 그릇을 의기(敧器)라고 했다. 의(敧)란 '기울다'의 뜻이니 흔히 이를 계영배(戒盈杯)라고도 한다.

"영만(盈滿)을 유지한다는 것은 얼마나 좋은가!"

자공(子貢)이 물었다.

"영만을 유지하려면 어떻게 해야 합니까?"

공자가 말했다.

"자기 마음을 누르면서 덜어낼 줄 알아야 한다."

자공이 말했다.

"자기 마음을 누르면서 덜어내려면 어떻게 해야 합니까?"

공자가 말했다.

"무릇 모든 일이란 성대해지면 반드시 쇠퇴한다. 즐거움이 극에 이르면 슬픔이 시작되고 해가 남중(南中)에 이르면 기울면서 옮겨가고 달은 가득 차면 이지러진다. 이 때문에 총명예지(聰明睿知)를 속에 간직하고 있으면서 어리석음으로 이를 지키고 다문박변(多聞博辯)을 몸에 지키고 있으면서 누추함으로 이를 지키며 무용(武勇)을 갖추고 있으면서 두려움으로 이를 지키고 부귀광대(富貴廣大)하면서도 검소함으로 이를 지키며 덕을 천하에 펴면서도 겸양함으로 이를 지키는 것이다. 이 5가지는 선왕(先王)이 천하를 지키고 잃지 않을 수 있었던 근거이니 이를 어기면 반드시 위태로워질 것이다."

그래서 노자가 말하기를 "무릇 오직 가득 채우지 않으니 그래서 능히 덮어줄 수 있으며 (따로) 새롭게 이루지 않는다"라고 했다.

이노해노(以老解老)

제41장 41-1과 41-2는 이 장과 바로 연결돼 신하의 등급을 보여준다.

상사(上士)는 도(道)를 들으면 부지런히 그것을 행하고[上士聞道 勤而行之]

중사(中士)는 도를 들으면 있는 듯이 없는 듯이 하고[中士聞道 若存若亡]

하사(下士)는 도를 들으면 크게 비웃는다[下士聞道 而大笑之].

(하사가) 비웃지 않으면 도라고 하기에 충분치 못하다[不笑 不足以爲道].

제15장의 사(士)는 물론 상사(上士)를 말한 것이다.

致虛 極 守靜 篤
치허 극 수정 독

萬物竝作 吾以觀復
만물 병작 오이 관복

夫 物芸芸 各復歸其根
부 물 운운 각 복귀 기근

歸根曰靜 靜曰復命 復命曰常
귀근 왈 정 정왈 복명 복명 왈 상

知常曰明 不知常 妄作凶
지상 왈 명 부지 상 망 작흉

知常 容 容乃公 公乃王 王乃天 天乃道 道乃久 沒身 不殆
지상 용 용내공 공내왕 왕내천 천내도 도내구 몰신 불태

비움에 이르는 것이 극진함이고 고요함을 지키는 것이 도타움이다.

만물 만사가 나란히 일어나더라도 나는 그것을 갖고서 만물 만사가 돌아가는 이치를 살핀다.

무릇 일과 사물이란 무성해지지만, 각각은 그 뿌리로 다시 돌아가기 때문이다.

뿌리로 돌아간다는 것은 고요해진다는 것이고 고요해진다는 것은 명(命)으로 돌아가는 것이며 명으로 돌아간다는 것은 상(常)이다.

상(常)을 알아내는 것을 일러 명(明)이라고 한다. 상(常)을 알아내지

못하면 망령돼 흉한 일을 빚어낸다.

상(常)을 알아야 포용할 수 있고 포용하면 마침내 공정할 수 있고 공정하면 마침내 왕(王)이 될 수 있고 왕이 되면 마침내 하늘에 합치될 수 있고 하늘에 합치되면 마침내 도(道)를 따를 수 있고 도를 따르면 마침내 오래갈 수 있어 죽을 때까지도 위태롭지 않다.

16-1

致虛 極 守靜 篤
치허 극 수정 독

비움에 이르는 것이 극진함이고 고요함을 지키는 것이 도타움이다.

번역 비평

『논어』에 진(眞)이라는 글자가 한 번도 안 나오듯이 『도덕경』에서는 허(虛)자는 나와도 공(空)이라는 글자는 나오지 않는다. 허(虛)란 공허 (空虛)나 허공(虛空)일 때는 공(空)과 같은 뜻이지만 가만히 뉘앙스를 점검해보면 두 글자 사이에는 미묘한 차이가 있다. 『도덕경』에서는 그 차이가 매우 중요하다. 노자가 말하는 무(無)를 이해하는 결정적 단서가 되기 때문이다.

예를 들어 '마음을 비우다'라고 할 때 허심(虛心)이라고 하지 공심 (空心)이라고 하지 않는다. 공(空)에는 '쓸데없다'라는 뜻이 있어 '공연 (空然)히'라고는 하지만 허(虛)에는 그런 뉘앙스가 없다. 허실(虛實), 명불

허전(名不虛伝), 허무(虛無)하다 등에서의 '허(虛)'의 자리에 공(空)이 들어
갈 수는 없다. 반대로 공리공담(空理空談), 공수래공수거(空手來空手去)라
고 할 때는 '공(空)'의 자리에 허(虛)가 들어갈 수 없다.

뉘앙스 차이에 주목할 경우 공(空)은 대체로 아예 없던 것이지만 허
(虛)는 그와 달리 사람의 의지가 들어간 '비우다'라는 뜻이 강함을 확
인할 수 있다. 그래서 허(虛)는 무(無)와 연결되지만, 공(空)은 무(無)와
연결되는 경우가 거의 없다. 무(無)는 어쨌거나 억지로 함이 있음/없음
의 문제와 연결되기 때문이다.

결론적으로 공(空)은 이미 비어 있는 것이고 허(虛)는 비우는 것이
다. 노자는 애초부터 공(空)을 염두에 두지 않았다.

여기서 극(極)은 지극함이나 궁극보다는 극진함이 어울린다. 비
움이란 마음을 비움이기 때문이다. 고요함 또한 마음의 고요함을 말
한다.

왕필 주(王弼注)

言致虛 物之極也 守靜 物之眞正也

'비움에 이르는 것'이 만사의 극진함이요 '고요함을 지키는 것'이 만
사의 참되고 바름[眞正]임을 말한 것이다.

풀이
제16장은 성왕(聖王)이나 성신(聖臣)의 마음가짐을 단계별로 제시한

매우 중요한 장이다.

그런 점에서 제16장은 성인(聖人)의 수양과 인식을 다룬 제10장에서 이어지며 그것을 더욱 심화하고 있다. 그중에서도 16-1과 16-2는 성인이 성인다움을 갖추기 위한 출발점이 된다. 성왕과 성신을 함께 다룰 때는 성인이라고 하자.

『논어』에서 임금다움[君德]을 갖추는 단계를 담고 있는 내용은 「위정(爲政)」편인데 거기서의 출발점이 사무사(思無邪)인 것과 비슷하다. 생각함부터 그릇됨이 없어야 마침내 그 위에 다움[德]을 쌓아갈 수 있는 것이다.

16-2

萬物竝作 吾以觀復
만물 병작 오 이 관복

만물 만사가 나란히 일어나더라도 나는 그것을 갖고서 만물 만사가 돌아가는 이치를 살핀다.

번역 비평

병작(竝作)은 어지러이 일이 생겨난 모습을 표현한 것이다. 도를 모르는 사람이 보면 만물 만사는 어지러울 뿐이다.

그러나 도를 체득한 성인은 혼잡스러운 만물 만사가 결국은 어디로 귀착되는지를 살펴서 일의 가닥을 잡고 뒤얽힌 사태를 간명하게 풀어낸다.

왕필 주(王弼注)

動作生長
동작 생장

以虛靜 觀其反復
이 허정 관 기 반복

凡有起於虛 動起於靜
범 유 기어 허 동 기어 정

故萬物 雖并動作 卒復歸於虛靜 是物之極篤也
고 만물 수 병 동작 졸 복귀 어 허정 시 물 지 극독 야

(만물 병작이란) 움직이고 일어나고 생겨나고 자라난다는 뜻이다.

비움과 고요함으로 만물 만사가 되돌아옴을 살펴본다.

모든 있음이란 비움에서 일어나고 모든 움직임이란 고요함에서 일어난다.

그래서 만물 만사는 비록 더불어서 움직이고 일어나지만 결국은 비움과 고요함으로 다시 돌아간다. 이것이 바로 일이나 사물의 극진함이자 도타움이다.

풀이

이에 대한 왕필 주는 걸작이라 할 수 있다.

만물 만사가 나란히 일어난다는 것은 어지러이 일어난다는 말이다. 자칫 외부 세계가 혼돈처럼 보일 수도 있지만 비움과 고요함을 갖고서 만물 만사가 작용을 마치고 돌아가는 지점[復]을 살피면 혼돈에서 벗어나 일의 실상을 정확히 알 수 있다.

제16장 16-1과 16-2와 관련해서 『회남자(淮南子)』 권12 「도응훈(道応訓)」에 나오는 사례를 살펴보자.

윤수(尹需)가 수레 모는 기술을 배웠는데 3년이 지나도록 제대로 터득할 수가 없었다. 남몰래 고민하면서 늘 잠을 잘 때도 궁리를 했다. 어느 날 밤 꿈속에서 스승으로부터 추가(秋駕-말을 제어하는 방법)라는 기술을 배웠다. 날이 밝자 스승이 말했다.

"내가 너에게 그 기술을 아끼느라 가르쳐주지 않은 것이 아니다. 내가 걱정한 것은 네가 아직 그것을 받아들일 준비가 돼 있지 않았기 때문이다. 오늘 내가 너에게 추가의 기술을 가르쳐주마!"

이 말을 듣자 윤수는 달려가서 북면(北面)하고 말했다.

"저에게 하늘의 행운이 내렸습니다. 어젯밤 꿈속에서 이미 추가를 전수 받았습니다."

그래서 노자가 말하기를 "비움에 이르는 것이 극진함이고 고요함을 지키는 것이 도타움이다. 만물 만사가 나란히 일어나더라도 나는 그것을 갖고서 만물 만사가 돌아가는 이치를 살핀다"라고 했다.

이노해노(以老解老)

복(復)은 돌아가는 것이다. 그런 돌아가는 움직임을 비움과 고요함으로 살필 뿐이다.

이런 해석을 뒷받침하는 『도덕경』 내의 근거는 제1장 1-3, 그중에서도 요(徼)다.

그래서 상무(常無)는 그 (유가 무로부터 생겨날 때의) 미묘함을 살피려 하고 상유(常有)는 (유에서 무로) 돌아가 마치는 바[徼=歸終]를 살피려 한다[故 常無 欲以觀其妙 常有 欲以觀其徼].

따라서 비움이 극진한 것과 고요함이 도타운 것, 이 둘이 바로 상유(常有), 즉 늘 있음이다.

16-3

夫 物芸芸 各復歸其根
歸根曰靜 靜曰復命 復命曰常

무릇 일과 사물이란 무성해지지만, 각각은 그 뿌리로 다시 돌아간다.

뿌리로 돌아간다는 것은 고요해진다는 것이고 고요해진다는 것은 명(命)으로 돌아가는 것이며 명으로 돌아간다는 것은 상(常)이다.

번역 비평

첫 문장은 16-2를 좀 더 구체적으로 표현한 것으로 사실상 같은 내용이다. 다만 그것을 일과 사물의 입장에서 표현한 것일 뿐이다.

왕필 주(王弼注)

根 始也 各反其所始也
歸根則靜 故曰靜 靜則復命 故曰復命也 復命則得性命之常 故曰常也

뿌리란 시작이니 각각 그 시작한 곳으로 돌아간다는 말이다.

뿌리로 돌아가면 고요해지니 그래서 고요함이라고 했고 고요하면 명으로 돌아가는 것이니 그래서 명으로 돌아감이라고 했으며 명으로 돌아가면 본성과 명의 상(常)을 얻게 되니 그래서 상(常)이라고 했다.

풀이

독특한 개념 정의의 연쇄가 시작된다. 뿌리로 돌아가는 것을 고요함이라 했고 이런 고요함을 일러 명(命)으로 돌아가는 것이라고 했으며 명으로 돌아가는 것을 일러 상(常)이라고 했다. 바로 뒤에서 이런 상(常)을 알게 되는 것을 명(明)이라고 했다.

이런 정의는 공자가 훨씬 능하다. 같은 명(明)에 대한 공자의 정의를 살펴보자.

『논어』 「안연(顏淵)」편 6이다.

자장(子張)이 '밝다 혹은 밝음[明]'에 관해 물었다.

공자가 말했다.

"점점 젖어 드는 (동료에 대한) 참소와 살갗을 파고드는 (친지들의 애끓는) 하소연을 (단호히 끊어) 행해지지 않게 한다면 그것이야말로 밝다고 말할 수 있다[浸潤之譖 膚受之愬 不行焉 可謂明也已矣]."

정확히 임금의 눈 밝음을 말하고 있다. 반면에 노자의 명(明)은 간명(簡明)하다고 할 때의 명이니 공자가 말한 간(簡)에 가깝다. 이에 대해서는 제22장에서 보다 상세하게 살필 것이다.

16-4

^{지상} ^왈 ^명 ^{부지} ^상 ^망 ^{작흉}
知常曰明 不知常 妄作凶

상(常)을 알아내는 것을 일러 명(明)이라고 한다. 상(常)을 알아내지 못하면 망령돼 흉한 일을 빚어낸다.

번역 비평

지상(知常)이 명(明)이라고 했다. 참고로 공자에게는 지례(知禮)가 명이불혹(明而不惑)으로 일의 이치[事理]를 안다는 것이고 지명(知命)은 일의 형세[事勢]를 두려워하며 받아들이는 것을 말한다.

왕필 주(王弼注)

^{상 지 위물} ^{불편 불창} ^{무 교매} ^{지 상 온량} ^{지 상 고왈} ^{지상 왈 명}
常之爲物 不偏不彰 無曒昧之狀 溫凉之象 故曰 知常曰明
야
也
^{유 차 복 내 능 포통 만물} ^{무 소불용}
唯此復 乃能包通萬物 無所不容
^{실차 이왕 즉 사 입호 분 즉 물 이 기분 고왈} ^{부지 상 즉 망 작흉}
失此以往 則邪入乎分 則物離其分 故曰 不知常 則妄作凶
야
也

상(常)이란 치우치지 않고 겉으로 드러나지 않아서 밝거나 어두운 형태도 없고 따뜻하거나 서늘한 모습도 없다. 그래서 "상(常)을 아는 것을 일러 밝음[明]이라 한다"라고 한 것이다.

오직 이 같은 (만물 만사의) 돌아옴이라야 마침내 만물 만사를 능히 포괄해 통하게 해줄 수 있어서 품어 안지 않음이 없다.

이를 잃어버린 이후로는 그릇됨이 (만물 만사의 정해진) 분수에 끼어들게 되고 그렇게 되면 만물 만사는 자기 분수에서 떠나게 된다. 그래서 말하기를 "일정함을 알지 못하면 망령되이 흉한 일을 빚어낸다"라고 한 것이다.

풀이

노자가 말하는 상(常)은 공자가 말하는 상도(常道), 즉 일의 이치[事理]^{사리}로써의 예(禮)와 다르고 오히려 공자의 명(命)에 가깝다.

공자에게서 명이란 일의 형세[事勢]^{사세}다.

노자의 항(恒)이나 상(常)이 복합적인 상황이라는 면에서 특히 그렇다.

16-5

知常^{지상} 容^용 容乃公^{용내공} 公乃王^{공내왕} 王乃天^{왕내천} 天乃道^{천내도} 道乃久^{도내구} 沒身不殆^{몰신 불태}

상(常)을 알아야 포용할 수 있고 포용하면 마침내 공정할 수 있고 공정하면 마침내 왕(王)이 될 수 있고 왕이 되면 마침내 하늘에 합치될 수 있고 하늘에 합치되면 마침내 도(道)를 따를 수 있고 도를 따르면 마침내 오래갈 수 있어 죽을 때까지도 위태롭지 않다.

지상(知常)을 연결고리로 해서 제왕의 심술(心術)이 단계별로 높아진다. 맨 끝에 도(道)가 있음을 주목해야 한다.

이때 용(容)은 용서(容恕)의 용이 아니라 '두루 품어 안는다'라는 포용(包容)의 용이다.

이노해노(以老解老)

제25장 25-10이다.

사람은 땅을 본받고 땅은 하늘은 본받고 하늘은 도를 본받고 도는 자연스러움을 본받는다[人法地 地法天 天法道 道法自然].

왕필 주(王弼注)

無所不包通也

無所不包通 則乃至于蕩然公平也

蕩然公平 則乃至于無所不周普也

無所不周普 則乃至于同乎天也

與天合德 體道大通 則乃至于窮極虛無也

窮極虛無 得物之常 則乃至於不可窮極也

無之爲物 水火不能害 金石不能殘 用之於心 則虎兕無所投其爪角 兵戈無所用其鋒刃 何危殆之有乎

포용해 통하지 않는 바가 없다.

포용해 통하지 않는 바가 없으면 마침내 남김없이 공평함에 이른다.

남김없이 공평함에 이르게 되면 마침내 두루두루 하지 않음이 없는 경지에 이른다.

두루두루 하지 않음이 없게 되면 마침내 하늘과 같은 차원에 이른다.

하늘과 덕이 합치돼 도를 체화하고 크게 통하게 되면 마침내 비워 없앰[虛無]허무이 극진함에 이른다.

허무가 극에 이르게 돼 일과 사물이 자기의 일정함을 얻게 되면 마침내 다함이 없는 상태에 이른다.

무(無)라는 것은 물이나 불로 해칠 수 없고 쇠나 돌로 깨뜨릴 수 없다. 이런 무를 마음에 쓰게 되면 호랑이나 외뿔소의 발톱이나 뿔로도 덤빌 수가 없고 병기의 예리한 날을 쓸 곳도 없으니 어찌 위태로움이 있겠는가?

풀이

지상(知常)은 공자가 말한 지천명(知天命), 즉 일의 형세[事勢]사세를 아는 것과 통한다고 했다. 이를 기반으로 용(容)과 공(公)을 갖추면 임금다운 임금이 될 수 있다고 말한다. 다음은 『논어』 「요왈(堯曰)」편 1에 나오는 말이다.

너그러우면 무리를 얻고 믿음이 있으면 백성이 신임하고 주도면밀하면 공적이 있고 공정하면 (백성이) 기뻐한다.

아마도 공자가 한 말로 보이는데 여기에 "너그러우면 무리를 얻고 [寬則得衆]" "공정하면 (백성이) 기뻐한다[公則說]"가 포함돼 있다. 용(容)은 포용, 관대이니 관(寬)과 통한다.

결국 왕위에 오르면 그 왕은 하늘을 본받으려 해야 함을 말하고 있다. 그러면 하늘의 무엇을 본받아야 할까? 이에 대한 답은 제5장(5-1)에서 살펴본 바 있다.

하늘과 땅은 어질지 않아서 만물 만사를 짚강아지처럼 여기고 성인(聖人)은 어질지 않아서 백성을 짚강아지처럼 여긴다.

이는 공심(公心) 혹은 지공(至公)을 말한 것이다. 여기서 유향(劉向)의 『설원(說苑)』「군도(君道)」편 1-1을 살펴보자.

(춘추 시대) 진(晉)나라 평공(平公)이 (악사) 사광(師曠)에게 말했다.
"임금의 도리란 어떤 것인가?"
대답해 말했다.
"임금의 도리는 깨끗하고 맑아서 억지로 행함이 없어야 하고 널리 사랑하는 데 힘써야 하며 뛰어난 이[賢=賢臣]에게 일을 맡기느라 바빠야 합니다. 눈과 귀를 널리 열어 온 사방을 살펴야 합니다. 세속 흐름에 푹 빠져서도 안 되고 좌우 측근들에 얽매여서도 안 됩니다. 마음을 활짝 열어 멀리 보고, 우뚝하게 자기 생각을 세워야 합니다. 신하들에게 임할 때는 일과 성과를 여러 차례 살펴야 합니다. 이것이 임금이 잡아 쥐어야 할 도리입니다."

평공이 말했다.

"좋도다!"

이 자체가 곧 16-4에 대한 풀이가 된다. 참고로 유향은 유학자다.

이제 자연스럽게 군왕과 재상을 포함한 통치자의 등급과 그에 따른 백성의 교화 수준을 다루는 제17장으로 넘어간다.

제17장

太^{태상}上 下^{하 지 유지}知有之

其^{기차}次 親^{친 이 예지}而譽之

其^{기차}次 畏^{외지}之

其^{기차}次 侮^{모지}之

信^{신 부족}不足焉 有^{언 유 불신}不信焉 ^언

悠^{유혜}兮其 貴^{기 귀언}言 功^{공성}成事^{사수}遂 百^{백성}姓皆^{개 위 아 자연}謂我自然

최상의 통치자의 경우 아래 백성은 그가 있다는 것만 안다.

그다음 통치자의 경우 (아래 백성으로 하여금) 윗사람을 제 몸처럼 여기며 기리게 만든다.

그다음 통치자의 경우 (아래 백성으로 하여금) 윗사람을 두려워하게 만든다.

그다음 통치자의 경우 (아래 백성으로 하여금) 윗사람을 모독하게 만든다.

믿음을 주는 것이 부족하니 (이에) 불신이 생겨난다.

그윽하도다, 그가 말을 귀하게 여김이여! 공로가 이뤄지고 일이 마무리돼도 백성은 모두 말하기를 우리가 자연스러워서 그렇게 됐다고 한다.

17-1

太^{태상}上 下^{하지유지}知有之

최상의 통치자의 경우 아래 백성은 그가 있다는 것만 안다.

번역 비평

홍석주(洪奭周, 1774~1842년)[7]의 『정노(訂老)』(김학주 옮김, 예문서원)에서는 하(下)를 부(不)로 봐 "최상의 통치자는 (아랫사람들이) 그가 있다는 것도 알지 못한다"라고 풀었다. 그러나 기존 판본들은 모두 하(下)라고 했고 그것이 무위지치(無爲之治)와도 부합한다.

---

7 할아버지는 영의정 홍낙성(洪樂性)이며 아버지는 우부승지 홍인모(洪仁謨)다. 약관에 모시(毛詩)·경례(經禮)·자사(子史)·육예백가(六藝百家) 글을 모두 읽어 일가를 이뤘다. 한 번 읽은 글은 평생 기억할 정도로 총명해 동료들이 감탄했다. 1795년(정조 19년) 전강(殿講)에서 수석을 해 직부전시(直赴殿試) 특전을 받았고, 그해 춘당대문과에 갑과로 급제해 사옹원직장을 제수받았다. 1797년 승정원주서, 1802년(순조 2년) 정언, 1807년에는 이조참의가 됐다. 이듬해 가선대부에 올라 병조참판이 되고, 1815년 충청도관찰사로 나갔다. 1832년 양관대제학(兩館大提學)을 거쳐 1834년 이조판서가 됐다. 이어 좌의정 겸 영경연사 감춘추관사 세손부를 제배 받고 1842년에 졸했다. 지위가 정승에 이르렀는데도 자품이 고요하고 겸허해 늘 평민처럼 처했다. 학문이 심수하고 의리에 정통해 시서역예(詩書易禮) 교훈과 성명이기(性命理氣) 철학에 달통했다. 특히 도학가적인 문학론을 전개해 "심외무부(心外無父), 도외무심(道外無心)"이므로 '문(文)'이란 마음을 표현하는 것이 돼야 함을 주장했다. 따라서 마음이 닦아지고 학문이 쌓이면 그것이 덕(德)도 되고 도(道)도 되며 어(語)도 되고 문도 된다고 해 도·덕·어·문이 하나라고 봤다. 그러면서 자기 시대의 사람들은 마음의 공부도 없이 입으로만 인의성경(仁義誠敬)을 외치므로 말이 문과 맞지 않고 마음이 말과 응하지 않는다고 개탄했다.

태상이 반드시 임금이어야 할 필요는 없고 신하 중에서도 재상을 포함한다고 볼 수 있다. 그래서 왕필도 임금이라고 특정하지 않고 대인 (大人)이라고 말했다.

왕필 주(王弼注)

太上^{태상} 謂^위大人^{대인}也^야 大人^{대인}在上^{재상} 故曰^{고왈} 太上^{태상}
大人^{대인}在上^{재상} 居無爲之事^{거 무위 지사} 行不言之敎^{행 불언 지교} 萬物^{만물}作焉^{작언}而不爲始^{이 불 위시} 故^고
下知有之而已^{하 지 유지 이이}

태상이란 대인(大人)을 말한다. 대인이 윗자리에 있으니 그래서 "최상의 통치자"라고 했다.

대인이 윗자리에 있어 무위의 일을 (자기 일로) 떠맡고 말로 하지 않는 가르침을 행하니 만물 만사가 그에 의해 일어나면서도 (억지스러운) 시작을 하지 않는다. 그래서 "아래 백성은 그가 있다는 것만을 안다"라고 한 것이다.

풀이

제17장은 전형적인 통치자 등급론이다.

최상의 통치자 경우 "아래 백성은 그가 있다는 것만 안다"라고 했다. 무위지치(無爲之治)를 행하기 때문이다. 왕필 주는 이에 대한 곡진한 해설이다.

이는 『논어』「태백(泰伯)」편 9에서 공자가 말한 지덕지치(至德之治)와

도 통한다.

공자가 말했다.
"백성이 (모두) 도리를 따르게 할 수는 있어도 백성으로 하여금 (모두) 도리를 알게 할 수는 없다."

이는 지금까지 대부분 공자가 백성을 무시한 내용이라고 오독해왔는데 "다움이 지극한 통치자가 다스릴 경우"를 추가해서 풀면 이렇게 된다.

"(다움이 지극한 통치자가 다스릴 경우) 백성이 (모두) 도리를 따르게 할 수 있다. 백성 모두가 도리를 알게 할 수는 없을지언정."

17-2

기차 친 이 예지
其次 親而譽之

그다음 통치자의 경우 (아래 백성으로 하여금) 윗사람을 제 몸처럼 여기며 기리게 만든다.

번역 비평

무위지치(無爲之治)와 불언지교(不言之敎)에 이르지 못하고 유위지치(有爲之治)와 말로써 교화를 행하는 것을 친이예지(親而譽之)라고 했다.

친(親)은 '제 몸처럼 여기다'라는 뜻이다.

왕필 주(王弼注)

_{불능 이 무위 거사 불언 위교 입선 시화 사 하 득 친 이 예지 야}
不能以無爲居事 不言爲教 立善施化 使下得親而譽之也

능히 무위로써 일을 하지 못하고 말로 하지 않는 가르침을 행하지 못하기 때문에 선(善)을 내세워 교화를 베풀어서 아랫사람들로 하여금 윗사람을 제 몸처럼 여기며 기리게 만드는 것이다.

풀이

이는 대체로 유가(儒家)의 정치를 염두에 둔 말이다. 『대학』 삼강령이 고스란히 이에 해당한다. 명명덕(明明德), 친민(親民), 지어지선(止於至善)이 그것이다.

명덕(明德)을 밝히는 것은 말로 하는 것이고 친민(親民)은 바로 제 몸처럼 여기는 것[親]이니 스스로 지선(至善)에 오래 머물러 백성이 그것을 본받게 함을 말한다.

이것은 성군(聖君), 현군(賢君), 명군(明君)이 오래도록 재위하면서 한결같이 선정(善政)을 베풀 때야 가능한 일이다.

이노해노(以老解老)

그러나 그런 유위지치(有爲之治)로는 노자가 제57장(57-5)에서 말한 최상의 다스림에는 이르기 힘들다.

성인(聖人)은 말하기를 "내가 무위(無爲)하면 백성은 저절로 교화되고 내가 고요함을 좋아하면 백성은 저절로 바르게 되고 내가 일삼음이 없으면 백성은 저절로 넉넉해지고 내가 무욕(無欲)하려 하면 백성은 저절로 질박해진다"라고 했다[聖人云 我無爲而民自化 我好靜而民自正 我無事而民自富 我欲無欲而民自樸].

이를 보면 무위지치(無爲之治)와 유위지치(有爲之治)는 확연히 구분된다. 그 현실성을 떠나서.

17-3

其次 畏之

그다음 통치자의 경우 (아래 백성으로 하여금) 윗사람을 두려워하게 만든다.

번역 비평

외(畏)는 두말할 것도 없이 법령과 형벌로 백성을 두렵게 하는 통치를 가리킨다.

왕필 주(王弼注)

不能復以恩仁令物 而賴威權也

더는 은혜와 어짊으로 사람들을 부릴 수가 없어서 위세와 권력에 기댄다.

풀이

법 만능주의에 대해서는 공자도 경계한 바 있다. 『논어』「위정(爲政)」편 3이다.

공자가 말했다.

"(백성을) 법령으로만 이끌고[道=導] 형벌로만 가지런히 하면 백성은 법망을 면하려고만 하고 부끄러움이 없게 된다.

(백성을) 다움으로 이끌고 예로써 가지런히 하면 부끄러움이 있게 되고 또한 (감화돼) 바르게 된다[格=正]."

17-4

其次 侮之
기차 모지

그다음 통치자의 경우 (아래 백성으로 하여금) 윗사람을 모독하게 만든다.

번역 비평

이제 최악이다.

모(侮)란 '업신여기다' 혹은 '깔보다'라는 뜻이다.

왕필 주(王弼注)

不^{불능}能法^{법이}以正^{정제}齊民^민 而^이以^{이지}智治^{치국}國 下^{하지}知避^{피지}之 其^{기령}令不^{부종}從 故^{고왈}曰
侮^{모지}之

능히 법으로 백성을 바로잡거나 가지런하게 하지 못하고 잔꾀로 나라를 다스리니 아래 백성은 그를 피할 줄만 알고 그 명령은 따르지 않는다. 그래서 백성이 그를 모독한다고 한 것이다.

풀이

이는 폭정(暴政)이나 학정(虐政)을 말한다. 『논어』 「요왈(堯曰)」편 2는 이에 대한 도움을 준다.

공자가 말했다.

"(미리) 가르치지 않고서 (죄를 지었다고) 죽이는 것을 잔학[虐^학]이라 하고 (미리) 경계하지 않고 결과만 책하는 것을 포악[暴^포]이라 한다."

폭정과 학정에 시달리는 백성은 끝내 "윗사람을 모독"한다. 홍석주가 이를 절절하게 풀어낸다.

백성이 아주 두려워하는 것은 죽음뿐이다. 모든 것을 위의(威儀)와 형벌로 다스리면 백성이 죽음을 면하기도 바쁘니 이 때문에 죽음을 가볍게 여기게 된다. 죽음을 가볍게 여긴다면 무슨 일인들 하지 못하겠는가? 백성이 윗사람을 두려워하는 것으로는 금령을 내리는 것만 한 것이 없다. 그러나 두려움이 다하면 수자리 서는 장정들이 몽둥이를 휘두르며 만승의 임금에게 저항하니 백성이 윗사람을 모멸하기가 또한 이처럼 심한 것이 없다.

수자리 서는 장정이란 진나라 2세 황제에게 반기를 든 진승(陳勝)·오광(吳廣)의 난을 염두에 둔 풀이다.

17-5

신 부족 연 유 불신 연
信不足焉 有不信焉

믿음을 주는 것이 부족하니 (이에) 불신이 생겨난다.

번역 비평

판본을 둘러싼 논란이 있는 부분이다. 먼저 이를 짚어보자.

○ 죽간본(竹簡本): "신부족(信不足) 안유불신(安有不信)".
○ 백서(帛書)갑본: "신부족(信不足) 안유불신(案有不信)".
○ 백서(帛書)을본: "신부족(信不足) 안유불신(安有不信)".
○ 왕필본(王弼本): "신부족언(信不足焉) 유불신언(有不信焉)".

안(安)은 여기서 '이에[於是]'로 새기고 안(案)은 '지경(地境)'이라는 뜻이다. 그런데 안(安)을 살리더라도 "믿음을 주는 것이 부족하니 이에 불신이 생겨난다"가 되고 안(案)을 살리더라도 "믿음을 주는 것이 부족하니 이런 지경에서는 불신이 생겨난다"가 되니 모두 왕필본과 크게 다를 바는 없다.

왕필 주(王弼注)

언 종상 야
言從上也
부 어체 실성 즉 질병 생 보물 실진 즉 자흔 작
夫 御體失性 則疾病生 輔物失眞 則疵釁作
신 부족 언 즉유 불신 차 자연지도 야
信不足焉 則有不信 此 自然之道也
이 처 부족 비 지 지 소제 야
已處不足 非智之所濟也

(전체 내용은) 윗사람을 따르는 것에 관해 말하고 있다.

무릇 몸을 다스리면서 본성을 잃게 되면 질병이 생겨나고 다른 사람을 도우면서 참됨을 잃게 되면 종기가 생겨난다.

(윗사람에게) 믿음이 부족하면 (백성 사이에) 불신이 생겨나니 이는 자연스러운 도다.

이미 믿음이 부족한 상태에 처했으니 지혜로는 구제할 수 있는 상황이 아니다.

풀이

17-5를 통치 단계 전반에 대한 풀이로 볼 것인지 17-4에 국한한 설명으로 볼 것인지 시각이 다를 수는 있으나 크게 중요한 문제는 아니다. 통치자와 백성 사이에 놓인 신뢰와 믿음이 그만큼 중요함을 말

하고 있다. 이런 의미의 신뢰 문제는 『논어』에서 공자도 수없이 강조했는데 그중 대표적인 것 2가지만 짚고 넘어가자.

먼저 「위정(爲政)」편 22이다.

공자가 말했다.

"사람으로서 믿음이 없으면 그가 괜찮은 사람인지를 알지 못하겠다. 큰 수레에 끌채가 없고 작은 수레에 멍에가 없으니, 이에[其=於是] 어떻게 수레가 갈 수 있겠는가[人而無信 不知其可也 大車無輗 小車無軏 其何以行之哉]?"

다음은 유명한 「안연(顔淵)」편 7이다.

자공(子貢)이 정치를 묻자 공자가 말했다.

"백성 먹거리를 풍족하게 하고, 군사를 풍족하게 하며, 백성이 위를 믿게 해야 한다."

자공이 말했다.

"반드시 어쩔 수 없이 버린다면 이 3가지 중에서 어느 것을 먼저 버려야 합니까?"

말했다.

"군사를 버려야 한다."

자공이 말했다.

"반드시 어쩔 수 없이 버린다면 이 3가지 중에서 어느 것을 먼저 버려야 합니까?"

말했다.

"백성 먹거리를 버려야 한다. 예로부터 사람이란 모두 죽게 돼 있지만, 백성이 위를 믿지 않으면 설 수가 없다[民無信不立]."

17-6

유혜 기 귀언 공성 사수 백성 개 위 아 자연
悠兮其貴言 功成事遂 百姓皆謂我自然

그윽하도다, 그가 말을 귀하게 여김이여! 공로가 이뤄지고 일이 마무리돼도 백성은 모두 말하기를 우리가 자연스러워서 그렇게 됐다고 한다.

번역 비평

말을 귀하게 여김[貴言]이란 "불언위교(不言爲敎)"를 달리 표현한 것이다.

왕필 주(王弼注)

자연 기 단조 불가득이 견 야 기 의취 불가득이 도 야
自然 其端兆 不可得而見也 其意趣 不可得而覩也
무물 가이 역 기언 언 필 유응 고왈 유혜 기 귀언 야
無物可以易其言 言必有應 故曰 悠兮其貴言也
거 무위 지 사 행 불언 지교 불이 형 입물 고 공성 사수 이 백성
居無爲之事 行不言之敎 不以形立物 故 功成事遂 而百姓
부지 기 소이연 야
不知其所以然也

자연스러움의 경우 그 실마리나 조짐을 볼 수가 없고 그 속뜻을 알아차릴 수가 없다.

그 무엇도 그 말을 바꿀 수 없어 말을 하면 반드시 호응이 있다. 그래서 "그윽하도다, 그가 말을 귀하게 여김이여!"라고 한 것이다.

무위의 일을 (자기 일로) 떠맡고, 말로 하지 않는 가르침을 행하며 외형으로 다른 사람을 세워주지 않는다. 그래서 공로가 이뤄지고 일이 성사돼도 백성은 그 까닭을 알지 못하는 것이다.

풀이

다시 최상의 통치자로 돌아간다. 왕필 주에 덧붙이거나 덜어낼 말이 없다. 다만 제2장(2-2)을 다시 음미해보자.

이런 항(恒-자연스러움)을 갖고서 성인(聖人)은 무위(無爲)의 일에 처하고 불언(不言)의 가르침을 행한다[是以 聖人 處無爲之事 行不言之敎].

최상의 통치를 하는 성인(聖人)이 늘 본받은 하늘의 도(道)는 다름 아닌 무위지치(無爲之治)와 불언위교(不言爲敎), 공성이불거(功成而不居)임이 다시 한번 분명해졌다. 이를 통해 제17장이 제16장에서 바로 이어지는 것임을 확인할 수 있다.

제18장

^{대도} ^폐 ^유 ^{인의}
大道廢 有仁義

^{혜지} ^출 ^유 ^{대위}
慧智出 有大僞

^{육친} ^{불화} ^유 ^{효자} ^{국가} ^{혼란} ^유 ^{충신}
六親不和 有孝慈 國家昏亂 有忠臣

큰 도가 폐기되니 어짊과 마땅함이 있게 됐다.

지혜가 나오니 큰 거짓이 생겨났다.

육친이 화목하지 못하니 효성이니 자애니 하는 말이 생겨났고 국가
가 어지러우니 충신이란 말이 있게 됐다.

18-1

^{대도} ^폐 ^유 ^{인의}
大道廢 有仁義

큰 도가 폐기되니 어짊과 마땅함이 있게 됐다.

번역 비평

왜 갑자기 대도(大道)인가? 대도는 도(道)와는 다른 것인가. 이 점을 『도덕경』 내에서 확인해보자.

먼저 제34장(34-1)이다.

대도(大道)는 둥둥 떠다니니 왼쪽으로도 오른쪽으로도 갈 수 있다[大道汎兮其可左右].

이어서 34-3에서는 '크다[大]'는 뜻을 좀 더 흥미롭게 밝히고 있다.

만물 만사가 그리로 돌아가지만, 주인을 알지 못하니 크다고 이름할 만하다[萬物歸之而不知主 可名於大].

이어서 제53장(53-1)이다.

만약에 내가 조금이라도 아는 바가 있어 큰 도(道)를 행하게 될 경우 오로지 내세워 자랑하게 될까만 두려워할 뿐이다[使我介然有知 行於大道 唯施是畏].

결국 종합하면 큰 도[大道]란 제17장에서 말한 태상(太上)이 펼치는 도를 말한다.

왕필 주(王弼注)

실 무위 지 사 갱 이 시혜 입선 도 진물 야
失無爲之事 更以施慧立善 道進物也

무위의 일을 잃고서 다시 지혜를 베풀고 선(善)을 세우니 도가 외부의 일과 사물로 나아간 것이다.

> **풀이**
>
> "큰 도가 폐기되니 어짊과 마땅함이 있게 됐다"라는 말은 짧지만, 정밀한 해석을 요한다. 단순히 풀이하면 큰 도가 없어지고 나니 그다음 단계로 어짊과 마땅함이 있게 됐다는 말이다. 왕필이 말한 외부 일과 사물[物]이란 어짊과 마땅함을 가리킨다. 왕필은 일단 이런 단순 풀이를 따라 주를 달았다. 그런데 제18장 다른 문장들은 하나같이 일종의 역설을 담고 있다. 그렇다면 18-1도 역설로 풀 수는 없을까? 즉 이렇게 말이다.

큰 도가 폐기되니 (진정한 어짊과 마땅함은 사라지고 억지스러운) 어짊과 마땅함이 있게 됐다.

공자도 대인(大仁)과 소인(小仁)을 구별했다. 『논어』 「헌문(憲問)」편 18이다.

자공(子貢)이 말했다.

"관중(管仲, ?~기원전 645년)[8]은 아마도 어진 사람이 아닐 것입니다. 환공이 공자 규를 죽였는데도 능히 자기 목숨을 버리지 못했을 뿐만 아니라 나아가 그의 재상이 됐습니다."

공자가 말했다.

"관중이 환공을 도와 제후들의 패자가 되자 한 번에 천하를 바로잡으니 지금에 이르기까지 그 혜택을 입고 있다. 관중이 없었더라면 우리는 이에 머리를 풀어헤치고 옷깃을 왼쪽으로 했을 것이다. 어찌 필부필부처럼 알량한 어짊을 베풀다가 하수구에 굴러떨어져 죽어도 아무도 알아주지 않는 그런 사람이 될 수 있으랴!"

여기서 말하는 알량한 어짊[諒]이란 바로 사소함에 얽매이는 어짊[小仁]이며 아녀자의 어짊[婦仁=婦人之仁]이다. 마침 노자도 그냥 인(仁)과 상인(上仁)을 구별하고 있다.

이노해노(以老解老)

제38장(38-3)은 우리에게 이와 관련된 시야를 열어준다.

---

8 이름은 이오(夷吾)이고 자가 중(仲)이다. 가난했던 소년 시절부터 포숙아(鮑叔牙)와 더불어 평생토록 변함없이 깊은 우정을 나눴다는 관포지교(管鮑之交)가 유명하다. 처음에 공자 규(糾)를 섬겨 노(魯)나라로 달아났다. 제양공(齊襄公)이 피살당하자 공자 규와 공자 소백(小伯-환공(桓公))이 자리를 두고 다퉜는데, 실패해 공자 규는 살해당하고 자신은 투옥됐다. 그때 포숙아는 소백 편에 섰는데, 그의 추천으로 환공이 지난날의 원한을 잊고 발탁해 썼다. 노장공(魯莊公) 9년에 경(卿)에 오르고, 높여 중보(仲父)라 불렸다. 제도를 개혁하고 국토를 효율적으로 구분했으니, 도성을 사향(士鄕) 15군데와 공상향(工商鄕) 6군데로 나누고 지방도 오속(五屬)으로 구획해 오대부(五大夫)가 나눠 다스리도록 했다. 염철관(塩鐵官)을 두고 소금을 생산하면서 돈을 제조하게 했다. 이렇게 군사력을 강화하고 상업과 수공업 육성을 통해 부국강병을 꾀했다. 대외적으로는 동방이나 중원의 제후와 9번 회맹(會盟)해 환공에 대한 제후의 신뢰를 얻게 했고, 남쪽에서 세력을 떨치기 시작한 초(楚)나라를 누르려고 했다. 관중의 도움에 힘입어 제환공은 춘추오패(春秋五覇)의 한 사람이 됐다.

최상의 인(仁)은 뭔가를 하면서도 의도를 갖고서 함이 없고[上仁 爲之而<ruby>上仁</ruby> 爲之而
無以爲],

최상의 의(義)는 뭔가를 할 때 의도를 갖고서 함이 있으며[上義 爲之而 有
以爲],

최상의 예(禮)는 뭔가를 하는데 (상대가) 응하지 않으면 팔을 걷어붙이고
상대를 (억지로) 잡아당긴다[上禮 爲之而莫之應 則攘臂而扔之].

그래서 도를 잃은 후에 덕이요, 덕을 잃은 후에 인이요, 인을 잃은 후에 의
요, 의를 잃은 후에 예다[故 失道而後德 失德而後仁 失仁而後義 失
義而後禮].

무릇 예란 충신(忠信)이 엷어져서 나온 것이라 어지러움의 첫머리가 된다
[夫 禮者 忠信之薄 而亂之首].

특히 상인(上仁)에 대한 정의가 자연스러움[自然=無爲]에 근접해 있음을 주목해야 한다. 따라서 노자가 제대로 된 어짊까지 배척한 것으로 보는 것은 지나친 견해임을 확인하게 된다. 노자는 제67장에서 "나에게 보배가 3가지 있으니 그것을 잡아 지킨다. 첫째는 자애로움[慈]이고"라고 했는데 자(慈)가 곧 인(仁)이다.

게다가 죽간본과 백서본에서는 모두 안유인의(安有仁義)라고 해서 안(安)이 있으니, 이를 '어찌'라고 풀 여지가 생긴다. 그러면 18-1을 18-3과 연결해서 이렇게 옮기는 것도 가능해진다.

대도가 폐기됐는데 어찌 (진정한) 어짊과 마땅함이 있을 수 있을 것이며 육친이 화목하지 못한데 어찌 (진정한) 효성과 자애가 있을 수 있을 것이며 극

가가 어지러운데 어찌 (참된) 충신이 있을 수 있겠는가?

18-2

<ruby>慧<rt>혜지</rt></ruby>智出 有大僞

慧智出 有大僞

지혜가 나오니 큰 거짓이 생겨났다.

번역 비평

혜지(慧智)란 속임수나 잔꾀를 말한다.

왕필 주(王弼注)

行術用明 以察姦僞 趣覩形見 物知避之
故智慧出 則大僞生也

술수를 행하고 밝음을 써서 간사함과 거짓을 살피게 되면 (임금 마음이 향하는) 속뜻의 방향이 보이고 속뜻의 형체가 드러나서 외부의 사람들이 그것을 피할 줄을 안다.

그래서 잔꾀가 나오면 큰 거짓이 생겨나게 되는 것이다.

풀이

원래 지혜는 속임수나 거짓을 막는 것인데, 오히려 지혜가 생겨나자 큰 거짓이나 큰 속임수가 있게 됐다는 말이다. 제57장(57-3, 57-4)은 자연스럽게 이에 대한 풀이가 된다.

사람에게 잔꾀가 많아지면 그릇된 일들이 점점 더 많이 일어나고[人多智慧 邪事滋起] 법령이 점점 늘어날수록 도적이 많아진다[法令滋彰 盜賊多有].

예를 들어 『장자(莊子)』에서 "도장과 되와 저울을 만드니 그것을 가지고 도둑질을 한다"라고 말한 것도 이런 맥락에서 읽어낼 수 있다. 물론 이런 도량형 제도를 없애는 것이 백성을 위하는 것이냐 하는 문제는 별개다. 『논어』 「요왈(堯曰)」편 1에서는 주나라 무왕 시대에 대해 이렇게 말한다.

도량형을 신중히 하고 법도를 깊이 살피며 폐기된 관직을 복원하니 사방의 정치가 잘 행해졌다.

18-3

六親不和 有孝慈 國家昏亂 有忠臣

육친이 화목하지 못하니 효성이니 자애니 하는 말이 생겨났고 국가가 어지러우니 충신이란 말이 있게 됐다.

18-1에서 검토한 대로 여기서도 유(有) 앞에 안(安)을 붙여 풀이
했다.

왕필 주(王弼注)

甚美之名 生於大惡 所謂美惡同門
六親 父子兄弟夫婦也 若六親自和 國家自治 則孝慈忠臣
不知其所在矣 魚相忘於江湖之道 失則相濡之德生也

매우 아름다운 이름은 큰 추악함에서 생겨나니 이것이 이른바 "아
름다움과 추악함은 같은 문에서 나온다"라는 말이다.

육친이란 부자·형제·부부다. 만일 육친이 스스로 화목하고 국가가
저절로 다스려진다면 효도나 자애, 충신이라는 말이 어디에 있어야 하
는지를 알 수가 없다. (『장자』에서 말하는) "물고기들이 강과 호수에서 서
로를 잊고 지내는 도"를 잃고 나면 서로를 적셔주는 다움이 생겨나게
된다.

풀이

여기서 단순히 도가와 유가를 대비시키는 관점을 벗어나 좀 더 넓
은 시야에서 양자를 바라볼 수 있는 관점 하나를 확보해두고자 한다.
후한 학자 환담(桓譚)은 『신론(新論)』에서 이렇게 말했다.

무릇 상고(上古) 때는 삼황과 오제를 칭송했고 다음으로는 삼왕과 오패가 있었으니 이들은 천하의 임금 중에서도 우두머리[冠首^{관수}]다. 그래서 삼황은 도리와 이치[道理^{도리}]를 썼고 오제는 다음과 교화[德化^{덕화}]를 썼으며 삼왕은 어짊과 마땅함[仁義^{인의}]을 썼고 오패는 권모술수와 지략[權智^{권지}]을 썼다고 말하는 것이다. 그 설에 이르기를 다스림에 있어 제도도 없이 형벌을 쓰지 않는 것을 일러 황(皇)이라고 하고 제도가 있지만 형벌을 쓰지 않는 것을 일러 제(帝)라고 한다. 좋은 사람에게는 상을 주고 나쁜 사람은 주벌하니 이에 제후들이 조회해 섬기는 것을 일러 왕(王)이라고 하고 군대를 일으켜 동맹을 맺고 신의와 마땅함[信義^{신의}]으로써 세상을 고쳐가는 것[矯世^{교세}]을 일러 패(伯=霸)라 한다고 했다.

삼황은 노자에, 오제는 공자에 가까움을 알 수 있다.

18-3과 관련해서『회남자(淮南子)』권12「도응훈(道応訓)」에 나오는 사례를 살펴보자.

(전국 시대 때) 위(魏)나라 문후(文侯)가 곡양(曲陽)에서 여러 대부에게 술자리를 베풀었다. 자리가 무르익어 다들 거나해질 무렵 문후가 크게 탄식하며 말했다.

"어찌 나만 홀로 예양(豫讓, ?~?)⁹ 같은 사람을 신하로 두지 못한 것

---

9 춘추 시대 진(晉)나라 사람으로 대부(大夫)를 지냈다. 처음에 범씨(范氏)와 중항씨(中行氏)를 섬겼지만, 알아주지 않자 그 둘을 멸망시킨 지백(智伯)을 섬겼다. 지백이 조양자(趙襄子)를 죽이려고 하자, 조양자는 한씨(韓氏)와 위씨(魏氏)를 설득해 오히려 지백을 쳐서 죽이고 각자 나라를 세웠다. 기원전 453년, 지백의 원수를 갚기 위해 몸에 옻칠을 하고 숯을 먹어 문둥이와 벙어리처럼 꾸민 뒤에 밥을 얻어먹으며 다녔는데 그러한 예양을 친구는 알아봤지만, 아내는 몰라봤다. 조양자를 죽이려다 두 번이나 실패하고 붙잡히자 자살(自殺)했다.

인가?"

건중(蹇重)이 술잔을 들어 올리며 말했다.

"신이 임금께 벌주를 올릴 것[浮]을 청하옵니다."

문후가 말했다.

"어째서인가?"

대답해 말했다.

"신이 듣건대, 좋은 명이 있는 부모는 자식이 효자인 줄을 모르고 도리가 있는 임금은 자기 신하가 충신인지를 모른다고 했습니다. 예양의 주군은 실로 어떤 사람이었습니까?"

문후가 말했다.

"좋도다."

벌주를 받아 마시고는 사양하지 않고 또 한 잔을 단번에 다 마셨다. 그리고 말했다.

"관중이나 포숙을 신하로 삼지 못했기 때문에 그래서 예양의 공로가 있게 된 것이다."

그래서 노자가 말하기를 "국가가 어지러우니 충신이란 말이 있게 됐다"라고 했다.

제19장

^{절성} ^{기지} ^{민리} ^{백배}
絶聖棄智 民利百倍
^{절인} ^{기의} ^민 ^복 ^{효자}
絶仁棄義 民復孝慈
^{절교} ^{기리} ^{도적} ^{무유}
絶巧棄利 盜賊無有
^차 ^{삼자} ^{이위} ^문 ^이 ^{미족}
此三者 以爲文而未足
^고 ^{영유} ^{소속} ^{견소} ^{포박} ^{소사} ^{과욕}
故 令有所屬 見素抱樸 少私寡欲

성(聖)을 끊어내고 지(智)를 버리면 백성의 이익이 백배가 된다.

인(仁)을 끊어내고 의(義)를 버리면 백성이 효도와 자애로 돌아간다.

기교를 끊어내고 이로움을 버리면 도적이 사라진다.

이 3가지는 (억지로) 꾸밈[文]이라 충분하지 못하다.

그래서 사람들에게 (추가로) 촉구할 바가 있게 해준다면 (그것은) 소박함을 보고 (늘) 질박함을 마음에 품으며 사사로움을 줄이고 (늘) 욕심을 적게 하는 일에 마음을 쓰라(고 촉구하)는 것이다.

초간본(楚簡本)에는 "절성기지(絶聖棄智)"가 "절지기변(絶智棄辯)"으로 돼 있고 또 "절인기의(絶仁棄義)"가 "절위기려(絶僞棄慮)"로 돼 있다. 이 점을 지적해두는 것은 『도덕경』의 경우 현(賢)에 대해서는 비판적이지만 성(聖)은 이미 성왕(聖王), 성인(聖人)이라는 표현에서 보듯 무위자연을 체화한 사람을 가리킬 때 쓰이는 것이 분명하기 때문이다. 그런데 갑자기 성(聖)을 끊어버리라고 했으니 성(聖)자에는 또 다른 의미가 있음을 알아차려야 한다.

왕필 주(王弼注)

聖智 才之善也 仁義 行之善也 巧利 用之善也 而直云
絶 文甚不足 不令之有所屬 無以見其指
故曰 此三者 以爲文而未足 故 令人有所屬 屬之於素樸寡
欲

빼어남과 지혜는 재주 중에서 가장 좋은 것이고 어짊과 마땅함은 행실 중에서 가장 좋은 것이며 정교함과 이로움은 쓰임 중에서 가장 좋은 것이지만 (『노자』에서는) 단지 끊어버리라고 말하고 있으니, 꾸밈[文]이 심히 부족해서 (백성에게) 촉구하는 바가 없게 만들어 그것이 가리키는 바를 볼 수가 없다.

그러므로 말하기를 "이 3가지는 (억지로) 꾸밈이라 충분하지 못하다. 그래서 사람들에게 (추가로) 촉구할 바가 있게 해준다"라고 하면서 '소박함'과 '욕심을 줄이는 것'을 촉구한 것이다.

풀이

앞장에서 역시 이어진다. 첫 구절이 절성기지(絶聖棄智)냐 절지기변 (絶智棄辯)이냐 또 절인기의(絶仁棄義)냐 절위기려(絶僞棄慮)냐 하는 문제 는 놓아두고 일단은 왕필본을 따라 본문을 번역한다.

초간본과 나머지 통행본의 관계는 김충열 교수의 풀이가 설득력 있다.

살펴건대 초간『노자』의 이 대목은, 그것이 어느 학파의 사상인지와는 관 계없이 사회 인심의 작위 표현에 있어서 그 본래의 천성(天性), 즉 순수자 연의 상태를 벗어나게 한 책임은 우선 통치자의 작위적이고 의도적이며 목적을 위해 잘못 쓴 수단 방법에 있다는, 그에 대한 원인 규명이자 처방이 다. 그런데 전국 중엽 이후 사회의 인심이 더욱 혼란해지자 도가(道家)는 그 책임을 유가(儒家)의 성인(聖人)과 그들이 규정한 덕목, 언어의 허구성 에 돌린 것이다. 그래서 통행본에는 초간본에 없던 성인, 인의(仁義) 등 유 가의 덕목이 절(絶)과 기(棄)의 대상으로 개조돼 있다.

즉 절성(絶聖)의 성(聖)은 유가의 성이다. 조은정 교수는 이렇게 말 한다.

요명춘(廖名春-랴오밍춘)은 이에 대해 "절성기지(絶聖棄智)는 전국 시대 장자 학파가 수정한 것으로 보인다"라고 했고 매광(梅廣-메이광)은 전국 시대 후기의 도가 집단이 이를 수정한 것이라고 판단했다.

또 공자가 중시했던 문(文)을 들어 비판한 것도 같은 맥락이다. 공자는 문질빈빈(文質彬彬)을 강조하면서도 대체로 질(質)에 조금 더 비중을 두는 편이었다.

반면에 도가의 경우에는 문(文) 자체를 거부한다. 여기서도 그런 의미에서 문(文)을 비판하고 있다.

이에 초간본에 바탕을 두고서 김충열 교수는 제19장을 다음과 같이 번역했다. 참고할 만해 옮긴다.

통치자가 지모(智謀)와 궤변을 부리지 않는다면 백성에게는 백배의 이익으로 돌아갈 것이요, 교사(巧詐)와 물질로 유혹하지 않는다면 도적이 생겨나지 않을 것이요, 위선(僞善)하지 않고 이상한 생각이나 꾀를 부리지 않는다면 백성은 다시 어린이처럼 순박함[眞]으로 돌아갈 것이다. 그러나 이 세 마디 말만으로는 백성을 그렇게 되도록 하기에 부족할 것이다. 그러므로 때로는 명령으로 규제하고 혹은 살피고 헤아려서, 늘 본성을 돌아보고 자연스러운 것을 간직해서 자기를 적게 내세우고 욕심을 적게 부리도록 해야 한다.

다만 "견소포박(見素抱樸) 소사과욕(少私寡欲)" 부분에 대한 풀이가 아쉽다. 여기서 견소(見素)와 소사(少私)는 실행 방법이고 포박(抱樸)과 과욕(寡欲)은 각각 그에 따른 효과로 봐야 좀 더 정교한 풀이가 된다. 이 점에서는 최진석 교수의 번역도 아쉬움을 준다.

소박함을 견지하고 사욕을 줄여라.

뭉뚱그려 옮겼다고 하겠다.

『한비자』「양각(揚摧)」편에서는 지(智)와 교(巧)를 끊어내고 버려야 하는 문제를 이렇게 풀어낸다.

성인(聖人)의 도는 지혜와 기교를 버리니, 지혜와 기교를 버리지 않으면 한 결같은 법도[常]가 되기 어렵다.

백성이 지혜와 기교를 쓰면 그 몸에 많은 재앙이 닥칠 것이요, 군주가 그 것을 쓰면 그 나라가 위태롭거나 망할 것이다.

하늘의 도를 따르고 일의 원리로 돌이켜서 온갖 일을 살피고 대조하며 궁 구하되 끝마치면 다시 시작한다.

마음을 비우고 조용히 뒤로 물러나서 (사사로운) 자기 생각대로 하는 경우 가 없다.

이와 관련해서 『회남자(淮南子)』권12「도응훈(道応訓)」에 나오는 사 례를 살펴보자.

(노(魯)나라의 큰 도둑) 도척(盜跖)의 부하가 도척에게 물었다.

"도둑에게도 도가 있습니까?"

도척이 말했다.

"어디를 가더라도 도가 없을 수 있겠는가? 무릇 금품이 어디에 있는지를 짐작해 잘 알아맞히는 것이 성(聖)이고 도둑질하러 들어갈 때 선두에 서는 것이 용(勇)이고 물러날 때 맨 뒤에 있는 것이 의(義)이고 골고루 나누는 것이 인(仁)이고 도둑질이 성공할지 실패할지를 미리 아는 것이 지(智)다. 이 5가지를 갖추지 못하고서 대도(大盜)라는 이름을 드날렸다는 말은 천하에서 들어본 적이 없다."

이로 말미암아 보건대 도적의 마음도 반드시 성인의 도에 의탁한 후라야 행할 수 있는 것이다.

그래서 노자가 말하기를 "성(聖)을 끊어내고 지(智)를 버리면 백성의 이익이 백배가 된다"라고 했다.

제20장

<ruby>絶<rt>절</rt></ruby><ruby>學<rt>학</rt></ruby> <ruby>無<rt>무</rt></ruby><ruby>憂<rt>우</rt></ruby> <ruby>唯<rt>유</rt></ruby><ruby>之<rt>지</rt></ruby><ruby>與<rt>여</rt></ruby> <ruby>訶<rt>가</rt></ruby> <ruby>相<rt>상</rt></ruby><ruby>去<rt>거</rt></ruby> <ruby>幾<rt>기</rt></ruby><ruby>何<rt>하</rt></ruby> <ruby>美<rt>미</rt></ruby><ruby>之<rt>지</rt></ruby><ruby>與<rt>여</rt></ruby> <ruby>惡<rt>악</rt></ruby> <ruby>相<rt>상</rt></ruby><ruby>去<rt>거</rt></ruby> <ruby>若<rt>약</rt></ruby><ruby>何<rt>하</rt></ruby> <ruby>人<rt>인</rt></ruby><ruby>之<rt>지</rt></ruby><ruby>所<rt>소외</rt></ruby>
<ruby>畏<rt>외</rt></ruby> <ruby>不<rt>불</rt></ruby><ruby>可<rt>가</rt></ruby> <ruby>不<rt>불</rt></ruby><ruby>畏<rt>외</rt></ruby>

<ruby>荒<rt>황</rt></ruby><ruby>兮<rt>혜</rt></ruby> <ruby>其<rt>기</rt></ruby><ruby>未<rt>미</rt></ruby><ruby>央<rt>앙</rt></ruby> <ruby>哉<rt>재</rt></ruby>

<ruby>衆<rt>중</rt></ruby><ruby>人<rt>인</rt></ruby><ruby>熙<rt>희</rt></ruby><ruby>熙<rt>희</rt></ruby> <ruby>如<rt>여</rt></ruby><ruby>享<rt>향</rt></ruby><ruby>太<rt>태</rt></ruby><ruby>牢<rt>뢰</rt></ruby> <ruby>如<rt>여</rt></ruby><ruby>春<rt>춘</rt></ruby><ruby>登<rt>등</rt></ruby><ruby>臺<rt>대</rt></ruby>

<ruby>我<rt>아</rt></ruby><ruby>獨<rt>독</rt></ruby><ruby>泊<rt>박</rt></ruby><ruby>兮<rt>혜</rt></ruby> <ruby>其<rt>기</rt></ruby><ruby>未<rt>미</rt></ruby><ruby>兆<rt>조</rt></ruby> <ruby>如<rt>여</rt></ruby><ruby>嬰<rt>영</rt></ruby><ruby>兒<rt>아</rt></ruby><ruby>之<rt>지</rt></ruby><ruby>未<rt>미</rt></ruby><ruby>孩<rt>해</rt></ruby>

<ruby>儽<rt>누</rt></ruby><ruby>儽<rt>루</rt></ruby><ruby>兮<rt>혜</rt></ruby> <ruby>若<rt>약</rt></ruby><ruby>無<rt>무</rt></ruby><ruby>所<rt>소</rt></ruby><ruby>歸<rt>귀</rt></ruby>

<ruby>衆<rt>중</rt></ruby><ruby>人<rt>인</rt></ruby><ruby>皆<rt>개</rt></ruby><ruby>有<rt>유</rt></ruby><ruby>餘<rt>여</rt></ruby> <ruby>而<rt>이</rt></ruby><ruby>我<rt>아</rt></ruby><ruby>獨<rt>독</rt></ruby><ruby>若<rt>약</rt></ruby><ruby>遺<rt>유</rt></ruby>

<ruby>我<rt>아</rt></ruby> <ruby>愚<rt>우</rt></ruby><ruby>人<rt>인</rt></ruby><ruby>之<rt>지</rt></ruby><ruby>心<rt>심</rt></ruby><ruby>也<rt>야</rt></ruby><ruby>哉<rt>재</rt></ruby> <ruby>沌<rt>돈</rt></ruby><ruby>沌<rt>돈</rt></ruby><ruby>兮<rt>혜</rt></ruby>

<ruby>俗<rt>속</rt></ruby><ruby>人<rt>인</rt></ruby><ruby>昭<rt>소</rt></ruby><ruby>昭<rt>소</rt></ruby> <ruby>我<rt>아</rt></ruby><ruby>獨<rt>독</rt></ruby><ruby>昏<rt>혼</rt></ruby><ruby>昏<rt>혼</rt></ruby> <ruby>俗<rt>속</rt></ruby><ruby>人<rt>인</rt></ruby><ruby>察<rt>찰</rt></ruby><ruby>察<rt>찰</rt></ruby> <ruby>我<rt>아</rt></ruby><ruby>獨<rt>독</rt></ruby><ruby>悶<rt>민</rt></ruby><ruby>悶<rt>민</rt></ruby> <ruby>澹<rt>담</rt></ruby><ruby>兮<rt>혜</rt></ruby> <ruby>其<rt>기</rt></ruby><ruby>若<rt>약</rt></ruby><ruby>海<rt>해</rt></ruby> <ruby>飂<rt>요혜</rt></ruby>
<ruby>兮<rt>혜</rt></ruby> <ruby>若<rt>약</rt></ruby><ruby>無<rt>무</rt></ruby><ruby>止<rt>지</rt></ruby>

<ruby>衆<rt>중</rt></ruby><ruby>人<rt>인</rt></ruby><ruby>皆<rt>개</rt></ruby><ruby>有<rt>유</rt></ruby><ruby>以<rt>이</rt></ruby> <ruby>而<rt>이</rt></ruby><ruby>我<rt>아</rt></ruby><ruby>獨<rt>독</rt></ruby><ruby>頑<rt>완</rt></ruby><ruby>似<rt>사</rt></ruby><ruby>鄙<rt>비</rt></ruby>

<ruby>我<rt>아</rt></ruby><ruby>獨<rt>독</rt></ruby><ruby>欲<rt>욕</rt></ruby><ruby>異<rt>이</rt></ruby><ruby>於<rt>어</rt></ruby><ruby>人<rt>인</rt></ruby> <ruby>而<rt>이</rt></ruby><ruby>貴<rt>귀</rt></ruby><ruby>食<rt>식</rt></ruby><ruby>母<rt>모</rt></ruby>

배움을 끊어내면 근심이 없어진다. "예"와 "아니오" 사이의 거리가 얼마일 것이며 아름다움과 추악함 사이의 거리가 얼마일 것인가? 사람

들이 두려워하는 자는 (마찬가지로 사람들을) 두려워하지 않으면 안 된다.

아득히 멀도다, 아직 다하지 못함이여!

뭇사람들이 희희낙락하는 것이 큰 소를 잡아 잔치를 하는 듯하고 봄날에 누대에 오르는 듯하다.

나 홀로 마음이 담담해 아직 조짐이 드러나지 않는 것이 마치 아직 웃을 줄도 모르는 갓난아기와 같다.

고달프도다! 돌아갈 곳이 없는 것과도 같다.

뭇사람들은 모두 남음이 있건만 나 홀로 내버려진 듯하다.

나는 어리석은 사람의 마음과 같아서 어둡기만 하도다!

세인들은 밝디밝은데 나 홀로 어둡고 세인들은 잘 살피는데 나 홀로 어리석어 담담하기가 바다와도 같고 하늘 높이 나부끼는 바람처럼 그칠 줄 모르는구나!

뭇사람들은 다 쓸모가 있는데 나 홀로 완고해 비루하니

나 홀로 남들과 다르고자 해 식모(食母)를 귀하게 여기네!

20-1

_{절학} _{무우} _{유 지여} _가 _{상거} _{기하} _{미 지여} _악 _{상거} _{약하} _{인 지 소외}
絶學無憂 唯之與訶 相去幾何 美之與惡 相去若何 人之所
_외 _{불가} _{불외}
畏 不可不畏

배움을 끊어내면 근심이 없어진다. "예"와 "아니오" 사이 거리가 얼마일 것이며 아름다움과 추악함 사이 거리가 얼마일 것인가? 사람들이 두려워하는 자는 (마찬가지로 사람들을) 두려워하지 않으면 안 된다.

번역 비평

절학(絕學)은 제19장에서 나온 절성(絕聖), 절인(絕仁), 절교(絕巧)의 연장선에 있다.

유(唯)는 정중하게 승낙할 때의 "예"를 의미하고, 가(訶)는 꾸짖거나 거절할 때의 "아니오"를 뜻한다.

문제는 "인지소외(人之所畏) 불가불외(不可不畏)" 부분을 옮기는 일이다. 일부 번역을 보면 단순히 "사람들이 두려워하는 바를 두려워하지 않을 수 없다"라는 식으로 옮기고 있다. 인지소외(人之所畏)를 목적어로 옮긴 것인데 이러면 주어가 모호해진다. 인지소외(人之所畏)는 두말할 것도 없이 주어로 군주를 가리킨다. 그런 점에서 최진석 교수의 번역이 명확하다.

백성이 두려워하는 군주는 또 그 백성을 두려워하지 않을 수 없다.

왕필 주(王弼注)

下篇云 爲學者日益 爲道者日損 然則學者之求益所能
而進其智者也

若將無欲而足 何求於益 不知而中 何求於進

夫 燕雀有匹 鳩鴿有仇 寒鄉之民 必知旃裘

自然已足 益之 則憂

故 績鳧之足 何異截鶴之脛 畏譽而進 何異畏刑
唯訶美惡 相去何若
故 人之所畏 吾亦畏焉 未敢恃之以爲用也

하편(제48장)에서 이르기를 "배움을 행하는 자는 날로 더하고 도를 행하는 자는 날로 덜어낸다"라고 했다. 그렇다면 배우는 자란 능한 바를 더하려 하면서 자기 지혜를 나아가게 하려는 사람이다.

만일 장차 그런 욕심이 없이도 만족한다면 어찌 보탬을 구하겠는가? 알지 못하더라도 (하는 바가 도에),적중한다면 어찌 나아감을 구하겠는가?

무릇 제비와 참새에게도 짝이 있고 산비둘기와 집비둘기에게도 짝이 있으며 (이와 마찬가지로) 추운 지방 사람들은 반드시 털옷과 가죽옷 (을 지어 입을 줄)을 안다.

스스로 그러함이 이미 충분하니 거기에 뭔가를 더하면 근심만 생겨난다.

그래서 오리의 다리를 잇는 것이 학의 정강이를 자르는 것과 무엇이 다를 것이며 명예를 두려워하면서 지혜를 나아가게 하는 것이 형벌을 두려워하는 것과 무엇이 다르겠는가?

예와 아니오, 아름다움과 추악함은 서로 간의 거리가 얼마나 되겠는가?

그래서 사람들이 두려워하는 바를 나 또한 두려워하는 것이니 감히 그것(-두려워하는 바)에 의지해 쓰고자 하지 않는다.

풀이

이때 학(學)은 굳이 유가의 배움에만 한정하기보다는 제자백가의 온갖 학문이라고 봐야 한다. 제20장 전반을 보더라도 딱히 유가를 비판하고 있다기보다는 속세 전반의 풍토를 비판하고 있기 때문이다. 즉 어떤 것을 옳고 어떤 것을 그르다고 고정시켜놓은 사고 체계 혹은 사고방식 전반을 끊으라는 말이다.

그래야 근심이 없다고 한 말 또한 주목해야 한다. 그 제자백가가 제시하는 학문이 바로 근심이 생겨나게 하는 원천이기 때문이다.

조은정 교수는 이 부분을 아주 흥미롭게 풀이하고 있다.

모든 일은 상대적이다. 논증도 이쪽에서 보면 찬성이지만 저쪽에서 보면 반대이고 아름다움도 이쪽에서 보면 아름답지만, 저쪽에서 보면 추함일 수 있다. 경외한다는 것은 백성이 성인을 경외하는 것만은 아니며 성인도 백성을 경외하지 않을 수 없다. 그래서 배움을 끊으면 근심이 없다.

여기에 배움에 대한 왕필 주를 더하면 남김없이 풀어진다. 문제는 이제부터다.

그에 앞서 이 부분과 관련해 『회남자(淮南子)』 권12 「도응훈(道応訓)」에 나오는 사례를 살펴보자.

(주나라) 성왕(成王)이 (사관) 윤일(尹逸)에게 정치에 관해 물었다.
"내가 어떤 임금다움을 행하면 백성이 임금을 제 몸처럼 여기겠는가?"
대답해 말했다.

"백성을 때에 맞게 부리면 임금을 공경해 고분고분하고 충심으로 사랑할 것이요, 명령을 선포할 때는 믿음을 주고 식언을 해서는 안 됩니다."

왕이 말했다.

"그 정도를 어디까지 해야 하는가?"

대답해 말했다.

"마치 깊은 연못에 임한 것같이 하고 살얼음 밟듯이 해야 합니다."

왕이 말했다.

"두렵도다! 남의 왕 노릇 함이여!"

대답해 말했다.

"하늘과 땅 사이, 사해 안에 있는 백성에게 잘해주면 이들도 기뻐하고 잘해주지 못하면 원수처럼 여기는 것입니다. 하나라와 은나라의 신하는 걸왕과 주왕에게 등을 돌려 원수처럼 여기면서 탕왕과 무왕의 신하가 됐고 숙사(夙沙)의 백성은 스스로 자기 임금을 공격하고서 신농씨(神農氏)에게 귀순했으니 이는 임금께서도 밝게 아시는 바입니다. 어찌 두려워하지 않을 수 있겠습니까?"

그래서 노자가 말하기를 "사람들이 두려워하는 자는 (마찬가지로 사람들을) 두려워하지 않으면 안 된다"라고 했다.

20-2

荒兮 其未央哉
<small>황혜 기 미앙 재</small>

아득히 멀도다, 아직 다하지 못함이여!

황(荒)은 '거칠다'라는 뜻으로 많이 쓰이지만 '넓다'나 '흐릿하다' 등의 뜻도 있다. 이는 결국 앙(央)의 뜻이 결정돼야 의미를 확정할 수 있다. 여기서 앙(央)은 "예"와 "아니오"나 아름다움과 추악함이 딱 정해지는 것을 말한다. 그런데 그것들이 아직 최종적으로 확정되지 않았기에 미앙(未央)이라고 한 것이다. 따라서 황(荒)도 왕필 주대로 '아득히 멀다'라는 뜻이 된다.

백서본에는 황(荒)이 망(朢)으로 돼 있는데 망(望)과 같은 글자다. 그렇다면 '아득히 바라보다'로 옮길 수 있어 사실상 같은 뜻이다.

왕필 주(王弼注)

<ruby>歎<rt>탄</rt></ruby><ruby>與<rt>여</rt></ruby><ruby>俗<rt>속</rt></ruby><ruby>相<rt>상</rt></ruby><ruby>反<rt>반</rt></ruby>之<ruby>遠<rt>지</rt></ruby><ruby>也<rt>원</rt></ruby>

歎與俗相反之遠也

세속과의 상반됨이 너무 먼 것을 탄식한 것이다.

풀이

이 말은 성인의 인식 체계가 속세의 인식 체계와 아득히 멀다는 말이다. 이런 문맥에서는 최진석 교수의 풀이가 설득력 있다.

만일 특정한 가치 체계나 신념을 가지고 속세에 산다면 그 체계와 신념이 기준이 되기 때문에 어떤 경우에나 받아들일 수 있는 부분과 그렇지 못한 부분이 분명하게 구분될 수 있을 것이다.

그러나 성인은 그렇지 않다. 그러므로 성인에게는 예와 응, 미와 추, 백성과 군주 사이가 그렇게 분명하게 구분돼 멀리 떨어져 있는 것이 아니다. 모든 가치 속에서 아주 너른 모습으로 어느 것이나 다 포용하는 자세를 잃지 않는다.

다만 여기서는 "예와 응"이라고 했는데, 최진석 교수는 가(訶)가 아니라 아(阿)라고 봐 "공손함이 없이 그냥 하는 대답"이라고 하면서 시늉만 하는 '예'라고 풀었다. 이것은 이것대로 존중한다.

20-3

중인 희희 　여 향 태뢰 　여 춘 등대
衆人熙熙 如享太牢 如春登臺

못사람들이 희희낙락하는 것이 큰 소를 잡아 잔치를 하는 듯하고 봄날에 누대에 오르는 듯하다.

번역 비평

원래 희희(熙熙)는 온화하고 화목해 평화로운 모습[和樂]을 나타내는 의태어다. 그런데 여기서는 그와 다르게 희희낙락(喜喜樂樂)하는 모습을 묘사한 것이다. 왕필 주까지 더해지면 뭔가에 사로잡혀 흥청거리는 모습까지 들어 있다.

현대 중국어에 희희양양(熙熙攘攘)이란 말이 있는데, '흥성흥성하다'나 '왕래가 빈번하고 번화하다'라는 뜻이 있다. 희희(熙熙)는 문맥상 이런 뜻과 정확히 통한다.

왕필 주(王弼注)

<ruby>衆<rt>중</rt></ruby><ruby>人<rt>인</rt></ruby> <ruby>迷<rt>미</rt></ruby><ruby>於<rt>어</rt></ruby><ruby>美<rt>미</rt></ruby><ruby>進<rt>진</rt></ruby> <ruby>惑<rt>혹</rt></ruby><ruby>於<rt>어</rt></ruby><ruby>榮<rt>영</rt></ruby><ruby>利<rt>리</rt></ruby> <ruby>欲<rt>욕</rt></ruby><ruby>進<rt>진</rt></ruby><ruby>心<rt>심</rt></ruby><ruby>競<rt>경</rt></ruby> <ruby>故<rt>고</rt></ruby> <ruby>熙<rt>희</rt></ruby><ruby>熙<rt>희</rt></ruby><ruby>如<rt>여</rt></ruby><ruby>享<rt>향</rt></ruby><ruby>太<rt>태</rt></ruby><ruby>牢<rt>뢰</rt></ruby> <ruby>如<rt>여</rt></ruby><ruby>春<rt>춘</rt></ruby><ruby>登<rt>등</rt></ruby><ruby>臺<rt>대</rt></ruby>

뭇사람들은 칭찬과 재물에 미혹되고 영예와 이익에 현혹돼 나아가려고만 하면서 마음으로 남과 다툰다. 그래서 희희낙락하는 것이 마치 큰 소를 잡아 잔치를 하고 봄날에 누대에 오르는 것과 같은 것이다.

풀이

앞서 풀이한 희희(熙熙)하는 모습이 바로 "큰 소를 잡아 잔치를 하는 듯하고 봄날에 누대에 오르는 듯하다"는 것이다. 홍석주 풀이가 도움이 된다.

여향태뢰(如享太牢)는 배부르고 맛있게 먹는다는 것이고 여등춘대(如登春臺)[10]는 기분 내키는 대로 멋대로 한다는 것이다.

향태뢰(享太牢)를 '정성을 다한다'로 풀지 않고 그저 배부르고 맛있게 먹는다고 풀었다. 왕필과 마찬가지로 20-3을 이렇게 다소 부정적으

---

10 원문에 이렇게 돼 있다.

로 풀게 된 이유는 이어서 볼 20-4 때문이다.

20-4

<u>아 독 박혜 기 미조 여 영아 지 미해</u>
我獨泊兮 其未兆 如嬰兒之未孩

나 홀로 마음이 담담해 아직 조짐이 드러나지 않는 것이 마치 아직
웃을 줄도 모르는 갓난아기와 같다.

이노해노(以老解老)

나[<u>아</u>我]란 두말할 것도 없이 성왕 혹은 성인이다. 『도덕경』에서 성왕
혹은 성인으로서의 '나'를 표현한 구절들을 짚어볼 필요가 있다. 이를
통해 우리는 제20장 핵심 주제인 성왕과 백성 관계를 어느 정도 살필
수 있다.

먼저 제57장(57-5)이다.

그래서 성인(聖人)은 말하기를 "내가 무위(無爲)하면 백성은 저절로 교화
되고 내가 고요함을 좋아하면 백성은 저절로 바르게 되고 내가 일삼음이
없으면 백성은 저절로 넉넉해지고 내가 무욕(無欲)하려 하면 백성은 저절
로 질박해진다"라고 했다[<u>고 성인 운 아 무위 이 민 자화 아 호정 이 민 자정</u>
故 聖人云 我無爲而民自化 我好靜而民自正
<u>아 무사 이 민 자부 아 욕 무욕 이 민 자박</u>
我無事而民自富 我欲無欲而民自樸].

제67장(67-1, 67-2)도 제20장과 깊이 연관돼 있다.

천하 사람이 다 나의 도(道)가 크다고 하는데 그렇게 보이지 않는다. 무릇 오직 크기 때문에 그렇게 보이지 않는 것이다. 만약에 크게 보였다면 그것이 (이미) 미미해진 지가 오래됐을 것이다[天下皆謂我道大似不肖 夫唯大 故 似不肖 若肖 久矣其細也夫].

나에게 보배가 3가지 있으니, 그것을 잡아 지킨다[我有三寶 持而保之]. 첫째는 자애로움이고 둘째는 검소함이며 셋째는 감히 천하에 앞서지 않는 것이다[一曰慈 二曰儉 三曰不敢爲天下先]. 자애로우니 그래서 능히 용감할 수 있고 검소하니 그래서 능히 너넉할 수 있고 감히 천하에 앞서지 않으니 그래서 능히 천하 만인의 우두머리가 될 수 있다[慈 故 能勇 儉 故 能廣 不敢爲天下先 故 能成器長].

특히 67-2는 성왕이 갖춰야 할 덕목을 매우 구체적으로 제시하고 있다. 이어서 제70장(70-2, 70-3)을 살펴보자. 모두 제20장을 깊이 이해하는 데 큰 도움을 주는 말들이다.

말에는 으뜸이 있고 일에는 주인이 있는데 무릇 오로지 (으뜸과 주인이 있다는 것을) 모를 뿐이다. 이 때문에 나를 알지 못한다[言有宗 事有君 夫唯無知 是以不我知].

나를 아는 자가 드무니 나를 본받아 행하는 자 또한 드물다[知我者希 則我者貴].

여기서 짚어야 할 단어는 박(泊)과 해(孩)다.

박(泊)에는 '머무르다'라는 뜻 외에 '담백하다'나 '물결이 고요하다'라는 뜻이 있고 '조용하다'라는 뜻도 있다.

그리고 해(孩)에는 '어린아이' 외에 '마음이 어리다'나 '(어린아이가) 웃다'라는 뜻도 있다.

왕필 주(王弼注)

_{언 아 확연 무형 지 가명 무조 지 가거 여 영아 지 미능 해 야}
言我廓然無形之可名 無兆之可舉 如嬰兒之未能孩也

이는 내가 마음을 다 비워서 이름 붙일 만한 형체도, 들어 보여줄 조짐도 없는 것이 마치 어린아이가 아직 웃을 줄 모르는 것과 같다고 말한 것이다.

풀이

억지스러운 마음을 다 버리고 비워서[廓然] 마음이 담백하고 고요하다는 뜻이다. 아직 조짐이 드러나지 않은 것 역시 홍석주에 따르면 "호오(好惡)가 드러나지 않고 기욕(嗜欲)이 싹트지 않은 것"이다. 그래서 그 모습이 아직 웃는 것도 배우지 못한 갓난아기와 같다고 표현하고 있다.

20-5

<ruby>儽儽<rt>누루혜</rt></ruby>兮 <ruby>若無所歸<rt>약무 소귀</rt></ruby>

고달프도다! 돌아갈 곳이 없는 것과도 같다.

번역 비평

내(儽)는 '게으르다'라는 뜻이지만 발음이 '누(루)'일 경우에는 '고달
프다'나 '지치다'는 뜻이다. 여기서는 후자다. 백서본에서는 유하(纍呵)
로 돼 있다. 유(纍)는 '매다', '얽히다'라는 뜻 외에 '고달프다'라는 뜻도
있다.

왕필 주(王弼注)

<ruby>若無所宅<rt>약무 소택</rt></ruby>

마치 머물 곳이 없는 것과도 같다.

풀이

성인(聖人), 아니 노자의 이 탄식은 군중으로부터 고립된 차라투스
트라의 고독한 육성을 듣는 듯하다.

니체의 『차라투스트라는 이렇게 말했다』(정동호 옮김, 책세상) 제1부
에 나오는 대목이다.

이쯤에서 말을 마친 차라투스트라는 다시 한번 군중을 바라봤다. 그러고는 입을 다물고 말았다.

"저기 저렇게 서 있을 뿐 별 반응이 없구나."

그는 마음속으로 말했다.

'웃고들 있구나. 저들은 나를 이해하지 못한다. 나는 저와 같은 자들의 귀를 위한 입이 아닌가 보다. 그렇다면 저들이 눈으로라도 들을 수 있도록 먼저 저들의 귀를 때려 부숴야 하는가? 아니면 우리는 북과 참회 설교자들처럼 요란을 떨어야만 하는가? 혹 저들이 말더듬이만을 믿는 것은 아닐까?'

20-6

眾<small>중</small>人<small>인</small>皆<small>개</small>有<small>유</small>餘<small>여</small> 而<small>이</small>我<small>아</small>獨<small>독</small>若<small>약</small>遺<small>유</small>

뭇사람들은 모두 남음이 있건만 나 홀로 내버려진 듯하다.

번역 비평

유(遺)를 왕필은 '텅 비어 있는 듯'이라고도 풀고 '잃어버린 것 같다'고도 풀었다.

왕필 주(王弼注)

眾<small>중</small>人<small>인</small>無<small>무</small>不<small>불</small>有<small>유</small>懷<small>회</small>有<small>유</small>志<small>지</small> 盈<small>영</small>溢<small>일</small>胸<small>흉</small>心<small>심</small> 故<small>고</small>曰<small>왈</small> 皆<small>개</small>有<small>유</small>餘<small>여</small>也<small>야</small>
我<small>아</small>獨<small>독</small>廓<small>곽</small>然<small>연</small>無<small>무</small>爲<small>위</small>無<small>무</small>欲<small>욕</small> 若<small>약</small>遺<small>유</small>失<small>실</small>之<small>지</small>也<small>야</small>

뭇사람들은 마음에 품고 뜻을 가져서 가슴속에 가득 차 넘치지 않는 이가 없으니, 그래서 말하기를 "모두 남음이 있다"라고 한 것이다.

나 홀로 텅 비어 있어서 하는 것도 없고 하고 싶은 것도 없으니 마치 잃어버린 것과 같다는 것이다.

| 풀이
이는 20-3, 20-4, 20-5를 한데 묶어서 압축해 표현한 것이다. 새로운 내용은 없다.

20-7
―――――

我 愚人之心也哉 沌沌兮
아 우인 지 심 야재 돈돈혜

나는 어리석은 사람의 마음과 같아서 어둡기만 하도다!

| 번역 비평
우(愚)는 실은 대우(大愚)인데, 역설적 표현이다. '크게 지혜롭다[大知]'는 말이다.

돈돈(沌沌)은 막히고 어두운 모습을 나타내는 의태어다. 혼돈(混沌/渾沌)의 돈(沌)이니 아직 하늘과 땅이 나뉘기 전의 상태나 사물이 분별·분변하기 이전의 모습을 가리킨다.

왕필 주(王弼注)

絶愚之人 心無所別析 意無所好欲 猶然其情不可觀 我

穨然 若此也

無所別析 不可爲名

극히 어리석은 사람은 마음이 나눠지거나 쪼개지는 바가 없고 뜻
이 좋아하거나 욕망하는 바가 없으니 유유자적해 그 속내를 볼 수가
없다. 나는 모든 것을 쓸어내 버렸으니 이와 같도다.

나눠지거나 쪼개지는 바가 없어 이름을 붙일 수가 없다.

풀이

이는 20-8에서 대조를 통해 더 분명하게 보여준다. 역설적 표현이
라는 점만 짚어둔다.

20-8

俗人昭昭 我獨昏昏 俗人察察 我獨悶悶 澹兮 其若海 飂

兮 若無止

세인들은 밝디밝은데 나 홀로 어둡고 세인들은 잘 살피는데 나 홀
로 어리석어,

담담하기가 바다와도 같고 하늘 높이 나부끼는 바람처럼 그칠 줄

모르는구나!

최진석 교수의 말대로다.

소소(昭昭)나 찰찰(察察)은 한계를 정해 아주 분명하고도 자세히 따지는 모습이다. 혼혼(昏昏)이나 민민(悶悶)은 경계가 없이 모호한 모습이다.

소소나 찰찰은 배움을 통해 길러지는 것들이다. 담(澹)은 고요히 가라앉아 있는 모습이고, 요(飂)는 가만히 나부끼는 모습이다. 그 밖에 담(澹)에는 '싱겁다[無味]'는 뜻이 있고 요(飂)에는 '비다'나 '공허하다'라는 뜻이 있다.

왕필 주(王弼注)

耀其光也
_{요 기광 야}

分別別析也
_{분별 별석 야}

情不可覩
_{정 불가 도}

無所繫縶
_{무 소계집}

(소소(昭昭)란) 그 빛을 밝힌다는 말이다.

(찰찰(察察)이란) 나누고 구별하고 구별해 쪼갠다는 말이다.

(민민(悶悶)이란) 그 속내를 볼 수가 없다는 말이다.

(무지(無止)란) 매여 있거나 얽매이는 곳이 없다는 말이다.

풀이

왕필 주에 더하거나 뺄 말이 없다.

20-9

衆人皆有以 而我獨頑似鄙
_{중인 개 유이 이 아 독 완 사 비}

뭇사람들은 다 쓸모가 있는데 나 홀로 완고해 비루하니

번역 비평

이(以)는 용(用)과 같은 뜻이라는 왕필 주를 따른다.

사(似)는 다소 부자연스럽다. 이(以)로 봐 옮겼다.

실제로 백서본에도 사(似)는 이(以)로 돼 있다. 굳이 '~듯하다[似]'고
옮겨야 할 필요가 없다.

아마도 역설을 드러내기 위해 그런 듯하나 이미 우리는 역설임을
알고 있다.

왕필 주(王弼注)

以 用也 皆欲有所施用也
_{이 용야 개 욕유 소시용 야}
無所欲爲 悶悶昏昏 若無所識 故曰 頑且鄙也
_{무 소욕위 민민 혼혼 약무 소식 고왈 완 차 비 야}

이(以)는 쓰임[用]이니 모두 다 자기가 베풀어져 쓰이기를 바란다.

(그런데 나는) 하고자 하는 바가 없어 어리석고 어두운 것이, 마치 아무것도 아는 것이 없는 것과 같다. 그래서 완고하고 또 비루하다고 한 것이다.

풀이

이때 비루하다[鄙]는 말은 인간성이 더럽다기보다는 촌스럽고 무식하다는 뜻으로 봐야 한다.

20-10

我獨欲異於人 而貴食母
<small>아 독 욕 이 어인 이 귀 식모</small>

나 홀로 남들과 다르고자 해 식모(食母)를 귀하게 여기네!

번역 비평

식모(食母)란 먹여주는 어머니를 말한다. 노자는 배와 뼈를 중하게 여기라 했는데 그것은 먹여주는 어머니와도 직결된다.

왕필 주(王弼注)

食母 生之本也 人者皆棄生民之本 貴末飾之華 故曰 我獨欲異於人
<small>식모 생지본 야 인 자개 기 생민 지본 귀 말식 지 화 고왈 아 독 욕 이어 인</small>

먹여주는 어머니란 삶을 지탱해주는 뿌리다. (그런데) 사람들은 모두 사람으로 살아가게 해주는 뿌리를 버리고서 말단이나 꾸며주는 겉치레 화려함만을 귀하게 여긴다. 그래서 "나 홀로 남들과 다르고자 해"라고 했다.

제20장에는 자기를 알아주지 못하는 세상 사람들에 대한 서운함이 녹아들어 있다. 그런 점에서 차라투스트라가 말한 위버멘쉬(Übermensch 혹은 노자가 말한 성인)의 절대고독과 비슷한 느낌이다.

식모(食母), 즉 먹여주는 어머니의 비유는 참으로 적절하다. 또 성인은 스스로가 갓난아이와 같다고 했으니 어머니 젖이 누구보다 절실하게 필요하다. 이런 비유를 정확히 이해할 때 식모를 귀하게 여긴다는 것의 의미가 드러난다. 이 점에서는 최진석 교수의 풀이가 정확하다.

성인의 태도는 위에서 말한 방식대로 일반인과 다르다. 한마디로 개괄하면 식모(食母)를 귀하게 여기는 태도라 할 수 있는데, 모(母)는 바로 도를 상징하고 식(食)은 모든 만물을 살게 해주는 자양분 내지 근거를 상징한다. 식모는 천지의 어머니, 즉 천도다.

다시 말하면 성인의 태도들은 모두 도를 근거로, 즉 도의 모습을 모방한 것이라는 뜻이다. 천도에서 인도를 연역해내는 노자 철학의 체계가 일관성 있게 운용되고 있다.

다음은 니체의 『차라투스트라는 이렇게 말했다』 제1부에 나오는

'세 단계의 변화에 대해'다. 낙타, 사자, 어린아이로 달라져가야 하는 이 야기다.

나 이제 너희들에게 정신의 세 단계 변화를 이야기하련다. 정신이 어떻게 낙타가 되고, 낙타가 사자가 되며, 사자가 마침내 어린아이가 되는가를.

공경하고 두려워하는 마음을 지닌 억센 정신, 짐깨나 지는 정신은 참고 견 뎌내야 할 무거운 짐이 허다하다. 정신의 강인함, 그것은 무거운 짐을, 그 것도 더없이 무거운 짐을 지고자 한다.

무엇이 무겁단 말인가? 짐깨나 지는 정신은 그렇게 묻고는 낙타처럼 무릎 을 꿇고 짐이 가득 실리기를 바란다.

너희 영웅들이여, 내가 그것을 등에 짐으로써 나의 강인함을 확인하고, 그 때문에 기뻐할 수 있는 저 더없이 무거운 것, 그것은 무엇인가? 짐깨나 지는 정신은 묻는다.

그것은 자신의 오만함에 상처를 주기 위해 자신을 낮추는 일이 아닌가? 자신의 지혜를 비웃어줄 생각에서 자신의 어리석음을 드러내는 일이 아 닌가?

아니면 우리가 도모한 일이 크게 잘됐을 때 그 일에서 손을 떼는 일인가? 유혹하는 자를 유혹하기 위해 높은 산에 오르는 일인가?

아니면 깨달음의 도토리와 풀로 살아가며, 진리를 위해 영혼의 굶주림을 참고 견뎌내는 일인가?

아니면 병상에 누워 있으면서 문병 오는 사람들은 집으로 돌려보내고, 네 가 바라는 것이 무엇인지, 그것을 전혀 알아듣지 못하는 귀머거리와 벗하 는 일인가?

아니면 진리의 물이라면 더러운 물일지라도 마다하지 않고 뛰어들고 차디찬 개구리와 뜨거운 두꺼비조차 물리치지 않는 일인가?

아니면 우리를 경멸하는 자들을 사랑하고 유령이 우리를 위협할 때 오히려 그 유령에게 손을 내미는 일인가?

짐깨나 지는 정신은 이처럼 더없이 무거운 짐 모두를 마다하지 않고 짊어진다. 그러고는 마치 짐을 가득 지고 사막을 향해 서둘러 달리는 낙타처럼 그 자신의 사막으로 서둘러 달려간다.

그러나 외롭기 짝이 없는 저 사막에서 두 번째 변화가 일어난다. 여기에서 낙타는 사자로 변하는 것이다. 사자가 된 낙타는 이제 자유를 쟁취해 그 자신이 사막의 주인이 되고자 한다.

사자는 여기에서 그가 섬겨온 마지막 주인을 찾아 나선다. 그는 그 주인에게, 그리고 그가 믿어온 마지막 신에게 대적하려 하며, 승리를 쟁취하기 위해 그 거대한 용과 일전을 벌이려 한다.

정신이 더는 주인 또는 신이라고 부르기를 마다하는 그 거대한 용의 정체는 무엇인가? "너는 마땅히 해야 한다." 그것이 그 거대한 용의 이름이다. 그러나 사자의 정신은 이에 맞서 "나는 하고자 한다"고 말한다.

비늘 짐승인 "너는 마땅히 해야 한다"가 정신이 가는 길을 금빛도 찬란하게 가로막는다. 그 비늘 하나하나에는 "너는 마땅히 해야 한다!"는 명령이 금빛 찬란하게 빛나고 있다.

이들 비늘에는 1000년의 역사를 자랑하는 가치들이 번쩍인다. 그리고 용 가운데서 가장 힘이 센 그 용은 "모든 사람의 가치는 내게서 빛난다"고 거들먹거린다.

"가치는 이미 모두 창조됐다. 창조된 일체의 가치, 내가 바로 그것이다. 그러니 '나는 하고자 한다'는 요구는 더는 용납될 수가 없다." 용이 하는 말이다.

형제들이여, 무엇 때문에 정신은 사자가 돼야 하는가? 짐을 질 수 있는 짐승, 체념하는 마음, 공경하고 두려워하는 마음으로 가득한 짐승이 되는 것만으로는 왜 만족하지 못하는가?

새로운 가치의 창조, 사자라도 아직은 그것을 해내지 못한다. 그러나 새로운 창조를 위한 자유의 쟁취, 적어도 그것을 사자의 힘은 해낸다.

형제들이여, 자유를 쟁취하고 의무에 대해서조차도 경건하게 아니오라고 말할 수 있으려면 사자가 돼야 한다.

새로운 가치의 정립을 위한 권리 쟁취, 그것은 짐깨나 지는, 그리고 공경하고 두려워하는 마음으로 가득한 정신에게는 더없이 대단한 소득이다. 참으로 그에게 있어 그것은 일종의 약탈이며, 약탈하는 짐승이나 할 수 있는 일이다.

정신도 한때는 "너는 마땅히 해야 한다"는 명령을 더없이 신성한 것으로 사랑했었다. 이제 그는 자신의 사랑으로부터 자유를 되찾기 위해 더없이 신성한 것에서조차 미망과 자의를 찾아내야 한다. 바로 이러한 강탈을 위해서 사자가 돼야 하는 것이다.

그러나 말해보라, 형제들이여. 사자조차 할 수 없는 일을 어떻게 어린아이는 해낼 수 있는가? 왜 강탈을 일삼는 사자는 이제 어린아이가 돼야 하는가?

어린아이는 순진무구요 망각이며 새로운 시작, 놀이, 스스로의 힘에 의해 돌아가는 바퀴이며 최초의 운동이자 거룩한 긍정이다.

그렇다, 형제들이여. 창조의 놀이를 위해서는 거룩한 긍정이 필요하다. 정신은 이제 자기 자신의 의지를 원하며, 세계를 상실한 자는 자신의 세계를 획득하게 된다.

나 너희들에게 정신의 세 단계 변화에 관해 이야기했노라. 어떻게 정신이 낙타가 되고, 낙타가 사자가 되며, 사자가 마침내 어린아이가 되는가를.

마치 니체가 작심하고서 『도덕경』 풀이에 나선 듯하지 않은가! 물론 니체가 군신 관계를 염두에 두고 이 말을 한 것은 아닐 것이다.

제21장

^{공덕} ^{지 용} ^{유 도 시종}
孔德之容 唯道是從

^{도 지 위물} ^{유 황 유 홀}
道之爲物 唯恍唯惚

^{홀혜} ^{황혜} ^{기중} ^{유상} ^{황혜} ^{홀혜} ^{기중} ^{유물}
惚兮恍兮 其中有象 恍兮惚兮 其中有物

^{요혜} ^{명혜} ^{기중} ^{유정}
窈兮 冥兮 其中有精

^{기정} ^{심진} ^{기중} ^{유신}
其精甚眞 其中有信

^{자고} ^{급금} ^{기명} ^{불거}
自古及今 其名不去

^{이열} ^{중보}
以閱衆甫

^{오 하이} ^{지 중보} ^{지 상 재} ^{이차}
吾何以知衆甫之狀哉 以此

텅 빈 덕(혹은 큰 덕)의 모습은 오직 도(道)를 따를 뿐이다.

도(道)라는 것은 오로지 형체가 없고 오로지 흐릿한 것이다.

흐릿하고 형체가 없도다! 그 가운데에 형상이 있다.

흐릿하고 형체가 없도다! 그 가운데에 일과 사물이 있다.

그윽하도다, 아득하도다! 그 가운데에 정기(精氣)가 있다.

그 정기가 심히 참되니, 그 가운데에 믿음이 있다.

280 도경 道經

예로부터 지금까지 그 이름이 사라지지 않는다.

그렇게 함으로써 온갖 시작을 살핀다.

나는 어떻게 만물 만사의 시초 상황을 알 수 있겠는가? 이것을 통해서다.

21-1

孔德之容 唯道是從
(공덕 지 용 유 도 시종)

텅 빈 덕(혹은 큰 덕)의 모습은 오직 도(道)를 따를 뿐이다.

번역 비평

공(孔)은 '구멍', '깊다', '크다' 등의 뜻도 있지만 '공허하다'라는 뜻도 있다. 여기서는 왕필 주에 따라 '비어 있다'로 새긴다. 그러나 큰 덕이라고 해도 상관은 없다.

왕필은 종도(從道)라 해 도를 목적어로 풀이했다. 결과적으로는 큰 차이가 없다.

이노해노(以老解老)

제21장은 마치 제14장에서 바로 이어지는 듯하다. 제21장 검토에 앞서 제14장 본문을 통독해보자.

그것을 봐도 보이지 않는 것을 이름해 이(夷)라고 하고 그것을 들어도 들리지 않는 것을 이름해 희(希)라고 하고 그것을 만져도 만져지지 않는 것을 일러 미(微)라고 한다.

이 3가지는 (하나하나) 따져 물을 수가 없으니 본래부터 뒤섞여서 하나로 돼 있기 때문이다.

그 위는 밝지 않고 그 아래는 어둡지 않은 채로 끈끈이 이어져서 뭐라 이름을 지을 수가 없다 보니, 다시 아무것도 없는 상태로 돌아간다.

이를 일러 모습 없는 모습, 물체 없는 형상이라고 한다.

이를 일러 홀황(忽恍)이라고 한다.

앞에서 맞이해도 그 머리를 볼 수가 없고 뒤에서 따라가도 그 꼬리를 볼 수가 없다. 옛날의 도를 잡아 쥐고서 지금의 있음을 제어할 수 있다.

이로써 옛 시원을 알 수 있으니 이를 일러 도의 벼리라고 한다.

바로 이런 도를 자기 것으로 만드는 것이 덕을 갖추는 것이다. 덕을 이루는 원천이 바로 도인 것이다.

왕필 주(王弼注)

孔 空也 唯以空爲德然後 乃能動作從道

공(孔)이란 '비어 있다(空)'는 뜻이다. 오직 비어 있음을 덕으로 삼은 다음이라야 마침내 일을 행하는 것이 능히 도를 따를 수 있다.

도(道)와 덕(德)의 관계가 주제다.

공덕(孔德)을 "비어 있음을 덕으로 삼다"로 풀어낸 왕필 주는 탁견이다.

21-2

도 지 위 물　　유 황 유 홀
道之爲物 唯恍唯惚

도(道)라는 것은 오로지 형체가 없고 오로지 흐릿한 것이다.

황(恍)과 홀(惚) 문제는 제14장에서 짚어본 바 있다.

왕필 주(王弼注)

황 홀　　무 형　불 계　지 탄
恍惚 無形不繫之歎

황홀(恍惚)이란 형체가 없고 얽매이지 않음을 찬미한 것이다.

제4장, 제5장, 제13장에서 도와 덕의 관계를 다룬 바 있다. "오로지 형체가 없고 오로지 흐릿한 것이다"라는 것은 제20장(20-8)에서 말한

혼혼(昏昏) · 민민(悶悶) · 담(澹) · 요(飂)를 가리킨다.

내용은 제14장에서 이어진다. 제21장은 거기서 조금 나아간다. 그
홀황 · 황홀을 뚫고서 도의 본체를 파악하는 단계로 나아가기 때문으
로 제14장 후반부를 확장한 것이라 할 수 있다.

앞에서 맞이해도 그 머리를 볼 수가 없고 뒤에서 따라가도 그 꼬리를 볼 수
가 없다. 옛날의 도를 잡아 쥐고서 지금의 있음을 제어할 수 있다[迎之不
見其首 隨之不見其後 執古之道 可以御今之有].

21-3

惚兮恍兮 其中有象 恍兮惚兮 其中有物

흐릿하고 형체가 없도다! 그 가운데에 형상이 있다.

흐릿하고 형체가 없도다! 그 가운데에 일과 사물이 있다.

번역 비평

상(象)은 모습이나 상징이고, 물(物)은 일과 사물이다.

왕필 주(王弼注)

以無形始物 不繫成物 萬物以始以成 而不知其所以然
故曰 恍兮惚兮 其中有物 惚兮恍兮 其中有象也

무형으로 만물 만사를 시작하고 얽매이지 않음으로 일과 사물을 이뤄내니, 만물 만사가 (이 도에 의해) 시작되고 이뤄지지만, 그것이 그렇게 되는 까닭은 알 수가 없다.

그래서 말하기를 "흐릿하고 형체가 없도다! 그 가운데에 일과 사물이 있고, 흐릿하고 형체가 없도다! 그 가운데에 형상이 있다"라고 했다.

풀이

황홀·홀황은 도가 운행할 때의 겉모습을 가리킨다.

여기서 문제가 되는 단어는 기(其)다. 즉 '그 속'이라고 할 때 '그'가 무엇을 가리키느냐 하는 점이다. 이에 따라 풀이는 두 방향으로 나뉜다. 이 문제는 21-4, 21-5까지 이어지므로 21-5에서 정리하기로 한다.

21-4

窈(요해) 兮 冥(명해) 兮 其中(기중) 有精(유정)

그윽하도다, 아득하도다! 그 가운데에 정기(精氣)가 있다.

번역 비평

요(窈)의 경우, 요조(窈窕)의 요(窈)일 때는 '얌전하다'라는 뜻이지만 여기서는 깊이 침잠해 '고요하다', '그윽하다', '희미하다'라는 뜻이다. 명(冥)은 원래가 '어둡다', '아득하다'라는 뜻이다. 요명(窈冥)이라 하면 깊고 그윽해 잠겨 있는 모습을 말한다.

정(精)은 가능성이 2가지 있다. 하나는 정묘(精妙)함으로 연결해 작용의 신묘함으로 풀어내는 것이고 또 하나는 정수(精髓)로 읽어내는 것이다.

정수는 작용이라기보다 어떤 사물 안에 있는 본질이나 핵심을 말하는 것이니, 진(眞)으로 풀어낸 왕필 주는 이에 속한다고 하겠다. 다만 최진석 교수는 실정(實情)으로 풀어냈는데 이는 정(情)을 풀어낸 것이지 정(精)을 풀어낸 것이라 보기에는 힘들다. 그래서 필자는 정묘함과 정수를 절충해 일단 정기(精氣)로 옮겼다.

왕필 주(王弼注)

窈冥 深遠之歎 深遠不可得而見 然而萬物由之 其可得
見 以定其眞 故曰 窈兮冥兮 其中有精也

요명(窈冥)이란 지극히 멀다는 것을 찬미한 말이다. 지극히 멀어서 볼 수가 없지만, 만물 만사는 그것을 말미암는다. 그 도리를 볼 수 있는 것은 만물 만사의 참됨을 정하기 때문이다. 그래서 말하기를 "그윽하도다, 아득하도다! 그 속에 정기(精氣)가 있다"라고 했다.

풀이

왕필 주에 딱히 더하거나 뺄 말이 없다.

21-5

其精甚眞 其中有信
（기정 심진 기중 유신）

그 정기가 심히 참되니 그 가운데에 믿음이 있다.

번역 비평

진(眞)은 논란의 여지가 많다. 어떤 것이 참되다고 말하면 그것은 본질주의나 실재론이 된다. 그러나 그냥 형용어나 부사어로 쓸 경우는 따로 문제 삼을 필요가 없다.

앞서 말했듯이 공자는 적어도 『논어』에서 진(眞)을 부사어로는 전혀 쓰지 않았다. 또 「자한(子罕)」편 4에서 공자는 무필(毋必)했다고 말하고 있다. '반드시'나 '절대', '결코' 등을 말하지 않았다는 뜻이다. 물론 공자는 간혹 필(必)자를 쓴다. 그것은 문체상 강조로 하려 할 때뿐이었다.

반면에 노자는 진(眞)자를 즐겨 사용한다. 제41장(41-10)에서는 "바탕이 참된 것은 마치 더러운 듯하며[質眞 若渝]"라고 했고, 제54장(54-3)에서는 "(그 도로) 내 몸을 닦으면 그 덕은 마침내 참되게 되고[修之於身 其德乃眞]"라고 했다. 도와 덕에 대한 형용어로 '참되다[眞]'는 뜻을 쓰고 있다.

대체로 노자가 말하는 진(眞)은 억지스러움이 가해지지 않은 질박(質樸)에 가깝고, 종종 통나무 비유를 통해 말해지곤 한다.

왕필 주(王弼注)

^신信 ^{신험 야}信驗也 ^{물 반 요명}物反窈冥 ^{즉 진정 지 극 득}則眞精之極得 ^{만물 지 성 정}萬物之性定 ^{고왈}故曰 ^{기정}其精
^{심진}甚眞 ^{기중 유신 야}其中有信也

신(信)이란 믿을 만한 증험이다. 일과 사물이 그윽하고 아득함으로 돌아가면 참된 정기의 극치를 얻고 만물 만사의 본성이 정해진다. 그래서 말하기를 "그 정기가 심히 참되니 그 가운데에 믿음이 있다"라고 했다.

풀이

우선 관련 문장을 한군데 모아보자.

흐릿하고 형체가 없도다! 그 가운데에 형상이 있다.

흐릿하고 형체가 없도다! 그 가운데에 일과 사물이 있다.

그윽하도다, 아득하도다! 그 가운데에 정기(精氣)가 있다.

그 정기가 심히 참되니 그 가운데에 믿음이 있다.

앞의 세 문장은 누가 봐도 그 가운데의 '그'가 도의 운행을 가리킴을 알 수 있다. 그러나 마지막의 '그'는 참된 정기를 가리킨다. 즉 믿음은 참된 정기에서 나오는 것이다.

이제 상(象), 물(物), 정(精), 신(信)의 관계를 단순 병렬로 볼 것인지, 서로 이어지는 연결고리로 볼 것인지의 문제가 우리 앞에 남았다. 연결고리로 본 김충열 교수의 의견부터 살펴보자.

일렁거려 제대로 보이지도 않지만, 마음을 가다듬고 정신을 집중해서 들여다보니 거기에 무엇인가 어렴풋한 상상(狀象-상(狀)은 전체의 현상, 상(象)은 뚜렷하지는 않지만, 분별 차별이 있는 형체상)이 있었다. 그 상상에 초점을 맞춰 들여다보니 역시 그것은 물질이었다. 더 깊이 그 물질의 이면을 투시해보니 거기에는 그 물질의 근본 구성체(원료 원자)가 있었는데, 그것을 정(精)이라고 한다. 이를 하상공은 "신명상박(神明相薄) 음양교회(陰陽交會)"라고 했고 왕필은 "만물유지(萬物由之)"라고 했다. 하상공에 따르면 음양교합에서 나오는 물질이라는 것인데, 여기서는 아직 그것이 정확하게 무엇인지를 구분하지는 않고 그저 '심진(甚眞)'이라고만 했다. '진'은 실(實)이요 활(活)이니, 가만히 있는 것이 아니라 움직인다는 뜻이다. '상상(狀象)'이나 '물'에 대해서는 활(活)이라 하지 않다가 여기에 와서 비로소 생활의 속성을 부여하기 시작한 것이다. 관자(管子)는 "정(精), 기지극야(氣之極也). 정야자(精也者) 기지정야(氣之精也)"라고 했다. 다름 아닌 '물지정(物之精)'이라는 말이다. 동물로 말하면 정자(精子)를 가리킨다고도 볼 수 있다. 그다음의 '신(信)'을 명사로 보는 사람도 있고 형용사로 보는 사람도 있는데, 필자는 명사로 보고 싶다. 어떤 사람들은 그것을 같은 음인 '신(神)'으로 보지만 필자는 그것을 '씨앗, 정(精)의 자(子), 핵(核), 인(仁)'으로 보기 때문이다. 왜 신(信)을 그렇게 보는지, 그 답은 바로 다음의 중보(衆甫) 속에 있다.

논리성이 있지만 일단 물(物)을 일과 사물이 아니라 물질로 본 것에 대해서는 동의하기 어렵고 또 신(信)을 신(神)으로 보려는 것에 대해서

도 동의할 수 없다. 그러나 연쇄 관계로 보는 점에서는 다른 해석을 능가한다. 이런 해석은 인식론적 접근이라는 특성이 있는데 반면에 기존의 단순 병렬 번역은 존재론적 접근이라 하겠다.

21-4, 21-5와 관련해서 『회남자(淮南子)』 권12 「도응훈(道応訓)」에 나오는 사례를 살펴보자.

진(晉)나라 문공(文公)이 원(原)읍을 치려고 하면서 대부들에게 사흘 기한을 주었다. 사흘이 지나도 원읍이 항복하지 않자 문공은 철수 명령을 내렸다.

군리(軍吏-장교)가 말했다.

"원읍은 하루 이틀이 지나지 않아 장차 항복할 것입니다."

문공이 말했다.

"나는 원이 사흘 안에 떨어뜨릴 수 없음을 알지 못한 채 대부들에게 그 기한을 주었다. 기한이 지나도 그치지 않아 신뢰를 잃게 되면서 원을 얻는 일은 내가 하지 않겠다."

원읍 사람들이 이를 듣고서 말했다.

"임금이 이와 같다면 항복하지 않을 수 있으랴!"

드디어 항복했다.

온(溫)읍 사람들도 이를 듣고는 항복을 청했다.

그래서 노자가 말하기를 "그윽하도다, 아득하도다! 그 가운데에 정기(精氣)가 있다. 그 정기가 심히 참되니, 그 가운데에 믿음이 있다"라고 했다.

『회남자』 권12 「도응훈(道応訓)」은 동시에 제62장(62-3)에 나오는

"(도를) 아름답게 말할 수 있으면 장사도 잘할 수 있고 (도를) 받들어 잘 행하면 남에게 좋은 영향력을 행사할 수 있다"라는 구절의 사례로도 이 진문공 이야기를 언급한다.

21-6

^{자고 급금 기명 불거}
自古及今 其名不去

예로부터 지금까지 그 이름이 사라지지 않는다.

번역 비평

그 이름이 사라지지 않는다는 것은 곧 상명(常名)을 말한다.

왕필 주(王弼注)

^{지진 지극 불가 득명 무명 즉 시 기명 야}
至眞之極 不可得名 無名 則是其名也
^{자고 급금 무불 유차 이성 고왈 자고 급금 기명 불거 야}
自古及今 無不由此而成 故曰 自古及今 其名不去也

지극한 참됨의 극치는 이름을 붙일 수 없으니 무명(無名)이 곧 그 이름이다.

예로부터 지금까지 이로 말미암아 이뤄지지 않는 것이 없었다. 그래서 말하기를 "예로부터 지금까지 그 이름이 사라지지 않는다"라고 한 것이다.

그 이름이 사라지지 않는다는 것은 상명(常名)을 말한다. 반면에 왕
필은 무명(無名)이라고 했는데 따르지 않는다. 이름이 사라지지 않는다
는 것은 상명(常名)이지 무명(無名)이 아니다.

『도덕경』에서는 유와 무가 문제가 된 적은 있어도 유명(有名)과 무명
(無名)이 주제화된 적은 없다. 이 점은 제1장(1-2)에서 살펴본 바 있다.
다만 제32장(32-1)에서 도를 가리켜 늘 이름이 없다고 한 표현 정도만
나올 뿐이다.

21-7

以閱衆甫
<small>이열 중보</small>

그렇게 함으로써 온갖 시작을 살핀다.

번역 비평

중보(衆甫)를 왕필은 물지시(物之始)라고 풀이했다. 원래 보(甫)란 '크
다'라는 뜻 외에 '아버지[父]'라는 뜻으로도 많이 쓰인다. 마침 백서본
에서도 보(甫)를 보/부(父)로 적고 있다. 따라서 조(祖)와도 통한다.

왕필 주(王弼注)

衆甫 物之始也 以無名閱 萬物始也
<small>중보 물지시 야 이 무명 열 만물 시야</small>

중보(衆甫)란 만물 만사의 시작이니 무명(無名)을 통해 만물 만사가 시작함을 살핀다는 뜻이다.

풀이

여기서도 왕필은 무명(無名)을 통해 만물 만사가 시작한다고 했다. 역시 따르지 않는다. 다만 이런 왕필의 견해에 입각해 나머지 부분을 풀어내는 김충열 교수의 해석부터 살펴보자.

『노자』는 어머니, 어린아이를 예로 많이 드는데, 여기에서는 의외로 아버지를 들었다. '중보(衆甫)'는 '중부(衆父)'다. 실제로 백서본에서는 '부(父)' 자를 쓰고 있다. 처음으로 돌아가서 "공덕지용(孔德之容) 유도시종(惟道是從)" 구를 다시 음미해보자. 덕이 어머니라면 도는 아버지다. 덕이 오직 도만을 따르는 이유는 그 도가 씨를 가지고 있기 때문이다. 앞의 네 단계 관찰 과정을 통해 만물이 도의 정신(精信)에서 나오는 것을 알았다. 그래서 『노자』는 자고급금(自古及今) 만물이 생성해오는 현상 속에서 만물의 씨앗을 봤노라고 한 것이다. 이열중보(以閱衆甫)가 그것이다.

김충열 교수는 이런 풀이에 대해 "이 장의 해석에는 자신이 없었다. 그래서 아예 나름의 방식으로 설명해본 것이다. 이 책 저 책 찾아봐도 시원한 해석이 없어서 하는 수 없이 그렇게 한 것"이라고 덧붙이고 있다.

시작은 아버지 없이 어머니 홀로 할 수 없고 어머니 없이 아버지 홀로 할 수도 없다. 한스 게오르크 묄러는 명시적으로 "제21장에서처럼

아버지로도 그려진다"라고 밝히고 있다. 백서본에는 원문이 "자금급고
(自今及古) 기명불거(其名不去) 이순중부(以順衆父)"라고 돼 있는데 뭘러는
이렇게 옮긴다.

> 지금으로부터 아득한 옛날까지 그것들의 이름은 떠난 적이 없다. 모두의
> 아버지를 따르기 위해서 말이다.

참고할 만하다.

21-8

오 하이 지 중보 지 상 재 이차
吾何以知衆甫之狀哉 以此

내가 어떻게 만물 만사의 시초 상황을 알 수 있겠는가? 이것을 통
해서다.

번역 비평

중보지상(衆甫之狀)이란 왕필이 말한 대로 "만물 만사가 무(無)에서
시작하는 상황"을 뜻한다.

왕필 주(王弼注)

차 상 지 소운 야 언오 하이 지 만물 시어 무 재 이차 지지 야
此 上之所云也 言吾何以知萬物始於無哉 以此知之也

이는 위에서 말한 바를 가리킨다. "내가 어떻게 '만물 만사가 무(無)에서 시작한다는 것'을 알 수 있겠는가? 이를 통해 알 수 있다"라는 말이다.

풀이

여기서 '이[此]'란 21-1부터 21-6까지를 가리킨다.

마침내 만물 만사가 무에서 시작함을 알 수 있게 됐다. 이는 성왕(聖王)과 성신(聖臣) 모두에게 해당하는 내용이라 할 것이다. 이어지는 제22장은 만물 만사가 무에서 시작됨을 체득한 성왕이나 성신의 모습을 그려내고 있다.

제22장

곡 즉 전
曲則全

왕 즉 직
枉則直

와 즉 영
窪則盈

폐 즉 신
弊則新

소 즉 득 다 즉 혹
少則得 多則惑

시 이 성 인 포 일   위 천 하 식
是以 聖人抱一 爲天下式

불 자 현   고 명 불 자 시   고 창 불 자 벌   고 유 공 불 자 긍   고 장
不自見 故明 不自是 故彰 不自伐 故有功 不自矜 故長

부 유 부 쟁   고 천 하 막 능   여 지 쟁 고 지 소 위 곡 즉 전 자 기 허 언 재
夫唯不爭 故天下莫能與之爭 古之所謂曲則全者 豈虛言哉

성 전 이 귀 지
誠全而歸之

온전치 못해야 온전해지고

구부려야 곧게 펴지고

웅덩이처럼 움푹 패어야 가득 차게 되고

낡고 해져야 새로워지고

적어야 얻고 많으면 미혹된다.

이 때문에 성인(聖人)은 하나를 품어 천하의 모범이 된다.

(자기 밝음을) 스스로 드러내지 않기 때문에 밝아지고 스스로 옳다고 하지 않기 때문에 (자기 옳음이) 훤히 드러나고 스스로 자랑하지 않으니 자기 공로가 있게 되고 스스로 내세우지 않으니 수장이 될 수 있다(혹은 오래간다).

무릇 오로지 (남과) 다투지 않기 때문에 천하의 그 누구도 그와 다툴 수 없다. 옛날에 말한 "온전치 않아야 온전해진다"는 것이 어찌 헛소리이겠는가? 진실로 온전해진다면 (천하가) 그런 임금에게 돌아가게 된다.

22-1

曲^곡則^즉全^전

온전치 못해야 온전해지고

번역 비평

22-7에서 노자는 "곡즉전(曲則全)"이 옛사람의 말이라고 밝히고 있다.

불문곡직(不問曲直)이라 해 지금은 곡(曲)이 직(直)에 대비되는 말로 자주 쓰이지만, 예전에는 직(直)의 반대말이 왕(枉)이었고 곡(曲)은 여기서 보듯이 전(全)과 대비돼 주로 쓰였다.

따라서 여기서 곡(曲)은 '굽다'나 '굽히다'보다 '불완전하다'라는 뜻으로 봐야 한다. 즉 '모자라다[乏]' 혹은 '그릇되다[邪]'의 뜻에 가깝다는 말이다.

예를 들어 곡경(曲徑)이라고 할 때 그것은 바르지 못한 방법을 말한다. 굳이 말하면 '구불구불하다'는 뜻이다. 직(直)의 반대말인 왕(枉)과는 다르게 풀어야 한다. 실제로 공자도 곡(曲)이 아닌 왕(枉)을 직(直)의 반대말로 썼다는 것을 『논어』에서 확인할 수 있다.

「위정(爲政)」편 19다.

(노나라 군주) 애공(哀公)이 물었다.

"어떻게 하면 백성이 복종하는가?"

공자가 대답했다.

"곧은 신하[直]를 들어 쓰고 나머지 굽은 신하들[枉]을 그냥 내버려 두면 백성이 복종하고, (반대로) 굽은 신하를 들어 쓰고 나머지 곧은 신하들을 그냥 내버려 두면 백성은 복종하지 않을 것입니다."

제22장에 나오는 '즉(則)'자에도 주목할 필요가 있다. 이를 단순 인과 관계로 보기보다는 상호 관계나 일종의 역설로 봐야 한다. 즉 구불구불하면 그래서 온전해진다고 풀기보다는 구불구불해서 혹은 구불구불함으로써 오히려 역설적으로 온전해진다고 풀어야 한다는 말이다. 그래서 즉(則)은 '~해야'로 옮겨도 좋고 '~하면'이라고 옮겨도 좋다. 이런 역설적인 현상을 노자는 '현묘하다[玄]'라고 했다.

왕필은 22-6을 갖고서 22-1부터 22-4를 풀어내고 있다.

왕필 주(王弼注)

불 자현 기명 즉 전야
不自見其明 則全也

자기 밝음을 스스로 드러내지 않으면 온전해진다.

풀이

내용은 제21장에서 곧바로 이어진다.

곡(曲)을 왕필은 "자기 밝음을 스스로 드러내지 않음"으로 풀었다. 어째서일까? 자기 장점을 스스로 드러내는 것이 바름[正]인데 스스로 드러내지 않으니 그릇됨이 되는 것이다. 역설이다.

곡즉전(曲則全)을 노자는 자기 말이 아니라 옛날부터 있던 말이라고 한다. 그 후 이어지는 다섯 구절은 다 곡즉전(曲則全)을 풀어내는 말일 뿐이다. 따라서 곡즉전(曲則全)만 풀어내면 나머지 다섯 구절은 쉽게 풀린다. 김충열 교수의 풀이다.

낮은 곳은 채워지고 해지면 새로워진다. 이것이 자연의 섭리다. 그런데 곡즉전(曲則全)을 자연 섭리보다는 인생의 교훈 쪽에서 해석하는 사람이 있다. 예를 들면 곧은 나무는 먼저 베이고 굽은 나무가 오래 산다는 해석이다. 장자(莊子)가 말하는 유용과 무용의 기준에서 보자는 것이다. 옳다. 여기 『노자』에서도 그 뜻이 강하다.

장자의 말이란, 예를 들면 『장자』 「산목(山木)」에서 이렇게 말한다.

곧은 나무는 일찍 베이고 물맛 좋은 우물은 얼른 고갈된다.

인생살이에서 남에게 자기를 굽히면 남의 마음을 얻게 되는 것도 여기에 속한다 할 것이다.

강하면 부러지고 부드러우면 부러지지 않는다는 등의 말도 마찬가지라 하겠다.

22-2

枉^왕則^즉直^직

구부려야 곧게 펴지고

번역 비평

왕(枉)은 '굽히다'이니 왕필은 "스스로 옳다고 하지 않는다"로 풀었고, 직(直)은 "그 옳음이 훤히 드러난다"로 풀었다.

백서본에는 직(直)이 정(正)으로 돼 있다.

왕필 주(王弼注)

不^불自^{자시}是 則^즉其^{기시}是 彰^{창야}也

스스로 옳다고 하지 않으면 그 옳음이 훤히 드러난다.

풀이

왕(枉)은 말 그대로 '굽다'나 '굽히다[屈]'는 뜻이다. 홍석주는 이를 "조금 굽힘으로써 크게 펴는 것"이라고 풀었다.

이렇게 되면 『주역』 「계사전(繫辭傳)」에서 말한 굴신(屈伸)과 연결될 수 있다.

자벌레[尺蠖=蚇蠖]가 몸을 굽히는 것[屈]은 펴기[信=伸] 위함이고, 용이나 뱀이 틀어박히는 것[蟄]은 몸을 보존하기 위함이며, (군자가) 마땅함을 정밀하게 하기[精義]를 신묘함에까지 들어가는 것[入神][11]은 제대로 쓰기[致用] 위함이고, 그 쓰임을 이롭게 하고 몸을 (도리에) 편안하게 하는 것[利用安身][12]은 다움을 높여가기[崇德] 위함[13]이다.

이(→정의입신(精義入神))를 지나서는 혹 알 수 없으니, 신묘함을 끝까지 파고들어[窮神] 만물이 변화 생성하는 이치를 아는 것[知化]은 다움이 성대한 것[德之盛]이다[尺蠖之屈 以求信也 龍蛇之蟄 以存身也 精義入神 以致用也 利用安身 以崇德也. 過此以往 未之或知也 窮神知化 德之盛也].

22-1과 22-2와 관련해 『회남자(淮南子)』 권12 「도응훈(道應訓)」에 나오는 사례를 살펴보자.

---

11 사리(事理)와 사세(事勢)로써 역(易)을 연마하는 것도 그 길 중 하나다.

12 몸을 편안하게 한다는 것은 스스로를 도리에 맞게 수양함으로써 행동이나 생각 하나하나가 사리와 맞지 않음이 없어 편안하다는 뜻이다.

13 외적으로 이용안신(利用安身)하다 보면 내면에서 다움이 쌓여 높아지게 된다는 뜻이다.

진(晋)나라 공자 중이(重耳-훗날의 문공)가 망명 생활 중에 조(曹)나라를 지날 때 조나라 임금이 무례하게 대했다. (조나라 사람) 희부기(釐負羈) 아내가 희부기에게 말했다.

"우리 임금께서 진나라 공자에게 무례하게 대했습니다. 제가 그 따르는 사람들을 보니 모두 뛰어난 사람들이었습니다. 만약에 그들이 공자를 받들어 진나라로 돌아가게 되면 반드시 그들은 조나라를 칠 것입니다. 당신께서 사전에 덕을 베풀어두시는 게 좋을 것입니다."

희부기가 항아리에 음식을 담고 또 옥을 갖고 가서 바쳤는데, 중이는 음식만 받고 옥은 돌려주었다. 시간이 흘러 중이가 진나라로 돌아갔고, 군사를 일으켜 조나라를 쳐서 승리를 거뒀다. 중이는 (이때) 삼군에 명해 희부기가 사는 동네에는 군사가 들어가지 않도록 조처했다.

그래서 노자가 말하기를 "온전치 못해야 온전해지고 구부려야 곧게 펴진다"라고 했다.

22-3

窪^와則^즉盈^영

웅덩이처럼 움푹 패어야 가득 차게 되고

번역 비평

와(窪)는 '웅덩이'나 '맑은 물'이라는 뜻 외에 '깊다[深]'나 '우묵하다[窊]' 혹은 '낮다', '낮추다[下]'라는 뜻이 있다. 그래서 왕필은 와(窪)를

"스스로 자랑하지 않다"로 풀었다.

왕필 주(王弼注)

不自伐_{불 자벌} 則其功有也_{즉 기공 유야}

스스로 자랑하지 않으면 그 공로가 있게 된다.

풀이

홍석주 풀이다.

더럽고 낮은 곳에 있는 연못은 물이 모이는 곳이다. "웅덩이처럼 움푹 패면 가득 차게 된다"는 것은 겸손히 낮춤으로써 더하게 된 것이다.

22-4

弊則新_{폐 즉 신}

낡고 해져야 새로워지고

번역 비평

폐(弊)를 왕필은 "스스로를 내세우지 않는다"로 풀고, 신(新)을 "그 덕이 오래간다"로 풀었다.

왕필 주(王弼注)

_{불 자 긍}　_{즉 기 덕}　_{장 야}
不自矜 則其德長也

스스로를 내세우지 않으면 그 덕이 오래간다.

풀이

왕필 주를 따른다.

22-5

_{소 즉 득}　_{다 즉 혹}
少則得 多則惑

적어야 얻고 많으면 미혹된다.

번역 비평

지욕(知欲)의 많고 적음으로 풀어낼 수 있다. 그렇게 되면 여기서도 득(得)이 덕(德)이 된다. 소(少)는 그런 점에서 제20장 "절학(絶學)"과 연결된다.

왕필 주(王弼注)

_{자 연 지 도}　　_{역 유 수 야}　_{전 다 전 원 기 근}　　_{전 소 전 득 기 본}
自然之道 亦猶樹也 轉多轉遠其根 轉少轉得其本

多 즉 원 기진　故曰　혹야　소 즉 득 기본　故曰　득야
多則遠其眞 故曰 惑也 少則得其本 故曰 得也

　　자연스러운 도는 또한 나무와 같아서 (가지가) 많아질수록 그 뿌리
로부터 더 멀어지고 적어질수록 그 뿌리와 가깝게 된다.
　　많으면 그 참됨에서 멀어지니 그래서 "미혹된다"라고 했고 적으면
그 뿌리를 얻게 되니 그래서 "얻는다"라고 했다.

풀이

　　결국 지욕(知欲)을 줄이면 덕을 얻게 되고 지욕을 늘리려 하면 미혹
된다.

이노해노(以老解老)

　　최진석 교수는 "소즉득(少則得) 다즉혹(多則惑)"을 제44장(44-4, 44-5)
과 연계시켜 풀어낸다. 탁견이다. 그렇게 될 경우 자연스럽게 뒤의 문맥
과 이어지기 때문이다.
　　먼저 44-4, 44-5를 함께 읽어보자.

　　이 때문에 너무 애착을 갖다 보면 반드시 크게 대가를 치르고 많이 쌓아두
면 (오히려) 반드시 크게 잃는다[是故 甚愛 必大費 多藏 必厚亡].
　　만족할 줄 알면 치욕을 당하지 않고 그칠 줄 알면 위태롭지 않아 오래갈
수 있다[知足 不辱 知止 不殆 可以長久].

　　매우 소중한 의미론적 확장이라 하겠다.

22-6

^{시이　성인　포일　위　천하　식}
是以 聖人抱一 爲天下式

이 때문에 성인(聖人)은 하나를 품어 천하의 모범이 된다.

번역 비평

일(一)이란 무엇인가? 하나가 무엇이길래 성인은 그것을 품어 천하의 모범이 될 수 있다는 말인가. 그 하나란 다름 아닌 곡즉전(曲則全)이다.

이노해노(以老解老)

하나[一]를 좀 더 정확히 이해하는 단서는 제2장(2-1), 그중에서도 다음 문장에서 찾을 수 있다.

원래 있음[有]과 없음[無]은 서로 낳아주고 어려움과 쉬움은 서로 이뤄주며 긴 것과 짧은 것은 서로 비교하고 높음과 낮음은 서로 기울여주며 음(音)과 성(聲)은 서로 조화시키고 앞과 뒤는 서로 따른다. 이것이 항(恒-늘 그러함)이다[^고故 ^{유무 상생}有無相生 ^{난이 상성}難易相成 ^{장단 상교}長短相較 ^{고하 상경}高下相傾 ^{음성 상화}音聲相和 ^{전후 상수}前後相隨 ^{항 야}恒也].

유와 무, 어려움과 쉬움, 긴 것과 짧은 것, 높음과 낮음, 음과 성, 앞과 뒤는 서로를 가능하게 해준다. 그래서 이를 가리켜 항(恒)이라고 했다. 항(恒)을 한결같음으로 옮길 경우 그것은 곧 일(一)이 된다. 아마도 항이나 일은 다 우회적으로 도(道)를 가리켜 말한 것이리라.

왕필 주(王弼注)

<ruby>一<rt>일</rt></ruby> <ruby>少<rt>소</rt></ruby><ruby>之<rt>지</rt></ruby><ruby>極<rt>극</rt></ruby><ruby>也<rt>야</rt></ruby> <ruby>式<rt>식</rt></ruby> <ruby>猶<rt>유</rt></ruby><ruby>則<rt>칙</rt></ruby><ruby>之<rt>지</rt></ruby><ruby>也<rt>야</rt></ruby>

하나란 적음이 극에 이른 것이고 식(式)이란 모범을 보이는 것이다.

풀이

하나, 즉 곡즉전(曲則全)이 뒤에 이어지는 것들을 모두 포괄한다고 했다. 22-6에서도 이 점을 강조한다. 따라서 역설로 드러나는, 최소화한 원리가 곧 하나라고 할 수 있다. 이는 공자가 『주역』 「계사전(繫辭傳)」에서 말한 "이간(易簡)"과도 통한다.

(자연 속의) 하늘은 높고 땅은 낮으니[天尊地卑] (『주역』에서의) 건(乾)과 곤(坤)[14]이 정해진다. 낮고 높음[卑高=卑尊][15]에 따라 늘어서 있으니[陳][16]

---

14 건과 곤은 각각 양과 음, 하늘과 땅을 상징하는 괘(卦) 이름이다.

15 공자는 이런 미세한 표현 하나도 그냥 존비(尊卑)라고 하지 않고 비고(卑高)라고 해서 변화를 줌으로써 언어에 대한 긴장감을 높인다. 이런 예는 앞으로도 많지만, 그때마다 지적하지는 않겠다. 다만 공자가 언어의 상투적 사용에 대해 얼마나 거리를 두려 했는지를 보여주는 사례 하나를 『논어(論語)』 「헌문(憲問)」편에서 들어보겠다. "나라에 도리가 있을 때는 말이나 행동 모두 당당하게 하고[危言危行], 나라에 도리가 없을 때는 행실은 당당하게 하되 말은 공손하게 해야 한다[危行言遜]." 위언·위행이 자리를 바꿨을 뿐 아니라 위언이 언손으로 바뀌고 있다. 이 같은 언어 민감성은 특히 『주역』이라는 최고의 문자 텍스트를 바르게 이해하는 데 대단히 중요한 역할을 한다.

16 이를 사람의 입장에서 말하면 분류함이 된다.

(『주역』괘효의) 귀함과 천함[貴賤]이 (각자의) 자리[位]를 갖게 된다.[17] (만물
만사(萬物萬事)의) 움직임과 고요함[動靜]에 일정함[常]이 있으니[18] (이에 따
라 『주역』괘효의) 굳셈과 부드러움[剛柔][19]이 결정된다.

(『주역』의 괘는) 방향과 위치[方=方所][20]에 따라 유형별로 모이고[類聚=彙
集] (괘가 상징하는) 일이나 사물[物=事]에 따라 무리[群]가 나뉘니 (이 같
은 모임과 나뉨에 따라 효에) 길함과 흉함[吉凶]이 생겨난다.

하늘에서는 (해·달·별 등과 같은) 상(象)이 이뤄지고 땅에서는 (산·강·동물·
식물 등과 같은) 형체[形]가 이뤄지니 (이 모든 현상에서) 달라짐[變]과 바뀜
[化]이 나타나게 된다.[21] 이 때문에 (『주역』의 괘효에서도) 굳셈과 부드러움
[剛柔]이 서로 비벼대고[相摩] 8괘(八卦)가 서로 섞여서[相盪=相雜][22]
우레와 번개[雷霆]로 (만물을) 두드려주고[鼓] 바람과 비[風雨]로 적셔준
다[潤].[23]

해와 달이 운행하고 한 번은 춥고 한 번은 덥다[一寒一暑].[24] 건의 도리

---

17 『논어』「안연(顔淵)」편에서 제나라 경공(景公)이 공자에게 정치에 관해 묻자 공자는 이렇게 대답한다.
"임금은 임금다워야 하고 신하는 신하다워야 하며 아버지는 아버지다워야 하고 자식은 자식다워야
합니다[君君臣臣父父子子]." 이 말은 다움[德]과 그 자리[位]가 일치해야 한다는 것으로 『주역』
에서도 대단히 중요한 역할을 한다.

18 움직임은 양의 일정함이고 고요함은 음의 일정함이다.

19 강과 유는 각각 양과 음에 해당한다. 또 건은 굳세고 곤은 부드럽다.

20 정약용(丁若鏞)이 말했다. "방(方)이란 괘의 다움 혹은 성격[卦之德]이다." 괘의 성격은 그 방향과 위
치에 따라 파악할 수 있다는 말이다. 예를 들면 동쪽에 해당하는 괘, 서쪽에 해당하는 괘, 남쪽에
해당하는 괘, 북쪽에 해당하는 괘는 그 방위에 따라 각각의 다움[德] 혹은 성격을 갖고 있다는 말
이다.

21 음이 달라져 양이 되고 양이 바뀌어 음이 된다는 말이다.

22 주희가 말했다. "이는 역(易)괘의 달라짐과 바뀜을 말한 것이다. 64괘의 맨 처음은 굳셈과 부드러움
두 획뿐이었는데, 둘이 서로 비벼대 사(四)가 되고, 사가 서로 비벼대 팔(八)이 되고, 팔이 서로 비벼
대 육십사(六十四)가 됐다." 탕(盪)은 갈마들다[迭], 서로 섞이다[交]라는 뜻이다.

23 우레는 진괘(震卦), 번개는 이괘(離卦), 바람은 손괘(巽卦), 비는 감괘(坎卦)다. 즉 천지 만물을 움직이
게 하고 윤택하게 해주는 이치가 『주역』의 상(象-괘)에 다 담겨 있다는 말이다.

24 정약용이 말했다. "해와 달은 양과 음이다. 곤괘(坤卦, ☷)의 음기로 한 번 추워졌으면 복괘(復卦, ☷
)에서 임괘(臨卦, ☷), 태괘(泰卦, ☷), 대장괘(大壯卦, ☷), 쾌괘(夬卦, ☷)를 거쳐 건괘(乾卦, ☰)에 이르

[乾道]가 남자가 되고 곤의 도리[坤道]가 여자가 된다.[25] 건은 큰 시작[大始=太初]을 주관하고[知=主=掌][26] 곤은 일과 사물[物][27]을 이뤄내는데[成物],[28] 건은 평이함[易][29]으로 (큰 시작을) 주관하고[知] 곤은 간결함[簡]으로 능히 (일을) 해낸다[能]. 평이하면 알기 쉽고, 간결하면 (아랫사람들이) 따르기 쉽다[易從]. 알기 쉬우면 제 몸처럼 여기는 사람들이 있게 되고[有親],[30] 따르기 쉬우면 성과가 있게 된다[有功]. 제 몸처럼 여기는 사람들이 있으면 오래 지속할 수 있고[可久], 성과가 있게 되면 (일을) 크게 할 수 있다[可大].[31] 오래 할 수 있으면 (그것이 바로) 뛰어난 이의 다움[賢人之德]이고, 크게 할 수 있으면 (그것이 바로) 뛰어난 이의 공적[業]이다.[32]

(건과 곤의) 평이함과 간결함[易簡]에서 천하의 이치가 얻어지고, 천하의 이치가 얻어지면[33] 그 (하늘과 땅) 안에서 (사람의) 자리가 이뤄진다[成位].

니, 겨울로부터 봄을 거쳐 여름이 된다." 겨울에서 여름으로 가는 과정은 아래에서 음효가 점점 자라나 마침내 곤괘(坤卦)의 여름에 이르는 것이다.

25 인륜을 괘로 풀이하면 이렇게 된다.

건(乾 ☰)	곤(坤 ☷)	진(震 ☳)	손(巽 ☴)	감(坎 ☵)	이(離 ☲)	간(艮 ☶)	태(兌 ☱)
아버지	어머니	장남	장녀	중남(中男)	중녀(中女)	소남(少男)	소녀(少女)

표에서 주목해야 할 것은 태양(太陽)인 건괘와 태음(太陰)인 곤괘를 제외하고는 세 효 중에서 하나만 있는 것이 그 괘의 주인(主)이 된다는 사실이다. 임금은 하나이고 신하는 많다는 점을 감안하면 쉽게 이해할 수 있다. 그래서 진괘와 감괘와 간괘는 양괘로서 남자의 도리가 되고, 손괘와 이괘와 태괘는 음괘로서 여자의 도리가 되는 것이다.

26 지(知)는 지사(知事)라고 할 때의 지로, 일을 주관한다는 뜻이다.

27 물(物)은 물건뿐 아니라 일도 포함한다. 말 그대로 사물(事物)을 뜻한다.

28 주희가 말했다. "건과 곤의 이치[理]를 말한 것이다."

29 정약용은 평이함의 반대가 힘겨움[艱=難]이라고 했다.

30 더불어 함께하려는 사람들이 많아진다는 뜻이다.

31 '큰일을 할 수 있다'로 옮겨도 무방하다.

32 주희가 말했다. "다움은 자기가 얻은 것을 말하고 공적은 일을 이뤄내는 것을 말한다."

33 이는 그런 이치를 체화하는 것을 말한다.

22-7

불 자 현　고 명　불 자 시　고 창　불 자 벌　고 유 공　불 자 긍　고 장
不自見 故明 不自是 故彰 不自伐 故有功 不自矜 故長
부 유 부 쟁　고 천 하　막 능　여 지　쟁 고 지 소 위　곡 즉 전 자 기 허 언 재
夫唯不爭 故天下莫能與之爭 古之所謂曲則全者 豈虛言哉
성 전 이 귀 지
誠全而歸之

(자기 밝음을) 스스로 드러내지 않기 때문에 밝아지고 스스로 옳다고 하지 않기 때문에 (자기 옳음이) 훤히 드러나고 스스로 자랑하지 않으니 자기 공로가 있게 되고 스스로 내세우지 않으니 수장이 될 수 있다(혹은 오래간다).

　무릇 오로지 (남과) 다투지 않기 때문에 천하의 그 누구도 그와 다툴 수 없다. 옛날에 말한 "온전치 않아야 온전해진다"는 것이 어찌 헛소리이겠는가? 진실로 온전해진다면 (천하가) 그런 임금에게 돌아가게 된다.

풀이

이는 고스란히 곡즉전(曲則全)에 대한 풀이라 할 수 있다.

　여기서 "오로지 (남과) 다투지 않"을 수 있는 것은 어느 하나를 고수하거나 집착하지 않고 '곡즉전(曲則全)', 이 하나를 자기 사고 체계, 행동 방식으로 체화하고 있기 때문이다. 이런 '하나'만 잘 품어 안는다면 성왕(聖王)이 될 수 있다고 말한다. 제왕학 문맥이다.

제23장

^{희언} ^{자연}
希言 自然

^고 ^{표풍} ^{불 종조} ^{취우} ^{불 종일}
故 飄風 不終朝 驟雨 不終日

^{숙위} ^{차자} ^{천지} ^{천지} ^{상 불능} ^구 ^{이 황어} ^{인 호}
孰爲此者 天地 天地 尚不能久 而況於人乎

^고 ^{종사} ^{어도} ^자 ^{동어} ^도
故 從事於道者 同於道

^{득 자} ^{동어} ^덕
得者 同於德

^{실 자} ^{동어} ^실
失者 同於失

^{동어} ^{도 자} ^{도 역 낙 득지} ^{동어} ^{득 자} ^{득 역 낙 득지} ^{동어} ^{실 자} ^실
同於道者 道亦樂得之 同於得者 得亦樂得之 同於失者 失

^{역 낙 득지}
亦樂得之

^{신 부족} ^언 ^{유 불신} ^언
信不足焉 有不信焉

희언(希言)은 자연스러움이다.

그래서 사나운 바람은 아침나절을 넘지 않고 세찬 소낙비는 한나절을 넘지 않는다.

누가 이렇게 하는가? 하늘과 땅이다. 하늘과 땅도 오히려 능히 오래 갈 수 없는데 하물며 사람(이 하는 일)임에랴!

그래서 (이런 식으로) 도에 종사하는 자는 도와 같아진다.

(도를) 얻음을 행하는 자는 덕과 같아진다.

잃음을 행하는 자는 잃음과 같아진다.

도와 같아진 자의 경우 도 또한 즐거이 그것을 얻을 것이고 얻음과 같아진 자의 경우 얻음 또한 즐거이 그것을 얻을 것이고 잃음과 같아진 자의 경우 잃음 또한 즐거이 그것을 얻을 것이다.

믿음을 주는 것이 부족하면 불신이 생겨난다.

23-1

希^{희언}言 自^{자연}然

희언(希言)은 자연스러움이다.

번역 비평

희언(希言)이란 일단 풀면 말을 드물게 한다는 뜻이다. 그것이 자연스러움이라는 말이다. 도에 부합한다는 말이기도 하다. 『논어』 「자한(子罕)」편 1을 잠깐 보자.

공자께서는 이익과 명(命), 어짊에 대해서는 드물게 말씀하셨다[子^자罕^한言^언 利^이與^여命^명與^여仁^인].

공자가 이(利), 명(命), 인(仁)에 대해 한언(罕言) 곧 희언(希言)한 이유에 대해 정약용은 이렇게 풀이했다.

이(利)는 (이익의 이가 아니라) 백성을 이롭게 한다[利民^{이민}]거나 나라를 이롭게 한다[利國^{이국}]고 할 때의 이(利)다. 명(命)은 천명(天命)이며, 어짊[仁^인]이란 인륜의 성덕(成德)이다. 이로움을 자주 말하면 마땅함[義^의]을 상하게 되고, 명(命)을 자주 말하면 하늘을 모욕하게 되며, 어짊을 자주 말하면 몸소 실행하는 것이 미치지 못하게 되니. 이것이 드물게 말한 까닭이다.

왕필 주(王弼注)

聽之不聞 名曰希 下章 言道之出言 淡兮其無味也 視之不
足見 聽之不足聞 然則無味不足聽之言 乃是自然之至言

(14-1에서) "들어도 들리지 않는 것을 이름해 희(希)라고 한다"라고 했고, (35-3에서) "도에 관한 말[出言^{출언}=出口^{출구}]은 싱거워서 아무런 맛이 없으니 보려 해도 볼 수가 없고 들으려 해도 들을 수 없다"라고 말했다. 그렇다면 아무런 맛이 없고 알아들을 수가 없는 말이란 곧 자연스러움[自然^{자연}]이 지극한 말이 된다.

풀이

여기서는 왕필이 이노해노(以老解老)하고 있다.

일단 제23장 주어는 제22장에 등장했던 성인(聖人)이라고 봐야 한다. 이제 성인은 도(道)로부터 그 원리를 체화해야 하는데 그런 연장선에서 희언(希言)이야말로 그 도를 체화할 수 있는 지름길임을 말하고 있다.

『논어』「양화(陽貨)」편 19에서 공자는 희언(希言)을 풀어낼 실마리를 제공해주는 말을 한다.

> 공자가 말했다.
> "나는 (이제) 아무 말도 않으려다."
> 자공(子貢)이 말했다.
> "스승님께서 만약에 말씀을 않으시면 저희들이 어떻게 전술(傳述) 받고 전술하겠습니까?"
> 공자가 말했다.
> "하늘이 무슨 말을 하던가? (그래도) 사계절이 운행하고 온갖 일과 사물이 생겨난다. 하늘이 무슨 말을 하던가[天何言哉 四時行焉 百物生焉 天何言哉]?"

결국 노자에서든 공자에서든 하늘(같은 도)을 본받는 것이 바로 희언(希言)이다.

23-2

故 飄風 不終朝 驟雨 不終日
고 표풍 불종조 취우 불종일

孰爲此者 天地 天地 尚不能久 而況於人乎
숙위 차자 천지 천지 상 불능 구 이 황어 인 호

그래서 사나운 바람은 아침나절을 넘지 않고 세찬 소낙비는 한나절을 넘지 않는다.

누가 이렇게 하는가? 하늘과 땅이다. 하늘과 땅도 오히려 능히 오래 갈 수 없는데 하물며 사람(이 하는 일)임에랴!

번역 비평

표(飄)란 사납게 일어나는 바람이고, 취(驟)란 치달리는 말과 같은 거센 바람이다.

왕필 주(王弼注)

언 폭질 미흥 부장 야
言暴疾美興 不長也

사나움, 빠름, 아름다움, (급히) 일어남은 오래갈 수 없다는 말이다.

풀이

하늘에서 사나운 바람, 세찬 소낙비가 내릴 때도 있지만 그것은 오래가지[長] 못한다.

그런데도 사람들은 조용하고 고요할 때의 하늘과 땅보다는 눈과 귀를 사로잡은 질풍노도라야 관심을 둔다.

우리가 하는 말도 대부분 이런 것들에 관한 것이지 조용하고 고요한 하늘과 땅에 관한 말이 아니다. 그러니 말을 드물게 할 때라야 하늘과 땅의 자연스러움에 가서 닿는다. 자연에서도 이러한데 하물며 인간사임에랴!

그래서 함부로 이름을 붙여서는 안 되니 드물게 말하는 것이 자연스러운 것이다.

이노해노(以老解老)

제7장(7-1)에서 노자는 분명히 하늘과 땅은 장구하다고 했다.

하늘과 땅은 장구한데, (이처럼) 하늘과 땅이 능히 장구할 수 있는 까닭은 하늘과 땅이 자기 삶을 억지로 영위하지[自生] 않기 때문이다. 그래서 능히 오래 살아갈 수 있다[天長地久 天地所以能長且久者 以其不自生 故 能長生].

이는 23-2와 모순되지 않는다. 하늘과 땅도 자기 삶을 억지로 영위하려 할 경우에는 오래갈 수 없다는 말이기 때문이다. 이어지는 구절은 23-3에 대한 풀이가 된다.

이 때문에 성인(聖人)은 자기 몸을 뒤로 물리지만 몸이 앞서게 되고 자기 몸을 도외시하지만, 몸이 보존된다[是以 聖人 後其身而身先 外其身而身存].

23-3

故 從事於道者 同於道

그래서 (이런 식으로) 도에 종사하는 자는 도와 같아진다.

왕필 주(王弼注)

從事^{종사} 謂^위擧動^{거동} 從事^{종사} 於道^{어도}者^자 道^도 以無形^{이무형} 無爲^{무위} 成濟^{성제}萬物^{만물} 故^고 從^{종사}
事於道^{어도}者^자 以無爲^{이무위}爲居^{위거}(君^군) 不言^{불언}爲敎^{위교} 綿綿^{면면}若存^{약존} 而物得^{이물득}其^{기진}
眞 行道^{행도}則^즉 與道^{여도} 同體^{동체} 故曰^{고왈} 同於^{동어}道^도

종사(從事)란 일을 행함에 있어 도에 따라 일에 최선을 다함을 말한
다. 도란 형체도 없고 행함도 없이 만물 만사를 이뤄낸다. 그래서 "도에
따라 일에 최선을 다하는 사람"은 무위함으로써 (임금) 자리에 머물고
말하지 않음으로써 가르침을 행하며 면면히 있는 듯 없는 듯하지만 일
과 사물이 그 본성을 얻게 하니 도를 행하면 도와 한 몸이 된다. 그러
므로 "도와 같아진다"라고 말한 것이다.

동(同)은 인위를 가해서 자연을 내가 원하는 대로 맞추는 것이 아니라 인위
를 버리고 자연에 맡김으로써 자연에 맞아들어가게 하는 것을 말한다고

했다.

23-3과 관련해서 『회남자(淮南子)』 권12 「도응훈(道應訓)」에 나오는 사례를 살펴보자.

대사마(大司馬) 집에서 창끝 쇠갈고리 만드는 장인은 나이가 80세인데도 바늘처럼 가느다란 것도 전혀 실수 없이 두드려 박았다.

대사마가 말했다.

"그대 솜씨가 너무도 정교한데, 무슨 비결이 있는가[有道^{유도}]?"

그가 말했다.

"신은 한 가지 지키는 바가 있습니다[有守^{유수}]. 20살 때 쇠갈고리 만드는 일을 시작한 이래로 다른 것에 눈길을 준 적이 없으니, 쇠갈고리 이외에는 아무것도 마음에 둔 일이 없었습니다."

이처럼 한 가지 일을 지키는 사람은 반드시 무용지물처럼 보이는 것일지라도 이롭게 함으로써 오래도록 한 가지 일을 지켜낼 수가 있다. 한 가지 일조차 지켜내지 못하는 사람의 경우 어떤 일도 해낼 수가 없다.

그래서 노자가 말하기를 "(이런 식으로) 도에 종사하는 자는 도와 같아진다"라고 했다.

23-4

得者^{득자} 同於德^{동어덕}

(도를) 얻음을 행하는 자는 덕과 같아진다.

이에 대해서는 워낙 다양한 풀이가 존재한다. "덕자(德者) 동어덕(同於德)"으로 돼 있는 판본도 많은데, 앞서 봤듯이 득(得)과 덕(德)이 거의 같은 의미로 사용됐음을 감안한다면 "득자(得者) 동어덕(同於德)"으로 보는 것이 무난할 듯도 하다. 참고로 '得'과 '德'은 우리의 경우 발음이 다르지만, 중국에서는 같다.

왕필 주(王弼注)

득 소 야 소 즉 득 고왈 득 야
得 少也 少則得 故曰 得也
행득 즉 여득 동체 고왈 동어 득 야
行得則與得同體 故曰 同於得也

얻음이란 적어진다는 것이니, 적어지면 얻는다. 그래서 "얻는다"고 했다.

얻음을 행하면 얻음과 한 몸이 된다. 그래서 "얻음과 같아진다"고 말한 것이다.

풀이

23-4와 23-5는 함께 묶어서 일마다 그 일에 맡겨놓는다는 뜻으로 풀이하면 된다. 따라서 여기서는 "얻음을 행하는 자는 덕(=얻음)과 같아진다"는 말 그대로다.

23-5

실 자 동 어 실
失者同於失

잃음을 행하는 자는 잃음과 같아진다.

번역 비평

실(失)이란 득(得)의 반대로, 잃는 것이다.

왕필 주(王弼注)

실 누다 야 누다 즉실 고왈 실 야
失 累多也 累多則失 故曰 失也
행실 즉 여실 동체 고왈 동어 실 야
行失則與失同體 故曰 同於失也

잃음이란 얽매임이 많다는 것이니 얽매임이 많으면 잃는다. 그래서 "잃음"이라고 했다.

잃음을 행하면 잃음과 한 몸이 된다. 그래서 "잃음과 같아진다"고 했다.

풀이

잃음도 누가 억지로[強] 시켜서 잃는 것이 아니라 스스로 몰두하다 보니 그렇게 되는 것이다.

그래서 이어지는 23-6에서는 '즐거이[樂]'라는 말을 추가해 다시 앞의 내용을 3가지로 나눠 보충한다.

23-6

同_{동어}於道_도者_자 道_도亦_역樂_낙得_득之_지 同_{동어}於得_득者_자 得_득亦_역樂_낙得_득之_지 同_{동어}於失_실者_자 失_실
亦_역樂_낙得_득之_지

도와 같아진 자의 경우 도 또한 즐거이 그것을 얻을 것이고 얻음과 같아진 자의 경우 얻음 또한 즐거이 그것을 얻을 것이고 잃음과 같아진 자의 경우 잃음 또한 즐거이 그것을 얻을 것이다.

번역 비평

여기서 낙(樂)은 '억지스러움이 없이[安]'라는 뜻이다.

왕필 주(王弼注)

言_언隨_수其_기所_소行_행 故_고 同_동而_이應_응之_지

각기 그가 행하는 바를 따르기 때문에 같아져서 그에 호응한다는 말이다.

풀이

도(道), 득/덕(得/德), 실(失)을 나란히 다루고 있음에 주목해야 한다.

23-7

신 부족 언 유 불신 언
信不足焉 有不信焉

믿음을 주는 것이 부족하면 불신이 생겨난다.

번역 비평

앞의 믿음은 윗사람이 아랫사람에게 주는 것이고 뒤의 불신은 아랫사람이 윗사람을 믿지 못하는 것이다.

왕필 주(王弼注)

충신 부족 어상 언 유 불신 언
忠信不足於上焉 有不信焉

윗사람에게 진실함과 믿음이 부족하면 (백성 사이에) 불신이 생겨난다.

번역 비평

왕필은 백성이 불신하게 되는 원인을 윗사람에게 충신(忠信)이 부족한 때문이라고 본다. 전형적인 관이화(觀而化)다. 결국 이 장의 핵심이 되는 말은 이 말이다. 백성에게 믿음을 주려면 말을 드물게 하라는 것이기 때문이다. 이 역시 일반인을 향한 조언이 아니라 제왕에게 권고하는 말이다. 제왕학 문맥은 계속 이어진다.

윗사람이 아래 사람에게 믿음을 얻어내는 일은 공자도 매우 중요하게 여겼다. 『논어』「안연(顏淵)」편 7이다.

자공(子貢)이 정치를 묻자 공자가 말했다.

"백성 먹거리를 풍족하게 하고, 군사를 풍족하게 하며, 백성이 위를 믿게 해야 한다."

자공이 말했다.

"반드시 어쩔 수 없이 버린다면 이 3가지 중에서 어느 것을 먼저 버려야 합니까?"

말했다.

"군사를 버려야 한다."

자공이 말했다.

"반드시 어쩔 수 없이 버린다면 이 3가지 중에서 어느 것을 먼저 버려야 합니까?"

말했다.

"백성 먹거리를 버려야 한다. 예로부터 사람이란 모두 죽게 돼 있지만, 백성이 위를 믿지 않으면 설 수가 없다[民無信不立]."

이노해노(以老解老)

제8장(8-3)에서 노자는 통치자의 말이 곧 백성 간에 믿음이 생겨나는 것임을 지적한 바 있다.

거처함에 땅을 '잘' 고르고 마음가짐에 깊고 그윽하게 하기를 '잘'하고 남과 더불어 할 때는 어짊을 '잘' 행하고 말을 할 때는 믿음을 '잘' 주고[言^언善信^{선신}]

제17장(17-5)에서는 백성 간의 불신이 통치자로부터 비롯되는 것임을 분명히 했다.

믿음을 주는 것이 부족하니 (이에) 불신이 생겨난다[信不足焉^{신부족언} 有不信焉^{유불신언}].

제21장(21-5)에서는 통치자가 백성으로부터 믿음을 끌어내는 방법을 말했다.

그 정기가 심히 참되니 그 가운데에 믿음이 있다[其精甚眞^{기정심진} 其中有信^{기중유신}].

그만큼 노자에게도 통치자가 백성에게 믿음을 주는 것이 다스림의 큰 문제였음을 확인할 수 있다. 희언(希言)은 무위(無爲)에 가깝다고 하겠다.

제24장

企^{기자}者 不^{불립}立 跨^{과자}者 不^{불행}行

自^{자현}見者 不^{불명}明 自^{자시}是者 不^{불창}彰 自^{자벌}伐者 無^{무공}功 自^{자긍}矜者 不^{부장}長

其^{기재}在道^{도야}也 曰^왈餘^{여식}食贅^{췌행}行

物^{물혹오지}或惡之 故^고有道^{유도자}者 不^{불처}處

(치고 나가려고) 발꿈치를 들고 서는 사람은 제대로 서지 못하고 (마음이 앞서) 큰 걸음으로 마구 가는 자는 제대로 길을 갈 수가 없다.

스스로를 드러내는 자는 밝지 못하고 스스로 옳다고 하는 자는 그 옳음이 훤히 드러나지 않고 스스로를 자랑하는 자는 공로가 없어지며 스스로를 내세우는 자는 (그 다움이) 오래갈 수 없다.

도에 있어서 말하자면 그것은 먹다 남은 음식이요 군더더기 행동이다.

사람들은 혹 그것을 싫어한다. 그래서 도를 가진 사람은 거기에 처하지 않는다.

24-1

기자　불립　과자　불행
企者 不立 跨者 不行

(치고 나가려고) 발꿈치를 들고 서는 사람은 제대로 서지 못하고 (마음이 앞서) 큰 걸음으로 마구 가는 자는 제대로 길을 갈 수가 없다.

│ 번역 비평

기(企)가 하상공본에는 기(跂)로 돼 있고, 취(吹)로 돼 있는 판본도 있다. 기(企)란 '꾀하다'나 '바라다[冀]'는 뜻 외에 '발돋움하다[蹻=蹻]'는 뜻이 있으며 교(蹻)에는 '교만하다[驕]'는 뜻이 있다. 기(跂)에는 '꿈틀거리다' 외에 '발돋움하다'나 '나아가다' 혹은 '어긋나다'라는 뜻이 있고, 취(吹)에는 '불다' 외에 '과장하다'나 '부추기다', '바람 넣다'라는 뜻이 있다.

기(企)라고 했지만 아마도 여기서는 이상에서 말한 다양한 의미를 포괄하는 뜻이라고 봐야 할 것이다. 준비도 없이 튀어 나가려고 들썩이는 사람을 말한다.

과(跨)란 '사타구니'란 뜻 외에 '넘어가다'나 '타고 넘다' 혹은 '자랑하다[誇=夸]'는 뜻이 있다.

왕필 주(王弼注)

물　상진　즉　실안　고왈　기자　불립
物尚進則失安 故曰 企者不立

일의 경우 나아감을 숭상하게 되면 안정됨을 잃게 된다. 그래서 "발꿈치를 들고 서는 사람은 제대로 서지 못한다"라고 했다.

풀이

제23장 연장선에서 성왕(聖王)이 되고자 하는 자가 해서는 안 되는 행태를 말하고 있다. 왜 발꿈치를 들고 서 있을까? 최진석 교수의 풀이가 명확하다.

발뒤꿈치를 들고 서 있는 사람이나 큰 걸음으로 걷는 사람은 모두 앞장에서 말한 '광풍'이나 '폭우'가 상징하는 바와 같다. 발뒤꿈치를 들고 서 있는 사람은 무엇인가를 향해 자신의 욕망을 발휘시키고 있는 모습이다. 큰 걸음으로 걷는 사람도 무엇인가를 향해 서둘러 다가가는 모습이다.

24-2

自見者 不明 自是者 不彰 自伐者 無功 自矜者 不長
其在道也 曰餘食贅行

스스로를 드러내는 자는 밝지 못하고 스스로 옳다고 하는 자는 그 옳음이 훤히 드러나지 않고 스스로를 자랑하는 자는 공로가 없어지며 스스로를 내세우는 자는 (그 다움이) 오래갈 수 없다.
도에 있어서 말하자면 그것은 먹다 남은 음식이요 군더더기 행동이다.

췌(贅)는 '군더더기'를 뜻한다. 데릴사위라는 뜻도 있다.

왕필 주(王弼注)

기 유 어 도 이 논 지　약 극 지　지 행　성 찬　지 여 야　본 수 미　갱 가 예　야
其唯於道而論之 若郤至之行 盛饌之餘也 本雖美 更可薉也
본 수 유 공　이 자 벌　지　고　갱 위　우 췌　자 야
本雖有功而自伐之 故 更爲肬贅者也

오로지 도의 관점에서 논하자면 (이런 것들은) 극지(郤至)[34]의 행동과 같고 진수성찬에서의 남은 음식과 같다. 근본이 비록 아름답다 해도 다시 더러워질 수 있고 본래 공로가 있었다 해도 스스로 자랑하니 그 때문에 다시 쓸데없는 군더더기가 되는 것이다.

풀이

기자불립(企者不立)과 과자불행(跨者不行)은 과욕에 따른 역효과를 경계하는 말이고 나머지는 제22장에 나온 것을 거꾸로 반복하고 있다. 모두 성왕(聖王)의 마음가짐[心術]을 말한다. 22-7이다.

(자기 밝음을) 스스로 드러내지 않기 때문에 밝아지고 스스로 옳다고 하지 않기 때문에 (자기 옳음이) 훤히 드러나고 스스로 자랑하지 않으니 자기 공

---

34 진(晉)나라 대부로, 집안 재산이 국가 재산의 절반이 될 정도였다. 진나라 삼군 중 장군 자리는 극씨 집안의 사람이 반 이상을 차지하고 있었다. 극지는 교만 방자하고 절제가 없으며 탐욕스럽기 그지 없었다. 늘 자기 재산이 적고 권력이 보잘것없다며 불만을 터뜨리면서 자신의 부와 지위를 이용해 비리를 저지르고 백성을 못살게 괴롭혔다. 그 결과 죽어 몸뚱이 하나 묻을 땅조차 없는 처지가 됐고, 집안도 풍비박산이 나고 말았다.

로가 있게 되고 스스로 내세우지 않으니 수장이 될 수 있다(혹은 오래간다)

[不自見 故明 不自是 故彰 不自伐 故有功 不自矜 故長].

제22장과 제24장과 관계를 단적으로 보여주는 내용이라 하겠다.

24-3

物或惡之 故 有道者 不處

사람들은 혹 그것을 싫어한다. 그래서 도를 가진 사람은 거기에 처하지 않는다.

풀이

이때 물(物)이란 인물(人物)로 사람과 만물과 만사를 다 포함하는 것이지만, 여기서는 '사람들'이라고 옮겨야 한다. 제24장은 당연히 성왕의 처신에 관한 장이다.

이노해노(以老解老)

『도덕경』에 나오는 불처(不處)나 불거(不居)의 주체가 성왕(聖王)임을 드러낸 표현이니 무위(無爲)를 구체적으로 드러내 준다고 하겠다. 이 점에 주목하면서 『도덕경』에 나오는 관련 대목들을 짚어보자. 먼저 제31장(31-1)은 24-3을 보다 구체적으로 이해할 수 있는 실마리를 제공하고 있다.

무릇 아무리 훌륭한 군대라 하더라도 상서롭지 못한 기물이니 사람들은 혹 그것을 싫어한다. 그래서 도를 가진 사람은 거기에 처하지 않는다[夫^부佳兵者 不祥之器 物或惡之 故 有道者 不處].

이번에는 불거(不居)의 용례를 보자. 제38장(38-4)이다.

전식(前識)이란 도(道)의 화려한 겉모습이요 어리석음의 첫머리다[前識者 道之華 而愚之始].

이 때문에 대장부는 두터운 곳에 처하지 엷은 곳에 처하지 않고 실질에 처하지 화려한 겉모습에 처하지 않는다[是以 大丈夫 處其厚 不居其薄 處其實 不居其華].

이를 통해 우리는 무위(無爲)가 무행(無行)이 아님을 분명히 이해할 수 있다.

제25장

유물 혼성 선 천지 생
有物混成 先天地生

적혜 요혜 독립 불개
寂兮 寥兮 獨立不改

주행 이 불태 가이 위 천하 모
周行而不殆 可以爲天下母

오 부지 기명
吾不知其名

강 자지 왈 도
强字之曰 道

강 위지 명왈 대
强爲之名曰 大

대 왈 서 서왈원 원왈 반
大曰逝 逝曰遠 遠曰反

고 도대 천대 지대 왕역대
故 道大 天大 地大 王亦大

역중 유 사대 이 왕 처 기일 언
域中有四大 而王處其一焉

인 법지 지법천 천 법도 도법 자연
人法地 地法天 天法道 道法自然

어떤 것이 있어 뒤섞여서 이뤄져 있는데 하늘과 땅에 앞서 있다.

고요하고 비어 있도다! 홀로 서서 고치지 않는다.

두루 다니면서 위태로움을 없애주니 천하의 어머니가 될 수 있다.

나는 그 이름을 알 수 없다.

억지로 자(字-글자)로 말해 도(道)라고 했고

억지로 이름을 지어 큼이라고 했다.

크다는 것은 흘러간다는 것이고 흘러간다는 것은 멀다는 것이고 멀다는 것은 돌아온다는 것이다.

그래서 도가 크고 하늘이 크고 땅이 크고 왕 또한 크다.

영역 안에 4가지 가장 큰 것이 있고 왕이 그중 하나에 자리한다.

사람은 땅을 본받고 땅은 하늘을 본받고 하늘은 도를 본받고 도는 자연스러움을 본받는다.

25-1

<ruby>有<rt>유</rt></ruby><ruby>物<rt>물</rt></ruby><ruby>混<rt>혼</rt></ruby><ruby>成<rt>성</rt></ruby> <ruby>先<rt>선</rt></ruby><ruby>天<rt>천</rt></ruby><ruby>地<rt>지</rt></ruby><ruby>生<rt>생</rt></ruby>

어떤 것이 있어 뒤섞여서 이뤄져 있는데 하늘과 땅에 앞서 있다.

번역 비평

생(生)은 경우에 따라 '살고 있다', '낳다' 등으로 옮겨야 하는데 여기서는 '낳다'라고 할 경우 탄생의 순서를 뜻하게 된다. 그러나 도가 하늘과 땅보다 시간상으로 먼저 탄생했다고 할 수는 없고 논리상 존재의 중요성에서 앞서 있을 뿐이다.

혼(混)은 제22장에서 말한 "곡즉전(曲則全) 왕즉직(枉則直) 와즉영(窪則盈) 폐즉신(幣則新)"을 뜻한다.

왕필 주(王弼注)

混然不可得而知 而萬物由之以成 故曰混成也 不知其
誰之子 故 先天地生

뒤섞여 있어 알 수가 없지만, 만물 만사가 그로 말미암아 이뤄진다. 그래서 "뒤섞여서 이뤄져 있다"고 했다.

그가 누구 자식인지 알 수가 없다. 그래서 하늘과 땅에 앞서 있는 것이다.

풀이

여전히 제왕학 문맥이다.

앞서 본 대로 하늘과 땅에 앞서 있는 것은 도(道)뿐이다. 그렇다면 여기서 어떤 것이란 곧 도(道)다. 조은정 교수는 제25장 논의 주체가 도(道), 왕, 천지, 만물이라고 했는데 만물에는 백성도 포함된다고 봐야 할 것이다.

25-2

寂兮 寥兮 獨立不改

고요하고 비어 있도다! 홀로 서서 고치지 않는다.

적(寂)은 '고요하다', '잠잠하다', '적막하다'라는 뜻이 있다. 여기서
는 도의 모습을 표현하고 있으니 다소 정서적 뉘앙스가 담긴 '쓸쓸하
다'는 적합하지 못하다.

요(寥)에도 '쓸쓸하다'는 뜻 외에 '텅 비다'라는 뜻이 있다. 도(道)의
무위(無爲)하는 모습을 표현하는 것으로 봐서 '비어 있다'는 뜻을 취
한다.

왕필 주(王弼注)

적료 무 형체 야 무물 지 필 고왈 독립 야 반화 종시 부실 기상
寂廖 無形體也 無物之匹 故曰 獨立也 返化終始 不失其
상 고왈 불개 야
常 故曰 不改也

적료(寂廖)함이란 아무런 형체가 없는 것이다. 만물 만사 중에 그와
짝할 만한 것이 없으니 그래서 "홀로 서서"라고 했고 돌아오고 달라지
고 마치고 시작함에 있어서는 그 일정함을 잃지 않으니 그래서 "고치
지 않는다"라고 했다.

독립(獨立)과 불개(不改)를 정확히 풀어야 한다.

먼저 왕필은 "만물 만사 중에 그와 짝할 만한 것이 없으니" 그 때
문에 독립(獨立)한다고 했고 또 "돌아오고 달라지고 마치고 시작함에
있어 그 일정함을 잃지 않으니" 그 때문에 불개(不改)한다고 했다.

만인·만물·만사는 모두 유(有)여서 무(無)인 도(道)와는 전혀 다른 영역에 있으므로 독립(獨立)해 있다고 한 것이며 반화종시(返化終始)란 도의 운행인데 이 운행이 조금도 달라지지 않으므로 불개(不改)라고 한 것이다.

25-3

주행 이 불태 가이 위 천하 모
周行而不殆 可以爲天下母

두루 다니면서 위태로움을 없애주니 천하의 어머니가 될 수 있다.

번역 비평

태(殆)는 도가 스스로 위태롭지 않다고 볼 수도 있고 만물 만사의 위태로움을 없애준다고 볼 수도 있다. 그런데 뒤에서 천하의 어머니를 말하고 있으므로 문맥상 후자가 낫다.

왕필 주(王弼注)

주행 무 소부지 이 면태 능 생전 대형 야 고 가이 위 천하 모 야
周行無所不至而免殆 能生全大形也 故 可以爲天下母也

두루 다니며 이르지 못하는 곳이 없어 위태로움을 면하게 해주니 큰 형체[大形]를 낳아주고 온전하게 해줄 수 있다. 그래서 "천하의 어머니가 될 수 있다"라고 했다.

25-2에서는 독립(獨立)을 말했고 25-3에서는 천하의 어머니를 말했다.

이 부분은 고스란히 제20장을 압축한 것인데, 관련되는 부분만 다시 보자.

뭇사람들이 희희낙락하는 것이 큰 소를 잡아 잔치를 하는 듯하고 봄날에 누대에 오르는 듯하다.

나 홀로 마음이 담담해 아직 조짐이 드러나지 않는 것이 마치 아직 웃을 줄도 모르는 갓난아기와 같다.

고달프도다! 돌아갈 곳이 없는 것과도 같다.

뭇사람들은 모두 남음이 있건만 나 홀로 내버려진 듯하다.

나는 어리석은 사람의 마음과 같아서 어둡기만 하도다!

세인들은 밝디밝은데 나 홀로 어둡고, 세인들은 잘 살피는데 나 홀로 어리석어,

담담하기가 바다와도 같고, 하늘 높이 나부끼는 바람처럼 그칠 줄 모르는구나!

뭇사람들은 다 쓸모가 있는데 나 홀로 완고해 비루하니

나 홀로 남들과 다르고자 해 식모(食母)를 귀하게 여기네!

이를 통해 우리는 노자의 본뜻과 독립(獨立)이라는 말의 정확한 뉘앙스를 포착할 수 있다.

풀이

이에 대해서는 제35장(35-1)과 그에 대한 왕필 주가 고스란히 풀이 역할을 한다.

먼저 35-1이다.

대상(大象)을 잡아 쥐면 천하가 (그에게로) 간다[執大象 天下往].

이에 대한 왕필 주(王弼注)다.

대상(大象)이란 온갖 상(象)의 어머니여서 뜨겁지도 않고 차갑지도 않고 따뜻하지도 않고 서늘하지도 않다. 그래서 능히 만물 만사를 감싸주고 통괄하면서도 범하거나 해치는 바가 없다. 군주가 만약에 그것을 잡아 쥔다면 천하가 그에게로 갈 것이다[大象 天象之母也 不炎不寒 不溫不凉 故能包統萬物 無所犯傷 主若執之 則天下往也].

25-4

吾不知其名

나는 그 이름을 알 수 없다.

번역 비평

여기서 명(名)이란 상명(常名)이다. 상명(常名)을 알지 못한다는 뜻이다.

왕필 주(王弼注)

<ruby>名<rt>명이</rt></ruby> <ruby>以定形<rt>정형</rt></ruby> <ruby>混成<rt>혼성</rt></ruby> <ruby>無形<rt>무형</rt></ruby> <ruby>不可得而定<rt>불가득이</rt></ruby> <ruby>故曰<rt>정 고왈</rt></ruby> <ruby>不知<rt>부지</rt></ruby> <ruby>其名也<rt>기명 야</rt></ruby>

名以定形 混成無形 不可得而定 故曰 不知其名也

이름으로 형체를 정하는데, 뒤섞여 이뤄져서 형체가 없으니 (그 이름을) 정할 수가 없다. 그래서 "그 이름을 알 수 없다"라고 한 것이다.

풀이

25-1에서 어떤 것이 뒤섞여서 있다[混]고 했다. 그래서 이름을 알지 못하는 것이다. 분명 이름이 없다고는 말하지 않았다. 뒤섞여서라도 뭔가가 있다면 그 이름이 없을 수가 없기 때문이다.

25-5

强字之曰 道

억지로 자(字-글자)로 말해 도(道)라고 했고

번역 비평

자(字)에는 '글자', '문자' 외에 '암컷'이라는 뜻도 있고 '기르다', '낳다', '사랑하다[慈]'는 뜻도 있다. 여기서는 '글자로 말하다'라는 뜻이다.

왕필 주(王弼注)

<ruby>夫<rt>부</rt></ruby> <ruby>名<rt>명</rt></ruby><ruby>以<rt>이</rt></ruby><ruby>定<rt>정</rt></ruby><ruby>形<rt>형</rt></ruby> <ruby>字<rt>자</rt></ruby><ruby>以<rt>이</rt></ruby><ruby>稱<rt>칭</rt></ruby><ruby>可<rt>가</rt></ruby> <ruby>言<rt>언</rt></ruby><ruby>道<rt>도</rt></ruby><ruby>取<rt>취</rt></ruby><ruby>於<rt>어</rt></ruby><ruby>無<rt>무</rt></ruby><ruby>物<rt>물</rt></ruby><ruby>而<rt>이</rt></ruby><ruby>不<rt>불</rt></ruby><ruby>由<rt>유</rt></ruby><ruby>也<rt>야</rt></ruby> <ruby>是<rt>시</rt></ruby><ruby>混<rt>혼</rt></ruby><ruby>成<rt>성</rt></ruby><ruby>之<rt>지</rt></ruby>
<ruby>中<rt>중</rt></ruby> <ruby>可<rt>가</rt></ruby><ruby>言<rt>언</rt></ruby><ruby>之<rt>지</rt></ruby><ruby>稱<rt>칭</rt></ruby><ruby>最<rt>최</rt></ruby><ruby>大<rt>대</rt></ruby><ruby>也<rt>야</rt></ruby>

무릇 이름이란 형체를 정하는 것이고 자(字)란 대략 가능한 것[可]
을 지칭하는 것이다. 도는 만물 만사 중에서 그 어느 것도 도로부터 말
미암지 않은 바가 없다는 것에서 취했으니 바로 뒤섞여서 이뤄지는 것
가운데 말로 칭할 수 있는 것으로는 가장 크다는 말이다.

풀이

왜 억지로 글자로 말할 경우 도(道)라고 할 수 있다고 했을까? 일단
자(字)는 본래 이름이 아니라 일종의 별명이다. 이름과 비슷하지만 이
름이 아니다.

그것은 정확한 지칭(Reference)은 아니고 근사(近似)한 명칭일 뿐이
라는 것이다.

이 문제는 이어지는 구절들과의 연계 속에서 풀어야 한다.

25-6

<ruby>强<rt>강</rt></ruby> <ruby>爲<rt>위</rt></ruby><ruby>之<rt>지</rt></ruby> <ruby>名<rt>명</rt></ruby><ruby>曰<rt>왈</rt></ruby> <ruby>大<rt>대</rt></ruby>

억지로 이름을 지어 큼이라고 했다.

번역 비평

이번에는 억지로 이름 지어 대(大)라고 했다. 그것이 도(道)와 다른 것은 별명이 아니라 본명(?)으로 불렀기 때문이다.

왕필 주(王弼注)

吾所以字之曰道者 取其可言之稱最大也 責其字定之所由
則繫於大

大有繫則必有分 有分則失其極矣 故曰 强爲之名曰大

내가 자(字)로 도(道)라고 말한 까닭은 말로 칭할 수 있는 것 중에 가장 큰 것을 취했기 때문이다. 자(字)를 정하게 된 까닭을 파고들어 가게 되면 큼[大]에 얽매이게 된다.

큼이라는 말(자체)에 얽매이게 되면 반드시 나뉨이 있게 되고 나뉨이 있게 되면 그 극(極)을 잃게 된다. 그래서 "억지로 이름을 지어 큼이라고 했다"라고 말한 것이다.

풀이

바로 이어지는 구절에서 도(道)와 대(大)의 관계를 언급하고 있다.

25-7

大曰逝 逝曰遠 遠曰反

크다는 것은 흘러간다는 것이고 흘러간다는 것은 멀다는 것이고 멀다는 것은 돌아온다는 것이다.

왈(曰)을 어떻게 풀 것인지 고민할 필요가 있다. 왈(曰)을 단순히 이해하면 대(大)는 곧 서(逝)이고 서(逝)는 곧 원(遠)이며 원(遠)은 곧 반(反)이라는 말이 되는데 이렇게 되면 말이 순조로울 수 없다. 오히려 왈(曰)을 즉(則), 곧 '~라면'이라고 볼 때 엉켜 있는 이 구절을 풀어낼[繹]^역 수 있다.

크면 흘러가고 흘러가면 멀어지고 멀어지면 돌아온다.

만물 만사의 운행 법칙을 말하고 있다.

왕필 주(王弼注)

逝 行也 不守一大體而已 周行無所不至 故曰 逝也
遠 極也 周行無所不窮極 不偏於一逝 故曰 遠也
不隨於所適 其體獨立 故曰 反也

서(逝)란 "흘러간다[行]^행"는 것이다. 하나의 대체(大體)를 지킬 뿐 아니라 두루 다니며 이르지 못하는 곳이 없다. 그래서 "흘러간다[逝]^서"라고 한 것이다.

원(遠)이란 극에 이른다는 것이다. 두루 다니며 끝까지 다하지 못함이 없고 한쪽으로 흘러가서 치우치지 않는다. 그래서 "멀다[遠=公]"라고 한 것이다.

나아가는 곳을 따르지 않고, 그 몸은 독립해 있다. 그래서 "돌아온다[反]"라고 한 것이다.

풀이

대(大), 서(逝), 원(遠), 반(反)은 뭘까? 이는 미리 말하자면 도(道)의 운행이다. 이 점을 분명하게 말하는 것이 제40장(40-1)이다.

돌이킴이란 도의 움직임이요[反者 道之動]

따라서 반(反)뿐 아니라 대(大)·서(逝)·원(遠) 역시 도지동(道之動)임을 알 수 있다.

이에 대한 홍석주 풀이다.

포함하지 않는 것이 없다는 점에서 말해 '크다'라고 했고 미치지 않는 곳이 없다는 점에서 말해 '멀다'라고 했고 모든 곳을 돌아다니는데도 막히지 않으므로 '간다'라고 했고 비록 가지만 떠난 적이 없으므로 '되돌아온다'라고 했다.

이렇게 부르는 것은 모두 근사한 표현일 뿐 끝내 그 내용을 모두 표현했다고 하기에는 부족하므로 '억지로 이름을 지어'라고 했다.

25-8

고 도대 천대 지대 왕역대
故 道大 天大 地大 王亦大

그래서 도가 크고 하늘이 크고 땅이 크고 왕 또한 크다.

번역 비평

이제 제25장 본모습이 드러난다. 이 말을 하고 싶었던 것이다.

도대(道大), 도가 가장 크다는 말이다. 나머지는 앞서 본 대로 자연
스럽게 이어진다. 도(道)·천(天)·지(地)·왕(王)이 그것이다. 이는 결국 왕
(王), 즉 성왕(聖王)을 말하기 위한 사전 장치에 불과했다. 이렇게 해서
우리는 또 제왕학 문맥에 서게 된다.

왕필 주(王弼注)

천지 지성 인 위귀 이 왕 시 인지주 야 수 부직 대 역부 위대
天地之性 人爲貴 而王是人之主也 雖不職大 亦復爲大
여 삼필 고왈 왕 역 대 야
與三匹 故曰 王亦大也

"하늘과 땅이 낳아준 본성 중에서 사람이 가장 귀하다"고 했는데
왕은 바로 이 '사람'들의 주인이다. 비록 큰 것을 떠맡지 않았더라도 실
로 다시 가장 큰 것이 돼 다른 3가지와 어깨를 나란히 한다. 그래서
"왕 또한 크다"라고 한 것이다.

풀이

다소 유가적이기는 해도 홍석주 풀이만큼 구체성 있는 풀이를 찾을 수 없어 그것을 따른다.

사람은 마음이 있고 천지는 마음이 없으며 천지는 형상이 있고 도는 형태가 없다.

그러나 모범이 되는 까닭은 하나다. 하나란 무엇인가? 자연스러움일 뿐이다. 저절로 그렇게 되기 때문에 아무것도 하지 않고 아무것도 하지 않기 때문에 위태롭지 않다. 안으로 저절로 그렇게 되는 본체를 온축하고 있으면서 밖으로 아무것도 하지 않는 작용을 두루 하니 이것이 바로 왕이 천지와 위대함을 함께하는 까닭이다.

이 장에서는 도가 지극히 크다고 표현하면서 왕에게 귀중함을 돌렸으니 이는 천자의 자리에 있는 자가 자연스러운 도와 아무것도 하지 않는 도로써 천하를 다스리도록 하기 위한 것이다.

다만 여기서 '아무것도 하지 않음[無爲]'은 역자의 표현을 따른 것인데, 아무것도 하지 않음은 무행(無行)이고 무위(無爲)란 뭔가를 하되 억지스럽게 하는 바가 없다는 말이라는 점만 지적해둔다.

결국 주인공이 성왕(聖王)임은 바로 다음 절에서 드러난다.

25-9

역중 유 사대   이 왕 처 기일   언
域中有四大 而王處其一焉

영역 안에 4가지 가장 큰 것이 있고 왕이 그중 하나에 자리한다.

번역 비평

역(域)은 판본에 따라 국(國)으로 돼 있는 경우도 있지만, 의미상으로는 큰 차이가 없다. 역(域)이나 국(國)을 '우주'로 번역한 경우도 있는데 황당해서 따르지 않는다. 최진석 교수처럼 '이 세상' 정도로 옮기면 될 듯하다.

사대(四大)는 그냥 '4가지 큰 것'이 아니라 '4가지 가장 큰 것'으로 옮겨야 한다.

여기에 왕(王), 즉 성왕(聖王)을 포함했다. 이게 핵심이다.

왕필 주(王弼注)

四大 道天地王也

凡物有稱有名 則非其極也 言道則有所由 有所由然後 謂之爲道 然則是道稱中之大也 不若無稱之大也

無稱 不可得而名 故曰域也 道天地王 皆在乎無稱之内

故曰 域中有四大者也

處人主之大也

4가지 가장 큰 것이란 도·하늘·땅·왕이다.

모든 일과 사물에는 지칭이 있고 이름이 있지만, 그 지극함은 아니다. 도를 말하면 말미암는 바가 있게 되고 말미암는 바가 있게 된 연후에야 그것을 일러 도라고 할 수 있다. 그렇다면 이런 도란 지칭 중에서 가장 큰 것인데 지칭되지 않는 것 중에서 가장 큰 것만 못하다.

지칭이 없으면 이름을 지을 수 없으니 그래서 (그 '이름 지을 수 없는 큰 부분'을 가리켜) '영역[域]'이라고 했다. 도·하늘·땅·왕은 모두 지칭이 없는 영역 안에 있으니 그래서 "영역 안에 4가지 가장 큰 것이 있다"라고 했다.

(왕은) 사람의 주인이라는 자리에 처해 있기에 가장 크다.

풀이

왕필 주(王弼注)는 동어 반복에 가까워 참고하지 않는다. 오히려 김충열 교수의 자유분방한 풀이가 우리를 반걸음 정도라도 나아가게 해준다.

만물 만백성 쪽에서 보는 그 '도'는 만물을 생성케 하는 절대적인 존재이고, '천', '지', '왕' 또한 이들이 없으면 덮고 싣고 다스려지게 될 수 없는 역시 절대적인 존재들인 것이다.

사람이 살아가는 세계에서 이 사대(四大)는 세계의 운행·변화·생성 질서를 안전하게 해주는 없어서는 안 될 존재들이다. 이 사대 중에 왕도 하나의 안전고리인 셈이다. 이 속에서 사람은 가장 가까이에서 생존의 영향을 받고 있는 땅의 법도를 본받아야 하고, 땅은 그 생성의 궤도가 돼주는 하늘의 운행 질서를 본받아야 하며, 하늘은 또 그를 영원히 차질 없이 운행할 수 있게 하는 도를 본받아야 하고, 도 또한 그렇게 길이 되게 하는 자연을 본받아야 한다.

이는 자연스럽게 다음 절에 대한 풀이를 겸한다.

25-8과 25-9와 관련해서 『회남자(淮南子)』 권12 「도응훈(道應訓)」에 나오는 사례를 살펴보자.

영척(甯戚)은 제나라 환공(桓公)을 섬기고 싶었지만 빈궁했기 때문에 그 뜻을 이루지 못했다. 그래서 장사꾼이 돼 소에게 짐수레를 끌게 하며 제나라로 행상을 갔다. 해가 저물자 성문 밖에서 노숙을 했는데, 환공이 교외에서 빈객을 맞기 위해 나와서 밤인데도 성문을 열어놓고 있다가 짐수레를 치우라고 했다. 영척은 수레 앞에서 소에게 먹이를 주고 있었는데, 멀리 있는 환공을 바라보자 자기 신세가 서글퍼져서 소뿔을 두드리며 슬픈 심정을 노래했다. 환공이 이 노랫소리를 듣고서 시종의 손을 가볍게 어루만지며 말했다.

"이상한 일이로다. 저 노래를 부르는 자는 보통 사람이 아닐 것이다."

그러고 나서 뒤따르는 수레에 영척을 태웠다. 환공이 조정으로 돌아오자 시종이 영척을 어떻게 대우할 것인지를 물었다. 환공은 그에게 의관을 내려주고서 알현을 허락했다. 영척은 환공에게 천하를 다스리는 법에 관해 유세했다. 환공은 크게 기뻐하며 장차 그에게 일을 맡기려 했다. 여러 신하가 간쟁하며 말했다.

"저 손님은 위(衛)나라 사람입니다. 위나라는 제나라와 크게 떨어져 있는 나라가 아니니, 임금께서는 사자를 보내 그에 관해 탐문케 하고 그 결과 뛰어난 사람이면 그때 써도 늦지 않습니다."

환공이 말했다.

"그렇지 않다. 탐문을 한다는 것은 그의 작은 잘못을 찾아내려 함이다. 그런데 작은 잘못을 이유로 그 사람의 큰 아름다움을 잊는다면, 이는 임금이 천하의 좋은 선비들을 잃게 만드는 길이다."

무릇 남의 말을 들으면 그 사람의 됨됨이라든가 식견을 거의 알 수 있게 된다. 한 번 그의 말을 듣고 두 번 고쳐 묻지 않는 것은 그의 말과 군주의 견해가 일치하기 때문이다.

그리고 원래 사람에게 완전을 기대하기란 어려운 것이다. 편의상[權] 그 장점을 취해서 쓰는 수밖에 없다. 이 사람을 씀에 있어 환공은 그런 도리를 얻었다고 할 수 있다.

그래서 노자가 말하기를 "도가 크고 하늘이 크고 땅이 크고 왕 또한 크다. 영역 안에 4가지 가장 큰 것이 있고, 왕이 그중 하나에 자리한다"라고 했다. 이는 제왕이란 만인을 품어 안을 줄 알아야 한다는 말이다.

25-10

人法地 地法天 天法道 道法自然
(인 법 지 지 법 천 천 법 도 도 법 자연)

사람은 땅을 본받고 땅은 하늘을 본받고 하늘은 도를 본받고 도는 자연스러움을 본받는다.

번역 비평

여기서 인(人)은 두말할 것도 없이 성인(聖人)이다.

같은 맥락에서 자연도 천지자연(天地自然)이 아니다. 이는 『도덕경』의 기본 골격이다.

왕필 주(王弼注)

法^법 謂^위法^{법칙}則^칙也^야 人^인不^불違^위地^지 乃^내得^득全^전安^안 法^법地^지也^야 地^지不^불違^위天^천 乃^내得^득全^전載^재 法^법天^천也^야 天^천不^불違^위道^도 乃^내得^득全^전覆^복 法^법道^도也^야 道^도不^불違^위自^자然^연 方^방乃^내得^득 其^기性^성 法^법自^자然^연也^야

자연스러움을 본받는다는 말이다. 사람은 땅을 어기지 않아야 마침내 온전히 편안할 수 있으니 (이것이) 땅을 본받는다는 것이요, 땅은 하늘을 어기지 않아야 마침내 온전히 실을 수 있으니 (이것이) 하늘을 본받는다는 것이요, 하늘은 도를 어기지 않아야 마침내 온전히 덮을 수 있으니 (이것이) 도를 본받는다는 것이요, 도는 자연을 어기지 않아야 바야흐로 마침내 그 본성을 얻을 수 있으니 (이것이) 자연스러움을 본받는다는 것이다.

法^법自^자然^연者^자 在^재方^방而^이法^법方^방 在^재圓^원而^이法^법圓^원 於^어自^자然^연無^무所^소違^위也^야

자연스러움을 본받는다는 것은 모난 데서는 모난 대로 본받고 둥근 데서는 둥근 대로 본받아서 자연스러움에 대해 어기는 바가 없는 것이다.

自^자然^연者^자 無^무稱^칭之^지言^언 窮^궁極^극之^지辭^사也^야 用^용智^지不^불及^급無^무知^지 而^이形^형魄^백不^불及^급 精^정象^상 精^정象^상不^불及^급無^무形^형 有^유儀^의不^불及^급無^무儀^의

自^자然^연者^자 無^무稱^칭之^지言^언 窮^궁極^극之^지辭^사也^야 用^용智^지不^불及^급無^무知^지 而^이形^형魄^백不^불及^급 精^정象^상 精^정象^상不^불及^급無^무形^형 有^유儀^의不^불及^급無^무儀^의

故^고 轉^전相^상法^법也^야 道^도法^법自^자然^연 天^천故^고資^자焉^언 天^천法^법於^어道^도 地^지故^고則^칙焉^언 地^지法^법於^어天^천 人^인故^고象^상焉^언

所^소以^이爲^위主^주 其^기一^일之^지者^자主^주也^야

법(法)이란 모범으로 삼아 본받는다[法^{법칙}則]는 말이다. 사람은 땅을 어기지 않아야 마침내 온전히 편안할 수 있으니 (이것이) 땅을 본받는다는 것이요, 땅은 하늘을 어기지 않아야 마침내 온전히 실을 수 있으니 (이것이) 하늘을 본받는다는 것이요, 하늘은 도를 어기지 않아야 마침내 온전히 덮을 수 있으니 (이것이) 도를 본받는다는 것이요, 도는 자연을 어기지 않아야 바야흐로 마침내 그 본성을 얻을 수 있으니 (이것이) 자연스러움을 본받는다는 것이다.

자연스러움을 본받는다는 것은 모난 데서는 모난 대로 본받고 둥근 데서는 둥근 대로 본받아서 자연스러움에 대해 어기는 바가 없는 것이다.

자연스러움이란 지칭함이 없는 말이며 궁극의 말이다. 잔꾀를 쓰는

것은 무지(無知)에 미치지 못하고, 형체는 정기로 이뤄진 모습[精象]에
미치지 못하고, 정기로 이뤄진 모습은 무형(無形)에 미치지 못하고, (음
양처럼) 의(儀)가 있는 것은 무의(無儀)에 미치지 못한다.

그래서 돌아가면서 서로 본받는 것이다. 도가 자연스러움을 본받으
니 하늘은 그 때문에 도를 자기의 바탕으로 삼고, 하늘이 도를 본받으
니 땅은 그 때문에 하늘을 본받고, 땅이 하늘을 본받으니 사람은 그 때
문에 땅을 본뜨는 것이다.

주인이 되는 까닭은 아마도 하나로 만드는 것을 주관하기 때문
이다.

풀이

여러 해석이 있지만, 이 부분에서는 왕필 주(王弼注)를 따른다.

사람은 땅을 어기지 않아야 마침내 온전히 편안할 수 있으니 (이것이) 땅을
본받는다는 것이다.
땅은 하늘을 어기지 않아야 마침내 온전히 실을 수 있으니 (이것이) 하늘을
본받는다는 것이다.
하늘은 도를 어기지 않아야 마침내 온전히 덮을 수 있으니 (이것이) 도를 본
받는다는 것이다.
도는 자연을 어기지 않아야 바야흐로 마침내 그 본성을 얻을 수 있으니 (이
것이) 자연스러움을 본받는다는 것이다.

제26장

중 위 경 근　　정 위 조 군
重爲輕根 靜爲躁君

시 이　성 인　종 일　행 불 리 치 중　수 유　영 관　연 처　초 연
是以 聖人 終日行 不離輜重 雖有榮觀 燕處超然

내 하　만 승　지 주　이 이 신　경 천 하　경 즉 실 본　조 즉 실 군
奈何萬乘之主 而以身輕天下 輕則失本 躁則失君

　무거움은 가벼움의 근본이 되고 고요함은 움직임의 우두머리가
된다.

　이 때문에 빼어난 이는 종일 다녀도 치중(輜重)에서 떠나지 않고 비
록 화려하고 아름다운 볼거리가 있어도 한가로이 초연하다.

　어찌 만승의 주인이면서 그 몸으로 천하에 가벼이 처신하겠는가?
가벼우면 근본을 잃고 움직이면 우두머리 자리를 잃게 된다.

26-1

중 위 경 근　　정 위 조 군
重爲輕根 靜爲躁君

무거움은 가벼움의 근본이 되고 고요함은 움직임의 우두머리가
된다.

| 번역 비평
앞장이 천하를 얻는 법이라면 이제는 천하를 잃게 되는 까닭을 말
한다.

중(重)이 경(輕)의 뿌리가 되고 정(靜)이 조(躁)의 우두머리[君]가 된
다는 말이 무슨 뜻인지부터 이해해야 중(重)·경(輕)·정(靜)·조(躁)의 뜻
을 확정할 수 있다. 여기서는 조(躁)를 '움직이다[動]'로 풀이한 홍석주
를 따른다. 이는 군신 관계를 염두에 둘 때라야 쉽게 풀려서 무거움과
가벼움, 고요함과 움직임의 의미가 명확해진다. 임금은 무겁고 고요하
며 신하는 가볍고 움직인다. 임금은 명을 내리는 자리에 있고 신하는
명을 받아서 일하는 자리에 있기 때문이다.

왕필 주(王弼注)

凡物 輕不能載重 小不能鎮大 不行者使行 不動者制動
是以 重必爲輕根 靜必爲躁君也

만물 만사란, 가벼운 것은 무거운 것을 실을 수 없고 작은 것은 큰
것을 누를 수 없으며 행하지 않는 자가 남을 행하게 하고 움직이지 않
는 자가 남의 움직임을 제어한다.

이 때문에 무거움은 반드시 가벼움의 근본이 되고 고요함은 반드

시 조급함의 우두머리가 된다.

| 풀이
왕필 주에서는 "행하지 않는 자가 남을 행하게 하고 움직이지 않는 자가 남의 움직임을 제어한다"라는 부분만 취한다.

행하지 않는 자, 움직이지 않는 자는 임금이고 남이란 신하다. 칼을 두고 보면 예리한 날 부분은 신하가 되고 이를 움직이는 자루[柄] 부분은 임금이 된다. 이는 결국 무위자연(無爲自然)해야 하는 성인(聖人) 혹은 성왕(聖王)의 모습을 다른 각도에서 그려낸 것이다.

26-2

是以 聖人 終日行 不離輜重 雖有榮觀 燕處超然
시이　성인　종일　행　불리　치중　　수유　영관　　연처　초연

이 때문에 빼어난 이는 종일 다녀도 치중(輜重)에서 떠나지 않고 비록 화려하고 아름다운 볼거리가 있어도 한가로이 초연하다.

| 번역 비평
치중(輜重)이란 원래는 군수 물자를 운반하는 수레인데 여기서는 짐 실은 수레로 봐도 무방하다. 수레에서 떠나지 않는다는 말은 앞서 말한 대로 움직이지 않는다는 말이다. 그러면서 수레가 가야 하는 방향, 짐을 싣고 내리는 일 등을 가만히 주관하는 모습이다.

연(燕)은 한가로이 여유 있는 모습이다.

왕필 주(王弼注)

이중 위본 고 불리
以重爲本 故 不離
불이 경심
不以輕心

무거움을 근본으로 삼는다. 그래서 (수레를) 떠나지 않는다.

마음을 가벼이 하지 않는다는 말이다.

풀이

이 부분은 2가지다.

하나는 수레를 떠나지 않는 모습인데 이는 앞서 말한 대로 무위(無
爲)함을 말하는 것이다.

또 하나는 "비록 화려하고 아름다운 볼거리가 있어도 한가로이 초
연하다"라는 부분인데 이는 온갖 화려한 유혹 한복판에 있으면서도
무욕(無欲)하는 모습이다.

26-3

내하 만승 지 주 이 이신 경 천하 경 즉 실본 조 즉 실군
奈何萬乘之主 而以身輕天下 輕則失本 躁則失君

어찌 만승의 주인이면서 그 몸으로 천하에 가벼이 처신하겠는가?

가벼우면 근본을 잃고 움직이면 우두머리 자리를 잃게 된다.

만승지주(萬乘之主)는 천자이고 천승지주(千乘之主)는 제후이니 노자는 명확하게 천자를 염두에 두고서 말을 이어간다.

왕필 주(王弼注)

경 불 진 중 야 실 본 위 상 신 야 실 군 위 실 군 위 야
輕不鎭重也 失本 爲喪身也 失君 爲失君位也

가벼움은 무거움을 눌러줄 수 없으니 근본을 잃고 목숨을 잃게 된다. 군주를 잃는다는 것은 군주 자리를 잃는다는 뜻이다.

풀이

임금이 신하의 도리인 가벼움과 움직임에 처하게 되면 임금 자리를 잃게 된다는 말이다.

참고로 공자에게서 임금은 부리는[使] 자리이고 신하는 섬기는 혹은 일하는[事] 자리다. 일맥상통하는 부분이 있다. 『한비자』「유로(喩老)」편이다.

통제권이 자신에게 있는 것을 '무겁다'라고 하고 자리를 떠나지 않는 것을 '고요하다'라고 한다. 권력이 무거우면 가벼운 자들을 부릴 수 있고, 고요하면 움직이는 자들을 부릴 수 있다. 그래서 말하기를 "무거움은 가벼움의 근본이 되고 고요함은 움직임의 우두머리가 된다"라고 했다.

제27장

^{선행} ^{무 철적}
善行 無轍迹

^{선언} ^{무 하적}
善言 無瑕讁[＝謫]

^{선수} ^{불용 주책}
善數 不用籌策

^{선폐} ^{무 관건} ^{이 불가 개} ^{선결} ^{무 승약} ^{이 불가 해}
善閉 無關楗 而不可開 善結 無繩約 而不可解

^{시이} ^{성인} ^{상 선 구인} ^{고 무 기인}
是以 聖人 常善救人 故 無棄人

^{상 선 구물} ^{고 무 기물} ^{시위} ^{습명} ^{고 선인 자 불선인 지사}
常善救物 故 無棄物 是謂襲明 故 善人者 不善人之師

^{불선인} ^자 ^{선인} ^{지 자}
不善人者 善人之資

^{불귀 기사} ^{불애 기자 자 수 지 대미}
不貴其師 不愛其資 雖智 大迷

^{시위} ^{요묘}
是謂要妙

길을 잘 가면 자취를 남기지 않고

말을 잘하면 흠이나 허물이 없고

수를 잘 헤아리면 주판을 쓰지 않고

잘 닫는 자는 빗장으로 잠그지 않아도 열 수가 없고 잘 묶는 자는

밧줄로 묶지 않아도 풀 수가 없다.

이 때문에 성인(聖人)은 늘 사람을 잘 구제해주므로 사람을 버리는 일이 없고

늘 다른 사물을 잘 구제해주므로 사물을 버리는 일이 없다. 이를 일러 습명(襲明)이라고 한다. 그래서 남에게 잘하는 사람은 남에게 잘하지 못하는 사람의 스승이고

남에게 잘하지 못하는 사람은 남에게 잘하는 사람의 밑천이다.

그 스승을 귀하게 여기지 않고 그 밑천을 사랑하지 않으면 아무리 지혜가 있더라도 크게 미혹될 것이다.

이를 일러 요묘(要妙)라고 한다.

27-1

선행　무 철적
善行 無轍迹

길을 잘 가면 자취를 남기지 않고

번역 비평

행(行)은 중의적으로 쓰였다. 일을 행한다는 말도 되고, 길을 간다는 말도 된다. 흔적을 남기지 않는다는 것은 일을 행하고서도 따로 자랑하거나 내세우지 않는다는 말이다.

철(轍)은 바큇자국이나 흔적을 말한다.

왕필 주(王弼注)

<ruby>順<rt>순</rt></ruby><ruby>自<rt>자</rt></ruby><ruby>然<rt>연</rt></ruby><ruby>而<rt>이</rt></ruby><ruby>行<rt>행</rt></ruby> <ruby>不<rt>부</rt></ruby><ruby>造<rt>조</rt></ruby><ruby>不<rt>불</rt></ruby><ruby>始<rt>시</rt></ruby> <ruby>故<rt>고</rt></ruby> <ruby>物<rt>물</rt></ruby><ruby>得<rt>득</rt></ruby><ruby>至<rt>지</rt></ruby> <ruby>而<rt>이</rt></ruby><ruby>無<rt>무</rt></ruby><ruby>轍<rt>철</rt></ruby><ruby>迹<rt>적</rt></ruby>

順自然而行 不造不始 故 物得至 而無轍迹

자연스러움에 고분고분하면서 일을 행해 (억지로) 짓지도 않고 시작하지도 않는다. 그래서 일과 사물이 지극함을 얻게 돼도 아무런 자취를 남기지 않는다.

풀이

제27장은 제26장에 이어지는 내용으로 성인(聖人) 혹은 성왕(聖王)이 통치하는 요체를 밝히고 있다. 다시 말하면 성인이 무위자연(無爲自然)으로 통치하는 것이 어떤 것인지를 보다 구체적으로 풀어낸다.

그런데 일이든 길이든 잘하거나 잘 가는 것은 자취를 남기지 않는다는 것은 무슨 말인가. 최진석 교수는 원문 번역을 "정말로 잘 가는 것에는 궤적이 없고"라고 옮겼는데 풀이에서는 "우리가 길을 가거나 일을 할 때는 어떤 하나의 궤도[<ruby>轍迹<rt>철적</rt></ruby>]를 따라 움직인다"라고 하고서는 어떤 설계도와 같은 인위적인 궤도 없이 가는 것이라고 말한다. 사전에 어떤 밑그림이 없다는 뜻으로 보는 것 같다. 그러나 『도덕경』 문맥을 감안하면 선행을 행하고도 자랑하지 않듯이 아무런 흔적조차 남기지 않는 것이라고 읽어야 한다. 예를 들면 『논어』「태백(泰伯)」편 19에서 공자가 요임금을 칭송하는 것이 "선행무철적(善行無轍迹)"이다.

공자가 말했다.

"위대하도다, 요임금의 임금 됨이여! 높고 높도다! 오직 하늘만이 위대하거늘, 오직 요임금만이 그것을 본받았다. 넓고 넓도다! 백성이 무어라고 형언할 수가 없다[蕩蕩乎! 民無能名焉]."

「태백(泰伯)」편 1에서는 태백에 대해 이렇게 말한다.

공자가 말했다.
"태백(泰伯)은 아마도[其] 지극한 다움[至德]이 있었다고 할 수 있을 것이다. 세 번 천하를 사양했으나 백성은 그를 칭송할 수가 없었다[民無得而稱焉]."

이 또한 "선행무철적(善行無轍迹)"에 대한 풀이라 할 수 있다.

27-2

善言 無瑕謫[=讁]

말을 잘하면 흠이나 허물이 없고

번역 비평

하(瑕)는 하자(瑕疵)의 하(瑕)로 '허물', '옥에 티', '흠결', '틈새[釁=隙]' 등을 뜻하고 적(謫)은 적(讁)과 같은 글자로 '귀양', '책망' 외에 '결점'이나 '허물'이라는 뜻이 있다.

왕필 주(王弼注)

^순^{물지성} ^{불별} ^{불석} ^고 ^무 ^{하적}
順物之性 不別不析 故 無瑕讁

일이나 사물의 본성에 고분고분해 (억지로) 나누거나 쪼개지 않는다.
그래서 (그가 잘 말한 것에는) 흠이나 허물이 없다.

| **풀이**

왕필 주는 "불별불석(不別不析)해 흠이나 허물이 없다"라고 했는데
따르지 않는다. 오히려 『논어』에 나오는 공자의 말이 보다 구체적이다.
  먼저 말을 잘한다[善言]는 것은 재간을 잘 부린다[佞]거나 말을 많
이 하는 것[多言]이 아니라 할 말은 하고 불필요한 말은 하나도 하지
않는 것이다. 그래서 흠결이나 허물이 없는 것이다. 「위정(爲政)」편 18부
터 보자.

  자장(子張)이 벼슬자리를 구하는 법을 배우고자 하니 공자가 말했다.
  "많이 듣고서 (그중) 의심스러운 것은 제쳐놓고 그 나머지에 대해 신중하게
  말한다면 허물이 작을 것이다[多聞闕疑 愼言其餘則寡尤]."

  우(尤), 과(過)는 모두 허물·결점·잘못 등을 뜻한다. 이렇게 말하는
것이 선언(善言)이며 이 점에서는 공자나 노자나 다를 바 없다.
  이어 말의 흠결 문제를 짚어보자.
  「선진(先進)」편 5다.

남용(南容)이 (하루에) 세 번씩 「백규(白圭)」라는 시를 반복해서 읊조리니,
공자가 자기 형의 딸을 아내로 삼게 했다[南容三復白圭 孔子以其兄之
子妻之].

남용은 「공야장(公冶長)」편 1에도 나오는 인물이다.

공자가 남용(南容)을 평해 말했다.
"나라에 도리가 있을 때는 버려지지 않을 것이고 나라에 도리가 없을 때는
형벌을 면할 것이다."
자기 형의 딸을 아내로 삼게 했다.

그런데 공자가 남용을 조카사위로 삼은 구체적인 이유는 삼복백
규(三復白圭)했기 때문이었다는 것이다. 백규(白圭)란 흰 옥을 말하는데
『시경』「대아(大雅)·억(抑)」편에 나오는 내용을 가리킨다.

"흰 옥에 티는 오히려 깎아낼 수 있지만, 이 말의 오점은 어떻게 할 수가
없구나!"

한마디로 신어언(愼於言)이다.

27-3

善數 不用籌策

수를 잘 헤아리면 주판을 쓰지 않고

번역 비평

수(數)란 '셈하다', '계산하다'라는 뜻이다.

주책(籌策)은 주판 같은 계산 도구를 말한다.

왕필 주(王弼注)

<ruby>因<rt>인</rt></ruby><ruby>物<rt>물</rt></ruby><ruby>之<rt>지</rt></ruby><ruby>數<rt>수</rt></ruby> <ruby>不<rt>불</rt></ruby><ruby>假<rt>가</rt></ruby><ruby>形<rt>형</rt></ruby><ruby>也<rt>야</rt></ruby>

因物之數 不假形也

일이나 사물에 담긴 수(셈)에 바탕을 두니 따로 드러나는 것에 의존하지[假=依] 않는다.

풀이

'잘[善]'에 대해 잠깐 짚어보자.

홍석주는 이 점에 주목해 다음과 같이 말한다. 이는 27-1에서 27-4까지 모두 해당한다.

세상에서 말하는 '잘하는 것[善]'은 일에 능하고 공로를 세우는 것이다. 도를 터득한 자는 그렇게 하지 않고 무위이위(無爲而爲)를 잘한다고 여긴다. 무엇인가 얻고자 하는 자는 반드시 잃는 것이 있고 성공하는 자는 반드시 실패하는 것이 있다. 오직 무위이위(無爲而爲)하는 자만이 얻는 것도 없고 잃는 것도 없으며 성공하는 것도 없고 실패하는 것도 없다. 손무(孫武,

?~?)[35]가 "백 번 싸워 백 번 이기는 것이 잘하는 것 가운데 잘하는 것이 아니라 싸우지 않고 남의 병력을 굴복시키는 것이 잘하는 것 가운데 잘하는 것이다"라고 했으니, 대개 이런 의미다.

그렇다면 27-3은 무슨 말인가. 김충열 교수는 수(數)를 단순한 계산으로 보지 않고 넓은 의미에서의 계획으로 이해해서 "인산불여천산(人算不如天算)"을 말했다. 이 말은 "사람이 하는 계획은 하늘의 계획이나 뜻만 못하다"라는 뜻으로, 진인사대천명(盡人事待天命)과도 통한다. 그렇다면 주판은 인산(人算)을 상징적으로 표현한 것이라 할 수 있다.

27-4

선폐 무 관건 이 불가 개 선결 무 승약 이 불가 해
善閉 無關楗 而不可開 善結 無繩約 而不可解

잘 닫는 자는 빗장으로 잠그지 않아도 열 수가 없고 잘 묶는 자는 밧줄로 묶지 않아도 풀 수가 없다.

---

35 전완(田完)의 후예로, 그 선조가 손씨 성을 하사받았다. 병법(兵法)으로 오왕(吳王) 합려(闔廬)에게 불려갔는데, 오왕이 시험하려고 궁중의 미녀 180명을 불러 전투 훈련을 시키게 했다. 이에 그들을 부대 2개로 나눠 왕이 아끼는 총희(寵姬) 2명을 대장으로 삼았다. 삼령오신(三令五申) 하면서 지휘하자 미인들이 큰 소리로 웃으니, 손무는 총희 2명의 목을 베어 호령했다. 그러자 모든 미인이 절제되고 규율 있는 자세를 갖추게 됐다.
오왕이 장군으로 삼으니, 서쪽으로는 강한 초(楚)나라를 공격해 5번 싸워 5번 모두 승리하고 초나라 도읍으로 들어갔으며, 북쪽으로는 제나라와 진(晉)나라 등을 굴복시켜 합려로 하여금 패자(霸者)가 되게 했다. 그가 저술했다는 『손자병법(孫子兵法)』은 최고의 군사 지침서로, 단순한 국지적 전투의 작전서를 넘어 국가 경영의 요지, 승패의 기미와 인사의 성패 등에 이르는 내용 전반을 포괄하고 있다. 그는 "싸우지 않고도 남의 군사를 굴복시키는 것이 최고의 장군"이라고 가르쳤다.

번역 비평

관건(關楗)은 관건(關鍵)과 같은 말로, 빗장과 자물쇠를 말한다.
승약(繩約)은 밧줄로 묶는다는 뜻이다.

왕필 주(王弼注)

인물 자연 　불설 불시 　고 불용 관건 승약 　이 불가 개해 야
因物自然　不設不施　故不用關楗繩約 而不可開解也
차 오자 　개 언 부조 불시 　인 물지성 　불 이형 제물 야
此五者 皆言不造不施 因物之性 不以形制物也

일과 사물의 자연스러움에 바탕을 둬 (억지로) 세우거나 베풀지 않
는다. 그래서 빗장을 써서 잠그거나 밧줄을 써서 묶지 않아도 열거나
풀 수가 없다.

이 5가지는 모두 다 (억지로) 짓거나 베풀지 않고 일과 사물의 본성
에 바탕을 둬 형체로써 일과 사물을 제어하지 않는 것을 말한다.

풀이

선행　선언　선수
27-1에서 27-3까지 3가지(善行·善言·善數)를 관통하는 의미는 어
렵지 않다. 왕필 주에서 "모두 다 (억지로) 짓거나 베풀지 않고 일과 사
물의 본성에 바탕을 둬 형체로써 일과 사물을 제어하지 않는 것"이라
고 말한 그대로다. 다만 27-4를 현실적으로 풀어내는 것은 별개라 할
수 있다. 과연 빗장을 쓰지 않고도 문을 잘 닫고 밧줄을 쓰지 않고도
잘 묶어두는 일이 현실 속에서 어떻게 가능할까?

필자가 한 기업대표로부터 들은 이야기가 떠오른다. 그분이 젊어서

영업사원으로 일할 때는 지방에 가서 수금해 오는 일이 많았다고 한다. 은행을 통한 송금도 없던 시절의 이야기다. 서울로 올라올 때는 늘 밤 기차를 이용했는데, 기차를 타면 속칭 더플백(-의류대)에 가득한 현금 다발 때문에 밤새 잠을 잘 수가 없었다. 아무리 꽁꽁 묶고 자기 몸으로 껴안아도 걱정뿐이었다. 그러다가 문득 기발한 생각이 떠올랐다. 상단 짐칸에 더플백을 올리면서 슬쩍 일부 돈을 쏟아냈다가 돈을 주워 담은 후에 다시 짐칸에다가 더플백을 올려놓았다. 그러자 열차 안의 모든 사람이 그 가방을 지켜주는 바람에 이후로는 편안하게 잠을 자면서 서울까지 올라올 수 있었다고 한다. 27-4에 이보다 더 잘 어울리는 실례(實例)가 있을까?

그러면 27-4와 관련해서 『회남자(淮南子)』 권12 「도응훈(道應訓)」에 나오는 사례를 살펴보자.

진시황은 이미 천하를 얻고 나자 이를 제대로 지켜내지 못할까 봐 두려워했다. 그래서 변경에 수자리 병사들을 보내고 장성을 쌓고 관소(關所)와 교량을 정비하고 요새를 뒀으며 역전을 갖추고서 변방 관리들을 뒀다. 그러나 유방(劉邦)이 그 나라를 차지한 것을 보면 관문 열쇠를 돌리듯 쉬웠다. 옛날에 주나라 무왕(武王)은 (은나라) 주왕(紂王)을 쳐서 목야(牧野)에서 깨뜨렸는데, 바로 비간(比干)의 무덤을 만들어주고 상양(商容)의 마을에 정표를 설치했으며 기자(箕子)의 가문을 지켜주고 성탕(成湯)의 사당에 제사를 지냈으며 거교(鉅橋-나라 창고)를 열어 백성에게 곡식을 나눠주고 녹대(鹿臺)를 열어 재물을 나눠주었다. 진지에 있는 북의 가죽을 찢고 북채를 꺾고 활을 느슨하게 하고 활시위를 잘랐으며 병사(兵舍)에서 나와 노숙함으로써 평안함을 세상에 드러냈다. 또 칼을 풀어놓고 대신 홀(笏)을 들고 있음으로써 원수 따위는 없음을 보여주었다. 이로써 천하 만민이 노래 부르고 생활을 즐겼으며 제후들이 공물을 가지고 앞다퉈 내조함으로써 34대 뒤까지 나라를 빼앗기지 않았다.

그래서 노자가 말하기를 "잘 닫는 자는 빗장으로 잠그지 않아도 열 수가 없고, 잘 묶는 자는 밧줄로 묶지 않아도 풀 수가 없다"라고 했다.

27-5

是以 聖人 常善救人 故 無棄人
시이 성인 상선구인 고 무기인

이 때문에 성인(聖人)은 늘 사람을 잘 구제해주므로 사람을 버리는 일이 없고

번역 비평

딱히 어려운 말은 없고, '상(常)'에 주목해야 한다. 제16장에서 "지상왈명(知常曰明)"이라고 했다. 잠깐 하다가 말면 상(常)이 아니다. 공자는 인자(仁者)와 불인자(不仁者)의 차이를 이 오래감[久=常=恒=長]에서 찾았다.

『논어』 「이인(里仁)」편 2다.

공자가 말했다.

"어질지 못한 자는 자신을 다잡는 데 (잠시는 몰라도) 오랫동안[久] 처해 있

을 수 없고, 좋은 것을 즐기는 데 (잠시는 몰라도) 오랫동안[長] 처해 있을 수 없다.

어진 자는 어짊을 편안히 여기고[安仁], 사리를 아는 자는 어짊을 이롭게 여긴다[利仁].”

이어지는 27-6에 명(明)의 문제가 나온다.

왕필 주(王弼注)

聖人 不立形名以檢於物 不造進向以殊棄不肖 輔萬物之
自然而不爲始 故曰 無棄人也
不尙賢能 則民不爭 不貴難得之貨 則民不爲盜 不見可欲
則民心不亂 常使民心無欲無惑 則無棄人矣

성인(聖人)은 (억지로) 형태나 이름을 내세워 일이나 사물을 다잡지 않고 (억지로) 지향 목표를 세워 그에 미치지 못하는 불초한 자들을 내 버리지 않으며 만물 만사의 자연스러움을 도와줄 뿐 (억지로) 새롭게 시작하지는 않는다. 그래서 "사람을 버리는 일이 없다"라고 했다.

뛰어나고 능력 있는 사람을 (억지로) 높이지 않으면 백성이 다투지 않고 얻기 힘든 재화를 귀하게 여기지 않으면 백성이 도적질하지 않으며 욕심낼 만한 것을 드러내 보이지 않으면 백성의 마음이 어지러워지지 않는다. 늘 백성 마음을 욕심 없고 미혹되지 않게 한다면 사람을 버리는 일이 없을 것이다.

풀이

왕필 주는 『도덕경』 안에 있는 내용을 끌어와 풀어내고 있지만 밋밋하다.

27-5는 앞의 내용을 다 추슬러서 정리한 다음에 27-6으로 넘어가는 중요한 가교 역할을 한다.

"성인(聖人)은 늘 사람을 잘 구제해준다"라고 했는데, 어떻게 하는 것이 늘 잘 구제해주는 것일까? 그에 관한 답은 앞에서 봤다. 제5장(5-1)이 그것이다.

> 하늘과 땅은 어질지 않아서 만물 만사를 짚강아지처럼 여기고, 성인(聖人)은 어질지 않아서 백성을 짚강아지처럼 여긴다.

그러므로 편애(偏愛)함이 없으니 버려지는 자도 없는 것이다. 늘 그렇게 해야 성인 혹은 성왕이라 할 수 있다.

27-6

상 선 구물　고　무 기물　시위　습명　고　선인　자　불선인　　지 사
常善救物 故 無棄物 是謂襲明 故 善人者 不善人之師

늘 다른 사물을 잘 구제해주므로 사물을 버리는 일이 없다. 이를 일러 습명(襲明)이라고 한다. 그래서 남에게 잘하는 사람은 남에게 잘하지 못하는 사람의 스승이고

습명(襲明)이란 무슨 말인가. 습(襲)에는 '엄습하다'나 '치다' 외에 '이어받다[承=因]'는 뜻이 있고, 또 '거듭하다[重=洊]', '익숙해지다[習]', '합치다[合]'는 뜻이 있다. 따라서 습명(襲明)은, 명(明)에 순응하기보다는 그것을 이어받아서 적극 자기 것으로 체화한다는 뜻으로 풀 수 있다.

『도덕경』에는 습명(襲明)이라는 말 외에 습상(習常)이라는 말도 나온다. 제52장(52-6)이다.

그 빛을 써서 그 명(明)으로 다시 돌아오면 제 몸에 재앙을 남기지 않으니 이것이 바로 상(常)을 익히는 것이다[用其光 復歸其明 無遺身殃 是爲 習常].

이를 보면 습상과 습명은 거의 같은 뜻이라 하겠다. 습(習)과 습(襲) 또한 같은 뜻이다.

왕필 주(王弼注)

擧善以師不善 故 謂之師矣

잘하는 이를 들어 잘하지 못하는 이들에게 스승이 되기 때문에 그래서 스승이라고 한 것이다.

늘 다른 사람을 잘 구제해줘 사람을 버리는 일이 없으니, 이를 일러 습명(襲明)이라고 한다. 그래서 남에게 잘해주는 사람은 남에게 잘하지 못하는 사람의 스승이다.

우리는 일단 습명(襲明)을 '명(明)을 이어받아서 그것을 적극 자기 것으로 체화한 사람'이라고 정의했다. 그러면 이 구절의 풀이는 "늘 다른 사람을 잘 구제해주므로 사람을 버리는 일이 없으니 이런 사람이 바로 명(明)을 이어받아서 그것을 적극 자기 것으로 체화한 사람이다"가 된다.

이노해노(以老解老)

이제 명(明)만 남았다.

제16장에서 지상왈명(知常曰明), 즉 "상(常)을 아는 것을 일러 명(明)이라고 한다"라고 풀면서 특히 16-5에서 지상(知常)의 효험을 이렇게 말했다.

상(常)을 알아야 포용할 수 있고 포용하면 마침내 공정할 수 있고 공정하면 마침내 왕(王)이 될 수 있고 왕이 되면 마침내 하늘에 합치될 수 있고 하늘에 합치되면 마침내 도(道)를 따를 수 있고 도를 따르면 마침내 오래 갈 수 있어 죽을 때까지도 위태롭지 않다[知常 容 容乃公 公乃王 王乃天 天乃道 道乃久 沒身不殆].

참고로 제33장(33-1)에서 노자는 이렇게 말한다.

남을 아는 사람은 지혜롭고 자기를 아는 사람은 밝다[知人者 智 自知
者 明].

공자에게 지(知)와 명(明)은 '일의 이치를 알다', '일의 이치에 눈 밝
다'라는 뜻이 돼 거의 같지만 노자에게 지(知)와 명(明)은 다르다. 노자
의 경우 대부분 지(知)란 분별지(分別知)인 데 반해 명(明)은 깊이 살피
고 은밀한 것까지 살피는 통합적인 눈 밝음이다.

둘의 차이 문제는 뒤에 가서 보도록 하고 일단 하나만 짚어두겠다.
제52장(52-5)이다.

아주 작은 것을 보는 것을 명(明)이라 하고[見小曰明]

27-7

不善人者 善人之資

남에게 잘하지 못하는 사람은 남에게 잘하는 사람의 밑천이다.

번역 비평

자(資)는 사(師)와 대비를 이룬다. 자(資)란 '밑천', '의지하다'인데 왕
필이 취(取)의 의미로 풀이한 것은 '의지하다[依]'는 뜻을 취한 것이다.

왕필 주(王弼注)

^자資 ^취取 ^야也 ^{선인}善人 ^이以 ^선善 ^제齊 ^{불선}不善 ^불不 ^이以 ^선善 ^기棄 ^{불선}不善 ^야也 ^고故 ^{불선인}不善人 ^{선인}善
^지人 ^{소취}之所取 ^야也

자(資)는 밑천[取^취]이다. 잘하는 사람은 잘하지 못하는 사람을 잘 구제하고 잘함을 잣대로 잘하지 못함을 내버리지 않는다. 그래서 잘하지 못하는 사람은 잘하는 사람이 밑천으로 삼는 바다.

풀이

기본적으로는 남에게 잘하지 못하는 사람은 남에게 잘하는 사람의 반면교사라는 뜻이다. '밑천'은 원천이라는 말과도 통한다.

27-8

^{불귀}不貴 ^{기사}其師 ^{불애}不愛 ^{기자}其資 ^수雖 ^지智 ^{대미}大迷

그 스승을 귀하게 여기지 않고 그 밑천을 사랑하지 않으면 아무리 지혜가 있더라도 크게 미혹될 것이다.

번역 비평

그 스승을 귀하게 여긴다는 것은 불선인(不善人)이 기꺼이 선인(善人)에게 배우려는 것이고 그 밑천을 사랑한다는 것은 선인(善人)이 불선인(不善人)을 통해 그런 불선(不善)이 혹시라도 자기에게 있는 것이 아닌지를 돌아본다는 말이다.

미(迷)란 이치를 제대로 파악하지 못한다는 말이다.

왕필 주(王弼注)

雖有其智 自任其智 不因物 於其道 必失 故曰 雖智 大迷

비록 지혜가 있더라도 만일 그 지혜를 자기가 떠맡고 일이나 사물에 바탕을 두지 않을 경우 그 도를 반드시 잃게 된다. 그래서 "비록 지혜가 있더라도 크게 미혹될 것"이라고 말했다.

풀이

이때의 지(智)는 앎이라고 해도 좋고 지혜라고 해도 좋다. 앎이나 지혜에 매몰된 사람, 특히 남보다 앎이나 지혜가 더 많다고 여기는 사람은 남에게 배우려 하지 않는다.

반면에 마음을 비워[虛心] 겸손한 이는 자기의 앎이나 지혜가 남보다 많다고 해도 더욱 자세를 낮춰서 자기보다 나은 이를 스승으로 삼고 자기보다 못한 이를 반면교사로 삼는다. 이렇게 되면 늘 배우는 자세, 즉 오픈 마인드를 갖추게 돼 일과 사물의 본성을 놓치지 않고 따라서 크게 미혹될 일이 없다.

그런 점에서 27-8은 『논어』 「술이(述而)」편 21에 나오는 삼인행(三人行) 이야기와 일맥상통한다.

공자가 말했다.

"세 사람이 길을 가면 반드시 나의 스승이 있게 마련이다. (그럴 경우) 그들 중 좋은 점을 골라서 따르고, 그들 중 좋지 못한 점은 고쳐야 한다[子曰 三人行必有我師焉 擇其善者而從之 其不善者而改之]."

세 사람이란 많은 수가 아니다. 그럼에도 본인 마음가짐과 태도에 따라 자기에게 없던 좋은 점을 더할 수도 있고 남에게서 발견한 자기의 나쁜 점을 덜어낼 수 있다면 그것은 고스란히 다움을 이뤄가는 방법[爲德]이다. 이를 『주역』으로 풀어보자.

다움을 더함[崇德=上德]은 『주역』 익괘(益卦, ䷩)와 연결된다. 공자는 『주역』 익괘를 봤을 때 군주라면 이런 마음을 가져야 한다고 했다. 이를 「대상전(大象傳)」이라고 한다.

'바람(☴)이 불고 우레(☳)가 치는 것이 익(益)(이 드러난 모습)이니, 군자는 그것을 갖고서 (다른 사람의) 좋은 것을 봤을 때는 그리로 옮겨가고 (자신의) 허물이 있을 때는 고친다[風雷益 君子以 見善則遷 有過則改].'

이는 고스란히 다움을 쌓아가는 요체다.

이와 달리 사특함을 덜어냄[修德=修慝]은 『주역』 손괘(損卦, ䷨)와 연결된다. 마찬가지로 공자는 「대상전」에서 『주역』 손괘를 봤을 때 군주라면 이런 마음을 가져야 한다고 했다.

'산(☶) 아래에 연못(☱)이 있는 것이 손(損)(이 드러난 모습)이니, 군자는 그것

을 갖고서 화를 누르고 욕망을 막는다[山下有澤損 君子以 懲忿窒欲].'

이는 고스란히 그릇됨을 덜어내 다움을 이뤄내는 요체다.

27-9

是謂要妙

이를 일러 요묘(要妙)라고 한다.

번역 비평과 풀이

요묘(要妙)란 말 그대로 요체와 신묘함이나, 합치면 '요체가 되는 신묘함'이라고 옮길 수 있다. 이는 있는 것은 있다 하고 없는 것은 없다고 하는 기존 사유에서 벗어나서 혹은 그런 사유를 뛰어넘어 있음에서 없음을 보고 없음에서 있음을 읽어내는 통합적 사유로 나아가라는 말이다. 방금 살펴본 "그 스승을 귀하게 여기고 그 밑천을 사랑하는 것"이야말로 요체가 되는 신묘함이라 할 수 있다.

제27장은 성왕(聖王)과 성신(聖臣) 모두에 해당하는 구절이다. 이어지는 제28장은 성신(聖臣)에 관한 언급이다.

지 기 웅   수 기 자   위 천 하 계   위 천 하 계   상 덕 불 리   부 귀 어   영 아
知其雄 守其雌 爲天下谿 爲天下谿 常德不離 復歸於嬰兒

지 기 백   수 기 흑   위 천 하   식 위 천 하   식 상 덕 불 특   부 귀 어   무 극
知其白 守其黑 爲天下式 爲天下式 常德不忒 復歸於無極

지 기 영   수 기 욕   위 천 하   곡 위 천 하   곡 상 덕 내 족   부 귀 어   박
知其榮 守其辱 爲天下谷 爲天下谷 常德乃足 復歸於樸

박 산 즉 위 기   성 인   용 지   즉 위 관 장   부   대 제   불 할
樸散則爲器 聖人用之則爲官長 夫 大制不割

그 수컷다움을 알고 그 암컷다움을 지키면 천하의 골짜기가 되고

천하의 골짜기가 되면 늘 덕(德)이 (자기 몸에서) 떠나지 않아 어린아이로 다시 돌아간다.

그것이 희다는 것을 알고 그것이 검다는 것을 지키면 천하의 모범이 되고

천하의 모범이 되면 늘 덕(德)이 어긋나지 않아 끝없음으로 다시 돌아간다.

그 영광을 알고 그 치욕을 지키면 천하의 골짜기가 되고

천하의 골짜기가 되면 늘 덕(德)이 마침내 넉넉해 다시 통나무로 돌아간다.

통나무가 흩어져 그릇이 되니 성인(聖人)은 그것을 이용해 관장(官長)을 둔다. 무릇 큰 다스림은 아무것도 떼어내지 않는다.

28-1

지 기웅   수 기자   위 천하 계   위 천하 계   상 덕 불리   부 귀어   영아
知其雄 守其雌 爲天下谿 爲天下谿 常德不離 復歸於嬰兒

그 수컷다움을 알고 그 암컷다움을 지키면 천하의 골짜기가 되고

천하의 골짜기가 되면 늘 덕(德)이 (자기 몸에서) 떠나지 않아 어린아이로 다시 돌아간다.

| 번역 비평

지(知)와 수(守)의 조응이 28-3까지 이어진다. 지(知)는 무슨 뜻이고 수(守)는 또 무슨 뜻인가. 이는 알아야 할 대상과 지켜야 할 대상을 먼저 살펴볼 때 어느 정도 감을 잡을 수 있다. 제28장에서 알아야 하는 것은 그 수컷다움, 그것이 희다는 것, 그 영광이고, 지켜야 할 것은 그 암컷다움, 그것이 검다는 것, 그 치욕이다. 눈 밝은 독자라면 이미 이것만으로도 임금보다는 신하에 해당하는 이야기라는 것을 알아차렸을 것이다.

알아야 하는 것은 도(道)의 드러난 쪽이고 지켜야 할 것은 도의 가려진 쪽이다. 이 둘을 함께 통합적으로 자기화하는 것이 습명(襲明)이니 습명한 자는 밝은 쪽을 잘 알면서도 오직 밝은 쪽만 고집하지 않고

가려진 쪽을 갖고서 일을 풀어나간다.

계(谿)는 백서본에는 계(溪)로 돼 있다. 계(溪)는 냇물도 되지만 골짜기[谷]라는 뜻도 있다. 계(谿)에도 냇물이라는 뜻이 있다.

상덕(常德)은 하나로 볼 수도 있고 분리해서 풀 수도 있는데 문맥상 분리해서 풀었다.

그래서 상(常)은 '늘'이라는 뜻으로 옮겼다. 게다가 『도덕경』 제1장에서 보듯이 상도(常道)나 상명(常名)은 분명히 정의돼 있지만 상덕(常德)은 여기에 단 한 번 나올 뿐이다.

왕필 주(王弼注)

雄 先之屬 雌 後之屬也 知爲天下之先者 必後也
是以 聖人後其身 而身先也
谿 不求物 而物自歸之 嬰兒 不用智 而合自然之智

수컷은 앞서는 부류고 암컷은 뒤따르는 부류다. 천하의 앞이 되는 것을 아는 자는 반드시 뒤에서 따른다.

이 때문에 성인(聖人)은 그 몸을 뒤로 하지만 몸은 앞서게 된다.

골짜기는 만물을 구하지 않지만, 만물이 스스로 그에게 돌아오고 어린아이는 지혜를 쓰지 않지만 자연스러운 지혜와 합치한다.

풀이

28-1부터 28-3까지는 요묘(要妙)를 잘 발휘할 경우 어떤 효험이 있

는지를 열거한다.

우선 홍석주 풀이부터 참고한다. 개략적 이해에 도움을 준다.

웅(雄)과 자(雌)는 강함과 약함이라고 말하는 것과 같고, 백(白)과 흑(黑)은 밝음과 어두움이라고 말하는 것과 같다. 강함을 알지 못하고 약함만 지키거나 밝음을 알지 못하고 어두움만 지키면 마침내 어둡고 약하게 될 뿐이다.

(반대로) 강함을 알고 약함을 지키지 못하거나 밝음을 알고 어두움을 지키지 못하면 지나치게 강해서 부러지거나 지나치게 밝아서 뽐내게 되니 오직 세상에서 화를 얻게 되는 까닭이다.

따라서 습명한 성인(聖人)은 만물 만사의 강하고 밝은 쪽을 그 작은 것까지 훤히 알면서도 자기를 한없이 낮춰 처신한다. 수(守)는 '처신하다[處=居]'는 쪽에 가까우니, 그것은 곧 일을 풀어갈 때의 마음 자세라 할 것이다. 이렇게 하기 때문에 천하의 꼭대기가 아니라 가장 낮은 곳에 있는 계곡[谿]이 되고 더 낮은 곳으로 흘러가는 냇물[溪]이 되는 것이다.

그런데 "천하의 골짜기가 되면 늘 덕(德)이 (자기 몸에서) 떠나지 않"는 것은 어째서인가. 자기를 낮췄기 때문이다. 자기를 낮췄다는 것은 자기의 지혜나 욕망을 드러내지 않는다는 뜻이다. 그렇기에 내 몸에 갖춘 덕이 한시도 떠나지 않는다는 말이다.

어린아이는 무지(無智)·무욕(無欲)하는 성인(聖人)을 비유한 것이다. 이때 성인은 뒤의 문맥을 감안할 때 성왕(聖王)보다는 성신(聖臣)이다.

28-2

지 기백　수 기흑　위 천하　식 위 천하　식 상 덕 불특　부 귀어　무극
知其白 守其黑 爲天下式 爲天下式 常德不忒 復歸於無極

그것이 희다는 것을 알고 그것이 검다는 것을 지키면 천하의 모범이 되고

천하의 모범이 되면 늘 덕(德)이 어긋나지 않아 끝없음으로 다시 돌아간다.

번역 비평

식(式)은 '모범[法式]'을 뜻한다. 원래 식(式)은 동사로 '경의를 표하다'라는 뜻이 있는데 그 경의를 표하는 대상이란 바로 모범이 되는 어떤 것이다. 그래서 '모범'이라는 말이 나왔다.

왕필 주(王弼注)

식　모칙　야
式 模則也

특　차　야
忒 差也

불가　궁　야
不可窮也

식(式)이란 본받아야 할 모범이다.

특(忒)이란 어긋난다는 말이다.

(무극(無極)이란) 다할 수가 없다는 말이다.

무극(無極)이란 무궁(無窮)과 같은 말로 도(道)의 움직임이니 다시 무극으로 돌아간다는 말은 도(道)로 돌아간다는 말이다.

28-3

지 기영　수 기욕　위 천하　곡　위 천하　곡　상 덕 내 족　부 귀 어　박
知其榮 守其辱 爲天下谷 爲天下谷 常德乃足 復歸於樸

그 영광을 알고 그 치욕을 지키면 천하의 골짜기가 되고

천하의 골짜기가 되면 늘 덕(德)이 마침내 넉넉해 다시 통나무로 돌아간다.

번역 비평

박(樸)은 사람 손길이 닿지 않은 통나무를 뜻하기도 하고 질박(質樸)함을 말하기도 한다.

왕필 주(王弼注)

차 삼자　언 상 반 종　후 내 덕 전 기 소 처　야
此三者 言常反終 後乃德全其所處也
하 장 운　반 자　도 지 동　야　공 불 가　취　상 처 기 모　야
下章云 反者道之動也 功不可取 常處其母也

　　　　　　지웅수자　지백수흑　지영수욕
이 3가지(知雄守雌 · 知白守黑 · 知榮守辱)는 늘 마칠 곳으로 되돌아와야 뒤에 마침내 그 덕(德)이 그가 있어야 할 곳을 온전하게 해준다는

것을 말한다.

뒷장(제40장)에서 "돌이킴이란 도의 움직임이다"라고 했으니 공로란 취할 만한 것이 못 되고 늘 그 어머니다움에 머물러야 한다.

풀이

우선 "그 영광을 알고 그 치욕을 지키면" 부분을 좀 더 정확하게 풀어야 한다. 이는 큰 공로로 인한 영예나 영광이 있음을 잘 알되 그 길로 계속 가면 치욕에 이를 수 있다는 역설을 깊이 마음속에 새기는 것이다.

이노해노(以老解老)

이 점은 앞에서도 수없이 강조해온 바다. 특히 제2장(2-3)은 고스란히 이에 대한 풀이가 된다.

(항이나 도를 체화한 성인 혹은 성왕은) 만물 만사를 일어나게 하면서도 내세우지 않고[不辭=不伐] (일을) 낳아주면서도 가지려 하지 않고 (일을) 행하면서도 으스대지 않고 공로가 이뤄져도 자기가 했다고 하지 않는다[萬物作焉而不辭 生而不有 爲而不恃 功成而弗居].

무릇 오직 자기가 했다고 자처하지 않으니 이 때문에 (그 공로가) 사라지지 않는다[夫唯弗居 是以不去].

이렇게 하는 것이 왕필이 말한 어머니다움[其母]을 지키는 것이니 이를 비유해서 다시 통나무로 돌아간다고 했다.

28-4

박 산 즉 위기 성인 용지 즉 위 관장 부 대제 불할
樸散則爲器 聖人用之則爲官長 夫 大制不割

통나무가 흩어져 그릇이 되니 성인(聖人)은 그것을 이용해 관장(官長)을 둔다. 무릇 큰 다스림은 아무것도 떼어내지 않는다.

번역 비평

왜 하필 산(散)이라고 했을까? 실은 '깎다[削]'나 '자르다[剪]'고 해야 더 어울릴 법한데 왜 '흩어진다'라고 했을까? 바로 뒤에서는 통나무가 흩어져 그릇이 되는 이치를 써서 관장(官長)을 둔다고 했는데 이때 '흩어진다'라는 것은 무슨 뜻일까? 위관장(爲官長)은 어떻게 번역할 것인가. 대제(大制)란 무엇을 가리키며 불할(不割)은 또 무슨 뜻인가.

이상의 질문은 모두 서로 뒤엉켜 있어 '풀이'에서 하나씩 짚어보도록 하자.

왕필 주(王弼注)

박 진야
樸 眞也

진 산 즉 백행 출 수류 생 약 기 야
眞散則百行出 殊類生 若器也

성인 인 기 분산 고 위지 입 관장
聖人因其分散 故 爲之立官長

이선 위사 불선 위자 이풍역속 부사 귀어 일 야
以善爲師 不善爲資 移風易俗 復使歸於一也

대제 자 이 천하지심 위심 고 무할 야
大制者 以天下之心爲心 故 無割也

박(樸)이란 본래 그대로인 것[眞]이다.

본래 그대로인 것이 흩어져 온갖 행동이 나오니 각종 종류가 생겨나는 것이 마치 (통나무를 깎아서 각종) 그릇을 만들어내는 것과 같다.

성인(聖人)은 그러한 (자연스러운) 나뉨과 흩어짐을 바탕으로 그들을 위해 관장(官長)을 세운다.

자기보다 잘하는 사람을 스승으로 삼고 자기보다 못하는 사람을 밑천으로 삼아서 풍속을 바꿔 다시 (본래 그대로의) 하나로 돌아가게 한다.

크게 재단한다는 것은 천하의 마음을 자기 마음으로 삼는 것이니 그렇기 때문에 잘라내는 것이 없다.

풀이

성왕(聖王)이 성신(聖臣)을 재상으로 삼는 이 부분이 이 장의 핵심이다. 그러나 모호한 표현이 많아 해석이 제각각이다. 비교적 널리 읽히는 최진석 교수의 번역부터 살펴보자.

> 통나무가 흩어지면 그릇이 된다. 성인은 그 통나무의 이치를 써서 통치자 노릇을 한다. 그러므로 큰 통치는 가르지 않는다.

그냥 옮긴 듯한 번역이다. 번역 비평을 거치지 않았다는 말이다. 당장 용지(用之)의 지(之)를 "통나무가 흩어지면 그릇이 된다"가 아니라 "통나무"라고 한 것은 무슨 말인지 알 수가 없고 위관장(爲官長)을 "관장을 두다"가 아니라 '스스로' 통치자 노릇을 한다고 옮긴 것도 납득하기 어렵다. 또 대제(大制)를 왜 "큰 통치"라고 옮겼는지 근거를 제시하지 않았다. 다른 주석자들 번역도 문제가 많기는 엇비슷하다.

일단 하나씩 짚어보자. "통나무가 흩어지면 그릇이 된다"는 말은 질박한 통나무에 제한과 제약을 가해서 이리저리 잘라내고 깎아냄으로써 다양한 기물로 만든다는 말이다. 문제는 이를 자연스럽게 볼 것인가 억지스러운 것으로 볼 것인가부터 결정해야 한다.

일단 최진석 교수나 김충열 교수 모두 이를 부정적으로 본다. 먼저 최진석 교수의 말이다.

> 구체적인 그릇은 통나무가 흩어져서 된 것들이다. 즉 원래의 자연성에 제한을 가하고 조각을 내야 그릇이나 제도가 된다는 말이다. 그런데 성인은 어떤 제한된 모습으로 형성된 가치 체계를 기준으로 통치하는 것이 아니라 자연의 원리를 모델로 사용하면서 사회 기관의 수장 노릇을 한다. 그러므로 진정으로 위대한 통치는 갈라서 하는 것이 아니어야[不割^{불할}] 한다.

김충열 교수도 이와 비슷하다.

> 나무토막을 이리저리 자르고 다듬어 그릇을 만들 듯이 나라라는 것도 여기저기 토막을 내어 갖가지 부서를 만들어서 다스린다. 그러면 나라의 통치자가 성인 소리를 들으려면 어떻게 해야 하는가. 바로 대제불할(大制不割)의 정치를 해야 한다. 글자 그대로 풀면 큰 제도는 찢어버리지 않는다는 것이다.

두 사람 간에 차이가 있다면 위관장(爲官長)을 최진석 교수는 성인이 "사회 기관의 수장 노릇을 한다"고 본 것이고 김충열 교수는 "갖가지 부서를 만들어서 다스린다"라고 본 것 정도다.

또 하나는 대제불할(大制不割) 바로 앞에 왕필본처럼 고(故)가 오는 것으로 봐야 할 것인지 아니면 백서본을 따라 부(夫)가 오는 것으로 봐야 할 것인지를 정해야 하는 문제가 있다. '그러므로'와 '무릇'의 차이는 크기 때문이다. 특히 전체 문맥의 흐름과도 관련돼 있다.

그에 앞서 대제(大制)를 무엇으로 볼 것인가. 김충열 교수는 그냥 '큰 제도'라고 했고 최진석 교수는 '큰 통치'라고 했다. 그 밖에 '위대한 다스림[大制=大治]'이나 '큰 마름질[大制=大裁]'로 옮긴 경우도 있다.

이제 28-4를 단계적으로 풀어보자.

먼저 노자는 "통나무가 흩어져 그릇이 된다"고 했는데, 긍정적으로 본 것인지 부정적으로 본 것인지가 관건이다. 통나무에 그냥 머물기를 고집하지 않는 한 통나무는 그릇이 돼 세상에 쓰임이 돼야 한다. 그러니 꼭 긍정일 수는 없다 하더라도 최소한 부정인 것은 아니다. 도가 세상 사람들 요구에 따라 다양한 쓰임으로 나타나는 것을 말할 뿐이다. 그러므로 성인이 이런 이치를 써서 관장(官長)이 돼 백성을 다스린다는 것, 즉 자신이 관장이 된다는 것은 지나치게 비현실적인 해석이다. 무위하는 성인, 즉 성왕이 무위의 정신을 체화하고서 유위하는 재상을 둔다는 말이다.

여기서 우리는 고(故)보다는 부(夫)를 따라야 한다. 그러면 큰 다스림은 불할(不割), 즉 그것들이 모두 통나무에서 나왔다는 것을 잊지 않는다는 해석의 가능성이 열리기 때문이다. 각종 그릇이 모두 통나무에서 나왔으니 그 근본으로 돌아갈 경우 서로 분할하고 구분할 일이 없는 것이다.

대제불할(大制不割)과 관련해서 『회남자(淮南子)』권12 「도응훈(道應訓)」에 나오는 사례를 살펴보자.

박의(薄疑)가 위(衛)나라 사군(嗣君-태자)에게 임금다운 임금이 되는 방법
[王術-임금다운 임금이 되는 방법]에 관해 유세했다.

사군이 말했다.

"과인이 소유한 것은 천승의 나라(-제후의 나라)일 뿐이다. 바라건대 그에 맞는 방법을 말해달라."

박의가 말했다.

"오획(烏獲)은 1000균(鈞-1균은 30근)을 들 힘을 가지고 있었으니 1근 정도는 문제도 되지 않았습니다."

두혁(杜赫)이 천하를 안정시킬 수 있는 계책을 갖고서 주나라 소문군(昭文君)에게 유세했다.

소문군이 두혁에게 말했다.

"바라건대 주나라를 안정시키는 방법이나 배우고 싶다."

두혁이 말했다.

"신이 하는 말을 실천하실 수 없다면 주나라를 안정시킬 수 없습니다. 하지만 신이 하는 말을 실천하실 수 있다면 주나라는 저절로 안정될 것입니다."

이것이 이른바 세상을 (억지로) 안정시키지 않고서도 저절로 안정시키는 방도다. 그래서 노자가 말하기를 "큰 다스림은 아무것도 떼어버지 않는다"라고 했다.

제29장

_{장 욕취 천하 이 위지 오 견 부득 이}
將欲取天下而爲之 吾見不得已
_{천하 신기 불가위 야}
天下神器 不可爲也
_{위자 패지 집자 실지}
爲者敗之 執者失之
_{고 물 혹행 혹수 혹호혹취 혹강혹리 혹좌혹휴}
故 物 或行或隨 或歔或吹 或强或羸 或挫或隳
_{시이 성인 거심 거사 거태}
是以 聖人 去甚 去奢 去泰

장차 천하를 차지하려 하면서 억지로 행할 경우 나는 그렇게 되지 않을 뿐임을 보게 된다.

천하는 신령스러운 기물이라 억지로 어떻게 할 수 있는 것이 아니다.

억지로 하면 망치고, 붙잡으려 하면 놓친다.

그래서 일과 사물이란 혹 앞서가고 혹 뒤따르며, 혹 가늘게 숨을 내쉬고 혹 강하게 숨을 내쉬며 혹 튼튼하고 혹 파리하며 혹 돋아 오르고 혹 무너져 내린다.

이 때문에 성인(聖人)은 지나친 것, 사치스러운 것, 교만한 것을 내버린다.

29-1

<small>장 욕 취 천하 이 위지 오 견 부득 이</small>
將欲取天下而爲之 吾見不得已

장차 천하를 차지하려 하면서 억지로 행할 경우 나는 그렇게 되지 않을 뿐임을 보게 된다.

번역 비평

부득이(不得已)를 정확히 풀어내는 것이 관건이다. 부득(不得)과 이(已)를 떼어서 이(已)를 '뿐[耳=爾=也已]'이라고 보는 것이 문맥상 정확하다.

왕필 주(王弼注)

<small>위 조위 야</small>
爲 造爲也

위(爲)란 지어내고 억지로 행한다[造爲]는 말이다.

풀이

천하를 차지하려는 자는 두말할 것도 없이 성인(聖人)이다. 이것만으로도 노자는 은둔과는 거리가 먼 사람이다. 천하를 차지하려는 생각을 하지 말라는 것이 아니라 천하를 차지하되 억지스럽게 하지 말라는 권고다. 이 점은 29-2로 이어진다.

29-2

천하 신기 불가위 야
天下神器 不可爲也

천하는 신령스러운 기물이라 억지로 어떻게 할 수 있는 것이 아니다.

번역 비평

신기(神器)란 신령스러운 기물이라는 뜻이다. 이때 신(神)은 왕필의 말대로 "형체도 없고 방향도 없는 것"이다. 사람의 힘으로 알아내거나 파악할 수 있는 것은 아니지만 분명히 어떤 작용이 있다는 것을 말한다.

왕필 주(王弼注)

신 무형 무방 야 기 합성 야 무형 이합 고 위지 신기 야
神 無形無方也 器 合成也 無形以合 故 謂之神器也
만물 이 자연 위성 고 가인 이 불가위 야 가통 이 불가집 야
萬物 以自然爲性 故 可因而不可爲也 可通而不可執也

신령스러움이란 형체도 없고 방향도 없는 것이고 기물이란 합쳐서 이뤄지는 것이다. 형체가 없는데도 합쳐졌기 때문에 그래서 그것을 "신령스러운 기물"이라고 했다.

만물 만사는 자연스러움을 본성으로 삼기 때문에 그래서 그것을 바탕으로 삼을 수는 있어도 억지로 행할 수는 없고 그것을 통해서 할

수는 있어도 붙잡을 수는 없다.

위(爲)란 작위(作爲)함이 있는 것이다.

29-3

<ruby>爲<rt>위자</rt></ruby><ruby>者<rt></rt></ruby><ruby>敗<rt>패지</rt></ruby><ruby>之<rt></rt></ruby> <ruby>執<rt>집자</rt></ruby><ruby>者<rt></rt></ruby><ruby>失<rt>실지</rt></ruby><ruby>之<rt></rt></ruby>

억지로 하면 망치고 붙잡으려 하면 놓친다.

번역 비평

위(爲)는 인위적으로 뭔가를 하려는 것이고 집(執) 또한 뭔가를 억지로 붙잡으려 하는 것이다.

왕필 주(王弼注)

物有常性 而造爲之 故 必敗也 物有往來 而執之 故 必失矣

일과 사물에는 일정한 본성이 있는데 그것을 억지로 지어내고 억지로 행하니 그 때문에 반드시 실패하게 되고 일과 사물에는 오가는 것이 있는데 그것을 잡아 쥐려 하니 그 때문에 반드시 잃게 되는 것이다.

풀이

이는 앞서 봤던 역설이 현실 속에 나타나는 것이다. 즉 억지로 뭔가를 하려 하면 반드시 그 일을 망치게 되고 뭔가를 붙잡으려 하면 반드시 그것을 놓치게 된다는 말이다.

이노해노(以老解老)

"억지로 하면 망치고, 붙잡으려 하면 놓친다[爲者敗之 執者失之]"라는 말은 그대로 제64장에 다시 등장한다.

그래서 64-4와 64-5는 고스란히 29-3에 대한 보충 풀이가 된다. 연결해서 보도록 하자.

아름드리나무도 털끝만 한 싹에서 생겨나고 9층 누대도 바닥에 쌓은 흙부터 세워지며 1000리 먼 길도 발아래 첫걸음에서 시작한다[合抱之木 生於毫末 九層之臺 起於累土 千里之行 始於足下].

억지로 하면 망치고 붙잡으려 하면 놓친다[爲者敗之 執者失之].

그러므로 성인(聖人)은 억지로 일을 하지 않기 때문에 그래서 실패가 없다.

(억지로) 붙잡음이 없기 때문에 그래서 놓치는 일이 없다. (이와 달리) 백성이 일을 할 때는 늘 거의 다 돼갈 때쯤에 실패한다[是以 聖人無爲 故 無敗 無執 故 無失 民之從事 常於幾成而敗之].

성인(聖人)과 백성을 대비하고 있다. "억지로 하면 망치고 붙잡으려 하면 놓친다"라는 말은 매사(每事)에 적용할 수 있겠지만, 여기서는 특히 '천하를 차지하는 과정에서' 그렇다는 말임을 염두에 둬야 한다. 그래서 풀면, 천하를 차지하겠다고 인위를 가할 경우에는 실패하게 되고 억지로 붙잡겠다고 하면 놓치게 되리라는 말이다. 당연히 임금에 관한 언급이다.

29-4

고 물 혹행혹수 혹호혹취 혹강혹리 혹좌혹휴
故 物 或行或隨 或戱或吹 或强或羸 或挫或隳

시이 성인 거심 거사 거태
是以 聖人 去甚 去奢 去泰

그래서 일과 사물이란 혹 앞서가고 혹 뒤따르며, 혹 가늘게 숨을 내쉬고 혹 강하게 숨을 내쉬며 혹 튼튼하고 혹 파리하며 혹 돋아 오르고 혹 무너져 내린다.

이 때문에 성인(聖人)은 지나친 것, 사치스러운 것, 교만한 것을 내버린다.

│ 번역 비평

희(戱)는 희(戱)와 같은 글자로 '희롱하다'나 '놀이하다' 외에 '탄식하다'라는 뜻이 있다. 이때는 발음이 '희'가 아니라 '호'다. 이 경우 호(歔)와 같은 말이 되는데 '숨을 길게 내쉬다'라는 뜻이다. 백서본에는 '허(噓)'자로 돼 있는데, '숨을 바깥으로 내보내다'라는 뜻 외에 '불다'나 '울다' 혹은 '거짓말하다'라는 뜻도 있다. 하상공본에는 구(呴)로 돼 있는데, '숨을 내쉬다'라는 뜻이다.

소철(蘇轍, 1039~1112년)[36]은 이를 풀어서 "어떤 것은 숨으로 따뜻하게 데우고 어떤 것은 숨으로 시원하게 식힌다[或呴而暖 或吹而寒]"라고 했다.

좌(挫)는 '꺾다' 외에 '결박하다'나 '보듬어 안다'라는 뜻도 있다. 다른 판본에서는 모두 배(培)로 돼 있다. 여기서 번역은 배(培)를 따랐다.

왕필 주(王弼注)

凡此諸或 言物事逆順反覆 不施爲執割也
聖人達自然之性 暢萬物之情 故 因而不爲 順而不施
除其所以迷 去其所以惑 故 心不亂而物性自得之也

무릇 여기에 나오는 여러 혹(或)이란 만물 만사는 거스르기도 하고 고분고분하기도 하며 되돌아오기도 하지만 붙잡거나 잘라내지는 않는다는 말이다.

성인(聖人)은 자연스러운 본성에 통달해 만물 만사의 실상을 꿰뚫고 있다. 그래서 본성을 따르지 억지로 하지 않고 고분고분하지 억지로 뭔가를 베풀지 않아서 그 미혹되게 만드는 원인을 제거한다. 그러므로 마음이 어지러워지지 않고 일과 사물의 본성이 저절로 얻어지게 되는 것이다.

---

36 소순(蘇洵) 아들이고 소식(蘇軾) 동생이다. 당송팔대가(唐宋八大家) 한 사람이며 소순, 소식과 함께 '삼소(三蘇)'로 불린다. 시문 외에도 많은 고전의 주석서를 남겼다.

풀이

29-4는 두 부분으로 돼 있다. 전반부는 혹 이러하고 혹 저러하다고 말한 부분이다. 이는 왕필본대로 일과 사물이 거스르고 고분고분하기를 반복한다는 말이다.

이에 대해서는 송나라 학자 소철(蘇轍)이 지은 『노자해(老子解)』 풀이가 명료하다.

> 어떤 것은 앞에 가고 어떤 것은 뒤에서 따라가며, 어떤 것은 숨을 따뜻하게 데우고 어떤 것은 숨으로 시원하게 식히며, 어떤 것은 강하게 해서 더해주고[益] 어떤 것은 파리하게 해서 덜어내며[損], 어떤 것은 실어서[載][37] 이루고 어떤 것은 무너뜨려서 훼손하니, 모두 사물이 저절로 그렇게 되는 것이요 형세상 어쩔 수 없는 것이다.
>
> (그런데) 어리석은 사람은 자신을 사사롭게 하고 얻는 것에 힘써 이에 (자연스러움을) 거부하고 어기려 하니, 화가 닥치지 않으면 부러진다. 오직 성인만이 거스를 수 없다는 것을 알고 순리대로 맞이하며 지나침과 사치함, 교만함을 제거해 잘못에 이르지 않도록 하니, 천하에 근심이 없다.

후반부는 성인(聖人)의 마음가짐에 대해 말하고 있다. 성인은 일과 사물의 이 같은 움직임에 대해 29-3에서 말한 대로 억지로 잡아 쥐거나[執] 28-4에서 말한 것처럼 억지로 떼어내거나[割] 하지 않는다. 이런 마음가짐이기 때문에 성인은 지나친 것[甚], 사치스러운 것[奢], 교만

---

37 하상공본에는 배(培)나 좌(挫)가 아닌 재(載)로 돼 있다. 소철은 이를 바탕으로 풀어낸 것이다.

한 것[泰=驕泰]을 제 몸에 붙지 않도록 떼어낸다[去].

지나침[甚=過], 사치, 교만은 늘 공자도 경계하던 바다. 사치에 대해 비판적인 공자의 말이다.

『논어』「술이(述而)」편 35이다.

공자가 말했다.

"사치하면 공손하지 못하고 검소하면 고루하다. 공손하지 못한 것보다는 차라리 고루한 것이 낫다[奢則不孫 儉則固 與其不孫也 寧固]."

교만과 관련된 공자의 말 하나만 짚어보자. 『논어』「태백(泰伯)」편 11이다.

공자가 말했다.

"설사 주공(周公)과 같은 아름다운 재능을 갖고 있다 하더라도 (다음의 측면에서) 교만한 데다가 인색하기까지 하다면 그 나머지는 전혀 볼 필요가 없다[如有周公之才之美 使驕且吝 其餘不足觀也已]."

교만과 사치, 지나침에 대한 노자와 공자의 경계가 깊다.

이처럼 교만과 사치, 지나침을 제거하게 되면 만물 만사는 다시 원래대로의 움직임으로 돌아간다. 성인(聖人)은 무행(無行)이 아니라 무위(無爲)한다고 할 때, 바로 이런 정도는 자연스럽게 행하는 것이다. 그것이 바로 무위지치(無爲之治)다.

제30장

以道佐人主者 不以兵强於天下
_{이도 좌 인주 자 불 이병 강어 천하}

其事好還
_{기사 호환}

師之所處 荆棘生焉 大軍之後 必有凶年
_{사 지 소처 형극 생언 대군 지 후 필유 흉년}

善者果而已 不敢以取强
_{선자 과 이이 불감 이취 강}

果而勿矜 果而勿伐 果而勿驕
_{과 이 물긍 과 이 물벌 과 이 물교}

果而不得已 果而勿强
_{과 이 부득이 과 이 물강}

物壯則老 是謂不道 不道 早已
_{물 장 즉 노 시위 부도 부도 조이}

도(道)로써 임금을 보좌하는 자는 군사력으로 천하를 강압하지 않는다.

그가 일하는 방식을 보면 (그는 무위나 도로) 되돌리기를 좋아한다.

군사가 머물던 곳에는 가시덤불만 생겨나고 큰 군대가 일어난 후에는 반드시 흉년이 든다.

일을 잘하는 사람은 성과를 낼 뿐 감히 과시하지 않는다.

일을 이루고서도 내세우지 않고 일을 이루고서도 자랑하지 않으며 일을 이루고서도 교만해하지 않는다.

일을 이루되 어쩔 수 없이 군대를 쓰는 것이고 일을 이루되 과시하려고 하지 않는다.

만물 만사가 갑자기 장대해지면 갑자기 노쇠하게 되니 이를 일러 도(道)에 맞지 않다고 한다. 도에 맞지 않으면 (일이 오래가지 못하고) 일찍 마친다.

30-1

以道佐人主者 不以兵强於天下

도(道)로써 임금을 보좌하는 자는 군사력으로 천하를 강압하지 않는다.

번역 비평

좌(佐)란 '돕는다[相]'는 뜻이니, 도(道)로써 임금을 보좌하는 자란 도를 갖춘 재상을 말한다.

왕필 주(王弼注)

以道佐人主 尚不可以兵强於天下 況人主躬於道者乎

(신하가) 도(道)로써 임금을 보좌하면 오히려 군사력으로 천하를 강압하지 않는데, 하물며 임금이 몸소 도를 행함에랴!

풀이

이번에는 임금을 보좌하는 재상, 즉 신하 문제를 다룬다.

군사력 사용이란 임금이 행할 수 있는 가장 인위적이고 작위적인 일[有爲]이다. 당연히 도(道)로써 임금을 보좌하는 뛰어난 재상이라면 임금을 잘 이끌어 군사력으로 천하를 강압하지 않는다. 공자가 관중(管仲)을 높이 평가하는 것도 무력을 쓰지 않고 천하를 안정시켰다는 점 때문이다.

『논어』「헌문(憲問)」편 17을 보자.

자로(子路)가 말했다.

"(제나라) 환공(桓公)이 공자 규(糾)를 죽였을 때 소홀(召忽)은 죽었는데 관중(管仲)은 죽지 않았습니다. (관중은) 어질지 못하다 하겠습니다."

공자가 말했다.

"환공은 제후들을 아홉 번 모으면서도 무력을 쓰지 않았는데[不以兵車] 이는 관중의 힘이었으니, (누가) 그의 어짊만 하겠는가? 그의 어짊만 하겠는가?"

병(兵) 문제는 제31장으로 이어진다.

30-2

其事好還

그가 일하는 방식을 보면 (그는 무위나 도로) 되돌리기를 좋아한다.

번역 비평

주어는 '그[其]'다. 그란 도(道)로써 임금을 보좌하는 신하, 즉 유도
자(有道者)다.

환(還)은 반(反)과 같은 말로, '되돌린다'라는 뜻이다. 먼저 습상한
다음에 도나 무위(無爲)로 되돌린다는 말이다.

왕필 주(王弼注)

위치 자 무욕 입공 생사 이 유도자 무욕 환반 무위 고운 기사
爲治者 務欲立功生事 而有道者 務欲還反無爲 故云 其
호환 야
事好還也

(억지로) 다스림을 행하는 자는 공로를 세우고 일을 일으키고자 하
는 데 힘쓰지만, 도가 있는 사람은 무위(無爲)로 돌아가려는 데 힘쓴다.
그래서 말하기를 "그가 일하는 방식을 보면 (그는 무위나 도로) 되돌리기
를 좋아한다"라고 했다.

기사호환(其事好還)을 최진석 교수는 "그런 일은 반드시 대가를 치를 것이다"라고 옮겼다. 김학목 박사는 번역서에서 "그 일은 되돌리기를 좋아한다"라고 옮겼으나 『홍석주의 노자』(예문서원)에서는 호환(好還)을 "행한 대로 돌려받는다"라고 해서 최진석 교수와 비슷한 톤으로 옮겨놓았다.

필자는 왕필을 따라 호환(好還)이라는 글자를 그대로 풀어냈다. 이때 호(好)란 낙(樂)과 마찬가지로 '~하기를 좋아한다'라는 말이다. 호환(好還)을 인과응보(因果應報)식으로 풀이한 번역을 필자는 납득할 수 없다.

30-3

師之所處 荊棘生焉 大軍之後 必有凶年

군사가 머물던 곳에는 가시덤불만 생겨나고 큰 군대가 일어난 후에는 반드시 흉년이 든다.

번역 비평

형극(荊棘)이란 두 글자 모두 '가시나무'를 뜻하니, 이런 가시나무나 잡풀이 들판에 무성하게 자랄 경우 농사 시기를 놓치게 된다. 그러니 군대가 지나간 곳에는 농사가 잘될 수 없는 것은 아주 당연하다. 옛날에는 요역이나 전쟁은 모두 농사철을 피해서 일으켰다. 『논어』「학이(學

而)」편 5에서 말한 "사민이시(使民以時)", 즉 백성을 부릴 때는 때에 맞게 해야 한다는 것이 바로 그 말이다.

중요한 것은 아니지만 짚고 넘어가야 할 표현은 "대군지후(大軍之後)"다. 그냥 "대군이 지나간 후"라고 옮겨도 되지만 그러면 뻔한 소리가 된다. 이때의 대군은 남의 나라 대군이 될 수밖에 없는데 지금은 군사력을 쓰지 않아야 하는 문제를 이야기하고 있다.

따라서 대군지후(大軍之後)는 적군이 아니라 군사를 일으키는 쪽의 일로 봐서 풀어야 자연스럽다. 군사가 머물던 곳 또한 아군이 머물던 곳이라고 해야 문맥이 더 살게 된다. 적의 군사로 볼 경우 하나 마나 한 이야기기 때문이다.

왕필 주(王弼注)

言師凶害之物也 無有所濟 必有所傷 賊害人民 殘荒田
畝 故曰 荊棘生焉

군대는 흉하고 해로운 것임을 말한 것이다. (군대란) 이루거나 구제하는 바는 없고 반드시 상하게 하는 바만 있으며 인민을 해치고 논밭을 황폐하게 한다. 그래서 말하기를 "가시덤불만 생겨난다"라고 한 것이다.

풀이

도나 무위로 돌아가는 호환(好還)은 하지 않고 정반대로 유위(有爲)

를 더해가다가 최악의 유위라 할 수 있는 군대를 쓰는 지경에 이를 경우 결국 그 피해는 고스란히 백성이 입게 된다는 것을 농사일을 들어 말하고 있다.

30-4

^{선자} ^과 ^{이이} ^{불감} ^{이취} ^강
善者果而已 不敢以取强

일을 잘하는 사람은 성과를 낼 뿐 감히 과시하지 않는다.

번역 비평

과(果)를 왕필은 제(濟)라고 했다. 둘 다 '이뤄내다[成]'는 뜻이다. 그래서 '성과(成果)를 내다'로 옮기는 것이 보다 명확하다. 다른 말로는 '공로를 이루다[成功]'를 쓸 수도 있다.

왕필 주(王弼注)

^과 ^유 ^제 ^야
果 猶濟也
^언 ^선 ^{용사} ^자 ^취 ^이 ^{제난} ^{이이의} ^불 ^이 ^{병력} ^취 ^{강어} ^{천하} ^의
言善用師者 趣以濟難而已矣 不以兵力取强於天下矣

과(果)는 '이뤄내다[濟]'는 뜻이다.

군대를 잘 쓰는 사람은 나아가서 어려움을 구제할 뿐 군사력을 가지고 천하에 과시하지 않는다는 말이다.

무력을 쓰지 않고 무력을 쓰려 했던 목표를 이뤄냄으로써 천하를 강압하는 일 혹은 천하에 힘을 과시하는 일을 피한다는 말이다.

성과는 군사적 목적일 수도 있고 비군사적 목적일 수도 있다. 선자(善者)란 도를 잘 갖춘 재상을 가리키므로 선자(善者)를 용병을 잘한다는 뜻에 가둘 필요는 없다.

30-5

과 이 물긍　과 이 물벌　과 이 물교
果而勿矜 果而勿伐 果而勿驕

일을 이루고서도 내세우지 않고 일을 이루고서도 자랑하지 않으며 일을 이루고서도 교만해하지 않는다.

번역 비평

긍(矜)과 벌(伐)과 교(驕)는 제29장에 나온 심(甚)·사(奢)·태(泰)와 조응한다.

왕필 주(王弼注)

오 불이 사도 위상 부득이 이용 하 긍교 지유 야
吾不以師道爲尚 不得已而用 何矜驕之有也

나는 군대를 쓰는 도리를 높이지 않고 어쩔 수 없어서 쓸 뿐인데 어찌 자랑하고 교만해 할 일이 있겠는가.

풀이

공자는 불벌(不伐)을 신하의 도리로 간주했지만, 노자에게서 불벌은 임금과 신하 모두에게 요구한 첫 번째 원칙이었다.

30-6

과 이 부득이　과 이 물강
果而不得已 果而勿强

일을 이루되 어쩔 수 없이 군대를 쓰는 것이고, 일을 이루되 과시하려고 하지 않는다.

번역 비평

여기까지는 주로 신하의 불벌(不伐)이다. 제30장 주제는 줄곧 도를 갖춘 재상임을 잊어서는 안 된다.

왕필 주(王弼注)

언 용병　수 취공 과 제난　연 시 고 부득이　당 부용 자 단 당 이제
言用兵 雖趣功果濟難 然時故不得已 當復用者 但當以除
폭란　불수 용과 이위　강 야
暴亂 不遂用果以爲强也

(이는) 군대를 쓰는 것이 비록 공로를 이루고 어려움을 구제하는 것

이지만 그러나 그때의 사정으로 인해 어쩔 수 없이 다시 써야 할 경우에는 마땅히 포악함과 어지러움을 제거하되 끝에 가서 구제했다는 이유로 과시하려고 해서는 안 된다는 말이다.

| 풀이

불가피해서 군사력을 쓰더라도 힘 자체를 추구하거나 과시하려 해서는 안 된다는 말이다.

30-7

物^물壯^장則^즉老^노 是^시謂^위不^부道^도 不^부道^도 早^조已^이

만물 만사가 갑자기 장대해지면 갑자기 노쇠하게 되니 이를 일러 도(道)에 맞지 않다고 한다. 도에 맞지 않으면 (일이 오래가지 못하고) 일찍 마친다.

왕필 주(王弼注)

壯^장 武^무力^력暴^폭興^흥也^야 喩^유以^이兵^병强^강於^어天^천下^하者^자也^야
飄^표風^풍不^불終^종朝^조 驟^취雨^우不^불終^종日^일 故^고 暴^폭興^흥必^필不^부道^도 早^조已^이也^야

장(壯)이란 무력이 갑자기 일어난다는 말이니 비유컨대 군사력으로 천하를 강압하려는 것이다.

사나운 바람은 아침나절을 넘지 않고 소낙비는 한나절을 넘지 않는다(고 했다). 그래서 갑자기 일어난 것은 반드시 도에 맞지 않아서 일찍 끝나게 되는 것이다.

풀이

왕필이 장(壯)에서 '갑자기[暴]^폭'라는 뜻을 취한 것은 탁견이다. 따라서 노(老)에도 '갑자기'라는 뜻이 들어가야 한다. 이때 노(老)는 '늙다'보다 '쇠하다[老衰]^{노쇠}'에 가깝다. 그래야 문맥이 순조롭다. 소철(蘇轍)의 경우 '갑자기'를 포함하지 않고 풀어내는데 이 또한 탁월한 풀이라 할 수 있다.

장성한 것은 반드시 노쇠해지니 사물에 그렇지 않은 것이 없다. 오직 도를 갖춘 자[有道者]만이 온전히 이뤄져 있으면서도 모자란 것처럼 하고[成而若缺] 가득 차 있으면서도 텅 빈 듯이 하니[盈而若沖], 장성한 적이 없으므로 노쇠해질 일 또한 없다. 군대로 천하에서 강자 노릇 하는 자는 장성함이 실로 지나친 것이니 노쇠하지 않을 수 있겠는가.

장성과 노쇠를 역설로 풀어냈다.

도를 갖춘 자에 대한 묘사는 고스란히 공자의 수제자 안회(顏回)가 보여주었다.

증자(曾子)가 말했다.

"(본인은) 능하면서도 능하지 못한 이에게 묻고 (본인은) 학식이 많으면서도

적은 이에게 물으며 있으면서도 없는 척하고 가득 차 있으면서도 텅 빈 것

처럼 하며 남에게 침범당해도 맞서서 따지지 않는 것, 옛날에 내 벗이 일

찍이 이렇게 했다[曾^증子^자曰^왈 以^{이능}能問^{문어}於不^{불능}能 以^{이다}多問^{문어}於寡^과 有^{유약무}若無 實^{실약허}若虛 犯^범

而不校^{이불교} 昔者^{석자} 吾友^{오우} 嘗^상從事^{종사}於^어斯^사矣^의]."

그중에서도 "유약무(有若無)"와 "실약허(實若虛)"는 고스란히 도를

갖춘 재상이 갖춰야 할 덕목이라 할 수 있다. 이와 반대되는 사람을 공

자는 "무항(無恒)", 즉 항심(恒心)이 없는 자라고 했다. 항(恒)은 상(常)과

더불어 노자에게도 중요한 말이니 비교 차원에서 정리해둔다.

공자가 말했다.

"(문질을 고루 갖춘) 좋은 사람을 내가 만나볼 수 없다면 오래가는 마음을 갖

춘 자라도 만나보면 이에 괜찮다. 아무것도 없으면서 있는 척하고 텅 비

어 있으면서도 가득한 척하며 가진 것이 적으면서도 꽉 차서 많은 척한다

면 오래가는 마음이 있다고 하기 어렵다[善人^{선인} 吾不得^{오부득}而見之^{이견지}矣^의 得見^{득견}

有恒者^{유항자} 斯可矣^{사가의} 亡^망(無^무)而爲有^{이위유} 虛而爲盈^{허이위영} 約而爲泰^{약이위태} 難乎有恒矣^{난호유항의}]."

이노해노(以老解老)

도의 흐름에 생겨난 돌발 상황을 비유한 것이 "표풍(飄風)"과 "취우

(驟雨)"다.

제23장(23-2)을 다시 읽어보는 것만으로도 도(道)와 부도(不道) 차이

를 쉽게 알 수 있을 것이다.

그래서 사나운 바람[飄風]은 아침나절을 넘지 않고 세찬 소낙비[驟雨]는
한나절을 넘지 않는다.

누가 이렇게 하는가. 하늘과 땅이다. 하늘과 땅도 오히려 능히 오래갈 수
없는데 하물며 사람(이 하는 일)임에랴!

능히 오래갈 수 없으니 일찍 마치는 것이다.

제31장

夫^부 佳^가兵^병者^자 不^불祥^상之^지器^기 物^물或^혹惡^오之^지 故^고 有^유道^도者^자不^불處^처

君^군子^자居^거則^즉貴^귀左^좌 用^용兵^병則^즉貴^귀右^우

兵^병者^자 不^불祥^상之^지器^기 非^비君^군子^자之^지器^기

不^부得^득已^이而^이用^용之^지 恬^염澹^담爲^위上^상 勝^승而^이不^불美^미

而^이美^미之^지者^자 是^시樂^요殺^살人^인

夫^부 樂^요殺^살人^인者^자 則^즉不^불可^가以^이得^득志^지於^어天^천下^하矣^의

吉^길事^사尚^상左^좌 凶^흉事^사尚^상右^우

偏^편將^장軍^군居^거左^좌 上^상將^장軍^군居^거右^우 言^언以^이喪^상禮^례處^처之^지

殺^살人^인之^지衆^중 以^이悲^비哀^애泣^읍之^지

戰^전勝^승 以^이喪^상禮^례處^처之^지

무릇 아무리 훌륭한 군대라 하더라도 상서롭지 못한 기물이니 사람들은 혹 그것을 싫어한다. 그래서 도를 가진 사람은 거기에 처하지 않는다.

군자는 평소에는 왼쪽을 귀하게 여기고 군대를 쓸 때는 오른쪽을 귀하게 여긴다.

군대란 상서롭지 못한 기물이니 군자의 기물이 아니다.

어쩔 수 없이 군대를 쓸 경우에는 담담한 마음이 가장 좋고 이기더라도 아름답게 여기지 않는다.

그런데도 군사력 사용을 아름답게 여기는 자는 사람 죽이기를 좋아하는 것이다.

무릇 사람 죽이기를 좋아하는 자라면 천하에 뜻을 얻을 수 없다.

길한 일은 왼쪽을 높이고 흉한 일은 오른쪽을 높인다.

(그러니) 편장군이 왼쪽에 있고 상장군이 오른쪽에 있어야 하는 것은 상례(喪禮)로 처리한다는 말이다.

많은 사람을 죽였으니 비통하고 슬픈 마음으로 눈물을 흘리고 전쟁에서 이기더라도 상례로 처리해야 한다.

번역 비평과 풀이

전쟁 혹은 군사력 사용에 대한 노자의 생각이 고스란히 드러나 있다. 가능한 한 군사력 사용을 피하되, 불가피해서 써야 할 경우에는 이렇게 해야 한다는 말이다.

먼저 군자는 평상시에는 왼쪽을 숭상하고 군대를 동원할 때는 오른쪽을 숭상한다고 말한다. 이는 천자가 남면했을 때 왼쪽이 문관석이고 오른쪽이 무관석인 것과도 통한다. 그래서 문관은 서쪽을 향해 서게 되고 무관은 동쪽을 향해 서게 되는 것이다. 『도덕경』에서 "군자(君子)"라는 말은 딱 한 번 이곳에서만 등장한다.

어쩔 수 없이 군대를 써야 할 경우 임금이나 장수 모두 마음가짐을 담담하게[恬淡] 갖는 것이 가장 중요하다. 이는 용기를 뽐내며 전쟁에서 큰 공로를 이루려고 우쭐거려서는 안 된다는 말이다. 전쟁에 임할 때는 이런 마음이어야 하고, 전쟁에서 혹시 승리를 거두더라도 같은 마음이어야 한다. 전쟁이란 어떤 이유에서든 상서로운 일이 아니기 때문이다.

편장군(偏將軍)은 예하 부대 지휘관이고 상장군은 총사령관으로 편장군보다 지위가 높다.

제31장에 들어맞는 사례가 『서경』 「우서(虞書)·대우모(大禹謨)」편에 나온다.

순(舜)임금이 말했다.

"아! 우(禹)야! 지금 유묘(有苗)를 제대로 통솔할 수 없으니 네가 가서 정벌하라!"

우가 이에 여러 제후를 모이게 한 다음 장수들에게 맹세하며 이렇게 말했다.

"당당한 내 군사들아! 모두 나의 명을 잘 들으라! 무지몽매한 이 유묘가 정신 못 차리고 불손해 남을 업신여기면서 스스로 잘났다고 하며 도리를 어기고 덕을 파괴하니, 군자는 들판으로 쫓겨나고 소인들이 중책을 차지하고 있다. (이렇게 되면) 백성은 (자신들의 군주를) 버리고서 보호하려 하지 않으며 하늘도 재앙을 내린다. 그래서 내가 너희 군사들을 이끌고 황제의 사명을 받들어 죄인들을 토벌하려 한다. 너희들은 부디 하나로 마음의 힘을 모아야만 (아마도) 능히 공훈을 세울 수 있을 것이다."

30일 동안 유묘 백성은 항복을 하지 않고 저항했다. (이때) 익(益)이 우에게 나아가 고했다.

"(힘이 아니라 임금으로서의) 덕(德)이라야 하늘을 감동시켜서 아무리 먼 곳이라도 닿지 않는 곳이 없을 것입니다. 꽉 차게 되면 덜어지고 모자라면 채워지는 것, 이것이 곧 하늘의 도리입니다. 순임금께서 애초에 역산에 계실 때 밭에 가시어 날마다 하늘과 부모님께 울부짖으면서 모든 죄를 자신이 떠안고 온갖 허물을 자신의 탓으로 돌리시며 자식 된 도리를 잃지 않고 공경하는 마음으로 아버지 고수(瞽瞍)를 뵈었는데 그때마다 두려워하듯 공손하게 모시니, (포악하기 그지없던) 고수도 마침내 순임금을 믿고 따랐습니다. (이처럼) 지극정성은 귀신도 감동시키는데 하물며 이 유묘야 어떻겠습니까?"

우가 이 좋은 말에 절을 하며 "네 말이 옳다"고 말한 다음 군대를 돌려 철수했다. 순임금이 문덕(文德)을 널리 펼치시어 방패와 깃으로 만든 일산(日傘)으로 주인과 손님의 두 뜰에서 춤을 추시니, 70일 만에 유묘가 와서 무릎을 꿇었다.

익(益)이 보여준 모습이 제31장 요체다. 그중에서도 노자적인 말은 이것이다.

"꽉 차게 되면 덜어지고 모자라면 채워지는 것, 이것이 곧 하늘의 도리입니다."

제32장

^{도 상 무명}
道常無名

^{박 수소 천하 막능 신야 후왕 약 능 수지 만물 장 자빈}
樸 雖小 天下莫能臣也 侯王 若能守之 萬物 將自賓

^{천지 상합 이강 감로 민 막지 령 이 자균}
天地相合 以降甘露 民莫之令 而自均

^{시제 유명 명 역 기유 부 역 장 지지 지지 소이 불태}
始制有名 名亦旣有 夫亦將知止 知止 所以不殆

^{비 도 지재 천하 유 천곡 지여 강해}
譬道之在天下 猶川谷之與江海

도(道)는 늘 이름이 없다.

통나무가 비록 보잘것없지만, 천하는 그를 신하로 삼을 수가 없다. 후왕(侯王)이 만약에 이를 능히 지킨다면 만물 만사가 장차 스스로 손님을 자처할 것이다.

하늘과 땅이 서로 합치되면 감로(甘露)가 내리고 백성은 시키지 않아도 저절로 화평해질 것이다.

처음으로 제정할 때는 이름이 있게 된다. 이름이 실로 이미 있게 됐다면 무릇 장차 실로 그칠 줄 알아야 한다. 그칠 줄 아는 것이야말로 위태로워지지 않는 방법이다.

비유하자면 도가 천하에 행해지는 것은 마치 시내와 골짜기(의 물)가 강과 바다로 흘러가는 것과 같다.

32-1

<ruby>道<rt>도</rt></ruby><ruby>常<rt>상</rt></ruby><ruby>無<rt>무</rt></ruby><ruby>名<rt>명</rt></ruby>

道常無名
박 수소 천하 막능 신야 후왕 약 능 수지 만물 장 자빈
樸 雖小 天下莫能臣也 侯王 若能守之 萬物 將自賓

도(道)는 늘 이름이 없다.

통나무가 비록 보잘것없지만, 천하는 그를 신하로 삼을 수가 없다. 후왕(侯王)이 만약에 이를 능히 지킨다면 만물 만사가 장차 스스로 손님을 자처할 것이다.

번역 비평

빈(賓)은 빈복(賓服)한다는 말이니 복(服)이나 종(從)과도 통한다. 그러면 빈(賓)은 손님으로서 주인을, 신하로서 임금을 따른다는 뜻이 된다. 판본에 따라 "자빈(自賓)"이 "자정(自貞)"으로 돼 있는 것도 있다.

왕필 주(王弼注)

도 무형 불계 상 불가 명 이 무명 위상 고왈 도 상 무명
道 無形不繫 常不可名 以無名爲常 故曰 道常無名
박 지 위물 이무 위심 야 역 무명 고 장 득도 막약 수박 부 지자
樸之爲物 以無爲心也 亦無名 故 將得道 莫若守樸 夫 智

^자者 ^{가이}可以 ^{능신}能臣 ^야也 ^{용자}勇者 ^{가이}可以 ^{무사}武使 ^야也 ^{교자}巧者 ^{가이}可以 ^{사역}事役 ^야也 ^{역자}力者
^{가이}可以 ^{중임}重任 ^야也 ^{박지위물}樸之爲物 ^{궤연}憒然 ^{불편}不偏 ^{근어}近於 ^{무유}無有 ^{고왈}故曰 ^{막능}莫能 ^신臣 ^야也
^{포박}抱樸 ^{무위}無爲 ^불不 ^{이물}以物 ^누累 ^{기진}其眞 ^불不 ^{이욕}以欲 ^해害 ^{기신}其神 ^{즉물}則物 ^{자빈}自賓 ^{이도}而道 ^자自
^득得 ^야也

도는 형체가 없고 얽매이지 않으니 늘 이름을 지을 수 없다. 이름 없음을 일정함으로 삼으니 그래서 "도는 늘 이름이 없다"라고 한 것이다.

통나무라는 물건은 없음을 자기 마음으로 삼으니 역시 이름이 없다. 그래서 장차 도를 얻고자 한다면 통나무 같은 질박함을 지키는 것보다 나은 것이 없다. 무릇 지혜로운 자는 유능한 신하가 될 수 있고, 용맹스러운 자는 군사를 담당할 수 있으며, 기량이 특출한 자는 사업을 담당할 수 있고, 역량이 뛰어난 자는 무거운 임무를 맡을 수 있다. 통나무라는 물건은 뒤엉켜 있고 치우치지 않아서 아무것도 가지고 있지 않음[無有^{무유}]에 가깝다. 그래서 말하기를 "누구도 신하로 삼을 수 없다"라고 한 것이다.

통나무를 품어 안고 아무것도 하지 않되 (외부의) 일이나 사물로 그 참됨에 누를 끼치지 않고 욕심으로 정신을 해치지 않는다면 일과 사물 (신하와 백성)이 (주인이 아니라) 스스로 손님을 자처할 것이고 (이렇게 되면) 도는 저절로 얻게 된다.

풀이

여기서는 군신(君臣) 관계가 맺어지는 문제를 다룬다. 이 구절을 풀어내는 실마리는 '그것[之^지]'이다. 후(侯)나 왕(王)이 만약에 능히 '그것'을 지킨다면 만물 만사가 장차 스스로 손님을 자처하게 될 것이라고 했다. 이때 만물 만사에는 온갖 신하와 백성이 모두 포함된다. 따라서 천하(天下)나 사해(四海)라고 보는 것이 온당할 것이다.

여기서 '그것'은 도(道)도 아니고 '통나무 혹은 질박함' 자체도 아니다. "통나무가 비록 보잘것없지만, 천하는 그를 신하로 삼을 수가 없다"라는 일종의 이치를 말한다. 그런데 이렇게 될 경우 문제가 있다. 얼핏 보면 신하로 삼을 수 없는 신하를 신하로 삼는 것처럼 보일 수 있기 때문이다. 그러나 신하에는 여러 가지가 있다. 유향의 『설원』「복은(復恩)」편 6-3을 보자.

진(晉)나라 문공(文公)이 망명 중일 때 도숙호(陶叔狐)가 시종했는데, 문공이 진나라에 돌아와 신하들에게 세 차례 상을 내리면서 도숙호에게는 내리지 않으니 도숙호가 구범(咎犯)을 만나서 말했다.

"내가 임금을 따라 망명 생활을 한 지 13년인데, 얼굴빛은 시커멓게 되고 손발에는 굳은살이 박였소. (그런데) 지금 귀국해 신하들에게 세 차례 상을 내리면서 나에게는 내리지 않으니, 혹시 임금께서 나를 잊어버리신 걸까요? (아니면) 나에게 큰 문제가 있는 걸까요? 그대가 나를 위해 임금께 말씀드릴 수 있겠소?"

구범이 문공에게 이를 말하자 문공이 말했다.

"아! 내가 어찌 이 사람을 잊겠는가!

무릇 고명하고 지극히 뛰어나며 덕행이 온전하고 성실해서 도리로써 나를 즐겁게 해주고 어짊으로써 나를 기쁘게 해주며 나의 행동을 깨끗이 씻어내고 나의 이름을 훤히 드러내어 나를 온전한 사람[成人]으로 만들어준 사람에게 나는 최고상을 내렸다.

예로써 나를 막아주고 마땅함으로써 나에게 간언하며 나를 지켜주고 도와서 내가 잘못을 행하지 않게 하고 자주 나를 이끌어 뛰어난 이의 문에 가서 가르침을 청하게 한 사람에게 나는 그다음 상을 내렸다.

무릇 용감하고 장엄하며 강하고 굳세어 어려움이 앞에 닥치면 앞에 있고 어려움이 뒤에 닥치면 뒤에 남아서 나를 환난에서 벗어나게 해준 사람에게 나는 또 그다음 상을 주었다.

그리고 또 그대만 홀로 듣지 못했는가.

남을 위해 죽는 사람은 남의 몸을 보존해주는 사람만 못하고, 남을 도망치게 해주는 사람은 남의 나라를 보존시켜준 사람만 못하다. 세 차례 상을 내린 뒤에는 (나를 위해) 수고하고 고생한 사람들이 그다음이 되는데, 저 수고하고 고생한 사람 중에서 이 사람이 첫째이니 내가 어찌 감히 이 사람을 잊겠는가?"

주나라 내사(內史) 숙흥(叔興)이 이 말을 듣고서 말했다.

"문공은 아마도 패자(霸者)가 될 것이다. 옛날에 뛰어난 임금은 다음을 먼저 하고 힘을 뒤로했는데, 문공이 아마도 이에 해당한다고 할 것이다. 『시경』(「상송(商頌)・장발(長發)」편)에 이르기를 '예를 따라 시행해 법도를 넘지 않는다'라고 했으니, 이를 두고 말한 것이다."

여기서 문공이 말한 첫 번째가 스승 같은 신하[師臣^{사신}], 두 번째가 벗 같은 신하[友臣^{우신}], 세 번째가 종 같은 신하[隸臣^{예신}]다. 신하로 부린다는 것은 예신(隸臣)을 말하는 것이지 사신(師臣)을 말하는 것이 아니다. 그러면 이제 이 구절은 다음과 같이 풀어낼 수 있다.

도(道)는 늘 이름이 없다. 이는 바로 질박함 혹은 손길이 닿지 않은 통나무를 가리켜 말한 것이다. 바로 이런 질박함을 체화한 성신(聖臣)이 있다면 천하는 함부로 그를 종 같은 신하로 부릴 수 없다. 후왕(侯王)이 만약에 이를 잘 알아서 그런 신하를 스승 같은 신하나 벗 같은 신하로 존중하며 초빙한다면 천하 사람들은 장차 서로 다퉈 스스로 손님을 자처하며 나아올 것이다.

32-2

천지　상합　이강　감로　민 막지 령 이 자균
天地相合 以降甘露 民莫之令 而自均

하늘과 땅이 서로 합치되면 감로(甘露)가 내리고 백성은 시키지 않아도 저절로 화평해질 것이다.

번역 비평

균(均)은 '고르다'라는 뜻 외에 '평평하다[平]', '평안하다[安]', '가지런하다[調=和]' 등의 뜻이 있다. 여기서는 조화를 이뤄 안정된다는 말이다.

왕필 주(王弼注)

언 천지　상합　즉 감로　불구　이 자강　아 수 기 진성　무위　즉 민 불령
言天地相合 則甘露不求而自降 我守其眞性無爲 則民不
이 자균
令而自均

하늘과 땅이 서로 합치되면 감로는 억지로 구하지 않아도 저절로 내리게 되며 (이와 마찬가지로) 내가 참된 본성을 지키면서 무위하면 백성은 시키지 않아도 저절로 화평해진다는 것을 말한다.

풀이

여기서 하늘과 땅은 각각 임금과 신하를 비유한 것이다. 하늘은 덮어주고[覆^복] 땅은 실어준다[載^재]는 것은 고대 중국 사람들이 갖고 있던 통념이다.

상합(相合)은 그래서 성왕(聖王)과 성신(聖臣)이 만났다는 뜻이 된다. 이때 신하란 재상[相^상]을 말한다.

참고로 공자는 명군(明君)과 직신(直臣) 혹은 현군(賢君)과 현신(賢臣)의 만남을 강조했다. 감로(甘露)란 성왕과 성신이 선정(善政)을 펼침을 비유한 것이다. 위에서 임금과 신하가 상합(相合)하는 것을 봤으니 백성은 그것을 본받아 따로 명을 내리지 않아도 화합(和合)하는 방향으로 나아가게 돼 있다.

32-3

始制有名 名亦旣有 夫亦將知止 知止 所以不殆
<small>시제 유명 명 역 기유 부 역 장 지지 지지 소이 불태</small>

처음으로 제정할 때는 이름이 있게 된다. 이름이 실로 이미 있게 됐다면 무릇 장차 실로 그칠 줄 알아야 한다. 그칠 줄 아는 것이야말로 위태로워지지 않는 방법이다.

'제(制)'는 문맥에 입각해서 옮겨야 한다. 그런데 기존 해설서들은 문맥 자체를 도외시한 채 사전에 있는 제(制)의 여러 뜻 중에서 하나를 임의로 골라 옮겨놓고 있다.

성왕(聖王)과 성신(聖臣)이 상합했으니 바야흐로 그에 어울리는 정사(政事)를 행하지 않을 수 없다. 노자식으로 표현하자면 성정(聖政)이라 하겠다.

제(制)란 처음으로 제도와 법규를 제정하는 것을 말한다.

왕필 주(王弼注)

始^{시제}制 謂^위樸^박散^산始^시爲^위官^관長^장之^지時^시也^야 始^{시제}制 官^관長^장 不^불可^가 不^불立^립 名^명分^분 以^이
定^정尊^존卑^비 故^고 始^{시제}制 有^유名^명也^야
過^과此^차以^이往^왕 將^장爭^쟁錐^추刀^도之^지末^말 故^고曰^왈 名^명亦^역旣^기有^유 夫^부亦^역將^장知^지止^지
遂^수 任^임名^명以^이號^호物^물 則^즉失^실治^치之^지母^모也^야 故^고 知^지止^지所^소以^이不^불殆^태也^야

처음으로 제정한다는 것은 통나무가 쪼개져 비로소 (성신이) 관장(官長)이 되는 때를 말한다. 처음으로 관장을 제정할 때는 명분을 세워 높고 낮음[尊卑]을 정하지 않을 수 없다. 그래서 처음으로 제정할 때는 이름이 있게 된다.

이를 지나쳐서 더 가게 되면 장차 송곳이나 칼끝같이 작은 일을 두고서도 다투게 된다. 그래서 말하기를 "이름이 실로 이미 있다면 무릇 장차 실로 그칠 줄 알아야 한다"라고 했다.

드디어 이름에 맡겨 일과 사물을 호명하게 되면 다스림의 어머니를 잃게 된다. 그래서 말하기를 "그칠 줄 아는 것이야말로 위태로워지지 않는 방법이다"라고 했다.

풀이

제(制)란 대체로 새로운 나라가 생겨났을 때의 상황을 말한다고 볼 수 있다.

쉽게 말하면 통치를 위해 각종 관직을 제정하는 것을 이야기한다. 그래서 이름이 있게 되는 것이다.

그런데 곧바로 "이름이 실로 이미 있게 됐다면 무릇 장차 실로 그칠 줄 알아야 한다"라고 경고한다. 이때의 이름은 결국 관명(官名)이다. 그런데 사람이란 관직을 받으면 힘을 행사하는 데 골몰해서 스스로 멈출 줄을 모른다. 이는 동서고금을 막론하고 해당하는 말이다. 그래서 큰 권력이든 작은 권력이든 일단 권력을 갖게 되면 자기 관성(慣性)으로 굴러가게 된다.

바로 이 점을 경계시켜 "그칠 줄 알아야 한다"고 말한 것이다. 그칠 줄 모르면 당연히 위태로워질 수밖에 없다.

32-4

비 도 지 재 천하　유 천곡　지 여　강해
譬道之在天下 猶川谷之與江海

비유하자면 도가 천하에 행해지는 것은 마치 시내와 골짜기(의 물)

가 강과 바다로 흘러가는 것과 같다.

번역 비평

일반적으로 강과 바다는 도(道), 시내와 골짜기는 천하를 비유한 것
으로 본다.

왕필 주(王弼注)

川谷之不求江與海 非江海召之 不召不求 而自歸者也 行
道於天下者 不令而自均 不求而自得 故曰 猶川谷之與江
海也

시내와 골짜기는 강과 바다를 구하지 않고 강과 바다도 (시내와 골짜
기를) 부르지 않는다. 부르지도 않고 구하지도 않는데 스스로 (강과 바다
로) 흘러가는 것이다. (이와 마찬가지로) 천하에 도를 행하면 시키지 않아
도 저절로 화평하게 되고 억지로 구하지 않아도 저절로 얻게 된다. 그
래서 말하기를 "시내와 골짜기가 강과 바다로 흘러가는 것과 같다"라
고 한 것이다.

풀이

도(道)가 천하에 임하는[臨=在] 방식은 강이나 바다가 맨 아래에 있
으면서 시내와 골짜기의 물이 자연스럽게 거기로 흘러들게 하는 방식
과 같다는 것이다.

이노해노(以老解老)

이처럼 후왕(侯王)이 질박함을 갖춘 재상을 써서 무위자연하는 통치를 펼칠 경우 그 효과가 어떤지를 제37장은 보다 구체적으로 그려내고 있다. 먼저 읽어보자.

도(道)는 늘 무위(無爲)하지만 하지 않는 것이 없다.
후왕(侯王)이 만약에 능히 그것을 지킨다면 만물 만사는 장차 저절로 교화될 것이다.
교화됐는데도 억지로 하려는 마음이 일어난다면 나는 장차 그것을 이름 없는 통나무로 누를 것이다.
이름 없는 통나무로 누르게 되면 무릇 실로 장차 욕심이 없어질 것이다.
무욕(無欲)함으로써 고요하게 되면 천하는 장차 저절로 안정될 것이다[自^{자정}定=自^{자균}均].

반면에 제38장은 억지로 끌어당겼을 때 어떤 폐단이 일어나는지를 상세하게 그려내고 있다.

최상의 덕(을 갖춘 사람)은 덕을 놓아버린다. 이 때문에 덕이 있다.
낮은 덕(에 머무는 사람)은 덕을 잃어버리려 하지 않는다. 이 때문에 덕이 없다.
최상의 덕(을 갖춘 사람)은 무위(無爲)하지만 하지 않는 것이 없고, 낮은 덕(에 머무는 사람)은 뭔가를 하면서도 의도를 갖고서[以^이] 함이 없다.
최상의 인(仁)은 뭔가를 하면서도 의도를 갖고서 함이 없고

최상의 의(義)는 뭔가를 할 때 의도를 갖고서 함이 있으며

최상의 예(禮)는 뭔가를 하는데 (상대가) 응하지 않으면 팔을 걷어붙이고 상대를 (억지로) 잡아당긴다.

그래서 도를 잃은 후에 덕이요, 덕을 잃은 후에 인이요, 인을 잃은 후에 의요, 의를 잃은 후에 예다.

무릇 예란 충신(忠信)이 엷어져서 나온 것이라 어지러움의 첫머리가 된다.

전식(前識)이란 도(道)의 화려한 겉모습이요 어리석음의 첫머리다.

이 때문에 대장부는 두터운 곳에 처하지 엷은 곳에 처하지 않고 실질에 처하지 화려한 겉모습에 처하지 않는다.

그래서 저것을 버리고 이것을 취한다.

제37장과 38장을 대비시켜 읽음으로써 제32장에 담긴 의미를 정교하게 풀어내야 할 것이다.

제33장

^{지인자} ^지 ^{자지자} ^명
知人者 智 自知者 明
^{승인자} ^{유력} ^{자승자} ^강
勝人者 有力 自勝者 强
^{지족자} ^부 ^{강행자} ^{유지}
知足者 富 强行者 有志
^{부실} ^{기소} ^자 ^구 ^사 ^이 ^{불망} ^자 ^수
不失其所者 久 死而不亡者 壽

남을 아는 사람은 지혜롭고 자기를 아는 사람은 밝다.

남을 이기는 사람은 힘이 있고 자기를 이기는 사람은 강하다.

만족할 줄 아는 사람은 부유하고 힘써 행하는 사람은 뜻이 있다.

자기가 있어야 할 바를 잃지 않으면 오래가고 죽어도 사라지지 않
으면 오래간다.

33-1

^{지인자} ^지 ^{자지자} ^명
知人者 智 自知者 明

남을 아는 사람은 지혜롭고 자기를 아는 사람은 밝다.

지인(知人)과 짝을 이루는 것은 지기(知己)다. 그런데 자지(自知)라고 했다. 지기(知己)와 자지(自知)는 거의 같은 뜻이기는 하지만 뉘앙스에 차이가 있다. 지기(知己)는 '자기를 안다'고, 자지(自知)는 '스스로 (자기를) 알아낸다'라는 말이다. 일단 이 정도만 짚어둔다.

노자에게 지(智/知)는 명(明)보다는 낮은 차원이다. 참고로 공자에게 지(知)는 지인(知人) 혹은 지사(知事)며 이런 것을 잘하는 임금을 명군(明君)이라고 했다.

따라서 공자에게서는 지(知)와 명(明)이 같은 레벨이다. 다만 공자는 지자(知者) 위에 인자(仁者)를 뒀다.

왕필 주(王弼注)

知人者 智而已矣 未若自知者 超智之上也
<small>지인자 지 이이의 미약 자지자 초 지지상 야</small>

남을 아는 사람은 지혜로울 뿐이어서 자기를 아는 사람이 최상의 지혜를 뛰어넘는 것만 못하다.

풀이

지(知)와 명(明) 차이에 대해 김충열 교수는 개괄적으로 이렇게 말했다.

열 길 물속은 알아도 한 길 사람 속은 모른다는 속담이 있다. 사람을 알기란 역시 어려운 모양이다. 그래서 노자는 남을 아는 자가 지혜로운 자라고 했다. 그러나 가장 쉽게 여겨지는 '자신을 잘 안다'라는 것이 그보다도 더 어렵다. 아마도 그것은 주관에 치우쳐 객관성을 잃게 되기 때문일 것이다. 남을 용서하기는 쉬워도 자기를 용서하기는 어렵다는 말처럼, 자기 자신을 객관적인 인식 대상, 평가 대상으로 세우기는 매우 어렵다. 그래서 노자는 자기를 아는 자가 지자(知者)보다 더 고명(高明)하다고 한 것이다.

『회남자(淮南子)』「제속훈(齊俗訓)」편에 관련된 구절이 나온다.

이른바 달자(達者)란 밖에 있는 것을 아는 것이 아니라 스스로를 잘 아는 것[自知]일 뿐이다.

여기서 달(達)은 명(明)과 거의 같은 뜻이다.

33-2

勝人者 有力 自勝者 强
(승인자) (유력) (자승자) (강)

남을 이기는 사람은 힘이 있고 자기를 이기는 사람은 강하다.

번역 비평

33-1과 연결해서 풀 수 있다. 다만 강(强)은 '힘이 강하다'는 뜻이

라기보다는 '내면이 굳세다'라는 뜻이니 강(剛)과 같은 것이라고 봐야
한다.

왕필 주(王弼注)

勝人者 有力而已矣 未若自勝者 無物以損其力
用其智於人 未若用其智於己也 用其力於人 未若用其力
於己也
明用於己 則物無避焉 力用於己 則物無改焉

남을 이기는 사람은 힘이 있을 뿐이어서 자기를 이기는 사람의 경
우 그 어떤 것도 그의 힘을 덜어낼 수 없는 것만 못하다.

자기 지혜를 남에게 쓰는 것은 그 지혜를 자기에게 쓰는 것만 못하
고 자기 힘을 남에게 쓰는 것은 그 힘을 자기에게 쓰는 것만 못하다.

밝음을 자기에게 쓰면 그 누구도 그를 피하지 않을 것이고 힘을 자
기에게 쓰면 그 누구도 그를 바꾸지 못한다.

풀이

남을 이기는 사람은 힘으로 이기는 것이지만 자기를 이기는 사람
은 뜻이 굳세어서 이기는 것이다. 『논어』 「태백(泰伯)」편 6에 나오는 사
람이 바로 굳센 사람이다.

증자(曾子)가 말했다.

"대절(大節)에 임해서 (그 절개를) 빼앗을 수 없는 사람이 있다면 이는 군자다운 사람일까? (진정) 군자다운 사람이다."

33-3

知足者 富 强行者 有志

만족할 줄 아는 사람은 부유하고 힘써 행하는 사람은 뜻이 있다.

번역 비평

여기서 문제가 될 수 있는 단어는 강(强)이다. 33-2와 마찬가지로 여기서도 강(强)은 부정적 의미의 '억지로'가 아니라 '힘써'라는 긍정적 의미다.

왕필 주(王弼注)

知足者 自不失 故 富也
勤能行之 其志必獲 故曰 强行者 有志矣

만족할 줄 아는 사람은 스스로 잃지 않으니 그래서 부유하다.

부지런히 그것을 행할 수 있다면 그 뜻은 반드시 이뤄진다. 그래서 말하기를 "힘써 행하는 사람은 뜻이 있다"라고 했다.

만족할 줄 아는 사람이란 33-1에서 말한 자기를 아는 자고 힘써 행하는 사람이란 33-2에서 말한 자기를 이기는 사람이다.

33-4

<ruby>不<rt>부</rt></ruby><ruby>失<rt>실</rt></ruby><ruby>其<rt>기</rt></ruby><ruby>所<rt>소</rt></ruby><ruby>者<rt>자</rt></ruby><ruby>久<rt>구</rt></ruby> <ruby>死<rt>사</rt></ruby><ruby>而<rt>이</rt></ruby><ruby>不<rt>불</rt></ruby><ruby>亡<rt>망</rt></ruby><ruby>者<rt>자</rt></ruby><ruby>壽<rt>수</rt></ruby>

자기가 있어야 할 바를 잃지 않으면 오래가고 죽어도 사라지지 않으면 오래간다.

번역 비평

구(久)와 수(壽)는 같은 의미로 '오래간다'라는 뜻이다. 특히 수(壽)를 '장수한다'로 옮겨서는 안 된다.

왕필 주(王弼注)

<ruby>以<rt>이</rt></ruby><ruby>明<rt>명</rt></ruby><ruby>自<rt>자</rt></ruby><ruby>察<rt>찰</rt></ruby> <ruby>量<rt>양</rt></ruby><ruby>力<rt>력</rt></ruby><ruby>而<rt>이</rt></ruby><ruby>行<rt>행</rt></ruby> <ruby>不<rt>부</rt></ruby><ruby>失<rt>실</rt></ruby><ruby>其<rt>기</rt></ruby><ruby>所<rt>소</rt></ruby> <ruby>必<rt>필</rt></ruby><ruby>獲<rt>획</rt></ruby><ruby>久<rt>구</rt></ruby><ruby>長<rt>장</rt></ruby><ruby>矣<rt>의</rt></ruby>
<ruby>雖<rt>수</rt></ruby><ruby>死<rt>사</rt></ruby><ruby>而<rt>이</rt></ruby><ruby>以<rt>이</rt></ruby><ruby>爲<rt>위</rt></ruby><ruby>生<rt>생</rt></ruby><ruby>之<rt>지</rt></ruby> <ruby>道<rt>도</rt></ruby><ruby>不<rt>불</rt></ruby><ruby>亡<rt>망</rt></ruby> <ruby>乃<rt>내</rt></ruby><ruby>得<rt>득</rt></ruby><ruby>全<rt>전</rt></ruby><ruby>其<rt>기</rt></ruby><ruby>壽<rt>수</rt></ruby> <ruby>身<rt>신</rt></ruby><ruby>沒<rt>몰</rt></ruby><ruby>而<rt>이</rt></ruby><ruby>道<rt>도</rt></ruby><ruby>猶<rt>유</rt></ruby><ruby>存<rt>존</rt></ruby> <ruby>況<rt>황</rt></ruby><ruby>身<rt>신</rt></ruby>
<ruby>存<rt>존</rt></ruby><ruby>而<rt>이</rt></ruby><ruby>道<rt>도</rt></ruby><ruby>不<rt>부</rt></ruby><ruby>卒<rt>졸</rt></ruby><ruby>乎<rt>호</rt></ruby>

눈 밝음으로 스스로를 살피고 역량을 헤아려 일을 행하며 자기가 있어야 할 바를 잃지 않으면 반드시 오래갈 수가 있다.

비록 죽었으나 그가 살아 있다고 여기니, 도(道)는 사라지지 않아 마침내 그 수명을 온전히 할 수 있다. 몸은 죽어도 오히려 도가 보존되는데, 하물며 몸이 살아 있고 도가 사라지지 않음에랴!

풀이

앞부분은 쉽게 이해할 수 있지만, 뒷부분, 즉 "사이불망자수(死而不亡者壽)"는 대체 무슨 뜻일까? 단순히 풀이하면 "죽어서도 없어지지 않으면 오래간다"인데, 이는 하나 마나 한 소리다. 일단 이는 "죽어서도 없어지지 않을 만한 그런 방식으로 일을 행할 때 그 일이 오래가고 그 이름 또한 오래간다"로 풀어서 이해하면 정상적인 문장이 된다.

죽어서도 없어지지 않을 만한 그런 방식이란 무엇일까? 김충열 교수는 삼불후(三不朽)를 언급했는데 참고할 만하다. 반면에 이를 불사(不死)나 장수(長壽)로 보는 양생술과 가까운 해석은 따르지 않는다. 『춘추좌씨전』 양공(襄公) 24년(기원전 549년) 기록이다.

> 24년 봄에 목숙(穆叔)이 진(晉)나라로 가자 범선자(范宣子)가 나와서 맞이하며 목숙에게 물었다.
> "옛사람 말에 '죽은 뒤에도 없어지지 않고 영원히 전해진다[死而不朽]'라고 했는데 이것이 무슨 말인가?"
> 목숙이 대답하지 않자 범선자가 말했다.
> "옛날에 내 조상이 우순(虞舜-요순) 이전에는 도당씨(陶唐氏)가 되고 하나라 때는 어룡씨(御龍氏)가 되고 상나라 때는 시위씨(豕韋氏)가 되고 주나라 때는 당씨(唐氏)와 두씨(杜氏)가 되고 진나라가 중원 회맹을 주도할 때는 범

씨(范氏)가 됐으니, 불후(不朽)란 아마도 이것을 가리키는 것인 듯하다."

목숙이 말했다.

"내가 듣건대 그것은 세록(世祿)이라고 하지 불후가 아니다. 노나라 선대부 중에 장문중(臧文仲)이란 사람이 있었는데, 그가 죽은 뒤에도 그에 대한 말이 전해지니 불후란 아마도 이런 것을 가리키는 것인 듯하다. 내가 듣건대 '(불후 중에서) 최상은 덕(德)을 세우는 것이고, 그다음은 공(功)을 세우는 것이고, 그다음은 후세에 전할 말을 남겨서 세월이 아무리 오래 흘러도 폐기되지 않는 것이다. 이런 것을 불후(不朽)라고 한다'라고 했다."

사이불후(死而不朽)는 곧 사이불망(死而不亡)이다. 죽어서도 없어지거나 사라지지 않는다는 말이다.

제34장

^{대도} ^{범혜} ^{기가} ^{좌우}
大道 氾兮 其可左右

^{만물} ^{시지} ^{이 생} ^{이 불사} ^{공성} ^{불 명유} ^{의양} ^{만물} ^{이 불 위주} ^상
萬物恃之而生而不辭 功成不名有 衣養萬物而不爲主 常

^{무욕} ^{가명} ^{어소}
無欲 可名於小

^{만물} ^{귀지} ^{이 부지} ^주 ^{가 명어} ^대
萬物歸之 而不知主 可名於大

^{이 기종} ^{부자} ^{위대} ^고 ^{능성} ^{기대}
以其終不自爲大 故 能成其大

큰 도는 둥둥 떠다니니 왼쪽으로도 오른쪽으로도 갈 수 있다.

만물 만사가 도(道)에 의지해 생겨나는데도 공치사하지 않고 공로를 이루면서도 자기가 했다고 이름하지 않으며, 만물 만사를 입히고 기르면서도 주인 노릇을 하지 않는다. (이처럼) 늘 욕심이 없으니 작다고 이름할 만하다.

만물 만사가 그리로 돌아가지만 주인을 알지 못하니 크다고 이름할 만하다.

끝내 스스로 커지려 하지 않기 때문에 그래서 능히 그렇게 클 수 있다.

34-1

<ruby>大道<rt>대도</rt></ruby> <ruby>氾<rt>범</rt></ruby><ruby>兮<rt>혜</rt></ruby> <ruby>其可<rt>기가</rt></ruby><ruby>左右<rt>좌우</rt></ruby>

큰 도는 둥둥 떠다니니 왼쪽으로도 오른쪽으로도 갈 수 있다.

번역 비평

범(氾)은 판본에 따라 범(汎)으로 돼 있는데, 둘 다 '넘치다', '흐르다', '뜨다', '둥둥 떠다니다'라는 뜻이다. 어디에 얽매이지 않고 물결 가는 대로 바람 부는 대로 떠다니는 모습을 말한다.

좌우(左右)는 두 글자 동사다.

이노해노(以老解老)

대도(大道)는 제18장에서 짚었다. 제17장에서 말한 태상(太上)이 펼치는 도(道)가 바로 대도(大道)다.

먼저 제17장이다.

최상의 통치자의 경우 아래 백성은 그가 있다는 것만 안다.

그다음 통치자의 경우 (아래 백성은) 윗사람을 제 몸처럼 여기며 기리게 만든다.

그다음 통치자의 경우 (아래 백성으로 하여금) 윗사람을 두려워하게 만든다.

그다음 통치자의 경우 (아래 백성으로 하여금) 윗사람을 모독하게 만든다.

믿음을 주는 것이 부족하니, (이에) 불신이 생겨난다.

그윽하도다, 그가 말을 귀하게 여김이여! 공로가 이뤄지고 일이 마무리돼도 백성은 모두 말하기를, 우리가 자연스러워서 그렇게 됐다고 한다.

이어서 제18장이다.

큰 도가 폐기되니 어짊과 마땅함이 있게 됐다.
지혜가 나오니 큰 거짓이 생겨났다.
육친이 화목하지 못하니 효성이니 자애니 하는 말이 생겨났고, 국가가 어지러우니 충신이라는 말이 있게 됐다.

이어지는 제35장(35-3)에서는 이런 대도를 다음과 같이 표현하고 있다.

도(道)에 관한 말은 싱거워서 아무런 맛이 없고 봐도 볼 수가 없고 들어도 들을 수가 없지만, 그것을 쓰더라도 다함이 없다.

왕필 주(王弼注)

言道汎濫 無所不適 可左右上下周旋而用 則無所不至也

도(道)는 흘러넘쳐 가지 못하는 곳이 없어서 왼쪽 오른쪽 위아래로 두루 돌아다니면서 쓰이니, 그래서 이르지 못하는 곳이 없음을 말한 것이다.

좌우(左右)란 어디든 갈 수 있다는 말이다. 대도(大道)란 딱히 도(道)와 구별되는 것은 아니지만 34-3에서 말한 대로 "만물 만사가 그리로 돌아가지만, 주인을 알지 못하"기 때문에 대(大)라고 했다. 홍석주는 이런 뉘앙스를 잘 살펴 풀어내고 있다.

대도(大道)란 도의 온전함[道之全]이다. 도의 한 부분을 얻은 자도 스스로 그것을 도라고 생각한다. 그러나 두루 하지 못해 하나는 알지만 둘은 알지 못하고 저렇게 할 수는 있지만 이렇게 할 수는 없으니, 비록 백이(伯夷, ?~?)[38]의 맑음[淸]과 유하혜(柳下惠, ?~?)[39]의 화합[和]이라 해도 여기에서 벗어날 수 없다. 오직 성인만이 도를 온전히 체득해서 매여 있지 않은 배가 물결에 따라 떠다니듯이 좋아하는 일도 싫어하는 일도 없다. 왼쪽으로 해야 하면 왼쪽으로 하고 오른쪽으로 해야 하면 오른쪽으로 하니, 이 때문에 (하늘과 같아서) 만물 만사를 두루 덮어줄[偏覆] 수 있다.

---

38 공자·사마천 등이 전한 이야기에 의하면, 원래 고죽국(孤竹國) 왕자였는데 아버지가 죽으면서 아우 숙제(叔齊)에게 왕의 자리를 물리겠다는 말을 남겼다고 한다. 그러나 숙제는 형을 두고 왕이 될 수 없다고 형에게 사양했고, 백이 또한 아버지의 말씀을 어길 수 없다면서 사양했다. 그리하여 마침내 두 형제는 고죽국을 떠나 주나라 문왕을 찾아 신하 되기로 약속했는데, 막상 찾아 보니 문왕은 죽어 없고 그의 아들 무왕(武王)이 아버지의 위폐를 싣고 은왕을 치려는 중이었다. 그것을 본 두 형제가 무왕에게 도덕에 어긋남을 충고했으나 끝내 듣지 아니하자, 주나라의 벼슬을 하는 것은 부끄러운 일이라 해 수양산(首陽山)으로 들어갔다. 처음에는 고사리를 캐 먹고 살았으나, 그것조차도 주나라 땅의 것이라 해 굶어 죽고 말았다고 한다.

39 춘추 시대 노(魯)나라 사람으로 대부를 지냈다. 성은 전(展)이고 이름은 획(獲)이며 자는 금(禽)이다. 유하(柳下)는 식읍(食邑) 이름이고, 혜(惠)는 시호다. 유하계(柳下季) 또는 유사사(柳士師) 등으로도 불린다. 일찍이 사사(士師)라는 관직을 지내면서 형옥(刑獄)을 맡았는데, 세 번 쫓겨나자 사람들이 떠나기를 권했다. 그러자 바른 도리로 남을 섬긴다면 어디를 간들 쫓겨나지 않겠으며, 도를 굽혀 남을 섬길 바에는 하필 부모님의 나라를 떠나겠느냐고 대답했다.

그런 점에서는 공자도 이런 도리에 가까웠다고 할 것이다.『논어』
「미자(微子)」편 8이다.

일민(逸民)은 백이(伯夷) · 숙제(叔齊) · 우중(虞仲) · 이일(夷逸) · 주장(朱張) · 유
하혜(柳下惠) · 소련(少連)이다.

공자가 말했다.

"그 뜻을 굽히지 않고 그 몸을 욕되게 하지 않은 사람은 아마도 백이와 숙
제일 것이다."

유하혜와 소련에 대해서는 이렇게 평했다.

"뜻을 굽히고 몸을 욕되게 했지만, 말은 도리에 맞고 일을 행함은 사리에
맞았으니, 그저 이뿐이다."

우중과 이일에 대해서는 이렇게 평했다.

"숨어 살며 말을 함부로 했지만, 몸은 깨끗함에 맞았고 벼슬하지 않음은
권도(權道)에 맞았다. 나는 이들과 달라서 가한 것도 없고 불가한 것도 없
다[無可無不可]."

34-2

萬物恃之而生而不辭 功成不名有 衣養萬物而不爲主 常
無欲 可名於小

만물 만사가 도(道)에 의지해 생겨나는데도 공치사하지 않고 공로
를 이루면서도 자기가 했다고 이름하지 않으며 만물 만사를 입히고 기

르면서도 주인 노릇을 하지 않는다. (이처럼) 늘 욕심이 없으니 작다고 이름할 만하다.

번역 비평

여기서 조심해야 할 단어는 '사(辭)'자다. 번역본에 따라 이를 '사양하다'로 옮긴 경우가 있는데 맥락에 맞지 않다. 최진석 교수는 '귀찮아한다'로 옮겼는데, 의역이 지나쳤다고 본다. 사(辭)에는 '하소연하다', '알리다'는 뜻이 있으니, '내세워 말하다'라는 뜻으로 봐야 한다. 김충열 교수는 '공치사하다'로 옮겼는데, 바로 이 뜻이다.

왕필 주(王弼注)

萬物皆由道而生 旣生而不知其所由 故 天下常無欲之時

萬物各得其所 而道無施於物 故 可名於小矣

만물 만사는 모두 도(道)로 말미암아 생겨나지만 이미 생겨나고 나면 그 말미암은 바를 알지 못한다. 그래서 천하가 늘 욕심이 없을 때는 만물 만사가 각자 제자리를 얻지만, 도가 일과 사물에 베푸는 바는 없다. 그래서 "작다고 이름할 만하다"라고 했다.

풀이

앞에서 누차 반복된 이야기를 '소(小)'로 집약하고 있다. 이때의 소(小)는 욕심을 적게 하거나 나아가 없게 하는 것이니, 결국 '비우다[虛]'

와 통한다.

34-2와 34-3은 소(小)와 대(大) 두 글자를 통해 도(道)의 움직임을 상세하게 묘사하고 있다. 내용은 어렵지 않다.

34-3

萬物歸之 而不知主 可名於大
<small>만물 귀지 이 부지 주 가 명어 대</small>

만물 만사가 그리로 돌아가지만 주인을 알지 못하니 크다고 이름할 만하다.

번역 비평

귀(歸)는 '귀착(歸着)된다'라는 말이다. 왕필 주대로 하자면 도(道)로 말미암아 만물 만사가 생겨난다는 뜻이다.

왕필 주(王弼注)

萬物皆歸之以生而力 使不知其所由 此不爲小 故 復可名
<small>만물 개 귀지 이생 이역 사 부지 기 소유 차 불위 소 고 부 가명</small>
於大矣
<small>어 대 의</small>

만물 만사는 모두 도(道)로 돌아감으로써 생겨나는 데 힘써, 그 말미암은 바를 알지 못하게 한다. 이는 작다고 할 수가 없다. 그래서 다시 "크다고 이름할 만하다"라고 한 것이다.

여기서 크다고 하는 것은 자겸(自謙)함이 지극하다는 말이다. 34-4가 이를 바로 보여준다.

34-4

이 기종 부자 위대 고 능성 기대
以其終不自爲大 故 能成其大

끝내 스스로 커지려 하지 않기 때문에 그래서 능히 그렇게 클 수 있다.

왕필 주(王弼注)

위대 어 기세 도난 어 기이
爲大 於其細 圖難 於其易

커지려면 작은 것부터 하고 어려운 일을 도모할 때는 쉬운 것부터 한다.

인간사에서나 가능한 역설이다. 오히려 왕필 주는 사족(蛇足)에 가깝다.

대도(大道)의 대(大)에 대한 설명임과 동시에 제34장을 압축하는 내용이다. 제34장은 도(道) 자체에 관한 언급이다.

제35장

^집^대^상 ^천^하 ^왕
執大象 天下往

^왕 ^이 ^불^해 ^안 ^평 ^태
往而不害 安平大

^악 ^여 ^이 ^과^객 ^지
樂與餌 過客止

^도 ^지 ^출^구 ^담^호 ^기 ^무^미 ^시^지 ^부^족 ^견 ^청^지 ^부^족 ^문 ^용^지 ^부^족
道之出口 淡乎其無味 視之不足見 聽之不足聞 用之不足

^기
旣

대상(大象)을 잡아 쥐면 천하가 (그에게로) 간다.

(만물 만사가 그에게로) 가도 해치지 않으니 이에 태평을 누린다.

음악과 음식은 지나가는 나그네도 멈추게 할 수 있다.

도(道)에 관한 말은 싱거워서 아무런 맛이 없고 보려 해도 볼 수가 없고 들으려 해도 들을 수가 없지만, 그것을 쓰더라도 다함이 없다.

35-1

집 대상 천하 왕
執大象 天下往

대상(大象)을 잡아 쥐면 천하가 (그에게로) 간다.

번역 비평

제41장(41-14)에 대상(大象)을 풀어낼 실마리가 있다.

대상(大象)은 형체가 없다[大象無形].

이에 대해 왕필은 다음과 같이 주해했다.

형체가 있으면 실로 분별이 있으니, 분별이 있을 경우 따뜻하지 않으면 서늘하고 뜨겁지 않으면 차갑다[有形則亦有分 有分者 不溫則凉 不炎則寒].

그래서 모습이 있으면서 형체를 갖춘 것은 커다란 모습이 아니다[故 象而形者 非大象].

자연스럽게 이는 이어서 살펴볼 35-1에 대한 왕필 주와 이어진다.

왕필 주(王弼注)

大象^{대상} 天象之母也^{천상 지모야} 不炎不寒^{불염 불한} 不溫不凉^{불온 불량} 故^고 能包統萬物^{능포통 만물} 無^무
所犯傷^{소범상} 主若執之^{주 약 집지} 則天下往也^{즉 천하 왕 야}

대상(大象)이란 온갖 상(象)의 어머니여서 뜨겁지도 않고 차갑지도
않으며 따뜻하지도 않고 서늘하지도 않다. 그래서 능히 만물 만사를
감싸주고 통괄하면서도 범하거나 해치는 바가 없다. 군주가 만약에 그
것을 잡아 쥔다면 천하가 그에게로 갈 것이다.

풀이

여기서 먼저 생각해야 할 것은 집(執), 즉 '잡아 쥐다' 주어가 누구
인가 하는 것이다. 그것은 당연히 제34장에서 말한 대도(大道)를 체화
한 성인(聖人)이다. 그런 사람이 대상(大象)을 잡아 쥘 경우 마침내 천하
가 그에게 귀의하게 된다는 말이다. 성인(聖人)이 성왕(聖王)으로 탈바
꿈하는 순간이다. 성왕이 대도(大道)를 오래 가져간다면[常] 남는 것은
태평성대가 찾아오는 것이다.

35-2

往而不害^{왕 이 불해} 安平大^{안 평 태}

(만물 만사가 그에게로) 가도 해치지 않으니 이에 태평을 누린다.

불해(不害)란 만물 만사의 자연스러운 본성을 해치지 않는다는 말이다.

안(安)은 '평안하다'라고 해도 되고 '이에[於是]'나 '마침내[乃]'로 봐도 된다.

왕필 주(王弼注)

무형 무식 불편 불창 고 만물 득왕 이 불 해방 야
無形無識 不偏不彰 故 萬物得往而不害妨也

형체도 없고 표식도 없고 치우치지도 않고 드러냄도 없다. 그래서 만물 만사가 그에게로 가더라도 해치거나 방해하지 않는다.

풀이

불해(不害)에 대한 홍석주 풀이가 곡진하다.

임금 된 자는 진실로 백성을 이롭게 하지 않으려 한 적이 없다. 그러나 또한 이롭게 하는 것이 있으면 반드시 해치는 것이 있다. 심한 경우 그 이로움을 누리지도 못하고 먼저 그 해로움을 보게 되니, 이것이 백성이 자신이 있는 곳을 불안해하는 까닭이다. 도를 터득한 자는 백성이 그렇다는 것을 알고 백성과 '아무것도 하지 않는 것'에서 서로를 잊어버리며 오직 백성을 위해 아주 해가 되는 것만 제거할 뿐이다.

한문제(漢文帝) 때 조상국(曹相國)이 나라를 부유하게 하면서 거의 평안하고 조용할 수 있었던 효험이 여기에 있다.

조상국이란 조참(曹參, ?~기원전 190년)[40]을 가리킨다. 반고의 『한서』 (21세기북스) 「조참 열전」이 전하는 상국 조참의 모습이다.

소하는 장차 죽음을 앞두고서 (자신의 뒤를 이을) 뛰어난 이를 추천하라고 하자 오직 조참만을 천거했다.

조참은 소하를 대신해서 상국이 돼 모든 일[擧事^{거사}=皆事^{개사}]을 조금도 바꾸거나 고치지 않았고, 하나같이 소하가 약속했던 바를 다 그대로 따랐다[遵^준=從^종].

(조참은) 군과 국의 관리 중에 나이가 많은 사람[長大^{장대}]을 가려 뽑은 뒤 말과 글이 어눌하고 성품이 삼가고 두터운 장자(長者)를 뽑아서 즉시 불러 승상(丞相) 사(史)로 임명했고, 관리 중에 법률을 적용하는 것이 각박하고 명성만을 추구하려는 사람은 모두 즉각 배척하거나 쫓아냈다.

(참은) 밤낮으로 술을 즐겼는데, 경대부 이하의 벼슬아치와 빈객들은 참이 정사를 돌보지 않는 것을 보고서 찾아오는 사람마다 뭔가 말하고 싶은 것이 있는 것 같았다. 그런 사람이 찾아오면 참은 곧바로 그들에게 좋은 술을 내주고는 자리에 앉게 했다가 또 할 말이 있으면 다시 술을 마시게 했

---

40 전한 사수(泗水) 패현(沛縣) 사람이다. 원래 진(秦)나라 옥리(獄吏)였는데 소하(蕭何)가 주리(主吏)로 삼았다. 진나라 말 소하와 함께 유방(劉邦)을 따라서 병사를 일으켰으며, 한신(韓信)과 더불어 주로 군사 방면에서 활약했다. 몸에 상처가 70여 군데 있으면서도 진군(秦軍)을 공략해 한나라의 통일 대업에 이바지한 공으로 건국 후인 고조 6년(기원전 201년)에 평양후(平陽侯)로 책봉됐고, 진희(陳豨)와 경포(黥布=英布^{영포})의 반란을 평정했다. 제(齊)나라의 상(相)으로 있을 때는 개공(蓋公)이 말한 황로지술(黃老之術)을 써서 청정무위(淸淨無爲)한 자세로 백성과 함께 휴식을 취했다. 고조가 죽은 뒤 소하 추천으로 상국(相國)이 돼 혜제(惠帝)를 보필했다. 처음에는 소하와 사이가 좋았지만, 장상(將相)이 된 뒤 틈이 벌어졌다. 그러나 상국이 돼 소하가 만든 정책을 충실히 따른 결과 '소규조수(蕭規曹隨)'라는 말이 만들어졌다.

으니, 취하고서야 돌아가 끝내 하고 싶은 말을 입 밖에 내지 못하게 했는데, 이런 일이 일상화됐다.

상국의 관사 뒤뜰은 관리들의 숙소와 가까웠는데, 관리들은 날마다 술을 먹고 노래를 부르며 크게 소리를 질렀다. (조참의) 하급 관리들은 그것을 싫어했으나 (자신들로서는) 어찌할 수가 없어 마침내 조참에게 뒤뜰에서 놀 것을 청했다. 하급 관리들이 술에 취해 노래 부르고 떠드는 것을 듣게 만들어서 상국이 그들을 불러 더는 그렇게 하지 못하게 타이르기를 기대했던 것이다. 그런데 도리어 술을 가져오게 해서 술자리를 만들어[張坐] 함께 마시면서 노래 부르고 떠들며 서로 화담했다.

조참은 다른 사람이 작은 잘못을 하는 것을 보면 그것을 가려서 숨겨두고[掩匿] 덮어주니[覆蓋], 부(府-상국부) 안에서는 아무런 일도 없었다.

이것이 무위자연(無爲自然)을 체화한 정치인이 행하는 정치다.

35-3

樂與餌 過客止
道之出口 淡乎其無味 視之不足見 聽之不足聞 用之不足旣

음악과 음식은 지나가는 나그네도 멈추게 할 수 있다.

도(道)에 관한 말은 싱거워서 아무런 맛이 없고 보려 해도 볼 수가 없고 들으려 해도 들을 수가 없지만, 그것을 쓰더라도 다함이 없다.

번역 비평

과객(過客)은 일시적임을 뜻한다. 오래갈 수 없다는 말이다. 즉 상
(常)과 대비되는 말이다.

출구(出口)는 판본에 따라 출언(出言)으로 돼 있는데, 큰 차이는
없다.

기(旣)는 동사로 '다하다[盡]'는 뜻이다.

왕필 주(王弼注)

言道之深大

人聞道之言 乃更不如樂與餌 應時感悅人心也 樂與餌 則
能令過客止 而道之出口 淡然無味 視之不足見 則不足以
悅其目 聽之不足聞 則不足以娛其耳 若無所中然 乃用
之不可窮極也

도(道)가 깊고 큼을 말한 것이다.

사람들은 도에 관한 말을 들으면 곧장 음악이나 맛있는 음식이 때
에 맞게 사람 마음을 감동시키고 기쁘게 해주는 것만 못하다고 여긴
다. 음악과 음식은 지나가는 나그네를 멈추게 할 수 있기 때문이다. 그
런데 도(道)에 관해 말을 할 경우 그것은 싱거워서 아무런 맛이 없으니,
봐도 볼 수가 없어서 눈을 기쁘게 하기에 충분치 못하고 들어도 들을
수 없어서 귀를 즐겁게 하기에 충분치 못하다. 딱 마음에 들지 않는 것
과 같지만 마침내 아무리 그것을 써도 다함이 있을 수 없다.

풀이

홍석주 풀이를 따른다.

맛있는 음식으로 사람을 즐겁게 하는 경우는 맛이 다하면 그만이고, 소리와 용모로 사람을 즐겁게 하는 경우는 소리가 다하고 용모가 시들면 그만이다. (반면에) 도가 사람에게 있으면 좋은 소리와 용모, 냄새와 맛이 없는데도 천하가 귀의하니, 그렇게 되는 까닭을 알 수 없다. 이것이 아무리 써도 다할 수 없는 까닭이다.

제36장

將欲歙之 必固張之 將欲弱之 必固强之 將欲廢之 必固
興之 將欲奪之 必固與之 是謂微明
柔弱勝剛强 魚不可脫於淵 國之利器 不可以示人

　　장차 움츠러들게 하려면 반드시 먼저[固] 벌리게 해야 하고 장차 약
하게 하려면 반드시 먼저 강하게 해야 하며 장차 없애려 한다면 반드
시 먼저 생겨나게 해야 하고 장차 빼앗으려 한다면 반드시 먼저 주어야
한다. 이를 일러 미미한 밝음[微明]이라고 한다.

　　부드러움은 굳센 것을 이기고 약한 것은 강한 것을 이긴다. 물고기
가 연못을 벗어나서는 안 되듯이 국가의 이기(利器)는 남들에게 보여주
어서는 안 된다.

將欲歙之 必固張之 將欲弱之 必固强之 將欲廢之 必固
興之 將欲奪之 必固與之 是謂微明

장차 움츠러들게 하려면 반드시 먼저[固] 벌리게 해야 하고 장차 약하게 하려면 반드시 먼저 강하게 해야 하며 장차 없애려 한다면 반드시 먼저 생겨나게 해야 하고 장차 빼앗으려 한다면 반드시 먼저 주어야 한다. 이를 일러 미미한 밝음[微明]이라고 한다.

번역 비평

흡(歙)은 '움츠러들다[屈]' 혹은 '움츠리다'라는 뜻이다. 장(張)은 '벌리다[伸]' 혹은 '펴다'라는 뜻이다.

고(固)에는 '이미', '먼저'라는 뜻이 있으니, 필(必)과의 중복을 피하기 위해 '굳게'라는 번역어를 피해서 '먼저'로 옮기는 게 문장을 부드럽게 한다.

왕필 주(王弼注)

將欲除强梁去暴亂 當以此四者 因物之性 令其自戮 不
假刑爲大 以除强物也 故曰 微明也
足其張 令之足 而又求其張 則衆所歙也 歙其張之不足 而
改其求張者 愈益而己反危

장차 강함과 횡포를 없애고 사나움과 어지러움을 제거하려면 마땅히 이 네 방법으로 해야 하니 일과 사물의 본성에 바탕을 두고서 스스로 죽게 함이다. 형벌에 의탁하지 않는 것이 큰 것이니 그렇게 함으로써 강한 일이나 사물을 제거한다. 그래서 말하기를 "미미한 밝음[微明]"이라고 했다.

벌리는 것을 충분히 했는데도 또 더 벌리라고 한다면 뭇사람들은 움츠러들 것이다. 벌린 것이 부족하다 해 다시 움츠러들게 하고서는 벌리기를 구하는 것을 고치려 한다면 벌리는 것이 더욱 많아져서 자신이 도리어 위태로워진다.

풀이

많은 이는 이 대목을 권모술수나 병가(兵家)의 지모(智謀)로 풀이한다.

그러나 제40장(40-1)에 나오는 "반자도지동(反者道之動)", 즉 "돌이킴이란 도의 움직임"이라는 말을 염두에 둔다면 그런 풀이는 『도덕경』의 본궤도에서 벗어난 것이라 할 것이다. 그렇다고 해서 상호 작용으로 보기에는 무리가 따른다.

장차 움츠러들게 하려면 반드시 먼저 벌리게 해야 하고 장차 약하게 하려면 반드시 먼저 강하게 해야 하며 장차 없애려 한다면 반드시 먼저 생겨나게 해야 하고 장차 빼앗으려 한다면 반드시 먼저 주어야 한다.

이를 바꿔보자.

장차 벌리게 하려면 반드시 먼저 움츠러들게 해야 하고 장차 강하게 하려면 반드시 먼저 약하게 해야 하며 장차 생겨나게 하려면 반드시 먼저 없애야 하고 장차 주려 한다면 반드시 먼저 빼앗아야 한다.

뒤로 갈수록 말이 이상해진다. 이는 도(道)의 움직임을 체화한 성인 혹은 성왕이 일을 풀어가는 방식으로 풀어갈 때 실마리가 잡힌다. 이 네 사항 앞에 '상대를' 혹은 '백성을'이라는 말을 추가해 읽어가면 아무런 문제가 없다.

이 말은 무엇보다 권력 현상 자체에 적용하면 쉽게 이해할 수 있다. 권력에는 권모(權謀)가 부분적으로 포함될 수밖에 없다. 그러나 권력 현상 자체를 부정적으로 볼 필요는 없다. 제36장 키워드는 그래서 미명(微明)에 담겨 있다고 볼 수 있다. 미(微)는 다름 아닌 역설의 운동을 지칭하는 것이다.

흔히 벌리게 하려면 더 힘을 줘 벌리려 하지 움츠러들게 하지 않는다. 이것이 흔히 드러나 있는 일반인 생각이다. 그러니 "장차 벌리게 하려면 반드시 먼저 움츠러들게 해야 한다"는 것은 잘 드러나 있지 않다. 그렇지만 "장차 벌리게 하려면 반드시 먼저 움츠러들게 해야 하는 것"은 명백한 이치다. 그것이 명(明)이다. 나머지 3가지도 마찬가지다. 그 점을 가리켜 노자는 미명(微明)이라고 한 것이다. 이런 미명을 체화해 정사를 행하는 모습을 『논어』「요왈(堯曰)」편 2에서 생생하게 볼 수 있다.

자장(子張)이 공자에게 물었다.
"어떻게 해야 이에 정치에 종사할 수 있습니까?"

공자가 말했다.

"5가지 아름다움을 높이고 4가지 나쁜 일을 물리치면 이에 정치에 종사할 수 있다."

자장이 말했다.

"5가지 아름다움이란 어떤 것입니까?"

공자가 말했다.

"군자는 은혜를 베풀되 허비하지 않고, 백성을 수고롭게 하되 원망을 품지 않게 하고, 하고자 하되 탐하지 않고, 태연하되 교만하지 않고, 위엄을 갖추되 사납지 않은 것이다."

자장이 말했다.

"무엇을 일러 은혜를 베풀되 허비하지 않는다고 합니까?"

공자가 말했다.

"백성이 이로워하는 것에 맞춰 이롭게 해주니, 이것이 실로 은혜를 베풀되 허비하지 않는 것이 아니겠는가!

수고할 만한 것을 잘 가려서 수고롭게 하니, 또 누가 원망하겠는가?

어질고자 해서 어짊을 얻었으니, 또 무엇을 탐하겠는가?

군자는 많거나 적거나 작거나 크거나 상관 않고서 감히 남을 업신여기지 않으니, 이것이 실로 태연하되 교만하지 않은 것이 아니겠는가?

군자는 의관을 바르게 하고 첨시(瞻視-시선)를 존엄하게 해서 의연해 사람들이 바라보며 두려워하니, 이것이 실로 위엄을 갖추되 사납지 않은 것이 아니겠는가?"

자장이 말했다.

"4가지 나쁜 일이란 무엇입니까?"

공자가 말했다.

"(미리) 가르치지 않고서 (죄를 지었다고) 죽이는 것을 잔학[虐^학]이라 하고, (미리) 경계하지 않고 결과만 책하는 것을 포악[暴^포]이라 하고, 명령을 태만하게 늦추고서 기한을 재촉하는 것을 도적[賊^적]이라 하고, 어차피 사람들에게 줘야 하는 것은 똑같은데 출납에 인색한 것을 창고지기[有司^{유사}]라고 한다."

음미하며 읽어보길 바란다. 미명(微明)은 『한비자』「유로(喩老)」편에 나오는 설명이 명확하다.

형태가 일어나지 않는 가운데 일을 시작해서 천하에 큰 공을 세우는 것을 일러 미명이라고 한다.

36-2

柔^{유약}弱勝^승剛强^{강강} 魚^어不可^{불가}脫^{탈어}於淵^연 國^국之^지利器^{이기} 不可以^{불가이}示人^{시인}

부드러움은 굳센 것을 이기고 약한 것은 강한 것을 이긴다. 물고기가 연못을 벗어나서는 안 되듯이 국가의 이기(利器)는 남들에게 보여주어서는 안 된다.

번역 비평
번역과 관련해서 먼저 짚어야 할 사항은 이기(利器)다. 이어서 인(人)

은 누구인가. 백성인가 아니면 다른 나라 사람들인가. 이에 따라 이기 (利器)를 옮기는 법은 달라질 수밖에 없다.

왕필 주(王弼注)

利器 利國之器也 唯因物之性 不假刑以理物 器不可親

而物各得其所 則國之利器也

示人者 任刑也 刑以利國 則失矣 魚脫於淵 則必見失矣

利國之器而立刑以示人 亦必失也

(여기서) 이로운 기물이란 나라를 이롭게 하는 기물이다. 오직 일과 사물의 본성에 바탕을 둘 뿐 형벌을 빌려서 일과 사물을 다스리지 않는다. 기물을 눈으로 볼 수는 없지만, 만물 만사가 각기 제자리를 얻는다면 그것이 바로 나라의 이로운 기물이다.

사람들에게 보여준다는 것은 형벌에 맡기는 것이니 형벌로 나라를 이롭게 하려다가는 (반드시 나라를) 잃는다. 물고기가 연못에서 벗어나면 반드시 잃게 되듯이 나라를 이롭게 하는 기물이라면서 형벌을 세워 사람들에게 보여주면 또한 반드시 (나라를) 잃는다.

풀이

"부드러움은 굳센 것을 이기고 약한 것은 강한 것을 이기는 것", 이 것이 바로 미명(微明)을 압축한 표현이다. 이 점을 염두에 두고서 이어지는 문장을 풀어내야 한다.

물고기 부분은 비유로, 연못 안에 있어야 하는 물고기는 연못 밖으로 나오면 반드시 죽는다. 이와 마찬가지로 국가의 이기(利器)도 은미함 속에 둬야지 사람들에게 보이면 그 효용을 잃게 된다. 그래서 왕필은 이기(利器)를 이로운 기물로 보고서 "형벌로 일과 사물을 다스리지 않는 것"이라고 했다. 반면에 최진석은 이기를 '날카로운 도구'로 보고서 그것으로 백성을 다스리지 말라고 풀었다. 결과적으로는 둘 다 형벌을 쓰지 않아야 한다는 말이지만 왕필 주가 깊은 맛이 있어 그것을 따른다.

"어불가탈어연(魚不可脫於淵)"에 대한 『한비자』「유노(喩老)」편의 풀이다.

막중한 권세는 군주에게 있어서 연못이다. 군주가 신하 사이에서 막중한 권세를 휘두르다가 권세를 잃게 되면 다시 군주가 될 수 없다. 제간공(齊簡公)은 전성(田成)에게 권세를 빼앗겼고, 진공(晉公)은 육경(六卿)에게 권세를 빼앗겨 나라가 망하고 자신은 죽임을 당했다. 그러므로『도덕경』에 "물고기는 연못을 벗어나서는 안 된다"라고 했다.

36-2와 관련해『회남자(淮南子)』권12「도응훈(道應訓)」에 나오는 사례를 살펴보자. 한비자의 말과도 통한다.

사성자한(司城子罕)이 송나라 재상이 돼 송나라 임금에게 일러 말했다. "나라가 위태롭고 안정되고 백성이 다스려지고 어지러워지는 것은 임금이 행하는 상과 벌에 달려 있습니다.

상이 마땅하면 뛰어난 이는 더욱 힘쓰고, 벌이 마땅하면 간사한 자들은 그치게 됩니다. 상이 마땅하지 못하면 뛰어난 이는 힘쓰지 않고, 벌이 마땅하지 않으면 간사한 자들은 그치지 않습니다. 간사한 자들은 친한 사람끼리 당을 이뤄서 위를 속이고 임금을 가려 벼슬과 봉록을 다툴 것이니 신중하지 않으면 안 됩니다.

무릇 상과 선물을 내려주는 것은 사람이라면 누구나 좋아하는 일이니 임금께서 스스로 시행하시고, 형벌과 살육을 집행하는 것은 사람이라면 누구나 싫어하는 일이니 신이 그것을 맡아 하겠습니다."

임금이 말했다.

"좋도다. 그대가 나쁜 일을 주관하고 과인이 좋은 일을 행한다면 나는 제후들의 웃음거리가 되지 않으리라는 것을 알겠다."

이에 송나라 임금이 상과 선물을 내려주면서 자한에게 형벌권을 주니, 나라 사람들이 형륙의 권한이 전적으로 자한에게 있음을 알고서 대신들은 그와 가까이했고 백성은 그에게 빌붙었다. 1년쯤 되자 자한은 자기 임금을 내쫓고 정사를 제 마음대로 했다.

그래서 노자가 말하기를 "물고기는 연못을 벗어나서는 안 되듯이 국가의 이기(利器)는 남들에게 보여줘서는 안 된다"라고 했다.

제37장

도 상 무 위　　이 무 불　위
道常無爲 而無不爲

후왕　　약 능 수지　　만물　장 자화　　화 이 욕작　　오 장 진지　이 무명　지
侯王 若能守之 萬物將自化 化而欲作 吾將鎭之以無名之

박
樸

무명　지 박 부 역 장 무욕
無名之樸 夫亦將無欲

무욕　이정 천하　장 자정
無欲以靜 天下將自定

도(道)는 늘 무위(無爲)하지만 하지 않는 것이 없다.

후왕(侯王)이 만약에 능히 그것을 지킨다면 만물 만사는 장차 저절로 교화될 것이다.

교화됐는데도 억지로 하려는 마음이 일어난다면 나는 장차 그것을 이름 없는 통나무로 누를 것이다.

이름 없는 통나무란 무릇 실로 장차 욕심이 없는 것이다.

무욕(無欲)함으로써 고요하게 되면 천하는 장차 저절로 안정될 것이다.

37-1

^{도 상 무위   이 무불   위}
道常無爲 而無不爲

도(道)는 늘 무위(無爲)하지만 하지 않는 것이 없다.

번역 비평

「도경(道經)」 마지막 장에 이르렀다.

여기서는 앞의 위(爲)와 뒤의 위(爲)가 뜻이 다르다. 앞의 위는 작위(作爲), 즉 억지로 하려 함이고, 뒤의 위(爲)는 말 그대로 행사(行事)의 행(行), 즉 일을 행하는 것이다.

왕필 주(王弼注)

^{순 자연   야 만물   무불 유지   이시 이 성지   야}
順自然也 萬物 無不由之 以始以成之也

자연스러움을 고분고분 따르는 것이다. 만물 만사가 그로 말미암지 않음이 없으니, 그로써 시작하고 이뤄진다.

풀이

왕필 주에 더하거나 뺄 것이 없다.

37-2

후왕 약 능 수지 만물 장 자화 화 이 욕작 오 장 진지 이 무명 지
侯王 若能守之 萬物將自化 化而欲作 吾將鎮之以無名之
박
樸

후왕(侯王)이 만약에 능히 그것을 지킨다면 만물 만사는 장차 저절로 교화될 것이다.

교화됐는데도 억지로 하려는 마음이 일어난다면 나는 장차 그것을 이름 없는 통나무로 누를 것이다.

번역 비평

욕작(欲作)의 주어는 누구일까? 무위를 지킬 줄 아는 후왕일까, 아니면 제삼자일까?

또 "화이욕작(化而欲作)"의 화(化)를 자화(自化)의 결과로 볼 것인지, 아니면 자화(自化)와 대립하는 억지스러운 교화[強化]로 볼 것인지의 문제가 제기된다.

왕필 주(王弼注)

화 이 욕작 작 욕성 야
化而欲作 作欲成也
오 장 진지 무명 지 박 불위 주 야
吾將鎮之無名之樸 不爲主也

교화됐는데도 억지로 하려는 마음이 일어난다는 것은 이루려는 마

음을 지어낸다는 것이다.

나는 장차 그것을 이름 없는 통나무로 누를 것이라는 말은 (억지로 하려는 마음을) 주인으로 삼지 않겠다는 뜻이다.

풀이

첫 문장은 별다른 논란이 없고, 또 자연스럽게 앞의 내용과 이어진다. 제32장(32-1)을 다시 한번 읽어보면 이 장을 이해하는 데 큰 도움이 될 것이다.

도(道)는 늘 이름이 없다.
통나무는 비록 보잘것없지만, 천하는 그를 신하로 삼을 수가 없다. 후왕(侯王)이 만약에 이를 능히 지킨다면 만물 만사는 장차 스스로 손님을 자처할 것이다.

"장차 스스로 손님을 자처할 것"이 바로 "장차 저절로 교화된다"라는 말이다.

이제 난코스를 뛰어넘어야 한다. 번역 비평에서 제기했던 화이욕작(化而欲作)의 화(化)를 자화(自化)의 결과로 볼 것인지 아니면 자화(自化)와 대립하는 억지스러운 교화[強化]로 볼 것인지의 문제다. 우선 기존 번역들 몇 가지부터 짚어보자.

최진석 교수는 "교화하려 하거나 의욕이 일어나면"으로 옮겼다. 일단 최진석 교수는 욕(欲)을 조동사가 아니라 '의욕(意欲)'으로 옮기고 있다. 무엇보다 화(化)를 "교화하려 하거나"로 옮긴 것은 화이욕작(化而欲

作)의 중요성을 놓친 듯하다.

　김충열 교수는 자화(自化)와 대립하는 억지스러운 교화[強化]로 보
고 이렇게 풀이했다.

　그러나 만물이 자화(自化)하고 백성이 귀의한 뒤 통치자는 자기도 모르게
　무엇인가 작위하려는 자사자리(自私自利)한 욕심을 발동하기가 쉽고, 그런
　유혹에 사로잡힐 때가 있을 것이다.

　문맥을 중심으로 보자면 화(化)를 "자화(自化)와 대립하는 억지스러
운 교화[強化]"로 보는 것이 자연스럽다.

37-3

無名之樸 夫亦將無欲

이름 없는 통나무란 무릇 실로 장차 욕심이 없는 것이다.

번역 비평
이 부분에 대한 번역은 번역자마다 다르다.

왕필 주(王弼注)

無欲競也

남과 다투려고 하는 마음이 없는 것이다.

이는 왕필 주를 따른다. 남과 다투려는 마음이 없으니, 그래서 질박함이라고 한 것이다.

37-4

무욕　이정　　천하　장 자정
無欲以靜 天下將自定

무욕(無欲)함으로써 고요하게 되면 천하는 장차 저절로 안정될 것이다.

| 번역 비평과 풀이
판본에 따라 자정(自定)이 자정(自正)으로 돼 있기도 하다. 또 무욕(無欲)이 불욕(不欲)으로 돼 있기도 하다.

여기서 점검해야 할 부분은 무욕(無欲)의 주어인데, 그것은 두말할 것도 없이 성인(聖人) 혹은 성왕(聖王)이다. 「도경(道經)」이 끝나는 순간까지 제왕학 문맥이 이어진다.

이로써 우리는 『도덕경』 중에서 전반부인 「도경(道經)」을 마쳤다. 이제 「덕경(德經)」을 향해 나아가보자.

덕경

德經

^{상덕} ^{부덕} ^{시이} ^{유덕} ^{하덕} ^{불실} ^덕 ^{시이} ^{무덕}
上德不德 是以 有德 下德不失德 是以 無德
^{상덕} ^{무위} ^이 ^{무불} ^위 ^{하덕} ^{위지} ^이 ^{무이} ^위
上德 無爲而無不爲 下德 爲之而無以爲
^{상인} ^{위지} ^이 ^{무이} ^위
上仁 爲之而無以爲
^{상의} ^{위지} ^이 ^{유이} ^위
上義 爲之而有以爲
^{상례} ^{위지} ^이 ^{막지} ^응 ^즉 ^{양비} ^이 ^{잉지}
上禮 爲之而莫之應 則攘臂而扔之
^고 ^{실도} ^{이후} ^덕 ^{실덕} ^{이후} ^인 ^{실인} ^{이후} ^의 ^{실의} ^{이후} ^예
故 失道而後德 失德而後仁 失仁而後義 失義而後禮
^부 ^{예자} ^{충신} ^지 ^박 ^이 ^{난지수}
夫 禮者 忠信之薄 而亂之首
^{전식} ^자 ^{도지화} ^이 ^{우지시}
前識者 道之華 而愚之始
^{시이} ^{대장부} ^처 ^{기후} ^{불거} ^{기박} ^처 ^{기실} ^{불거} ^{기화}
是以 大丈夫 處其厚 不居其薄 處其實 不居其華
^고 ^{거피} ^{취차}
故 去彼取此

최상의 덕(을 갖춘 사람)은 덕을 놓아버린다. 이 때문에 덕이 있다.

낮은 덕(에 머무는 사람)은 덕을 잃어버리려 하지 않는다. 이 때문에 덕이 없다.

최상의 덕(을 갖춘 사람)은 무위(無爲)하지만 하지 않는 것이 없고 낮은 덕(에 머무는 사람)은 뭔가를 하면서도 의도를 갖고서[以] 함이 없다.

최상의 인(仁)은 뭔가를 하면서도 의도를 갖고서 함이 없고,

최상의 의(義)는 뭔가를 할 때 의도를 갖고서 함이 있으며,

최상의 예(禮)는 뭔가를 하는데 (상대가) 응하지 않으면 팔을 걷어붙이고 상대를 (억지로) 잡아당긴다.

그래서 도를 잃은 후에 덕이요, 덕을 잃은 후에 인이요, 인을 잃은 후에 의요, 의를 잃은 후에 예다.

무릇 예란 충신(忠信)이 엷어져서 나온 것이라 어지러움의 첫머리가 된다.

전식(前識)이란 도(道)의 화려한 겉모습이요 어리석음의 첫머리다.

이 때문에 대장부는 두터운 곳에 처하지 엷은 곳에 처하지 않고 실질에 처하지 화려한 겉모습에 처하지 않는다.

그래서 저것을 버리고 이것을 취한다.

38-1

상덕 부덕 시이 유덕 하덕 불실 덕 시이 무덕
上德不德 是以 有德 下德不失德 是以 無德

최상의 덕(을 갖춘 사람)은 덕을 놓아버린다. 이 때문에 덕이 있다.

낮은 덕(에 머무는 사람)은 덕을 잃어버리려 하지 않는다. 이 때문에 덕이 없다.

이 두 문장에서 번역과 관련된 핵심 단어는 부덕(不德)과 불실덕(不失德)인데, 특히 좀 더 많은 실마리를 던져주는 것은 불실덕(不失德)이다. 욕(欲)자가 없는데도 최진석 교수나 김학목 박사 모두 "덕을 잃지 않으려 한다"로 옮겼다.

그러나 노자의 생각을 끝까지 밀고 가려면 불실덕(不失德)에 욕(欲)을 추가하지 않고 그대로 "덕을 잃지 않는다"로 옮기면서 풀어가는 것이 정상이다. 그러면 부덕(不德)을 실덕(失德)과 같은 뜻으로 볼 여지가 생긴다. 부덕(不德)에 대해서는 최진석 교수나 김학목 박사 모두 "덕이라고 하지 않는다"나 "덕으로 여기지 않으니"로 옮겼는데, 이 또한 사실상 실덕(失德)과 같은 뜻이다.

왕필 주(王弼注)

有德 則遺其失 不德 則遺其得
(유덕 즉 유 기실 부덕 즉 유 기득)

덕(德)이 있게 하고자 하면 곧 그 잃음을 남기게 되고, 덕이 (덕이) 아니라고 여기면 곧 그 얻음을 남기게 된다.

풀이

이 점에서 『도덕경』의 「덕경」과 「도경」은 『주역』의 상경과 하경을 그대로 닮았다. 『주역』 상경은 건곤(乾坤)이라는 2가지 도리, 임금의 도리[君道]와 신하의 도리[臣道]를 출발점으로 삼고 있고, 하경은 함항(咸恒)

이라는 2가지 다움, 임금다움[君德]과 신하다움[臣德]을 출발점으로 삼기 때문이다. 물론 공자의 도덕(道德)은 노자가 말하는 도덕(道德)과 같지 않다. 공자가 말하는 도리란 군군신신(君君臣臣)이고 노자가 말하는 도는 무위자연(無爲自然)이다. 따라서 덕(德) 또한 공자에게는 '다움'이지만 노자에게는 다른 개념이다

잠시 뒤에 이어지는 38-3에서 얻음으로서의 덕에 관한 사례로 인(仁), 의(義), 예(禮)를 제시하고 있다. 제38장은 두괄식이라 여기서 핵심 내용을 제시한 뒤에 이하에서 단계별로 38-1을 풀어나가고 있다.

상덕부덕(上德不德)과 관련해서는 『한비자』「해노(解老)」편이 도움을 준다.

> 덕(德)은 안이고 득(得)은 밖이다. (『도덕경』에서) "최상의 덕(을 갖춘 사람)은 덕을 다 놓아버린다"라고 한 것은 그 정신이 외물에 쏠리지 않는 것을 말한다. 정신이 외물에 쏠리지 않으면 몸이 온전하게 되니, 몸이 온전한 것을 득(得)이라고 한다. 득이란 몸에서 얻는 것이다.
> 무릇 덕이란 무위(無爲)로 모이고 무욕(無欲)으로 이뤄지며 불사(不思-잔꾀나 지혜로 생각하는 것)로 편안해지고 불용(不用-마구 쓰지 않음)으로 공고해진다. 억지로 하고 욕심을 부리면 덕이 머물 곳이 없고, 덕이 머물 곳이 없으면 온전하지 못하다. 함부로 쓰고 잔꾀로 생각하면 공고해지지 않고, 공고하지 않으면 공이 없다. 온전하지 못하고 공이 없으면 인위적인 덕[有德]을 낳는다.

자연스럽게 38-1에 대한 풀이가 된다.

38-2

상덕 무위 이 무불 위 하덕 위지 이 무이 위
上德 無爲而無不爲 下德 爲之而無以爲

최상의 덕(을 갖춘 사람)은 무위(無爲)하지만 하지 않는 것이 없고 낮은 덕(에 머무는 사람)은 뭔가를 하면서도 의도를 갖고서[以] 함이 없다.

번역 비평

무이위(無以爲)에서 이(以)를 풀어내는 것이 중요하다. 하덕(下德)이라고 했지만 "위지이무이위(爲之而無以爲)"는 하덕인 인(仁)·의(義)·예(禮) 중에서 그나마 가장 나은 덕인 인(仁)에 해당하는 말이라는 것이 38-3에 나오기 때문이다. 이(以)는 그래서 '특정한 목적이나 의도' 정도로 풀어낼 수 있다. 이미 그것은 작위(作爲)다.

왕필 주(王弼注)

덕 자 득야 상득 이 무상 이 이 무해 고 이덕 위명 언
德者 得也 常得而無喪 利而無害 故以德爲名焉
하이 득덕 유호 도 야 하이 진덕 이 무 위용 이 무 위용 즉 막불
何以得德 由乎道也 何以盡德 以無爲用 以無爲用 則莫
재 야 고 물 무언 즉 무물 불경 유언 즉 부족이 전 기생
不載也 故 物 無爲 則無物不經 有爲 則不足以全其生
시이 천지 수 광 이무 위심 성왕 수 대 이허 위주 고왈 이복
是以 天地雖廣 以無爲心 聖王雖大 以虛爲主 故曰 以復
이 시 즉 천지지심 현 지일 이 사지 즉 선왕지지 도 야 고
而視 則天地之心見 至日而思之 則先王之至覩也 故
멸 기사 이 무 기신 즉 사해 막 불첨 원근 막 부지 수 기기 이 유
滅其私 而無其身 則四海莫不瞻 遠近莫不至 殊其己 而有
기심 즉 일체 불능 자전 기골 불능 상용
其心 則一體 不能自全 肌骨 不能相容

덕(德)이란 얻음이다. 늘 얻으니 잃음이 없고, 이로우니 해(害)가 없다. 그래서 덕이라고 이름 지은 것이다.

어떻게 덕을 얻는가. 도(道)로 말미암는다. 어떻게 덕을 다하는가. 없음을 쓰임으로 삼아서다. 없음을 쓰임으로 삼으면 싣지 못하는 바가 없다. 그래서 일과 사물은 없음의 상태일 경우 일과 사물이 없음을 원칙으로 삼지 않는 것이 없고 있음의 상태일 경우 (일과 사물이) 그 생명을 제대로 온전히 할 수 없는 것이다.

이 때문에 하늘과 땅은 비록 넓다고 해도 없음을 마음으로 삼고 빼어난 왕은 비록 위대하다고 해도 비움을 위주로 한다. 그래서 (『주역』에서 말하기를) "복괘(復卦, ䷗)의 시각에서 볼 경우 하늘과 땅의 마음이 드러나고" "동짓날에 이르러 이를 생각해보면 선왕의 지극함이 보인다"라고 했으니 그러므로 (군주가) 그 사사로움을 없애고 자기 몸을 없다고 여기는 경지에 이르게 되면 온 나라 사람이 모두 우러러봐서 멀든 가깝든 모든 사람이 찾아올 것이요, (반대로) 자기를 남과 다르게 하고서 그 사사로운 마음을 품게 되면 자기 한 몸조차 능히 스스로 보전할 수 없고 살과 뼈마저 서로 용납하지 못하게 되는 것이다.

풀이

제37장(37-1)에서 "도(道)는 늘 무위(無爲)하지만 하지 않는 것이 없다"라고 했다. 최상의 덕(을 갖춘 사람)이란 곧 이런 도를 체화한 사람이다. 반면에 그보다 못한 여러 덕에 머무는 사람은 "뭔가를 하면서도 뭔가를 갖고서 함이 없다." 그보다 못한 여러 덕에 관한 이야기가 바로 아래에 단계별로 이어진다.

"상덕무위이무불위(上德無爲而無不爲)"와 관련해서는 『한비자』「해노(解老)」편이 도움을 준다.

무위무사(無爲無思)해 허정(虛靜)하게 됨을 귀하게 여기는 까닭은 그 뜻이 어떤 속박을 받지 않기 때문이라고 한다. 도술이 없는 자는 일부러[故] 아무것도 하지 않고 아무 생각도 하지 않는 채 허정한 상태가 되려고 한다. 일부러 아무것도 하지 않고 아무 생각도 하지 않는 채로 허정한 상태가 되려는 자는 그 뜻이 늘 허정함을 잊지 않고 있으니, 이는 허정한 상태가 되려는 데 구애되고 속박되는 것이다. 허정한 상태란 그 뜻이 어디에도 구애되거나 속박됨이 없는 것을 말한다. 지금 허정한 상태가 되려는 마음에 속박된다면 이는 허정한 상태가 되지 못한 것이다. (반면에) 허정한 상태가 된 자가 아무것도 하지 않는 것은 아무것도 하지 않는 것을 항상 마음에 담아두지 않는 것이니(그래서 속박되지 않으니), 아무것도 하지 않는 것을 항상 마음에 담아두지 않으면 허정해지고, 허정해지면 덕이 충만해진다. 덕이 충만해지는 것을 '최상의 덕[上德]'이라고 한다. 그러므로 (『도덕경』에서) "최상의 덕(을 갖춘 사람)은 무위(無爲)하지만 하지 않는 것이 없다"라고 한 것이다.

38-3

上仁 爲之而無以爲
上義 爲之而有以爲
上禮 爲之而莫之應 則攘臂而扔之

고 실도 이후 덕 실덕 이후 인 실인 이후 의 실의 이후 예
故 失道而後德 失德而後仁 失仁而後義 失義而後禮
부 예자 충신 지박 이 난지수
夫 禮者 忠信之薄 而亂之首

최상의 인(仁)은 뭔가를 하면서도 의도를 갖고서 함이 없고

최상의 의(義)는 뭔가를 할 때 의도를 갖고서 함이 있으며

최상의 예(禮)는 뭔가를 하는데 (상대가) 응하지 않으면 팔을 걷어붙이고 상대를 (억지로) 잡아당긴다.

그래서 도를 잃은 후에 덕이요, 덕을 잃은 후에 인이요, 인을 잃은 후에 의요, 의를 잃은 후에 예다.

무릇 예란 충신(忠信)이 엷어져서 나온 것이라 어지러움의 첫머리가 된다.

번역 비평

잉(扔)이란 '끌어당기다[引]'라는 뜻이다.

왕필 주(王弼注)

시이 상덕 지인 유 도 시용 부덕 기덕 무집 무용 고 능 유덕
是以 上德之人 唯道是用 不德其德 無執無用 故 能有德
이 무불 위 불구 이 득 불위 이 성 고 수 유덕 이 무 덕명 야
而無不爲 不求而得 不爲而成 故 雖有德 而無德名也
하덕 구 이 득지 위 이 성지 즉 입선 이 치물 고 덕명 유언 구 이
下德 求而得之 爲而成之 則立善以治物 故 德名有焉 求而
득지 필유실 언 위 이 성지 필유패 언 선명 생 즉 유 불선 응언
得之 必有失焉 爲而成之 必有敗焉 善名生 則有不善應焉
고 하덕 위지 이 무이 위야 무이 위자 무소편위 야 범 불능 무위
故 下德爲之而無以爲也 無以爲者 無所偏爲也 凡不能無爲
이 위지 자 개 하덕 야 인의 예절 시야 장 명 덕 지 상하 첩 거
而爲之者 皆下德也 仁義禮節 是也 將明德之上下 輒擧

下德 以對上德

지우 무이 위 극 하덕 지량 상인 시야 족급어 무이 위 이유위
至于無以爲 極下德之量 上仁 是也 足及於無以爲 而猶爲

지언 위지 이무이 위 고 유유위 지환의 본재무위 모재무명
之焉 爲之而無以爲 故 有有爲之患矣 本在無爲 母在無名

기본 이적기말 사모 이용기자 공수대언 필유 부제 명수 미언
棄本而適其末 舍母而用其子 功雖大焉 必有不濟 名雖美

언 위역 필생 불능 불위 이성 불흥 이치 즉내위지 고 유홍보
焉 僞亦必生 不能不爲而成 不興而治 則乃爲之 故 有弘普

박시 인애 지자 이애지 무소편사 고 상인 위지 이무이 위야
博施仁愛之者 而愛之無所偏私 故 上仁爲之而無以爲也

애 불능 겸 즉유억항 정직 이의리 지자 분왕 우직 조피 공차
愛 不能兼 則有抑抗正直而義理之者 忿枉祐直 助彼攻此

물사 이유이심 위의 고 상의 위지 이유이 위야
物事而有以心爲矣 故 上義爲之而有以爲也

직 불능 독 즉유 유식 수문 이예경 지자 상호 수경 교책 왕래
直不能篤 則有脩飾修文而禮敬之者 尚好修敬 校責往來

즉 부대 지간 분노 생언 고 상례 위지 이막지 응 즉 양비 이잉지
則不對之間 忿怒生焉 故 上禮爲之而莫之應 則攘臂而扔

之

부 대지극 야 기유 도호 자차 이왕 기 족존 재 고 수 덕성업
夫 大之極也 其唯道乎 自此已往 豈足尊哉 故 雖德盛業

대 부유 만물 유각유 기덕 이미능 자주 야 고 천불능 위재 지
大 富有萬物 猶各有其德 而未能自周也 故 天不能爲載 地

불능 위복 인불능 위섬 만물 수귀 이무 위용 불능 지 무이
不能爲覆 人不能爲贍 萬物雖貴 以無爲用 不能至 無以

위체 야 불능 지무이 위체 즉 실 기위대 의 소위 실도 이후 덕
爲體也 不能至無以爲體 則失其爲大矣 所謂失道而後德

야
也

이무 위용 즉 득 기모 고 능기 불로 언 이물 무불 리 하차 이왕
以無爲用 則得其母 故 能己不勞焉 而物無不理 下此已往

즉 실 용지모 불능 무위 이 귀 박시 불능 박시 이 귀 정직 불능
則失用之母 不能無爲而貴博施 不能博施而貴正直 不能

정직 이 귀 식경 소위 실덕 이후 인 실인 이후 의 실의 이후 예
正直而貴飾敬 所謂失德而後仁 失仁而後義 失義而後禮

야
也

부 예야 소시수 어 충신 부독 통간 불창 책비 어표 기미 쟁제
夫 禮也 所始首於忠信不篤 通簡不暢 責備於表 機微爭

제 부 인의 발어 내 위지 유위 황무 외식 이 가구 호 고 부 예자
制 夫 仁義發於內 爲之猶僞 況務外飾而可久乎 故 夫禮者

충신 지 박 이 난지수 야
忠信之薄而亂之首也

이 때문에 상덕(上德)을 갖춘 사람은 오직 도(道)를 쓴다. 자기 덕을 덕으로 여기지 않아서 억지로 (뭔가를) 붙잡으려 함도 없고 억지로 (뭔가를) 쓰려 함도 없다. 그래서 능히 덕이 있어 하지 못 하는 것이 없으니 구하지 않아도 얻고 하지 않고서도 이뤄내니 그러므로 비록 덕이 있어도 그 덕에는 이름이 없다.

하덕(下德)(에 머무는 사람)은 억지로 구해서 뭔가를 얻고자 하고 억지로 행해서 뭔가를 이루고자 하니 그래서 이 덕에 이름이 있게 됐다. 억지로 구해서 얻고자 하니 반드시 잃음이 있게 되고, 억지로 행해서 이루고자 하니 반드시 실패가 있게 되는 것이다. 선(善)이라는 이름이 생겨나면 불선(不善)(이라는 이름)이 그에 응해 있게 된다. 그러므로 하덕은 "뭔가를 하면서도 의도를 갖고서 함이 없다"라고 했으니 의도를 갖고서 함이 없다는 것은 '어느 한쪽으로 치우쳐서 하는 바가 없다'라는 말이다. 무릇 능히 무위할 수 없어서 뭔가를 하는 자는 모두 하덕이니 인(仁)·의(義)·예절(禮節)이 그것이다. (이는) 장차 덕의 위아래를 밝히려고 하면서 그때마다 하덕을 들어 상덕에 대응시킨 것이다.

의도를 가지고 뭔가를 하되 하덕의 역량이 지극한 것이 있으니 상인(上仁)이 그것이다. (상인은) 어떤 것을 의도하지 않음에는 충분히 이를 수 있으나 오히려 뭔가를 하니 뭔가를 하면서도 의도가 없는 것이다. 그래서 유위(有爲)하는 데 따른 근심이 있게 된다. 근본이 무위(無爲)에 있고 어머니가 무명(無名)에 있는데도 (상인은) 근본을 버리고 말단으로 나아가고 어머니를 버리고 그 자식을 쓰니, 공로가 비록 커도 반드시 성공하지 못하고 이름이 비록 아름다워도 반드시 거짓이 생겨난다. 능히 하지 않고서는 이뤄낼 수 없고 일으키지 않고서는 다스릴 수 없어서 이에 곧 뭔가를 (억지로) 하게 되니, 그래서 두루 크고 넓게 인애(仁愛)를 베풀게 되는 것이다. 그런데 그 사랑에는 편파적이거나 사사로움이 없다. 그렇기 때문에 상인(上仁)을 갖춘 자는 "뭔가를 하면서도 의도를 갖고서 함이 없다"라고 말하는 것이다.

사랑이 모두에게 골고루 미칠 수 없는 경우 어느 쪽은 누르고 어느 쪽은 막으면서 정직하게 의리를 따지게 된다. (의리를 따지는 사람은) 굽은 것에 분노하고 곧은 것을 도와서 저쪽을 도와주고 이쪽을 공격하니 이는 일과 사물에 대해 일정한 마음을 갖고서 하는 것이다. 그래서 상의(上義)를 갖춘 자는 "뭔가를 할 때 의도를 갖고서 한다"고 말하는 것이다.

곧음을 능히 도탑게 하지 못하면 꾸며대고 문채(文彩)를 닦아서 예경(禮敬)을 갖춘 사람이 나오니 이런 사람은 예경을 닦는 것을 높이고 좋아하며 서로 관계 맺음을 꼬치꼬치 따진다. 그렇게 되면 서로 맞지 않은 사이에는 분노가 생겨난다. 그래서 상례(上禮)를 갖춘 자는 "뭔가를 하는데 (상대가) 응하지 않으면 팔을 걷어붙이고 상대를 (억지로) 잡아당긴다"라고 말하는 것이다.

무릇 큰 것 중에서도 궁극적인 것은 아마도 도(道)일 뿐이리라! 이로부터 이미 벗어나 버리면 어찌 제대로 존중받을 수 있으랴! 그러므로 (『주역』「계사전(繫辭傳)」에서 말한 대로) 덕(德)이 왕성하고 업(業)이 크며 부유함으로는 만물 만사를 다 가졌다고 해도 오히려 각자가 자기 덕을 갖고 있을 뿐이어서 능히 스스로 두루 다 할 수는 없으니 그래서 하늘은 능히 (땅이 하는) 실어주는 일을 할 수 없고 땅은 능히 (하늘이 하는) 덮어주는 일을 할 수가 없으며 사람은 능히 (하늘과 땅이 하는) 풍족하게 해주는 일을 할 수가 없는 것이다. 만물 만사가 비록 귀하다고 해도 없음을 쓰임[用]으로 삼을 뿐 능히 없음을 체(體)로 삼는 데는 이르지 못한다. 없음을 체(體)로 삼는 데 이르지 못하면 자기의 큼을 잃어버리니 이것이 이른바 "도를 잃은 후에 덕"이라는 말이다.

없음을 쓰임으로 삼는다면 어머니를 얻을 수 있어서 그래서 능히 몸소 수고하지 않아도 일과 사물이 다스려지지 않음이 없다. 이 아래로 나아갈 경우에는 어머니(-쓰임)도 잃어버려서 능히 무위하지 못하고 널리 베푸는 것을 귀하게 여기고 능히 널리 베풀지 못해서 바르고 곧음을 귀하게 여기고 능히 바르고 곧을 수가 없어서 꾸미고 예경함을 귀하게 여긴다. 이것이 이른바 "덕을 잃은 후에 인이요, 인을 잃은 후에 의요, 의를 잃은 후에 예이다"라는 말이다.

무릇 예(禮)란 진실함과 믿음이 도탑지 못하고 서로 간이(簡易)하게 통함이 제대로 펼쳐지지 못한 데서 처음으로 머리를 들고나오니 겉치레만 꼼꼼히 갖추려 하고 아주 미미한 것을 갖고서 다퉈 제어하려 한다. 무릇 인의(仁義)란 안에서 나오는 것인데도 이를 억지로 하게 되면 오히려 거짓이 되는데 하물며 밖을 꾸미는 데 힘쓰고서야 오래갈 수 있겠는가! 그래서 "무릇 예란 충신(忠信)이 엷어져서 나온 것이라 어지러움의 첫머리가 된다"라고 말한 것이다.

| 풀이

먼저 하덕(下德)의 사례로 인(仁)·의(義)·예(禮)가 순차적으로 나온다.

그중 최상의 인(仁)은 뭔가를 하면서도 뭔가를 갖고서 함이 없다고 했다. 인(仁)은 무위(無爲)하지 못하고 유위(有爲)하기는 하지만 억지스러운 목적이나 목표는 없다는 말이다. 자식이 부모를 사랑하는 효(孝)나 부모가 자식을 사랑하는 자(慈)가 그것이다.

그다음으로 최상의 의(義)는 뭔가를 하되 의도를 갖고서 함이 있다고 했다. 의(義)는 유위(有爲)하는 데다가 억지스러운 목적이나 목표가 있다는 말이다. 임금이 신하를 사랑하는 관(寬)이나 신하가 임금을 사랑하는 충(忠) 또는 직(直)이 그것이다.

최악은 예(禮)인데, 이는 공자가 말하는 일의 이치[事理]^{사리}로서의 예(禮)보다는 흔히 말하는 예법이나 예절을 가리킨다. 예란 인의(仁義)를 실현하기 위한 보조 수단으로 간주하고 있다.

3가지 낮은 덕 중에서도 예(禮)는 최악이다. 그래서 노자는 "무릇 예란 충신(忠信)이 엷어져서 나온 것이라 어지러움의 첫머리가 된다"라고 진단한다.

예(禮)가 겉치레로 흐를 위험성에 대해서는 공자도 다양한 방식으로 경고했다. 먼저 『논어』 「팔일(八佾)」편 3이다.

공자가 말했다.
"사람으로서 어질지 못한데 (그 사람이) 예(禮)를 행한들 무엇할 것이며, 사람으로서 어질지 못한데 악(樂)을 행한들 어찌할 것인가?"

또 「양화(陽貨)」편 11에서는 이렇게 말한다.

공자가 말했다.

"예다, 예다 하지만 그것이 옥과 비단을 말하는 것이겠는가? 악이다, 악이다 하지만 그것이 종과 북을 말하는 것이겠는가?"

예의 본질은 어짊[仁]이라는 말이다.

이노해노(以老解老)

이제 인(仁)·의(義)·예(禮)를 제1장(1-1) 차원에서 조명해보자.

도(道)의 경우 도라고 할 수 있다고 해서 (모두) 상도(常道)는 아니듯이

명(名)의 경우에도 명이라고 할 수 있다고 해서 (모두) 상명(常名)은 아니다.

인(仁)·의(義)·예(禮)라는 하덕(下德)은 고스란히 명(名)이긴 한데 상명(常名)은 될 수 없다는 뜻이다.

38-4

前識者 道之華 而愚之始
是以 大丈夫 處其厚 不居其薄 處其實 不居其華
故 去彼取此

전식(前識)이란 도(道)의 화려한 겉모습이요 어리석음의 첫머리다.

이 때문에 대장부는 두터운 곳에 처하지 엷은 곳에 처하지 않고 실질에 처하지 화려한 겉모습에 처하지 않는다.

그래서 저것을 버리고 이것을 취한다.

번역 비평

전식(前識)이란 무엇을 가리키는가. 뒤에 있는 화(華)가 실마리를 준다. 전(前)을 김충열 교수는 앞선 시대로 풀이했다.

왕필 주(王弼注)

전식 자 전인 이식야 즉 하덕 지륜야 갈기 총명 이위 전식 역
前識者 前人而識也 卽下德之倫也 竭其聰明以爲前識 役
기 지력 이영 서사 수득 기정 간교 미밀 수 풍 기예 유상 독실
其智力以營庶事 雖得其情 姦巧彌密 雖豐其譽 愈喪篤實
노이 사혼 무이 치예 수 갈 성지 이 민 유해 사기임물 즉 무위
勞而事昏 務而治穢 雖竭聖智 而民愈害 舍己任物 則無
위 이태 수부 소박 즉 불수 전제 탐피 소획 기차 소수 고 전식
爲而泰 守夫素樸 則不須典制 耽彼所獲 棄此所守 故 前識
자 도지화 이 우지수
者 道之華而愚之首

고 구득 기 위공 지모 즉 만물 작언 이 불사 야 만사 존언 이 불로
故 苟得其爲功之母 則萬物作焉而不辭也 萬事存焉而不
로야 용 불이 형 어 불이 명 고 인의 가현 예경 가창 부 재지 이
勞也 用不以形 御不以名 故仁義可顯 禮敬可彰 夫 載之以
대도 진지 이무명 즉 물무 소상 지무 소영 각 임 기 진사 용 기성
大道 鎭之以無名 則物無所尚 志無所營 各任其眞事 用其
즉 인덕 후언 행의 정언 예경 청언
誠 則仁德厚焉 行義正焉 禮敬清焉

기 기 소재 사 기 소생 용 기 성형 역 기 총명 인 즉 상언 의 즉 경언
棄其所載 舍其所生 用其成形 役其聰明 仁則尚焉 義則競
언 예 즉 쟁언 고 인덕 지후 비용인 지 소능 야 행의 지정 비용의
焉 禮則爭焉 故 仁德之厚 非用仁之所能也 行義之正 非用
지 소성 야 예경 지청 비용례 지 소제 야
義之所成也 禮敬之清 非用禮之所濟也

재지 이도 통지 이모 고 현지 이 무 소상 창지 이 무 소경 용 부
載之以道 統之以母 故 顯之而無所尚 彰之而無所競 用夫
무명 고 명이 독언 용부 무형 고 형이 성언 수모 이존 기자
無名 故 名以篤焉 用夫無形 故 形以成焉 守母以存其子
숭본 이거 기말 즉 형명 구유 이 사 불생 대미 배천 이 화 부작
崇本以擧其末 則形名俱有而邪不生 大美配天而華不作

故母不可遠本不可失
고 모 불가 원 본 불가 실

仁義母之所生非可以爲母形器匠之所成非可以爲匠
인의 모 지 소생 비 가이 위모 형기 장 지 소성 비 가이 위장

捨其母而用其子棄其本而適其末名則有所分形則有所止
사 기모 이 용 기자 기 기본 이 적 기말 명 즉 유 소분 형 즉 유 소지

雖極其大必有不周雖盛其美必有患憂功在爲之豈足處
수 극 기대 필유 부주 수 성 기미 필유 환우 공 재 위지 기족 처

也
야

전식(前識)이란 남보다 먼저 아는 것이니, 곧 하덕(下德)에 속하는 부류다. 자기의 총명함을 다해 남보다 먼저 알고 자기의 지력을 써서 온갖 일을 다스리려 하니 비록 실상을 얻더라도 간교함이 더욱 치밀해지고 비록 기림이 가득해도 도타움과 실질을 더욱 잃게 되니 수고로워도 일은 어지럽고 힘써도 다스림은 더럽혀지며 비록 빼어난 지혜를 다해도 백성은 더욱 해롭게 된다. 자기를 버리고 일과 사물에 자기를 맡기면 곧 무위해도 태평하고 저 소박함을 지키면 곧 전장제도(典章制度)가 필요치 않다. 그러나 저 얻으려는 바를 탐하느라 이 지켜야 할 바를 버리니 그래서 전식이란 "도(道)의 화려한 겉모습이요 어리석음의 첫머리"가 된다.

그러므로 진실로 공로를 이루는 어머니를 얻으면 만물 만사가 일어나면서도 뒷말이 없고 만물 만사가 보존되면서도 수고롭지 않으니 (사람을) 쓸 때는 그 외형으로 하지 않고 (사람을) 부릴 때는 그 이름으로 하지 않는다. 그래서 인의(仁義)가 드러날 수 있고 예경(禮敬)이 빛날 수 있다. 무릇 만물을 실어줄 때는 큰 도로써 하고 만물을 눌러줄 때는 무명으로 하니 사람들 사이에 숭상할 것이 없고 뜻을 가진 사람들 사이에 도모할 것이 없다. 각자가 자기만의 일을 맡고 각자의 열렬함을 다해

서 인덕(仁德)이 두터워지고 행의(行義)가 바르게 되며 예경(禮敬)이 맑아
진다.

　실어야 할 것을 버리고 살려야 할 것을 내버리며 이미 이뤄진 형체
를 쓰고 자기의 총명함을 쓰게 될 경우, 인(仁)은 숭상의 대상이 되고
의(義)의 경쟁의 대상이 되며 예(禮)는 다툼의 대상이 된다. 따라서 인
의 두터움은 인을 써서 할 수 있는 것이 아니요, 의로움을 행하는 바름
은 의로움을 써서 이룰 수 있는 것이 아니요, 예경의 맑음은 예를 써서
이룩할 수 있는 것이 아니다.

　만물을 실어줄 때는 도로써 하고 통어할 때는 어머니로써 하니 그
렇기 때문에 드러나도 숭상할 것이 없고 빛나도 다툴 것이 없다. 저 무
명을 쓰기 때문에 이름이 그로써 도타워지고, 저 무형을 쓰기 때문에
형체가 그로써 이뤄진다. 어머니를 지켜 자식을 보존하고 근본을 높여
말단을 치켜올려주니 형체와 이름이 함께 있게 돼 그릇됨이 생겨나지
않고 큰 아름다움이 하늘과 짝해 화려한 겉모습 따위는 생겨나지 않는
다. 그래서 어머니는 멀리해서는 안 되고 근본은 잃어서는 안 된다.

　인의는 어머니가 낳은 것이라 (인의는) 어머니가 될 수 없고 형체와
그릇은 장인이 만든 것이라 (형체와 그릇 자체는) 장인이 될 수 없다. 어머
니를 버리고 자식을 쓰며 근본을 버리고 말단으로 나아가면 이름에는
나뉘는 바가 있게 되고 형체에는 그치는 바가 있게 된다. (이렇게 되면)
설사 그 큼을 극에 이르게 한다 해도 반드시 두루 다하지 못함이 있을
것이요 설사 그 아름다움이 성대해진다 해도 반드시 우환이 있을 것이
니 (이런 상황에서) 공로가 뭔가를 하는 데 있다 한들 어찌 그에 처할 수
있겠는가.

전식(前識)이란 앞선 시대에 뭔가를 안다고 내세우는 식자들, 특히 실상[實]은 없이 겉치레[華]만 요란한 식자들을 가리킨다. 화실(華實)은 그대로 문질(文質)과 조응하는 말로, 명(名)의 겉치레에만 전념하고 그 실상에는 관심을 두지 않았던 사람들이다. 이들은 대부분 예(禮)를 논했던 사람들이다.

이렇게 되면 "전식(前識)이란 도(道)의 화려한 겉모습이요 어리석음의 첫머리다"라는 말은 쉽게 이해되며, 이어지는 글 또한 문질(文質)의 차원에서 이해할 수 있다. 따라서 저것이란 화려함과 꾸며댐[華文]이며 이것이란 실상과 바탕[實質]이다.

이 점에서 노자는 공자와 확연히 다른 길을 제시한다. 노자는 문식이 됐든 애씀이 됐든 문(文)을 조금도 받아들이지 않았다. 박(樸)에 대한 강조는 곧 실질(實質)에 대한 강조다. 앞서 충신(忠信)을 강조했던 것도 그런 맥락이다. 이와 달리 공자는 바탕[質]을 위주로 하되 애씀[文] 또한 중요시했다. 문질빈빈(文質彬彬)을 말한 공자는 늘 다음과 같은 3가지를 나란히 강조했다.

『논어』 「학이(學而)」편 8이다.

공자가 말했다.

"군자(가 되려는 자)는 (내면이) 무겁지 않으면 (외면으로) 위엄이 드러나지 않고, (문을) 배우면 고(固)에 빠지지 않는다[君子 不重則不威 學則不固].
(이를 위해서는 첫째,) 진실됨과 믿음[忠信]을 제일의 원칙으로 삼고, (둘째, 다음이) 자기보다 못한 자를 벗 삼지 않으며, (셋째, 혹시라도) 잘못을 했을 경우

(즉각) 고치기를 꺼리지 말라[主忠信 無友不如己者 過則勿憚改].”

전식(前識)에 대해서는 『한비자』「해노(解老)」편이 큰 도움을 준다.

사물이 나타나기에 앞서 행하고 사리가 드러나기에 앞서 움직이는 것을 '전식(前識)'이라고 하니, 전식(前識)이란 아무런 근거 없이 제멋대로 어림 짐작하는 것이다. 어찌해 그렇게 말하는가.

첨하(詹何)¹가 앉아 있고 제자가 모시고 있었는데 문밖에서 소 울음소리가 들려왔다. 제자가 말하기를 “이 소는 검정소인데, 그 이마가 하얗습니다” 라고 하자, 첨하가 말하기를 “그렇다. 이 소는 검정소인데, 그 뿔이 하얗 구나”라고 했다. 사람을 시켜 소를 살펴보게 하니, 과연 검정소인 데다 흰 색 삼베로 그 뿔을 싸고 있었다. (그러나) 첨하의 술수로 뭇사람의 마음을 미혹시키면 걸만 화려하게 꾸미는 데 가까울 것이다. 그러므로 『도덕경』 에서는 “도(道)의 화려한 걸모습”이라고 한 것이다. 만약 시험 삼아 첨하 의 추찰(推察)을 제쳐두고 어리석은 5척 어린아이로 하여금 살펴보게 했더 라도 역시 그 소가 검정소이고 흰 베로 뿔을 싸고 있다는 것을 알았을 것 이다.

따라서 첨하는 (굳이) 추찰함으로써 마음을 괴롭히고 정신을 피곤하게 한 뒤에 기껏 5척 어린아이가 한 것과 똑같은 효과를 얻었을 뿐이다. 이 때문 에 『도덕경』에서 '어리석음의 첫머리'라고 한 것이다.

그러므로 『도덕경』에서 “전식(前識)이란 도(道)의 화려한 걸모습이요 어리

---

1 초(楚)나라 은자(隱者)로 낚시를 잘해서 명주실로 낚싯줄을, 보리 수염으로 낚싯바늘을, 가시나무로 낚싯대를, 쪼갠 낱알로 미끼를 만들었는데도 수레에 가득 찰 만큼 물고기를 낚았다고 한다. 『열자(列 子)』「탕문(湯問)」편 등에 등장한다.

석음의 첫머리다"라고 했다.

이어서 대장부에 대해『한비자』「해노(解老)」편은 이렇게 풀어낸다.

『도덕경』에서 말한 '대장부(大丈夫)'란 지혜가 큰 사람을 말한다.『도덕경』에서 말한 "두터운 곳에 처하지 엷은 곳에 처하지 않는다"라는 것은 속마음의 진실을 행하고 예(禮)의 겉모습은 버린다는 것이다.『도덕경』에서 말한 "실질에 처하지 화려한 겉모습에 처하지 않는다"는 것은 반드시 사리 (事理)에 근거하며 섣불리 판단하지 않는다는 것이다.

대장부는 전식(前識)하지 않는다는 말이다.

제39장

^{석 지 득일 자}
昔之得一者

^{천 득일 이청} ^{지 득일 이녕} ^{신 득일 이령} ^{곡 득일 이영} ^{만물 득일}
天得一以淸 地得一以寧 神得一以靈 谷得一以盈 萬物得

^{이생} ^{후왕 득일 이위} ^{천하 정 기치 지 일야}
一以生 侯王得一以爲天下貞 其致之一也

^{천 무이} ^{무이} ^{청 장 공렬} ^{지 무이} ^{무이} ^{녕 장 공발} ^{신 무이} ^{무이}
天無以[無己]淸 將恐裂 地無以[無己]寧 將恐發 神無以[無

^{령 장 공혈} ^{곡 무이} ^{무이} ^{영 장 공갈} ^{만물 무이} ^{무이} ^{생 장}
己]靈 將恐歇 谷無以[無己]盈 將恐竭 萬物無以[無己]生 將

^{공멸} ^{후왕 무이} ^{무이} ^{귀고} ^{장 공궐}
恐滅 侯王無以[無己]貴高 將恐蹶

^{고 귀 이천 위본} ^{고 이하 위기}
故 貴以賤爲本 高以下爲基

^{시이} ^{후왕 자위 고과 불곡 차 비 이천 위본 야 비호}
[是以] 侯王 自謂孤寡不穀 此非以賤爲本耶 非乎

^{고 치 삭예 무예 불욕 녹록 여옥 역력 여석}
故 致數譽 無譽 不欲 琭琭如玉 珞珞如石

시초의 하나를 얻음에 있어

하늘은 하나를 얻어 맑아지고, 땅은 하나를 얻어 안녕하고 귀신은
하나를 얻어 신령스럽고 골짜기는 하나를 얻어 가득 차고 만물 만사는
하나를 얻어 생겨나고 후왕(侯王)은 하나를 얻어 천하의 반듯함이 된
다. 이렇게 할 수 있는 것은 하나를 얻음으로써이다.

하늘은 늘 맑은 상태로만 있으려 하지 않으니 (이는) 장차 찢어질까 두려워서이고

땅은 늘 안녕한 상태로만 있으려 하지 않으니 (이는) 장차 진동할까 두려워서이고

귀신은 늘 신령스러운 상태로만 있으려 하지 않으니 (이는) 장차 그 신령스러움이 다할까 두려워서이고

골짜기들은 가득 차 있는 상태로만 있으려 하지 않으니 (이는) 장차 말라버릴까 두려워서이고

만물 만사는 늘 살아 있는 상태로만 있으려 하지 않으니 (이는 그렇게 할 경우) 장차 없어질까 두려워서이고

후왕은 늘 고귀한 상태로만 있으려 하지 않으니 (이는 그렇게 할 경우) 장차 넘어질까 두려워서다.

그래서 귀함은 천함을 근본으로 삼고 높음은 낮음을 기반으로 삼는다.

이 때문에 후왕은 스스로를 일컬어 고(孤-외로운 사람), 과(寡-덕이 모자란 사람), 불곡(不穀-백성을 잘 길러주지 못한 사람)이라고 하니 이것이야말로 천함을 근본으로 삼는 것이 아니겠는가! 그렇지 않은가! 그래서 자주 스스로를 기리게 되면 기림이 없어지니 하고자 함이 없어서 마치 옥이 반짝반짝 빛나고 돌이 거칠디거친 것처럼 한다.

39-1

^{석 지 득일 자}
昔之得一者

시초의 하나를 얻음에 있어

번역 비평

석(昔)은 고(古)와 통한다.

하나[一]는 시초와 본질을 말한다.

왕필 주(王弼注)

^{석 시야 일 수지시 이 물지극 야 각 시 일물 지 소이 위주 야}
昔 始也 一 數之始而物之極也 各是一物之所以爲主也
^{물 각득 차일 이성 기성 이 사일 이 거성 거성 즉 실 기모 고 개}
物各得此一以成 旣成而舍一以居成 居成則失其母 故 皆
^{열 발 헐 갈 멸 궐 야}
裂發歇竭滅蹶也

석(昔)이란 시작이다. 하나는 수의 시작이자 만물 만사의 극(極)이니, 각각 한 물건(하늘·땅·신(神)·곡(谷))이 주인으로 여기는 바다.

만물 만사는 각각 이 하나를 얻어 이뤄지는데 이미 이뤄지고 나면 이 하나를 버리고서 이뤄진 것에 머문다. 이뤄진 것에 머물면 (자기를 낳아준) 그 어머니를 잃게 되니 그래서 모두 찢어지고 꺼지고 다하고 말라버리고 없어지고 넘어지는 것이다.

예로부터 중국에서는 옛것은 좋고 지금 것은 좋지 않다[是古非今]는 생각이 있었다. 물론 진시황제는 이 점을 들어 유학과 유학자들에 대해 분서갱유(焚書坑儒)를 단행했지만 말이다.

하나(一)를 얻었다는 것은 시초와 본질 혹은 시초적 본질을 말한다.

39-2

天得一以淸 地得一以寧 神得一以靈 谷得一以盈 萬物得一以生 侯王得一以爲天下貞 其致之一也

하늘은 하나를 얻어 맑아지고 땅은 하나를 얻어 안녕하고 귀신은 하나를 얻어 신령스럽고 골짜기는 하나를 얻어 가득 차고 만물 만사는 하나를 얻어 생겨나고 후왕(侯王)은 하나를 얻어 천하의 반듯함이 된다. 이렇게 할 수 있는 것은 하나를 얻음으로써다.

번역 비평

정(貞)이 다른 판본에는 정(正)으로 돼 있기도 하지만 같은 뜻이다.

왕필 주(王弼注)

各以其一 致此淸寧靈盈生貞

각각은 그 하나로서 이처럼 맑음·안녕·신령스러움·가득 참·낳아줌·반듯함에 이르게 된다.

풀이

여기서 핵심은 "후왕(侯王)은 하나를 얻어 천하의 반듯함[貞=正]이된다"다. 이 때문에 바로 아래에 이어지는 39-3에서 후왕의 마음가짐과 몸가짐을 말하고 있는 것이다.

"천하의 반듯함이 된다"를 김충열 교수는 "천하를 안정시킬 수 있었다"로, 최진석 교수는 "천하를 올바르게 한다"로 풀었다.

『주역』「계사전(繫辭傳)」에 나오는 정(貞)에 대해 주희는 이렇게 말했다.

정(貞)이란 바름[正]이요 일정함[常]이니, 일[物=事]은 바른 것을 일정함으로 삼는다.

정(貞)에도 '오래감[常=恒]'의 의미가 들어 있다. 그런 뜻이라야 뒤에 나오는 넘어짐이나 전복[蹶=覆]과 짝을 이룰 수 있다.

39-3

天無以[無已]清 將恐裂 地無以[無已]寧 將恐發 神無以[無已]靈 將恐歇 谷無以[無已]盈 將恐竭 萬物無以[無已]生 將恐滅 侯王無以[無已]貴高 將恐蹶

고 귀 이천 위본 고 이하 위기
故 貴以賤爲本 高以下爲基

시이 / 후왕 / 자위 / 고 과 불곡 / 차 비 이천 / 위본 야 비호 / 고 치 삭예
[是以] 侯王 自謂孤寡不穀 此非以賤爲本耶 非乎 故 致數

무예 / 불욕 녹록 여 옥 / 역력 여 석
譽 無譽 不欲琭琭如玉 珞珞如石

하늘은 늘 맑은 상태로만 있으려 하지 않으니 (이는) 장차 찢어질까 두려워서고

땅은 늘 안녕한 상태로만 있으려 하지 않으니 (이는) 장차 진동할까 두려워서고

귀신은 늘 신령스러운 상태로만 있으려 하지 않으니 (이는) 장차 그 신령스러움이 다할까 두려워서고

골짜기들은 가득 차 있는 상태로만 있으려 하지 않으니 (이는) 장차 말라버릴까 두려워서고

만물 만사는 늘 살아 있는 상태로만 있으려 하지 않으니 (이는) 장차 없어질까 두려워서고

후왕은 늘 고귀한 상태로만 있으려 하지 않으니 (이는) 장차 넘어질까 두려워서다.

그래서 귀함은 천함을 근본으로 삼고 높음은 낮음을 기반으로 삼는다.

이 때문에 후왕은 스스로를 일컬어 고(孤-외로운 사람), 과(寡-덕이 모자란 사람), 불곡(不穀-백성을 잘 길러주지 못한 사람)이라고 하니 이것이야말로 천함을 근본으로 삼는 것이 아니겠는가! 그렇지 않은가! 그래서 자주 스스로를 기리게 되면 기림이 없어지니, 하고자 함이 없어서 마치 옥이 반짝반짝 빛나고 돌이 거칠디거친 것처럼 한다.

왕필본은 무이(無以)로 돼 있지만 다른 판본들은 무이(無已)로 돼 있다. 문맥상 무이(無已)를 따르는 것이 자연스럽다.

열(裂)이란 둘, 넷, 여덟 등으로 나뉘면서 흐려진다[濁]^탁는 말이다. 발(發)이란 '움직인다[振動]^{진동}'는 뜻이니, 지진 등을 염두에 둔 말이다.

이노해노(以老解老)

하늘·땅·귀신(신령)·골짜기가 등장한다는 점에서 제6장을 다시 음미할 필요가 있다.

골짜기 신령은 죽지 않으니 이를 일러 현묘한 암컷[玄牝]^{현빈}이라고 한다.

현묘한 암컷의 문(門), 이를 일러 하늘과 땅의 뿌리라고 한다.

면면히 이어져 겨우 존재하는 듯하지만 아무리 그것을 써도 다함이 없다.

스스로를 낮출 때 오래갈 수 있다는 말임이 이제 더욱 분명해진다.

왕필 주(王弼注)

用一以致清耳 非用清以清也 守一則清不失 用清則恐裂也^{용일 이치 청이 비용청 이청 야 수일 즉 청부실 용청 즉 공렬 야}

故 爲功之母不可舍也 是以 皆無用其功 恐喪其本也^{고 위공 지모 불가 사 야 시이 개 무용 기공 공상 기본 야}

清不能爲清 盈不能爲盈 皆有其母 以存其形 故 清不足貴^{청 불능 위청 영 불능 위영 개 유 기모 이존 기형 고 청 부족 귀}

盈不足多 貴在其母 而母無貴形^{영 부족 다 귀재 기모 이 모 무귀 형}

貴^귀 乃^내 以^이 賤^천 爲^위 本^본 高^고 乃^내 以^이 下^하 爲^위 基^기 故^고 致^치 數^삭 譽^예 乃^내 無^무 譽^예 也^야
玉^옥 石^석 珠^녹 珠^록 珞^역 珞^력 體^체 盡^진 於^어 形^형 故^고 不^불 欲^욕 也^야

하나를 써서 맑음에 이를 뿐이지, 맑음을 써서 맑아지는 것이 아니다. 하나를 지키면 맑음을 잃지 않지만 맑음을 쓰면 찢어질까 두려워하게 된다.

그래서 공로를 이루는 어머니를 버려서는 안 된다. 이 때문에 모두 그 (어머니) 공로를 쓰지 않으면 그 근본을 잃어버릴까 두려운 것이다.

맑음은 스스로 맑게 할 수 없고 가득 참은 스스로 가득 차게 할 수 없으니, 모두 그 어머니가 있어 그로써 형체를 보존하는 것이다. 그래서 맑음은 귀하다기에는 부족하고 가득 참은 많다기에는 부족하니, 귀함은 그 어머니에게 있으나 어머니는 형체를 귀하게 여기지 않는다.

귀함이란 천함을 근본으로 삼고 높음은 낮음을 기반으로 삼는다. 그래서 스스로를 자주 기리는 데 이르면 마침내 기림이 없어지게 되는 것이다.

옥의 반짝임과 돌의 거침은 본체가 형체에서 다한 것(일 뿐)이다. 그래서 "하고자 함이 없다"라고 했다.

풀이

문단 구조만 짚어내면 내용은 간단하다. 하늘·땅·귀신·골짜기·만물 만사는 비유일 뿐이고, 핵심은 후왕이다.

결국 후왕이 고귀해야만 넘어지지 않는데, 그 고귀함의 뿌리는 역설적으로 비천(卑賤)함이다. 이는 자겸(自謙)하라는 말이다. 이렇게 자겸

하지 않고 자주 스스로를 기리게 되면 오히려 기림이 없어진다고 했다. 자주 스스로를 기린다는 것은 자긍(自矜)이니, 도(道)의 움직임을 거스르는 짓이다. 여전히 제왕학의 문맥이다.

39-3과 관련해서 『회남자(淮南子)』 권12 「도응훈(道應訓)」에 나오는 사례를 살펴보자.

고구장인(孤丘丈人)이 (초나라 재상) 손숙오(孫叔敖)에게 말했다.

"사람에게는 원망을 사게 되는 3가지가 있는데 그대는 알고 계시오?"

손숙오가 말했다.

"그것이 무엇이오?"

장인이 대답했다.

"벼슬이 높아지면 다른 선비들이 질투하고, 관직이 커지면 임금이 미워하고, 봉록이 두터워지면 도처에서 원망을 합니다."

손숙오가 말했다.

"내 벼슬이 높아질수록 내 뜻을 낮추고, 내 관직이 커질수록 내 마음을 작게 하고, 내 봉록이 두터워질수록 내 이익을 널리 베풀겠다. 이렇게 하면 3가지 원망에서 벗어나겠지요."

그래서 노자가 말하기를 "귀함은 천함을 근본으로 삼고 높음은 낮음을 기반으로 삼는다"라고 했다.

이노해노(以老解老)

앞서 우리는 노자가 '임금이 ~하지 않으면[無/不] 백성은 저절로[自] ~한다'라는 구조로 사유한다는 것을 짚어본 바 있다. "자주 스스로를 기리게 되면 기림이 없어진다"라는 부분은 제24장(24-2)에서 명확하게 살펴본 바 있다.

스스로를 드러내는 자는 밝지 못하고, 스스로 옳다고 하는 자는 그 옳음이 훤히 드러나지 않고, 스스로를 자랑하는 자는 공로가 없어지며, 스스로를 내세우는 자는 (그 다음이) 오래갈 수 없다[自見者 不明 自是者 不彰 自伐者 無功 自矜者 不長].

도에 있어서 말하자면 그것은 먹다 남은 음식이요 군더더기 행동이다[其在道也 曰餘食贅行].

제40장

^반^자 ^{도지동}
反者 道之動

^약^자 ^{도지용}
弱者 道之用

^{천하} ^{만물} ^{생어} ^유 ^유 ^{생어} ^무
天下萬物生於有 有生於無

돌이킴이란 도의 움직임이요,

약함은 도의 쓰임이다.

천하의 만물 만사는 있음에서 생겨나고 있음은 없음에서 생겨난다.

40-1

___

^반^자 ^{도지동}
反者 道之動

돌이킴이란 도의 움직임이요,

반(反)은 처음으로 되돌아감[復]인가 아니면 반대편으로 향하는 것 [相反]인가. 전자를 취할 경우 일종의 우주 순환론이 되고, 후자를 취할 경우 우주론에서 벗어나 인간사 상호 작용론이 된다. 그런데 지금까지 봤듯이 노자가 말하는 무(無)와 유(有)는 전자보다는 후자에 가깝다. 후자를 따른다. 게다가 우리는 제40장까지 오면서 『도덕경』이란 책이 우주 창조 운운하는 것과는 전혀 무관함을 확인한 바 있다.

왕필 주(王弼注)

高以下爲基 貴以賤爲本 有以無爲用 此其反也
動 皆之 其所無 則物通矣
故曰 反者 道之動也

높음은 낮음을 기반으로 하고 귀함은 천함을 근본으로 하며 있음은 없음을 쓰임으로 삼으니, 이것이 바로 돌이킴이다.

움직일 때 모두 그 없음으로 나아가면 일과 사물은 통하게 된다.

그래서 말하기를 "돌이킴이란 도의 움직임이다"라고 했다.

이노해노(以老解老)

제24장은 제39장과 제40장을 이어주면서 동시에 40-1에 대한 해설이 된다.

(치고 나가려고) 발꿈치를 들고 서는 사람은 제대로 서지 못하고, (마음이 앞서) 큰 걸음으로 마구 가는 자는 제대로 길을 갈 수가 없다[企者 不立, 跨者 不行].

스스로를 드러내는 자는 밝지 못하고, 스스로 옳다고 하는 자는 그 옳음이 훤히 드러나지 않고, 스스로를 자랑하는 자는 공로가 없어지며, 스스로를 내세우는 자는 (그 덕이) 오래갈 수 없다[自見者 不明 自是者 不彰 自伐者 無功 自矜者 不長].

도에 있어서 말하자면 그것은 먹다 남은 음식이요 군더더기 행동이다[其在道也 曰餘食贅行].

40-2

弱者 道之用

약함은 도의 쓰임이다.

이노해노(以老解老)

쓰임[用]의 효능은 제11장에서 이야기했다.

11-1이다.

바퀏살 30개가 바퀴 통 1개에 모이는데, 그것이 비어 있기 때문에 수레의 쓰임이 있게 된다[三十輻共一轂 當其無 有車之用].

왕필 주(王弼注)

유약 동통 통 불가 궁극
柔弱同通 不可窮極

부드러움과 약함은 (만물 만사에) 똑같이 통하니 (그 쓰임이) 다할 수가 없다.

풀이

강강(剛强) 하려면 반드시 먼저 유약(幼弱)을 써야 한다. 이렇게 하는 것이 반(反)이다. 물론 그렇다고 강강을 내버려 둬야 한다는 말은 아니다. 『논어』「학이(學而)」편 12에는 예(禮)의 쓰임에 관한 유자(有子)의 말이 실려 있는데, 쓰임을 정확히 이해하는 데 도움이 된다.

유자(有子)가 말했다.

"예를 쓸 때는 조화로움이 귀하다. 선왕의 도리에서는 이를 아름답게 여겨서 높고 낮은 관리들이 모두 이로 말미암아 일을 했다. (그렇지만) 해서는 안 되는 것이 있으니, 조화로움만 알아서 (좋은 게 좋다는 식으로) 조화롭게만 하려고 하고 일의 이치로써 마디를 맺어주지 않는다면 실로 그 일은 제대로 행해질 수 없다[禮之用 和爲貴 先王之道 斯爲美 小大由之 有所不行 知和而和 不以禮節之 亦不可行也]."

이노해노(以老解老)

도지용(道之用)을 풀어낸 것이 제78장이다.

제40장 **499**

천하에 물보다 부드럽고 약한 것은 없지만, 딱딱하고 강한 것을 공격함에 있어 그 어떤 것도 물을 이길 수 없다. 물을 쓰지만, 그 어떤 것도 그것을 대체할 수 없다[天下莫柔弱於水 而攻堅强者 莫之能勝 以其無以易之].

약함이 강함을 이기고 부드러움이 굳셈을 이기는 것을 천하가 알지 못함이 없지만, 누구도 능히 행하지는 못한다[弱之勝强 柔之勝剛 天下莫不知莫能行].

이 때문에 성인(聖人)이 말하기를 "나라의 더러움을 품어 안는[受＝容] 자를 일러 사직의 주인이라고 하고, 나라의 상서롭지 못함을 품어 안는 자를 일러 천하의 왕이라고 한다"라고 했다[是以 聖人云 受國之垢 是謂社稷主 受國不祥 是謂天下王].

바른말은 마치 반대로 하는 것과도 같다[正言若反].

40-3

천하 만물 생어 유 유 생어 무
天下萬物生於有 有生於無

천하의 만물 만사는 있음에서 생겨나고 있음은 없음에서 생겨난다.

이노해노(以老解老)

없음과 있음, 무(無)와 유(有)는 제1장(1-2)에서 정의한 바 있다.

무란 만물 만사의 시원(始原)을 이름 부른 것이고, 유란 만물 만사의 어머니를 이름 부른 것이다[無^무 名^명 萬^만物^물 之^지 始^시 有^유 名^명 萬^만物^물 之^지 母^모].

왕필 주(王弼注)

天^{천하}下之^지物^물 皆^개以^{이유}有 爲^{위생}生 有^유之^지所^소始^시 以^{이무}無 爲^{위본}本 將^{장욕}欲 全^{전유}有 必^필 反^{반어}
於^무無 也^야

천하의 만물 만사는 모두 있음으로 인해 생겨나지만, 있음이 시작되는 곳은 없음을 근본으로 삼는다. 장차 있음을 온전하게 하려면 반드시 없음으로 돌아가야 한다.

풀이

이는 만물이 실제로 유에서 생겨났고 유는 무에서 생겨났다는 우주 생성론을 말하는 것이 아니다. 반자도지동(反者道之動)을 들어 사람들에게 자기 생각과 반대되는 쪽으로 시선을 돌리게 하려는 말이다. 김충열 교수도 "사람들이 유(有)니 동(動)이니 실(實)이니 해 자기에게 맞는 쪽에 치우쳐 도를 보기 때문에, 그 반대쪽을 내세워 균형을 잡아주려는 것일 뿐이다"라고 했다. 즉 실상이 그렇다기보다는 사람들을 겸손한 쪽으로 이끌기 위한 권고로 보는 경우가 많다.

이노해노(以老解老)

이 점을 확인해주는 것이 제2장(2-3)이다.

만물 만사를 일어나게 하면서도 내세우지 않고[不辭=不伐], (일을) 낳아 주면서도 가지려 하지 않고, (일을) 행하면서도 으스대지 않고, 공로가 이뤄져도 자기가 했다고 하지 않는다.

무릇 오직 자기가 했다고 자처하지 않으니, 이 때문에 (그 공로가) 사라지지 않는다.

이제 '도(道)의 운동이 반(反)'이라는 말의 내용을 충분히 이해했을 것이다.

제41장

上士^{상사}聞道^{문도}勤而行之^{근이행지}

中士^{중사}聞道^{문도} 若存若亡^{약존약무} 下士^{하사}聞道^{문도} 而大笑之^{이대소지} 不笑^{불소} 不足以爲^{부족이위도}

道

故^고 建言有之^{건언유지}

明道^{명도} 若昧^{약매}

進道^{진도} 若退^{약퇴}

夷道^{이도} 若纇^{약뢰}

上德^{상덕} 若谷^{약곡}

大白^{태백} 若辱^{약욕}

廣德^{광덕} 若不足^{약부족}

建德^{건덕} 若偸^{약투}

質眞^{질진} 若偸^{약투}

大方^{대방} 無隅^{무우}

大器^{대기} 晚成^{만성}

大音^{대음} 希聲^{희성}

大象 無形
대상 무형

道隱無名 夫唯道 善貸且善成
도 은 무명 부 유 도 선대 차 선성

상사(上士)는 도(道)를 들으면 부지런히 그것을 행하고

중사(中士)는 도를 들으면 있는 듯이 없는 듯이 하고

하사(下士)는 도를 들으면 크게 비웃는다.

(하사가) 비웃지 않으면 도라고 하기에 충분치 못하다.

그래서 이런 말이 (세워져) 있게 된다.

밝은 도는 마치 어두운 듯하고

나아가는 도는 마치 물러나는 듯하고

평평한 도(道)는 마치 울퉁불퉁한 듯하고

최상의 덕(德)은 마치 골짜기와 같고

가장 흰 것은 마치 모욕을 당한 듯하고

광덕(廣德)은 마치 부족한 듯하고

우뚝 선 덕(德)은 마치 짝이 있는 듯하고

바탕이 참된 것은 마치 더러운 듯하고

크게 모난 것은 모서리가 없고

큰 그릇은 늦게 이뤄지고

큰 음(音)은 희미하게 소리가 나고

대상(大象)은 형체가 없다.

도는 숨어 있어 이름이 없지만, 무릇 오직 도만이 잘 빌려주고[貸]
대
(시작하고) 또 잘 이뤄낸다.

41-1

<ruby>上<rt>상</rt></ruby><ruby>士<rt>사</rt></ruby> <ruby>聞<rt>문</rt></ruby><ruby>道<rt>도</rt></ruby> <ruby>勤<rt>근</rt></ruby><ruby>而<rt>이</rt></ruby><ruby>行<rt>행</rt></ruby><ruby>之<rt>지</rt></ruby>

상사(上士)는 도(道)를 들으면 부지런히 그것을 행하고

번역 비평

상사(上士)란 최고의 사(士-장부)를 말한다.

왕필 주(王弼注)

<ruby>有<rt>유</rt></ruby><ruby>志<rt>지</rt></ruby><ruby>也<rt>야</rt></ruby>

뜻이 있다는 말이다.

풀이

제41장은 도와 장부에 관한 이야기다.

상사는 도를 들으면 '지어도(志於道)', 즉 그 도에 뜻을 두고서 '독신(篤信)', 즉 독실하게 믿고서 그 도리를 부지런히 실천한다는 말이다. 지어도(志於道)나 독신(篤信)은 모두 공자가 도리를 대하는 태도를 말한 것인데, 노자의 도라고 해서 다를 바가 있을 수 없다.

최진석 교수는 구석규(裘錫圭)가 근(勤)을 근(僅)으로 봐야 한다고 한 주석을 소개하고 있다.

이렇게 되면 노자의 도를 행하기가 어려움을 보여주는, 다음과 같은 번역이 가능하다.

상사라야 도를 들으면 겨우 그것을 행할 수 있다.

뉘앙스상 좋은 번역이 된다.

41-2

中^{중사}士^{문도}聞道 若^약存^존若^약亡^무 下^{하사}士^{문도}聞道 而^이大^{대소}笑^지之 不^{불소}笑 不^{부족이}足以爲^{위도}
道
故^고建^전言^언有^{유지}之

중사(中士)는 도를 들으면 있는 듯이 없는 듯이 하고
하사(下士)는 도를 들으면 크게 비웃는다.
(하사가) 비웃지 않으면 도라고 하기에 충분치 못하다.
그래서 이런 말이 (세워져) 있게 된다.

번역 비평

중사(中士)란 중간쯤 되는 사, 하사(下士)란 수준 낮은 사를 말한다.
약존약무(若存若亡)란 건성건성 대한다는 뜻이다.

대부분 사, 즉 하사들은 노자가 말하는 '반(反)'을 자기 운동으로
삼는 도(道)'를 이해하지 못한다.

왕필 주(王弼注)

건 유 립 야
建猶立也

건(建)은 세우다[立]라는 뜻이다.

| 풀이

현실에서는 노자가 말한 도를 선뜻 받아들이는 사람은 많지 않다. 공자가 처한 현실도 이 점에서는 마찬가지였다. 『논어』「위령공(衛靈公)」편 3이다.

공자가 말했다.
"유(由-자로)야! 덕이 있는 사람을 알아주는 이가 드물구나[由 知德者鮮矣]!"

흔히 이 구절은 "덕을 아는 사람이 드물구나!"로 해석돼왔다. 그러나 '지덕(知德)'이라는 말은 성립되지 않는다. 지성과 덕성이라는 뜻으로는 가능하지만 '덕을 안다'라는 것은 말이 안 되기 때문이다. 물론 '지례(知禮)'는 가능하다. 그러나 덕(德)은 위덕(爲德), 성덕(成德), 수덕(修德), 숭덕(崇德) 해야 하는 것이어서 '덕을 안다'라는 의미에서의 지덕(知德)은 있을 수 없다. 따라서 "덕이 있는 사람을 알아준다"로 옮겨야 한다.

여기서 노자는 공자와 같은 심정으로 '지도(知道)', 즉 도가 있음을 알아주는 이가 드문 세태를 한탄하고 있다. 특히 "비웃지 않으면 도라고 하기에 충분치 못하다"라는 말에서 그런 심정을 충분히 느낄 수 있다.

41-3

<ruby>明<rt>명</rt></ruby><ruby>道<rt>도</rt></ruby> <ruby>若<rt>약</rt></ruby><ruby>昧<rt>매</rt></ruby>

밝은 도는 마치 어두운 듯하고

번역 비평

이 말은 제36장에서 봤던 미명(微明)을 연상시킨다.

장차 움츠러들게 하려면 반드시 먼저[固] 벌리게 해야 하고, 장차 약하게 하려면 반드시 먼저 강하게 해야 하며, 장차 없애려 한다면 반드시 먼저 생겨나게 해야 하고, 장차 빼앗으려 한다면 반드시 먼저 줘야 한다. 이를 일러 미미한 밝음[微明]이라고 한다.

왕필 주(王弼注)

<ruby>光<rt>광</rt></ruby><ruby>而<rt>이</rt></ruby><ruby>不<rt>불</rt></ruby><ruby>耀<rt>요</rt></ruby>

빛이 있지만 눈부시지는 않은 것이다.

뉘앙스를 살리자면 "밝은 도인데도 어두운 듯해"로 옮길 수 있으니, 중사나 하사가 이런 도에 마음을 쏟을 수는 없다. 이하 12가지 사항에 모두 똑같이 적용할 수 있다.

따라서 미명(微明)을 볼 줄 아는 지혜가 있어야 상사(上士), 즉 성신(聖臣)이라 할 수 있다.

41-4

進道 若退
_{진도 약 퇴}

나아가는 도는 마치 물러나는 듯하고

왕필 주(王弼注)

後其身而身先 外其身而身存
_{후 기신 이 신 선 외 기신 이 신 존}

자기 몸을 뒤로함으로써 (도리어) 몸이 앞서게 되고, 자기 몸을 도외시함으로써 (도리어) 몸이 보존된다.

41-5

夷道 若纇
_{이도 약 뢰}

평평한 도(道)는 마치 울퉁불퉁한 듯하고

번역 비평

이(夷)는 평평하다[平]는 뜻이다.

왕필 주(王弼注)

類 坳也

大夷之道 因物之性 不執平以割物 其平不見 乃更反若類
坳也

뇌(類)는 울퉁불퉁하다는 뜻이다.

크게 평평한 도는 일과 사물의 본성에 바탕을 두기 때문에 평평함
에 집착해서 일과 사물을 잘라내는 일이 없으니, 그 평평함은 드러나
지 않고 이에 도리어 울퉁불퉁하게 보인다는 뜻이다.

41-6

上德若谷

최상의 덕(德)은 마치 골짜기와 같고

골짜기는 스스로는 가장 낮은 곳에 있으면서 모든 것을 받아들이고 모든 것을 내어준다.

왕필 주(王弼注)

부덕 기덕 무 소회 야
不德其德 無所懷也

그 덕을 덕으로 여기지 않으니, 따로 마음에 품고 있는 바가 없는 것이다.

41-7

태백 약 욕
大白 若辱

가장 흰 것은 마치 모욕을 당한 듯하고

왕필 주(王弼注)

지 기백 수 기흑 태백 연후 내 득
知其白 守其黑 大白然後乃得

그 흼을 알고 그 검음을 지키니, 가장 희게 된 다음에야 마침내 얻게 된다.

41-8

광덕 약 부족
廣德 若不足

광덕(廣德)은 마치 부족한 듯하고

왕필 주(王弼注)

광덕 불영 곽연 무형 불가 만 야
廣德 不盈 廓然無形 不可滿也

가장 넓은 덕은 가득 차지 않으니, 텅 비어 있어 형체가 없고 채우려야 채울 수가 없다.

41-9

건덕 약 투
建德 若偸

우뚝 선 덕(德)은 마치 짝이 있는 듯하고

왕필 주(王弼注)

투 필야
偸 匹也
건덕 자 인물 자연 불립 불시 고 약 투필
建德者 因物自然 不立不施 故 若偸匹

투(偸)는 짝이라는 뜻이다.

우뚝 선 덕은 일과 사물의 자연스러움에 바탕을 두고서 (억지로 뭔가를) 세우거나 베풀지 않으니, 그래서 마치 짝이 있는 듯하다.

41-10

質眞 若渝
<small>질진   약 투</small>

바탕이 참된 것은 마치 더러운 듯하고

왕필 주(王弼注)

質眞者 不矜其眞 故 若渝
<small>질진   자 불긍 기진   고 약 투</small>

바탕이 참된 자는 자기 참됨을 내세우지 않으니 그래서 마치 더러운 듯하다.

41-11

大方 無隅
<small>대방   무우</small>

크게 모난 것은 모서리가 없고

왕필 주(王弼注)

<ruby>方<rt>방</rt></ruby><ruby>而<rt>이</rt></ruby><ruby>不<rt>불</rt></ruby><ruby>割<rt>할</rt></ruby> <ruby>故<rt>고</rt></ruby> <ruby>無<rt>무</rt></ruby><ruby>隅<rt>우</rt></ruby><ruby>也<rt>야</rt></ruby>

모가 났지만 (다른 것을) 깎아내지 않으니, 그래서 모서리가 없다.

41-12

<ruby>大<rt>대</rt></ruby><ruby>器<rt>기</rt></ruby> <ruby>晩<rt>만</rt></ruby><ruby>成<rt>성</rt></ruby>

큰 그릇은 늦게 이뤄지고

왕필 주(王弼注)

<ruby>大<rt>대</rt></ruby><ruby>器<rt>기</rt></ruby> <ruby>成<rt>성</rt></ruby><ruby>天<rt>천</rt></ruby><ruby>下<rt>하</rt></ruby> <ruby>不<rt>부</rt></ruby><ruby>持<rt>지</rt></ruby> <ruby>全<rt>전</rt></ruby><ruby>別<rt>별</rt></ruby> <ruby>故<rt>고</rt></ruby> <ruby>必<rt>필</rt></ruby><ruby>晩<rt>만</rt></ruby><ruby>成<rt>성</rt></ruby><ruby>也<rt>야</rt></ruby>

큰 그릇은 천하를 이뤄줌에 있어 온전함과 분별함을 고집(-의지)하지 않으니 그래서 반드시 늦게 이뤄진다.

41-13

<ruby>大<rt>대</rt></ruby><ruby>音<rt>음</rt></ruby> <ruby>希<rt>희</rt></ruby><ruby>聲<rt>성</rt></ruby>

큰 음(音)은 희미하게 소리가 나고

왕필 주(王弼注)

청지 불문 명왈 희 불가득 문지 음 야
聽之不聞 名曰希 不可得聞之音也
유성 즉유분 유분 즉불궁 이 상 의 분 즉불능 통중
有聲則有分 有分則不宮而商矣 分則不能統衆
고 유성자 비 대음 야
故 有聲者 非大音也

들어도 들리지 않는 것을 이름해 희(希)라고 하니 음(音)을 알아들을 수 없다.

소리가 있으면 분별이 있게 되는데 분별이 있게 된다는 것은 곧 궁음(宮音)이 아니면 상음(商音) 이하가 되는 것이다. 분별하게 되면 대중을 통솔할 수 없다.

그래서 소리가 있는 것은 큰 소리가 아니다.

41-14
___

대상 무형
大象 無形

대상(大象)은 형체가 없다.

왕필 주(王弼注)

有形則亦有分 有分者 不溫則涼 不炎則寒
<small>유형 즉 역 유분 유분 자 불온 즉 양 불염 즉 한</small>
故 象而形者 非大象
<small>고 상 이 형 자 비 대상</small>

형체가 있으면 실로 분별이 있으니 분별이 있을 경우 따뜻하지 않으면 서늘하고 뜨겁지 않으면 차갑다.

그래서 모습이 있으면서 형체를 갖춘 것은 커다란 모습이 아니다.

풀이

이에 대해서는 홍석주 풀이가 간명하다.

명도약매(明道若昧) 이하의 12가지는 모두 상반되는 것으로 말했으니, 대체로 모두 나약하게 행동하고 유약하게 처신하며 겸손하게 낮추고 드러나지 않게 행동하라는 의미다.

본문의 이(夷)는 '평안하다' 의미로 하나처럼 순수하다는 말이며, 뇌(纇)는 흠이 있다는 말이다. 골짜기란 모든 물이 아래로 흘러가는 곳이다. 깨끗한 것[白]이 더러운 것[黑]으로 나아가는 것을 욕(辱)이라고 한다. 건(建)은 '세우다'라는 뜻이다. 경박하고 게으르면 아무것도 세울 수 없다. 투(渝)는 '변덕이 심하다'라는 말이다. 변덕이 심하면 자신의 바탕을 유지할 수 없다.

41-15

도 은 무명　부 유 도　선대　차 선성
道隱無名 夫唯道 善貸且善成

도는 숨어 있어 이름이 없지만, 무릇 오직 도만이 잘 빌려주고[貸]
(시작하고) 또 잘 이뤄낸다.

번역 비평

선대(善貸)는 '잘 빌려준다'나 '잘 시작하다'로 옮긴다.

왕필 주(王弼注)

범　차 제대　개 시 도 지 소성　야　재상　즉 위 대상　이 대상　무형　재음
凡 此諸大 皆是道之所成也 在象則爲大象 而大象無形 在
즉 위 대음　이 대음　희성
音則爲大音 而大音希聲
부　도　물 이 지 성　이 불견　기형　고 은 이 무명　야
夫 道 物以之成 而不見其形 故 隱而無名也
대지　비유　공 기핍　이이　일 대지　즉 족 이　영종　기덕　고왈　선대
貸之 非唯供其乏而已 一貸之 則足以永終其德 故曰 善
야
貸也
성지　불가　기장　지 재　무물　이 부제　기형　고왈　선성
成之 不加機匠之裁 無物而不濟其形 故曰 善成

무릇 여기서 언급한 제반 큰 것들은 모두 다 도(道)가 이뤄주는 바
다. 모습에서는 커다란 모습이 되지만 커다란 모습에는 형체가 없고,
음(音)에서는 큰 음이 되지만 큰 음은 소리가 희미하다.

무릇 도(道)란 만물 만사를 이뤄주지만, 그 형체는 보지 못한다. 그

래서 "숨어 있어 이름이 없다"라고 한 것이다.

(도가 만물 만사에) 빌려줄 때는 단지 그 결핍분을 공급해줄 뿐 아니라 한번 꿔주고 나면 그 덕(德)이 영원토록 해준다. 그래서 "잘 빌려준다[善貸]"라고 한 것이다.

(도가 만물 만사를) 이뤄줄 때는 장인(匠人)이 마름질을 하는 것과 같은 것이 아니라 어떤 일과 사물이든 그 형체를 만들어주지 않는 것이 없다. 그래서 "잘 이뤄낸다[善成]"라고 한 것이다.

| 풀이

제41장은 41-15가 핵심이다. "도는 숨어 있어 이름이 없지만"이란 앞서 열거한 열두 사항을 가리킨다.

'잘 빌려준다'에 대해서는 홍석주 풀이를 따른다.

남에게 잘 빌려준다는 것은 어미와 자식의 관계처럼 낳아 불리는 이로움이 있으므로 이 구절로써 도가 하나에서 둘, 둘에서 셋이 돼 만물에 이르게 됨을 비유한 것이다.

이렇게 되면 자연스럽게 제42장에 이어진다.

제42장

도 생일　일 생이　　이 생삼　　삼 생 만물
道生一 一生二 二生三 三生萬物

만물 부음 이 포양　충기 이위　화
萬物負陰而抱陽 冲氣以爲和

인 지 소오　유고 과 불곡　이 왕공 이위　칭
人之所惡 唯孤寡不穀 而王公以爲稱

고 물 혹 손지 이익 혹 익지 이손
故 物或損之而益 或益之而損

인 지 소교　아 역 교지
人之所敎 我亦敎之

강량자　　부득　기사　오 장 이위　교부
强梁者 不得其死 吾將以爲敎父

　　도(道)는 하나를 낳고 하나는 둘을 낳고 둘은 셋을 낳고 셋은 만물 만사를 낳는다.

　　만물 만사는 음(陰)을 등에 지고 양(陽)을 품어 안아서 충기(冲氣-텅 빈 기운)로써 조화로움을 빚어낸다.

　　사람들이 싫어하는 것은 오직 외롭고[孤] 적고[寡] 제대로 길러내지 못하는 것[不穀]이지만 왕공(王公)은 이를 칭호로 삼는다.

　　그래서 일이나 사물이란 혹 덜어내면 더해지고 혹 더하면 덜어진다.

　　남이 가르치는 것을 나 역시 남에게 가르친다.

강하고 굳건한 자는 제 명에 죽지 못하니 나는 장차 이를 가르침의 아버지로 삼는다.

42-1

도 생일 일 생이 이 생삼 삼 생 만물
道生一 一生二 二生三 三生萬物
만물 부음 이 포양 충기 이위 화
萬物負陰而抱陽 沖氣以爲和
인 지 소오 유 고 과 불곡 이 왕공 이위 칭
人之所惡 唯孤寡不穀 而王公以爲稱
고 물 혹 손지 이 익 혹 익지 이 손
故 物或損之而益 或益之而損

도(道)는 하나를 낳고 하나는 둘을 낳고 둘은 셋을 낳고 셋은 만물 만사를 낳는다.

만물 만사는 음(陰)을 등에 지고 양(陽)을 품어 안아서 충기(沖氣-텅 빈 기운)로써 조화로움을 빚어낸다.

사람들이 싫어하는 것은 오직 외롭고[孤] 적고[寡] 제대로 길러내지 못하는 것[不穀]이지만 왕공(王公)은 이를 칭호로 삼는다.

그래서 일이나 사물이란 혹 덜어내면 더해지고 혹 더하면 덜어진다.

번역 비평

부음(負陰)이란 어두운 면들을 뒤로 돌린다는 뜻이고 포양(抱陽)이란 밝은 면들을 앞에 내세운다는 말이다.

왕필 주(王弼注)

^{만물} ^{만형} ^기 ^{귀일} ^야 ^{하유} ^{치일} ^{유어} ^무 ^야
萬物萬形 其歸一也 何由致一 由於無也

^{유무} ^내 ^일 ^일 ^{가위} ^무 ^이 ^{위지} ^일 ^{기득} ^{무언} ^호 ^{유언} ^{유일} ^{비이}
由無乃一 一可謂無 已謂之一 豈得無言乎 有言有一 非二

^{여하} ^{유일} ^{유이} ^수 ^{생호} ^삼 ^{종무} ^{지유} ^{수진호} ^사 ^{과차} ^{이왕}
如何 有一有二 遂生乎三 從無之有 數盡乎斯 過此以往

^비 ^{도지류}
非道之流

^고 ^{만물} ^{지생} ^{오지} ^{기주} ^{수유} ^{만형} ^{충기} ^{일언} ^{백성} ^{유심} ^{이국}
故 萬物之生 吾知其主 雖有萬形 冲氣一焉 百姓有心 異

^{수풍} ^이 ^{왕후} ^{득일} ^자 ^{주언} ^{이일} ^{위주} ^일 ^하 ^{가사}
國殊風 而王侯得一者 主焉 以一爲主 一何可舍

^{유다} ^{유원} ^손 ^즉 ^{근지} ^{손지} ^{지진} ^내 ^득 ^{기극} ^기 ^{위지} ^일 ^{유내} ^{지삼}
愈多愈遠 損則近之 損之至盡 乃得其極 旣謂之一 猶乃至

^황 ^본 ^{불일} ^이 ^도 ^{가근} ^호 ^{손지} ^{이익} ^{익지} ^{이손} ^기 ^{허언} ^야
三 況本不一 而道可近乎 損之而益 益之而損 豈虛言也

만물 만사와 만 가지 형체는 아마도 하나로 돌아갈 것이다. 무엇으로 말미암아 하나에 이르는가? 무(無)로 말미암아서다.

무로 말미암아 마침내 하나가 되니, 그렇다면 하나는 무라고 할 수 있다. 이미 그것을 하나라고 했으니 어찌 말[言]이 없을 수 있겠는가? 말이 있고 하나가 있으니, 둘이 아니면 무엇이겠는가. 하나가 있고 둘이 있으니 드디어 셋을 낳는다. 무로부터 유(有)로 나아감에 있어 수(數)가 여기서 다했으니 이 셋을 지난 이후부터는 도(道)의 파류(派流)가 아니다.

그래서 만물 만사가 생겨날 때 내가 그 주인을 알 수 있는 것은, 비록 만 가지 형체가 있다 하더라도 충기(冲氣)는 하나이기 때문이다. 백성에게는 마음이 있으니 나라와 풍속이 달라도 왕후(王侯) 중에서 하나를 얻은 자가 주인이 된다. 하나로써 주인이 됐으니, 하나를 어찌 버릴 수 있으랴!

점점 (수가) 많아질수록 그만큼 더 멀어지니 덜어내면 그만큼 가까워지고 덜어냄이 다하게 되면 마침내 그 극을 얻게 된다. 이미 그것을 하나라고 하면 오히려 마침내 셋에 이르게 되는데 하물며 근본이 하나가 아닌데도 도(道)가 가까워질 수 있겠는가? "덜어내면 더해지고 더하면 덜어진다"라는 것이 어찌 헛된 말이겠는가?

| 풀이

제41장이 도와 신하 관계였다면 제42장은 도와 군왕 관계다.

앞부분을 제대로 이해하려면 『주역』 「계사전(繫辭傳)」의 도움이 불가피하다. 여기서 공자가 말했다.

한 번은 음이었다가 한 번은 양이었다가 하는 것[一陰一陽]^{일음일양}을 일러 도(道)라고 한다.

『논어』에서 군군신신(君君臣臣)을 도리[道]^도라고 했던 것과 달리 여기서는 일음일양(一陰一陽)을 도(道)라고 했다. 주희는 이를 풀어서 다음과 같이 말한다.

도(道)는 『역경(易經-주역)』의 태극(太極)이고, 하나는 바로 양(陽)의 기수이고, 둘은 음(陰)의 우수이고, 셋은 바로 기수와 우수를 합한 것이다.

음과 양이 만나면 만물이 시작되니, 일과 이가 만나 셋이 되면 이미 만물은 시작되는 것이다. 그러면서 자연스럽게 음과 양이 등장한다.

그렇다면 "음(陰)을 등에 지고 양(陽)을 품어 안아서"란 무슨 말인가. 만물 만사는 음(陰)을 등에 지고 양(陽)을 품어 안고 있지만, 우리가 만물 만사를 볼 때는 늘 양(陽) 쪽만 바라볼 뿐 그 배후에 있는 음(陰)을 간과한다.

우리가 그 배후로 돌이킬[反] 수 있을 때, 그때에야 우리는 도(道)의 온전한 모습을 볼 수 있다. 양과 음을 통합해서 볼 줄 알아야 비로소 도의 움직임을 보게 된다.

사람들이 싫어하는 것이란 음(陰)이요 그늘이다. 여기서 왕공(王公)이 등장해 다시 제왕학 문맥으로 전환한다. 음이요 그늘이란 "외롭고[孤] 적고[寡] 제대로 길러내지 못하는 것[不穀]"이다. 짐(朕)도 실은 겸칭이지만, 진나라 시황제 때부터 쓰였고 이때까지는 아직 사용하지 않았던 칭호다. 짐은 원래 그냥 '나'라는 정도의 의미였다.

고(孤)나 과인(寡人), 불곡(不穀)은 다 왕공들이 스스로를 칭하는 용어인데, 특히 『예기』에 따르면 작은 나라 임금이 스스로를 '고(孤)'라고 칭했다.

과인(寡人)의 과(寡)는 덕이 모자라다라는 뜻이고, 불곡(不穀)은 백성을 길러주지 못하니 곡식보다 못하다는 뜻이다. 제39장(39-3)에서 이 문제를 다룬 바 있다.

그래서 귀함은 천함을 근본으로 삼고 높음은 낮춤을 기반으로 삼는다.

이 때문에 후왕은 스스로를 일컬어 고(孤-외로운 사람), 과(寡-덕이 모자란 사람), 불곡(不穀-백성을 잘 길러주지 못한 사람)이라고 하니 이것이야말로 천함을 근본으로 삼는 것이 아니겠는가! 그렇지 않은가!

그러므로 "일이나 사물이란 혹 덜어내면 더해지고 혹 더하면 덜어진다"라고 했는데, 전형적인 반자도지동(反者道之動)이다.

그런데 덜어냄과 더함[損益]은 『주역』에서 덕(德)과 관련된 핵심 괘다. 손괘(損卦, ䷨)는 수덕(修德), 익괘(益卦, ䷩)는 숭덕(崇德)의 문제다. 이 점을 김충열 교수는 다음과 같이 정리한다.

왕의 자칭은 겸손하다. 자기를 높여 부르지 않고, 가장 낮은 데로 임하듯 가장 천한 이름을 쓴다. 이는 『주역』 손익괘(損益卦)가 주는 교훈과도 같은 의미가 있다.

왕이 최고의 자리에 있을 수 있는 것은 길바닥의 흙을 긁어모아서 높여졌기 때문이다. 그 높이를 더하고자 자꾸만 그 아래의 흙을 퍼 올리면 결국은 무너져서 가장 낮은 곳으로 되돌아가고 만다. 그 윗자리가 계속 유지되기 위해서는 오히려 위의 것을 덜어 낮은 데를 채워줘야 하는 것이다. 이것이 왕도(王道) 존립의 기본 상식이다.

42-2

人之所教 我亦教之
인 지 소 교　아 역 교 지

남이 가르치는 것을 나 역시 남에게 가르친다.

왕필 주(王弼注)

^{아 지 교 인} ^{비 강 사 인 종 지 야} ^{이 용 부 자 연}
我之敎人 非强使人從之也 而用夫自然

^{거 기 지 리} ^{순 지 필 길 위 지 필 흉}
擧其至理 順之必吉 違之必凶

^{고 인 상 교} ^{위 지 필 자 취 기 흉 야} ^{역 여 아 지 교 인 물 위 지 야}
故 人相敎 違之必自取其凶也 亦如我之敎人 勿違之也

내가 남을 가르칠 때는 남으로 하여금 억지로 따라가게 하지 않고 저 자연스러움을 쓴다.

(나는) 지극한 이치를 들(어서 가르칠) 뿐이니, 그것에 고분고분하면 반드시 길하고 그것을 어기면 반드시 흉하다.

그래서 사람들이 서로를 가르칠 때 그것을 어긴다면 반드시 흉함을 스스로 불러들이게 될 것이니, 나 역시 남을 가르칠 때는 그것을 어기지 말아야 한다.

번역 비평과 풀이

이 부분이 이 장의 핵심이다. 김충열 교수는 인지소교(人之所敎)란 곧 『주역』 손(損)·익(益)괘를 말한 것 같다고 했다. 노자 자신도 이 교훈을 가지고서 후왕을 가르치겠다는 뜻으로 보인다.

42-3

^{강 량 자} ^{부 득 기 사} ^{오 장 이 위 교 부}
强梁者 不得其死 吾將以爲敎父

강하고 굳건한 자는 제 명에 죽지 못하니 나는 장차 이를 가르침의 아버지로 삼는다.

번역 비평

강량(强梁)이란 강한 대들보를 말하는데, 오직 강하게만 밀어붙이는 것을 말한다.

부득기사(不得其死)란 비명횡사(非命橫死)와 같은 뜻으로, 『논어』「선진(先進)」편 12에도 나오는 말이다.

민자(閔子)는 공자의 곁에서 모실 때 온화(溫和)한 모습이었고 자로(子路)는 굳센 모습[行行如=剛强]이었으며 염유(冉有)와 자공(子貢)은 화락한 모습이었으니, 공자가 즐거워했다.

(공자가 말했다.)

"유(由-자로)의 경우에는 제 명에 죽지 못할 것이다[不得其死然]."

공자가 이 말을 했던 것도 자로가 강량하기 때문이다.

왕필 주(王弼注)

强梁則必不得其死

人相教爲强梁 則必如我之敎人不當爲强梁也

擧其强梁不得其死以敎耶 若云順吾敎之必吉也

故 得其違敎之徒 適可以爲敎父也

강하고 굳건하기만 하면 반드시 제 명에 죽지 못한다.

사람들이 서로 가르칠 때 강하고 굳건하라고 하는 것은, 바로 내가 남에게 마땅히 강하고 굳건해서는 안 된다고 가르치는 것과 같다.

강하고 굳건하면 제 명에 죽지 못한다는 말을 들어 가르치는 것은, 마치 내 가르침에 고분고분하면 반드시 길하다고 말하는 것과 같다.

그래서 가르침을 어기는 무리를 얻어서 바로 가르침의 아버지로 삼을 수 있는 것이다.

풀이

가르침의 아버지란 가르침의 첫머리[首=祖=宗]라는 뜻이다. 다시 말해 제36장(36-2)에서 말한 "부드러움은 굳센 것을 이기고, 약한 것은 강한 것을 이긴다"라는 말을 가르침의 첫머리로 삼겠다는 뜻이다.

자연스럽게 제43장으로 내용이 이어진다.

한편 『영조실록』 12년(1736년) 11월 23일 자에는 『주역』과 『도덕경』 관계를 잘 보여주는 이야기가 나온다. 주자학이 극에 이른 나라 조선에서 임금과 경연을 하던 중에 노자가 언급됐다는 사실만으로도 흥미롭다. 그날의 실록 속으로 들어가 보자.

임금이 주강(晝講-낮 경연)을 행했다. 겸괘(謙卦, ䷎)를 강했는데, 동경연(同經筵) 이덕수(李德壽)가 말했다.

"『주역(周易)』 64괘(卦) 가운데 오직 겸괘만이 육효(六爻)가 모두 길(吉)해 후회가 없으리라는 말이 있는데, 공자(孔子)가 겸손에 대해 찬양(贊揚)한 것이 더욱 지극합니다.

『서경(書經)』의 '오만하면 손해를 부르게 되고 겸손하면 이익을 받게 된다'라는 말은, 임금의 도리는 자신을 폄손(貶損) 하는 것을 겸손으로 삼는다는 뜻입니다. 궁실(宮室)·원유(苑囿)의 지나친 자봉(自奉)과, 자녀(子女)·옥백(玉帛)을 누리는 즐거움과, 스스로 위대하고 스스로 훌륭하다고 여기는 마음이 모두 이른바 겸손하지 못한 종류에 속하는 것입니다. 이 가운데에서 한 가지라도 있으면 나라를 위태롭게 하고 자신을 해치게 할 수가 있는 것이니, 두려워하지 않을 수 있겠습니까? 대저 강과 바다가 수없이 흘러 들어오는 물을 받아들이고 있는데도 범람하지 않는 것은 위치한 곳이 낮기 때문입니다. 『도덕경(道德經)』에도 이 의리에 대해 말한 것이 있습니다. 도(道)는 오로지 겸손을 숭상하고 있으니, 한문제(漢文帝)는 이를 이용해서 후원(後元-한문제 연호)의 지치(至治)를 이룩할 수 있었습니다. 겸손하지 않으면 사치하게 되기 때문에 겸손은 또한 검소와 직결됩니다. 일찍이 『예기(禮記)』의 '검(儉)'자로 인해 겸도(謙道)에 대해 우러러 진달한 적이 있었는데, 지금 겸괘(謙卦)에서도 또 '검(儉)'자의 뜻을 진달하게 됐습니다. 겸손과 검소는 천지와 인신(人神)이 행복하게 여기는 것이고 교만과 사치는 천지와 인신이 미워하는 것이니, 제왕이나 서민이나 모두 마땅히 면려해야 되는 것입니다."

임금이 개납(開納-열린 마음으로 받아들임)했다. 특진관 홍상빈(洪尙賓)이 말했다.

"노씨(老氏)의 말은 법강(法講-경연)에서 진달해서는 안 됩니다만, 이덕수가 겸손의 뜻에 관해 설명한 것은 옳습니다."

사신(史臣)은 이덕수에 대해 이렇게 평가하고 있다.

이덕수(李德壽)는 젊어서부터 고문(古文)에 힘을 기울였는데, 늙어갈수록 더욱 줄어들지 않았다. 인품이 창울(蒼鬱)하고 혼후(渾厚)하며 기력(氣力)이 있었는데, 꾸미는 습성을 제거했기 때문에 때로는 질박[野]한 데 가깝기도 했다. 일찍이 귓병을 앓아 귀가 먹어서 총명이 내심(內心)에 전일(專一)될 수 있었다. 그런 때문에 널리 관통해 제가(諸家)의 책을 마구 읽었으므로 육예(六藝-유가)로부터 백가(百家)의 서책은 물론, 복서(卜筮)·상술(相術)·수학(數學) 종류에 이르기까지 통달해 깨우치지 않은 것이 없었는데, 더욱 노불(老佛)에 조예가 깊었다. 비록 나아가기도 하고 물러가기도 하면서 왔다 갔다 하는 데 대해 사람들이 떠나가지 않는 것을 병통으로 여기기도 했으나, 이록(利祿)에 담박해 상대와 다투는 것이 없었으며 문을 닫고 들어앉아 저서(著書)할 때는 고인(古人)의 풍도가 있었고 눈썹과 수염에 고색이 저절로 나타났다. 말이 질박하기 그지없었으므로 진현(進見)할 때마다 임금이 흔연(欣然)히 예우(禮遇)했다.

제43장

^{천하} ^지 ^{지유} ^{치빙} ^어 ^{천하} ^지 ^{지견} ^{무유} ^입 ^{무간}
天下之至柔 馳騁於天下之至堅 無有入無間
^오 ^{시이} ^지 ^{무위} ^지 ^{유익}
吾是以知無爲之有益
^{불언} ^지 ^교 ^{무위} ^지 ^익 ^{천하} ^희 ^{급지}
不言之敎 無爲之益 天下希及之

천하에서 가장 부드러운 것이 천하에서 가장 단단한 것을 몰아내고 무유(無有)는 틈이 없는 곳에까지 들어간다.

나는 이로써 무위(無爲)가 유익한지를 안다.

불언(不言)의 가르침과 무위의 유익함의 경우 천하에서 이에 미칠 수 있는 자가 드물다[希=鮮].

43-1

^{천하} ^지 ^{지유} ^{치빙} ^어 ^{천하} ^지 ^{지견} ^{무유} ^입 ^{무간}
天下之至柔 馳騁於天下之至堅 無有入無間

천하에서 가장 부드러운 것이 천하에서 가장 단단한 것을 몰아내고 무유(無有)는 틈이 없는 곳에까지 들어간다.

번역 비평

부드러움의 문제는 앞에서도 여러 차례 나왔는데, 여기서는 지유(至柔)를 다룬다는 차이점 정도다.

무유(無有)는 여기서는 형체가 없는 것[無形]을 말한다.

왕필 주(王弼注)

기 무 소불입　수 무 소불경
氣無所不入 水無所不經

기운은 들어가지 못하는 곳이 없고, 물은 지나가지 못하는 곳이 없다.

풀이

지유(至柔)와 지견(至堅)의 관계는 앞서 도지용(道之用)과 관련해서 살펴봤던 제78장 전반부가 풀이 역할을 한다.

천하에 물보다 부드럽고 약한 것은 없지만, 딱딱하고 강한 것을 공격함에 있어 그 어떤 것도 물을 이길 수 없다. 물을 쓰지만, 그 어떤 것도 그것을 대체할 수 없다.

약함이 강함을 이기고 부드러움이 굳셈을 이기는 것을 천하가 알지 못함이 없지만, 누구도 능히 행하지는 못한다.

무유(無有)를 아무것도 없음으로 옮긴 번역본이 있는데, 이는 유
(有)의 의미를 놓친 것이다. 여기서 유(有)는 곧 유형(有形)을 가리킨다.

형체 없는 것 중에서 가장 강력하면서도 위험한 것은 다름 아닌 마
음[心]이다.

당연히 마음 중에서는 유욕(有欲)보다는 무욕(無欲)이야말로 닿지
못하는 곳이 없다.

43-2

오 시이 지 무위 지 유익
吾是以知無爲之有益

나는 이로써 무위(無爲)가 유익한지를 안다.

번역 비평

여기서 유익(有益)은 이익이나 이득을 가리킨다기보다는 결과적으
로 더 큰 도움이 된다는 정도의 의미다.

왕필 주(王弼注)

허무 유약 무 소불통 무유 불가 궁 지유 불가 절 이차 추지
虛無柔弱 無所不通 無有不可窮 至柔不可折 以此推之
고 지 무위 지 유익 야
故 知無爲之有益也

허무와 유약은 통하지 못하는 바가 없으니 무유(無有)는 다함이 없고 지극한 부드러움은 꺾을 수 없다. 이로써 미뤄 헤아리건대 그래서 무위의 유익함을 알 수 있는 것이다.

풀이
왕필 주가 상세하다. 공자도 이(利)에 대해서는 드물게 말했는데[罕言^{한언}] 노자가 이익이나 이득을 말했을 리 만무하다.

43-3

不言之敎 無爲之益 天下希及之
불언 지 교 무위 지 익 천하 희 급지

불언(不言)의 가르침과 무위의 유익함의 경우 천하에서 이에 미칠 수 있는 자가 드물다[希=鮮^{희 선}].

번역 비평
43-2를 이어 무위의 유익함이라고 했는데, 제2장(2-2)의 도움을 받아 살펴볼 때 무위의 일에 처함으로써 얻게 되는 유익함이라고 할 수 있다.

왕필 주(王弼注)

夫 孰能過此哉
부 숙능 과차 재

무릇 누가 능히 이를 넘어설 수 있으랴!

풀이

제2장(2-2)을 먼저 보자.

이런 항(恒)을 갖고서 성인(聖人)은 무위(無爲)의 일에 처하고 불언(不言)의
가르침을 행한다[是以 聖人 處無爲之事 行不言之敎].

이에 대한 왕필 주는 본래 없었는데 바그너가 추가했다고 한다. 문
맥상 췌언(贅言)이다.

내용은 불언(不言)의 가르침과 무위의 유익함을 행하는 군왕이 천
하에 극히 드물다는 말이니 역시 제왕학의 문맥이다.

제44장

^명名 ^여與 ^신身 ^숙孰 ^친親
^신身 ^여與 ^화貨 ^숙孰 ^다多
^득得 ^여與 ^망亡 ^숙孰 ^병病
^{시고}是故 ^{심애}甚愛 ^필必 ^{대비}大費 ^{다장}多藏 ^필必 ^{후망}厚亡
^{지족}知足 ^{불욕}不辱 ^{지지}知止 ^{불태}不殆 ^{가이}可以 ^{장구}長久

이름과 몸 중에서 어느 것이 중요한가?

몸과 재화 중에서 어느 것이 값진가?

얻음과 잃음 중에서 어느 것이 병통인가?

이 때문에 (이름이나 관직에) 너무 애착을 갖다 보면 (오히려) 반드시 크게 대가를 치르고 (재물을) 많이 쌓아두면 (오히려) 반드시 크게 잃는다.

만족할 줄 알면 치욕을 당하지 않고 그칠 줄 알면 위태롭지 않아서 오래갈 수 있다.

44-1

명 여 신 숙 친
名與身 孰親

이름과 몸 중에서 어느 것이 중요한가?

번역 비평

명(名)이란 명성이고, 몸이란 자기 몸뚱이니 목숨을 뜻한다.
이름은 결국 관직에 나아가는 것을 말한다.

왕필 주(王弼注)

상 명 호 고 기 신 필 소
尚名好高 其身必疏

이름을 높이고 높은 자리를 좋아하면 그 몸은 반드시 소홀히 하게 된다.

풀이

친(親)은 여기서는 '가깝다[親近]'는 뜻이니, 어떤 것을 더 중시해 가깝게 할 것인가 하는 것을 묻고 있다.

노자에게는 자기 몸보다 중요하고 가까이해야 할 것이 없다. 그러니 헛된 명예나 명성을 좇느라고 몸을 상하게 하는 일은 그가 볼 때 한없이 어리석은 짓이다.

44-2

<ruby>身<rt>신</rt></ruby><ruby>與<rt>여</rt></ruby><ruby>貨<rt>화</rt></ruby> <ruby>孰<rt>숙</rt></ruby><ruby>多<rt>다</rt></ruby>

몸과 재화 중에서 어느 것이 값진가?

번역 비평

여기서 재물이나 재화란 얻기 힘든 재화[難得之貨]를 말한다.

왕필 주(王弼注)

<ruby>貪<rt>탐</rt></ruby><ruby>貨<rt>화</rt></ruby><ruby>無<rt>무</rt></ruby><ruby>厭<rt>염</rt></ruby> <ruby>其<rt>기</rt></ruby><ruby>身<rt>신</rt></ruby><ruby>必<rt>필</rt></ruby><ruby>少<rt>소</rt></ruby>

재물을 탐하면서 조금도 싫증 냄이 없으면 자기 몸은 반드시 가벼이 여긴다[少=輕].

풀이

명예나 명성 대신 여기서는 얻기 힘든 재화와 자기 목숨 중에서 어떤 것을 값지게 여길 것인지를 묻는다.

당연히 자기 목숨임을 알면서도 사람들은 얻기 힘든 재화 쪽으로 나아가다가 재앙을 당한다.

44-3

<ruby>得<rt>득</rt></ruby> <ruby>與<rt>여</rt></ruby> <ruby>亡<rt>망</rt></ruby> <ruby>孰病<rt>숙병</rt></ruby>
得與亡 孰病

얻음과 잃음 중에서 어느 것이 병통인가?

번역 비평

이를 세 번째 질문으로 볼 것인지 앞의 2가지를 포괄해서 다시 던지는 질문으로 볼 것인지에 따라서 득(得)과 망(亡)에 대한 풀이가 달라진다.

왕필 주(王弼注)

<ruby>得名<rt>득명</rt></ruby> <ruby>利<rt>리</rt></ruby> <ruby>而<rt>이</rt></ruby> <ruby>亡<rt>망</rt></ruby> <ruby>其身<rt>기신</rt></ruby> <ruby>何者<rt>하자</rt></ruby> <ruby>爲病<rt>위병</rt></ruby> <ruby>也<rt>야</rt></ruby>
得名利而亡其身 何者爲病也

이름과 이익을 얻었지만, 그 몸을 망쳤다면 어떤 것이 병이겠는가?

풀이

김충열 교수는 이를 세 번째의 질문으로 봐서 득(得)과 망(亡)을 다음과 같이 풀이하고 있다.

얻는 것과 잃는 것, 다시 말해서 갖고 있기 때문에 그것을 지키고자 방비하고 묘책을 짜내며 번거로워하는 것과 쌓아둔 것이 없어서 잃을 것을 염려

하지 않는 것 중 어느 것이 나를 괴롭히는(병들게 하는) 것이 되겠는가?

왕필 주를 따를 경우에는 "명성이나 재물을 얻는 것과 그러다가 몸을 망치는 것 중에서 어느 것이 병통이 되겠는가?"라고 볼 수도 있다. 44-4 문맥으로는 왕필 주가 더 맞아떨어진다.

44-4

시고 심애 필 대비 다장 필 후망
是故 甚愛 必大費 多藏 必厚亡

이 때문에 (이름이나 관직에) 너무 애착을 갖다 보면 (오히려) 반드시 크게 대가를 치르고 (재물을) 많이 쌓아두면 (오히려) 반드시 크게 잃는다.

번역 비평

애(愛)는 '애착을 갖다'로, 비(費)는 '대가를 지불하다'로 푸는 것이 무난하다.

왕필 주(王弼注)

심애 불 여물 통 다장 불여 물산 구지 자 다 공지 자 중 위 물
甚愛 不與物通 多藏 不如物散 求之者多 攻之者衆 爲物
소병 고 대비 후망 야
所病 故 大費厚亡也

너무 아끼면 다른 사물(다른 사람)과 통하지 못하고 많이 쌓아 놓는 것은 일과 사물을 나누는 것만 못하니 (명성과 재물을) 구하는 사람이 많아지고 노리는 사람이 많아져서 사물 때문에 병이 된다. 그래서 "크게 대가를 치르고", "크게 잃는다"라고 한 것이다.

풀이

여기에는 은연중에 타자(他者)의 존재란 어떤 것인지가 깔려 있다. 이 점을 공자는 원망[怨]이 생겨나는 까닭과 관련해서 상세하게 말한 바 있다.

그중 『논어』「이인(里仁)」편 12가 핵심을 찌른다.

공자가 말했다.
"이익되는 것에만 의해 일을 행할 경우 원망이 많아진다[放於利而行多 怨]."

제44장은 전반적으로 제왕학의 문맥이 약하고 한 개인의 처세술인 것처럼 보이지만 제왕의 자연스러운 처세와도 무관치 않다. 그런 맥락에서 공자의 말은 다음과 같이 풀어낼 수 있다.

백성을 다스리는 자가 이익에 입각해서 정사를 행할 경우 백성 사이에 원망이 많아진다.

이에 대한 처방은 이어지는 44-5에서 나온다.

44-5

^{지족} ^{불욕} ^{지지} ^{불태} ^{가이} ^{장구}
知足 不辱 知止 不殆 可以長久

만족할 줄 알면 치욕을 당하지 않고 그칠 줄 알면 위태롭지 않아서
오래갈 수 있다.

번역 비평과 풀이

욕(辱)이나 태(殆)는 모두 비슷한 뜻이다. 이를 피할 줄 알아야 오래
갈 수 있다는 말이다.

결국 오래감의 비결은 지족(知足)하고 지지(知止)할 줄 아는 데 있으
니, 무위자연(無爲自然) 해야 오래갈 수 있는 것이다. 따라서 지족(知足)·
지지(知止)하는 것은 무위자연을 행하는 한 방식이라 할 수 있다.

이노해노(以老解老)

제9장은 고스란히 지족(知足)의 의미를 노자가 풀어낸 것이다.

(이미 적당히) 잡아 쥐고 있는데도 더 채우려는 것은 그만두는 것만 못하다.

(이미 적당히) 다듬어져 있는데도 더 날카롭게 하면 오랫동안 보존할 수
없다.

금과 옥이 집 안에 가득해도 (그칠 줄 모르고 더 욕심을 내면) 아무도 그것을 지
켜낼 수 없다.

부귀하더라도 교만하면 스스로 허물을 남기게 된다.

공로가 이뤄지면 몸을 물려야 하는 것이 하늘의 도(道)다.

또 제33장(33-3)에서 노자는 이렇게 말했다.

만족할 줄 아는 사람은 부유하고 힘써 행하는 사람은 뜻이 있다[知足者^{지족자} 富^부 强行者^{강행자} 有志^{유지}].

또 앞으로 나올 제46장(46-3)에서는 이렇게 경고한다.

재앙 중에는 만족을 모르는 것보다 큰 것이 없고 허물 중에는 얻기만을 바라는 것보다 큰 것이 없다. 그래서 만족할 줄 아는 (참된) 만족이야말로 오래가는 만족이다[禍莫大於不知足^{화막대어부지족} 咎莫大於欲得^{구막대어욕득} 故^고 知足之足^{지족지족} 常足^{상족} 矣^의].

이어서 『도덕경』에 나오는 지지(知止) 문제를 짚어보자. 제32장(32-3)에서 이렇게 말했다.

처음으로 제정할 때는 이름이 있게 된다. 이름이 실로 이미 있다면 무릇 장차 실로 그칠 줄 알아야 한다. 그칠 줄 아는 것이야말로 위태로워지지 않는 방법이다[始制有名^{시제유명} 名亦旣有^{명역기유} 夫亦將知止^{부역장지지} 知止^{지지} 所以不殆^{소이불태}].

이를 통해 '이름이 있다[有名^{유명}]'는 것이 곧 관직에 나아감을 뜻하며, 따라서 제44장은 임금보다는 신하에 해당하는 내용임을 알 수 있다.

제45장

大成^{대성} 若缺^{약결} 其用不弊^{기용 불폐}

大盈^{대영} 若沖^{약충} 其用不窮^{기용 불궁}

大直^{대직} 若屈^{약굴}

大巧^{대교} 若拙^{약졸}

大辯^{대변} 若訥^{약눌}

躁勝寒^{조 승 한} 靜勝熱^{정 승 열} 清靜^{청정} 爲天下正^{위 천하 정}

가장 완벽하게 이룬 것은 모자란 듯하지만, 그 쓰임은 닳지 않는다.

가득 찬 것은 비어 있는 듯하지만, 그 쓰임은 끝이 없다.

가장 크게 곧은 것은 구부러진 듯하고

가장 정교한 것은 서툰 듯하며

가장 뛰어난 말솜씨는 어눌한 듯하다.

바쁜 움직임이 추위를 이겨내지만 고요함은 열기를 이겨낸다. 청정
(清靜)은 (그래서) 천하의 바름이 된다.

45-1

<ruby>大<rt>대</rt></ruby><ruby>成<rt>성</rt></ruby> <ruby>若<rt>약</rt></ruby><ruby>缺<rt>결</rt></ruby> <ruby>其<rt>기</rt></ruby><ruby>用<rt>용</rt></ruby> <ruby>不<rt>불</rt></ruby><ruby>弊<rt>폐</rt></ruby>

가장 완벽하게 이룬 것은 모자란 듯하지만, 그 쓰임은 닳지 않는다.

번역 비평

대성(大成)이란 여기서는 가장 완벽하게 이뤘다고 해야 문맥이 풀린다.

왕필 주(王弼注)

<ruby>隨<rt>수</rt></ruby><ruby>物<rt>물</rt></ruby><ruby>而<rt>이</rt></ruby><ruby>成<rt>성</rt></ruby> <ruby>不<rt>불</rt></ruby><ruby>爲<rt>위</rt></ruby><ruby>一<rt>일</rt></ruby><ruby>象<rt>상</rt></ruby> <ruby>故<rt>고</rt></ruby> <ruby>若<rt>약</rt></ruby><ruby>缺<rt>결</rt></ruby><ruby>也<rt>야</rt></ruby>

일과 사물을 따라서 이루되 하나의 모습이 되지는 않는다. 그래서 모자란 듯하다.

풀이

제45장은 도(道)의 모습과 쓰임에 관한 것이다. 45-1에 관해서는 김충열 교수의 풀이가 명료하다.

가장 완벽하게 갖춰진 것은 단순하고 아무 장식도 없어서 걸보기에(얼핏 보기에) 무언가 허술하고 결함이 있는 것같이 보이지만, 막상 써보면 그것만큼 편리하고 쓸수록 길이 들어 오래도록 친근할 수 있는 것이 없다.

45-2

<ruby>大<rt>대영</rt></ruby> 盈 <ruby>若<rt>약</rt></ruby> 沖 <ruby>其<rt>기용</rt></ruby> 用 <ruby>不<rt>불궁</rt></ruby> 窮

大盈 若沖 其用不窮

가득 찬 것은 비어 있는 듯하지만, 그 쓰임은 끝이 없다.

번역 비평

충(沖)은 앞서 본 바 있듯이 '비어 있다[虛]'는 뜻이다.

왕필 주(王弼注)

大盈充足 隨物而與 無所愛矜 故 若沖也

가득 차서 충족돼 일과 사물을 따라서 내어주니 아끼거나 내세우는 바가 없다. 그래서 비어 있는 듯하다.

풀이

김충열 교수의 풀이다.

속이 꽉 차 있는 것일수록 틈새가 없이 텅 비어 있는 것 같지만 아무리 써도 궁진(窮盡)함이 없다.

홍석주는 45-1과 45-2를 묶어서 이렇게 풀이한다. 주어를 등장시켰다는 점에서 김충열 교수의 풀이보다 구체적이다.

오직 도를 터득한 자만이 이뤄놓고도 이뤄진 것에 의지하지 않고 채워 놓고도 채워진 것을 사용하지 않으니, 이것이 항상 이루면서도 피폐하지 않고 항상 채우면서도 다하지 않는 까닭이다.

도라고 해도 무방하지만, 도를 터득한 자라고 하게 되면 덕(德)이 돼 그 풀이가 「덕경(德經)」과도 어울리게 됐다고 할 수 있다.

45-3

大^{대직}直 若^{약굴}屈

가장 크게 곧은 것은 구부러진 듯하고

번역 비평

직(直)은 왕(枉)이나 곡(曲)과도 대비될 수 있는데, 여기서는 굴(屈)과 대비돼 나왔다. 참고로 제22장(22-2)에서는 "구부리면 곧게 펴지고 [枉^{왕즉직}則直]"라고 했다.

왕필 주(王弼注)

^{수물}^이^직^{직부재}^일^고^{약굴}^야
隨物而直 直不在一 故 若屈也

일과 사물을 따라서 곧아지지만 곧음이 하나(-한결같음)에만 있는 것이 아니다. 그래서 구부러진 듯하다.

45-4

^{대교}^{약졸}
大巧 若拙

가장 정교한 것은 서툰 듯하며

왕필 주(王弼注)

^{대교}^인^{자연}^이^{성기}^{부조}^위^{이단}^고^{약졸}^야
大巧 因自然以成器 不造爲異端 故 若拙也

가장 정교한 것은 자연스러움에 바탕을 두고서 기물을 만들어내지, 특이한 기물을 만들려고 하지 않는다. 그래서 서툰 듯하다.

45-5

^{대변}^{약눌}
大辯 若訥

가장 뛰어난 말솜씨는 어눌한 듯하다.

왕필 주(王弼注)

大辯 因物而言 己無所造 故 若訥也
<small>대변 인물 이 언 기 무 소조 고 약 눌 야</small>

가장 뛰어난 말솜씨는 사안에 바탕을 두고 말을 하지, 자기가 억지로 만들어내지 않는다. 그래서 어눌한 듯하다.

풀이

홍석주는 45-3, 45-4, 45-5를 한꺼번에 묶어 다음과 같이 풀어낸다.

곧은데도 굽은 듯하고 훌륭한 솜씨인데도 형편없는 듯하며 말을 잘하는데도 더듬는 듯하다는 것은 모두, 겸손하고 분명히 하지 않으며 비우고 물러난다는 뜻이다.

덕이 속에서 온전해 누구도 그것을 훼손할 수 없으니, 이것을 대(大)라고 한 것이다.

만약에 뽐냄을 곧음으로 여기고 익숙함과 약삭빠름을 훌륭한 솜씨로 삼으며 막히지 않음을 말 잘함[辯]으로 여긴다면 그 곧음은 반드시 부러지고 훌륭한 솜씨와 말 잘함은 모두 반드시 궁해질 것이니, 이렇게 되는 것들이 라면 하찮은 것일 뿐이다.

45-6

조 승 한　정 승 열　청정　위 천하　정
躁勝寒 靜勝熱 淸靜 爲天下正

바쁜 움직임이 추위를 이겨내지만 고요함은 열기를 이겨낸다. 청정
(淸靜)은 (그래서) 천하의 바름이 된다.

번역 비평

조(躁)는 조동(躁動)의 동(動)과 같은 뜻으로 움직임이다. 여기서는
조급하거나 망령되다는 뜻은 없다. 굳이 말하면 '바삐 움직임' 정도가
된다.

왕필 주(王弼注)

조 파　연후　승 한　정 무위　이 승　열　이차　추지　즉 청정　위 천하　정
躁罷然後勝寒 靜無爲以勝熱 以此推之 則淸靜爲天下正
야
也
정 즉 전 물지진　조 즉 범 물지성　고　유 청정　내 득 여상　제대
靜則全物之眞 躁則犯物之性 故 唯淸靜 乃得如上諸大
야
也

바쁘게 움직인 다음에야 추위를 이겨내지만, 고요함은 무위함으로
써 그 열기를 이겨낸다. 이로써 미뤄 헤아려보면, 맑고 고요함[淸靜]이
천하를 바르게 한다.

고요하면 일과 사물의 참됨을 온전히 하고, 바쁘게 서두르면 일과

사물의 본성을 해친다. 그래서 오직 맑고 고요함만이 마침내 위에서 말한 여러 큰 것들을 얻을 수 있다.

풀이

여기서는 문장 흐름에 주의해야 한다. "조승한(躁勝寒) 정승열(靜勝熱)"을 단순한 병렬로 풀어서는 안 된다는 말이다. 풀어서 옮기면 이렇다.

바삐 움직여 몸에 열기를 나게 해서 추위를 이겨내지만, 정작 그 열기를 이기는 것은 고요함이다.

이렇게 해서 청정(淸靜)은 천하의 바른 도가 된다. 이 문장이 제45장의 핵심이다.

이노해노(以老解老)

이것이 바로 제37장(37-2)에서 말한 "이름 없는 통나무로 누른다"는 뜻이다.

후왕(侯王)이 만약에 능히 그것을 지킨다면 만물 만사는 장차 저절로 교화될 것이다[侯王若能守之 萬物將自化].
교화됐는데도 억지로 하려는 마음이 일어난다면 나는 장차 그것을 이름 없는 통나무로 누를 것이다[化而欲作 吾將鎭之以無名之樸].

다시 제왕학의 문맥임이 분명해졌다. 청정(淸靜)은 곧 무위자연(無爲自然)의 또 다른 이름일 뿐이다. 마침 37-1에서 노자는 이렇게 말했다.

도(道)는 늘 무위(無爲)하지만 하지 않는 것이 없다[道^상常無^{무위}爲 而^이無^{무블}不爲^위].

청정(淸靜)에서 무위(無爲)함이 나온다는 점에서 볼 때 청정이 보다 근본적인 개념이라 할 수 있다.

제46장

천하 유도 각 주마 이분
天下有道 却走馬以糞
천하 무도 융마 생어 교
天下無道 戎馬生於郊
화 막대 어 부지족 구 막대 어 욕득 고 지족 지족 상족 의
禍莫大於不知足 咎莫大於欲得 故 知足之足 常足矣

천하에 도가 있으면 잘 달리는 말을 되돌려 거름 주는 일에 쓴다.

천하에 도가 없으면 군마(軍馬)가 국경 지대에서 나서 자란다.

재앙 중에는 만족을 모르는 것보다 큰 것이 없고 허물 중에는 얻기만을 바라는 것보다 큰 것이 없다. 그래서 만족할 줄 아는 (참된) 만족이야말로 오래가는 만족이다.

46-1

천하 유도 각 주마 이분
天下有道 却走馬以糞

천하에 도가 있으면 잘 달리는 말을 되돌려 거름 주는 일에 쓴다.

왕필은 천하유도(天下有道)의 상황을 지족(知足)과 지지(知止)로 풀어서 설명했다.

여기서 달리는 말이란 전쟁터를 달리는 말이다.

왕필 주(王弼注)

天下有道 知足知止 無求於外 各修其內而已 故 却走馬
以治田糞也

천하에 도가 있으면 만족할 줄 알고 그칠 줄 알아서[知足知止] 밖에서 구하지 않고 각자 안을 닦을 뿐이다[無求於外 各修其內而已]. 그래서 잘 달리는 말을 되돌려 밭에 거름 주는 일에 쓴다.

풀이

홍석주 풀이다.

천하에 도가 있으면 무력을 사용하지 않고 농사에 힘쓴다. 그러므로 잘 달리는 말을 사용할 곳이 없어서 끌어다 거름 수레를 끌게 한다.

『한비자』 「해노(解老)」편이 상세하다.

도를 터득한 군주는 밖으로 이웃 적국과 원수를 지지 않고 안으로 백성에게 덕과 은택을 베푼다. 밖으로 이웃 적국과 원수를 지지 않는다는 것은 제후와의 사귐에 예의를 갖춘다는 것이고, 안으로 백성에게 덕과 은택을 베푼다는 것은 민사를 다스림에 근본에 힘쓴다는 것이다. 제후와의 사귐에 예의를 갖추면 전쟁 날 일이 드물 것이고, 민사를 다스림에 근본에 힘쓰면 지나친 사치가 그칠 것이다.

무릇 말이 크게 소용되는 까닭은 밖으로 갑옷과 무기를 공급하고 안으로 지나친 사치품을 제공하기 때문이다. 지금 도를 터득한 군주는 밖으로 갑옷과 무기를 쓸 일이 드물고 안으로 지나친 사치를 금한다. 군주가 전투하거나 적을 쫓는 데에 말을 부리지 않고 백성이 멀리까지 사치품을 나르는 데에 말을 쓰지 않으면, 힘을 쏟을 곳은 오직 논밭일 뿐이다. 논밭에 힘을 쏟으면 반드시 거름 주고 물 대는 데에 말을 쓴다. 그러므로 『도덕경』에서 "천하에 도가 있으면 잘 달리는 말을 되돌려 거름 주는 일에 쓴다"라고 한 것이다.

46-2

천하 무도 융마 생어 교
天下無道 戎馬生於郊

천하에 도가 없으면 군마(軍馬)가 국경 지대에서 나서 자란다.

번역 비평

융마(戎馬)는 군마(軍馬)고, 이때의 교(郊)는 교외가 아니라 두 나라가 서로 맞닿는 국경 지대를 말한다.

왕필 주(王弼注)

<ruby>貪<rt>탐</rt></ruby><ruby>欲<rt>욕</rt></ruby><ruby>無<rt>무</rt></ruby><ruby>厭<rt>염</rt></ruby> <ruby>不<rt>불</rt></ruby><ruby>修<rt>수</rt></ruby><ruby>其<rt>기</rt></ruby><ruby>内<rt>내</rt></ruby> <ruby>各<rt>각</rt></ruby><ruby>求<rt>구</rt></ruby><ruby>於<rt>어</rt></ruby><ruby>外<rt>외</rt></ruby> <ruby>故<rt>고</rt></ruby> <ruby>戎<rt>융</rt></ruby><ruby>馬<rt>마</rt></ruby><ruby>生<rt>생</rt></ruby><ruby>於<rt>어</rt></ruby><ruby>郊<rt>교</rt></ruby><ruby>也<rt>야</rt></ruby>

탐욕스러움이 싫증을 낼 줄 모르면 그 안을 닦지 않고 각자 밖에서 구한다. 그래서 군마가 국경 지대에서 나고 자란다.

풀이

왕필 주 그대로다. 『한비자』 「해노(解老)」편이 상세하다.

군주가 도를 터득하지 못하면 안으로 백성에게 포학하게 굴고 밖으로 이웃 나라를 침략한다. 안으로 백성에게 포학하게 굴면 백성의 생업이 끊어지고, 밖으로 이웃 나라를 침략하면 전쟁이 자주 일어난다. 백성의 생업이 끊어지면 가축이 줄고, 전쟁이 자주 일어나면 병사들이 다 죽는다. 가축이 줄면 전마(戰馬)가 부족해지고, 병사들이 다 죽으면 군대는 위태롭게 된다. 전마가 부족해지면 어미 말까지 전쟁에 나가게 되고, 군대가 위태로워지면 측근의 신하까지 출정하게 된다.

말은 군대에서 중요하게 쓰는 것이고, 교외(郊外)는 가까운 곳을 말한다. 지금 어미 말과 측근의 신하까지 군비(軍備)로 공급되고 있다. 그러므로 『도덕경』에서 "천하에 도가 없으면 군마(軍馬)가 국경 지대에서 나서 자란다"라고 한 것이다.

교(郊)를 한비자는 수도 인근으로 풀고 있다. 따르지 않는다.

46-3

^{화 막대 어 부지족} ^{구 막대 어 욕득} ^{고 지족 지 족 상족 의}
禍莫大於不知足 咎莫大於欲得 故 知足之足 常足矣

재앙 중에 만족을 모르는 것보다 큰 것은 없고 허물 중에 얻기만을 바라는 것보다 큰 것은 없다. 그래서 만족할 줄 아는 (참된) 만족이야말로 오래가는 만족이다.

번역 비평과 풀이

지족(知足) 문제는 제44장에서 짚어봤다. 44-5만 다시 음미해보자.

만족할 줄 알면 치욕을 당하지 않고, 그칠 줄 알면 위태롭지 않아서 오래
갈 수 있다[^{지족 불욕 지지 불태 가이 장구}知足 不辱 知止 不殆 可以長久].

『한비자』「해노(解老)」편이다.

사람이 욕심을 가지면 사려가 흐트러지고, 사려가 흐트러지면 욕심이 심해지고, 욕심이 심해지면 간사한 마음이 이기고, 간사한 마음이 이기면 일을 이치에 맞게 진행하지 못하고, 일을 이치에 맞게 진행하지 못하면 재앙과 환난이 생긴다. 이로 보면 재앙과 환난은 간사한 마음에서 생기고, 간사한 마음은 욕심을 부리는 것에서 나온다. 욕심을 부리게 하는 것들은

나아가서는 선량한 백성을 간사하게 만들고 물러나서는 선한 사람에게 화를 입힌다.

간사한 자가 생겨나면 위로 군주를 침해해서 약하게 만들고, 재앙이 닥치면 백성을 많이 상하게 한다. 그렇다면 욕심을 부리게 하는 것들은 위로 군주를 침해해서 약하게 만들고 아래로 백성을 상하게 한다. 대저 위로 군주를 침해해서 약하게 하고 아래로 백성을 상하게 하는 것은 큰 죄악이다. 그러므로『도덕경』에서 "재앙 중에는 만족을 모르는 것보다 큰 것이 없다"라고 한 것이다.

다만 한비자는 46-3을 신하 관점에서 풀고 있다. 그러나 제왕의 문맥으로 봐야 46-1과 46-2와 통한다.

제47장

불 출호   지 천하   불 규유   견 천도
不出戶 知天下 不窺牖 見天道

기출   미원   기지   미소
其出 彌遠 其知 彌少

시이   성인   불행   이 지   불현   이 명
是以 聖人 不行而知 不見而明

불위   이 성
不爲而成

    문밖을 나서지 않고서도 천하를 알고 창밖을 내다보지 않고서도 하늘과도 같은 도를 본다.

    그 나아감이 멀리 갈수록 그 앎은 적어진다.

    이 때문에 성인(聖人)은 행하지 않고서도 알게 되고 드러내지 않아도 밝으며

    (억지로) 행하지 않고서도 (다) 이뤄낸다.

47-1

불 출호　지 천하　불 규유　견 천도
不出戶 知天下 不窺牖 見天道

문밖을 나서지 않고서도 천하를 알고 창밖을 내다보지 않고서도
하늘과도 같은 도를 본다.

번역 비평

이 문장의 주어가 중요하다. 두말할 것도 없이 주어는 성인(聖人)이
다. 참고로 유가에서 성(聖)은 무불통(無不通)을 뜻한다. 통하지 않는 바
가 없다는 말이다.

왕필 주(王弼注)

사 유종　이 물 유주　도 수 수 이 기 귀동　여 수 백 이 기 치일　야
事有宗而物有主 途雖殊而其歸同 慮雖百而其致一也
도 유 대상　이 유 대치　집 고지도　　가이 어금
道有大常 理有大致 執古之道 可以御今
수 처어 금　가이 지 고시　고 불 출호 규유　이 가지 야
雖處於今 可以知古始 故 不出戶窺牖 而可知也

일에는 으뜸이 있고 사물에는 주인이 있으니, 길이 비록 달라도 그
것은 같은 곳으로 돌아가고 생각이 비록 백 가지라 하더라도 하나에
이른다.

도(道)에는 큰 일정함이 있고 이치에는 크게 이르는 곳이 있으니, 옛
날의 도리를 잡아 쥐고서 지금을 다스릴 수 있다.

비록 지금에 처하더라도 옛 시작을 알 수 있다. 그러므로 문밖을 나서지 않고 창밖을 내다보지 않더라도 (하늘과도 같은 도를) 알 수 있다.

풀이

홍석주 풀이가 도움을 준다.

하늘과 사람은 하나의 이치로 돼 있고, 사물과 나는 서로 부합한다. 그러니 원근과 대소가 없이 도에서는 하나일 뿐이다. 이 때문에 도를 아는 자는 밖으로 구하지 않지만 얻지 못하는 것이 없다. 만약 눈으로 보고 몸으로 체험한 이후에 알려고 한다면 그 앎도 역시 보고 체험하는 것에 그칠 뿐이니 진실로 하잘것없다. 하물며 사람이 하잘것없는 작은 몸으로 천하와 나눠져 있으면서 안으로 천지와 서로 막힘없이 흘러 통하는 것은 오직 이 마음 때문이다. 마음은 지극히 비어 있어 욕심이 없고 지극히 고요해 흔들리지 않으며 지극히 전일해 다른 것과 섞이지 않는다. 그런 다음에 영명하게 사통오달해 신명과 하나가 되니, 모든 변화가 목전에서 교차해도 훤히 알지 못함이 없다. 밖으로 추구하는 자는 그 마음이 반드시 사물에 가리어 비울 수 없고, 반드시 나뉘어 전일할 수 없으며, 반드시 밖으로 치달아 고요할 수 없다.

이번에는 『여씨춘추』「군수(君守-임금이 지켜야 할 도리)」편에 나오는 한 대목을 읽어보자. 그 자체로 47-1에 대한 풀이가 된다.

몸으로써 마음을 간직하고 마음으로써 지혜를 간직하니, 지혜는 깊이 간직돼 있어서 그 실질을 엿볼 수 있는 사람이 아무도 없다. 「홍범(鴻範)」에 이르기를 "하늘은 덮어 가리는 중에서 백성을 일으킨다"라고 했는데, 덮어 가린다는 것은 일으키게 하는 방도다. 그래서 "문밖을 나서지 않고서도 천하를 알고 창밖을 내다보지 않고서도 하늘과도 같은 도를 본다"라고 한 것이다.

47-2

其出 彌遠 其知 彌少

그 나아감이 멀리 갈수록 그 앎은 적어진다.

번역 비평

그 나아감이란 문밖으로 나서는 것이다.

왕필 주(王弼注)

無在於一 而求之於衆也
道 視之不可見 聽之不可聞 搏之不可得 如其知之 不須出戶
若其不知 出愈遠愈迷也

무(無)는 하나에 달려 있는데, 많은 무리에서 그것을 찾는다.

도(道)는 본다고 해서 보이지 않고 듣는다고 해서 들리지 않고 만진다고 해서 만져지지 않으니, 만일 이를 안다면 굳이 문밖을 나서지 않을 것이다.

만약에 이를 모르면서 문밖으로 나갈 경우 더욱 멀어질수록 더욱 미혹될 것이다.

풀이
역시 『여씨춘추』 「군수(君守)」편이다.

"그 나아감이 멀리 갈수록 그 앎은 적어진다." 그러므로 널리 많이 아는 사람과 기억력이 좋은 선비가 실패하게 되는 것이고 귀와 눈을 부리고 생각과 염려를 깊이 하는 일들이 낭패를 보는 것이다.

47-3

<ruby>是以<rt>시이</rt></ruby> <ruby>聖人<rt>성인</rt></ruby> <ruby>不行而知<rt>불행 이 지</rt></ruby> <ruby>不見而明<rt>불현 이 명</rt></ruby>

이 때문에 성인(聖人)은 행하지 않고서도 알게 되고 드러내지 않아도 밝으며

번역 비평
판본에 따라 지(知)는 지(至)로 돼 있고 명(明)은 명(名)으로 돼 있다. 그러면 이렇게 된다.

이 때문에 성인은 행하지 않고서도 (도에) 이르게 되고 드러내지 않고서도 그 이치에 대해 이름을 지을 수 있다.

그러나 뜻 차이는 크게 없다.

왕필 주(王弼注)

득 물지치 고 수 불행 이 여 가지 야 식 물지종 고 수 불전
得物之致 故 雖不行 而慮可知也 識物之宗 故 雖不見
이 시비 지 리 가득이 명 야
而是非之理 可得而名也

일과 사물이 도달하는 곳을 얻었기에 비록 이리저리 다니지 않더라도 (천하 사람들이 무슨) 생각을 하는지 알 수 있고 일과 사물의 으뜸을 알기에 비록 보지 않더라도 옳고 그름의 이치에 대해 이름을 붙일 수 있다.

47-4

불위 이 성
不爲而成

(억지로) 행하지 않고서도 (다) 이뤄낸다.

번역 비평

여기서 불위(不爲)는 불행(不行)이 아니라 무위(無爲)다. 불행(不行)하

고서는 아무것도 이뤄낼 수 없기 때문이다.

왕필 주(王弼注)

明^명物^물之^지性^성 因^인之^지而^이已^이 故^고 雖^수不^불爲^위 而^이使^사之^지 成^성矣^의

일과 사물의 본성을 밝혀[명(明)이란 물(物)의 본성이니] 그것을 바탕으로 할 뿐이다. 그래서 비록 행하지 않아도 사람들로 하여금 일을 이루게 한다.

풀이

이제 어느 정도 파악했으리라 생각한다. 불행(不行)하고서는 아무것도 이룰 수가 없고 오직 무위(無爲)하면서 행(行)할 때라야 뭔가를 이뤄낼 수 있다.

여기서 성인(聖人)은 성왕(聖王)과 성신(聖臣)을 모두 포함한다고 볼 수 있다.

제48장

爲^위學^학者^자 日^일益^익

爲^위道^도者^자 日^일損^손

損^손之^지又^우損^손 以^이至^지於^어無^무爲^위 無^무爲^위而^이無^무不^불爲^위

取^취天^천下^하者^자 常^상以^이無^무事^사

及^급其^기有^유事^사

不^부足^족以^이取^취天^천下^하

배움을 행하는 자는 날로 더하고

도(道)를 행하는 자는 날로 덜어낸다.

덜어내고 또 덜어내어 무위(無爲)에 이르게 되면 무위하면서도 하지

않음이 없다.

천하를 차지하는 자는 늘 일삼음이 없음[無事]으로써 한다.

일삼음이 있게 되면

천하를 차지하기에는 충분치 못하다.

48-1

爲學者 日益
(위학자) (일익)

배움을 행하는 자는 날로 더하고

번역 비평

위학(爲學)은 위도(爲道)와 대응하며 각각 유가와 도가를 상징한다.
배움을 행하는 자는 날로 더한다[益]고 했다.

왕필 주(王弼注)

務欲 進其所能 益其所習
(무욕) (진기소능) (익기소습)

자기가 능한 바를 나아가게 하고 자기가 익힌 바를 더하게 하고자
힘쓰는 것이다.

풀이

우선 배움을 행한다는 뜻을 파악해야 하고, 다음으로 더한다는 것
이 무슨 뜻인지를 확정해야 한다.

노자가 배움을 부정적으로 바라봤다는 것은 제20장(20-1)에서 확
인할 수 있었다.

배움을 끊어내면 근심이 없어진다. "예"와 "아니오" 사이의 거리가 얼마일 것이며 아름다움과 추악함 사이의 거리가 얼마일 것인가[<ruby>絶學<rt>절학</rt></ruby> <ruby>無憂<rt>무우</rt></ruby> <ruby>唯<rt>유</rt></ruby> <ruby>之與訶<rt>지여 가</rt></ruby> <ruby>相去幾何<rt>상거 기하</rt></ruby> <ruby>美之與惡<rt>미 지여 악</rt></ruby> <ruby>相去若何<rt>상거 약하</rt></ruby>].

그렇다면 무엇이 더해진다는 말인가. 간단히 말하면 유위(有爲)와 억지로 행함[<ruby>力行<rt>역행</rt></ruby>]이 늘어난다는 말이다. 한마디로 문질(文質) 중에서 문(文)이 더해진다는 뜻이다.

48-2

<ruby>爲道者<rt>위도자</rt></ruby> <ruby>日損<rt>일손</rt></ruby>

도(道)를 행하는 자는 날로 덜어낸다.

번역 비평

위도(爲道)란 도를 행하는 사람이다.

왕필 주(王弼注)

<ruby>務欲反虛無也<rt>무 욕반 허무 야</rt></ruby>

허무(虛無)로 돌아가려고 힘쓰는 것이다.

풀이

김충열 교수의 풀이다.

지식 추구가 오히려 문제를 더 심각하게 한다는 것을 간파해 그러한 지식을 덜고 없애는 쪽으로 자기를 수양하고 사람들을 유도한다.

48-3

_{손지 우 손} _{이 지어 무위} _{무위 이 무불 위}
損之又損 以至於無爲 無爲而無不爲

덜어내고 또 덜어내어 무위(無爲)에 이르게 되면 무위하면서도 하지 않음이 없다.

번역 비평

청정(淸靜)에 이르는 길은 손(損)하고 또 손(損)하는 것이다. 무위(無爲)에 갑자기 이를 수는 없다.

왕필 주(王弼注)

_{유위 즉 유 소실 고 무위 내 무 소불위 야}
有爲 則有所失 故 無爲 乃無所不爲也

(억지로) 행함이 있으면 잃는 바가 있다. 그래서 억지로 행함이 없어야 마침내 하지 못하는 바가 없게 된다.

풀이

손(損)은 노자에게 무위(無爲)에 이르는 길이다. 덜어내고 또 덜어내다 보면 마침내 무위(無爲)에 이르게 된다.

48-4

취 천하 자 상이 무사
取天下者 常以無事

천하를 차지하는 자는 늘 일삼음이 없음[無事]으로써 한다.

번역 비평

천하를 차지하는 자란 성왕(聖王)이다. 제왕학의 문맥이다.

왕필 주(王弼注)

동 상인 야
動常因也

움직일 때는 늘 일과 사물을 바탕으로 한다.

이노해노(以老解老)

무사(無事)로써 한다는 것에 대해 제2장(2-2)에서 이렇게 말한 바 있다.

이런 항(恒)을 갖고서 성인(聖人)은 무위(無爲)의 일에 처하고[處=居] 불언(不言)의 가르침을 행한다[是以 聖人 處無爲之事 行不言之敎].

48-5

及其有事

일삼음이 있게 되면

번역 비평

일삼음이 있다[有事]는 것은 유위(有爲)의 하나다.

왕필 주(王弼注)

自己造也

자기로부터 (뭔가를 억지로) 만들어내는 것이다.

풀이

일삼음이란 욕망에서 비롯된다. 그래서 유위(有爲)라고 했다. 그렇게 해서 억지로 뭔가를 하려 한다면 무슨 일이 제대로 되겠는가. 결론은 분명하다.

48-6

不足以取天下

천하를 차지하기에는 충분치 못하다.

왕필 주(王弼注)

실 통본　　야
失統本也

근본을 통솔하는 것을 잃는다.

이노해노(以老解老)

우리는 이미 천하를 차지하는 도리에 관해 이야기한 바 있다. 제
29장(29-1)에서 이렇게 말했다.

장차 천하를 차지하려 하면서 억지로 행할 경우 나는 그렇게 되지 않을 뿐
장 욕취 천 하 이 위지　오 견 부득 이
임을 보게 된다[將欲取天下而爲之 吾見不得已].

유사(有事)는 유위(有爲)의 일종인 만큼 노자가 볼 때 천하를 차
지하려야 할 수가 없다. 여기서 한 걸음 더 나아간 것이 제57장(57-1)
이다.

봉국은 정도(正道)로 다스리면 되고 군사는 기책(奇策)을 쓰면 되지만 천하를 차지하려면 일삼음이 없어야 한다[以正治國 以奇用兵 以無事取天下].

여기서 주목해야 할 표현은 천하를 차지한다[取天下]고 한 것이다. 공자로서는 결코 쓸 수 없는 표현이기도 하다.

제49장

성인 무 상심   이 백성심   위심
聖人無常心 以百姓心爲心

선자   오 선지   불선자   오 역 선지   덕 선
善者 吾善之 不善者 吾亦善之 德善

신자   오 신지   불신자   오 역 신지   덕 신
信者 吾信之 不信者 吾亦信之 德信

성인   재 천하   흡흡   위 천하   혼 기심   백성   개 주 기 이목
聖人在天下 歙歙 爲天下渾其心 百姓皆注其耳目

성인   개 해지
聖人皆孩之

성인(聖人)은 일정하게 정해진 마음이 없고 백성의 마음을 마음으로 삼는다.

잘하는 자에 대해 나는 좋다고 여기고 잘하지 못하는 자에 대해서도 나는 좋다고 여기니 덕(德)을 갖춘 자는 (남을) 좋게 여긴다.

믿을 만한 자에 대해 나는 그를 믿고 믿음직스럽지 못한 자에 대해서도 나는 그를 믿으니 덕을 갖춘 자는 (남을) 믿어준다.

성인(聖人)이 천하에 있으면 백성을 하나로 화합시켜서 천하를 위해 자기 마음을 (백성과) 섞으니 백성은 모두 눈과 귀를 그에게 기울인다.

성인(聖人)은 (모든 백성을) 다 어린아이처럼 여긴다.

49-1

성인 무 상심 이 백성심 위심
聖人無常心 以百姓心爲心

성인(聖人)은 일정하게 정해진 마음이 없고 백성의 마음을 마음으로 삼는다.

번역 비평

상심(常心)이 없다는 것은 어디에 얽매여 특정한 사람에게 마음을 두지 않는다는 말이다.

제5장(5-1)을 떠올리면 된다.

하늘과 땅은 어질지 않아서 만물 만사를 짚강아지처럼 여기고 성인(聖人)은 어질지 않아서 백성을 짚강아지처럼 여긴다[天地不仁 以萬物爲芻狗 聖人不仁 以百姓爲芻狗].

왕필 주(王弼注)

동 상 인
動常因

움직일 때는 늘 (일과 사물에) 바탕을 둔다.

풀이

이는 새로운 이야기가 아니다. 제5장(5-1)에서 했던 말 그대로다.

제49장에서는 49-1이 가장 중요하다. 나머지는 이에 대한 상세한 해설일 뿐이다. 성인이 일정하게 정해진 마음이 없다는 것은 유가에서 말하는 천명미상(天命靡常)과도 통한다. 고대 중국에는 천명은 일정하지 않아서[天命靡常] 선한 이에게로 옮겨가고 선하지 못한 이로부터 떠나간다는 믿음이 있었다. 은나라의 명재상 이윤(伊尹)은 탕왕의 손자 태갑(太甲)이 제위에 오른 뒤로 탕왕의 법도를 어기고 포악함을 일삼자 그를 동궁(桐宮)으로 내쫓고 3년 동안 직접 정사를 담당했다. 그 후 태갑이 잘못을 뉘우치자 정권을 돌려주면서 "함유일덕(咸有一德)"이라는 글을 지어 태갑을 경계시켰다. 함유일덕이란 임금과 신하 모두 같은 다움을 갖추고서 정사에 임하자는 말이다.

아! 하늘을 믿기 어려운 까닭은 천명이 일정하지 않기 때문입니다. 임금이 임금다움을 일정하게 하면 그 지위를 보존하고, 임금이 임금다움을 일정하게 하지 않으면 나라가 망할 것입니다.

임금과 신하가 함께해야 할 다움[一德]이란 공명정대(公明正大)다. 다시 이윤의 말이다.

하늘이 우리 은나라를 사사로이 도와준 것이 아니라 일덕(一德)을 도와준 것이며 은나라가 백성에게 요구해서가 아니라 백성이 일덕에 귀의해온 것입니다.

49-2

^{선자} ^{오 선지} ^{불선자} ^{오 역 선지} ^{덕 선}
善者 吾善之 不善者 吾亦善之 德善

잘하는 자에 대해 나는 좋다고 여기고 잘하지 못하는 자에 대해서
도 나는 좋다고 여기니 덕(德)을 갖춘 자는 (남을) 좋게 여긴다.

번역 비평

덕을 갖춘 이는 일정하게 정해진 사랑이 없다는 뜻이다. 이런 생각
은 노자뿐 아니라 공자를 포함해 모든 고대 중국 사상가가 갖고 있는
것이었다. 결국 덕(德)을 갖춘 사람은 선인(善人)이든 불선인(不善人)이든
버리는 일이 없이 모두 아껴서 그들로 하여금 타고난 바탕을 발휘할
수 있게 해준다는 뜻이다.

왕필 주(王弼注)

^{각 인 기용} ^{즉 선 불실} ^야 ^{무 기인}
各因其用 則善不失也 無棄人

각각 그 쓰임에 바탕을 두면 선(善)을 잃지 않아서 버려지는 사람이
없다.

풀이

유덕자(有德者)에 대한 칭송은 49-3에서도 이어진다. 덕(德)에 대한

이런 존중이 비단 유가(儒家)에만 한정되지 않고 고대 중국 사회에서는 지극히 일반적이었음을 보여주는 사례가 있다.『춘추좌씨전』 희공(僖公) 5년(기원전 655년) 기사다.

우(虞)나라 임금이 말했다.

"나는 풍성하고 깨끗한 제물로 제사를 지냈으니, 귀신이 반드시 우리나라를 편안하도록 도와줄 것이다."

궁지기(宮之奇)가 대답했다.

"신이 듣건대 귀신은 사람을 (따로) 친애하는 것이 아니라 오직 덕(德) 있는 사람에게 의지한다고 합니다.

그래서 「주서(周書)」에 이르기를 '하늘은 특별히 친애함이 없고[無親 = 不仁] 오직 덕 있는 사람을 돕는다'라 하고, 또 '서직(黍稷-기장)이 향기로운 것이 아니라 밝은 덕이 향기로운 것이다'라 하고, 또 '백성이 제물을 바꾸지 않아도 오직 덕이 제물이다'라고 했으니, 이 말대로라면 덕이 없을 경우에는 백성이 화목하지 않고 귀신이 흠향하지 않을 것입니다. 귀신이 의지하는 곳은 아마도 덕뿐일 것입니다."

49-3

信者 吾信之 不信者 吾亦信之 德信
신자　오 신지　불신자　오 역 신지　덕 신

聖人在天下 歙歙 爲天下渾其心 百姓皆注其耳目
성인 재 천하　흡흡　위 천하 혼 기심　백성 개 주 기 이목

믿을 만한 자에 대해서는 나는 그를 믿지만 믿음직스럽지 못한 자

에 대해서도 나는 또한 그를 믿으니 덕을 갖춘 자는 (남을) 믿어준다.

성인(聖人)이 천하에 있으면 백성을 하나로 화합시켜 천하를 위해 자기 마음을 (백성과) 섞으니 백성은 모두 눈과 귀를 그에게 기울인다.

번역 비평

흡흡(歙歙)이란 하나로 뒤섞여 분별되지 않는다는 뜻이다. 판본에 따라 합합(欱欱)이나 출출(怵怵)로 돼 있는데, 뜻은 크게 다르지 않다.

왕필 주(王弼注)

各用聰明

각자 자기의 귀 밝음과 눈 밝음을 쓰게 된다.

풀이

김충열 교수의 풀이다.

믿을 수 있는 사람을 믿음으로 대해주고 믿을 수 없는 사람 역시 믿음과 진실로 대해준다. 이것을 천성이 진실해서라고 한다. 성인이 세상을 살아감에는 욕심부터 거둬들이고 온 천하 사람의 마음을 자기 마음처럼 여겨서 결코 계교(計巧)하는 일이 없다. 사람들은 이목구비의 오관을 다 동원해서 살피고 또 살핀 후에 응대하지만, 성인은 오관을 모두 닫아걸고 오직 어린 아이로 돌아가서 세상을 보고 사람을 대한다.

49-4

<ruby>聖<rt>성인</rt></ruby><ruby>人<rt></rt></ruby><ruby>皆<rt>개</rt></ruby><ruby>孩<rt>해지</rt></ruby><ruby>之<rt></rt></ruby>

성인(聖人)은 (모든 백성을) 다 어린아이처럼 여긴다.

번역 비평

해(孩)란 동사로 '마음이 어리다'나 '달래다', '어르다', '아기가 웃다'
등의 뜻이 있다.

왕필 주(王弼注)

皆使和而無欲 如嬰兒也
夫 天地設位 聖人成能 人謀鬼謀 百姓與能者 能者與之
資者取之 能大則大 資貴則貴
物有其宗 事有其主 如此則可冕旒充目而不懼於欺 黈纊
塞耳而無戚於慢 又 何爲勞一身之聰明 以察百姓之情哉

(백성) 모두를 화합시키고 욕심을 부리지 않게 만드니 어린아이와
같다.

　무릇 (『주역』에서) "하늘과 땅이 자리를 베풀어[設位] 빼어난 이가 능
함을 이뤄내니[成能], 사람과 모의하고 귀신에게도 모의하고 (어리석은)
백성도 그 능함에 참여한다"라고 했다. 이에 능력 있는 자에게는 그에

맞는 자리를 주고 자질이 있는 자는 취해서 쓰니, 능력이 크면 크게 쓰고 자질이 귀하면 귀하게 쓴다.

만물에는 그 으뜸이 있고 만사에는 그 주인이 있으니 이와 같이 한다면 (군주는) 면류관 술이 눈을 가려도 신하들이 자기를 속일까 두려워할 필요가 없고 귀막이 솜이 귀를 막아도 신하들이 게으르거나 자기를 넘볼까 걱정할 필요가 없다. 또 어찌 제 한 몸의 귀 밝음과 눈 밝음을 수고롭게 하면서 백성의 실상을 (치밀하게) 살펴야 하겠는가?

夫 以明察物 物亦競以其明應之 以不信察物 物物亦競以
其不信應之
夫 天下之心不必同 其所應不敢異 則莫肯用其情矣 甚
矣 害之大也 莫大於用其明矣
夫 在智則人與之訟 在力則人與之爭 智不出於人而立乎訟
地 則窮矣 力不出於人而立乎爭地 則危矣 未有能使人無
用其智力乎己者也 如此則己以一敵人 而人以千萬敵己也
若乃多其法網 煩其刑罰 塞其徑路 攻其幽宅 則萬物失其
自然 百姓喪其手足 鳥亂於上 魚亂於下

무릇 (군주가) 눈 밝음으로 일과 사람을 살피게 되면 사람들 또한 다퉈 자기의 눈 밝음으로 호응하고 불신으로 일과 사람을 살피게 되면 사람들 또한 다퉈 자기의 불신하는 마음으로 호응한다.

무릇 천하의 마음은 반드시 다 똑같지 않은데 저들이 호응하는 바를 감히 각기 다르게 하지 않는다면 기꺼이 자기 속마음을 드러내지

않을 것이니 심하도다 해악의 큼이여! 군주가 자기 눈 밝음을 쓰는 것
보다 해악이 큰 것은 없다.

　무릇 지혜의 경우 사람들은 그것으로써 송사를 하고 힘의 경우 사
람들은 그것으로써 다툰다. 지혜가 남보다 낫지 못한데 법정에 서면 궁
해지고 힘이 남보다 낫지 못한데 싸움터에 서면 위태롭다. 남이 나에게
지혜와 힘을 쓰는 것을 못하게는 할 수 없으니 만일 이와 같다면 나는
혼자서 남들을 대적하지만, 남들은 1000만 명이 나를 대적한다. 만약
이에 법망을 촘촘히 하고 형벌을 번거롭게 많이 만들어 좁은 길까지
틀어막고 숨을 만한 곳까지 친다면 만물 만사가 그 자연스러움을 잃어
서 백성은 손발 둘 곳을 잃게 되고 새는 위에서 어지러이 날게 되며 물
고기는 아래에서 어지러이 헤엄치게 될 것이다.

是以 聖人之於天下 歙歙焉 心無所主也 爲天下渾心焉 意
無所適莫也 無所察焉 百姓何避 無所求焉 百姓何應
無避無應 則莫不用其情矣 人無爲舍其所能 而爲其所不
能 舍其所長 而爲其所短 如此 則言者言其所知 行者行其
所能 百姓各皆注其耳目焉 吾皆孩之而已

　이 때문에 성인(聖人)이 천하에 나아가 화합시킬 수 있는 것은 그 마
음에 사사로이 위주로 하는 바가 없어서이고 천하를 위해 자기 마음을
백성 마음과 하나로 섞을 수 있는 것은 그 속뜻에 오로지 해야 한다거
나 오로지 해서는 안 된다는 자기주장이 없어서다. 지나치게 살피는 바
가 없는데 백성이 왜 피할 것이며, (불신하는 마음으로) 구하는 것이 없

데 백성이 왜 (불신하는 마음으로) 호응하겠는가.

(백성이) 피하지 않고 (불신하는 마음으로) 호응하지 않는다면 백성이 그 실상을 있는 그대로 드러내지 못할 것이 없다. 사람들이 자기가 능한 바를 버리고서 자기가 능하지 못한 바를 하는 경우가 없고 자기 장점을 버리고서 자기 단점을 하는 경우도 없다. 이렇게 되면 말하는 자는 자기가 알고 있는 것만 말하고 일을 하는 자는 자기가 잘할 수 있는 것만 한다. 백성은 각자 자기들 눈과 귀를 성인에게 주목할 것이니 나는 백성 모두를 어린아이로 볼 뿐이다.

풀이

"해지(孩之)"에 대해서는 홍석주 풀이가 곡진하다.

내가 생각하기에, 사람들과 접촉할 때 감정에 거슬리는 것을 보고 노하지 않는 자가 없는데 오직 어린아이에 대해서만은 큰 소리로 울부짖으며 무엇인가 던져 남에게 가벼운 상처를 입히더라도 그 때문에 노하는 사람은 없다. 그러므로 성인께서 백성을 대하는 것도 이와 같을 뿐이다. 이것이 그가 희로(喜怒)와 호오(好惡)를 드러내지 않는 까닭이다.

이노해노(以老解老)

제28장(28-1)에서 통치자가 어린아이로 돌아가야 함을 말한 바 있다.

그 수컷다움을 알고 그 암컷다움을 지키면 천하의 골짜기가 되고,

천하의 골짜기가 되면 늘 덕(德)이 (자기 몸에서) 떠나지 않아 어린아이로 다시 돌아간다.

더불어 28-2와 28-3도 참조할 만하다.

그것이 희다는 것을 알고 그것이 검다는 것을 지키면 천하의 모범이 되고 천하의 모범이 되면 늘 덕(德)이 어긋나지 않아 끝없음으로 다시 돌아간다.

그 영광을 알고 그 치욕을 지키면 천하의 골짜기가 되고 천하의 골짜기가 되면 늘 덕(德)이 마침내 넉넉해 다시 통나무로 돌아간다.

통나무란 곧 청정지심이다.

제50장

^{출생} ^{입사}
出生入死
^{생지도} ^{십유 삼} ^{사지도} ^{십유 삼} ^{인지생} ^{동지 사지} ^{역 십유}
生之徒十有三 死之徒十有三 人之生 動之死地 亦十
^삼 ^{부 하고} ^{이 기 생생 지 후}
有三 夫何故 以其生生之厚
^{개문} ^{선 섭생} ^자 ^{육행} ^{불우 시호} ^{입군} ^{불피} ^{갑병} ^{시 무 소투}
蓋聞 善攝生者 陸行 不遇兕虎 入軍 不被甲兵 兕無所投
^{기각} ^{호 무 소조} ^{기조} ^{병 무 소용} ^{기인} ^{부 하고} ^{이 기 무 사지}
其角 虎無所措其爪 兵無所容其刃 夫何故 以其無死地

사는 길에서 벗어나면 죽는 길로 들어선다.

삶의 길을 가는 무리가 열 중에서 셋이고 죽음의 길로 가는 무리가 열 중에서 셋이다. 사람 중에서 삶의 길에서 죽음의 길로 움직여 가는 무리가 또한 열 중에서 셋인데, 무릇 어째서인가. 그런 사람은 삶을 너무 두터이 했기 때문이다.

대개 들건대 삶을 잘 관리하는 사람은 육지로 가더라도 외뿔소나 호랑이와 마주치는 일이 없고 군대에 가더라도 갑옷을 입거나 무기를 들 일이 없다고 했다. 외뿔소는 그 뿔을 쳐박을 곳이 없고 호랑이는 발톱을 쓸 곳이 없으며 병기는 날을 겨눌 일이 없다. 무릇 어째서인가. 무

룻 어째서인가. 그런 사람들은 (애당초) 죽음의 영역을 없애버렸기 때문이다.

50-1

^{출생}^{입사}
出生入死

사는 길에서 벗어나면 죽는 길로 들어선다.

번역 비평

이는 생사(生死) 문제가 아니다. "사람은 태어나 살다가 죽음으로 들어간다"라는 식으로 옮겨서는 안 된다는 말이다. 문맥상 사람이 살아가는 2가지 길에 관한 이야기다. 따라서 출생(出生)을 한 덩어리로 옮겨서는 안 되고, 생(生)에서 출(出)하는 것으로 옮겨야 하고 사(死)로 입(入)하는 것으로 풀어내야 한다.

왕필 주(王弼注)

^{출 생지}^{입 사지}
出生地 入死地

삶의 영역을 나와 죽음의 영역으로 들어간다.

풀이

핵심은 50-1과 맨 마지막 문장이다. 홍석주는 출생입사(出生入死)와 관련해 매우 중요한 말을 한다.

삶의 영역에서 벗어나면 (곧장) 죽음의 영역으로 들어간다는 뜻이니 그 사이가 아주 가깝다는 말이다.

중간에 점이 지대는 없다는 뜻이다.

이노해노(以老解老)

이를 제67장(67-3)에서는 이렇게 표현했다.

물러섬을 버리고 앞서려 하니 죽게 될 것이다[舍後而先 死矣].

50-2를 이해하기 위해 삶의 길과 죽음의 길을 이야기한 제76장을 미리 읽어보자.

사람이 살아 있을 때는 부드럽고 약하지만 죽으면 딱딱하고 강하다.
만물이나 초목도 살아 있을 때는 부드럽고 무르지만 죽으면 마르고 딱딱하다.
그래서 딱딱하고 강한 것은 죽음의 무리[死之徒]고 부드럽고 약한 것은 삶의 무리[生之徒]다.

죽음의 무리란 죽음의 길로 가는 무리고 삶의 무리란 삶의 길로 가는 무리다.

50-2

生^{생지도}之徒十有三 死^{사지도}之徒十有三 人^{인지생}之生 動^{동지}之死^{사지}地 亦^역十
有三 夫何故 以其生生之厚
蓋聞 善攝生者 陸行 不遇兕虎 入軍 不被甲兵 兕無所投
其角 虎無所措其爪 兵無所容其刃 夫何故 以其無死地

삶의 길을 가는 무리가 열 중에서 셋이고 죽음의 길로 가는 무리가 열 중에서 셋이다. 사람 중에서 삶의 길에서 죽음의 길로 움직여 가는 무리가 또한 열 중에서 셋인데 무릇 어째서인가. 그런 사람은 삶을 너무 두터이 했기 때문이다.

대개 듣건대 삶을 잘 관리하는 사람은 육지로 가더라도 외뿔소나 호랑이와 마주치는 일이 없고 군대에 가더라도 갑옷을 입거나 무기를 들 일이 없다고 했다. 외뿔소는 그 뿔을 처박을 곳이 없고 호랑이는 발톱을 쓸 곳이 없으며 병기는 날을 겨눌 일이 없다. 무릇 어째서인가. 그런 사람들은 (애당초) 죽음의 영역을 없애버렸기 때문이다.

번역 비평

섭생(攝生)은 양생(養生)인데 여기서는 생(生)이 단순히 생명이 아니라 삶이다. 따라서 건강 관리를 잘하는 사람이 아니라 잘[善] 살아가는 사람을 말한다. 그런 사람은 바로 삶의 길을 잘 선택해서 살아가는 사람이다. 마지막 문장 이기무사지(以其無死地)에서 동사는 무(無)로, 이는 '없애버리다'라는 뜻이다.

왕필 주(王弼注)

十有三 猶云十分有三分
취 기 생 도　전 생 지 극　십 분　유 삼 이　취 사 지 도　전 사 지 극
取其生道 全生之極 十分有三耳 取死之道 全死之極
십 분　역 유 삼 이　이 민 생 생 지 후　갱 지 무 생 지 지 언
十分亦有三耳 而民生生之厚 更之無生之地焉
선 섭 생　자　무 이 주 위 생　고　무 사 지　야　기 지 해 자　막 심　호 과 병
善攝生者 無以主爲生 故 無死地也 器之害者 莫甚乎戈兵
수 지 해 자　막 심　호 시 호　이 영 병 과　무 소 용 기 예 인　호 시　무 소 조
獸之害者 莫甚乎兕虎 而令兵戈無所容其銳刃 虎兕無所
기 조 각　사 성 불 이　욕 루 기 신　자 야　하 사 지 지 유 호
措其爪角 斯誠不以欲累其身者也 何死地之有乎
부　원 선　이 연 위 천　이 착 혈　기 중　응 전　이 산 위 비　이 증 소　기 상
夫 蚖鱓以淵爲淺 而鑿穴其中 鷹鸇以山爲卑 而增巢其上
증 격　불 능　급　망 고　불 능　도　가 위　처 어　무 사　지 의　연 이　졸 이 감 이
矰繳不能及 網罟不能到 可謂處於無死地矣 然而卒以甘
내 입 어　무 생　지 지 기 비　생 생 지 후 호
餌 乃入於無生之地 豈非生生之厚乎
고　물　구 불 이　구 리 기 본　불 이　욕 투 기 진　수 입 군 이 불 가　해 육 행
故 物 苟不以求離其本 不以欲渝其眞 雖入軍而不可害 陸
이 불 가　범 야
行而不可犯也
적 자　지 가 칙　이 귀　신 의
赤子之可則而貴 信矣

십유삼(十有三)은 (흔히 해석하는 13이 아니라) 10분의 3을 말하는 것이다.

그 사는 길을 취해 가능한 한 오래 살고자 하는 사람이 10분의 3일 뿐이고 죽는 길을 취해 가능한 한 빨리 죽고자 하는 사람 또한 10분의

3일뿐이다. 그런데 백성 중에는 살고자 하는 바가 너무 두터워서 도리어 삶을 없애버리는 경우도 있다.

삶을 잘 관리하는 사람은 삶을 위한 삶을 위주로 삼지 않으니 그래서 사지(死地)가 없다. 기물 중에서 해로운 것으로는 무기보다 심한 것이 없고 짐승 중에서 해로운 것으로는 외뿔소나 호랑이만큼 심한 것이 없는데 무기로 찌를 곳이 없고 호랑이나 외뿔소가 발톱이나 뿔로 할퀴거나 치받을 곳이 없으니 이 사람이야말로 진실로 욕심으로 인해 자기 몸에 누가 되지 않게 한 사람이다. 그러니 어찌 사지(死地)가 있으랴!

무릇 저 독을 가진 파충류는 깊은 연못을 얕다고 여겨 그 속에 구멍을 파고, 매와 수리는 산을 낮다고 여겨 나무꼭대기 위에다 둥지를 만든다. 그래서 주살이 닿지 않고 그물이 미치지 못하니, 죽음이 없는 땅에 산다고 말할 수 있다. 그런데 결국 달콤한 미끼로 인해 마침내 살 수 없는 땅으로 들어가게 되니 어찌 살고 또 살고자 하는 마음이 두터워서가 아니겠는가.

그래서 일과 사람이 진실로 그 근본을 떠나서 억지로 구하지 않고 그 참됨을 더럽히면서 억지로 하고자 하지 않는다면 설사 군대에 들어가도 해로움을 당하지 않게 되고 육지를 다니더라도 맹수에게 해침을 당하지 않을 수 있다.

갓난아기야말로 본받을 만하고 귀하다고 했는데 이 말은 믿을 만하다.

풀이
여기서 두 번 나오는 "하고(何故)"가 각각 핵심을 정리해주고 있다.

먼저 나온 하고(何故)에 대해 "그런 사람은 삶을 너무 두터이 했기 때문"이라고 말했다. 세 유형 중에서 세 번째를 염두에 두고서 그들은 살아보려 발버둥 치는 것이 심하다[厚]고 말한 것이다. 애초에 죽음의 영역으로 들어가는 무리는 언급조차 없다. 나중에 나온 하고(何故)에 대해서는 "그런 사람들은 (애당초) 죽음의 영역을 없애버렸기 때문"이라고 말했다. 이것만 풀면 제50장은 어렵지 않게 이해할 수 있다. 홍석주 풀이가 도움을 준다.

> 대개 사람들에게 반드시 죽을 수 있는 일이 있은 다음에 외부 사물이 그를 해칠 수 있는 것이다. 삶을 잘 기르는 자는 안으로 마음이 텅 비고 고요해 욕심이 없으며 밖으로는 부드럽고 연약해 남들과 다투지 않으니, 삶을 추구할 만하다는 것을 모르는 것처럼 한가하게 지내고 흐르는 물이 큰 바다에 있는 것처럼 떠돌아다녀서 아무도 그가 가는 바를 알지 못한다.

이런 풀이가 있고 나면 외뿔소와 호랑이는 비유임을 알 수 있다. 오만방자하게 굴다가 스스로가 불러들인 외부의 반대 세력이 바로 외뿔소와 호랑이다. 갑옷과 무기 또한 겸손을 잃고 남과 다투려다가 스스로가 불러들인 분쟁이다. 그러므로 삶을 잘 기르는 자[善攝生者]란 보약이나 챙겨 먹는 자가 아니라 자겸(自謙)하며 무위자연(無爲自然)의 길을 따라 살아가는 사람이다.

따라서 이 장을 생사(生死) 문제로 보는 풀이들은 초점을 놓친 것이란 점만 지적해둔다.

이 장은 도(道)를 체화한 삶이 곧 삶의 길임을 보여준다.

제51장

도 생지 덕 축지 물 형지 세 성지
道生之 德畜之 物形之 勢成之

시이 만물 막불 존도 이 귀덕
是以 萬物 莫不尊道而貴德

도지존 덕지귀 부 막지 명 이 상 자연
道之尊 德之貴 夫莫之命而常自然

고 도 생지 덕 축지 장지 육지 정지 독지 양지 복지
故 道生之 德畜之 長之育之 亭之毒之 養之覆之

생이 불유 위이 불시
生而不有 爲而不恃

장이 부재 시위 현덕
長而不宰 是謂玄德

　　도(道)는 낳아주고 덕(德)은 길러주며 물(物)은 형체를 갖춰주고 세(勢)는 이뤄준다.

　　이 때문에 만물 만사는 도(道)를 높이고 덕(德)을 귀하게 여기지 않을 수 없다.

　　도(道)는 높고 덕(德)은 귀하지만 무릇 따로 (억지스러운) 명을 내리거나 하지 않고 늘 자연스럽게 그냥 둔다.

　　그래서 도(道)는 낳아주고 덕(德)은 길러줘 (만물 만사가) 자라게 하고 길러주며 형체를 부여하고 바탕을 이뤄주며 길러주고 덮어준다.

낳아주고도 소유하지 않고 행하고서도 내세우지 않으며

자라나게 해주고도 주재하지 않으니 이를 일러 현덕(玄德)이라 한다.

51-1

道^도生^생之^지 德^덕畜^축之^지 物^물形^형之^지 勢^세成^성之^지

도(道)는 낳아주고 덕(德)은 길러주며 물(物)은 형체를 갖춰주고 세
(勢)는 이뤄준다.

번역 비평

백서본에는 세(勢)가 기(器)로 돼 있는데, 그러면 만물 만사[物=器物]
와 겹칠 수 있으므로 세(勢)로 본 왕필본과 하상공본을 따른다.

축(畜)은 옛날에 '기르다'라는 뜻일 때는 '훅(慉)'으로 발음했다.

왕필 주(王弼注)

物^물生^생而^이後^후畜^축 畜^축而^이後^후形^형 形^형而^이後^후成^성
何^하由^유而^이生^생 道^도也^야 何^하得^득而^이畜^축 德^덕也^야 何^하因^인而^이形^형 物^물也^야 何^하使^사而^이成^성 勢^세
也^야 唯^유因^인也^야 故^고 能^능無^무物^물而^이不^불形^형 唯^유使^사也^야 故^고 能^능無^무物^물而^이不^불成^성
凡^범 物^물之^지所^소以^이生^생 功^공之^지所^소以^이成^성 皆^개有^유所^소由^유 有^유所^소由^유焉^언 則^즉莫^막不^불
由^유乎^호道^도也^야 故^고 推^추而^이極^극之^지 亦^역至^지道^도也^야 隨^수其^기所^소因^인 故^고 各^각有^유有^유稱^칭焉^언

만물 만사는 생겨난 다음에야 길러지고 길러진 다음에야 형체를 갖추고, 형체를 갖춘 다음에야 (형세가) 이뤄진다.

무엇으로 말미암아 생겨나는가? 도(道)다. 무엇을 얻어 길러지는가? 덕(德)이다. 무엇을 바탕으로 형체를 갖추는가? 물(物)이다. 무엇을 부려서 이뤄지는가? 형세다. 오직 (그것으로) 말미암기에 어떤 일이나 사물이든 형체를 갖추지 못하는 것이 없고 오직 (그것을) 부리기에 어떤 일이나 사물이든 이루지 못하는 것이 없다.

무릇 만물 만사가 생겨나는 까닭과 공로가 이뤄지는 까닭에는 모두 말미암는 바가 있고 말미암는 바가 있다면 도(道)로 말미암지 않는 것이 없다. 그래서 이를 미뤄 헤아려 끝까지 가게 되면 실로 도(道)에 이른다. 만물 만사는 자기가 바탕으로 삼는 바를 따르므로 그래서 각자 그에 어울리는 명칭이 있게 된다.

풀이

여기서는 도(道)와 덕(德), 일과 사물과 형세의 상호 관계를 일목요연하게 정리한다.

먼저 도는 낳아주고 덕은 낳은 것을 길러준다고 했다. 홍석주의 거슬러 올라오는 풀이가 간명하다.

형세는 이뤄지지 않을 수 없지만, 그 이뤄짐을 스스로 주관할 수는 없다. 만물 만사는 형체를 갖추지 않을 수 없지만 스스로 그 형체를 부여할 수 없다. 그러므로 도와 덕만이 그 존귀함을 오로지 할 수 있다.

만물 만사는 도가 낳아주고 덕이 길러주기 때문이다. 그렇다면 도와 덕의 관계는 어떻게 되는가.

도는 어디에나 있지만, 그것을 붙잡아서 자기 것으로 할 때라야 덕이 될 수 있다. 『도덕경』에서 덕(德)이 득(得)과 서로 통하게 되는 이유이기도 하다.

51-2

_{시이 만물 막불 존도 이 귀덕}
是以 萬物 莫不尊道而貴德

이 때문에 만물 만사는 도(道)를 높이고 덕(德)을 귀하게 여기지 않을 수 없다.

왕필 주(王弼注)

_{도 자 물 지 소유 야 덕 자 물 지 소득 야}
道者 物之所由也 德者 物之所得也
_{유지 내 득 고 부득 부존 실지 즉 해 고 부득 불귀 야}
由之乃得 故 不得不尊 失之則害 故 不得不貴也

도(道)란 일과 사물이 말미암는 바고 덕(德)이란 일과 사물이 얻는 바다.

이 도로 말미암아 마침내 (덕을) 얻을 수 있으니 그래서 높이지 않을 수 없고, 덕을 잃으면 해로우니 그래서 귀하게 여기지 않을 수 없다.

왕필 주에 더하거나 뺄 말이 없다.

51-3

^{도지존} ^{덕지귀} ^{부 막지} ^{명 이 상 자연}
道之尊 德之貴 夫莫之命而常自然

도(道)는 높고 덕(德)은 귀하지만 무릇 따로 (억지스러운) 명을 내리거나 하지 않고 늘 자연스럽게 그냥 둔다.

번역 비평과 풀이

백서본에는 명(命)이 작(爵)으로, 상(常)은 항(恒)으로 돼 있다. 작(爵)을 갖고 옮기면 이렇게 될 수 있다.

도는 높고 덕은 귀하지만, 무릇 따로 벼슬자리를 내리거나 하지 않고 늘 자연스럽게 그냥 둔다.

51-4

^고 ^{도 생지} ^{덕 축지} ^{장지} ^{육지} ^{정지} ^{독지} ^{양지} ^{복지}
故 道生之 德畜之 長之育之 亭之毒之 養之覆之

그래서 도(道)는 낳아주고 덕(德)은 길러줘 (만물 만사가) 자라게 하고 길러주며 형체를 부여하고 바탕을 이뤄주며 길러주고 덮어준다.

생지(生之)와 축지(畜之)를 보다 상세하게 풀어내고 있다.

정(亭)과 독(毒)이 특이하다. 복(覆)이란 덮어서 감싸준다는 말이다.

먼저 정(亭)은 동사로 '고르다', '기르다', '머무르다' 등의 뜻이 있다. 그래서 왕필은 이를 형체를 부여해주는 것이라고 풀었다. 독(毒)은 동사로, '근심하다', '괴롭히다' 외에 '다스리다'나 '기르다', '키우다' 등의 뜻이 있다.

왕필 주(王弼注)

亭謂品其形 毒謂成其質 各得其庇蔭 不傷其體矣

정(亭)은 그 형체를 부여해주는 것을 말하고 독(毒)은 그 바탕을 이뤄주는 것을 말하니, 각자 저마다 의지처를 얻어서 그 몸을 상하지 않게 한다.

풀이

정(亭)이나 독(毒)이나 모두 '기르다'라는 뜻이니, 사실상 장지(長之)부터 복지(覆之)는 모두 '길러준다'라는 뜻이다. 아마도 일마다 사물마다 길러주는 방식이 다를 수 있으므로 이처럼 12가지를 열거해서 '길러줌'의 곡진함을 표현하려 한 것으로 보인다. 김충열 교수는 이런 점들을 감안해서 다음과 같이 옮겼다.

즉 키워주고 보살펴주고 그 나름의 공능에 맞춰 그것으로 설 수 있게 해주며 또 그것을 발휘하게 해주고 혹여 해나 입지 않을까 보양해주며 감싸고 덮어준다.

51-5

생이 불유 위이 불시
生而不有 爲而不恃

낳아주고도 소유하지 않고 행하고서도 내세우지 않으며

번역 비평

여기서 위(爲)는 '일을 행하다[行事]'라는 뜻이지 작위(作爲)와는 상관없다.

왕필 주(王弼注)

위이 불유
爲而不有

일을 행하고서도 (그 성과물을) 차지하지 않는다.

51-6

장이 부재 시위 현덕
長而不宰 是謂玄德

자라나게 해주고도 주재하지 않으니 이를 일러 현덕(玄德)이라 한다.

왕필 주(王弼注)

유덕 이 부지 기주 야 출호 유명 고 위지 현덕 야
有德而不知其主也 出乎幽冥 故 謂之玄德也

덕(德)이 있지만, 그 주인을 알지 못하니 그윽한 데서 나온다. 그 때문에 이를 일러 현덕(玄德)이라 했다.

이노해노(以老解老)

51-5와 51-6은 제10장(10-8)에 그대로 나왔던 것들이다.

낳아주고도 소유하지 않고 행하고서도 내세우지 않고 자라나게 해주고도 주재하지 않으니 이를 일러 현덕(玄德)이라 한다[생 이 불유 위 이 불시 장生而不有 爲而不恃 長이 부재 시위 현덕而不宰 是謂玄德].

현덕이란 현도(玄道)를 체화한 군왕을 가리킨다는 점에서 제왕학의 문맥이다. 제10장에서도 제51장은 제10장과 밀접하게 통하는 관계임을 밝힌 바 있다. 특히 10-4에서 노자는 이렇게 말한다.

백성을 아껴주고 나라를 다스림에 있어 능히 무지(無知)해야 하리라!

이를 제19장에서는 기지(棄智)라고 했다.

성(聖)을 끊어내고 지(智)를 버리면 백성의 이익이 백배가 된다[絕聖棄智 民利百倍].

이어 지혜 혹은 배움과 다스림의 문제를 제65장은 이렇게 말하고 있다.

옛날에 도(道)를 잘 행한 임금은 백성을 똑똑하게 만들지 않고 그들을 이끌어 우직하게 만들었다[古之善爲道者 非以明民 將以愚之].

백성을 다스리기 어려운 까닭은 그들이 잔꾀가 많기 때문이다[民之難治 以其智多].

그래서 잔꾀로 나라를 다스리는 임금은 나라를 해치는 자다[故 以智治 國 國之賊].

잔꾀로 나라를 다스리지 않는 것은 나라의 복이다. 이 2가지를 아는 것은 실로 (예나 지금이나) 한결같은 법도다. 늘 (이런) 동일한 법도를 잘 알고 있는 것을 일러 현덕(玄德-현덕자로 옮겨도 됨)이라고 하는데 현덕은 깊고도 멀다 [不以智治國 國之福 知此兩者 亦稽式 常知稽式 是謂玄德 玄德 深矣遠矣].

이제 노자에게 지혜란 무엇인지 좀 더 구체적으로 이해됐으리라 믿는다.

제52장

천하　유시　가이　위　천하　모
天下有始 可以爲天下母

기득　기모　이지　기자　기지　기자　부수　기모　몰신　불태
旣得其母 以知其子 旣知其子 復守其母 沒身不殆

색　기태　폐　기문　종신　불근
塞其兌 閉其門 終身不勤

개　기태　제　기사　종신　불구
開其兌 濟其事 終身不救

견소　왈　명　수유　왈　강
見小曰明 守柔曰强

용　기광　복귀　기명　무유　신　앙　시위　습상
用其光 復歸其明 無遺身殃 是爲習常

천하에 시작함이 있으면 천하의 어머니가 될 수 있다.

이미 그 어머니를 얻음으로써 그 자식을 알고 이미 그 자식을 알아서 다시 그 어머니를 지키면 죽을 때까지 위태롭지 않다.

그 구멍을 막고 그 문을 닫으면 죽을 때까지 수고롭지 않다.

그 구멍을 열고 그 일을 늘리려 하면 죽을 때까지 구제받지 못한다.

아주 작은 것을 보는 것을 명(明)이라 하고 부드러움을 지키는 것을 강(强)이라고 한다.

그 빛을 써서 그 명(明)으로 다시 돌아오면 제 몸에 재앙을 남기지 않으니 이것이 바로 상(常)을 익히는 것이다.

52-1

^{천하 유시 가이 위 천하 모}
天下有始 可以爲天下母

천하에 시작함이 있으면 천하의 어머니가 될 수 있다.

번역 비평

여기서 천하(天下)는 만물 만사[萬物^{만물}]로 봐야 한다는 김충열 교수의
지적을 따른다.

왕필 주(王弼注)

^{선 시지 즉선 양축 지 의 고 천하 유시 즉 가이 위 천하 모 의}
善始之 則善養畜之矣 故 天下有始 則可以爲天下母矣

잘 시작하면 잘 길러주게 된다. 그래서 천하(의 일)에 (좋은) 시작이
있으면 천하의 어머니가 될 수 있다.

이노해노(以老解老)

우선 제1장(1-2)을 불러오자.

무란 만물 만사의 시원(始原)을 이름 부른 것이고 유란 만물 만사의 어머니를 이름 부른 것이다[無^무 名^명天^천地^지之^지始^시 有^유 名^명萬^만物^물之^지母^모].

하늘과 땅을 시작하게 하는 것이 무(無)라면 만물 만사[萬物^{만물}=天下^{천하}]의 어머니는 곧 유(有)가 된다. 유(有)란 정지된 있음이 아니라 바로 앞 장에서 봤듯이 만물 만사를 자라게 하고 길러주고 형체를 부여하고 바탕을 이뤄주며 길러주고 덮어준다[長之^{장지} 育之^{육지} 亭之^{정지} 毒之^{독지} 養之^{양지} 覆之^{복지}]. 이 런 점에서 유(有)란 살게 해주고 존재하게 해주는 활동이다.

52-2

旣^{기득}得其^{기모}母 以^{이지}知其^{기자}子 旣^{기지}知其^{기자}子 復^{부수}守其^{기모}母 沒^{몰신}身不^{불태}殆

이미 그 어머니를 얻음으로써 그 자식을 알고 이미 자식을 알아서 다시 그 어머니를 지키면 죽을 때까지 위태롭지 않다.

번역 비평

어머니는 본(本), 자식은 말(末)을 상징한다.

왕필 주(王弼注)

母^모 本^본也^야 子^자 末^말也^야 得^{득본}本以^{이지}知末^말 不^불舍^{사본}本以^{이축}逐末^말也^야

어머니는 근본이요 자식은 말단이다. 근본을 얻음으로써 말단을 알아야지, 근본을 버리고서 말단을 좇아서는 안 된다.

풀이

어머니란 도(道)이고, 자식이란 거기서 나온 만물 만사의 이치[事理]^{사리}이자 형세[事勢^{사세}=命^명]다. 여기서 중요한 것은 덕과 만물 만사의 이치, 형세를 알아가는 차례다.

먼저 도를 얻어야 한다[得道^{득도}]. 노자가 덕(德)을 득(得)으로 이해하는 것도 이 때문이다. 도를 얻었으면 그것으로써 만물 만사의 이치, 형세를 알아가야 한다[知^지]. 그러나 여기에 머물러서는 안 된다. 여기에 머문다면 노자가 부정적으로 이해하는 지(知)가 된다. 이제 그런 지(知)로 덕을 지켜야 한다[守德^{수덕}]. 그래야 죽을 때까지 위태롭지 않다. 왕필 주는 이런 덕(德)과 지(知)의 복합 관계를 충분하게 표현해내지 못했다.

그렇다. 52-2는 바로 제50장(50-2)의 "그런 사람들은 (애당초) 죽음의 영역을 없애버렸기 때문이다"에서 봤던 '죽음의 영역을 없애버리는 방법', 즉 잘 살아가는 길을 정확하게 제시하고 있다. 따라서 지(知)에 대해서도 노자는 무조건 끊어버리라고 하지 않았음을 여기서 확인하게 된다. 『도덕경』의 전체 맥락에서 매우 중요한 발언이다.

52-3

塞其兌 閉其門 終身不勤
^{색 기태} ^{폐 기문} ^{종신 불근}

그 구멍을 막고 그 문을 닫으면 죽을 때까지 수고롭지 않다.

번역 비평

태(兌)란 이때는 명사로 '구멍[孔]'을 말한다.

근(勤)은 이때는 '부지런하다'가 아니라 '수고롭다[勞]'는 뜻이다.

왕필 주(王弼注)

兌 事欲之所由生 門 事欲之所由從也 無事永逸 故 終
身不勤也

태(兌)란 일을 벌이려는 욕심이 말미암는 바고, 문(門)이란 일을 벌이
려는 욕심이 타고 나오는 바다. (구멍을 닫고 문을 막아서) 일삼음이 없고
오래도록 편안하니, 그래서 죽을 때까지 수고롭지 않은 것이다.

풀이

구멍과 문이란 세상과 통하는 통로다. 이는 세상과 단절하라는 뜻
보다는 오직 도(道)를 지키는 데 전념하라는 의미다.

52-3과 52-4는 수모(守母), 즉 수덕(守德)을 잘한 경우와 그렇지 못
한 경우를 풀어서 설명한 것인데, 제47장(47-1)에서는 이렇게 말한 바
있다.

문밖을 나서지 않고서도 천하를 알고 창밖을 내다보지 않아도 하늘과도

같은 도를 본다[不出户 知天下 不窺牖 見天道].

문밖을 나서거나 구멍을 나가야 천하의 만물 만사를 알 수 있는 것은 결코 아니라는 것이다.

52-3과 관련해서 『회남자(淮南子)』권12 「도응훈(道應訓)」에 나오는 사례를 살펴보자.

제왕(齊王)의 왕후가 죽었다. 왕은 왕후를 맞아들여야겠다는 생각을 하고 있었지만, 아직 결정은 하지 못하고 여러 신하에게 의견을 내게 했다. 그때 설공(薛公)이 왕의 뜻에 영합하기 위해 귀고리 10개를 바쳤는데, 그중 1개는 특히 아름다운 것으로 놓아뒀다.

다음 날 아침 그 아름다운 귀고리의 소재를 찾아내고 그 측실을 왕후로 세우기를 추천했다. 제왕은 크게 기뻐하며 과연 설공을 중용했다. 즉 임금 자리에 있는 자는 좋아하는 것을 밖으로 드러내면 그들로부터 제어를 당하게 된다.

그래서 노자는 말하기를 "그 구멍을 막고 그 문을 닫으면 죽을 때까지 수고롭지 않다"라고 했다.

52-4

開其兌 濟其事 終身不救
(개 기태   제 기사   종신   불구)

그 구멍을 열고 그 일을 늘리려 하면 죽을 때까지 구제받지 못한다.

제(濟)에는 '건너다[渡]', '이루다[成]' 외에 '많다'나 '더하다[增]'는 뜻
이 있다. 『시경(詩經)』「대아(大雅)·문왕(文王)」편에 나오는 제제다사(濟
濟多士)가 그것이다. 이때의 제(濟)는 '많다'라는 뜻이다.

홍석주는 『춘추좌씨전』 환공(桓公) 11년에 나오는 "어찌 천자에게
군사를 증원해달라고 요구하지 않는가[盍請濟師於王]?"에 근거해 제
(濟)를 '증가시키다'로 봤다. 호사(好事)와도 연결이 되고 문맥에도 맞아
이를 따른다.

왕필 주(王弼注)

不閉其原 而濟其事 故 雖終身不救

그 근원을 닫지 않고서 그 일을 늘리려 하니, 그래서 죽을 때까지도
구제받지 못하는 것이다.

풀이

구멍을 열고 그 일을 늘리려 한다는 것은 무위자연(無爲自然) 하는
태도를 버리고 유위작위(有爲作爲) 하는 태도로 살아가려 한다는 말이
다. 그러니 구제받을 수 없다.

여기서 우리는 다시 한번 제50장(50-1)을 상기할 필요가 있다.

삶의 길에서 벗어나면 죽음의 길로 들어선다[出生入死].

52-5

견소　왈　명　수유　왈　강
見小曰明 守柔曰強

아주 작은 것을 보는 것을 명(明)이라 하고 부드러움을 지키는 것을
강(强)이라고 한다.

왕필 주(王弼注)

위치　지공　부재　대　견대　불명　견소　내명　수강　불강　수유　내강
爲治之功 不在大 見大不明 見小乃明 守強不強 守柔乃強
야
也

다스림을 이뤄내는 공로는 큰 것에 있지 않으니, 큰 것을 보는 것이
눈 밝은 것이 아니라 작은 것까지 봐야 마침내 눈 밝음이다. 강함을 지
키는 것이 강한 것이 아니라 부드러움까지 지켜내야 마침내 강하다.

풀이
홍석주 풀이가 시야가 넓다.

빛남을 머금고 안으로 쌓으니 어수룩하고 어두운 듯하다. 부득이하게 그
것을 사용할 경우 밖으로 빛나게 하지 않고 안으로 되돌리니, 이것이 곧
"다시 그 어머니를 지킨다"라는 말이다. 물은 불과 함께 모두 사물을 비
출 수 있는데, 물이 사물을 오랫동안 받아들여 비추는 반면 불이 쉽게 꺼

지는 것은 불은 밖에서 밝히고 물은 안에서 빛나기 때문이다. 사람들이 빛남을 사용함에 물처럼 할 수 있다면 종신토록 사용해도 위험해질 일이 없으니, 강함을 사용하는 것도 이와 같이 해야 한다.

52-6

用^용其^기光^광 復^복歸^귀其^기明^명 無^무遺^유身^신殃^앙 是^시爲^위習^습常^상

그 빛을 써서 그 명(明)으로 다시 돌아오면 제 몸에 재앙을 남기지 않으니 이것이 바로 상(常)을 익히는 것이다.

번역 비평

제27장에서 우리는 습명(襲明)을 살펴본 바 있다. 습(襲)은 곧 습(習)이다.

왕필 주(王弼注)

顯^현道^도以^이去^거民^민迷^미 不^불以^이明^명察^찰也^야 道^도之^지常^상也^야

(그 빛을 써서 그 눈 밝음으로 돌아온다는 것은) 도(道)를 훤히 드러내어 백성의 미혹됨을 제거하는 것이다. (그 눈 밝음으로 돌아온다는 것은) 그 눈 밝음으로 (심하게) 살피지 않는다는 것이다. (늘 그러함이란) 도(道)의 늘 그러함이다.

그러면 이때의 상(常)을 무엇으로 봐야 할 것인가. 오랫동안 간직한다[久藏]는 뜻이다. 적어도 제52장에서 오랫동안 간직해야 할 것은 무엇일까? 득(得)과 지(知)와 수(守)라 할 것이다. 그것을 내 것으로 오래 간직하는 법을 익힌다면, 이것이 제27장에서 말한 습명(襲明)이다. 그런 점에서 습상(習常)과 습명(襲明)은 거의 같은 뜻이라고 봐도 무방하다. 여기서도 "그 빛을 써서 그 명(明)으로 다시 돌아오면"이라고 했다.

이번에는 『한비자』 「주도(主道)」편에 나오는 한 대목을 읽어보자. 그 자체로 제52장에 대한 풀이가 됨을 알 수 있다.

도(道)는 만물이 생겨나는 시원(始原)이며 옳고 그름을 판별하는 실마리다. 이 때문에 현명한 군주는 시원을 지켜서 만물이 생겨나는 근원을 알고 실마리를 다스려서 선악을 판별하는 단서를 안다. 그러므로 (군주는) 마음을 비우고 태도를 조용히 하며[虛靜] 기다려서 명분을 절로 맞게 하고 일을 저절로 안정되게 한다. 마음을 비우면 실제 정황을 알게 되고 태도를 조용히 하면 움직이는 자들의 주인이 된다. 진언할 말이 있는 자는 스스로 말하게 되고 일을 하는 자는 저절로 성과를 드러내게 되니 그 성과와 명분을 대조해 맞춰보기만 하면 군주는 아무 일을 하지 않아도 일이 실정에 맞게 돌아가게 된다.

그러므로 말하기를 "군주는 바라는 것을 드러내지 않아야 하니 군주가 바라는 바를 드러내면 신하가 스스로 잘 보이려고 꾸밀 것이며 군주는 자기 의도를 드러내지 않아야 하니 군주가 자기 의도를 드러내면 신하가 스스로 남과 다른 의견을 표시하려고 할 것이다"라고 한 것이다. 그러므로 말하기를 "군주가 좋아하고 싫어하는 내색을 드러내지 않으면 신하는 바로 본심을 드러낼 것이고 지혜와 기교를 버리면 신하는 이에 스스로 신중하게 처신할 것이다"라고 한 것이다.

따라서 군주는 지혜가 있어도 그것으로 일을 꾀하지 않아서 모든 사람으로 하여금 자신의 처지를 알게 하고 현명함을 지녔어도 그것으로 섣불리 행하지 않아서 신하가 일을 수행하는 근거를 살피며 용기를 가졌어도 그것으로 분발하지 않아서 뭇 신하들로 하여금 무용(武勇)을 발휘하게 해야 한다. 이 때문에 지혜를 버림으로써 총명함을 갖게 되고 현명함을 버림으로써 공적을 얻게 되며 용기를 버림으로써 강대함을 지니게 된다. 뭇 신하들이 직분을 충실히 수행하게 하고 백관이 일정한 법규를 따르게 해 (그들을) 각각의 능력에 따라 부리는 것을 '습상(習常)'이라고 한다.

그러므로 말하기를 "군주는 마치 자리에 없는 듯이 조용하게 있으며 마음을 텅 비워서 그 의도를 파악할 수 없도록 한다. 현명한 군주는 위에서 아무것도 하지 않지만, 신하들은 아래에서 두려움에 떤다"라고 한 것이다.

현명한 군주가 통치하는 방법은 지혜로운 신하들이 자기 지략을 다 쓰게 해서 자신은 그에 따라 일을 결정하므로 군주는 지혜를 무궁무진하게 쓸 수 있다. 현명한 신하들이 자기 재능을 다 바치게 해 군주가 이에 근거해 일을 맡기므로 군주는 재능을 무한하게 펼칠 수 있다. 공이 있으면 군주가 현명하기 때문이고 과실이 있으면 신하가 책임을 지게 되므로 군주는 명예를 끝없이 지속할 수 있다.

이로써 볼 때 제52장은 아주 드물게 제왕이 갖춰야 하는 고도의 통치술을 말하고 있다고 할 수 있다.

제53장

使我介然有知 行於大道 唯施是畏
사 아 개연 유지 행어 대도 유시시 외

大道甚夷 而民好徑
대도 심이 이 민 호경

朝甚除 田甚蕪 倉甚虛
조 심제 전 심무 창 심허

服文綵 帶利劍 厭飲食 財貨有餘 是謂盜夸 非道也哉
복 문채 대 이검 염 음식 재화 유여 시위 도과 비 도 야재

만약에 내가 조금이라도 지혜로움이 있어 큰 도(道)를 행하게 될 경
우 오로지 내세워 자랑하게 될까[施]만 두려워할 뿐이다.

큰길이 매우 평탄한데도 백성은 샛길을 좋아한다.

궁궐을 너무 깨끗이 하면 논밭이 심하게 황폐해지고 창고는 텅
빈다.

화려한 수를 놓은 비단옷을 입고 날카로운 칼을 차고 싫증 날 정도
로 좋은 음식과 술을 먹고도 재물이 남아돈다면 이를 일러 도둑질하
고도 자랑하고 과시하는 것이라 한다. 도(道)가 아니다.

53-1

사 아 개연 유지 행어 대도 유시시 외
使我介然有知 行於大道 唯施是畏

만약에 내가 조금이라도 지혜로움이 있어 큰 도(道)를 행하게 될 경
우 오로지 내세워 자랑하게 될까[施]만 두려워할 뿐이다.

| 번역 비평

지(知)를 어떻게 볼 것인가.

여기서는 분명 긍정적 의미의 지(知)다. 이때의 지(知)는 대도(大道)
를 알게 됐음을 말한다.

시(施)에는 '베풀다'라는 뜻 외에 '뽐내다[誇]'나 '내세워 자랑하다
[伐]'는 뜻도 있다.

앞서 본 바 있는 『논어』 「공야장(公冶長)」편 25다.

안연이 대답했다.

"저의 바람은 자신의 뛰어남을 자랑하지 않고[無伐善] 자신의 공로를
내세우지 않는 것입니다[無施勞]."

이런 용례는 『맹자』 「이루하(離婁下)」에도 나온다.

의기양양하게[施施] 밖에서 들어온다[從外來].

왕필 주(王弼注)

言若使我可介然有知 行大道於天下 唯施爲 是畏也
(언 약사 아 가 개연 유지 행 대도 어 천하 유시위 시 외야)

만약에 내가 조금이라도 아는 바가 있어 천하에 큰 도(道)를 행하게
된다면 오로지 내세워 자랑하게 될까 이 점을 두려워한다는 말이다.

풀이

대도(大道)를 행한다는 것은 곧 큰 공로를 이룬다는 뜻이다. 그러나
공로를 이루더라도 자랑하거나 내세우지 않고, 오직 스스로 내세워 자
랑하게 될까 봐만 두려워할 뿐이라는 말이다. 홍석주는 이렇게 보충
한다.

도를 알지 못하는 자는 그저 뽐내고 자랑하니, 사람이 조금이라도[介然]
아는 바가 있어 대도를 행하고자 한다면 반드시 오로지 의기양양하게 뽐
낼 것이 두려워서 감히 (억지로) 행하지 않는다는 말이다.

그런데도 많은 사람은 그릇된 길로 다니기를 즐긴다. 이하에서는
이에 대한 통탄이 이어진다.

53-2

大道甚夷 而民好徑
(대도 심이 이 민 호경)

큰길이 매우 평탄한데도 백성은 샛길을 좋아한다.

번역 비평

이(夷)는 평(平)과 같은 말로, '평탄(平坦)하다'라는 뜻이다.

왕필 주(王弼注)

言大道蕩然正平 而民猶尙舍之而不由 好從邪徑 況復施
爲以塞大道之中乎 故曰 大道甚夷 而民好徑

큰길이 탁 트여 있어 바르고 평평한데도 백성은 오히려 그 길을 내
버려 둔 채 그리로 다니지 않고 그릇된 샛길로 다니기를 좋아하는데,
하물며 다시 억지스러움을 베풀어 큰길의 한가운데를 틀어막음에랴!
그래서 "큰길이 매우 평탄한데도 백성은 샛길을 좋아한다"라고 말한
것이다.

풀이

먼저 『논어』 「옹야(雍也)」편 12를 보자.

자유(子游)가 무성(武城) 읍재가 되자 공자가 말했다.

"너는 적임자를 얻었는가?"

말했다.

"담대멸명(澹臺滅明)이라는 자를 얻었는데, 그는 길을 갈 때 샛길[徑]로 다

니지 않고 공무가 아니면 일찍이 언(偃-자유) 집을 찾은 적이 없습니다."

담대멸명이 바로 샛길을 다니지 않고 큰길을 다니는 사람이다. 큰 길이란 공도(公道)이고 샛길이란 사도(私道)나 사도(邪道)이다.

53-3

조 심제　전 심무　창 심허
朝甚除 田甚蕪 倉甚虛

궁궐을 너무 깨끗이 하면 논밭이 심하게 황폐해지고 창고는 텅 빈다.

번역 비평

조(朝)는 조정이다.

왕필 주(王弼注)

조 궁실 야　제 결호 야　조 심제　즉 전 심무　창 심허　설일 이 중해
朝 宮室也 除 潔好也 朝甚除 則田甚蕪 倉甚虛 設一而眾
생야
害生也

조(朝)란 궁실이고, 제(除)는 깨끗하고 좋다는 뜻이다. "궁궐을 너무 깨끗이 하면 논밭이 심하게 황폐해지고 창고는 텅 빈다"라는 것은 하나를 세우느라고 수많은 해악이 생겨나게 한 것이다.

풀이

조정의 겉을 꾸미느라 엉뚱한 데 비용을 쓰면 백성은 고통을 당할 수밖에 없다는 말이다. 『논어』「학이(學而)」편 5에서 공자가 말한 "절용이애인(節用而愛人)"과 정반대되는 사례다.

공자가 말했다.

"(천자 나라인 만승지국(萬乘之國)은 물론이고 제후 나라인) 천승지국을 다스릴 때라도 (왕실) 재물을 아낌으로써 백성을 사랑해야 한다."

있는 그대로 이해하면 53-2에 자연스럽게 이어지는데, 홍석주는 너무 많은 생각을 한 결과 "외조(外朝)가 아주 잘 정비돼 있으면 그 전야는 반드시 황폐하고 그 창고는 반드시 비어 있으니, 이것으로써 사람들이 내면적인 것을 충실하게 하지 않고 외면적인 것을 일삼음을 비유했다"라고 했다. 비유가 아니라 그냥 실상일 뿐이다. 임금이 사치를 좋아하면 백성들은 골병들게 된다는 말이다.

53-4

복 문채 대 이검 염 음식 재화 유여 시위 도과 비 도 야재
服文綵 帶利劍 厭飲食 財貨有餘 是謂盜夸 非道也哉

화려한 수를 놓은 비단옷을 입고 날카로운 칼을 차고 싫증 날 정도로 좋은 음식과 술을 먹고도 재물이 남아돈다면 이를 일러 도둑질하고도 자랑하고 과시하는 것이라 한다. 도(道)가 아니다.

죽는 길로 접어든 사례들이다.

도과(盜夸)란 도둑질한 것을 부끄럽게 여기는 것이 아니라 오히려 자랑하고 과시하는 것을 말한다.

왕필 주(王弼注)

凡 物不以其道得之 則皆邪也 邪則盜也 貴而不以其道得
之 竊位也 竊則夸也
故 擧非道以明 非道則皆盜夸也

무릇 어떤 물건이든 그 도로 얻은 것이 아니면 모두 그릇된 것이요, 그릇된 것이라면 도둑질한 것이다. 귀한 지위라도 그 도리로 얻은 것이 아니라면 지위를 훔친 것이요, 훔친 것이라면 자랑하고 사치를 부리는 것이다.

그래서 "도가 아니다"라는 말을 들어 이를 밝혔으니, 도가 아니라면 모두 도둑질해 자랑하는 것이다.

| 풀이

우선 제53장을 총괄적으로 이해하면서 풀어가 보자.

먼저 조금이라도 도에 대한 앎을 얻어서 큰 도를 행하는 기회를 얻게 된다는 것은 큰 도를 갖추고서 대정(大政)에 임한다는 말이다. 임금으로서 그럴 수도 있고, 재상이 돼 그럴 수도 있다.

대도란 평탄해 검겸(儉謙)하는 것이다. 그런데 샛길은 자기 욕심을 따르는 것으로, 당연히 사람들의 원망을 부르게 된다. 그런데도 궁실을 꾸미느라 백성 곡식을 탕진하고, 나라 창고를 텅 비게 하니 그것이 바로 샛길을 따른 결과다. 제50장에서 말한 죽음의 영역[死地^{사지}]에 들어선다는 것이 이것이다.

이제 53-4다. 큰 도를 따르지 않고 샛길로 가는 모습을 구체적으로 묘사한 뒤에 한마디로 이는 도과(盜夸)이니 도(道)가 될 수 없다고 말했다.

과(夸)를 최진석 교수는 한비자를 따라서 '우두머리'라고 했는데, 그러면 줄곧 이어지던 "자겸(自謙)"이라는 문맥에서 한참 벗어나게 된다. 무위(無爲)를 버리고 유위(有爲)로 정치를 하게 될 경우에 닥칠 최악의 모습을 그려낸 것이니, 과(夸)는 벌(伐)을 가리킨다. 내세워 자랑한다는 말이다. 그래야 도과(盜夸)에 담긴 통쾌한 비판도 담아낼 수 있다. 도둑질했으면 숨거나 입을 다물어도 될까 말까 하는 판에 자랑질까지 해대니 그런 임금이나 재상이 오래갈 수 있을까? 제왕학 문맥이 계속 이어지고 있다.

제54장

善建者 不拔 善抱者 不脱
선건 자 불발 선포 자 불탈

子孫以祭祀不輟
자손 이 제사 불철

修之於身 其德乃眞 修之於家 其德乃餘
수지 어신 기덕 내 진 수지 어가 기덕 내 여

修之於鄉 其德乃長 修之於國 其德乃豊 修之於天下 其
수지 어향 기덕 내 장 수지 어국 기덕 내 풍 수지 어천하 기덕

德乃普
내 보

故 以身觀身 以家觀家 以鄉觀鄉 以國觀國
고 이신 관신 이가 관가 이향 관향 이국 관국

以天下觀天下
이 천하 관 천하

吾何以知天下然哉 以此
오 하이 지 천하 연재 이차

잘 세우면 뽑히지 않고 잘 품어 안으면 빠져나가지 못하니

자손들이 지내는 제사가 끊기지 않는다.

　(그 도로써) 내 몸을 닦으면 그 덕은 마침내 참되게 되고 집 안을 닦으면 그 덕은 마침내 남음이 있게 되고

　(그 도로써) 마을을 닦으면 그 덕은 마침내 자라나게 되고 나라를 닦으면 그 덕은 마침내 풍부해지고 천하를 닦으면 그 덕은 마침내 두루

미치게 된다.

그래서 몸으로써 몸을 살피고 집안으로써 집안을 살피고 마을로써
마을을 살피고 나라로써 나라를 살피고

천하로써 천하를 살핀다.

내가 무엇으로 천하가 그러함을 아는가? 이로써다.

54-1

善建者 不拔 善抱者 不脱
선건 자 불발 선포 자 불탈

잘 세우면 뽑히지 않고 잘 품어 안으면 빠져나가지 못하니

번역 비평

잘 세운다는 것은 나라를 잘 세우는 것이다.

잘 품어 안는다는 것은 백성을 잘 품어 안아주는 것[包容]이다.
(포용)

왕필 주(王弼注)

固其根而後 營其末 故 不拔也 不貪於多 齊其所能 故 不
고 기근 이후 영 기말 고 불발 야 불탐 어다 제 기 소능 고 불
脱也
탈 야

그 뿌리를 튼튼히 한 다음에야 그 말단을 다스리니, 그래서 뽑히지

않는다.

많은 것을 탐내지 않고 자기가 할 수 있는 것에 맞춰서 하니, 그래서 빼앗기지 않는다.

풀이

54-1은 제53장 53-3, 53-4와 이어지면서 유위지치(有爲之治)를 무위지치(無爲之治)로 돌릴 방법을 제시하고 있다. 잘 세워주고 잘 품어 안아주는 것은 유위(有爲)가 아니라 무위(無爲)다. 홍석주 풀이다.

궁궐을 너무 깨끗이 하고 의복을 화려하게 입고 음식을 잘 차려 먹는 자는 모두 도를 행한다고 하기에 부족하니, 내면을 가꾸지 않고 외면을 꾸몄기 때문이다. (반면에) 잘 세우는 자는 스스로 내놓는 것이 견고하고 잘 껴안는 자는 스스로 지키는 것이 온전해서 자손의 제사가 끊어지지 않으니, 밖으로 거짓되게 함이 없어 영원할 수 있는 것이다.

54-1은 곧장 「용비어천가(龍飛御天歌)」 제2장을 떠올린다.

뿌리 깊은 나무는 바람에 아니 흔들리니 꽃 좋고 열매가 많다.

불발(不拔)과 불탈(不脫)에 대한 『한비자』 「해노(解老)」편의 풀이가 깊다. 먼저 불발(不拔)이다.

사람은 어리석거나 지혜롭거나 할 것 없이 누구나 취하거나 버리는 것이 없을 수 없다. 마음이 담백하고 편안할 때는 화(禍)나 복(福)이 비롯되는 까닭을 누구나 다 알지만, 좋아하거나 미워하는 감정에 사로잡히고 음란한 물건에 이끌리고 나면 혼란스러워진다. 그렇게 되는 까닭은 외물(外物)에 이끌리고 좋아하는 물건에 어지럽혀졌기 때문이다. 담백하면 취하거나 버리는 데에 잣대가 있게 되고 편안하면 화와 복을 헤아릴 줄 알 것인데, 지금 좋아하는 것에 마음이 바뀌고 외물에 이끌려가기 때문에 노자는 "뽑힌다[拔]"고 말한 것이다.

성인(聖人)에 이르러서는 그렇지 않다.

한번 취하고 버리는 잣대를 세우고 나면 비록 좋아하는 물건을 보더라도 이끌리지 않으니, 이끌리지 않는 것을 일러 『도덕경』에서는 "뽑히지 않는다[不拔]"라고 했다.

불탈(不脫)에 대해서는 이렇게 푼다.

그 마음을 오롯하게 지니면 비록 욕심낼 만한 것들이 있더라도 정신이 흔들리지 않으니, 정신이 흔들리지 않는 것을 일러 『도덕경』에서는 "빠져나가지 못한다[不脫]"라고 했다.

54-2

子孫以祭祀不輟

자손들이 지내는 제사가 끊기지 않는다.

철(輟)은 '그치다[止]^지', '끊어지다[斷]^단'라는 뜻이다.

왕필 주(王弼注)

자손 전 차도 이 제사 즉 불철 야
子孫傳此道 以祭祀 則不輟也

자손이 이 도(道)를 전수 받아 제사를 지낸다면 제사는 끊기지 않는다.

풀이

제사가 끊어지지 않는다는 것은 어떤 왕조가 오래도록[長久]^{장구} 이어질 수 있다는 뜻이다. 다시 「용비어천가(龍飛御天歌)」 제2장이다.

샘이 깊은 물은 가뭄에도 끊이지 않아 시내를 이루고 바다에 이른다.

『한비자』 「유노(喩老)」편에 적절한 사례가 나온다.

초장왕(楚莊王)[2]이 이미 승리하고 하옹(河雍)에서 사냥을 하고 돌아와 손숙오(孫叔敖)[3]에게 상을 내렸다. 손숙오는 한수(漢水) 가의 땅과 모래와 돌

---

2 중국 초나라의 제22대 군주(재위 기원전 613~591년)로 이름은 려(侶)다. 성왕 손자이자 목왕 아들이며 공왕의 아버지다. 춘추오패의 한 사람으로 꼽힌다.

3 장왕의 둘도 없는 책사가 돼 군제(軍制)를 개혁하고 내정을 쇄신하며 각종 수리(水利), 영전(營田) 사업을 일으킴으로써 초나라가 안으로 부국강병을 이룩하고 밖으로 춘추의 3대 패업(霸業)을 성취하는 데 절대적인 공헌을 했다.

이 많은 지역을 청했다. 초나라 국법에 신하에게 봉록을 내릴 경우 두 세대가 지나면 땅을 회수하는데 손숙오만 그대로 가지고 있었다. 이렇게 봉지(封地)를 회수하지 않은 것은 그곳이 척박하기 때문이었으니, 그래서 아홉 세대에 이르는 동안 제사가 끊이지 않았다. 그러므로『도덕경』에서 "잘 세우면 뽑히지 않고 잘 품어 안으면 빠져나가지 못하니, 자손들이 지내는 제사가 끊기지 않는다"라고 했다. 바로 손숙오를 두고 하는 말이다.

54-3

^{수지 어신 기덕 내진 수지 어가 기덕 내여}
修之於身 其德乃眞 修之於家 其德乃餘

(그 도로써) 내 몸을 닦으면 그 덕은 마침내 참되게 되고 집 안을 닦으면 그 덕은 마침내 남음이 있게 되고

번역 비평

진(眞)에 대해 홍석주는 "내실이 자신에게 있어 겉으로 꾸민 것이 아니라는 말"이라고 풀었다. 그런 점에서 진(眞)은 문질빈빈(文質彬彬)을 강조하는 공자와 달리 질(質)이나 박(樸)에 중점을 두는 노자의 생각을 잘 표현하고 있는 말이다. 참고로『논어』와『주역』에는 '진(眞)'이라는 글자가 전혀 등장하지 않는다.

반면『도덕경』에는 제21장에서 짚은 바대로 진(眞)자가 자주 나온다. 21-5에서는 "그 정기가 심히 참되니, 그 가운데에 믿음이 있다[其精^{기정} 甚眞 其中有信^{심진 기중 유신}]"라고 했다. 이때의 진(眞)은 공자의 텍스트에 나오는 성

(誠)과 통한다. 성심(誠心)의 성(誠)이 그것이다. 또 제41장(41-10)에서는 "바탕이 참된 것은 마치 더러운 듯하며[質眞 若渝]"라고 했다. 역시 성(誠)과 통한다. 그리고 여기에서는 "(그 도로써) 내 몸을 닦으면 그 덕은 마침내 참되게 되고[修之於身 其德乃眞]"라고 했다. 도와 덕에 대한 형용사로 '참되다[眞]'라고 쓰고 있다.

왕필 주(王弼注)

以身及人也 修之身則眞 修之家則有餘 修之不廢 所施轉大

내 몸을 갖고서 남에게 미치는 것이다. (이런 도로써) 자기 몸을 닦으면 참되게 되고 집 안을 닦으면 남음이 있게 되니, 이런 닦음을 그치지 않는다면 그 덕이 베풀어지는 범위가 점점 커진다.

풀이

자연스럽게 증자(曾子)의 『대학』에 나오는 "수신제가치국평천하(修身齊家治國平天下)"를 떠올리지 않을 수 없다. 이 문맥은 54-5까지 이어진다.

54-3과 관련해서 『회남자(淮南子)』 권12 도응훈(道應訓)에 나오는 사례를 살펴보자.

초나라 장왕(莊王)이 첨하(詹何)에게 물었다.

"나라를 잘 다스리려면 어떻게 해야 하는가?"

대답해 말했다.

"저는 몸을 잘 다스리는 법에는 밝지만, 나라를 잘 다스리는 법에는 밝지 못합니다."

초왕이 말했다.

"과인은 종묘사직을 세워놓을 수는 있었다. 바라건대 이를 잘 지켜나갈 방도를 배우고 싶다."

첨하가 대답했다.

"신은 일찍이 (임금이) 몸을 잘 다스리는데 나라가 어지러워졌다는 말을 들어본 적이 없습니다. 또 (임금이) 몸을 잘 다스리지 못하는데 나라가 잘 다스려졌다는 말도 들어본 적이 없습니다. 그래서 근본은 몸에 달려 있는 것입니다. 그래서 감히 결가지에 해당하는 나라에 대해서는 대답을 하지 않았습니다."

초왕이 말했다.

"좋도다."

그래서 노자가 말하기를 "(그 도로써) 내 몸을 닦으면 그 덕은 마침내 참되게 된다"라고 했다.

54-4

<ruby>修<rt>수</rt></ruby><ruby>之<rt>지</rt></ruby><ruby>於<rt>어</rt></ruby><ruby>鄕<rt>향</rt></ruby> <ruby>其<rt>기</rt></ruby><ruby>德<rt>덕</rt></ruby><ruby>乃<rt>내</rt></ruby><ruby>長<rt>장</rt></ruby> <ruby>修<rt>수</rt></ruby><ruby>之<rt>지</rt></ruby><ruby>於<rt>어</rt></ruby><ruby>國<rt>국</rt></ruby> <ruby>其<rt>기</rt></ruby><ruby>德<rt>덕</rt></ruby><ruby>乃<rt>내</rt></ruby><ruby>豊<rt>풍</rt></ruby> <ruby>修<rt>수</rt></ruby><ruby>之<rt>지</rt></ruby><ruby>於<rt>어</rt></ruby><ruby>天<rt>천</rt></ruby><ruby>下<rt>하</rt></ruby> <ruby>其<rt>기</rt></ruby><ruby>德<rt>덕</rt></ruby><ruby>乃<rt>내</rt></ruby><ruby>普<rt>보</rt></ruby>

<ruby>故<rt>고</rt></ruby> <ruby>以<rt>이</rt></ruby><ruby>身<rt>신</rt></ruby><ruby>觀<rt>관</rt></ruby><ruby>身<rt>신</rt></ruby> <ruby>以<rt>이</rt></ruby><ruby>家<rt>가</rt></ruby><ruby>觀<rt>관</rt></ruby><ruby>家<rt>가</rt></ruby> <ruby>以<rt>이</rt></ruby><ruby>鄕<rt>향</rt></ruby><ruby>觀<rt>관</rt></ruby><ruby>鄕<rt>향</rt></ruby> <ruby>以<rt>이</rt></ruby><ruby>國<rt>국</rt></ruby><ruby>觀<rt>관</rt></ruby><ruby>國<rt>국</rt></ruby>

(그 도로써) 마을을 닦으면 그 덕은 마침내 자라나게 되고 나라를 닦으면 그 덕은 마침내 풍부해지고 천하를 닦으면 그 덕은 마침내 두루 미치게 된다.

그래서 몸으로써 몸을 살피고 집안으로써 집안을 살피고 마을로써 마을을 살피고 나라로써 나라를 살피고

번역 비평

진(眞)과 여(余)에 이어 장(長), 풍(豊), 보(普)로 이어지면서 단계적으로 덕(德)이 자라난다.

왕필 주(王弼注)

피 개 연야
彼皆然也

저것들 모두가 그러하다.

54-5

이 천하 관 천하
以天下觀天下

천하로써 천하를 살핀다.

왕필 주(王弼注)

이 천하   백성   심   관 천하지도   야 천하지도   역순   길흉   역
以天下百姓心 觀天下之道也 天下之道 逆順吉凶 亦
개 여 인지도   야
皆如人之道也

천하 백성의 마음으로 천하의 도(道)를 살피는 것이다.

천하의 도란 거스름과 고분고분함, 길함과 흉함인데 또한 모두 사람
의 길과 같다.

풀이

54-3과 54-4가 이 장의 핵심이다. 앞서 노자는 진(眞)에서 시작해
여(余), 장(長), 풍(豊), 보(普)로 덕(德)이 자라남을 보여주었다. 그런 점에
서 덕(德)의 출발점인 진(眞)은 『논어』에서 다움[德]의 출발점인 사무사
(思無邪)와 통한다. 생각에서부터[思] 그릇됨이 없는 것[無邪]이 바로 진
(眞)이라 할 수 있다.

『논어』 「헌문(憲問)」편 45는 54-3과 54-4를 풀어낼 결정적인 실마
리를 제공해준다.

자로(子路)가 군자(란 어떠해야 하는지)를 묻자 공자가 말했다.
"삼감[敬]으로써 자기를 닦아야 한다."
(자로가) 말했다.
"그렇게만 하면 됩니까?"
(공자가) 말했다.

"사람들을 편안하게 해주는 것으로써 자기를 닦아야 한다."

(자로가) 말했다.

"그렇게만 하면 됩니까?"

"백성을 편안하게 해주는 것으로써 자기를 닦아야 한다. 백성을 편안하게 해주는 것으로써 자기를 닦는 것은 요(堯)임금 순(舜)임금도 오히려 (제대로 하지 못할까 봐) 근심으로 여겼다[子路問君子, 子曰 修己以敬. 曰 如斯而已乎, 曰 修己以安人. 曰 如斯而已乎, 曰 修己以安百姓 修己以安百姓 堯舜其猶病諸]."

종래에는 이곳의 '수기이경(修己以敬)', '수기이안인(修己以安人)', '수기이안백성(修己以安百姓)'을 '수기해 공경하고', '수기해 사람을 편하게 해주고', '수기해 백성을 편하게 해주라'고 옮겼다. 그러나 필자가 볼 때는 위와 같이 반대로 옮겨야 한다.

한문에서 이(以)는 앞으로 붙을 수도 있고 뒤로 붙을 수도 있다. 하지만 위의 경우에는 모두 뒤에 붙는 것으로 봐야 수기(修己) 차원을 심화해가는 것으로 풀이할 수 있다. 출발은 삼감으로써 자기를 닦는 것이다. 이어 그 잣대가 '사람을 편안하게 해주는 것' 그리고 '백성을 편안하게 해주는 것'으로 확대해가는 것이다. 이렇게 경(敬), 안인(安人), 안백성(安百姓) 순으로 수기(修己) 척도를 높여가는 것으로 풀어야 논리적 일관성이 있다.

이 점을 분명히 인식할 때라야 "몸으로써 몸을 살피고, 집 안으로써 집 안을 살피고, 마을로써 마을을 살피고, 나라로써 나라를 살피고, 천하로써 천하를 살핀다"라는 노자의 말을 정확히 이해할 수 있다.

54-6

<ruby>吾<rt>오</rt></ruby> <ruby>何<rt>하</rt></ruby> <ruby>以<rt>이</rt></ruby> <ruby>知<rt>지</rt></ruby> <ruby>天<rt>천</rt></ruby> <ruby>下<rt>하</rt></ruby> <ruby>然<rt>연</rt></ruby> <ruby>哉<rt>재</rt></ruby> <ruby>以<rt>이</rt></ruby> <ruby>此<rt>차</rt></ruby>
吾何以知天下然哉 以此

내가 무엇으로 천하가 그러함을 아는가? 이로써다.

번역 비평

이차(以此)에서 차(此)는 진(眞)에서 시작해 여(餘), 장(長), 풍(豐), 보
(普)로 덕(德)이 자라남을 가리킨다.

왕필 주(王弼注)

此 上之所云也 言吾何以得知天下乎 察己以知之 不求於
外也 所謂不出戶以知天下者也

이것이란 위에서 말한 것들로, "내가 무엇으로 천하를 알 수 있는
가? 자기를 살펴서 아는 것이니, 밖에서 구한 것이 아니다"라는 말이
다. 이것이 (제47장에) 이른바 "문밖을 나서지 않아도 천하를 안다"라는
것이다.

풀이

전통적인 도가(道家)에서 말하는 탈세(脫世)·초연(超然)·은둔(隱遁)
등에 익숙한 사람은 이 장이 매우 당혹스러울 수 있다. 그러나 노자는

그런 도가와는 거리가 멀다. 노자는 처음부터 끝까지 남면지술(南面之術), 즉 제왕학을 시야에서 놓은 적이 없다. 그런 점에서 홍석주의 말은 정곡을 찌른다.

> 내가 생각하기에 이 장의 의미는 『대학』과 부합한다. 후세에 도가로 일컬어지는 자들은 자신을 사사롭게 할 줄만 알아서 천하와 국가를 위할 수 없었으며, 예(禮)를 내세우면서도 실은 공리(功利)를 도모하는 것을 가지고서 유학에 의락하는 자들은 또 항상 다스리는 도[<ruby>治道<rt>치도</rt></ruby>]만 말하고 자신에 근본을 두지 않았으니, 이런 것은 모두 노자가 버렸던 것들이다.

정통 주자학자였다고는 믿기지 않을 만큼 열린 사고를 보여주는 말이라 하겠다.

제55장

^{함 덕지후 자} ^{비어 적자} ^{봉채 훼사 불석} ^{맹수 불거} ^{확조 불박}
含德之厚者 比於赤子 蜂蠆虺蛇不螫 猛獸不據 攫鳥不

搏

^{골약 근유 이 악고}
骨弱筋柔而握固

^{미지 빈모 지 합이 전작 정지지 야}
未知牝牡之合而全作 精之至也

^{종일 호 이 불사 화지지 야}
終日號而不嗄 和之至也

^{지화 왈 상 지상 왈 명}
知和曰常 知常曰明

^{익생 왈 상 심 사기 왈 강}
益生曰祥 心使氣曰强

^{물 장 즉 로 위지 부도 부도 조이}
物壯則老 謂之不道 不道 早已

두터운 덕을 품은 자는 갓난아기와 비슷해서 벌과 전갈, 도마뱀과 뱀도 쏘지 않고 맹수도 덤비지 않으며 사나운 날짐승도 낚아채지 않는다.

뼈가 여리고 근육이 부드러운데도 잡아 쥠은 견고하고

암수의 교합을 알지 못하지만 온전하게 자라나는 것은 정기(精氣)가 지극하기 때문이다.

종일 울부짖어도 목이 쉬지 않는 것은 조화로움이 지극한 때문이다.

조화로움을 아는 것을 상(常)이라 하고 이런 상(常)을 알아내는 것을 명(明)이라 한다.

삶을 보태려 하는 것을 상(祥-괴이함)이라 하고 마음이 기운을 부리려는 것을 강(强)이라 한다.

만물 만사가 갑자기 장대해지면 (급속히) 노쇠하게 되니 그것을 일러 도(道)에 맞지 않다고 한다. 도에 맞지 않으면 (일이 오래가지 못하고) 일찍 마친다.

55-1

^함 ^{덕지후} ^자 ^{비어} ^{적자} ^{봉채} ^{훼사} ^{불석} ^{맹수} ^{불거} ^{확조} ^{불박}
含德之厚者 比於赤子 蜂蠆虺蛇不螫 猛獸不據 攫鳥不
搏

두터운 덕을 품은 자는 갓난아기와 비슷해서 벌과 전갈, 도마뱀과 뱀도 쏘지 않고 맹수도 덤비지 않으며 사나운 날짐승도 낚아채지 않는다.

번역 비평

벌과 전갈, 도마뱀과 뱀, 맹수, 사나운 날짐승은 모두 외부 세계의 위험성을 나타낸다.

석(螫)은 '(벌레가) 쏘다', '성내다'는 뜻인데 독(毒)이라는 뜻도 있다.

거(據)는 점거(占據)의 거(據)로, '붙잡다[執]'나 '덤비다[迫]'의 뜻이다.

박(搏)은 '두드리다[鼓]'나 '치다[打]' 혹은 '낚아채다[攫]'의 뜻이다.

왕필 주(王弼注)

赤子 無求無欲 不犯衆物 故 毒蟲之物無犯之人也
含德之厚者 不犯於物 故 無物以損其全也

갓난아기는 구하는 것도 없고 욕심도 없어 온갖 외물을 범하지 않는다. 그래서 독벌레들도 (그런) 사람을 범하지 않는다.

두터운 덕을 품은 자는 외물이 범하지 않는다. 그래서 어떤 것도 그 온전함을 손상하지 않는다.

풀이

앞장에 이어지면서 덕(德)을 다룬다.

갓난아기는 먼저 도발하거나 자극하지 않는다. 이 점은 바로 두터운 덕을 품은 자의 특성이기도 하다. 이는 제50장(50-2)과도 통한다.

대개 듣건대 삶을 잘 관리하는 사람은 육지로 가더라도 외뿔소나 호랑이[兕虎]와 마주치지 않고 군대에 가더라도 갑옷을 입거나 무기를 들 일이 없다고 했다. 외뿔소는 그 뿔을 처박을 곳이 없고 호랑이는 발톱을 쓸 곳이 없으며 병기는 날을 겨눌 일이 없다. 무릇 어째서인가. 그런 사람들은

(애당초) 죽음의 영역을 없애버렸기 때문이다.

제55장의 핵심은 55-1에 나오는 "두터운 덕을 품은 자는 갓난아기와 비슷해서"다.

이하에서는 갓난아기의 비유를 든 이유를 제시하고 있는데 첫째가 "벌과 전갈, 도마뱀과 뱀도 쏘지 않고 맹수도 덤비지 않으며 사나운 날짐승도 낚아채지 않는다"이다.

55-2

骨弱筋柔而握固
<small>골약 근유 이 악고</small>

뼈가 여리고 근육이 부드러운데도 잡아 쥠은 견고하고

번역 비평

악(握)의 목적어는 무엇인가. 단순한 사물일까, 덕일까?

왕필 주(王弼注)

以柔弱之故 故握能堅固
<small>이 유약 지 고 고 악 능 견고</small>

부드럽고 약하기 때문에, 그래서 잡아 쥐는 것이 능히 견고하다고 했다.

악(握)은 단순한 악력(握力)이나 덕을 잡아 쥠[執德]보다는 제54장
(54-1)에서 봤던 "선포자불탈(善抱者不脫), 즉 "잘 품어 안으면 빠져나가
지 못하니"를 달리 표현한 것이라고 봐야 한다. 이어지는 문맥이기 때
문이다.

이는 갓난아기 비유를 든 두 번째 이유다.

55-3

미지 빈모 지 합 이 전작 정지지 야
未知牝牡之合而全作 精之至也

암수의 교합을 알지 못하지만 온전하게 자라나는 것은 정기(精氣)
가 지극하기 때문이다.

번역 비평

많은 풀이에서 전작(全作)을 "고추가 발기하다"나 "생식기는 늘 빳
빳이 서 있다"로 옮기기도 한다. 다른 판본들에는 전(全)이 최(朘)나 준
(峻)으로 돼 있기 때문이다. 최(朘)는 아기들의 고추를, 준(峻)은 '빳빳하
다'라는 뜻이다. 그러면 이렇게 옮길 수 있다.

남녀의 교합을 모르지만 발기되는 것은 정기가 강하기 때문이다.

가능한 번역이다.

왕필 주(王弼注)

작 장 야 무 물 이 손 기 신 고 능 전 장 야
作 長也 無物以損其身 故 能全長也
언 함 덕 지 후 자 무 물 가 이 손 기 덕 투 기 진 유 약 부 쟁 이 불 최 절
言 含德之厚者 無物可以損其德渝其眞 柔弱不爭而不摧
개 약 차 야
折 皆若此也

작(作)은 '자라난다[長]'는 뜻이다. 어떤 것도 그 몸을 손상하지 않으니 그래서 능히 온전하게 자라날 수 있다.

이는 두터운 덕을 품은 자에 대해서는 어떤 것도 그 덕을 손상하거나 그 참됨을 바꿀 수 없음을 말한 것이다. 부드럽고 약하며 다투지 않아서 꺾이거나 부러지지 않는 것은 모두 다 이와 같다.

풀이

이는 갓난아기 비유를 든 세 번째 이유다.

55-4

종 일 호 이 불 사 화 지 지 야
終日號而不嗄 和之至也

종일 울부짖어도 목이 쉬지 않는 것은 조화로움이 지극한 때문이다.

왕필 주(王弼注)

무 쟁욕 지 심 고 종일 출성 이 불사 야
無爭欲之心 故 終日 出聲而不嗄也

다투거나 욕심부리는 마음이 없다. 그래서 종일 소리 내어 울어도 목이 쉬지 않는다.

풀이

"종일 울부짖어도 목이 쉬지 않는 것"은 갓난아기 비유를 든 네 번째 이유다. 노자는 그럴 수 있는 이유로 "화지지(和之至)", 즉 조화로움의 지극함을 들었다.

일반 성인은 종일 울부짖을 경우 대개 목이 쉬지만, 갓난아기는 종일 울부짖어도 목이 쉬지 않는다. 갓난아기는 뭔가를 목적으로 울지 않으므로 자연스러움에 가깝다. 그래서 조화로움이 지극한 때문이라고 했다.

55-5

지화 왈 상 지상 왈 명
知和曰常 知常曰明

조화로움을 아는 것을 상(常)이라 하고 이런 상(常)을 알아내는 것을 명(明)이라 한다.

이 대목이 제55장의 핵심이다.

그런데 어째서 조화로움을 아는 것[知和]이 상(常)인가. 이에 대해서는 약간의 보충이 필요하다.

공자가 말한 중용(中庸)은 '중(中)하고 용(庸)하다'라는 동사 2개다. 중(中)이란 도리에 적중하는 것[中道]이고, 용(庸)이란 이렇게 적중한 도리를 오래 유지하는 것[常=恒]이다. 화(和)란 조화로움이니 조화로울 때 오래갈 수 있다는 뜻이다. 적어도 공자에게서는 이렇게 화(和)와 상(常)이 연결된다. 그런데 여기서도 그런 화(和)를 아는 것이 상(常)이라고 했으니, 크게 다르지 않다.

이어서 노자는 이런 상(常)을 알아내는 것이 명(明)이라고 말한다. 이때의 지(知)는 단순히 '알다'보다는 '알아내다'라고 할 때 그 뜻이 더욱 명료해진다.

왕필 주(王弼注)

物以和爲常 故 知和則得常也
不皦不昧 不溫不凉 此常也 無形不可得而見 故曰 知常
曰明也

일과 사물은 조화로움을 오래감[常]이라 여기니 그래서 조화로움을 알면 오래감을 얻는다.

밝지도 않고 어둡지도 않고 따뜻하지도 않고 서늘하지도 않은 것,

이것이 오래감이다. (이는) 형체가 없어 볼 수가 없다. 그래서 말하기를 "오래감을 아는 것을 밝음이라 한다"라고 했다.

이노해노(以老解老)

제16장(16-4)에서 우리는 상(常)을 알아냈을 때와 알아내지 못했을 때의 차이에 대해 살펴봤다.

> 상(常)을 알아내는 것을 일러 명(明)이라고 한다[知常曰明].
> 상(常)을 알아내지 못하면 망령돼 흉한 일을 빚어낸다[不知常 妄作凶].

그렇다면 제16장에서는 어떤 경로를 거쳐서 지상왈명(知常曰明)에 이르렀던가. 16-3과 16-4다.

> 무릇 일과 사물이란 무성해지지만, 각각은 그 뿌리로 다시 돌아간다[夫物芸芸 各復歸其根].
> 뿌리로 돌아간다는 것은 고요해진다는 것이고 고요해진다는 것은 명(命)으로 돌아가는 것이며 명으로 돌아간다는 것은 상(常)이다[歸根曰靜 靜曰復命 復命曰常].
> 상(常)을 알아내는 것을 일러 명(明)이라고 한다[知常曰明].
> 상(常)을 알아내지 못하면 망령돼 흉한 일을 빚어낸다[不知常 妄作凶].

이렇게 해서 우리는 지상(知常)의 의미를 좀 더 풍성하게 했다. 그러고 나면 자연스럽게 습상(習常)을 거쳐 습명(襲明)으로 나아가게 된다.

55-6

익 생 왈 상 심 사 기 왈 강
益生曰祥 心使氣曰强

삶을 보태려 하는 것을 상(祥-괴이함)이라 하고, 마음이 기운을 부리려는 것을 강(强)이라 한다.

번역 비평

익생(益生)은 긍정이 될 수도 있고 부정이 될 수도 있는데, 긍정으로 볼 경우 앞 문맥에 이어서 상(常)을 잘 알아내 지혜롭게 삶으로써 삶을 늘인다[長壽]는 뜻으로 볼 수 있다. 비슷한 맥락에서 김충열 교수는 익생왈상(益生曰祥)을 "그리하여 모두의 생존을 유익하게 하는 것을 길상(吉祥)이라고 한다"로 옮겼다.

부정으로 볼 경우 익생(益生)이란 명(明)을 얻은 삶에 오래 머물지 않고 거기에 뭔가를 더하려 한다는 뜻이다. 이럴 경우 상(祥)은 정반대로 재앙이 된다.

최진석 교수는 "생을 이롭게 하려고 덧붙이는 것을 괴이하다 하고"라고 옮겼고 김학목 박사는 "잘살려고 하는 것을 괴이함이라고 한다"라고 옮겼다. 왕필 주도 부정적 의미로 봤다.

이는 이어지는 55-7에 따라서 가려야 한다.

또 후반부에 대해 왕필은 "마음에는 마땅히 아무것도 없으니, (마음이) 기를 부리면 강해진다"라고 했다. 강(强)을 긍정적 의미로 풀어낸 것이다. 이 또한 55-7에서 가려야 한다.

참고로 홍석주는 우리 흐름과는 다른 풀이를 소개한 다음에 문맥상 맞지 않음을 정확히 지적한다.

어떤 사람은 다음처럼 말한다.
"익생(益生)은 양생(養生)이다. 상(祥)은 길함이다. 심사기(心使氣) 구절은 마음을 보존함으로써 사욕을 제어해 희로애락의 발함이 모두 마음에서 명을 따르도록 하는 것이다. 강(强)은 곧 제33장에서 '자기 자신을 이기는 자는 강하다'고 했을 때의 강함이다." 이런 설명도 의미가 통하나, 다만 상하 문맥과 서로 잘 이어지지 않는다.

필자도 같은 생각이다.

왕필 주(王弼注)

生_생不_불可_가益_익 益_익之_지 則_즉夭_요也_야 心_심宜_의無_무有_유 使_사氣_기 則_즉强_강

삶이란 더할 수가 없으니 보태면 요절한다. 마음에는 마땅히 아무것도 없으니 (마음이) 기를 부리면 강해진다.

풀이
미리 55-7 첫 부분, 즉 "물장즉노(物壯則老)"를 감안해서 볼 때 상(祥)이나 강(强)은 모두 부정적으로 풀어야 한다. 강(强)은 『도덕경』 맥락에서는 이미 부정적 뉘앙스다. 이 점은 홍석주 풀이가 명료하다.

마음이 요동치고 정염이 불타올라 기운을 부리게 되면 '강하다'고 할 수 있다. 그런데 강한 자는 진실로 (제25장에서 말한) '죽음의 무리'다. 그러니 강함이란 덕을 머금은 것[含德]에 반대가 되고 장대한 자는 갓난아기의 반대가 된다.

55-7

物壯則老 謂之不道 不道 早己
물 장 즉 로 위지 부도 부도 조이

만물 만사가 갑자기 장대해지면 (급속히) 노쇠하게 되니 그것을 일러 도(道)에 맞지 않다고 한다. 도에 맞지 않으면 (일이 오래가지 못하고) 일찍 마친다.

이노해노(以老解老)

여기서는 장(壯)과 노(老) 관계에 주의해야 한다. 얼핏 볼 때, 장대하면 쇠퇴하는 것이 자연스러운 이치처럼 읽힐 수 있기 때문이다. 여기서는 그런 뜻이 아니라 억지로 혹은 너무 지나치게 장대해지면 그만큼 급속하게 쇠퇴해버린다는 뜻이다. 이는 표현을 약간 달리해 제30장(30-7)에서 살펴본 바 있다.

만물 만사가 갑자기 장대해지면 갑자기 노쇠하게 되니, 이를 일러 도(道)에 맞지 않다고 한다. 도에 맞지 않으면 (일이 오래가지 못하고) 일찍 마친다[物壯則老 是謂不道 不道 早已].

위지(謂之)가 시위(是謂)로 돼 있을 뿐이니 사실상 같은 문장이라 해도 과언이 아니다.

장(壯)은 위에서 봤던 갓난아이와는 정반대되는 덕(德)이다. 그래서 비도(非道)가 아니라 부도(不道)라고 강조해서 말한 것이다.

제56장

^{지자} ^{불언} ^{언자} ^{부지}
知者 不言 言者 不知

^{색 기태} ^{폐 기문} ^{좌 기예} ^{해 기분} ^{화 기광} ^{동 기진}
塞其兌 閉其門 挫其銳 解其紛 和其光 同其塵

^{시위} ^{현동} ^고 ^{불가득이} ^친 ^{불가득이} ^소
是謂玄同 故 不可得而親 不可得而疏

^{불가득이} ^이 ^{불가득이} ^해
不可得而利 不可得而害

^{불가득이} ^귀 ^{불가득이} ^천
不可得而貴 不可得而賤

^고 ^{위 천하} ^귀
故 爲天下貴

지자(知者)는 말하지 않고 언자(言者)는 알지 못한다.

그 구멍을 막고 그 문을 닫으며, 그 날카로움을 꺾고 그 뒤엉킴을 풀며 그 빛을 부드럽게 하고 그 티끌을 고르게 한다.

이를 일러 현동(玄同)이라고 한다. 그래서 친할 수도 없고 소원할 수도 없으며

이롭게 해줄 수도 없고 해롭게 해줄 수도 없으며

귀하게 해줄 수도 없고 천하게 해줄 수도 없다.

그래서 천하의 가장 귀함이 된다.

<ruby>知<rt>지자</rt></ruby><ruby>者<rt></rt></ruby> <ruby>不言<rt>불언</rt></ruby> <ruby>言者<rt>언자</rt></ruby> <ruby>不知<rt>부지</rt></ruby>

知者 不言 言者 不知

지자(知者)는 말하지 않고 언자(言者)는 알지 못한다.

번역 비평

지자(知者)란 누구이며 언자(言者)는 누구인가.

지자(知者)는 제55장에서 이어지는, 지화(知和)·지상(知常)하고 습상(襲常)·습명(襲明)할 줄 아는 성인(聖人) 혹은 성왕(聖王)을 가리킨다. 따라서 이때의 지(知)는 부정적 의미의 지(知)가 아니다. 간단히 말하자면 도(道)를 알아서 체화한 성인 혹은 성왕이라고 볼 수 있다.

언자(言者)는 도를 알지 못하고서 말하는 자다.

왕필 주(王弼注)

因自然也 造事端也

(아는 자는 말하지 않고) 자연스러움에 바탕을 둔다는 뜻이고, (말하는 자는 알지 못하기 때문에) 일의 실마리를 만든다는 뜻이다.

풀이

지자(知者)와 언자(言者)에 대해서는 홍석주가 명확하게 정의하고 있다.

마음에 자득한 자는 외적인 풍족함에 현혹되지 않고, 자신을 지키는 자는 남과 다투기를 구하지 않는다. 남이 알아주기를 구하는 데 급급한 자는 틀림없이 마음에 참으로 얻은 것이 없는 자고, 바짝 긴장해서 남과 다투기를 좋아하는 자는 틀림없이 내면에 부족함이 있는 자며, 정사를 행함에 말로써 교화시키는 자는 틀림없이 몸소 행하는 것이 지극하지 못한 자다.

그렇다면 우리는 "지자(知者)는 말하지 않고 언자(言者)는 알지 못한다"를 제왕학의 맥락에서 이렇게 풀어낼 수 있다.

도를 알아서 체화한 성왕은 도에 관해 말하지 않고 도에 관해 이런저런 말을 하는 임금은 정작 도에 관해 알지 못한다.

이노해노(以老解老)
이는 제1장(1-1)을 떠오르게 한다.

도(道)의 경우 도라고 (말)할 수 있다고 해서 (모두) 상도(常道)는 아니다.

사실 56-1을 좀 더 확대해서 풀어낸 것이 마지막 장인 제81장(81-3)이다.

좋은 사람은 말을 잘하지 못하고 말을 잘하는 사람은 좋지 못하다[善者^{선자}

^{불변} ^{변자} ^{불선}
不辯 辯者不善].

도를 아는 자는 넓지 못하고 넓은 자는 (도를) 알지 못한다[知者不博 博
^{지자} ^{불박} ^{박자}
者不知].
^{부지}

좋은 사람, 도를 아는 자는 내면의 도에 충실한 사람이고 말을 잘
하는 사람, 넓은 자는 외면의 잡다함에 능한 사람이다. 안팎으로 볼 경
우 이어지는 56-2에서의 구멍이나 문과도 연결된다.

56-2

^{색 기태} ^{폐 기문} ^{좌 기예} ^{해 기분} ^{화 기광} ^{동 기진}
塞其兌 閉其門 挫其銳 解其紛 和其光 同其塵

그 구멍을 막고 그 문을 닫으며, 그 날카로움을 꺾고 그 뒤엉킴을
풀며, 그 빛을 부드럽게 하고 그 티끌을 고르게 한다.

번역 비평

제52장(52-3)을 우리는 이렇게 풀었다.

그 구멍을 막고 그 문을 닫으면 죽을 때까지 수고롭지 않다[塞其兌 閉其
^{색 기태} ^{폐 기문}
門 終身不勤].
^{종신} ^{불근}

나머지도 2개씩 묶어서 풀어야 한다.

왕필 주(王弼注)

<ruby>舍<rt>함</rt></ruby><ruby>守<rt>수</rt></ruby><ruby>質<rt>질</rt></ruby><ruby>也<rt>야</rt></ruby>

<ruby>除<rt>제</rt></ruby><ruby>爭<rt>쟁</rt></ruby><ruby>原<rt>원</rt></ruby>

<ruby>無<rt>무</rt></ruby><ruby>所<rt>소</rt></ruby><ruby>特<rt>특</rt></ruby><ruby>顯<rt>현</rt></ruby> <ruby>則<rt>즉</rt></ruby><ruby>物<rt>물</rt></ruby><ruby>無<rt>무</rt></ruby><ruby>偏<rt>편</rt></ruby><ruby>爭<rt>쟁</rt></ruby><ruby>也<rt>야</rt></ruby>

<ruby>無<rt>무</rt></ruby><ruby>所<rt>소</rt></ruby><ruby>特<rt>특</rt></ruby><ruby>賤<rt>천</rt></ruby> <ruby>則<rt>즉</rt></ruby><ruby>物<rt>물</rt></ruby><ruby>無<rt>무</rt></ruby><ruby>偏<rt>편</rt></ruby><ruby>恥<rt>치</rt></ruby><ruby>也<rt>야</rt></ruby>

(그 구멍을 막고 그 문을 닫는다는 것은) 질박함을 품어 지킨다는 말이다.

(그 날카로움을 꺾고 그 뒤엉킴을 푼다는 것은) 다툼의 원천을 제거한다는 말이다.

(그 빛을 부드럽게 한다는 것은) 특별히 드러내는 바가 없으면 누구와도 두루 다툴 일이 없다는 말이다.

(그 티끌을 고르게 한다는 것은) 특별히 천시하는 바가 없으면 어느 누구에게도 두루 부끄러울 일이 없다는 말이다.

풀이

56-2는 위에서 말한 지자(知者)는 어떻게 처신하고 어떻게 세상에 대응하며 어떻게 세상으로 들어가는지를 2개씩 나눠 말한 것이다. 홍석주 풀이다.

구멍을 막고 문을 닫는다는 것은 말을 적게 함으로써 신명을 기르는 것이고, 날카로움을 꺾고 뒤엉킴을 푼다는 것은 효용을 감춤으로써 세상에 대응하는 것이며, 빛을 부드럽게 하고 그 티끌을 고르게 한다(혹은 함께한다)

는 것은 분명하게 대응하지 않음으로써 세속과 뒤섞이는 것이다.

특히 "화기광(和其光) 동기진(同其塵)"은 제52장(52-6)이 보충해주는 역할을 한다.

그 빛을 써서 그 명(明)으로 다시 돌아오면 제 몸에 재앙을 남기지 않으니, 이것이 바로 상(常)을 익히는 것이다[用其光 復歸其明 無遺身殃 是爲 習常].

이처럼 제52장과 제56장은 문맥상 밀접한 연관을 맺고 있다.

56-3

是謂玄同 故 不可得而親 不可得而疏

이를 일러 현동(玄同)이라고 한다. 그래서 친할 수도 없고 소원할 수도 없으며

번역 비평

56-2와 연관해 현동(玄同)을 말하자면 "그 날카로움을 꺾고 그 뒤엉킴을 풀며, 그 빛을 부드럽게 하고 그 티끌을 고르게 한다"는 말이다. 따라서 여기서 동(同)은 '같다'가 아니라 '같아지게 하는' 것이다.

현(玄)은 곧 도(道)의 움직임을 표현한 것이다.

왕필 주(王弼注)

可得而親 則可得而疏也

친할 수 있으면 소원하게 할 수도 있다.

56-4

不可得而利 不可得而害

이롭게 해줄 수도 없고 해롭게 해줄 수도 없으며

왕필 주(王弼注)

可得而利 則可得而害也

이롭게 해줄 수 있으면 해롭게 해줄 수도 있다.

56-5

不可得而貴 不可得而賤

귀하게 해줄 수도 없고 천하게 해줄 수도 없다.

왕필 주(王弼注)

<ruby>可<rt>가득이</rt></ruby> 得而貴 則可得而賤也

귀하게 해줄 수 있으면 천하게 해줄 수도 있다.

풀이

도(道)란 현동(玄同)하므로 "친할 수도 없고 소원할 수도 없으며, 이롭게 해줄 수도 없고 해롭게 해줄 수도 없으며, 귀하게 해줄 수도 없고 천하게 해줄 수도 없다." 이게 부정적 언술인가. 우리는 노자의 어법에 익숙해졌다. 이 글 앞에 "어떤 특정인에 대해"를 추가하는 순간 적극적인 언술로 바뀐다. 제5장(5-1)으로 돌아가 한 문장을 음미해보자.

하늘과 땅은 어질지 않아서 만물 만사를 짚강아지처럼 여기고 성인(聖人)은 어질지 않아서 백성을 짚강아지처럼 여긴다[天地不仁 以萬物爲芻狗 聖人不仁 以百姓爲芻狗].

이는 제49장(49-1)에서 본 "성인은 (모든 백성을) 다 어린아이처럼 여긴다"라는 말과 통한다.

56-6

故 爲天下貴

그래서 천하의 가장 귀함이 된다.

번역 비평

고(故)에 주목해야 한다. 역설적 의미가 들어 있기 때문이다.

왕필 주(王弼注)

무물　가이　가지　야
無物可以加之也

어떤 것도 여기에 더 보탤 수가 없다.

풀이

천하의 가장 귀함이란 곧 천자가 된다고 볼 수도 있고 재상이 된다고 볼 수도 있다. 그렇다면 위에서 말한 것들은 성왕(聖王)이나 성신(聖臣)이 되기 위해서 반드시 갖춰야 할 심술이자 치술이라 할 수 있다.

다음에서는 자연스럽게 보다 구체적인 치술(治術) 문제로 넘어간다. 제왕의 심술(心術)에 비해서는 워낙 적게 나오는 통치술(統治術) 이야기라는 점에서 매우 소중하다.

제57장

이정 치국 이기 용병 이 무사 취 천하
以正治國 以奇用兵 以無事取天下

오 하이 지 기연 재 이차
吾何以知其然哉 以此

천하 다 기휘 이 민 미빈 민 다 이기 국가 자혼
天下多忌諱 而民彌貧 民多利器 國家滋昏

인 다 지혜 사사 자기
人多智慧 邪事滋起

법령 자창 도적 다유
法令滋彰 盜賊多有

고 성인 운 아 무위 이 민 자화 아 호정 이 민 자정 아 무사 이 민
故 聖人云 我無爲而民自化 我好靜而民自正 我無事而民

자부 아 욕 무욕 이 민 자박
自富 我欲無欲而民自樸

봉국은 정도(正道)로 다스리면 되고 군사는 기책(奇策)을 쓰면 되지만 천하를 차지하려면 일삼음이 없어야 한다.

내가 무엇으로 그러함을 아는가? 아래 일들을 통해서다.

천하에 꺼리고 피해야 할 것이 많으면 백성은 그만큼 더 가난해지고 백성에게 이로운 기물이 많으면 국가는 더욱 어지러워진다.

사람에게 잔꾀가 많아지면 그릇된 일들이 점점 더 많이 일어나고

법령이 점점 늘어날수록 도적이 많아진다.

그래서 성인(聖人)이 말하기를 "내가 무위(無爲)하면 백성은 저절로 교화되고 내가 고요함을 좋아하면 백성은 저절로 바르게 되고, 내가 일삼음이 없으면 백성은 저절로 넉넉해지고 내가 무욕(無欲)하려 하면 백성은 저절로 질박해진다"라고 했다.

57-1

이정　치국　이기　용병　이　무사　취　천하
以正治國 以奇用兵 以無事取天下

봉국은 정도(正道)로 다스리면 되고 군사는 기책(奇策)을 쓰면 되지만 천하를 차지하려면 일삼음이 없어야 한다.

번역 비평

나라는 제후국, 즉 봉국이고 천하는 천자국이다. 기존 풀이나 주석들은 이 점을 간과했다. 특히 국(國)과 천하(天下) 차이에 주목하지 못했다. 아마도 노자에 대한 편견 때문이었을 것이다. 게다가 이처럼 군사를 쓰는 문제를 말하고 있음에도 많은 이는 노자를 반전(反戰) 사상가인 듯이 여긴다.

분명 취천하(取天下)라고 했다. 그것은 새로운 천자국을 세우는 것이 될 수도 있고, 주나라 때처럼 천자는 보존하되 패자(霸者)가 되거나 큰 나라를 만들어 천하 백성의 마음이 귀의하게 하는 것일 수도 있다.

기존 번역들은 그냥 이 세 부분을 나열하는 식으로 옮긴다.

바름으로 나라를 다스리고, 기이한 계책으로 군대를 운용하며, 일을 만들지 않음으로써 천하를 취한다.

대부분 이런 식이라 마치 3단계로 이야기가 전개되는 듯이 읽게 된다. 그러나 초점은 취천하(取天下)에 있다.

이노해노(以老解老)

물론 제80장에 나오는 소국과민(小國寡民)으로 인해 노자는 흔히 작은 나라를 지향했다고 말한다. 이 문제는 그때 상세하게 살피기로 하고, 여기서는 노자가 대국(大國)에 대해 언급하는 내용만 살펴보자. 먼저 제60장(60-1)이다.

큰 나라를 다스리는 것은 마치 작은 생선을 삶듯이 해야 한다[治大國 若烹小鮮].

제61장 61-1, 61-4, 61-5다.

큰 나라는 아래로 흘러[大國者 下流]

그래서 큰 나라가 작은 나라에 자기를 낮추면 작은 나라를 귀의하게 하고 [故 大國以下小國 則取小國]

작은 나라가 큰 나라에 자기를 낮추면 대국(의 마음)을 얻게 된다[小國以

下大國則取大國].

이것들을 통해 우리는 일단 "취천하(取天下)"의 문맥을 어느 정도 확인할 수 있다.

노자도 취천하(取天下)에 마음을 두지 않은 것은 아니다. 다만 방법이 문제였다.

왕필 주(王弼注)

以道治國 則國平 以正治國 則奇兵起也 以無事 則能取天下也

上章云 其取天下者 常以無事 及其有事 又不足以取天下也 故 以正治國 則不足以取天下 而以奇用兵也

夫 以道治國 崇本以息末 以正治國 立辟以攻末 本不立而末淺 民無所及 故 必至於以奇用兵也

도(道)로 나라를 다스리면 나라가 평안하고 정(正)으로 나라를 다스리면 기병(奇兵)이 일어나니, 무사(無事-일삼음이 없음)로 해야 능히 천하를 차지할 수 있다.

앞장(제48장)에서 말하기를 "천하를 차지하는 자는 늘 일삼음이 없음[無事]으로써 하고, 일삼음이 있게 되면[有事] 천하를 차지하기에는 충분치 못하다"라고 했다. 그래서 정으로 나라를 다스리면 천하를 차지하기에 충분치 못하니 기이함으로써 군사를 쓰게 된다고 한 것이다.

무릇 도로써 나라를 다스리는 것은 근본을 높이고 말단을 그치게 하는 것이요 정으로써 나라를 다스리는 것은 법을 세우고 말단을 처리하는 것이니, 근본이 서지 않으면 말단은 천박해지고 백성이 기댈 곳이 없다. 그래서 반드시 기이함으로써 군사를 쓰는 지경에 이르게 되는 것이다.

풀이

이정치국(以正治國)은 '바른 도리로 나라를 다스린다'라는 말이니 별도의 풀이가 필요 없다.

이기용병(以奇用兵)이란 과연 무슨 뜻인가. 특별한 이야기라기보다는 군대를 운용할 때는 정공법 외에 기책도 쓸 수 있다는 말이다. 기(奇)에 대한 풀이가 제69장이다.

> 용병(用兵)과 관련해 이런 말이 있다[用兵有言].
> "나는 감히 주인이 되기보다는 손님이 되며 감히 한 치를 나아가기보다는 한 자를 물러선다[吾不敢爲主而爲客 不敢進寸而退尺]."
> 이를 일러 진법이 없는 듯이 진을 치고[行] 팔뚝이 없는 듯이 팔을 휘두르며[攘] 병기가 없는 듯이 병기를 잡고[執] 적이 없는 듯이 적을 친다[扔]고 한다[是謂行無行 攘無臂 執無兵 扔無敵].

그러나 천하를 차지하는 것을 목표로 삼는다면 정도나 기책만으로 될 수 없다. 사실 천하를 차지하는 일은 천하를 다스리는 일보다도 훨씬 어렵다.

이노해노(以老解老)

그러면 이를 어떻게 풀어야 하는가. 그 실마리는 뒤에 있는 무사(無事)에 있다. 제48장 48-4에서 48-6까지 한꺼번에 보자.

천하를 차지하는 자는 늘 일삼음이 없음[無事]으로써 한다[取天下者常以無事].

일삼음이 있게 되면[及其有事]

천하를 차지하기에는 충분치 못하다[不足以取天下].

이제 57-1을 다시 한번 정리해보자.

봉국은 정도(正道)로 다스리면 되고 군사는 기책(奇策)을 쓰면 되지만 천하를 차지하려면 일삼음이 없어야 한다.

그런 면에서 보자면 정도나 기책은 모두 유사(有事)이지 무사(無事)가 아니다. 국(國)과 천하(天下)의 차이를 간과할 경우 엉뚱한 풀이로 이어질 수 있음을 경계해야 한다.

57-2

———

吾何以知其然哉 以此

天下多忌諱 而民彌貧 民多利器 國家滋昏
<small>천하 다 기휘 이 민 미빈 민 다 이기 국가 자혼</small>

내가 무엇으로 그러함을 아는가? 아래 일들을 통해서다.

천하에 꺼리고 피해야 할 것이 많으면 백성은 그만큼 더 가난해지고 백성에게 이로운 기물이 많으면 국가는 더욱 어지러워진다.

번역 비평

미(彌)는 '더욱' 혹은 '점점 더'라는 뜻으로 영어 More에 해당한다. 우(尤)나 익(益)이나 자(滋)도 '더욱'이라는 뜻이다.

왕필 주(王弼注)

利器 凡所以利己之器也 民强則國家弱
<small>이기 범 소이 이기 지 기 야 민 강 즉 국가 약</small>

이로운 기물[利器]이란 무릇 자기를 이롭게 하는 기물이니 백성이 강하면 국가는 약해진다.

풀이

홍석주 풀이를 따른다.

태고의 백성은 먹을 것이 없자 농사를 짓고 목이 마르자 우물을 파서 열심히 스스로 풍족하게 했으니 이는 천진(天眞)함에 맡긴 것일 뿐이다. 저 아주 소박한 본성이 점점 없어지면서 백성이 문식(文飾)을 추구하기 시작했으니 여기에서 꺼리고 피하는 것들이 생겼다. 꺼리고 싫어하는 것들이 많아지면서 백성은 비로소 피하는 것이 많아졌고 피하는 것이 많아지면서 백성이 삶을 편하게 여기지 못하는 것이 생겨났다.

57-3

인 다 지혜 　사사 　자기
人多智慧 邪事滋起

사람에게 잔꾀가 많아지면 그릇된 일들이 점점 더 많이 일어나고

왕필 주(王弼注)

민 다 지혜 　즉 교위 생 교위 생 즉 사사 기
民多智慧 則巧僞生 巧僞生 則邪事起

백성에게 지혜가 많아지면 교묘함과 거짓이 생겨나니, 교묘함과 거짓이 생겨나면 그릇된 일들이 일어난다.

57-4

법령 　자창 　도적 다유
法令滋彰 盜賊多有

법령이 점점 늘어날수록 도적이 많아진다.

왕필 주(王弼注)

立正欲以息邪 而奇兵用 多忌諱欲以止貧者也 而民彌貧
多利器欲以强國者也 而國愈昏弱 皆舍本以治末 故 以致
此也

정(正)을 세워 그릇됨을 그치게 하려 하지만 기병을 쓰게 되고 꺼리고 피해야 할 것을 늘여서 가난을 그치게 하려 하지만 백성은 더 가난해지며 이로운 기물을 많이 만들어서 나라를 강하게 하려 하지만 나라는 더욱 어지럽고 약해진다. 이 모두가 근본을 버리고서 말단을 다스렸기 때문이다. 그래서 이런 지경에 이르게 되는 것이다.

풀이
홍석주 풀이다.

법령이란 포악함을 막는 것이다. 그러나 법이 너무 치밀하면 백성이 지력(知力)으로 법망을 벗어나서 이길 방법을 강구하니 간사함이 날마다 일어나며, 명령이 너무 번잡하면 백성이 그 고통을 감당할 수 없어서 삶을 즐기는 자가 거의 없게 된다.

이 내용은 『논어』 「위정(爲政)」편 3과 그대로 통한다.

공자가 말했다.

"(백성을) 법령으로만 이끌고[道=導] 형벌로만 가지런히 하면 백성은 법망을 면하려고만 하고 부끄러움이 없게 된다.

(백성을) 다음으로 이끌고 예로써 가지런히 하면 부끄러움이 있게 되고 또한 (감화돼) 바르게 된다[格=正]."

57-5

故 聖人云 我無爲而民自化 我好靜而民自正 我無事而民
自富 我欲無欲而民自樸

그래서 성인(聖人)이 말하기를 "내가 무위(無爲)하면 백성은 저절로 교화되고 내가 고요함을 좋아하면 백성은 저절로 바르게 되고 내가 일삼음이 없으면 백성은 저절로 넉넉해지고 내가 무욕(無欲)하려 하면 백성은 저절로 질박해진다"라고 했다.

번역 비평

성인(聖人)이 제시한 통치 원칙은 무위(無爲), 호정(好靜), 무사(無事), 무욕(無欲)이다.

왕필 주(王弼注)

上之所欲 民從之速也 我之所欲 唯無欲 而民亦無欲而自
樸也

차 사자 숭본 이 식말 야
此四者 崇本以息末也

윗사람이 하고자 하는 바를 백성이 따르는 것이 빠르다. 내가 하고 자 하는 바가 오직 욕심 없음이어야 백성 또한 욕심이 없게 돼 저절로 질박해진다.

이 4가지는 근본을 높여서 말단을 그치게 하는 것이다.

풀이

이는 '풍동(風動)', 즉 바람이 불면 풀이 그 방향으로 쓰러진다는 "풍취초동(風吹草動)"을 말한다. 먼저 『논어』 「안연(顔淵)」편 19이다.

계강자가 공자에게 정치를 물어 말했다.

"만약에 무도한 자를 죽여 백성을 도리가 있는 데로 나아가게 한다면 어떻습니까?"

공자가 대답해 말했다.

"대부께서는 정치를 하면서 어찌 죽임을 쓰십니까? 대부께서 선하고자 하면 백성은 선해질 것입니다. 군자의 다음은 바람이요 소인의 다음은 풀이어서, 풀 위에 바람이 불면 반드시 (그 방향으로) 쓰러집니다[君子之德風 군자 지 덕 풍
小人之德草 草上之風 必偃]." 소인 지 덕 초 초상 지 풍 필 언

그래서 공자는 「자로(子路)」편 4에서 이렇게 말했다.

윗사람이 예를 좋아하면 백성은 감히 공경하지 않을 수 없고, 윗사람이

마땅함을 좋아하면 백성이 감히 복종하지 않을 수 없으며, 윗사람이 믿음을 좋아하면 백성은 감히 실상대로 하지 않을 수 없다. 무릇 이와 같이 한다면 사방 백성이 자식을 포대기에 업고서 찾아올 것이다.

이렇게 하면 천하 마음을 차지할 수 있다는 뜻이다. 57-5에 나오는 '성인의 말'도 바로 풍취초동(風吹草動)을 말하고 있다.

"내가 무위(無爲)하면 백성은 저절로 교화되고[自化^{자화}] 내가 고요함을 좋아하면 백성은 저절로 바르게 되고[自正^{자정}] 내가 일삼음이 없으면 백성은 저절로 넉넉해지고[自富^{자부}] 내가 무욕(無欲)하려 하면 백성은 저절로 질박해진다[自樸^{자박}]."

여기에 공자와 노자가 따로일 리가 없다.

제58장

其政^{기정}悶悶^{민민} 其民^{기민}淳淳^{순순}

其政^{기정}察察^{찰찰} 其民^{기민}缺缺^{결결}

禍兮^{화혜} 福之所倚^{복지소의} 福兮^{복혜} 禍之所伏^{화지소복} 孰知其極^{숙지기극} 其無正^{기무정}

正復爲奇^{정부위기} 善復爲妖^{선부위요}

人之迷^{인지미} 其日固久^{기일고구}

是以^{시이} 聖人^{성인} 方而不割^{방이불할} 廉而不劌^{염이불귀} 直而不肆^{직이불사} 光而不燿^{광이불요}

그 정사가 어수룩하면 그 백성은 순박해지고

그 정사가 지나치게 살피면 그 백성은 (피하려고만 하면서) 약삭빨라진다.

재앙이여, 복이 거기에 의지하도다! 복됨이여, 재앙이 거기에 숨어 있도다! 누가 그 극을 알겠는가? 정해진 것이 없는데.

바름은 다시 기이함이 되고 선함은 다시 요상함이 되니

사람들이 미혹돼 그 세월이 참으로 오래됐다.

이 때문에 성인(聖人)은 모가 나 있지만 해치지는 않고 청렴하되 남

을 상하게 하지는 않으며 곧되 멋대로 하지는 않고 빛나되 눈부시지는
않다.

58-1

<ruby>其<rt>기</rt></ruby><ruby>政<rt>정</rt></ruby> <ruby>悶<rt>민</rt></ruby><ruby>悶<rt>민</rt></ruby> <ruby>其<rt>기</rt></ruby><ruby>民<rt>민</rt></ruby> <ruby>淳<rt>순</rt></ruby><ruby>淳<rt>순</rt></ruby>

그 정사가 어수룩하면 그 백성은 순박해지고

번역 비평

민민(悶悶)이란 '어리숙하다', '답답하다', '사리에 어둡다'라는 말
이다.

순순(淳淳)이란 '순박하다'라는 말이다.

왕필 주(王弼注)

<ruby>言<rt>언</rt></ruby> <ruby>善治政者<rt>선치정자</rt></ruby> <ruby>無形<rt>무형</rt></ruby> <ruby>無名<rt>무명</rt></ruby> <ruby>無事<rt>무사</rt></ruby> <ruby>無正<rt>무정</rt></ruby> <ruby>可擧<rt>가거</rt></ruby> <ruby>悶悶然<rt>민민연</rt></ruby> <ruby>卒<rt>졸</rt></ruby> <ruby>至於<rt>지어</rt></ruby>
<ruby>大治<rt>대치</rt></ruby> <ruby>故曰<rt>고왈</rt></ruby> <ruby>其政<rt>기정</rt></ruby> <ruby>悶悶<rt>민민</rt></ruby><ruby>也<rt>야</rt></ruby> <ruby>其民<rt>기민</rt></ruby> <ruby>無<rt>무</rt></ruby> <ruby>所爭競<rt>소쟁경</rt></ruby> <ruby>寬大<rt>관대</rt></ruby> <ruby>淳淳<rt>순순</rt></ruby> <ruby>故曰<rt>고왈</rt></ruby> <ruby>其民<rt>기민</rt></ruby>
<ruby>民<rt>순</rt></ruby><ruby>淳淳<rt>순</rt></ruby><ruby>也<rt>야</rt></ruby>

정사를 잘 다스리는 사람은 형체도 없고 이름도 없고 일삼음도 없
고 열거할 만한 바름도 없어서 어리숙한데도 결국은 큰 다스림에 이르

는 것을 말한다. 그래서 "그 정사가 어수룩하다"라고 했다. 그 백성은 다투고 겨루는 일이 없이 관대하고 순박하다. 그래서 "그 백성은 순박하다"라고 했다.

| 풀이

현동(玄同)에서 이어지는 제왕의 통치술이다. 제56장에서 현동(玄同)에 대해 홍석주는 "날카로움을 꺾고 뒤엉킴을 푼다는 것은 효용을 감춤으로써 세상에 대응하는 것이며 빛을 부드럽게 하고 그 티끌을 고르게 한다(혹은 함께한다)는 것은 분명하게 대응하지 않음으로써 세속과 뒤섞이는 것"이라고 했다.

민민(悶悶)을 홍석주는 "지극한 덕으로 하는 정사는 숨은 것을 들춰내는 것을 밝음이라고 하지 않고 함부로 형벌을 주는 것을 엄격함이라고 하지 않으니, 안으로 몸소 행하고 백성에게 해가 되는 것을 제거할 뿐"이라고 풀었다. 58-2에 나오는 찰찰(察察)은 이와 반대되는 것이다. 마찬가지로 순순(淳淳)의 반대가 결결(缺缺)이다. 결결(缺缺)은 순박함을 일그러지게 하는 것이니, '교활해지다'나 '약삭빠르다'는 뜻이다.

58-1과 관련해서 『회남자(淮南子)』 권12 「도응훈(道應訓)」에 나오는 사례를 살펴보자.

풍수(灃水)의 깊이는 천 길이나 되는데, 먼지나 티끌을 받아들이지 않아서 그 속에 쇠를 던져 넣으면 바깥에서도 그 모습이 보일 정도다. 이처럼 깊고 투명하건만 물고기나 자라, 물뱀들은 결코 그곳에서 살지 않는다. 즉 돌 위에서 오곡은 자랄 수가 없고 민둥산에서 사슴 따위는 뛰어놀지 않는다.

자기를 숨길 만한 곳이 없기 때문이다.

옛날에 조문자(趙文子)가 숙향(叔向)에게 물었다.

"진(晉)나라 여섯 장군 중에 누가 가장 먼저 멸망하겠습니까?"

숙향이 말했다.

"중항씨(中行氏)와 지씨(智氏)일 것입니다."

문자가 말했다.

"어째서입니까?"

숙향이 말했다.

"그들이 하는 정치를 보면, 지나치게 치밀한 것을 현찰(賢察)이라 하고, 지나치게 과감한 것을 명석(明晳)이라 합니다. 또 아랫사람을 책망하는 것을 충성스럽다 하고, 모략이 많은 것을 공로가 있다고 여깁니다. 비유해서 말하자면 마치 가죽을 잡아 늘이는 것과 같아서, 가죽을 잡아 늘이면 분명 커지기는 하지만 결국 그것은 가죽이 찢어지는 지름길입니다."

그래서 노자가 말하기를 "그 정사가 어수룩하면 그 백성은 순박해지고 그 정사가 지나치게 살피면 그 백성은 (피하려고만 하면서) 약삭빨라진다"라고 했다.

58-2

其政察察 其民缺缺
기정 찰찰 기민 결결

그 정사가 지나치게 살피면 그 백성은 (피하려고만 하면서) 약삭빨라진다.

왕필 주(王弼注)

<ruby>立<rt>입</rt></ruby><ruby>刑<rt>형</rt></ruby><ruby>名<rt>명</rt></ruby> <ruby>明<rt>명</rt></ruby><ruby>賞<rt>상</rt></ruby><ruby>罰<rt>벌</rt></ruby> <ruby>以<rt>이</rt></ruby><ruby>檢<rt>검</rt></ruby><ruby>姦<rt>간</rt></ruby><ruby>僞<rt>위</rt></ruby> <ruby>故<rt>고</rt></ruby><ruby>曰<rt>왈</rt></ruby> <ruby>其<rt>기</rt></ruby><ruby>政<rt>정</rt></ruby><ruby>察<rt>찰</rt></ruby><ruby>察<rt>찰</rt></ruby><ruby>也<rt>야</rt></ruby> <ruby>殊<rt>수</rt></ruby><ruby>類<rt>류</rt></ruby><ruby>分<rt>분</rt></ruby><ruby>析<rt>석</rt></ruby> <ruby>民<rt>민</rt></ruby>
<ruby>懷<rt>회</rt></ruby><ruby>爭<rt>쟁</rt></ruby><ruby>競<rt>경</rt></ruby> <ruby>故<rt>고</rt></ruby><ruby>曰<rt>왈</rt></ruby> <ruby>其<rt>기</rt></ruby><ruby>民<rt>민</rt></ruby><ruby>缺<rt>결</rt></ruby><ruby>缺<rt>결</rt></ruby>

형벌과 법률을 세우고 상벌을 세밀하게 밝힘으로써 간사함과 거짓을 잡도리하기 때문에 그래서 "그 정사가 지나치게 살핀다"라고 했고 종류에 따라 구별하고 나누고 쪼개니 백성은 다투고 겨루는 마음을 품기 때문에 그래서 "그 백성은 약삭빨라진다"라고 했다.

58-3

<ruby>禍<rt>화</rt></ruby><ruby>兮<rt>혜</rt></ruby> <ruby>福<rt>복</rt></ruby><ruby>之<rt>지</rt></ruby><ruby>所<rt>소</rt></ruby><ruby>倚<rt>의</rt></ruby> <ruby>福<rt>복</rt></ruby><ruby>兮<rt>혜</rt></ruby> <ruby>禍<rt>화</rt></ruby><ruby>之<rt>지</rt></ruby><ruby>所<rt>소</rt></ruby><ruby>伏<rt>복</rt></ruby> <ruby>孰<rt>숙</rt></ruby><ruby>知<rt>지</rt></ruby><ruby>其<rt>기</rt></ruby><ruby>極<rt>극</rt></ruby> <ruby>其<rt>기</rt></ruby><ruby>無<rt>무</rt></ruby><ruby>正<rt>정</rt></ruby>

재앙이여, 복이 거기에 의지하도다! 복됨이여, 재앙이 거기에 숨어 있도다! 누가 그 극을 알겠는가? 정해진 것이 없는데.

번역 비평

"기무정(其無正)"의 정(正)에 대해 홍석주는 『예기(禮記)』 「제법(祭法)」 편에 나오는 "황제가 모든 사물을 일정하게 이름 붙임으로써 백성의 공통 재물을 밝혀주었다[<ruby>黃<rt>황</rt></ruby><ruby>帝<rt>제</rt></ruby><ruby>正<rt>정</rt></ruby><ruby>名<rt>명</rt></ruby><ruby>百<rt>백</rt></ruby><ruby>物<rt>물</rt></ruby> <ruby>以<rt>이</rt></ruby><ruby>明<rt>명</rt></ruby><ruby>民<rt>민</rt></ruby><ruby>共<rt>공</rt></ruby><ruby>財<rt>재</rt></ruby>]"를 근거로 삼아 정(定)으로 봤다. 이를 따른다.

왕필 주(王弼注)

<ruby>言<rt>언</rt></ruby><ruby>誰<rt>수</rt></ruby><ruby>知<rt>지</rt></ruby><ruby>善<rt>선</rt></ruby><ruby>治<rt>치</rt></ruby><ruby>之<rt>지</rt></ruby><ruby>極<rt>극</rt></ruby><ruby>乎<rt>호</rt></ruby> <ruby>唯<rt>유</rt></ruby><ruby>無<rt>무</rt></ruby><ruby>正<rt>정</rt></ruby><ruby>可<rt>가</rt></ruby><ruby>擧<rt>거</rt></ruby> <ruby>無<rt>무</rt></ruby><ruby>形<rt>형</rt></ruby><ruby>可<rt>가</rt></ruby><ruby>名<rt>명</rt></ruby> <ruby>悶<rt>민</rt></ruby><ruby>悶<rt>민</rt></ruby><ruby>然<rt>연</rt></ruby> <ruby>而<rt>이</rt></ruby><ruby>天<rt>천하</rt></ruby> <ruby>下<rt></rt></ruby><ruby>大<rt>대화</rt></ruby><ruby>化<rt></rt></ruby> <ruby>是<rt>시</rt></ruby><ruby>其<rt>기극</rt></ruby><ruby>極<rt></rt></ruby><ruby>也<rt>야</rt></ruby>

누가 좋은 다스림의 극을 알겠는가? 오직 열거할 만한 바름도 없고 이름 붙일 만한 형체도 없이 (그저) 어수룩한데도 천하가 크게 교화된다. 이것이 좋은 다스림의 극이다.

번역 비평

『한비자』「해노(解老)」편이다. 먼저 화가 복이 의지하는 바가 되는 까닭이다.

사람이 화를 당하면 마음이 두려워지고, 마음이 두려우면 행동이 단정해지고, 행동이 단정해지면 사려가 깊어지고, 사려가 깊어지면 사리를 알게 된다.

행동이 단정해지면 화(禍)와 해(害)가 없어지고, 화와 해가 없어지면 천수(天壽)를 다 누리게 되고, 사리를 알게 되면 반드시 공을 이루게 된다.

천수를 다 누리게 되면 몸이 온전해지고 장수하며 반드시 공을 이루게 되면 부유하고 존귀해지니, 몸이 온전하고 장수하며 부유하고 존귀해지는 것을 복(福)이라고 한다.

복은 본래 화가 있는 데서 나온다. 그러므로 『도덕경』에서 "재앙이여, 복이 거기에 의지하도다"라고 한 것이다.

이번에는 복이 재앙을 불러들이는 까닭이다.

사람이 복이 있으면 부귀가 이르고, 부귀가 이르면 먹고 입는 것이 호사스러워지고, 입고 먹는 것이 호사스러우면 교만한 마음이 생기고, 교만한 마음이 생기면 행위가 삿되고 치우치며 행동이 도리를 저버린다. 행위가 삿되고 치우치면 몸이 요절하고, 행동이 도리를 저버리면 공을 이루지 못한다. 안으로 요절하는 재난이 있고 밖으로 공을 이룬 명성이 없는 것이 큰화다. 화는 본래 복이 있는 데서 나온다. 그러므로 『도덕경』에서 "복됨이여, 재앙이 거기에 숨어 있도다"라고 한 것이다.

이어서 숙지기극(孰知其極)에 대한 풀이다.

무릇 도리에 따라서 일을 하는 자는 이루지 못할 것이 없고, 이루지 못할 것이 없는 자는 크게는 천자의 권세와 존엄을 이룰 수 있으며 작게는 경상(卿相)이나 장군(將軍)의 포상과 봉록을 쉽게 얻을 수 있다.
무릇 도리를 버리고 제멋대로 행동하는 자는 비록 위로 천자나 제후의 권세와 존엄을 지녔거나 아래로 의돈(倚頓), 도주공(陶朱公), 복축(卜祝)[4]의 부를 가졌더라도 오히려 백성에게 버림을 받고 재산을 잃게 될 것이다. 뭇사람들이 가벼이 도리를 버리고 쉽게 제멋대로 행동하는 것은, 화와 복의 관계가 그토록 심오하고 원대하며 도가 그렇게 광활하고 심원한지를 모르기 때문이다. 그러므로 『도덕경』에서 사람들을 깨우쳐서 말하기를 "누가 그

---

4 모두 고대 중국에서 유명했던 큰 부자들이다.

극을 알겠는가?"라고 한 것이다.

58-4

<ruby>正<rt>정</rt></ruby><ruby>復<rt>부</rt></ruby><ruby>爲<rt>위</rt></ruby><ruby>奇<rt>기</rt></ruby> <ruby>善<rt>선</rt></ruby><ruby>復<rt>부</rt></ruby><ruby>爲<rt>위</rt></ruby><ruby>妖<rt>요</rt></ruby>

바름은 다시 기이함이 되고 선함은 다시 요상함이 되니

번역 비평

판본에 따라 요(妖)가 요(訞)로 돼 있지만 같은 뜻이다.

복(復)은 반(反)이나 귀(歸)와 마찬가지로 상대적인 저쪽으로 돌아
간다는 말이다.

왕필 주(王弼注)

以正治國 則便復以奇用兵矣 故曰 正復爲奇
立善以利萬物 則便復有妖佞之患也

바름으로 나라를 다스리면 곧바로 다시 기이함으로 군사를 쓰게
되니, 그래서 "바름은 다시 기이함이 된다"고 했다.

선함을 세워 만물 만사를 이롭게 하면 곧바로 다시 요상함과 아첨
함의 근심이 있게 된다.

58-5

인지미 기일 고구
人之迷 其日固久

사람들이 미혹돼 그 세월이 참으로 오래됐다.

왕필 주(王弼注)

언 인 지 미혹 실도 고구 의 불가 편 정 선치 이책
言人之迷惑失道固久矣 不可便正善治以責

사람이 미혹돼 도를 잃어버린 지 참으로 오래돼 바른 정치나 선치(善治)로써도 책할 수 없다는 말이다.

번역 비평과 풀이

그런데 백성은 화는 화라고, 복은 복이라고 여기며 그것이 돌아가는 이치를 모른다.

또 바름은 바름일 뿐이라고 여기고 선함은 선함일 뿐이라고 여길 뿐, 바름이 다시 기이함이 되고 선함이 다시 요상함이 되는 이치를 모른다.

그래서 미(迷)라고 한 것이다. 미(迷)는 미혹(迷惑)이다.

『한비자』「해노(解老)」편은 인지미(人之迷)를 이렇게 풀어낸다.

사람은 누구나 부귀와 장수를 바라지만 빈천과 요절의 화를 벗어나지 못한다. 마음속으로 부귀와 장수를 바라지만 현실은 빈천하고 요절하니, 이는 이르고자 하는 곳에 이르지 못한 것이다.

이르고자 하는 곳으로 가는 길을 잃고 제멋대로 행동하는 것을 일러 '헤맨다[迷]'고 한다. 헤매면 이르고자 하는 곳에 이를 수 없다. 지금 뭇사람들이 이르고자 하는 곳에 이르지 못하기 때문에 '헤맨다'라고 한 것이다.

뭇사람들이 이르고자 하는 곳에 이를 수 없는 것이 천지가 개벽한 이래로 지금까지 줄곧 있어왔다.

그러므로『도덕경』에서 "사람들이 미혹돼 그 세월이 참으로 오래됐다"라고 한 것이다.

58-6

是以 聖人 方而不割 廉而不劌 直而不肆 光而不燿
시이 성인 방이불할 염이불귀 직이불사 광이불요

이 때문에 성인(聖人)은 모가 나 있지만 해치지는 않고 청렴하되 남을 상하게 하지는 않으며 곧되 멋대로 하지는 않고 빛나되 눈부시지는 않다.

번역 비평

할(割)은 '쪼개다' 외에 '해치다'는 뜻이 있고, 귀(劌)도 '쪼개다' 외에 '상처 입히다[傷]'는 뜻이 있다. 사(肆)는 '마구 풀어놓다[縱]'의 뜻이다.

왕필 주(王弼注)

<ruby>以方導物<rt>이방 도물</rt></ruby> <ruby>令去其邪<rt>영거 기사</rt></ruby> <ruby>不以方割物<rt>불 이방 할물</rt></ruby> <ruby>所謂大方無隅<rt>소위 대방 무우</rt></ruby>

<ruby>廉<rt>염</rt></ruby> <ruby>清廉也<rt>청렴 야</rt></ruby> <ruby>劌<rt>귀</rt></ruby> <ruby>傷也<rt>상 야</rt></ruby> <ruby>以清廉清民<rt>이 청렴 청민</rt></ruby> <ruby>令去其污<rt>영거 기오</rt></ruby> <ruby>不以清廉劌傷<rt>불 이 청렴 귀상</rt></ruby>
<ruby>於物也<rt>어물 야</rt></ruby>

<ruby>以直導物<rt>이직 도물</rt></ruby> <ruby>令去其僻<rt>영거 기벽</rt></ruby> <ruby>而不以直激拂於物也<rt>이 불 이직 격불 어물 야</rt></ruby> <ruby>所謂大直若屈<rt>소위 대직 약 굴</rt></ruby>
<ruby>也<rt>야</rt></ruby>

<ruby>以光鑑其所以迷<rt>이광 감 기 소이미</rt></ruby> <ruby>不以光照求其隱慝也<rt>불 이 광조 구 기 은특 야</rt></ruby> <ruby>所謂明道若昧也<rt>소위 명도 약 매 야</rt></ruby>

<ruby>此<rt>차</rt></ruby> <ruby>皆崇本以息末<rt>개 숭본 이 식말</rt></ruby> <ruby>不攻而使復之也<rt>불공 이 사 복지 야</rt></ruby>

모남으로 일과 사물을 이끌어 그릇됨을 제거하되 그 모남으로 일과 사물을 해치지는 않으니 이른바 "크게 모난 것은 모서리가 없다"라는 것이다.

염(廉)은 청렴하다, 귀(劌)는 해친다는 뜻이다. 청렴함으로써 백성을 깨끗하게 해 그 더러움을 제거하되 그 청렴함으로 일과 사물을 해치지는 않는다.

곧음으로 일과 사물을 이끌어 그 치우침을 제거하되 곧음으로 일과 사물을 쳐서 다치게는 하지 않으니 이른바 "크게 곧은 것은 구부러진 듯하다"는 것이다.

빛으로 그 미혹된 부분을 비추되 그 빛의 비춤으로 숨어 있는 깊은 곳까지 비추지는 않으니 이른바 "밝은 도는 마치 어두운 듯하다"는 것이다.

이것들은 모두 근본을 높이고 말단을 그치게 하는 것이며 공략하지 않고서도 다시 돌아가게 해주는 것이다.

일반 사람은 하나의 덕(德)이 있으면 대부분 그에 따른 폐단[弊^폐] 혹은 가려짐[蔽^폐]이 있기 마련이다.

『논어』「양화(陽貨)」편 8에서 공자는 6가지 덕[六言^{육언}=六德^{육덕}]에 따른 6가지 가려짐을 말한다.

공자가 말했다.

"유(由^유-자로)야! 너는 6가지 말에 따른 6가지 가려짐을 들어봤느냐?"

대답했다.

"아직 없습니다."

"거기 앉아라. 내가 너에게 말해주겠다.

어짊[仁^인]을 좋아한다면서 배우기 좋아하지 않는다면, 그 가려짐은 어리석게 된다는 것이다[愚^우].

앎[知^지]을 좋아한다면서 배우기 좋아하지 않는다면, 그 가려짐은 노력이나 시간을 탕진하게 된다는 것이다[蕩^탕].

신의[信^신]를 좋아한다면서 배우기 좋아하지 않는다면, 그 가려짐은 남을 해치게 된다는 것이다[賊^적].

곧음[直^직]을 좋아한다면서 배우기 좋아하지 않는다면, 그 가려짐은 강퍅해진다는 것이다[絞^교].

용맹스러움[勇^용]을 좋아한다면서 배우기 좋아하지 않는다면, 그 가려짐은 도리를 어지럽힌다는 것이다[亂^난].

지 않고서도 다시 돌아가게 해주는 것이다.

풀이

일반 사람은 하나의 덕(德)이 있으면 대부분 그에 따른 폐단[弊] 혹은 가려짐[蔽]이 있기 마련이다.

『논어』「양화(陽貨)」편 8에서 공자는 6가지 덕[六言=六德]에 따른 6가지 가려짐을 말한다.

공자가 말했다.

"유(由-자로)야! 너는 6가지 말에 따른 6가지 가려짐을 들어봤느냐?"

대답했다.

"아직 없습니다."

"거기 앉아라. 내가 너에게 말해주겠다.

어짊[仁]을 좋아한다면서 배우기 좋아하지 않는다면, 그 가려짐은 어리석게 된다는 것이다[愚].

앎[知]을 좋아한다면서 배우기 좋아하지 않는다면, 그 가려짐은 노력이나 시간을 탕진하게 된다는 것이다[蕩].

신의[信]를 좋아한다면서 배우기 좋아하지 않는다면, 그 가려짐은 남을 해치게 된다는 것이다[賊].

곧음[直]을 좋아한다면서 배우기 좋아하지 않는다면, 그 가려짐은 강퍅해진다는 것이다[絞].

용맹스러움[勇]을 좋아한다면서 배우기 좋아하지 않는다면, 그 가려짐은 도리를 어지럽힌다는 것이다[亂].

굳셈을 좋아한다면서 배우기 좋아하지 않는다면, 그 가려짐은 거만해진다[狂]는 것이다."

공자에게 '~而不~'은 어떤 덕이 지나치지 않고 적중함[中]을 얻는 것을 말하는데, 노자 또한 여기서 '~而不~'이라고 하면서 4가지 덕을 말하고 있다.

첫째는 방(方)이다. '반듯하다'나 '바르다'라는 뜻도 있고 '모가 나다'는 뜻도 있다. 할(割)은 '베다'나 '해치다'의 뜻이 있다. 즉 너무 반듯하거나 모가 나 있으면 사람에게 상처를 입히기 쉽다. 성인은 중(中)을 잡아서[執中] 그렇지 않다는 말이다.

둘째는 염(廉)은 원래 '깐깐하다'라는 뜻이니 이 또한 사람을 베어 상처를 입히기 십상이다. 성인은 집중(執中)해 그렇지 않다는 말이다.

셋째 직(直)은 먼저 공자의 말을 보자.

"곧음[直]을 좋아한다면서 배우기 좋아하지 않는다면 그 가려짐은 강퍅해진다는 것이다[絞]."

강퍅하다는 것은 성품이 까다롭고 고집이 세다는 말이다. 그래서 자기 마음대로 하려 한다[肆=縱=放]. 정확히 공자와 노자가 통하는 지점이다. 나머지도 크게 다르지 않으리라.

넷째는 광(光)이다. 광이불요(光而不耀)는 공로를 세우고서도 자랑하지 않는다는 뜻이니, 이미 앞에서 충분히 살펴봤다. 제41장 41-3이 바로 광이불요(光而不耀)를 말한 것이다.

밝은 도는 마치 어두운 듯하고[明道 若昧].

『한비자』「해노(解老)」편은 방(方), 염(廉), 직(直), 광(光)을 하나씩 풀어낸다.

방(方)이라는 것은 속마음과 겉모습이 서로 호응하고 말과 행동이 서로 걸맞은 것이다.
염(廉)이라는 것은 반드시 삶과 죽음을 명으로 받아들이고 재물을 대수롭지 않게 여기는 것이다.
직(直)이라는 것은 의견이 공정하고 마음이 한쪽으로 치우치지 않는 것이다.
광(光)이라는 것은 관작이 존귀하고 의복이 장려(壯麗)한 것이다.

그리고 다시 총괄적 풀이로 나아간다.

지금 도를 지닌 선비는, 비록 자신은 속마음을 미덥게 하고 겉모습을 유순하게 하더라도 남을 험담하고 바르지 못한 말을 하는 사람을 비방하거나 추궁하지 않고, 비록 자신은 절의를 위해 죽고 재물을 가벼이 여길지라도 무능한 자를 깔보거나 탐욕스러운 자를 욕보이지 않고, 비록 자신은 의롭고 단정해 패거리를 짓지 않지만 간사한 자를 물리치거나 사욕을 좇는 자를 죄주지 않고, 비록 자신은 권세가 높고 의복은 화려할지라도 비천한 자에게 과시하거나 가난한 자를 업신여기지 않으니, 그 까닭은 무엇인가.
설사 길을 잃은 자라도 기꺼이 길에 익숙한 이에게 듣고 길을 잘 아는 이에게 묻는다면 곧 길을 헤매게 되지는 않을 것이다. 지금 뭇사람들이 공을 이루고자 하면서도 도리어 실패하는 것은, 도리를 알지 못하면서도 기꺼이 아는 이에게 묻거나 능력 있는 이에게 들으려고 하지 않는 데서 생겨난다. 뭇사람들이 기꺼이 아는 이에게 묻거나 능력 있는 이에게 들으려고 하지 않는데도 성인이란 자가 억지로 그 화와 실패를 가지고 꾸짖으면 성인은 뭇사람들에게 원망을 사게 된다. 뭇사람들은 많고 성인은 적으니, 적은 수로 많은 수를 이기지 못하는 것은 당연한 이치다. 지금 몸을 움직여 천하 사람들과 원수가 되는 것은 몸을 온전히 하고 오래 사는 방도가 아니다. 이 때문에 법도를 행하면서 뭇사람들과 함께해야 한다.

그러므로 『도덕경』에서 "성인은 모가 나 있지만 해치지는 않고 청렴하되 남을 상하게 하지는 않으며 곧되 멋대로 하지는 않고 빛나되 눈부시지는 않다"라고 한 것이다.

따라서 "모가 나 있지만 해치지는 않고 청렴하되 남을 상하게 하지는 않으며 곧되 멋대로 하지는 않고 빛나되 눈부시지는 않다"에서, 이(而)의 앞부분은 자기 자신에게 엄격한 모습이고 뒷부분은 남에게 너그럽게 베푸는 모습이다.

제59장

治人事天 莫若嗇

夫 唯嗇 是謂早服 早服 謂之重積德

重積德 則無不克 無不克 則莫知其極 莫知其極 可以有國

有國之母 可以長久

是謂深根固柢 長生久視之道

사람을 다스리고 하늘을 섬기는 데 있어 아끼는 것[嗇-전부 다 쓰지 않는 것]보다 더 나은 것은 없다.

무릇 오로지 아끼는 것, 이를 일러 일찍 준비하는 것[早服]이라고 하니 일찍 준비하는 것이란 거듭해서 덕(德)을 쌓는 것을 말한다.

거듭해서 아끼는 덕(德)을 쌓으니 (다함이 없는 도(道)를 얻어서) 해내지 못할 것이 없고 해내지 못할 것이 없으니 그 끝을 알 수가 없고, 그 끝을 알 수 없으니 (그런 사람은) 나라를 소유할 수 있게 된다.

나라의 어머니를 가져야 장구할 수 있으니

이를 일러 뿌리를 깊게 박고 밑동을 튼튼하게 함이요 길이 살고 오래 보는 도(道)라고 한다.

59-1

치인 사천 막약 색
治人事天 莫若嗇

사람을 다스리고 하늘을 섬기는 데 있어 아끼는 것[嗇-전부 다 쓰지
않는 것]보다 더 나은 것은 없다.

번역 비평

색(嗇)은 '아끼다', '아껴 쓰다', '인색하다[吝]', '탐내다[貪]' 외에 '거
두다[穡]'는 뜻이 있다. 농사일을 가색(稼穡)이라고 하는데, 그래서 색
(嗇)을 농사로 풀어낸 번역본들도 꽤 있다. 이 문장 자체로는 '아끼다'
나 농사 모두 가능하겠지만, 앞에서 덕(德)을 이야기하고 여기서도 비
슷하게 이어지므로 '아끼는 것'으로 풀겠다.

왕필 주(王弼注)

막약   유막과 야 색 농야
莫若 猶莫過也 嗇 農也
부 농인 지 치전   무거 기 수류   귀어 제일 야 전 기 자연   불급 기
夫 農人之治田 務去其殊類 歸於齊一也 全其自然 不急其
황병   제 기 소이 황병
荒病 除其所以荒病
상승 천명 하수 백성 막과 어차
上承天命 下綏百姓 莫過於此

막약(莫若)이란 '~보다 더 나은 것은 없다'라는 말이다. 색(嗇)은 농사일[農=穡]이다.

무릇 농부가 밭을 경작할 때는 각종 잡초를 제거하는 데 힘써서 가지런하게 하나로 돌아가게 한다. (이는) 작물의 자연스러움을 온전히 하되, 가뭄과 병충해에 급급해하지 않으면서도 가뭄과 병충해가 생기는 원인을 제거하는 것이다.

위로는 천명(天命)을 받들고 아래로는 백성을 편안케 하는 데 있어 이보다 더 나은 것은 없다.

풀이

제58장 후반부에서 우리는 중용(中庸)의 중(中), 즉 '덕(德)을 적중시키는' 문제를 살펴봤다. 같은 맥락에서 제59장은 용(庸)의 문제를 다룬다고 볼 수 있다. 앞서 봤듯이 오래가는 도리 혹은 도리를 오래가게 하는 것[常道]이 바로 용(庸)이다.

마침 제59장 결론도 장구(長久)함이다. 따라서 색(嗇)은 '아끼는 것'으로 옮긴다. 그러면 공자가 『논어』「학이(學而)」편 5에서 말한 "절용이애인(節用而愛人)"과도 통하게 된다.

『여씨춘추』「정욕(情欲)」편에는 당시 식자들이 생각한 색(嗇)을 알아볼 수 있는 말이 나온다.

귀가 소리를 즐기지 못하고 눈이 빛깔을 즐기지 못하며 입이 맛을 달게 느낄 수 없다면 죽음과 다를 바 없다. 옛날 도(道)를 터득한 사람은 살아서 수명을 늘리고 소리와 빛깔과 맛을 오래도록 즐길 수 있었으니, 어째서인

가. 장생(長生)하는 이치를 일찍 터득했기 때문이다. 장생하는 이치를 일

찍 터득하면 일찍 아낄 줄[早嗇] 알 것이요, 일찍 아낄 줄 알면 정기[精]

가 고갈되지 않을 것이다.

조색(早嗇)은 색(嗇)과 바로 뒤에 나오는 조복(早服), 즉 일찍 준비하

는 것[早備=有備]을 합쳐서 말하는 듯하다.

『한비자』「해노(解老)」편은 "치인사천(治人事天)"을 먼저 치인과 사천

으로 나눠 풀이한 다음에 다시 통합적으로 풀어낸다.

총명(聰明)과 예지(睿知)는 하늘로부터 타고난 것이고, 동정(動靜)과 사려

(思慮)는 사람이 하는 것이다. 사람이란 하늘로부터 타고난 시력에 기대어

서 보고, 하늘로부터 타고난 청력에 의지해 들으며, 하늘로부터 타고난 지

혜에 의탁해 생각한다. 그러므로 시력을 무리하게 사용하면 눈은 밝게 보

지 못하고, 청력을 심하게 사용하면 귀는 똑똑히 듣지 못하며, 생각을 지

나치게 하면 지혜와 식견이 혼란스러워진다.

눈이 밝게 보지 못하면 검은색과 흰색을 판별할 수 없고, 귀가 똑똑히 듣

지 못하면 맑은 소리와 탁한 소리를 구별할 수 없으며, 지혜와 식견이 혼란

스러우면 성공하고 실패하는 배경을 헤아릴 수 없다.

눈이 검은색과 흰색을 판별할 수 없으면 '장님[盲]'이라 하고, 귀가 맑은

소리와 탁한 소리를 구별할 수 없으면 '귀머거리[聾]'라고 하며, 마음이

성공하고 실패하는 배경을 헤아릴 수 없으면 '미치광이[狂]'라고 한다. 장

님이 되면 대낮에도 위험을 피할 수 없고, 귀머거리가 되면 천둥 번개의 피

해를 알 수가 없으며, 미치광이가 되면 인간 세상의 법령으로 형벌하는 화

를 면할 수 없다.

『도덕경』에서 말한 "사람을 다스린다[治人^{치인}]"는 것은 동정(動靜)의 절도를 알맞게 하고 사려(思慮)의 소비를 줄이는 것이고, 『도덕경』에서 말한 "하늘을 섬긴다[事天^{사천}]"는 것은 청력과 시력을 끝까지 쓰지 않고 지혜와 식견의 맑은 역량을 다 쓰지 않는 것이다. 만약 끝까지 다 써버린다면 정신을 허비함이 많아지고, 정신을 허비함이 많아지면 장님, 귀머거리, 미치광이가 당하는 화가 닥치게 된다. 이 때문에 아껴야 하니, 아낀다는 것은 그 정신을 소중히 하고 지혜와 식견을 아끼는 것이다. 그러므로 『도덕경』에서 "사람을 다스리고 하늘을 섬기는 데 있어 아끼는 것[=전부 다 쓰지 않는 것]보다 더 나은 것은 없다"라고 한 것이다.

59-2

夫^부 唯^유嗇^색 是^시謂^위早^조服^복 早^조服^복 謂^위之^지重^중積^적德^덕

무릇 오로지 아끼는 것, 이를 일러 일찍 준비하는 것[早服^{조복}]이라고 하니 일찍 준비하는 것이란 거듭해서 덕(德)을 쌓는 것을 말한다.

번역 비평

판본에 따라 시위조복(是謂早服)이 시이조비(是以早備)로 돼 있다. 이럴 경우 "이 때문에 미리 대비하는 것이다"라고 옮겨야 한다.

중적덕(重積德)을 '덕 쌓기를 두텁게 함[重^중=厚^후]'으로 옮기기도 한다. 모두 가능한 풀이다.

왕필 주(王弼注)

<ruby>早服<rt>조복</rt></ruby> <ruby>常也<rt>상 야</rt></ruby>

<ruby>唯重積德<rt>유 중 적덕</rt></ruby> <ruby>不欲銳速然後<rt>불욕 예속 연후</rt></ruby> <ruby>乃能使早服其常<rt>내 능사 조복 기상</rt></ruby> <ruby>故曰<rt>고왈</rt></ruby> <ruby>早服謂之<rt>조복 위지</rt></ruby> <ruby>重積德者也<rt>중 적덕 자야</rt></ruby>

일찍 준비함이란 오래감[常]이다.

오직 거듭해서 덕을 쌓되 날카롭거나 빠르게 하지 않으려 한 다음이라야 마침내 능히 그 오래감에 일찍 준비하게 할 수 있다. 그래서 말하기를 "(오래감에) 일찍 준비하는 것이란 거듭해서 덕을 쌓는 것을 말한다"라고 했다.

풀이

홍석주 풀이가 곡진하다.

색(嗇)이란 '아낀다[愛]'는 뜻이니 감히 가볍게 사용하지 않는다는 말이다. 삶을 잘 기르는 자는 감히 자신의 신명을 가볍게 사용하지 않고 집안과 국가를 다스리는 자는 감히 그 재산을 가볍게 사용하지 않으며 백성을 다스리는 자는 감히 그들의 힘을 가볍게 사용하지 않는다. 사람에게는 신명이 있고 백성에게는 힘이 있고 천하에는 재화가 있으니 모두 하늘에서 나온 것이다. 하늘에서 나온 것을 감히 가볍게 사용하지 않는 것이 바로 하늘을 섬기는 것이다.

59-3

중 적덕 즉 무불 극 무불 극 즉 막지 기극 막지 기극 가이 유국
重積德 則 無不克 無不克 則 莫知其極 莫知其極 可以有國

거듭해서 아끼는 덕(德)을 쌓으니 (다함이 없는 도(道)를 얻어서) 해내지 못할 것이 없고 해내지 못할 것이 없으니 그 끝을 알 수가 없고 그 끝을 알 수 없으니 (그런 사람은) 나라를 소유할 수 있게 된다.

번역 비평

단계별 공능이 중요하다. 거듭해서 덕을 쌓으면 하지 못할 것[不克=불능不能]이 없다고 했다.

그런데 번역과 관련해서 핵심이 되는 문장은 "하지 못할 것이 없으니 그 끝을 알 수가 없고"다. 여기서 "그 끝을 알지 못한다"는 것은 '끝이 없다[無窮]'는 말이고, 이때의 나라란 천하가 아니라 제후국을 가리킨다.

왕필 주(王弼注)

도 무궁 야 이 유궁 이 이국 비능 유국 야
道 無窮也 以有窮而蒞國 非能有國也

(거듭해서 덕을 쌓으면) 도(道)는 다함이 없다. 다함이 있는 것을 갖고서 나라를 다스리려 하니 능히 나라를 소유할 수 없는 것이다.

『논어』「학이(學而)」편 5는 제후가 가져야 할 덕(德)을 보여준다는 점에서 59-3과 비교해 읽을 만하다.

공자가 말했다.

"(천자 나라인 만승지국(萬乘之國)은 물론이고 제후 나라인) 천승지국을 다스릴 때라도 주도면밀하게 일함으로써 (백성에게) 믿음을 주고, (왕실) 재물을 아낌으로써 백성을 사랑해야 하며, 백성을 (부역 등에) 부려야 할 경우에는 때에 맞춰서 해야 한다[道千乘之國 敬事而信 節用而愛人 使民以時]."

이 또한 덕을 쌓는 제후의 모습이다.

59-4

有國之母 可以長久

나라의 어머니를 가져야 장구할 수 있으니

번역 비평

유(有)는 '소유하다'이다. 그래서 천자는 유천하(有天下)하고 제후는 유국(有國)하며 대부는 유가(有家)한다고 했다.

여기서 국지모(國之母)의 모(母)는 '정신'쯤에 해당한다. 따라서 국지모(國之母)란 나라를 다스리는 근본정신을 말한다.

왕필 주(王弼注)

國^국之^지所^소以^이安^안 謂^위之^지母^모 重^중積^적德^덕 是^시唯^유圖^도其^기根^근然^연後^후 營^영末^말 乃^내得^득
其^기終^종也^야

나라를 편안하게 해주는 것을 일러 어머니라고 한다. 거듭해서 덕을 쌓으니 이는 오로지 그 근본을 도모한 다음에 말단을 다스리는 것이어서 마침내 그 (좋은) 마침을 얻을 수 있다.

풀이

왕필 주에 입각해 풀면, 나라를 편안하게 해주는 정신을 가질 때라야 나라가 장구하게 이어질 수 있으니 덕 쌓기를 늘 두텁게 하지 않으면 안 된다는 것이다.

59-5

是^시謂^위深^심根^근固^고柢^저 長^장生^생久^구視^시之^지道^도

이를 일러 뿌리를 깊게 박고 밑동을 튼튼하게 함이요 길이 살고 오래 보는 도(道)라고 한다.

번역 비평과 풀이

저(柢)는 명사로는 '뿌리[根]', 동사로는 '뿌리를 내리다'라는 뜻이 있다.

구시(久視)라는 말 자체에 '장수하다', '오래 지속하다'의 뜻이 있다. 그래서 당나라 측천무후는 집권 당시 700년 음력 5월부터 12월까지 8개월 동안 자기 연호로 구시(久視)를 채용한 적이 있었다. 즉 나라의 정신을 잘 갖추고 실행하는 일이야말로 뿌리를 깊고 단단하게 해 나라를 장구하게 이어가는 방법이라는 말이다. 다시 「용비어천가(龍飛御天歌)」 제2장을 떠올린다.

뿌리 깊은 나무는 바람에 아니 흔들리니 꽃 좋고 열매가 많다.
샘이 깊은 물은 가뭄에도 끊이지 않아 시내를 이루고 바다에 이른다.

지금까지는 국(國)을 소유하는 문제를 이야기했고, 이어 대국(大國)과 소국(小國)의 관계 문제로 넘어간다.

제60장

治大國 若烹小鮮
치 대국   약 팽 소선

以道莅天下 其鬼不神
이도 이 천하   기귀 불신

非其鬼不神 其神不傷人
비 기귀 불신   기신 불 상인

非其神不傷人 聖人亦不傷人
비 기신 불 상인   성인 역 불 상인

夫 兩不相傷 故 德交歸焉
부 양 불상   상 고 덕 교귀 언

대국(大國)을 다스리는 것은 작은 생선 익히듯이 해야 한다.

도(道)로써 천하를 다스리면 그 귀신도 신령스럽지 못하니

그 귀신이 신령스럽지 못한 것이 아니라 그 귀신의 신령스러움이 사람을 상하게 하지 않는 것이다.

그 귀신이 사람을 상하게 하지 않을 뿐 아니라 성인(聖人) 또한 사람을 상하게 하지 않는다.

무릇 둘이 서로 상하게 하지 않으니 그래서 덕(德)이 서로 백성에게 돌아간다.

60-1

^치 ^{대국}　^약 ^팽 ^{소선}
治大國 若烹小鮮

대국(大國)을 다스리는 것은 작은 생선 익히듯이 해야 한다.

번역 비평

팽(烹)은 흔히 '삶다'라고 풀지만 여기서는 '굽다', '익히다'의 뜻으로 옮겨야 한다. 그래야 덜 익히지도 않고 너무 태우지도 않는 적정성 문제가 제대로 부각할 수 있다.

삶는 일은 그다지 어렵지 않다. 자(煮)에도 '삶다'와 더불어 '굽다'라는 뜻이 있다.

왕필 주(王弼注)

^{불요} ^야
不擾也
^조 ^즉 ^{다해}　^정 ^즉 ^{전진}　^고 ^{기국} ^{미대}　^이 ^{기주} ^{미정}　^{연후}　^내 ^능
躁則多害 靜則全眞 故 其國彌大 而其主彌靜 然後 乃能
^{광득}　^{중심} ^의
廣得衆心矣

어지럽히지 않는다는 말이다.

조급히 하면 해로움이 많고, 가만히 하면 참됨을 보전한다. 그래서 그 나라가 크면 클수록 그 군주는 더욱 가만히 해야 하고, 그런 다음이라야 마침내 무리의 마음을 널리 얻을 수 있다.

풀이

김충열 교수의 풀이다.

큰 나라를 다스리는 것은 마치 작은 생선을 굽는 것과 같다. 너무 뒤적거리지 말고, 불을 잘 고르면서 서서히 익을 때까지 기다리는 것이 좋다. 이것은 한비자가 말한 대로 조령모개(朝令暮改)식의 정치 제도, 즉 행정 법령을 너무 자주 개정하는 것은 될 수 있으면 삼가는 것이 좋다는 말이다. 왕필의 말대로 너무 들뜨고 나대지 말고 조용히 일을 처리하라는 것이다.

작은 생선을 예로 든 것은 그만큼 더 조심하라는 뜻이리라.

적정하게 구워야 한다는 점에서는 제58장(58-6)과 연결해 풀어낼 수 있다.

이 때문에 성인(聖人)은 모가 나 있지만 해치지는 않고 청렴하되 상하게 하지는 않으며 곧되 멋대로 하지는 않고 빛나되 눈부시지는 않다[是以 聖人 方而不割 廉而不劌 直而不肆 光而不燿].

이렇게 하는 것이 바로 작은 생선을 적당하게, 맛있게 구워내는 법도다. 최진석 교수는 제59장 색(嗇)을 끌어와서 "작은 생선을 익히듯이 한다는 것은 조심스럽게 한다는 뜻인데 앞에서 말한 대로 백성을 아낀다[嗇]는 것이다"라고 연결지어 풀었다.

"약팽소선(若烹小鮮)"에 대해서는 『한비자』「해노(解老)」편이 곡진하다.

공인(工人)이 자주 일을 바꾸면 성과를 거두지 못할 것이고, 농부가 자주 옮겨 다니면 농사를 망칠 것이다. 한 사람이 일하는 데 하루에 반나절을 허비한다면 열흘이면 5명의 성과를 잃게 되고, 1만 명이 농사를 짓는 데 하루에 반나절을 허비한다면 열흘이면 5만 명 몫의 농사를 망치게 된다. 그렇다면 자주 일을 바꾸게 될 경우 그 사람이 많아질수록 그 손실은 더욱 커진다.

무릇 법령이 바뀌면 이해(利害)가 바뀌고 이해가 바뀌면 백성이 할 일도 바뀌게 되니, 백성이 할 일이 바뀌는 것을 일러 '변업(變業)'이라고 한다.

그러므로 이치로 살펴보자면 많은 사람을 쓰면서 자주 일을 바꾸면 일의 성과가 적을 것이고, 귀중한 기물을 보관해놓고 자주 옮기면 손상되는 곳이 많을 것이며, 작은 생선을 익히면서 자주 쑤석거리면 윤기를 해칠 것이고, 큰 나라를 다스리면서 자주 법을 바꾸면 백성이 괴로워한다. 이 때문에 도를 터득한 군주는 텅 비어 고요함[虛靜]을 귀하게 여기고 법을 바꾸는 것을 어렵게 여긴다.

그래서 『도덕경』에서는 "대국(大國)을 다스리는 것은 작은 생선 익히듯이 해야 한다"라고 말했던 것이다.

60-2

以道莅天下 其鬼不神
(이도 이 천하 기귀 불신)

도(道)로써 천하를 다스리면 그 귀신도 신령스럽지 못하니

번역 비평

이(蒞)는 이(涖)와 같은 말로, '이르다[至]' 외에 '임하다[臨]', '다스리다[治]'는 뜻이 있다.

왕필 주(王弼注)

治大國 則若烹小鮮 以道蒞天下 則其鬼不神也

큰 나라를 다스리는 것은 작은 생선을 삶듯이 해야 한다. (그렇게 해서) 도(道)로써 천하를 다스리면 그 귀신조차 신령스럽지 못하게 된다.

풀이

60-2를 살피기에 앞서 이(涖)자가 등장하는 『논어』 「위령공(衛靈公)」편 32를 읽어보자.

공자 입장에서 바라본 도리에 의한 천하 통치의 길을 단계적으로 보여주는 중요한 내용이다.

공자가 말했다.

"앎이 도리에 미쳤다 하더라도 어진 마음으로 그것을 능히 지켜낼 수 없다면 설사 (잠깐) 그 도리를 얻었다 하더라도 반드시 잃게 된다[知及之仁不能守之雖得之必失之].

앎이 도리에 미치고 어진 마음으로 그것을 능히 지켜낼 수 있다 하더라도 장엄함으로 임하지 않으면 백성은 (임금을) 공경하지 않는다[知及之仁能

^{수지} ^{불장} ^{이 리지} ^{즉 민 불경}
守之 不莊以涖之則民不敬].

앎이 도리에 미치고 어진 마음으로 그것을 능히 지켜낼 수 있으며 장엄함

으로 임한다 하더라도 일의 이치로 백성을 부리지[動=使] 않는다면 아직
^동 ^사

좋다고 할 수 없다[知及之 仁能守之 莊以涖之 動之 不以禮 未善也]."
^{지 급지} ^{인 능 수지} ^{장 이 리지} ^{동지 불 이 례 미선 야}

"그 귀신들도 신령스럽지 못하니"에 대한 김충열 교수의 풀이다.

잡귀가 장난을 치지 못할 것이라고 했다. 예를 들어 무슨 일을 벌인다고

하면 얼마나 많은 잡것이 모여들어 장난질을 치며 이권을 차지하려 할 것

인가. 그러니 일을 벌이지 말라는 뜻이다.

60-3

^{비 기귀} ^{불신} ^{기신} ^{불 상인}
非其鬼不神 其神不傷人

그 귀신이 신령스럽지 못한 것이 아니라 그 귀신의 신령스러움이 사

람을 상하게 하지 않는 것이다.

번역 비평

귀(鬼)와 신(神)은 같은 뜻인데, 둘 다 '귀신'으로 옮겼다. 60-5의 양

(兩)이란 귀신과 성인을 말하니, 이를 보더라도 귀(鬼)와 신(神)은 같은

것을 가리킨다.

왕필 주(王弼注)

<ruby>神<rt>신</rt></ruby><ruby>不<rt>불</rt></ruby><ruby>害<rt>해</rt></ruby><ruby>自<rt>자</rt></ruby><ruby>然<rt>연</rt></ruby><ruby>也<rt>야</rt></ruby> <ruby>物<rt>물</rt></ruby><ruby>守<rt>수</rt></ruby><ruby>自<rt>자</rt></ruby><ruby>然<rt>연</rt></ruby> <ruby>則<rt>즉</rt></ruby><ruby>神<rt>신</rt></ruby><ruby>無<rt>무</rt></ruby><ruby>所<rt>소</rt></ruby><ruby>加<rt>가</rt></ruby> <ruby>神<rt>신</rt></ruby><ruby>無<rt>무</rt></ruby><ruby>所<rt>소</rt></ruby><ruby>加<rt>가</rt></ruby> <ruby>則<rt>즉</rt></ruby><ruby>不<rt>부</rt></ruby><ruby>知<rt>지</rt></ruby><ruby>神<rt>신</rt></ruby> <ruby>之<rt>지</rt></ruby><ruby>爲<rt>위</rt></ruby><ruby>神<rt>신</rt></ruby><ruby>也<rt>야</rt></ruby>

귀신이 자연스러움을 해치지 못하는 것이다. 일과 사물이 자연스러움을 지키면 귀신이 (신령스러움을) 더할 바가 없고, 귀신이 (신령스러움을) 더할 바가 없으면 귀신의 신령함을 (사람들이) 알지 못한다.

풀이

김충열 교수의 풀이가 이어진다.

그 잡귀들이 소위 신통력이라는 장난을 치지 못한다면 선량한 사람들이 상처를 입지 않을 것이다.

60-2와 60-3을 엮어 『한비자』 「해노(解老)」편은 이렇게 풀어내고 있다.

사람이 병이 나면 의사를 귀하게 여기고, 재앙이 들면 귀신을 두려워한다. 성인이 윗자리에 있으면 백성은 욕심이 적어지고, 백성이 욕심이 적어지면 혈기가 다스려져서 행동이 이치에 맞을 것이며, 혈기가 다스려져서 행동이 이치에 맞으면 재앙과 해가 적어질 것이다. 무릇 안으로 부스럼, 종기, 황달, 치질 따위와 같은 병의 피해가 없고, 밖으로 형벌을 받거나 법으로 주벌되는 화가 없다면 귀신을 매우 가볍고 편안히 여길 것이다. 그러므로『도덕경』에서 "도(道)로써 천하를 다스리면 그 귀신도 신령스럽지 못하다"라고 한 것이다.

잘 다스려지는 세상에 사는 백성은 귀신과 서로 해치지 않는다. 그러므로『도덕경』에서 "그 귀신이 신령스럽지 못한 것이 아니라 그 귀신의 신령스러움이 사람을 상하게 하지 않는 것이다"라고 한 것이다.

60-4

비 기신 불 상인　성인 역 불 상인
非其神不傷人 聖人亦不傷人

그 귀신이 사람을 상하게 하지 않을 뿐 아니라 성인(聖人) 또한 사람을 상하게 하지 않는다.

번역 비평

여기서 성인(聖人)은 도(道)를 체화한 임금이라기보다는 일반 통치자를 뜻하는 것으로 봐야 자연스럽다. 도를 체화한 성인(聖人)이 사람을 상하게 하지 않는 것은 너무도 당연하기 때문이다.

왕필 주(王弼注)

도 흡　즉 신 불 상인　신 불 상인　즉 부지　신 지 위신
道洽 則神不傷人 神不傷人 則不知神之爲神
도 흡　즉 성인 역 불 상인　성인 불 상인　즉 역 부지　성인 지 위성 야
道洽 則聖人亦不傷人 聖人不傷人 則亦不知聖人之爲聖也
유운　비독　부지 신 지 위신　역 부지 성인 지 위성 야
猶云 非獨不知神之爲神 亦不知聖人之爲聖也

夫^부 恃^시威^위網^망 以^이使^사物^물者^자 治^치之^지衰^쇠也^야 使^사不^부知^지神^신聖^성之^지爲^위神^신聖^성 道^{도지극}
之極^야也

도(道)가 (만물 만사를) 흡족하게 적셔주면[潤] 귀신은 사람을 상하게
하지 않고 귀신이 사람을 상하게 하지 않으면 귀신의 신령함을 알지 못
한다.

도(道)가 (만물 만사를) 흡족하게 적셔주면 성인(聖人) 또한 사람을 상
하게 하지 않고 성인이 사람을 상하게 하지 않으면 또한 성인의 성스러
움을 알지 못한다.

비유하자면 단지 귀신의 신령함을 알지 못할 뿐 아니라 또한 성인
의 성스러움도 알지 못한다는 말이다.

무릇 위세와 법의 그물망으로 만물 만사를 부리는 것은 다스림이
쇠퇴한 것이고 귀신과 성인이 신령하고 성스럽다는 것을 알지 못하게
하는 것은 도(道)가 극에 이른 것이다.

풀이

『한비자』「해노(解老)」편이다.

귀신이 빌미가 돼 사람을 병들게 하는 것을 두고 귀신이 사람을 해친다고
하고 사람이 그 빌미를 물리치는 것을 두고 사람이 귀신을 해친다고 하며
백성이 법령을 어기는 것을 두고 백성이 군주를 해친다고 하고 군주가 백
성을 형벌로 죽이는 것을 두고 군주가 백성을 해친다고 한다.
백성이 법을 어기지 않는다면 군주도 형벌을 시행하지 않을 것이니 군주가

형벌을 시행하지 않는 것을 두고 군주가 사람을 해치지 않는다고 한다. 그래서 『도덕경』에서 "성인 또한 사람을 상하게 하지 않는다"라고 한 것이다.

60-5

부 양불상 상 고 덕 교귀 언
夫 兩不相傷 故 德交歸焉

무릇 둘이 서로 상하게 하지 않으니 그래서 덕(德)이 서로 백성에게 돌아간다.

> **번역 비평**
>
> 덕이 서로 돌아간다는 것은 귀신과 성인에게 돌아간다는 말이 아니라 백성에게로 돌아간다는 뜻이다.

왕필 주(王弼注)

신 불 상인 성인 역 불 상인 성인 불 상인 신 역 불 상인 고왈 양
神不傷人 聖人亦不傷人 聖人不傷人 神亦不傷人 故曰 兩
불상 상 신성 합도 교귀 지 야
不相傷 神聖合道 交歸之也

귀신이 사람을 상하게 하지 않으니 성인 또한 사람을 상하게 하지 않고, 성인이 사람을 상하게 하지 않으니 귀신 또한 사람을 상하게 하지 않는 것이다. 그래서 "둘이 서로 상하게 하지 않으니"라고 했다. 귀신과 성인이 도를 합쳐서 함께 (사람에게로) 되돌리는 것이다.

중간에 귀신(鬼神)을 끌어들이기는 했지만, 성인(聖人)을 매개로 해서 다시 사람의 영역으로 돌아왔다. 결국 통치자가 도(道)를 체화해 성왕(聖王)이 됨으로써 백성의 천진(天眞)을 회복시킬 때 백성을 상하게 하지 않을 수 있다는 말이다.

『한비자』「해노(解老)」편이다.

군주가 백성과 서로 해치지 않고 사람이 귀신과 서로 해치지 않는다. 그러므로『도덕경』에서 "둘이 서로 상하게 하지 않으니"라고 한 것이다.

백성이 감히 법을 어기지 않으면 군주는 안으로 형벌을 쓰지 않고 밖으로 백성의 생업에서 이익 취하기를 일삼지 않을 것이고, 군주가 안으로 형벌을 쓰지 않고 밖으로 백성의 생업에서 이익 취하기를 일삼지 않으면 백성이 번창할 것이며, 백성이 번창하면 재화의 축적이 풍성해질 것이니, 백성이 번창하고 재화의 축적이 풍성한 것을 두고 덕이 있다고 한다.

무릇 이른바 '빌미[祟]'라는 것은 혼백이 빠져나가고 정신이 어지러워지는 것이니, 정신이 어지러워지면 덕이 없게 된다. 귀신이 사람에게 빌미를 끼치지 않으면 혼백이 빠져나가지 않을 것이고, 혼백이 빠져나가지 않으면 정신이 어지러워지지 않을 것이니, 정신이 어지럽지 않은 것을 일러 덕이 있다고 한다. 군주가 재화를 풍성하게 축적하고 귀신이 그의 정신을 어지럽히지 못하면 덕이 백성에게 다 베풀어질 것이다. 그러므로『도덕경』에서 "서로 상하게 하지 않으니, 그래서 덕(德)이 서로 백성에게 돌아간다"라고 말했다. 이는 덕이 군주와 백성에게 번갈아 풍성해져서 결국 모두 백성에게 돌아간다는 말이다.

제61장

^{대국} ^자 ^{하류}
大國者 下流

^{천하} ^{지 빈} ^{천하} ^{지 교}
天下之牝 天下之交

^빈 ^{상 이정} ^{승 모} ^{이정} ^{위하}
牝 常以靜勝牡 以靜爲下

^고 ^{대국} ^{이하} ^{소국} ^{즉 취} ^{소국}
故 大國以下小國 則取小國

^{소국} ^{이하} ^{대국} ^{즉 취} ^{대국}
小國以下大國 則取大國

^고 ^{혹 하이} ^취 ^{혹 하이} ^취
故 或下以取 或下而取

^{대국} ^{불과} ^{욕겸} ^{축인} ^{소국} ^{불과} ^{욕입} ^{사인}
大國 不過欲兼畜人 小國 不過欲入事人

^부 ^{양자} ^{각득} ^{기 소욕} ^{즉 대자} ^{의 위하}
夫 兩者各得其所欲 則大者宜爲下

큰 나라는 맨 아래로 흘러

천하의 암컷이요 천하가 모이는 곳이 된다.

암컷은 늘 고요함으로 수컷을 이기고 고요함으로 아래가 된다.

그래서 큰 나라가 작은 나라에 자기를 낮추면 작은 나라를 귀의하
게 하고

작은 나라가 큰 나라에 자기를 낮추면 대국(의 마음)을 얻게 된다.

그래서 혹자는 낮춤으로써 귀의하게 하고 혹자는 낮춤으로써 대국
(의 마음)을 얻는다.

(그런데 실상을 보면) 큰 나라는 작은 나라들을 겸병(兼倂)해서 길러주
고자 할 뿐이고 작은 나라는 큰 나라에 들어가 섬기고자 할 뿐이다.

무릇 둘 다 각자 자기가 원하는 바를 얻으려면 큰 쪽이 마땅히 아
래에 처해야 한다.

61-1

大國者 下流

큰 나라는 맨 아래로 흘러

번역 비평

아래란 곧 가장 아래에 있는 강과 바다를 말한다.

왕필 주(王弼注)

江海居大而處下 則百川流之 大國居大而處下 則天下流
之 故曰 大國者下流也

강과 바다는 크면서도 아래에 처하니 온갖 냇물이 그리로 흘러들

고, 큰 나라는 크면서도 아래에 처하니 천하는 그리로 흘러 들어간다. 그래서 말하기를 "큰 나라는 맨 아래로 흐르니"라고 한 것이다.

풀이

여기서 노자는 물의 비유를 들었다. 자연스럽게 우리는 제8장(8-1, 8-2)을 논의의 출발점으로 삼을 수밖에 없다.

가장 잘하는 것은 물과 같다. 물은 만물 만사를 잘 이롭게 해주면서도 다투지 않고 뭇사람들이 싫어하는 곳(즉 가장 낮은 곳)에 처한다[上善若水 水善利萬物而不爭 處衆人之所惡].
그래서 (물은) 거의 도(道)에 가깝다[故 幾於道].

여기서 더 보태거나 뺄 말은 없다.

61-2

天下之牝 天下之交

천하의 암컷이요 천하가 모이는 곳이 된다.

번역 비평

빈(牝)은 암컷이요 음(陰)이며 골짜기[谿=谷]다.
교(交)는 만남[遇]이요 모임[會]이다.

왕필 주(王弼注)

<ruby>天<rt>천</rt></ruby><ruby>下<rt>하</rt></ruby><ruby>所<rt>소</rt></ruby><ruby>歸<rt>귀</rt></ruby><ruby>會<rt>회</rt></ruby> <ruby>靜<rt>정</rt></ruby><ruby>而<rt>이</rt></ruby><ruby>不<rt>불</rt></ruby><ruby>求<rt>구</rt></ruby> <ruby>物<rt>물</rt></ruby><ruby>自<rt>자</rt></ruby><ruby>歸<rt>귀</rt></ruby><ruby>之<rt>지</rt></ruby>

천하가 돌아가서 만나는 곳이요 (암컷은) 가만히 있으면서 (억지로) 구하지 않으니, 일과 사물이 스스로 거기로 돌아온다.

풀이

암컷은 품어 안아주는 특성이 있다. 천하를 품어 안아 모두가 모이게 해줘야 한다는 말이다.

61-1과 61-2는 모두 당위(當爲) 명제다.

61-3

<ruby>牝<rt>빈</rt></ruby> <ruby>常<rt>상</rt></ruby><ruby>以<rt>이</rt></ruby><ruby>靜<rt>정</rt></ruby><ruby>勝<rt>승</rt></ruby><ruby>牡<rt>모</rt></ruby> <ruby>以<rt>이</rt></ruby><ruby>靜<rt>정</rt></ruby><ruby>爲<rt>위</rt></ruby><ruby>下<rt>하</rt></ruby>

암컷은 늘 고요함으로 수컷을 이기고 고요함으로 아래가 된다.

번역 비평

여기서 주목해야 할 단어는 정(靜)이다. 이 고요함을 지킴으로써 암컷이 수컷을 지킬 수 있고 기꺼이 아래에 처할 수 있기 때문이다.

모(牡)란 수컷이요 양(陽)이며 언덕[丘]이다. 또 열쇠이자 남근(男根)을 가리킨다.

왕필 주(王弼注)

以其靜 故 能爲下也 牝 雌也
<small>이 기정　고 능 위하　야 빈　자 야</small>

雄 躁動貪欲 雌 常以靜 故 能勝雄也 以其靜復能爲下 故
<small>웅 조동 탐욕　자 상 이정　고 능승 웅 야 이 기정 복 능 위하　고</small>

物歸之也
<small>물 귀지 야</small>

그 고요함으로 하기 때문에 능히 아래가 될 수 있으니, 빈(牝)이란 암컷이다.

수컷은 조급하게 움직이고 탐욕스럽지만, 암컷은 늘 고요함으로 하기 때문에 능히 수컷을 이길 수 있다. 그 고요함으로써 돌아가 능히 아래가 될 수 있으므로 일과 사물이 거기로 돌아온다.

풀이

이 부분이 제61장의 핵심 문장이다.

홍석주 풀이다.

빈(牝)은 그것이 잘 받아들인다는 점으로 말한 것이다. 양은 움직이지만, 음은 가만히 있고, 양은 위에 있지만, 음은 아래에 있으며, 양은 있는 힘을 다해 쏟아내지만, 음은 항상 받아들인다. 그래서 '이긴다'라고 했으니, 이 말도 부드러움이 강함을 이긴다는 뜻이다.

남녀 교합을 연상시키는 풀이라 하겠다.

61-4

고　대국　이하　소국　즉 취 소국
故 大國以下小國 則取小國

그래서 큰 나라가 작은 나라에 자기를 낮추면 작은 나라를 귀의하게 하고

번역 비평

하(下)란 '낮추다[降]'는 뜻이다.

이때의 취(取)는 '빼앗다[奪]'라는 뜻이 아니라 '귀의(歸依)하게 하다[附]'라는 뜻이다.

왕필 주(王弼注)

대국　이하　　유운 이 대국 하 소국　소국　즉 부지
大國以下 猶云以大國下小國 小國 則附之

큰 나라가 아래에 처한다는 것은 곧 큰 나라이면서도 작은 나라에 자기를 낮춘다는 말이다. (이렇게 되면) 작은 나라는 큰 나라에 기대어 붙게 된다.

61-5

소국　이하　대국　즉 취 대국
小國以下大國 則取大國

작은 나라가 큰 나라에 자기를 낮추면 대국(의 마음)을 얻게 된다.

번역 비평

이때 취(取)는 '얻다[得=獲]' 혹은 '용납 받다[納=容]'의 뜻이다.

왕필 주(王弼注)

大^{대국}國 納^{납지}之

큰 나라가 작은 나라를 받아들여주는 것이다.

풀이

최진석 교수는 작은 나라가 큰 나라에 자기를 낮출 경우 얻게 될 효과에 맞춰 이렇게 풀었다.

자신을 낮추고 겸손한 태도를 취하게 되면 작은 나라는 그 작은 나라에 맞는 효과로써 큰 나라로부터 많은 것을 얻게 된다고 말하는 것이다.

여기서 주제는 자신을 낮춰 겸손한 태도를 유지하라는 것인데, 이는 물론 도의 운행 원칙이기도 하다.

대국과 소국의 바람직한 관계에 관한 유가(儒家)의 입장은 『맹자』 「양혜왕하(梁惠王下)」에 나온다.

제(齊)나라 선왕(宣王)이 물었다.

"주변 나라와 교류함에도 도리가 있는가?"

맹자가 답했다.

"있습니다.

참으로 어진 자만이 대국으로서 소국을 능히 섬길 수 있습니다. 이 때문에 탕왕(湯王)이 갈(葛)나라를 섬기셨고 문왕(文王)이 곤이(昆夷)를 섬기셨던 것입니다. (그리고) 참으로 사리를 아는 자만이 소국으로서 대국을 능히 섬길 수 있습니다. 그래서 태왕(太王=大王)이 훈육(獯鬻)을 섬기셨고 구천(句踐)이 오(吳)나라를 섬기셨던 것입니다.

대국으로서 소국을 섬기는 자는 하늘(의 이치)을 즐기는 자요, 소국으로서 대국을 섬기는 자는 하늘(의 이치)을 두려워하는 자입니다. 하늘을 즐기는 자는 천하를 보전하고, 하늘을 두려워하는 자는 그 나라를 보전합니다. 『시경』에 이르기를 "하늘의 위엄을 두려워해 이에 그것을 보전한다"라고 했습니다."

선왕이 "대단하구나, 그 말이. 과인에게 고질병이 있는데, 과인은 용맹을 좋아한다"라고 말하자 맹자가 이렇게 대답했다.

"왕께 청하옵건대 작은 용맹을 좋아하지 마십시오. 무릇 칼을 어루만지면서 상대방을 노려보며 '네가 어찌 나를 감당할 수 있을쏘냐' 하는 것은 필부의 용맹으로 한 사람을 상대하는 것이니, 왕께서는 용맹을 크게 하셔야 합니다.

『시경』에 이르기를 '왕께서 분연히 진노하시어, 이에 그 군대를 정돈해서 침략하려는 무리를 막고 주나라의 복을 돈독히 함으로써 천하에 보답했다'라고 했습니다. 이것이 문왕의 용맹입니다. 문왕은 단 한 번 분노하시어 천하의 백성을 편안케 하셨습니다.

『서경』의 기록에, '하늘이 백성을 내려주시어 그 임금을 세워주시고 스승을 세워주신 것은 그로 하여금 상제(上帝)를 돕게 하고 사방 중에서도 특히 그를 총애하는 것이다. 죄가 있든 없든 오직 내가 있으니, 천하에 어찌 감히 그 뜻을 넘어서는 자가 있겠는가?'라고 하면서 어떤 한 사람[紂王] 이 천하에 엉망을 치고 다니거늘, 무왕이 이를 치욕스럽게 여겼습니다. 이것이 무왕의 용맹이니, 무왕이 단 한 번 분노하시어 천하의 백성을 편안케 하셨습니다.

지금 왕께서도 단 한 번 분노하시어 천하의 백성을 편안케 하신다면 백성은 진정으로 왕께서 용맹을 좋아하지 않을까 봐 두려워할 것입니다."

노자가 말하는 도(道)와 맹자가 말하는 도리가 크게 다르지 않음을 볼 수 있다.

61-6

고 혹 하이 취 혹 하이 취
故 或下以取 或下而取

그래서 혹자는 낮춤으로써 귀의하게 하고 혹자는 낮춤으로써 대국 (의 마음)을 얻는다.

번역 비평
앞의 혹(或)은 대국, 뒤의 혹(或)은 소국을 가리킨다.

왕필 주(王弼注)

언 유 수 비 하 연 후   내 각 득 기 소
言唯修卑下然後 乃各得其所

오로지 낮춤을 닦은 다음이라야 마침내 각각이 자기 자리를 얻게
된다는 말이다.

풀이

내용은 이미 앞에서 풀이했다.

61-7

대 국   불 과 욕 겸   축 인   소 국   불 과 욕 입 사 인
大國 不過欲兼畜人 小國 不過欲入事人
부 양 자   각 득 기 소 욕   즉 대 자 의 위 하
夫 兩者各得其所欲 則大者宜爲下

(그런데 실상을 보면) 큰 나라는 작은 나라들을 겸병(兼倂)해서 길러주
고자 할 뿐이고 작은 나라는 큰 나라에 들어가 섬기고자 할 뿐이다.
　무릇 둘 다 각자 자기가 원하는 바를 얻으려면 큰 쪽이 마땅히 아
래에 처해야 한다.

번역 비평

　겸(兼)은 겸병(兼倂)의 겸(兼)으로 '집어삼킨다'라는 뜻이다. 축(畜)은
가축 기르듯이 한다는 말이다.

"각득기소욕(各得其所欲)"은 각득기소(各得其所)와 같은 말로 대국은 대국의 자리에, 소국은 소국의 자리에 자연스럽게 있어야 할 곳을 말한다.

왕필 주(王弼注)

小國修下 自全而已 不能令天下歸之 大國修下 則天下歸之

故日 各得其所欲 則大者宜爲下也

소국이 낮추는 것을 닦으면 스스로를 보전할 뿐이고 천하가 그에게 귀의하게 하지는 못하지만, 대국이 낮추는 것을 닦으면 천하는 그에게 귀의한다. 그래서 "각자 자기가 원하는 바를 얻으려면 큰 쪽이 마땅히 아래에 처해야 한다"라고 했다.

풀이

각득기소욕(各得其所欲) 하려면 먼저 대국이 행동을 취해야 함을 강조하면서 제61장을 맺고 있다.

이에 대해 홍석주는 "작은 나라는 진실로 낮추지 않는 것을 근심으로 여기지 않는다. 그러므로 노자는 특별히 큰 나라로 경계를 삼았다"라고 말했다.

최진석 교수는 대자(大者)를 "가장 중요한 것"이라고 옮겼는데, 홍석주는 다음과 같이 풀면서 대자(大者)를 큰 나라로 봤다.

작은 것이 낮추기는 쉽지만 큰 것이 낮추기는 어려우니, 작은 것이 큰 것에 낮추면 그 공이 별것 아니지만 큰 것이 작은 것에 낮추면 그 이로움이 대단하다. 그래서 '큰 것이 낮춰야 한다'고 했으니, 힘쓰도록 권면한 것이다.

즉 당위를 제시했다는 말이다.

제62장

도 자 만물 지 오
道者 萬物之奧

선인 지 소보 불선인 지 소보
善人之所寶 不善人之所保

미언 가이 시 존행 가이 가어 인
美言 可以市 尊行 可以加於人

인 지 불선 하 기지 유
人之不善 何棄之有

고 입 천자 치 삼공
故 立天子 置三公

수유 공벽 이선 사마 불여 좌진 차도
雖有拱璧 以先駟馬 不如坐進此道

고 지 소이 귀 차도 자 하 불왈 이구 득 유죄 이면 야 고 위 천하
古之所以貴此道者 何 不曰以求得 有罪以免耶 故 爲天下

귀
貴

도(道)란 만물 만사의 품이니

좋은 사람에게는 보배가 되고 좋지 못한 사람도 지키는 바다.

(도를) 아름답게 말할 수 있으면 장사도 잘할 수 있고 (도를) 받들어

잘 행하면 남에게 좋은 영향력을 행사할 수 있다.

사람 중에 좋지 않은 사람이라 하더라도 어찌 그것을 버리는 일이

있겠는가?

그래서 천자를 세우고 삼공(三公)을 둔다.

비록 보옥을 끌어안고 말 4마리가 끄는 마차를 앞세워 바친다 한들 그냥 앉아서 이 도(道)를 바치는 것만 못하다.

옛날에 이 도(道)를 귀하게 여긴 까닭은 무엇인가? (이 도로써) 구하면 얻을 것이요 죄가 있어도 (이 도로써) 면할 수 있을 것이라고 말하지 않았던가? 그래서 천하에서 가장 귀함이 되는 것이다.

62-1

도 자 만 물 지 오
道者 萬物之奧

도(道)란 만물 만사의 품이니

번역 비평

오(奧)가 백서본에는 주(注)자로 돼 있다.

오(奧)는 '속'이나 '아랫목'을 뜻하는데, 김충열 교수는 "어머니의 그윽한 품 안 같은 존재"라고 풀이했다.

왕필 주(王弼注)

오 유 애 야 가 득 비 음 지 사
奧 猶曖也 可得庇蔭之辭

오(奧)란 '가린다[曖]'는 뜻과 같으니 덮어서 가려줄 수 있다는 말이다.

풀이

도(道)란 만물 만사를 품어서 감싸주고 길러주는 그런 것이라는 말이다. 그래서 임금이 이런 도를 체득한다면 백료(百僚)와 만백성을 품어서 감싸주고 길러주는 성왕(聖王)이 될 수 있다.

62-2

선인 지 소보 불선인 지 소보
善人之所寶 不善人之所保

좋은 사람에게는 보배가 되고 좋지 못한 사람도 지키는 바다.

번역 비평

도가 선인(善人)과 불선인(不善人)에 각기 다른 도움을 준다는 말이다.

왕필 주(王弼注)

보이 위용 야 보이 전 야
寶以爲用也 保而全也

보배로 삼아 쓰는 것이고, 지킴으로써 온전할 수 있다.

김충열 교수의 풀이다.

도가 어찌 선인에게만 보배랴! 우리 속담에 열 손가락 깨물어 안 아픈 손가락 없다고 했다. 어머니가 어찌 잘난 자식만 자식이라 하겠는가. 못난 자식, 못사는 자식일수록 더욱 가슴 아파하고 더 도와주려고 한다. 마찬가지로 도는 불선인에게도 따뜻한 보호자이고 유일한 보물인 것이다.

홍석주 풀이가 이어진다.

천하에 도가 있으면 선한 사람이 귀한 대접을 받으므로 보배라고 하고, 선하지 못한 사람도 허물을 면할 수 있으므로 보존되는 까닭[所保]이라고 했다.

62-3

美言_{미언} 可以市_{가이 시} 尊行_{존행} 可以加於人_{가이 가어 인}

(도를) 아름답게 말할 수 있으면 장사도 잘할 수 있고 (도를) 받들어 잘 행하면 남에게 좋은 영향력을 행사할 수 있다.

언행(言行)을 말하고 있다. 잘 말하고[美言] 잘 행하는 것[尊行]에 관한 언급이다.

시(市)는 '팔다[售]'는 뜻이고, 가(加)는 좋은 영향력을 가하다는 말이다.

왕필 주(王弼注)

言道無所不先 物無有貴於此也 雖有珍寶璧馬 無以匹之
美言之 則可以奪衆貨之賈 故曰 美言 可以市也
尊行之 則千里之外應之 故曰 可以加於人也

도(道)는 앞서지 않는 바가 없으니, 일과 사물 가운데 이보다 귀한 것은 없다는 말이다. 비록 진귀한 보물과 옥으로 만든 말이 있다 해도 그에 필적할 수 없다.

아름답게 말을 하면 뭇 재화를 파는 상인(의 마음)을 빼앗을 수 있으니 그래서 말하기를 "아름답게 말할 수 있으면 장사도 잘할 수 있다"라고 했다.

받들어 잘 행하면 천 리 밖에서도 호응할 것이니 그래서 말하기를 "받들어 잘 행하면 남에게 좋은 영향력을 행사할 수 있다"라고 했다.

풀이

미언(美言)·존행(尊行) 하는 사람이란 사람들에게 영향력을 미치는 좋은 사람들[善人]이다. 따라서 62-3은 선인(善人)이 도를 본받아 선언 선행(善言善行) 하는 장면이다.

62-4

인 지 불선　　 하 기 지　유
人之不善 何棄之有

사람 중에 좋지 않은 사람이라 하더라도 어찌 그것을 버리는 일이 있겠는가?

왕필 주(王弼注)

불선　 당 보 도　 이 면방
不善 當保道以免放

좋지 않은 사람도 마땅히 도를 보존함으로써 내쫓김을 면해야 한다.

번역 비평과 풀이

이번에는 좋지 못한 사람들에 관한 이야기다. 그들이라고 해서 어찌 전부 버려서 보존 받지 못하겠는가라는 말이다.

좋지 못한 사람 중에도 교화를 잘 시킬 경우 도(道)로 돌아올 가능성이 있는 사람들이 있다. 제62장에서는 62-4가 반전(反轉)이다.

62-5

고　 입 천자　치 삼공
故 立天子 置三公

그래서 천자를 세우고 삼공(三公)을 둔다.

번역 비평

천자가 세워지고 삼공을 두는 까닭은 물론 좋은 사람들을 더 좋은 쪽으로 이끌고 좋지 못한 사람들을 좋은 쪽으로 이끌기 위함이다. 이 또한 당연히 도(道)의 움직임에 부합하는 일이다. 국가의 존재 이유를 말하고 있다.

왕필 주(王弼注)

言以尊行道

도를 받들어 행한다는 말이다.

이노해노(以老解老)

삼공(三公)이란 후대의 재상에 해당하는 말로, 임금을 대신해서 정사를 행했던 태사(太師)·태부(太傅)·태보(太保)를 가리킨다.

제49장은 이렇게 세워진 천자와 삼공이 어떻게 무위지치(無爲之治)를 베푸는지를 상세하게 제시하고 있다.

성인(聖人)은 일정하게 정해진 마음이 없고 백성의 마음을 마음으로 삼는다. 잘하는 자에 대해 나는 좋다고 여기고 잘하지 못하는 자에 대해서도 나는 좋다고 여기니 덕(德)을 갖춘 자는 (남을) 좋게 여긴다.

믿을 만한 자에 대해 나는 그를 믿고 믿음직스럽지 못한 자에 대해서도 나는 그를 믿으니 덕을 갖춘 자는 (남을) 믿어준다.

성인(聖人)이 천하에 있으면 백성을 하나로 화합시켜 천하를 위해 자기 마음을 (백성과) 섞으니 백성은 모두 눈과 귀를 그에게 기울인다.

성인(聖人)은 (모든 백성을) 다 어린아이처럼 여긴다.

이제 와서 보면 해지(孩之)는 '어린아이처럼 여긴다'를 넘어 '어린아이처럼 만든다'로 옮겨야 한다.

62-6

수유 공벽 이선 사마 불여 좌진 차도
雖有拱璧 以先駟馬 不如坐進此道

비록 보옥을 끌어안고 말 4마리가 끄는 마차를 앞세워 바친다 한들 그냥 앉아서 이 도(道)를 바치는 것만 못하다.

번역 비평

벽(璧)이나 사마(駟馬)는 모두 당시에 가장 귀한 재물이다.

왕필 주(王弼注)

차도 상 지 소운 야
此道 上之所云也
언 고 입 천자 치 삼공 존 기위 중 기인 소이 위도 야
言故立天子 置三公 尊其位 重其人 所以爲道也

물 무유 귀 어차 자 고 수유 공포 보벽 이선 사마 이 진지 불여
物無有貴於此者 故 雖有拱抱寶璧 以先駟馬而進之 不如
좌 이 진 차도 야
坐而進此道也

이 도(道)에 대해서는 앞에서 말했다.

"그래서 천자를 세우고 삼공을 둔다"라는 것은 그 자리를 높이고 그 적임자를 중시하는 것이 바로 도(道)를 행하는 것이라는 말이다.

일과 사물 가운데 이보다 귀한 것은 없다. 그래서 비록 보옥을 끌어 안고 말 4마리가 끄는 마차를 앞세워 바친다 한들 그냥 앉아서 이 도(道)를 바치는 것만 못한 것이다.

풀이

왕필 주에 보태거나 뺄 것이 없다.

62-7

고 지 소이 귀 차도 자 하 불왈 이구 득 유죄 이면 야 고 위 천하
古之所以貴此道者 何 不曰以求得 有罪以免耶 故 爲天下
귀
貴

옛날에 이 도(道)를 귀하게 여긴 까닭은 무엇인가? (이 도로써) 구하면 얻을 것이요 죄가 있어도 (이 도로써) 면할 수 있을 것이라고 말하지 않았던가? 그래서 천하에서 가장 귀함이 되는 것이다.

이노해노(以老解老)

여기서 노자는 공자처럼 '고(古)'를 말하고 있다. 옛날에는 도가 살아 있었고 지금은 그렇지 못하다는 인식을 두 사람 모두 공유하고 있었던 것이다. 노자는 제14장(14-4)에서 이렇게 말했다.

옛날의 도를 잡아 쥐고서 지금의 있음을 제어할 수 있다[執古之道 可以御今之有].

고(古)를 긍정적으로 본 사례다. 또 제15장(15-1)에서는 이렇게 말한다.

옛날에 선비 노릇을 잘하던 사람은 미묘하고 현묘하게 통달해 그 깊이를 알 수가 없다[古之善爲士者 微妙玄通 深不可識].

이번에는 제22장(22-7)이다.

옛날에 말한 "온전치 않아야 온전해진다"라는 것이 어찌 헛소리이겠는가[古之所謂曲則全者 豈虛言哉]?

"이구득(以求得)"이 백서본에는 "구이득(求以得)"으로 돼 있다. 문법적으로는 백서본이 좀 더 분명하다.

62-7은 정확히 62-2와 조응한다. 나란히 읽어야 한다.

좋은 사람에게는 보배가 되고 좋지 못한 사람도 지키는 바다[善人之所寶 不善人之所保].

왕필 주(王弼注)

以求則得求 以免則得免 無所而不施 故 爲天下貴也

이로써 구하면 구할 수 있고 이로써 면하려 하면 면할 수 있어 베풀지 못하는 바가 없다. 그래서 천하에서 가장 귀함이 되는 것이다.

풀이

여기서는 선인(善人)과 불선인(不善人)을 나눠 말하고 있다. 선인은 "(이 도로써) 구하면 얻을 것이요" 불선인도 "죄가 있어도 (이 도로써) 면할 수 있을 것"이라는 말이다. 물론 옛날에 그랬다는 말이다. 그래서 뛰어난 이나 어리석은 이나 모두 도(道)를 높이게 될 것이니, 도는 천하에서 가장 귀한 것이 된다는 말이다.

이어지는 제63장에서는 자연스럽게 도의 쓰임[道之用]을 상세하게 다루게 된다.

제63장

爲無爲 事無事 味無味

大小多少 報怨以德

圖難於其易 爲大於其細 天下難事 必作於易 天下大事 必

作於細

是以 聖人 終不爲大 故 能成其大

夫 輕諾 必寡信 多易 必多難 是以 聖人猶難之

故 終無難矣

무위(無爲)를 행하고 무사(無事)를 일삼으며 무미(無味)를 맛있게 여긴다.

작은 것을 크게 보고 적은 것을 많게 여겨 덕(德)으로 원망을 갚는다.

어려운 것을 도모할 때는 쉬운 것부터 하고 큰일을 할 때는 작은 일부터 한다. 천하의 어려운 일은 반드시 작은 데서 시작되고 천하의 큰일은 반드시 작은 데서 시작된다.

이 때문에 성인(聖人)은 끝내 큰일은 하지 않는다. 그렇기 때문에 능히 그 큰일을 해낼 수 있다.

무릇 가볍게 승낙하면 반드시 믿음이 모자라고 매우 쉬운 일은 반드시 매우 어렵다. 이 때문에 성인은 오히려 그것을 어렵게 여긴다.

그렇기에 끝내 어려움이 없다.

63-1

爲無爲 事無事 味無味

무위(無爲)를 행하고 무사(無事)를 일삼으며 무미(無味)를 맛있게 여긴다.

번역 비평

무위(無爲)는 익히 아는 바와 같이 억지로 행함[作爲]이 없이 행하는 것이다. 아무것도 하지 않는 것이 아니다.

무사(無事)는 제48장(48-5)에서 "천하를 차지하는 자는 늘 일삼음이 없음[無事]으로써 한다"라고 했다.

무미(無味)는 제35장(35-3)에서 "도(道)에 관한 말은 싱거워서 아무런 맛이 없다[道之出口 淡乎其無味]"라고 했다.

왕필 주(王弼注)

이 무위 위거 이 불언 위교 이 염담 위미 치지극 야
以無爲爲居 以不言爲敎 以恬淡爲味 治之極也

무위를 거처로 삼고 불언(不言)을 가르침으로 삼고 담담해 싱거운
것을 맛있다고 여기는 것이 다스림의 극치다.

풀이

노자는 아무것도 하지 말라[無行]는 사상가가 아니다. 여기서는
3가지를 들어 말한다.

첫째, 행하되 억지로 행하지 않는 방식으로 행하라는 것이다.

둘째, 일삼되 억지로 일삼지 않는 방식으로 일삼으라는 것이다.

셋째, 맛있게 여기되 억지스러움이 없는 맛을 최고로 맛있게 여기
라는 것이다.

이런 논리는 바로 뒤에 그대로 이어진다.

63-2

대소 다소 보원 이덕
大小多少 報怨以德

작은 것을 크게 보고 적은 것을 많게 여겨 덕(德)으로 원망을 갚
는다.

대소다소(大小多少)에 대해서는 크게 2가지 해석이 있다.

하나는 "크든 작든, 많든 적든"이고, 다른 하나는 "작은 것을 크게 보고 적은 것을 많게 여긴다"다.

이는 결국 이어지는 63-3에 따라 결정될 수밖에 없다.

왕필 주(王弼注)

小怨 則不足以報 大怨 則天下之所欲誅 順天下之所同
者 德也

작은 원망은 갚아줄 필요가 없고 큰 원망은 천하 사람들이 처벌하고자 하는 바이니, 천하 사람들이 함께하는 바를 따르는 것이 덕(德)이다.

"덕으로 원망을 갚는다[報怨以德]"는 문맥은 63-2에 있는 "작은 것을 크게 보고 적은 것을 많게 여겨"와 63-3 사이에 있다.

"덕으로 원망을 갚는다[報怨以德]"는 말은 『성경』에서 예수가 말한 "원수를 사랑하라"와 통한다고 볼 수 있다. 그러나 공자는 이 점에서 확연히 다르다. 『논어』 「헌문(憲問)」편 36을 보자.

어떤 사람이 물었다.

"은덕으로 원망을 갚는 것은 어떻습니까[以德報怨 何如]?"

공자가 말했다.

"(그렇다면) 은덕은 무엇으로 갚을 텐가? 곧음으로 원망을 갚고, 은덕으로 은덕을 갚는 것이다[何以報德 以直報怨 以德報德]."

여기서 공자가 강조한 것은 곧음[直]이다. 그러나 노자는 좀 더 유연한 입장을 보인다. 홍석주 풀이다.

"대소다소(大小多少)"는 작은 것 보기를 큰 것처럼 하고 적은 것 보기를 많은 것처럼 한다는 말이니, 모두 미미한 것에서 삼간다는 뜻이다. 다음 구절에서 말한 "어려운 것을 도모할 때는 쉬운 것부터 하고 큰일을 할 때는 작은 일부터 한다"는 것이 바로 이런 의미다. 원망이 일어나는 것은 항상 큰 것에 있지 않다. 오직 작은 일을 참지 못한 후에 구르고 굴러서 덕으로 풀어버릴 수 없는 지경까지 가게 되니, 그렇다면 단지 참지 못했기 때문이다.

제49장에서 본 대로 노자는 "잘하지 못하는 자에 대해서도 나는 좋다고 여긴다"라고 했다. 이 점에서는 확연히 공자와 다르다고 할 수 있다. 다시 홍석주 풀이다.

내가 생각하기에 (『논어』에 나오는) 어떤 사람의 물음은 은혜를 베풀어 원한을 갚는다는 것이고 노자의 말은 덕을 닦아서 원한을 잊는다는 것이니, 그 의미가 실로 같지 않다.

과연 그런 것인지는 독자들이 깊이 생각해보기 바란다.

63-3

^{도난 어 기이} ^{위대 어 기세} ^{천하 난사 필 작어 이} ^{천하 대사 필}
圖難於其易 爲大於其細 天下難事 必作於易 天下大事 必
^{작어 세}
作於細
^{시이 성인 종 불위 대 고 능성 기대}
是以 聖人 終不爲大 故 能成其大
^{부 경락 필 과신 다이 필 다난 시이 성인 유 난지}
夫 輕諾 必寡信 多易 必多難 是以 聖人猶難之

어려운 것을 도모할 때는 쉬운 것부터 하고 큰일을 할 때는 작은 일
부터 한다. 천하의 어려운 일은 반드시 작은 데서 시작되고 천하의 큰
일은 반드시 작은 데서 시작된다.

이 때문에 성인(聖人)은 끝내 큰일은 하지 않는다. 그렇기 때문에 능
히 그 큰일을 해낼 수 있다.

무릇 가볍게 승낙하면 반드시 믿음이 모자라고 매우 쉬운 일은 반
드시 매우 어렵다. 이 때문에 성인은 오히려 그것을 어렵게 여긴다.

왕필 주(王弼注)

^{이 성인 지 재 유상 난어 세이} ^{황 비 성인 지 재 이 욕 홀어 차 호}
以聖人之才 猶尙難於細易 況非聖人之才 而欲忽於此乎
^{고왈 유 난지 야}
故曰 猶難之也

성인(聖人)이 가진 재주로도 오히려 여전히 작고 쉬운 것을 어렵게

여기는데, 하물며 성인만도 못한 재주로 이를 소홀히 하려 함에랴! 그래서 "(성인도) 오히려 그것을 어렵게 여긴다"라고 했다.

풀이
왕필 주로 충분하다.

63-4

고 종 무난 의
故 終無難矣

그렇기에 끝내 어려움이 없다.

왕필 주(王弼注)

유 기난 어 세이 고 종 무 난대 지 사
惟其難於細易 故 終無難大之事

오로지 작고 쉬운 일을 어렵게 여기기 때문에, 그래서 끝내 어렵고 큰일이 없게 되는 것이다.

번역 비평과 풀이
공자 제자 중에서는 특히 자공(子貢)과 자장(子張)이 큰 질문 하기를 좋아했는데, 그때마다 공자는 가까운 곳부터 질문할 것을 권했다. 『논어』 「옹야(雍也)」편 28이 그런 경우다.

자공(子貢)이 말했다.

"만일 백성에게 은혜를 널리 베풀어 많은 사람을 구제한다면 그것은 어떠합니까? 그것을 일러 어짊이라고 할 수 있습니까[如有博施於民而能濟^{여유 박시 어민 이능 제}衆何如 可謂仁乎]?"

공자가 말했다.

"어찌 어짊에만 그치겠는가? 그것은 반드시 빼어난 이의 경지라 할 만하다. 요순도 오히려 그것을 병통으로 여겼다. 인(仁)이라는 것은 자신이 서고자 함에 남도 서게 하며, 자신이 통달하고자 함에 남도 통달하게 하는 것이다. 능히 가까운 데서 취해 비유할 수 있다면 어짊을 행하는 방법이라 할 수 있다[何事於仁 必也聖乎 堯舜其猶病諸 夫 仁者己欲立而立人 己欲達而達人 能近取譬 可謂 仁之方也已]."

제64장

^{기안} ^{이지} ^{기 미조} ^{이모}
其安 易持 其未兆 易謀

^{기취} ^{이반} ^{기미} ^{이산}
其脆 易泮 其微 易散

^{위지} ^{어 미유} ^{치지} ^{어 미란}
爲之於未有 治之於未亂

^{합포} ^{지 목} ^{생어} ^{호말} ^{구층} ^{지 대} ^{기어} ^{누토} ^{천리} ^{지 행} ^{시어} ^{족하}
合抱之木 生於毫末 九層之臺 起於累土 千里之行 始於足

下

^{위자} ^{패지} ^{집자} ^{실지}
爲者敗之 執者失之

^{시이} ^{성인 무위} ^고 ^{무패} ^{무집} ^고 ^{무실} ^{민 지 종사} ^{상어} ^{기성}
是以 聖人無爲 故 無敗 無執 故 無失 民之從事 常於幾成

^{이 패지}
而敗之

^{신종} ^{여시} ^{즉 무 패사} ^{시이} ^{성인} ^{욕 불욕} ^{불귀} ^{난득} ^{지 화}
愼終如始 則無敗事 是以 聖人 欲不欲 不貴難得之貨

^{학 불학} ^{복 중인} ^{지 소과}
學不學 復衆人之所過

^{이보} ^{만물} ^{지 자연} ^{이 불감} ^위
以輔萬物之自然而不敢爲

편안할 때 잡아 쥐기가 쉽고 아직 조짐이 드러나지 않았을 때 도모하기가 쉽다.

무를 때는 쪼개기 쉽고 미미할 때는 흩뜨리기가 쉽다.

아직 일이 없을 때 행하고 아직 어지러워지지 않았을 때 다스린다.

아름드리나무도 털끝만 한 싹에서 생겨나고 9층 누대도 바닥에 쌓은 흙부터 세워지며 천 리 먼 길도 발아래 첫걸음에서 시작한다.

억지로 하면 망치고 붙잡으려 하면 놓친다.

그러므로 성인(聖人)은 억지로 일을 하지 않기 때문에 그래서 실패가 없다. (억지로) 붙잡음이 없기 때문에 그래서 놓치는 일이 없다. (이와 달리) 백성이 일을 할 때는 늘 거의 다 돼갈 때쯤에 실패한다.

마침을 신중하게 하기를 처음처럼 한다면 일을 망치는 경우가 없다. 이 때문에 성인(聖人)은 불욕(不欲)을 욕망하고 얻기 어려운 재물을 귀하게 여기지 않는다.

일반인의 배우지 않음을 배워서 많은 사람이 지나친 바를 되돌려 바로잡는다.

이렇게 함으로써 만물 만사의 자연스러움을 도우면서도 감히 억지로 뭔가를 하지 않는다.

64-1

其安 易持 其未兆 易謀
<small>기안 이지 기 미조 이모</small>

편안할 때 잡아 쥐기가 쉽고 아직 조짐이 드러나지 않았을 때 도모하기가 쉽다.

지(持)는 '보존하다[保]', '지탱하다[扶]'의 뜻이다.

조(兆)는 여기서 동사로 '조짐이 나타나다'이다.

모(謀)는 단순히 '모의하다'가 아니라 '도모하다[圖]'의 뜻이다.

왕필 주(王弼注)

이 기안 불 망위 기존 불 망망 모지 무공 지세 고왈 이야
以其安不忘危 其存不忘亡 謀之無功之勢 故曰易也

편안할 때 위태로움을 잊지 않고 존속될 때 망하는 것을 잊지 않는 것은 아무런 공로가 필요 없는 형세에서 도모하는 것이다. 그래서 "쉽 다"라고 했다.

풀이

일에 임하는 법을 말하고 있다. 이는 『논어』와 『주역』에서 말하는 "신시이경종(愼始而敬終)"과 그대로 통한다는 점에서 내용은 크게 어렵 지 않다.

64-5에 나오는 "민지종사(民之從事)"까지는 "신시(愼始)"이고 그 이 후는 "경종(敬終)"이다. 그 시작을 신중히 해야 한다는 "신시(愼始)"를 제대로 보여준 것이 『논어』「술이(述而)」편 10이다.

공자가 안연(顏淵)에게 말했다.

"(임금이 인재로) 써주면 행하고 (임금이) 버리면 숨어 지내는 것을 오직 너하

고 나만이 갖고 있구나!"

자로(子路)가 말했다.

"만일 스승님께서 삼군을 통솔하신다면 누구와 함께하시겠습니까?"

공자가 말했다.

"맨손으로 호랑이를 때려잡고 맨몸으로 강을 건너려 해서 죽어도 후회할 줄 모르는 사람을 나는 함께할 수 없을 것이니, 반드시 일에 임해서는 두려워하고[臨事而懼=敬事] 모의를 잘해서 일을 성공으로 이끄는 사람과 함께할 것이다[暴虎馮河 死而無悔者 吾不與也 必也臨事而懼 好謀而成者也]."

"임사이구(臨事而懼)"란 "경사(敬事)"와 같은 말인데, 이때의 경(敬)은 '삼가다'가 아니라 '주도면밀하다'라는 뜻이다.

게다가 "호모이성(好謀而成)"은 노자가 말한 "아직 조짐이 드러나지 않았을 때 도모하기가 쉽다"와 통한다. 이 말은 조짐을 잘 읽어낸다는 말이다.

공자는 『주역』 「계사전(繫辭傳)」에서 조짐이나 기미[兆=幾]와 관련해 이렇게 말한다.

기미나 조짐을 안다[知幾]는 것은 아마도 신묘하다[神]고 할 수 있으리라! 군자는 위와 사귐에 있어 아첨하지 않고[不諂] 아래와 사귐에 있어 함부로 하지 않으니[不瀆]5, 아마도 (이렇게 처신하기 때문에) 기미나 조짐을

---

5 위와 아래에 대해 늘 이런 마음을 갖고 있는 사람이라야 기미를 잘 읽어낼 수 있다.

안다고 할 수 있을 것이다. 기미나 조짐[幾＝幾微]이란 (일을 하기 위해) 움직임에 있어서의 은미함[微＝隱微]이자 길함(이나 흉함)이 먼저 나타나는 것이다. 군자는 기미를 보고서 일어나지[作＝去], 하루를 마칠 때까지[終日] 기다리지 않는다. 역(易)에 이르기를 '절개가 돌과 같아 하루도 되지 않아 (단호하게) 행동하니, 반듯하고 길하다[介于石 不終日 貞吉]'라고 했다.

단연코 알 수 있다. 군자는 기미를 알고[知微] 훤히 드러나 있는 것을 알며[知彰] 부드러움을 알고[知柔] 굳셈을 알고 있으니[知剛] 모든 장부[萬夫]가 우러러본다.

이는 이어지는 "신시(愼始)"에 관한 노자의 말을 정확히 읽어내는 지침이 된다.

64-2

其脆 易泮 其微 易散

무를 때는 쪼개기 쉽고 미미할 때는 흩뜨리기가 쉽다.

번역 비평

취(脆)는 취약(脆弱)의 취(脆)로 '무르다[柔]', '약하다[弱]', '가볍다[輕]'는 뜻이다.

반(泮)은 명사로는 '물가[濱]'이지만 동사로는 얼음이 '녹다'나 '풀리다'의 뜻이다.

왕필 주(王弼注)

雖失無入有 以其脆微之故 未足以興大功 故易也 此四者
皆說愼終也

不可以無之故而不持 不可以微之故而弗散也 無而弗
持 則生有焉 微而不散 則生大焉 故 慮終之患 如始之禍
則無敗事

비록 무(無)를 잃고 유(有)로 들어갔으나 그것이 (아직) 무르고 미미
한 까닭에 아직 큰 공을 들이지 않아도 되니, 그래서 쉬운 것이다. 이
4가지는 모두 일을 마침을 신중히 함을 말한 것이다.

없다는 이유로 붙잡아서는 안 되고 미미하다고 해서 흩뜨려서는 안
된다. 없지만 붙잡지 않으면 유(有)가 생겨나고 미미한데 흩뜨리지 않으
면 대(大)가 생겨난다. 그래서 마칠 때의 근심을 깊이 사려하기를 시작
할 때의 재앙을 걱정하듯이 한다면 일을 망치는 경우는 없다.

풀이

왕필은 "이 4가지는 모두 일을 마침을 신중히 함을 말한 것[愼終]"
이라고 했는데 따르지 않는다. 앞서 말한 대로 64-5 중간까지는 모두
신시(愼始)에 관한 것이다.

제64장은 도(道)가 아니라 일[事]에 관해 말하고 있으니, 고스란히

신하에게 해당하는 내용이다.

64-3

爲^위之^지於^어未^미有^유 治^치之^지於^어未^미亂^란

아직 일이 없을 때 행하고 아직 어지러워지지 않았을 때 다스린다.

왕필 주(王弼注)

謂^위其^기安^안未^미兆^조也^야 謂^위微^미脆^취也^야

(아직 일이 없을 때란) 편안할 때와 아직 조짐이 나타나지 않았을 때를
말하고, (아직 어지러워지지 않았을 때란) 미미할 때와 무를 때를 말한다.

| 번역 비평과 풀이

미유(未有)란 아직 아무런 일이 일어나지 않은 상황을 가리킨다.

64-3은 64-1과 64-2를 통합해서 정리한 것이다. 핵심은 신시(愼始)
이다.

공자는 『주역』 송괘(訟卦, ䷅)를 직접 풀이한 「대상전(大象傳)」에서
송괘 위(☰)와 아래(☵) 관계를 풀어서 이렇게 말했다.

하늘과 물이 어긋나게 가는 것이 송(訟)(이 드러난 모습)이니, 군자는 그것을

갖고서[^이以] 일을 시작하되 그 처음을 (신중하게 잘) 도모한다[^{천 여 수 위행}天與水違行
^{송 군자 이 작사 모시}訟君子以作事謀始].

송나라 학자 정이(程頤)는 "무릇 일을 할 때는 반드시 그 처음을 잘
도모해 분쟁의 발단을 일의 시초에서 끊어버리면 쟁송이 그로 말미암
아 생겨날 수가 없다"라고 했다.
즉 일을 처음 도모할 때부터 잘해서 분쟁이나 쟁송이 생겨나지 않
게끔 해야 한다는 말이다.

64-4

^{합포 지 목 생어 호말 구층 지 대 기어 누토 천리 지 행 시어 족하}合抱之木 生於毫末 九層之臺 起於累土 千里之行 始於足
下
^{위자 패지 집자 실지}爲者敗之 執者失之

아름드리나무도 털끝만 한 싹에서 생겨나고 9층 누대도 바닥에 쌓
은 흙부터 세워지며 천 리 먼 길도 발아래 첫걸음에서 시작한다.
억지로 하면 망치고 붙잡으려 하면 놓친다.

왕필 주(王弼注)

^{당 이 신종 제미 신미 제란 이 시위 치지 형명 집지 반 생 사원}當以愼終除微 愼微除亂 而施爲治之 形名執之 反生事原
^{교벽 자작 고 패실 야}巧辟滋作 故 敗失也

마땅히 마침을 신중히 함으로써 미미할 때 제거하고 미미할 때 신중히 함으로써 어지러움을 제거해야 한다. 그런데 억지로 베풀어서 다스리고 형명(形名)으로 그것을 붙잡으려 한다면 도리어 일의 원천을 낳아서 교묘함과 편벽됨이 점점 더 생겨난다. 그래서 망치고 놓치게 되는 것이다.

> **번역 비평과 풀이**
> 64-3을 구체적인 사례를 들어 재차 언급했다.
> 위자(爲者)와 집자(執者)만 풀면 된다. 최진석 교수는 이를 길게 다음과 같이 번역했는데 그 자체로 풀이가 된다.

"의도를 가지고 유위적으로 무슨 일을 하는 자는 결국 그것을 망치고 꽉 잡고 집착하는 자는 결국 그것을 잃게 된다."

64-5

是以 聖人無爲 故 無敗 無執 故 無失 民之從事 常於幾成
시이 성인무위 고 무패 무집 고 무실 민지종사 상어 기성

而敗之
이 패지

그러므로 성인(聖人)은 억지로 일을 하지 않기 때문에 그래서 실패가 없다. (억지로) 붙잡음이 없기 때문에 그래서 놓치는 일이 없다. (이와 달리) 백성이 일을 할 때는 늘 거의 다 돼갈 때쯤에 실패한다.

왕필 주(王弼注)

<ruby>不慎終也<rt>불 신종 야</rt></ruby>

마침을 신중히 하지 않았기 때문이다.

번역 비평과 풀이

전반부는 64-4에 이어지고 있고, 후반부는 말한 바와 같이 경종(敬終)에 관한 것으로 끝을 잘 마쳐야 한다는 문제를 말하고 있다. 성인(聖人)이나 성왕(聖王)은 신시이경종(愼始而敬終)하지만, 일반인은 그렇지 못해서 시작은 어느 정도 조심하지만, 그 끝을 조심해서 마치는 데는 능하지 못하다는 것이다. 따라서 여기서 백성, 즉 일반인이란 무위자연의 도를 체득하지 못한 일반 신하들로 봐야 한다.

당나라 때의 명신(名臣) 위징(魏徵)이 당 태종에게 올린 「간태종십사소(諫太宗十思疏)」를 떠올리지 않을 수 없다. 태종에게 10가지 반드시 명심해야 할 내용을 간언하는 상소라는 뜻이다. 그중에 2개가 이것이다.

처음에 시작을 잘하는 사람은 많지만, 능히 끝을 잘 마치는 자는 거의 없습니다.

나태하고 게을러질까를 두려워할 때는 반드시 일의 시작을 신중히 하고 일의 끝을 잘 삼가야 한다[<ruby>愼始而敬終<rt>신시 이 경종</rt></ruby>]는 것을 떠올려야 합니다.

64-6

^{신종 여시 즉 무 패사 시이 성인 욕 불욕 불귀 난득 지 화}
愼終如始 則無敗事 是以 聖人 欲不欲 不貴難得之貨

마침을 신중하게 하기를 처음처럼 한다면 일을 망치는 경우가 없다. 이 때문에 성인(聖人)은 불욕(不欲)을 욕망하고 얻기 어려운 재물을 귀하게 여기지 않는다.

왕필 주(王弼注)

^{호욕 수미 쟁상 위지 흥 난득 지 화 수세 탐도 위지 기 야}
好欲 雖微 爭尚爲之興 難得之貨 雖細 貪盜爲之起也

좋아하고 바라는 것은 (그것이) 비록 작더라도 다툼과 숭상하는 마음이 그 때문에 생겨나고, 얻기 어려운 재물은 (그것이) 비록 작더라도 탐욕과 도둑질하고픈 마음이 그 때문에 일어난다.

64-7

^{학 불학 복 중인 지 소과}
學不學 復衆人之所過

일반인의 배우지 않음을 배워서 많은 사람이 지나친 바를 되돌려 바로잡는다.

왕필 주(王弼注)

不學而能者 自然也 踰於不學者 過也 故 學不學 以復衆
人之所過

배우지 않고서도 능한 것은 자연스러움이요 배우지 않음을 넘어서
려는 것은 지나침이다. 그래서 배우지 않음을 배움으로써 많은 사람의
지나친 바를 회복시키는 것이다.

번역 비평과 풀이

일반인은 경종(敬終)을 하지 못한다. 반면에 성인(聖人)은 경종을 잘
한다. 이때의 성인은 성왕(聖王)보다는 성신(聖臣)을 가리킨다. 그 경종
을 잘할 수 있는 비결 3가지가 욕불욕(欲不欲), 불귀난득지화(不貴難得之
貨), 학불학(學不學)이다. 이에 대해서는 홍석주 풀이가 명료하다.

욕불욕(欲不欲)이란 일반인이 욕심내지 않는 것을 욕심낸다는 말이고 학
불학(學不學)이란 일반인의 '배우지 않음'을 배운다는 말이다. 난득지화는
바로 일반인이 욕심내는 것이다.

64-8

以輔萬物之自然而不敢爲

이렇게 함으로써 만물 만사의 자연스러움을 도우면서도 감히 억지로 뭔가를 하지 않는다.

번역 비평과 풀이

제64장은 전반적으로 무위(無爲)보다는 유위(有爲)에 가깝다고 할 것이다. 신시(愼始)가 그러하고 경종(敬終)이 그러하며 마지막에 나온 보(輔) 또한 마찬가지다.

전형적으로 삼공(三公), 즉 재상이 가져야 할 마음가짐이다.

제65장

古^고之^지善^선爲^위道^도者^자 非^비以^이明^명民^민 將^장以^이愚^우之^지

民^민之^지難^난治^치 以^이其^기智^지多^다

故^고 以^이智^지治^치國^국 國^국之^지賊^적

不^불以^이智^지治^치國^국 國^국之^지福^복 知^지此^차兩^양者^자 亦^역稽^계式^식

常^상知^지稽^계式^식 是^시謂^위玄^현德^덕 玄^현德^덕深^심矣^의 遠^원矣^의

與^여物^물反^반矣^의

然^연後^후 乃^내至^지於^어大^대順^순

옛날에 도(道)를 잘 행한 임금은 백성을 똑똑하게 만들지 않고 그들을 이끌어 우직하게 만들었다.

백성을 다스리기 어려운 까닭은 그들이 잔꾀가 많기 때문이다.

그래서 잔꾀로 나라를 다스리는 임금은 나라를 해치는 자이고

잔꾀로 나라를 다스리지 않는 것은 나라의 복이다. 이 2가지를 아는 것은 실로 (예나 지금이나) 한결같은 법도다.

늘 (이런) 동일한 법도를 늘 잘 알고 있는 것을 일러 현덕(玄德-현덕자

로 옮겨도 됨)이라고 하니 현덕은 깊고도 멀다.

일이나 사물과 더불어 (그 참됨으로) 되돌아간다.

그런 다음이라야 마침내 크게 고분고분 따르는 경지에 이르게
된다.

65-1

고 지 선위도자　비 이 명민　장이　우지
古之善爲道者 非以明民 將以愚之

옛날에 도(道)를 잘 행한 임금은 백성을 똑똑하게 만들지 않고 그들
을 이끌어 우직하게 만들었다.

번역 비평

장(將)은 '이끌다[導=攜]'라는 뜻이다.

우(愚)를 '어리석게 만들다'는 지나친 번역이고, '우직하게[愚=直=質=
樸] 만들다' 정도가 적당하다고 할 수 있다.

왕필 주(王弼注)

명　위 다지　교사　폐 기박　야　우 위 무지　수진　순 자연　야
明 謂多智巧詐 蔽其樸也 愚 謂無知守眞 順自然也

명(明)이란 잔꾀가 많고 교묘하게 속여서 그 질박함을 덮어 가리는

것을 말한다.

우(愚)란 아무런 잔꾀가 없이 참됨을 지켜 자연스러움을 고분고분 따르는 것을 말한다.

이노해노(以老解老)

명(明)은 지(知)와 더불어 노자에게는 2가지 의미가 다 있다고 봐야 한다. 습명(襲明)이라고 했을 때는 분명히 좋은 의미로 썼다. 심지어 제16장(16-4)에서는 이렇게 말했다.

상(常)을 알아내는 것을 일러 명(明)이라고 한다[知^{지상}常曰^왈明^명].

또 제52장(52-5)에서는 이렇게 말했다.

아주 작은 것을 보는 것을 명(明)이라 한다[見^{견소}小曰^왈明^명].

그러나 이는 대체로 통치자에게 해당하는 말이다. 제10장 10-4는 65-1과 통한다.

백성을 아껴주고 나라를 다스림에 있어 능히 무지(無知)해야 하리라[愛^{애민}民 治^{치국}國 能^능無^{무이}以知^지乎^호]!

임금이 지혜로 하면 백성도 지혜로 대응할 것이기 때문이다. 자연스럽게 65-2로 이어진다.

65-2

민 지 난치　이 기지　다
民之難治 以其智多

백성을 다스리기 어려운 까닭은 그들이 잔꾀가 많기 때문이다.

왕필 주(王弼注)

다지　교사　고　난치　야
多智巧詐 故 難治也

꾀가 많고 교묘하게 속이니, 그래서 다스리기가 어려운 것이다.

번역 비평과 풀이

　백성이 지혜나 잔꾀가 많게 되는 이유는 간단하다. '풍동(風動)'의 원리다. 바람이 부는 방향으로 풀이 눕듯이 군자가 보는 방향을 소인도 따라서 보기 마련이다. 통치자가 지혜나 잔꾀로 백성을 다스리려 하기 때문이다. 그렇게 되면 오히려 백성 다스리기가 힘들어진다.

65-3

고　이지　치국　국지적
故 以智治國 國之賊

그래서 잔꾀로 나라를 다스리는 임금은 나라를 해치는 자이고 적(賊)은 '해치는 것'이라는 뜻이다. 같은 용례가 『논어』「양화(陽貨)」편 13에 나온다.

공자가 말했다.

"시골에서 덕망이 있다는 소리를 듣는 사람[鄕原]은 (잘 알고 보면 대부분) 다움을 해치는 자다[鄕原 德之賊也]."

왕필 주(王弼注)

智 猶術也 以智而治國 所以謂之賊者 故 謂之智也
民之難治 以其多智也 當務塞兌閉門 令無知無欲 而以智
術動民 邪心旣動 復以巧術防民之僞 民知其術 隨防而
避之 思惟密巧 姦僞益滋
故曰 以智治國 國之賊也

잔꾀[智]란 꼼수[術]와 같다. 잔꾀를 써서 나라를 다스리니 나라를 해친다고 말한 까닭이 된다. 그래서 그것을 일러 잔꾀라고 했다.

백성을 다스리기 어려운 것은 백성이 잔꾀가 많기 때문이니 마땅히 구멍을 막고 문을 닫는 데 힘을 써서 잔꾀가 없고 욕심이 없게 해야 한다. 그런데 (이렇게 하지 않고) 잔꾀와 꼼수로 백성을 움직이면 그릇된 마음이 이미 싹터 올라서 (이때 가서) 다시 교묘한 꼼수로 백성의 거짓됨을 막더라도 백성은 그 꼼수를 알아차리고서는 막는 데에 따라서 (다시)

피하니 생각이 더욱 치밀하고 교묘해져서 간사함과 거짓됨이 더욱 늘어나게 된다.

그래서 말하기를 "잔꾀로 나라를 다스리는 임금은 나라를 해치는 자"라고 한 것이다.

풀이

왕필 주에 보태거나 뺄 것이 없다.

65-4

불 이지　치국　국지복　　지 차 양자　역 계식
不以智治國 國之福 知此兩者 亦稽式
상지　계식　시위　현덕　　현덕　심의　원의
常知稽式 是謂玄德 玄德 深矣 遠矣

잔꾀로 나라를 다스리지 않는 것은 나라의 복이다. 이 2가지를 아는 것은 실로 (예나 지금이나) 한결같은 법도다.

늘 (이런) 동일한 법도를 늘 잘 알고 있는 것을 일러 현덕(玄德-현덕자로 옮겨도 됨)이라고 하니 현덕은 깊고도 멀다.

번역 비평

이 2가지란 '나라를 해치는 것'과 '나라의 복'을 말한다.

계식(稽式)은 준칙(準則)이다.

왕필 주(王弼注)

<ruby>稽<rt>계</rt></ruby> <ruby>同<rt>동</rt></ruby><ruby>也<rt>야</rt></ruby> <ruby>今<rt>금</rt></ruby><ruby>古<rt>고</rt></ruby><ruby>之<rt>지</rt></ruby><ruby>所<rt>소</rt></ruby><ruby>同<rt>동</rt></ruby><ruby>則<rt>칙</rt></ruby> <ruby>不<rt>불</rt></ruby><ruby>可<rt>가</rt></ruby> <ruby>廢<rt>폐</rt></ruby> <ruby>能<rt>능</rt></ruby><ruby>知<rt>지</rt></ruby> <ruby>稽<rt>계</rt></ruby><ruby>式<rt>식</rt></ruby> <ruby>是<rt>시</rt></ruby><ruby>謂<rt>위</rt></ruby> <ruby>玄<rt>현</rt></ruby><ruby>德<rt>덕</rt></ruby> <ruby>玄<rt>현</rt></ruby><ruby>德<rt>덕</rt></ruby> <ruby>深<rt>심</rt></ruby><ruby>矣<rt>의</rt></ruby> <ruby>遠<rt>원</rt></ruby><ruby>矣<rt>의</rt></ruby>

계(稽)란 동일하다는 말이다. 지금이나 옛날이나 똑같이 본받는 것이니 폐기할 수 없다. (예나 지금이나) 늘 이 동일한 법도를 능히 잘 알 수 있는 것을 일러 현덕(玄德)이라고 하니, 현덕은 깊고도 멀다.

이노해노(以老解老)

현덕(玄德)에 대해 제10장(10-8)에서는 이렇게 말했다.

낳아주고도 소유하지 않고 행하고서도 내세우지 않고 자라나게 해주고도 주재하지 않으니 이를 일러 현덕(玄德)이라 한다[<ruby>生<rt>생</rt></ruby><ruby>而<rt>이</rt></ruby><ruby>不<rt>불</rt></ruby><ruby>有<rt>유</rt></ruby> <ruby>爲<rt>위</rt></ruby><ruby>而<rt>이</rt></ruby><ruby>不<rt>불</rt></ruby><ruby>恃<rt>시</rt></ruby> <ruby>長<rt>장</rt></ruby><ruby>而<rt>이</rt></ruby><ruby>不<rt>부</rt></ruby><ruby>宰<rt>재</rt></ruby> <ruby>是<rt>시</rt></ruby><ruby>謂<rt>위</rt></ruby><ruby>玄<rt>현</rt></ruby><ruby>德<rt>덕</rt></ruby>].

제51장(51-6)에서도 "자라나게 해주고도 주재하지 않으니, 이를 일러 현덕(玄德)이라 한다[<ruby>長<rt>장</rt></ruby><ruby>而<rt>이</rt></ruby><ruby>不<rt>부</rt></ruby><ruby>宰<rt>재</rt></ruby> <ruby>是<rt>시</rt></ruby><ruby>謂<rt>위</rt></ruby><ruby>玄<rt>현</rt></ruby><ruby>德<rt>덕</rt></ruby>]"라고 했다. 개략적으로나마 현덕(玄德)이라는 말의 윤곽을 잡았으리라 여긴다.

65-5

<ruby>與<rt>여</rt></ruby><ruby>物<rt>물</rt></ruby> <ruby>反<rt>반</rt></ruby><ruby>矣<rt>의</rt></ruby>

일이나 사물과 더불어 (그 참됨으로) 되돌아간다.

이 글의 주어는 누구일까? 도를 행하는 자다.

왕필 주(王弼注)

반 기진   야
反其眞也

그 참됨으로 되돌아간다는 말이다.

풀이

도를 잘 행하는 자는 이 2가지, 나라를 해치는 것과 나라의 복이
되는 것을 잘 알아서 참된 도리로 되돌아간다는 말이다.

65-6

연후   내 지어   대순
然後 乃至於大順

그런 다음이라야 마침내 크게 고분고분 따르는 경지에 이르게
된다.

대순(大順)은 명(明)보다는 우(愚)에 가깝다. 『논어』 「공야장(公冶長)」
편 20을 음미해보자.

공자가 말했다.

"영무자(甯武子)는 나라에 도리가 있을 때는 지혜로웠고 나라에 도리가 없
을 때는 어리석었다. 그의 지혜로움을 미칠 수는 있지만, 그의 어리석음은
미칠 수가 없다[甯武子邦有道則知(智) 邦無道則愚 其知可及也 其
愚不可及也]."

정약용은 이렇게 풀어낸다.

위나라는 성공(成公) 3년부터 나라가 어지러워 군주가 도망갔는데, 무릇
3년 만에 안정됐다. 이로부터 나라에 큰 혼란이 없었던 것이 27년 동안이
었다가 위나라 성공이 마침내 죽었다. 나라에 도리가 없다는 것은 3년 사
이를 가리키며 나라에 도리가 있다는 것은 국사가 안정된 뒤를 가리킨다.

도리가 있던 문공 때는 영무자도 이렇다 할 만한 것을 보여주지 못
했다. 그런데도 공자는 지혜로웠다고 평하고 있다. 도리가 잘 행해질 때
는 굳이 나서지 않는 것도 지혜로운 처신으로 본 것이다. 그래서 공자
는 그런 정도의 지혜는 자신도 따라갈 수 있다고 말한다.

반면 도리가 무너져 내린 성공 때의 영무자는 달랐다. 주희는 이때
의 영무자에 대해 "그 한복판에서 주선해 몸과 마음을 다 바쳐서 어

려움과 험난함을 피하지 않았다"라고 하면서 평하기를, "모든 그의 처한 바는 지혜롭고 재주 있는 사람들이 극구 피하고 즐겨 하지 않는 것이었으나 마침내 자기 몸을 보전하고 그 임금을 구제했으니, 이는 그의 어리석음을 따를 수 없는 것"이라고 했다. 어리석다고 했지만 실은 일반 사람이라면 나서지 않으려 하는 비상 상황에서 온 몸을 던져 어려움을 극복해냈다는 뜻이다.

영무자가 보여준 것이 대순(大順)이다.

제66장

^{강해} ^{소이} ^{능위} ^{백곡} ^{왕자} ^{이 기 선 하지} ^고 ^{능위} ^{백곡} ^왕
江海所以能爲百谷王者 以其善下之 故 能爲百谷王
^{시이} ^{성인} ^{욕 상민} ^{필 이언} ^{하지} ^{욕 선민} ^{필 이신} ^{후지}
是以 聖人欲上民 必以言下之 欲先民 必以身後之
^{시이} ^{성인} ^{처상} ^{이 민 부중} ^{처전} ^{이 민 불해} ^{시이} ^{천하} ^{낙추} ^이
是以 聖人處上而民不重 處前而民不害 是以 天下樂推而
^{불염}
不厭
^{이 기 부쟁} ^고 ^{천하} ^{막능} ^{여지} ^쟁
以其不爭 故 天下莫能與之爭

강과 바다가 능히 모든 골짜기의 왕이 될 수 있는 까닭은 그것들이 아래로 잘 낮췄기 때문이다. 그래서 능히 모든 골짜기의 왕이 될 수 있다.

이 때문에 성인(聖人)이 백성 위에 있고자 할 때는 반드시 그 말을 스스로 낮추고 백성 앞에 있고자 할 때는 반드시 그 몸을 뒤로 물린다.

이 때문에 성인이 위에 있어도 백성은 무겁다 여기지 않고 앞에 있어도 백성은 해롭다 여기지 않는다. 이 때문에 천하가 즐거이 추대하면서 싫증 내지 않는다.

이처럼 (성인은) 남과 다투지 않는다. 그래서 천하는 그와 제대로 다

틀 수가 없다.

골짜기는 자기를 낮춘다기보다는 자기를 낮춤이 아직도 미흡함을 비유한 것이다. 아무래도 골짜기는 강이나 바다보다는 해발이 높을 수밖에 없다. 제32장(32-4)부터 음미해보자.

비유하자면 도가 천하에 행해지는 것은 마치 시내와 골짜기(의 물)가 강과 바다로 흘러가는 것과 같다[譬道之在天下 猶川谷之與江海].

그러므로 "강과 바다가 능히 모든 골짜기의 왕이 될 수 있는"것이다.

이는 성인(聖人) 혹은 성왕(聖王)이 백성을 대하는 태도를 집약하고 있다. 대부분 내용은 앞에서 본 바 있는 것들이다. 다만 욕상민(欲上民)이나 욕선민(欲先民)은 매우 작위적으로 보인다. 어떤 목적을 위해 자기를 낮추고 자기를 뒤로 물리는 것처럼 보이기 때문이다. 즉 큰 것을 얻기 위해 작은 것을 내어주라는 말처럼 들린다. 자칫 이는 백성을 지배하기 위해 백성을 살짝 속여도 된다는 말처럼 여겨질 수도 있다. 결론적으로는 부쟁(不爭)에 강조점이 있다.

제67장

천하 개 위 아도 대 사 불초 부 유대 고 사 불초 약 초 구의 기세
天下皆謂我道大似不肖 夫 唯大 故 似不肖 若肖 久矣其細
야부
也夫

아유 삼보 지 이 보지 일왈 자 이왈 검 삼왈 불감 위천하 선 자
我有三寶 持而保之 一曰慈 二曰儉 三曰不敢爲天下先 慈

고 능용 검 고 능광 불감 위 천하 선 고 능성 기장
故 能勇 儉 故 能廣 不敢爲天下先 故 能成器長

금 사자 차 용 사검 차 광 사후 차 선 사의
今 舍慈且勇 舍儉且廣 舍後且先 死矣

부 자 이전 즉 승 이수 즉 고 천 장 구지 이자 위지
夫 慈以戰則勝 以守則固 天將救之 以慈衛之

　　천하 사람들은 다 나의 도(道)가 크지만 닮지 않은 듯 보인다고 한다. 무릇 오직 크기 때문에 비슷하지만 닮지 않은 것이다. 만약에 닮았다면 그것이 미미해진 지가 오래됐을 것이다.

　　나에게 3가지 보배가 있으니 그것을 잡아 지킨다. 첫째는 자애로움이고 둘째는 검소함이며 셋째는 감히 천하에 앞서지 않는 것이다. 자애롭기 때문에 능히 용감할 수 있고 검소하기 때문에 능히 넉넉할 수 있으며 감히 천하에 앞서지 않기 때문에 능히 천하 만인의 우두머리가 될 수 있다.

(그런데) 지금은 자애로움을 버리고 용감함을 취하며 검소함을 버리고 넉넉함을 취하며 물러섬을 버리고 앞섬을 취하니 죽게 될 것이다. 무릇 자애로움으로 전쟁을 하면 이기고 자애로움으로 지키면 견고하니 하늘이 장차 누군가를 구제하려 한다면 자애로움으로써 그를 지켜줄 것이다.

67-1

천하 개 위 아 도 대 사 불초 부 유 대 고 사 불초 약 초 구의 기세
天下皆謂我道大似不肖 夫 唯大 故 似不肖 若肖 久矣其細
야부
也夫

천하 사람들은 다 나의 도(道)가 크지만 닮지 않은 듯 보인다고 한다. 무릇 오직 크기 때문에 비슷하지만 닮지 않은 것이다. 만약에 닮았다면 그것이 미미해진 지가 오래됐을 것이다.

번역 비평

나[我]는 누구인가. 노자로 볼 수도 있지만, 성왕(聖王)으로 보는 것이 문맥에 어울린다.

다음으로는 초(肖)가 관건이다. 초(肖)란 '닮다[似]', '모양이 같다[類]', '본받다[法]' 등을 뜻한다. 흔히 현(賢)과 반대되는 뜻으로 자주 쓰이는 불초(不肖)란 아버지를 닮지 못해 뛰어나지 못하다는 뜻이다. 그러나 여기서는 '똑같다(同)'라는 의미로 봐야 한다.

왕필 주(王弼注)

久^{구의}矣其細 猶^{유왈}曰 其^{기세}細久^{구의}矣 肖^{초즉실기소이}則失其所以爲^{위대}大矣 故^{고왈}曰 若^{약초}肖
久^{구의}矣 其^{기세}細也^{야부}夫

"오래됐을 것이다! 그것이 미미해진 지가"라는 말은 곧 미미하게 된 지가 오래됐다는 말이다. 닮았다면 그 도(道)가 그렇게 크게 될 수 있었던 까닭을 잃은 것이니, 그래서 말하기를 "만약에 닮았다면 그것이 미미해진 지가 오래됐을 것이다"라고 한 것이다.

> **풀이**
>
> 홍석주 풀이가 명료하다.

대사불초(大似不肖)는 비록 크기는 하나 그렇지 않은 것 같다는 말이다. 노자가 도를 말함에 비록 그 큼을 극진히 하면서도 항상 겸손함과 부드러움을 근본으로 했으므로 사람들이 모두 (우리와) 비슷하지 않다고 말했다. 사람들은 모두 강한 것을 좋아하는데 자신만 자애롭고, 사람들은 모두 사치스러움을 숭상하는데 자신만 검소하며, 사람들은 모두 앞서기를 다투는데 자신만 감히 앞서려고 하지 않으니, 이것이 일반 사람들과 비슷하지 않은 점이다.

자연스럽게 67-2와 연결된다.

^{아유}^{삼보} ^{지 이 보지} ^{일왈 자} ^{이왈 검} ^{삼왈 불감 위 천하 선 자 자}
我有三寶 持而保之 一曰慈 二曰儉 三曰不敢爲天下先 慈
^{고 능용 검 고 능광} ^{불감 위 천하 선 고 능성 기장}
故 能勇 儉 故 能廣 不敢爲天下先 故 能成器長

나에게 3가지 보배가 있으니, 그것을 잡아 지킨다. 첫째는 자애로움
이고 둘째는 검소함이며 셋째는 감히 천하에 앞서지 않는 것이다. 자애
롭기 때문에 능히 용감할 수 있고 검소하기 때문에 능히 넉넉할 수 있
으며 감히 천하에 앞서지 않기 때문에 능히 천하 만인의 우두머리가
될 수 있다.

번역 비평

인(仁)과 같은 뜻인 자(慈)를 말한 것은 어머니를 내세우는 노자의
뜻에 어울리는 단어 선택이다.

기(器)는 제29장(29-2)에 입각해 '천하만인'으로 봤다.

천하는 신령스러운 기물이라 억지로 어떻게 할 수 있는 것이 아니다[^{천하}天下
^{신기 불가위 야}
神器 不可爲也].

왕필 주(王弼注)

^{부 자 이진 즉승 이수 즉고 고 능용 야}
夫 慈 以陳則勝 以守則固 故能勇也
^{절검 애비 천하 불궤 고 능광 야}
節儉愛費 天下不匱 故 能廣也

唯後外其身 爲物所歸然後 乃能立成器 爲天下利 爲物之
長也

무릇 자애로움은 그것으로써 진을 치면 이기고 그것으로써 지키면 견고하기에, 그래서 능히 용감할 수 있다.

절약하고 검소하며 씀씀이를 아끼니 천하에 다함이 없다. 그래서 능히 넉넉할 수 있다.

오로지 자기 자신을 뒤로하고 따로 제쳐둬 만물 만사가 돌아오는 바가 된 다음에야 마침내 기물을 이뤄줌으로써 천하에 이로움이 되니, (그래서) 만물 만사의 우두머리가 된다.

풀이

공자가 천하를 위해 인(仁)을 내세웠다면 노자는 천하를 위해 자(慈)·검(儉)·후(後)를 내세운다. 전형적인 제왕의 심술(心術)이다. 이것이 앞에서 말한 "대사불초(大似不肖)", 즉 크지만 닮지 않은 듯한 것이다.

자(慈)와 관련해서는 제19장(19-1)에서 노자는 이렇게 말한 바 있다.

인(仁)을 끊어내고 의(義)를 버리면 백성이 효도와 자애[孝慈]로 돌아간다.

검(儉)이란 불귀난득지화(不貴難得之貨)하는 것이고, 후(後)에 대해서는 이미 수없이 언급해왔다.

이 부분은 제67장의 핵심이다. 이와 관련해서 김충열 교수의 언급을 들어보자.

필자는 노자가 결코 무정부주의나 우민(愚民) 정치를 표방한 사람이 아니라 이상적인 정부와 이상적인 백성을 동경하면서 그 설계와 실천의 방법까지 나름대로 제시했던 적극적인 입세간주의자임을 주장했다. 이 장은 그 주장에 대한 또 하나의 유력한 반증이다. 이 장에서 제기된 삼보(三寶), 즉 자(慈)·검(儉)·후(後)는 어떤 종교 교리와 비교해도 손색이 없는 것으로, 특히 출세간적인 지향은 하나도 찾아볼 수 없는 적극적인 입세간적 교리뿐이다.

그런데도 왜 많은 이는 '노자' 하면 출세간(出世間) 이미지를 떠올리는 것일까? 그것은 노자 자신이 『도덕경』 5000자를 짓고서 숨어버려서이기도 하고, 『도덕경』 앞부분 몇 구절만 읽고서 인상비평을 하기 때문이기도 하다.

다시 김충열 교수의 언급이다.

지금까지는 『노자』를 연구한다는 사람들마저 노자를 단순한 현실도피자, 자연으로만 돌아가려는 은둔자, 세상 모든 것을 부정하기만 하는 부정주의자로 낙인찍은 다음, 특히 그 부정주의를 무정부주의, 우매한 백성 만들기 식으로 규정지어 몰아세워왔다. 그 결과 우리는 이렇게 위대한 사상을 그저 스쳐 지나가고 말았다.

전적으로 공감한다.

67-3

^금 ^{사자} ^{차용} ^{사검} ^{차광} ^{사후} ^{차선} ^{사의}
今 舍慈且勇 舍儉且廣 舍後且先 死矣
^부 ^자 ^{이전} ^즉 ^승 ^{이수} ^즉 ^고 ^천 ^장 ^{구지} ^{이자} ^{위지}
夫 慈以戰則勝 以守則固 天將救之 以慈衛之

(그런데) 지금은 자애로움을 버리고 용감함을 취하며 검소함을 버리
고 넉넉함을 취하며 물러섬을 버리고 앞섬을 취하니 죽게 될 것이다.

무릇 자애로움으로 전쟁을 하면 이기고 자애로움으로 지키면 견고
하니 하늘이 장차 누군가를 구제하려 한다면 자애로움으로써 그를 지
켜줄 것이다.

번역 비평

왕필은 차(且)를 사(舍)와 대비시켜 '취하다'로 풀었다. 뜻을 분명히
해준다는 점에서 그를 따른다.

광(廣)은 부유(富裕)함이다.

왕필 주(王弼注)

^차 ^{유취야} ^{상민} ^{이불피} ^{어난} ^고 ^{승야}
且 猶取也 相憫而不避於難 故 勝也

차(且)란 취하다[取]라는 뜻이다. 서로를 근심하며 어려움을 피하지
않으니, 그래서 이기는 것이다.

풀이

여기서 사(死)란 죽음의 길로 들어서게 된다는 비유적 의미다. 제 50장(50-1)을 보자.

삶의 길에서 벗어나면 죽음의 길로 들어선다[出生入死].
_{출생} _{입사}

이 말은 그대로 "자애로움을 버리고 용감함을 취하며, 검소함을 버리고 넉넉함을 취하며, 물러섬을 버리고 앞장섬을 취하니"를 읽어내는 해석 지침이라 할 수 있다.

이어서 노자는 자애로움을 다시 강조한다. "자애로움으로 전쟁을 하면 이기고 자애로움으로 지키면 견고하니"라는 말은 바로 부드러움과 약함이 실은 가장 강하다는 말이다. 『회남자(淮南子)』「원도훈(原道訓)」에 나오는 다음 말은 이 점을 보다 분명하게 풀어내고 있다.

유(柔)는 자기보다 나은 사람에게 이기며 그 힘은 측량할 수 없다. 그러기에 군대는 강함으로써 도리어 멸망 당하고 나무는 강함으로써 도리어 부러지며 갈대는 딱딱하기 때문에 찢어진다. 이빨은 혀보다 딱딱한데 먼저 깨진다. 그러므로 유약(柔弱)이야말로 삶의 근본이며 견강(堅强)이야말로 죽음의 친구라고 하는 것이다.

노자는 자(慈)·검(儉)·후(後)를 말해놓고는 다시 자(慈)만 반복한 이유가 무엇일까? 특히 자(慈)와 반대되는 짝으로 용(勇)을 말한 것은 어째서일까?

『한비자』「해로(解老)」편이다.

자애로운 어머니는 약한 자식에 대해 힘써 복이 오게 하고 화를 제거하려 한다. 그렇게 하면 사려가 깊어지고, 사려가 깊어지면 사리(事理)를 깨달을 수 있고, 사리를 깨달으면 반드시 공을 이루게 되고, 공을 이루면 실행하는 데 의심스러운 것이 없게 되니, 의심스러울 것이 없음을 용감함이라고 한다.

한비자가 말한 용감함이 바로 67-2에서 말한 "자애롭기 때문에 능히 용감할 수 있고"의 용(勇)이다. 67-3에서 말한 용감함은 자로와 같은 용맹스러움이라 하겠다. 공자가 강(剛)과 강(强)을 구별하는 것과 조응한다. 공자의 강(剛)은 내면이 강해 한결같음[一]이고 강(强)은 외적으로 힘이 세다는 뜻이다.

^{선위사자} ^{불무} ^{선전자} ^{불노} ^{선승적자} ^{불여}
善爲士者 不武 善戰者 不怒 善勝敵者 不與

^{선용인자} ^{위지 하} ^{시위 부쟁 지 덕} ^{시위 용인 지 력} ^{시위 배천}
善用人者 爲之下 是謂不爭之德 是謂用人之力 是謂配

^{고지극}
天 古之極

장수 노릇 잘하는 사람은 무용(武勇)을 내세우지 않고 잘 싸우는 사람은 분노하지 않으며 적을 잘 이기는 사람은 상대와 다투지 않는다.

사람을 잘 쓰는 자는 남에게 자기를 낮춘다. 이를 일러 다투지 않는 덕(德)이라 하고 이를 일러 사람을 쓰는 힘이라고 하며 이를 일러 하늘에 짝한다고 하니 옛날의 지극한 표준이다.

68-1

^{선위사자} ^{불무} ^{선전자} ^{불노} ^{선승적자} ^{불여}
善爲士者 不武 善戰者 不怒 善勝敵者 不與

장수 노릇 잘하는 사람은 무용(武勇)을 내세우지 않고 잘 싸우는 사람은 분노하지 않으며 적을 잘 이기는 사람은 상대와 다투지 않는다.

번역 비평

무(武)란 무력시위를 하지 않는다는 말이다.

분노를 다스리지 못하면 잘 싸울 수가 없다.

여(與)란 '맞붙는다'라는 뜻이다.

왕필 주(王弼注)

士^사 卒^졸之^지帥^수也^야 武^무 尚^상先^선陵^능人^인也^야 後^후而^이不^불先^선 應^응而^이不^불唱^창 故^고 不^부在^재
怒^노 不^불與^여爭^쟁也^야

사(士)란 병졸을 이끄는 장수다. 무(武)는 앞장섬을 높이고 남을 깔본다.

(장수 노릇 잘하는 사람과 잘 싸우는 사람, 적을 잘 이기는 사람은) 뒤로 물러설 뿐 앞장서지 않고 뒤에 응할 뿐 먼저 나서지 않는다. 그래서 분노가 없고 더불어 싸우는 일이 없다.

풀이

제68장은 제67장(67-4)의 "자애로움으로 전쟁을 하면 이기고 자애로움으로 지키면 견고하니[慈以戰則勝 以守則固]^{자 이전 즉 승 이수 즉 고}"에서 이어진다.

불무(不武), 불노(不怒), 불여(不與)는 모두 앞에서 말한 자애로움[慈]^자

을 사안별로 풀어낸 것이다.

제68장 68-1은 신하, 68-2는 임금에 관한 내용이다.

68-2

善用人者 爲之下 是謂不爭之德 是謂用人之力 是謂配
天 古之極

사람을 잘 쓰는 사람은 남에게 자기를 낮춘다. 이를 일러 다투지 않
는 덕(德)이라 하고, 이를 일러 사람을 쓰는 힘이라고 하고, 이를 일러
하늘에 짝한다고 하니, 옛날의 지극한 표준이다.

번역 비평

선(善)의 정확한 의미는 제8장(8-1)을 통해 파악할 수 있다.

가장 잘하는 것은 물과 같다. 물은 만물 만사를 잘 이롭게 해주면서도 다
투지 않고 뭇사람들이 싫어하는 곳(즉 가장 낮은 곳)에 처한다[上善若水 水
善利萬物而不爭 處衆人之所惡].

왕필 주(王弼注)

用人而不爲之下 則力不爲用也

사람을 쓰면서 남에게 자기를 낮추지 않으면 그의 힘을 내가 쓸 수가 없다.

풀이

아주 드물게 용인(用人) 문제를 언급하고 있다. 뒷장에서는 용병(用兵) 문제로 나아간다. 여기서는 첫 문장이 가장 중요하다.

사람을 잘 쓰는 사람은 남에게 자기를 낮춘다.

이 점을 유방(劉邦)과 항우(項羽)의 대조적인 모습을 통해 구체적으로 살펴보자. 반고의 『한서』(이한우 옮김, 21세기북스)「고제본기(高帝本紀)」에는 유방이 항우를 꺾고 천하를 통일한 후에 신하들에게 술자리를 베풀면서 나누는 의미심장한 대화가 나온다.

제(帝)가 낙양의 남궁(南宮)에 술자리를 베풀었다[置=催]. 상(上)⁶이 말했다.

"통후(通侯)⁷와 여러 장수는 감히 짐(朕)⁸에게 숨기는 것이 있어서는 안 되

---

6 原註-여순(如淳)이 말했다. "채옹(蔡邕)이 말하기를 '상(上)은 귀한 지위가 가장 위에 있다는 것이다'라고 했는데, (그것보다는) 그냥 상(上)이라고 한 것은 감히 존호(尊號)를 입에 담을 수 없었기 때문이다."

7 原註-응소(應劭)가 말했다. "예전의 철후(徹侯)를 말하는데, (한나라) 무제의 이름[諱](인 철(徹))을 피해 통후(通侯)라 한 것이다. 통(通) 또한 통하다[徹]는 뜻이다. 통하다[通]라는 것은 그의 공로와 다음이 왕실과 통한다는 말이다." 장안(張晏)이 말했다. "뒤에 열후(列侯)로 개칭됐다. 열(列)이란 서열을 드러낸다는 뜻이다."

8 原註-여순(如淳)이 말했다. "짐(朕)은 나[我]다. 채옹(蔡邕)이 말하기를 '옛날에는 위아래가 서로를 받들었다'라고 했다. 제순(帝舜)이 스스로 짐(朕)이라 했고 굴원(屈原)이 '나[朕]의 황고(皇考-돌아가신 아버지)'라는 말을 썼으며, 진(秦)나라에 이르러서야 존칭이 됐고 한나라는 드디어 그것을 이어받으며 뜻을 바꾸지 않았다."

니, 모두 그 속내[情=眞情=實情]를 말하도록 하라. 내가 천하를 갖게 된 까닭은 무엇인가. 항씨(項氏-항우)가 천하를 잃게 된 까닭은 무엇인가."

고기(高起)와 왕릉(王陵)이 대답했다.[9]

"폐하께서는 오만해서 다른 사람을 깔보시는데[嫚而侮人] 항우는 어질어서 다른 사람을 공경했습니다[仁而敬人]. 그러나 폐하께서는 사람들을 시켜 성을 공격하고 땅을 공략해서 점령하게 된 곳을 그 사람들에게 나눠줌으로써 천하와 이익을 함께했습니다. 항우는 뛰어난 이를 투기하고 능력이 있는 자를 질시해[妒賢(妬賢)嫉能] 공로가 있는 자를 해치고 뛰어난 이를 의심했으니, 싸움에서 이기더라도 다른 사람의 공로를 인정하지 않았고[不與] 다른 사람들이 땅을 획득해도 그들의 이익을 인정하지 않았습니다. 이것이 항우가 천하를 잃게 된 까닭입니다."

상이 말했다.

"그대들은 하나만 알고 둘은 알지 못한다. 무릇 군막[帷幄=軍幕] 안에서 계책을 세워[運籌] 1000리 밖에서의 승리를 결정짓는 일에 있어서 나는 자방(子房-장량)만 못하며, 나라를 안정시키고[塡=鎭=安] 백성을 어루만져주며 식량을 공급하고 군량 공급로를 끊어지지 않게 하는 일에 있어서 나는 소하만 못하고, 또 100만 대군을 이끌고서 싸우면 반드시 이기고 공격하면 반드시 적을 패퇴시키는 일에 있어서 나는 한신만 못하다.

이 세 사람은 모두 인걸(人傑)인데 나는 그들을 능히 썼으니, 이것이 내가 천하를 차지할 수 있었던 까닭이다.

---

9 原註-장안(張晏)이 말했다. "조(詔)해 고관(高官)을 먼저 일어나게[起] 하니, 그래서 능(陵)이 먼저 대답한 것이다." 맹강(孟康)이 말했다. "성이 고(高)이고 이름이 기(起)다." 신찬(臣瓚)이 말했다. "한나라 고제 때 신평후(信平侯) 신(臣) 능(陵)과 도무후(都武侯) 신(臣) 기(起)가 있었다." 사고(師古)가 말했다. "장씨(張氏)의 설은 틀렸다. 만약에 고관을 일어나게 한 것이라면 승상 소하, 태위 노관과 장량, 진평 등이 당시에 모두 능보다 윗자리에 있었으니 능이 먼저 대답할 수 없었을 것이다."

항우는 단지 범증(范增) 한 사람뿐이었는데도 제대로 쓰지를 못했으니, 이것이 그가 나에게 붙잡힌 까닭이다."

여러 신하가 기뻐하며[說=悅] 복종했다.

유방은 남들에게 자기를 낮췄고[下人], 항우는 정반대의 길을 걸었다.

제69장

用兵 有言 吾不敢爲主而爲客 不敢進寸而退尺 是謂行無
行 攘無臂 執無兵 扔無敵
禍莫大於輕敵 輕敵 幾亡吾寶
故 抗兵相若 哀者勝矣

용병(用兵)과 관련해 이런 말이 있다.

"나는 감히 주인이 되기보다는 손님이 되며 감히 한 치를 나아가기보다는 한 자를 물러선다."

이를 일러 진법이 없는 듯이 진을 치고[行] 팔뚝이 없는 듯이 팔을 휘두르며[攘] 병기가 없는 듯이 병기를 잡고[執] 적이 없는 듯이 적을 친다[扔]고 한다.

재앙 중에는 적을 경시하는 것보다 큰 것이 없으니 적을 경시하면 내 보배를 거의 잃게 된다.

그래서 군사가 맞서 서로 비슷할 때는 자애로운 쪽이 승리한다.

用兵 有言 吾不敢爲主而爲客 不敢進寸而退尺 是謂行無
行 攘無臂 執無兵 扔無敵

용병(用兵)과 관련해 이런 말이 있다.

"나는 감히 주인이 되기보다는 손님이 되며 감히 한 치를 나아가기
보다는 한 자를 물러선다."

이를 일러 진법이 없는 듯이 진을 치고[行] 팔뚝이 없는 듯이 팔을
휘두르며[攘] 병기가 없는 듯이 병기를 잡고[執] 적이 없는 듯이 적을 친
다[扔]고 한다.

번역 비평

시위(是謂) 이하에 대한 기존 번역들을 보면 모두 제각각이다. 김충
열 교수는 이를 다음과 같이 옮겼다.

행군함에 있어서 적의 행군과 충돌하지 않게 하고, 적정을 파악해서 적의
손과 마주침이 없게 하고, 공격을 가하더라도 적의 시설이나 무기를 파괴
하는 데만 주력할 뿐 될 수 있는 대로 적병의 목숨은 해치지 않는 요령을
취하며, 대항은 하되 '너 죽고 나 죽자' 식으로 살기를 보이지 말라.

다음은 최진석 교수의 번역이다.

이것은 진용을 갖춰 싸우려고 하나 펼쳐진 진용이 없고, 팔을 걷어붙이고 겨루려 하나 부딪힐 팔뚝이 없고, 무장을 하고 싸우려고 하나 물리칠 병사가 없으니, 끌고 와서 대적하려 해도 적으로 상대할 만한 대상이 아예 없는 꼴이다.

김학목 박사의 번역이다.

행군해 나아가도 나아간 흔적이 없고, 소매를 걷어 올려도 팔이 보이지 않으며, 끌어당겨도 (당기는) 상대가 없고, 무기를 잡고 있어도 무기가 보이지 않는 것이다.

김학목 박사 번역에서는 집무병(執無兵) 부분을 뒤로 돌렸다. 김학목 교수 번역은 알아들을 수는 있지만, 의역이 지나치고, 나머지 두 번역은 모호함을 충분히 제거하지 못했다.

왕필 주(王弼注)

行 謂行陣也 言以謙退哀慈 不敢爲物先 用戰 猶行無行 攘
無臂 執無兵 扔無敵也 言無有與之抗也

행(行)은 행진(行陣)을 일컫는다.

이는 겸손함과 물러남, 아껴줌과 자애로움을 갖고서 감히 남보다 앞장서지 않는다는 말이다. 이를 전쟁에 쓸 경우, 마치 행진을 해도 행진한 흔적이 없고 소매를 걷어붙여도 팔뚝이 없고 잡으려고 해도 병기가 없고 잡아당기려 해도 상대가 없는 것과 같다. 이는 그에 맞서 대항할 자가 없다는 말이다.

풀이

위에서 본 3가지 번역은 모두 행무행(行無行)을 행(行)하되 무행(無行)하라고 옮긴 데서 어려움을 자초한 것으로 보인다. 그런 점에서 중국의 장치청이 『도덕경 완전해석』(판미동)에서 제63장을 통해 이를 풀어야 한다고 한 것은 탁견이다. 63-1이다.

무위(無爲)를 하고 무사(無事)를 일삼으며 무미(無味)를 맛있게 여긴다[爲^위無爲^{무위} 事^사無事^{무사} 味^미無味^{무미}].

"행(行)하되 무행(無行)하라"로 옮겨서는 안 되고 "무행(無行)을 행하라"로 보라는 말이다. 왕필도 "행(行)하되 무행(無行)하라"에 입각해 주를 달았음을 보게 된다. 장치청의 제언을 바탕으로 다시 풀어보자.

이를 일러 진법이 없는 듯이 진을 치고[行^행] 팔뚝이 없는 듯이 팔을 휘두르며[攘^양] 병기가 없는 듯이 병기를 잡고[執^집] 적이 없는 듯이 적을 친다[扔^잉]고 한다.

이렇게 되면 내용적으로도 63-1과 맞아떨어진다. 반대로 진을 치고 팔을 휘두르고 병기를 잡고 적을 힘으로 치는 것이야말로 유위(有

爲)라 하겠다. 이런 유위는 적을 가벼이 여기는 데서 나오는 것이다. 자연스럽게 69-2와 이어진다. 이런 맥락에서 제27장 1에서 4절까지를 다시 한번 음미해보기 바란다. 초점은 '잘[善]'에 있다.

길을 잘 가면 자취를 남기지 않고[善行 無轍迹]
말을 잘하면 흠이나 허물이 없고[善言 無瑕謫]
수를 잘 헤아리면 주판을 쓰지 않고[善數 不用籌策]
잘 닫는 자는 빗장으로 잠그지 않아도 열 수가 없고 잘 묶는 자는 밧줄로 묶지 않아도 풀 수가 없다[善閉 無關楗 而不可開 善結 無繩約 而不可解].

이는 모두 제57장(57-1)에서 말한 "이기용병(以奇用兵)"의 기(奇), 즉 기책에 해당한다.

69-2

禍莫大於輕敵 輕敵 幾亡吾寶

재앙 중에는 적을 경시하는 것보다 큰 것이 없으니 적을 경시하면 내 보배를 거의 잃게 된다.

번역 비평

백서본에는 경적(輕敵)이 무적(無敵)으로 돼 있다. 그런데 여기서 무적(無敵)은 '상대할 자가 없다'라는 뜻이 아니라 '적을 없다고 여기다', 즉 '적을 업신여긴다[蔑]'는 뜻이다. 이때의 무(無)는 무군지심(無君之心)이라고 할 때의 무(無)와 같다. 따라서 경적(輕敵)과 무적(無敵)은 사실상 같은 뜻이다.

왕필 주(王弼注)

言吾哀慈謙退 非欲以取强無敵於天下也 不得已而卒至
於無敵 斯乃吾之所以爲大禍也
寶 三寶 故曰 幾亡三寶

이는 내가 아껴주고 자애롭고 겸손하고 물러나는 것이지 (뭔가를) 강하게 취해서 천하무적이 되려는 것이 아니어서, 어쩔 수 없이 결국 적이 없는 차원에 이른 것임을 말한다. (적을 경시하는 것.) 이것이 바로 내가 큰 재앙을 당하게 되는 까닭이다.

보(寶)란 (앞서 말한) 삼보(三寶)다. 그래서 (적을 경시하면) "내 보배를 거의 잃게 된다"고 했다.

풀이

보배란 다름 아닌 제67장에서 말한 삼보(三寶), 즉 자애로움[慈], 검소함[儉], 물러섬[後]이다.

그중에서도 가장 중요한 것은 자애로움[慈]임을 앞에서 살펴본 바 있다.

69-3

고 항병 상약 애자 승의
故 抗兵相若 哀者勝矣

그래서 군사가 맞서 서로 비슷할 때는 자애로운 쪽이 승리한다.

번역 비평

애(哀)에는 '슬퍼하다'나 '불쌍히 여기다' 외에 '사랑하다[愛之重之]'^{애지중지}
의 뜻도 있다. 그래서 여기서는 자(慈)와 정확히 통한다.

왕필 주(王弼注)

항 거야 약 당야 애자   필 상석 이 불 취리 이 피해 고 필승
抗 擧也 若 當也 哀者 必相惜而不趣利而避害 故 必勝

항(抗)은 '들어 올리다[擧]'^거이고 약(若)은 '대등하다[當]'^당다. 아껴주는
자는 반드시 서로를 아껴서 이익을 뒤쫓지 않고 해로움을 피한다. 그러
므로 반드시 승리하는 것이다.

풀이

67-3에서 노자는 "자애롭기 때문에 능히 용감할 수 있고[慈 故 能^{자 고능용}
勇]"라고 했고, 이어 67-4에서는 "자애로움으로 전쟁을 하면 이기고[慈^자
以戰則勝]"^{이전 즉승}라고 했다. 형세가 불리해도 자애로운 쪽이 끝내는 이길 텐
데, 하물며 양쪽 전력이 비슷함에랴!

제70장

오언 심 이지 심 이행 천하 막능 지 막능 행
吾言甚易知 甚易行 天下莫能知 莫能行
언 유종 사 유군 부 유무지 시이 불 아 지
言有宗 事有君 夫唯無知 是以不我知
지아자 희 칙아자 귀
知我者希 則我者貴
시이 성인 피갈 회옥
是以 聖人 被褐懷玉

내 말은 너무도 쉽게 알 수 있고 너무도 쉽게 행할 수 있지만, 천하
의 누구도 능히 알지 못하고 능히 행하지 못한다.

말에는 으뜸이 있고 일에는 주인이 있는데 무릇 오로지 (으뜸과 주인
이 있다는 것을) 모를 뿐이다. 이 때문에 나를 알지 못한다.

나를 아는 자가 드무니 나를 본받아 행하는 자 또한 드물다.

이 때문에 성인(聖人)은 갈옷을 입고 옥을 마음에 품는다.

오언　심　이지　　심　이행　　천하　막능　지　막능　행
吾言甚易知 甚易行 天下莫能知 莫能行

내 말은 너무도 쉽게 알 수 있고 너무도 쉽게 행할 수 있지만, 천하의 누구도 능히 알지 못하고 능히 행하지 못한다.

번역 비평

내 말이란 당연히 도(道)에 관한 말이다. 제20장에서 우리는 도를 홀로 아는 자의 고독함을 평소 『도덕경』 문체와는 사뭇 다르게 표현한 글을 니체의 글과 비교하며 살펴본 바 있다. 지금 여기서 제20장을 다시 읽어본다면 처음 봤을 때와는 전혀 다른 느낌임을 알 수 있을 것이다.

> 배움을 끊어내면 근심이 없어진다. "예"와 "아니오" 사이의 거리가 얼마일 것이며 아름다움과 추악함 사이의 거리가 얼마일 것인가. 사람들이 두려워하는 자는 (마찬가지로 사람들을) 두려워하지 않으면 안 된다.
> 아득히 멀도다, 아직 다하지 못함이여!
> 뭇사람들이 희희낙락하는 것이, 큰 소를 잡아 잔치를 하는 듯하고 봄날에 누대에 오르는 듯하다.
> 나 홀로 마음이 담담해 아직 조짐이 드러나지 않는 것이 마치 아직 웃을 줄도 모르는 갓난아기와 같다.
> 고달프도다! 돌아갈 곳이 없는 것과도 같다.

뭇사람들은 모두 남음이 있건만 나 홀로 내버려진 듯하다.

나는 어리석은 사람의 마음과 같아서 어둡기만 하도다!

세인들은 밝디밝은데 나 홀로 어둡고, 세인들은 잘 살피는데 나 홀로 어리석어 담담하기가 바다와도 같고 하늘 높이 나부끼는 바람처럼 그칠 줄 모르는구나!

뭇사람들은 다 쓸모가 있는데 나 홀로 완고해 비루하니

나 홀로 남들과 다르고자 해 식모(食母)를 귀하게 여기네!

왕필 주(王弼注)

可不出戶窺牖而知 故曰 甚易知 無爲而成 故曰 甚易行
惑於躁欲 故曰 莫之能知也 迷於榮利 故曰 莫之能行也

문을 나서거나 창밖을 내다보지 않고서도 알 수 있기 때문에 "너무도 쉽게 알 수 있다"라고 했고 억지로 행함이 없이 이뤄내기 때문에 "너무도 쉽게 행할 수 있다"라고 했다.

조급함과 욕심에 현혹되기 때문에 "누구도 능히 알 수 없다"라고 했고 영예와 이익에 미혹되기 때문에 "누구도 능히 행할 수 없다"라고 했다.

풀이

문맥이 바뀐다.

능히 알 수도 없고 행할 수도 없는 이유는 제41장 41-2와 41-3에서 살펴본 바 있다. 제70장을 살피기에 앞서 이를 먼저 읽어보자.

> 상사(上士)는 도(道)를 들으면 부지런히 그것을 행하고
> 중사(中士)는 도를 들으면 있는 듯이 없는 듯이 하고
> 하사(下士)는 도를 들으면 크게 비웃는다.
> (하사가) 비웃지 않으면 도라고 하기에 충분치 못하다.
> 그래서 이런 말이 있게 된다.

공자와 마찬가지로 노자도 종종 사람들이 자기를 알아주지 않는 것에 대한 서운함을 표현했다. 그러나 정확하게는 자기 도(道)를 사람들이 알아서 행하지 않는 것에 대한 서운함이다. 이는 공자가 어짊을 제대로 알아서 행하지 않는 사람들에 대해 비판하는 『논어』「위령공(衛靈公)」편 34와도 일맥상통한다.

공자가 말했다.
"백성(혹은 사람들)은 어짊에 대해 (멀리하거나 의지하는 것이) 물이나 불보다 더 심하다. 물이나 불을 밟다가 죽는 사람을 나는 봤지만 어짊을 밟다가(혹은 행하다가) 죽는 사람은 본 적이 없다."

70-1에 대해서는 홍석주 풀이가 명쾌하다.

노자의 말은 비록 고원하고 미묘한 것 같아도 실은 2가지를 근본으로 한 것에 지나지 않으니, 사람들이 안으로 청정(淸靜)해 욕심을 줄이고 밖으

로 겸손해 다른 사람들에게 낮추도록 하는 것일 뿐이다. 이것이 어찌 알기 어렵고 행하기 어려운 것이겠는가. 대개 이 2가지 근본은 진실로 『도덕경』 5000글자의 기본이고 천하만사의 으뜸이다.

70-2

言有宗 事有君 夫唯無知 是以不我知
<small>언유종　사유군　부유무지　시이　불아지</small>

말에는 으뜸이 있고 일에는 주인이 있는데 무릇 오로지 (으뜸과 주인이 있다는 것을) 모를 뿐이다. 이 때문에 나를 알지 못한다.

번역 비평

언행(言行)에서 행(行)이란 행실이 아니라 '행사(行事)', 즉 일을 행하는 것이다.

종(宗)과 군(君)은 판본에 따라 서로 바뀌어 있는데, 실은 둘이 같은 뜻이다.

왕필 주(王弼注)

宗 萬物之宗也 君 萬事之主也 以其言有宗 事有君之故 故
<small>종　만물　지종야　군　만사　지주야　이기언유종　사유군　지고　고</small>
有知之人 不得不知之也
<small>유지　지인　부득　부지　지야</small>

종(宗)은 만물의 으뜸이요 군(君)은 만사의 주인이다. 말에는 으뜸이

있고 일에는 주인이 있으므로 지혜가 있는 사람은 그것을 알지 못할 수가 없다.

풀이

일에 주인이 있다는 것은 일의 이치[事理]를 말하는 것이니, 다름 아닌 겸손과 물러섬[謙退]이다. 그런데 말에 으뜸 혹은 주인이 있다는 것은 무슨 뜻인가. 흔히 "말에는 취지(趣旨)가 있다", "말에는 원칙이 있다"라는 식으로 풀이하는데, 그것으로 충분한가.

이노해노(以老解老)

모든 말에 으뜸이나 주인이 있는 것도 아니다. 제5장(5-3)에서 노자는 이렇게 말했다.

말이 많으면 자주 궁하게 되니 빈속을 지키는 것만 못하다[多言數窮 不如守中].

따라서 말을 할 때는 으뜸이나 주인이 있는 말을 조심스럽게, 그리고 드물게 해야 한다. 제23장(23-1)이다.

희언(希言)은 자연스러움이다[希言 自然].

말에 있는 으뜸 혹은 주인이란 다름 아닌 도(道)이다. 제17장(17-6)은 말과 일을 행함[言行]을 연결해주는 고리가 된다.

그윽하도다, 그가 말을 귀하게 여김이여! 공로가 이뤄지고 일이 마무리돼도 백성은 모두 말하기를 우리가 자연스러워서 그렇게 됐다고 한다[悠兮^{유혜} 其貴言 功成事遂 百姓皆謂我自然].

70-3

知我者希^{지아자 희} 則我者貴^{칙아자 귀}

나를 아는 자가 드무니 나를 본받아 행하는 자 또한 드물다.

번역 비평

이때의 귀(貴)는 존귀(尊貴)의 귀(貴)가 아니라 희귀(稀貴)의 귀(貴)니, '드물다[稀^희]'는 뜻이다. 따라서 희(希)와 같다.

왕필 주(王弼注)

唯深^{유 심} 故知之者希也^{고 지지자 희 야} 知我益希^{지아 익희} 我亦無匹^{아 역 무필} 故曰^{고왈} 知我者希^{지아자 희} 則我者貴也^{칙아자 귀야}

참으로 깊다. 그래서 그것을 아는 자가 드문 것이다. 나를 아는 자가 더욱 드물어지면 나에게도 또한 상대가 없어진다. 그래서 말하기를 "나를 아는 자가 드무니 나를 본받아 행하는 자 또한 드물다"라고 했다.

나를 아는 자가 드물다는 것은 나의 도(道)를 알아보는 사람이 드물다는 뜻이다. 이때의 사람이란 여러 임금을 가리킨다고 봐야 한다. 임금 중에서 이런 도를 알아서 그것을 본받아 행하려는 자가 드물다는 것이다.

70-4

是以 聖人 被褐懷玉
시이 성인 피갈 회옥

이 때문에 성인(聖人)은 갈옷을 입고 옥을 마음에 품는다.

번역 비평

갈(褐)은 '베옷[毛布]'으로, 신분이 낮은 사람이 입는 옷이다.

옥(玉)은 군자다움을 상징한다. 『논어』 「자한(子罕)」편 12에 나오는 그 아름다운 옥이 바로 군자다움을 말한다.

자공(子貢)이 말했다.

"여기에 아름다운 옥이 있다면 (스승님께서는) 가죽으로 싸서 궤짝에 보관하시겠습니까? 물건을 알아보는 좋은 상인을 구해서 팔겠습니까[有美玉於斯 韞匵而藏諸 求善賈(價)而沽諸]?"

공자가 말했다.

"팔아야지! 팔아야지! (하지만) 나는 그런 상인을 기다리는 사람이다."

왕필 주(王弼注)

被褐者 同其塵 懷玉者 寶其眞也
聖人之所以難知 以其同塵而不殊 懷玉而不顯 故 難知而
爲貴也

갈옷을 입는다는 것은 먼지와 같이 한다는 뜻이요 옥을 마음에 품는다는 것은 그 참됨을 보배처럼 여긴다는 뜻이다.

성인(聖人)을 알기가 어려운 까닭은 그가 먼지와 같이 해서 두드러지지 않고 옥을 마음에 품고서도 드러내지 않기 때문이다. 그래서 알기가 어렵고 귀해진다.

풀이

'이 때문에'에 주목해서 풀어야 한다. 세상이 자기 도(道)를 알아주지 않고 그 도를 행하려는 임금이 드물다고 하고서는 '이 때문에' 성인(聖人)은 갈옷을 입고 옥을 마음에 품는다고 했다. 이때의 성인은 성왕(聖王)이 아니고 도를 체득한 사람을 가리킨다. 이 점에서는 공자와도 통한다. 『논어』「술이(述而)」편 10이다.

공자가 안연(顔淵)에게 말했다.

"(임금이 인재로) 써주면 행하고 (임금이) 버리면 숨어 지내는 것을 오직 너하고 나만이 갖고 있구나[用之則行 舍之則藏 惟我與爾有是夫]!"

여기서 말하는 '숨어 지내는 것' 혹은 '잘 간직하는 것[藏]'은 회옥(懷玉)의 회(懷)와 통한다.

결국 세상 임금들이 도를 잊은 지 이미 오래됐기에 노자가 말하는 도를 체득한 사람은 세상이 알아주지 않아서 허름한 옷을 입고 지내야겠지만 마음속에는 옥(玉), 즉 도(道)를 늘 간직하고 살아간다는 말이다.

이 점에서는 노자도 공자와 마찬가지로 세상에 나아가려는 꿈 자체를 끊어버린 사람은 아니었다는 것을 분명히 알 수 있다.

그런 점에서 제70장은 공자의 말이라고 해도 조금도 손색이 없다.

제71장

^{지 부지} ^상 ^{부지 지 병}
知不知 上 不知知 病
^{부 유 병병} ^{시이} ^{불병} ^{성인 불병} ^{이 기 병 병} ^{시이} ^{불병}
夫唯病病 是以不病 聖人不病 以其病病 是以不病

　일반인이 알지 못하는 것, 즉 상(常)을 아는 것이 최상이요 (그 같은 상(常)을) 알아야 한다는 것을 알지 못하는 것은 병이다.
　무릇 오로지 병을 병으로 여기니 이 때문에 병이 되지 않는다. 성인 (聖人)이 이런 병을 앓지 않는 것은 그가 병을 병으로 여기기 때문이다. 이 때문에 병이 없는 것이다.

71-1

^{지 부지} ^상 ^{부지 지 병}
知不知 上 不知知 病

　일반인이 알지 못하는 것, 즉 상(常)을 아는 것이 최상이요 (그 같은 상(常)을) 알아야 한다는 것을 알지 못하는 것은 병이다.

번역 비평

　지부지(知不知)만 풀면 부지지(不知知)는 자동으로 풀린다.

　상(上)은 백서본에 상(尙)으로 돼 있다. 병(病)과 짝을 이룬다는 점에서는 상(上)보다 상(尙)이 더 나아 보인다. 그러나 '최상'이라는 점에서는 큰 차이가 없다.

　이를 흔히 "알면서도 알지 못하는 척하는 것이 최상이요, 알지 못하면서도 안다고 하는 것은 병이다" 식으로 풀어낸다. 이는 문맥을 내버린 풀이라 하겠다.

왕필 주(王弼注)

不知知之不足任 則病也

　앎이란 뭔가를 맡길 만한 것이 못 된다는 것을 알지 못한다면 이는 병이다.

이노해노(以老解老)

　지부지(知不知)는 『도덕경』 문맥에서 풀어야 한다. 부지(不知)란 일반인이 알지 못하는 것, 즉 상(常)이다. 그러면 제16장(16-4)과 자연스럽게 이어진다.

상(常)을 알아내는 것을 일러 명(明)이라고 한다[知常曰明].

상(常)을 알지 못하면 망령돼 흉한 일을 빚어낸다[不知常 妄作凶].

그러면 부지지(不知知)의 지(知)란 지상(知常), 즉 명(明)이 되는데, 이런 상(常)을 알아야 한다는 것을 모른다면 불명(不明)이니 병(病)이 된다는 말이다. 이렇게 하고서 제56장(56-1)을 읽어보자.

아는 자는 말하지 않고 말하는 자는 알지 못한다[知者 不言 言者 不知].

그러니 언자(言者)는 병이 되는 것이다.

상(常)을 알지 못해 곤경에 처한 경우와 관련해서 『회남자(淮南子)』 권12 「도응훈(道應訓)」에 나오는 사례를 살펴보자.

진(秦)나라 목공(穆公)이 장차 군사를 일으켜 정나라를 치려고 하자 건숙(蹇叔)이 말했다.

"안 됩니다. 신이 듣건대 다른 나라를 공격할 수 있는 한도는 병거로는 100리, 보병으로는 30리까지라고 했습니다. 그 범위라면 계략이 누설되는 일도 없고 장비가 무뎌지는 일도 없으며 식량이 결핍되는 일도 없고 백성이 피폐해지는 일도 없습니다. 그래서 고양된 의지와 왕성한 전투력을 유지하면서 전쟁터에까지 갈 수 있으며, 그렇기에 적을 공격해서 위력을 떨칠 수 있는 것입니다.

그런데 이번에는 행군 거리가 수천 리나 되는 데다가 여러 제후 영토를 지나 다른 나라를 공격해야 하니, 신은 성공 여부를 알 수가 없습니다. 임금께서는 거듭 사려 하십시오."

목공은 들어주지 않았다. 건숙은 군대를 전송하고서 상복을 입고 곡을 했다. 군대는 드디어 행군했고, 주나라를 지나 동쪽으로 갔다. 마침 정나라 상인 현고(弦高)가 정나라 임금의 명이라고 속이고서 소 12마리를 바치고 진나라 군대를 위로했다. 진나라 장군 세 사람이 겁을 먹고서 마침내 모의해 말했다.

"우리는 수천 리를 행군해 다른 나라를 공격하고자 하는데, 아직 도착도 하기 전에 이미 적군이 알아차린 듯하오. 그렇다면 그들의 방어 태세는 이미 잘 갖춰졌을 것이 분명하니 습격할 수가 없소."

군대를 돌려 떠나가려 했다.

바로 이런 때에 진(晉)나라 문공(文公)이 마침 세상을 떠났는데, 아직 장례도 끝나지 않은 상태였다. 선진(先軫)이 양공(襄公)에게 말했다.

"예전에 우리 선군(先君-돌아가신 임금, 즉 문공)과 목공의 우의는 천하가 다 아는 바이니 제후들이 모를 리가 없습니다. 그런데 지금 선군께서 돌아가셨고 장례도 치르지 않은 지금 목공이 조문하러 오지도 않고 길을 빌리겠다는 말조차 하지 않는 것은, 우리 선군께서 돌아가셨고 또 전하께서 유약하다 여기며 우습게 여기는 처사입니다. 바라건대 목공을 쳐야 합니다."

양공이 허락했다. 선진은 군사를 일으켜 진나라 군대를 효(殽)에서 맞이해 쳐서 대파하고 세 장군을 포로로 잡아 돌아왔다. 목공은 이 소식을 듣고서 소복 차림으로 사당에 나아가 무리에게 해명을 해야 했다.

그래서 노자가 말하기를 "일반인이 알지 못하는 것, 즉 상(常)을 아는 것이 최상이요 (그 같은 상(常)을) 알아야 한다는 것을 알지 못하는 것은 병이다"라고 했다.

제16장(16-4)의 말로 말하자면 "상(常)을 알지 못해서 망령돼 흉한 일을 빚어낸[不知常 妄作凶]" 경우라 할 것이다.

71-2
────

^{부 유 병 병} ^{시 이} ^{불 병} ^{성 인} ^{불 병} ^{이 기 병 병} ^{시 이} ^{불 병}
夫唯病病 是以不病 聖人不病 以其病病 是以不病

무릇 오로지 병을 병으로 여기니 이 때문에 병이 되지 않는다.
성인(聖人)이 이런 병을 앓지 않는 것은 그가 병을 병으로 여기기 때문이다. 이 때문에 병이 없는 것이다.

| 번역 비평과 풀이

이는 단순한 앎[知]의 문제를 다룬 것이 아니다. 즉 상(常)을 도(道)로 바꾸면 사람들이 도를 알지 못한다는 것을 아는 것이 최상이요 사람들이 도를 알아야 하는 것을 알지 못하면 최악이라는 말이다.

제72장

민 불외 위 즉 대위 지 무압 기 소거 무염 기 소생
民不畏威 則大威至 無狎其所居 無厭其所生
부 유 불염 시 이 불염 시 이 성인 자지 불 자현 자애 불 자귀
夫唯不厭 是以 不厭 是以 聖人自知 不自見 自愛 不自貴
고 거피 취차
故 去彼取此

    백성이 (통치자의) 위엄을 두려워하지 않게 되면 대위(大威)가 찾아온다. 백성의 거처를 함부로 하지 말고 백성의 생활을 힘들게 하지 말라.

    무릇 오로지 힘들게 하지 않으면 싫어하지 않을 것이다. 이 때문에 성인(聖人)은 이런 이치를 스스로 잘 알기에 자기를 드러내지 않고 스스로를 아끼기에 자기를 귀하게 여기지 않는다.

    그래서 저것을 버리고 이것을 취한다.

72-1

민 불외 위 즉 대위 지 무압 기 소거 무염 기 소생
民不畏威 則大威至 無狎其所居 無厭其所生

백성이 (통치자의) 위엄을 두려워하지 않게 되면 대위(大威)가 찾아온다. 백성의 거처를 함부로 하지 말고 백성의 생활을 힘들게 하지 말라.

번역 비평

대위(大威)를 어떻게 볼 것인지가 관건이다. 왕필은 천주(天誅), 즉 천벌이라고 봤다. 백성을 힘들게 하면 천명(天命)이 바뀌게 된다는 말이다.

왕필 주(王弼注)

清靜無爲謂之居 謙後不盈謂之生 離其淸靜 行其躁欲 棄
其謙後 任其威權 則物擾而民僻 威不能復制民 民不能堪
其威 則上下大潰矣 天誅將至
故曰 民不畏威 則大威至 無狎其所居 無厭其所生 言威力
不可任也

맑고 고요해 억지로 함이 없는 것을 일러 거(居)라고 하고 겸손하게 뒤로 물러나 있으면서 가득 채우지 않는 것을 일러 생(生)이라고 한다. 이런 맑고 고요함을 떠나서 조급함과 욕심을 행하며 겸손하게 뒤로 물러나야 하는 것을 버리고 자기 위엄과 권력에 (모든 것을) 맡기면 일이 어지러워지고 백성이 궁벽해진다. (이렇게 되면) 위엄은 더는 백성을 제어할 수 없고 백성이 그 위엄을 감당할 수 없게 된다면 위아래(질서)가 크게 무너져 내리고 천벌이 장차 이르게 된다.

그래서 말하기를 "백성이 (통치자의) 위엄을 두려워하지 않게 되면 대위(大威)가 찾아온다. 백성의 거처를 함부로 하지 말고 백성의 생활을 힘들게 하지 말라"라고 했으니, 이는 위력(威力)이란 믿을 만한 것이 아님을 말한 것이다.

| 풀이

우선 말을 뒤에서부터 풀어야 한다. 백성 거처를 편안하게 해주지 않고 백성 살림을 힘들게 할 경우 백성은 더는 무서워할 것이 없어져 일거에 들고일어날 수 있다는 경고다. 이는 『논어』「요왈(堯曰)」편 1에 나오는 요(堯)임금의 당부와 일맥상통한다.

요(堯)임금이 말했다.

"아! 너 순(舜)아, 하늘의 역수(曆數)가 네 몸에 달렸으니 진실로 그 적중함을 잡도록 하라. 사해가 곤궁하면 하늘의 명이 영원히 끊어질 것이다

_{자 이 순 천 지 역수   재 이궁 윤 집 기중   사해 곤궁   천록 영 종}
[咨爾舜 天之曆數 在爾躬 允執其中 四海困窮 天祿永終]."

순(舜)임금도 이를 갖고서 우왕(禹王)에게 명해주었다.

72-2

_{부 유 불염   시 이   불염   시 이   성인   자 지   불 자현   자애   불 자귀}
夫唯不厭 是以 不厭 是以 聖人自知 不自見 自愛 不自貴

무릇 오로지 힘들게 하지 않으면 싫어하지 않을 것이다. 이 때문에 성인(聖人)은 이런 이치를 스스로 잘 알기에 자기를 드러내지 않고 스

스스로를 아끼기에 자기를 귀하게 여기지 않는다.

성인(聖人) 혹은 성왕(聖王)이란 "일반인이 알지 못하는 것, 즉 상(常)을 아는" 임금이다. 자지(自知)란 이를 가리킨다. 제33장(33-1)에서 말했다.

자기를 아는 사람은 밝다[自知者明].

이는 명(明)을 매개로 해서 제71장 지부지(知不知)와 바로 통한다.

왕필 주(王弼注)

不自厭也 不自厭 是以 天下莫之厭
不自見其所知 以耀光行威也
自貴 則物狎厭居生

스스로 싫증 내지 않는 것이다. 스스로 싫증 내지 않으니 이 때문에 천하가 싫증 내지 않는다.

자기가 아는 것을 스스로 드러내어 빛을 내고 위세를 부리지 않는다는 뜻이다.

스스로를 귀하다고 여기면 일과 사물은 거(居)를 소홀히 하고 생(生)에 싫증을 내게 된다.

그러면 자애(自愛)도 역설적으로 이기적이라는 뜻보다는 자기를 아끼기에 자중할 줄 안다는 뜻으로 봐야 한다. 그래서 "자신을 알지만, 자신을 드러내지 않으며 자신을 아끼지만, 자신을 귀하게 만들지 않는다"라는 일반적인 풀이 대신 "스스로 잘 알기에"와 "스스로를 아끼기에"로 옮겼다.

72-3

고 거피 취차
故 去彼取此

그래서 저것을 버리고 이것을 취한다.

번역 비평과 풀이

저것이란 후자, 즉 스스로를 드러내어 자랑하고 스스로 귀하다고 여기는 것이고, 이것이란 스스로를 잘 알고 스스로를 아끼는 태도를 말한다.

제73장

勇於敢 則殺 勇於不敢 則活 此兩者或利或害

天之所惡 孰知其故 是以 聖人猶難之

天之道 不爭而善勝 不言而善應 不召而自來 繟然而善

謀

天網恢恢 疏而不失

감히 뭔가를 하는 데 오로지 힘을 쏟으면 죽고 부드럽고 유연하게 일을 풀어가는 데 오로지 힘을 쏟으면 산다. 이 2가지는 혹 이롭고 혹 해롭다.

하늘이 싫어하는 바에 대해 누가 그 이유를 알 수 있겠는가? 이 때문에 성인(聖人)은 오히려 그것을 어렵게 여긴다.

하늘의 도(道)는 다투지 않고서도 잘 이기고 말하지 않아도 잘 호응하며 부르지 않아도 스스로 오고 느긋한데도 모책을 잘 세운다.

하늘의 그물은 넓고 커서 듬성듬성한 듯하지만 (아무것도) 놓치지 않는다.

73-1

용어 감 즉살 용어 불감 즉활 차 양자 혹리혹해
勇於敢 則殺 勇於不敢 則活 此兩者或利或害

감히 뭔가를 하는 데 오로지 힘을 쏟으면 죽고 부드럽고 유연하게
일을 풀어가는 데 오로지 힘을 쏟으면 산다. 이 2가지는 혹 이롭고 혹
해롭다.

번역 비평

용(勇)은 '용감하다'라는 뜻보다는 김충열 교수의 지적대로 '골몰
해 집중한다'라는 뜻이다. '오로지 힘을 쏟는다[專=專念]'로 보면 될 듯
하다.

살(殺)은 죽음의 길이고 활(活)은 삶의 길이다.

감(敢)은 조동사가 아니라 본동사로 강하고 용맹스럽다[強勇]는 뜻
이고, 불감(不敢)은 반대로 부드럽고 약하다[柔弱]는 뜻이다.

왕필 주(王弼注)

필 부득 기사 야
必不得其死也
필 제명 제명 야
必齊命[=濟命]也
구 용 이 소시자 이 이해 부동 고왈 혹이혹해 야
俱勇而所施者異 利害不同 故曰 或利或害也

(감히 뭔가를 하는 데 오로지 힘을 쏟으면) 반드시 제대로 된 죽음을 맞을

수 없다.

(부드럽고 유연하게 일을 풀어가는 데 힘을 쏟으면) 반드시 제 명을 보존할
수 있다.

둘 다 오로지 힘을 쏟는 것이지만 베풀어지는 바가 다르고 (그로 인
한) 이로움과 해로움이 같지 않다. 그래서 "혹 이롭고 혹 해롭다"라고
했다.

> **이노해노**(以老解老)
> 제50장(50-2)을 읽고서 이 장을 풀어가는 것이 순조롭다.

삶의 길을 가는 무리가 열 중에서 셋이고 죽음의 길로 가는 무리가 열 중
에서 셋이다. 사람 중에서 삶의 길에서 죽음의 길로 움직여 가는 무리가
또한 열 중에서 셋인데 무릇 어째서인가. 그런 사람은 삶을 너무 두터이 했
기 때문이다.

대개 듣건대 삶을 잘 관리하는 사람은 육지로 가더라도 외뿔소나 호랑이
와 마주치는 일이 없고 군대에 가더라도 갑옷을 입거나 무기를 들 일이 없
다고 했다. 외뿔소는 그 뿔을 처박을 곳이 없고 호랑이는 발톱을 쓸 곳이
없으며 병기는 날을 겨눌 일이 없다. 무릇 어째서인가. 무릇 어째서인가.
그런 사람들은 (애당초) 죽음의 영역을 없애버렸기 때문이다.

혹 이롭고 혹 해롭다고 했으니 그 답은 분명하다. 부드럽고 유연하
게 일을 풀어가는 데 오로지 힘을 쏟는 쪽이 이롭고 강하고 힘쓰는 일
에 오로지 힘을 쏟는 쪽이 해롭다.

73-2

천 지 소오　숙지　기고　시이　성인　유 난지
天之所惡 孰知其故 是以 聖人猶難之

하늘이 싫어하는 바에 대해 누가 그 이유를 알 수 있겠는가? 이 때문에 성인(聖人)은 오히려 그것을 어렵게 여긴다.

왕필 주(王弼注)

숙 수 야
孰 誰也
언 수능　지 천의　야 기유　성인
言誰能知天意邪 其唯聖人
부 성인　지 명　유 난어 용감　황 무성인　지 명 이욕 행지　고왈　유
夫 聖人之明 猶難於勇敢 況無聖人之明 而欲行之 故曰 猶
난지 야
難之也

숙(孰)은 누구[誰]라는 말이다.

"누가 능히 하늘의 뜻을 알겠는가? 그것은 오직 성인뿐이다"라고 말한 것이다.

무릇 성인의 눈 밝음으로도 오히려 강하고 힘을 쓰는 일에 오로지 힘을 쏟는 것[勇敢]을 어렵게 여기는데, 하물며 성인의 눈 밝음이 없이 그렇게 하려 함에랴! 그래서 "오히려 그것을 어렵게 여긴다"라고 했다.

풀이

제73장에서는 73-2가 다소 모호할 수 있는데, 홍석주 풀이가 그런

모호함을 깨끗하게 제거한다.

"하늘이 싫어하는 바"는 강하고 힘을 쓰는 일에 오로지 힘을 쏟는 자를 가리켜 말했으며 "누가 그 이유를 알 수 있겠는가"는 헤아릴 수 없다는 말이다. 강하고 힘을 쓰는 일에 오로지 힘을 쏟는 자는 항상 화를 면치 못하는 경우가 많으니 이는 하늘이 싫어하는 바이기 때문이다. 성인은 알지 못하는 것이 없는 분인데도 오히려 어렵게 여기고 삼가서 감히 강하고 힘쓰는 일에 오로지 힘을 쏟지 못한다. 그런데 하물며 다른 사람들은 말해 무엇 하겠는가?"

73-3

天之道 不爭而善勝 不言而善應 不召而自來 繟然而善
謀

하늘의 도(道)는 다투지 않고서도 잘 이기고 말하지 않아도 잘 호응하며 부르지 않아도 스스로 오고 느긋한데도 모책을 잘 세운다.

번역 비평

천(繟)은 '늘어지다', '느긋하다'라는 뜻이다. 백서본에는 탄(坦)으로 돼 있는데, '느긋하다'로 같은 뜻이다.

왕필 주(王弼注)

夫唯不爭 故 天下莫能與之爭

順則吉 逆則凶 不言而善應也

處下則物自歸

垂象而見吉凶 先事而設誠 安而不忘危 未兆而謀之 故曰

繟然而善謀也

(하늘의 도는) 무릇 오로지 다투지 않는다. 그렇기에 천하는 그와 다툴 수가 없다.

(하늘의 도에) 고분고분하면 길하고 거스르면 흉하니, (그래서) 말하지 않아도 잘 호응한다.

(자기를 낮춰) 아래에 처하면 일과 사람[物]이 저절로 돌아온다.

상(象)을 드리워 길흉을 보고 일에 앞서 열렬함을 다하니, 편안할 때 위태로움을 잊지 않고 아직 조짐이 드러나지 않았을 때 미리 도모한다. 그래서 "느긋한데도 모책을 잘 세운다"라고 했다.

풀이

하늘의 도(道)란 무위(無爲)고 사람의 도란 유위(有爲)다. 하늘의 도이기 때문에 김충열 교수는 "싸우지 않고도 승리를 가져오고, 내 편을 들라고 불러 모으지 않아도 자연스레 모여들며, 초청하지 않았는데도 만물이 의탁해 오고, 무슨 심사숙고니 치밀한 계산이니 하는 것 없이도 최선의 지모를 낸다"라고 말했다.

73-4

천망 회회   소 이 부실
天網恢恢 疏而不失

하늘의 그물은 넓고 커서 듬성듬성한 듯하지만 (아무것도) 놓치지 않는다.

번역 비평과 풀이

회회(恢恢)란 넓고 성기다는 뜻이다. 홍석주 풀이가 명료하다.

하늘의 도는 가까이 눈과 귀로 헤아려보면 막연해 징계할 수 없을 듯하지만 멀리 100년이나 1000년쯤 뒤로 기약해보면 끝내 도망칠 수 있는 자가 없으니 이것이 이른바 "듬성듬성하지만 놓치지 않는다"는 것이다. 이와 같은 것은 무엇 때문인가. 하늘은 자신의 마음을 수고롭게 함으로써 스스로 무엇인가를 하는 것이 아니라 저절로 그렇게 되는 것을 그저 주재할 뿐이다. 성인은 천하에 대해서는 담담하기가 아무것도 생각하지 않는 듯하고, 나서지 않음이 아무것도 할 수 없는 듯하며, 사람에 대해서는 측은하게 여겨 차마 죽이지 못한다. 그러나 성인이 무엇인가 한 것이 있다면 자신이 그렇게 한 것이 아니라 이치가 저절로 그렇게 돼 천하가 그렇게 한 것이고 죽인 것이 있다면 자신이 죽인 것이 아니라 그가 스스로 죽은 것이고 천하가 죽인 것이다.

제74장

民不畏死 奈何以死懼之

若使民常畏死 而爲奇者 吾得執而殺之 孰敢

常有司殺者殺 夫 代司殺者殺 是代大匠斲

夫 代大匠斲者 希有不傷其手矣

　　백성이 죽음을 두려워하지 않는데 어찌 죽음으로 (협박해) 백성을
두렵게 할 수 있겠는가?

　　만약에 백성으로 하여금 늘 죽음을 두려워하게 하는데도 기이한
짓을 하는 자가 있다면 내가 붙잡아 죽일 것이다. 누가 감히?

　　늘 죽임을 담당하는 자를 둬 죽인다. 무릇 죽임을 담당하는 자를
대신해서 (내가 직접) 죽인다면 이는 곧 큰 목수를 대신해서 (내가 직접)
나무를 깎고 다듬는 것과 같다.

　　무릇 큰 목수를 대신해서 나무를 깎고 다듬게 될 경우 손을 다치
지 않는 경우가 드물다.

<ruby>民<rt>민</rt></ruby><ruby>不<rt>불</rt></ruby><ruby>畏<rt>외</rt></ruby><ruby>死<rt>사</rt></ruby> <ruby>奈<rt>내</rt></ruby><ruby>何<rt>하</rt></ruby><ruby>以<rt>이</rt></ruby><ruby>死<rt>사</rt></ruby><ruby>懼<rt>구</rt></ruby><ruby>之<rt>지</rt></ruby>
<ruby>若<rt>약</rt></ruby><ruby>使<rt>사</rt></ruby><ruby>民<rt>민</rt></ruby><ruby>常<rt>상</rt></ruby><ruby>畏<rt>외</rt></ruby><ruby>死<rt>사</rt></ruby> <ruby>而<rt>이</rt></ruby><ruby>爲<rt>위</rt></ruby><ruby>奇<rt>기</rt></ruby><ruby>者<rt>자</rt></ruby> <ruby>吾<rt>오</rt></ruby><ruby>得<rt>득</rt></ruby><ruby>執<rt>집</rt></ruby><ruby>而<rt>이</rt></ruby><ruby>殺<rt>살</rt></ruby><ruby>之<rt>지</rt></ruby> <ruby>孰<rt>숙</rt></ruby><ruby>敢<rt>감</rt></ruby>

백성이 죽음을 두려워하지 않는데 어찌 죽음으로 (협박해) 백성을 두렵게 할 수 있겠는가?

만약에 백성으로 하여금 늘 죽음을 두려워하게 하는데도 기이한 짓을 하는 자가 있다면 내가 붙잡아 죽일 것이다. 누가 감히?

번역 비평

제72장 "민불외위(民不畏威)"부터 계속해서 백성의 저항이 문맥을 형성하고 있다. 임금이 도(道)로 다스리지 않을 경우 이런 일은 어쩌면 불가피할는지도 모른다. 제17장(17-4)에서 말한 임금이 그런 경우다.

그다음 통치자의 경우 (아래 백성으로 하여금) 윗사람을 모독하게 만든다[其次<ruby>侮<rt>모</rt></ruby><ruby>之<rt>지</rt></ruby>].

기(奇)란 '사악하다[<ruby>邪<rt>사</rt></ruby>]'는 뜻이다.

왕필 주(王弼注)

<ruby>詭<rt>궤</rt></ruby><ruby>異<rt>이</rt></ruby><ruby>亂<rt>난</rt></ruby><ruby>群<rt>군</rt></ruby> <ruby>謂<rt>위</rt></ruby><ruby>之<rt>지</rt></ruby><ruby>奇<rt>기</rt></ruby><ruby>也<rt>야</rt></ruby>

속임수와 신기한 것들로 무리를 어지럽히는 것을 일러 기(奇)라고 한다.

풀이

여기서는 오직 형벌로써 백성을 다스리려 하는 임금에 대해 경고하고 있다. 홍석주 풀이가 절절하다.

형벌로 백성이 나쁜 짓을 하지 못하도록 금지할 수 있는 것은 백성이 형벌을 두려워하기 때문이다. 그런데 형벌이 번다하면 백성이 형벌을 피할 길이 없어지며, 백성이 형벌을 피할 길이 없어지면 형벌에 걸려드는 자가 날로 많아지니, 백성이 형벌에서 벗어날 길이 없음을 알게 되면 감정이 격렬해져서 무리를 지어 투쟁하게 될 것이며, 백성이 그것이 날로 늘어나는 것을 보면 형벌을 조롱하며 두려워하지 않을 것이다. 사람들이 호랑이를 두려워해 피하는 까닭은 그것이 드물게 보이기 때문이다. 그런데 호랑이를 사람들에게 날마다 익숙한 닭이나 개처럼 여기도록 한다면 비록 호랑이가 하루에 사람들을 1만 명쯤 잡아먹더라도 다시는 피하지 않을 것이다. 이 때문에 진나라 말기에 길거리는 온통 죄수들로 가득했는데도 범법자가 그치지 않았으니, 백성이 죽음을 두려워하지 않아서 형벌로 두렵게 할 수 없었기 때문이다.

"만약에 백성으로 하여금 늘 죽음을 두려워하게" 한다는 것은 정치를 잘하는 것이다. 그런데도 그릇된 짓을 하는 자가 있다면 자기부터 나서서 응징하겠다는 말이다.

74-2

상유 사살자 살 부 대 사살자 살 시 대 대장 착
常有司殺者殺 夫 代司殺者殺 是代大匠斲
부 대 대장 착 자 희유 불상 기수 의
夫 代大匠斲者 希有不傷其手矣

늘 죽임을 담당하는 자를 둬 죽인다. 무릇 죽임을 담당하는 자를 대신해서 (내가 직접) 죽인다면 이는 곧 큰 목수를 대신해서 (내가 직접) 나무를 깎고 다듬는 것과 같다.

무릇 큰 목수를 대신해서 나무를 깎고 다듬게 될 경우 손을 다치지 않는 경우가 드물다.

번역 비평

착(斲)은 나무를 '깎다'나 '베다'라는 뜻이다.

왕필 주(王弼注)

위역 순자 지 소오분 야 불인 자 인 지 소질 야 고왈 상유 사살
爲逆 順者之所惡忿也 不仁者 人之所疾也 故曰 常有司
야
殺也

(하늘의 도를) 거스르는 짓을 하는 것에 대해서는 고분고분 따르는 자들이라면 누구나 미워하고 분노하니, 불인(不仁)한 것에 대해서는 사람들이라면 누구나 싫어한다. 그래서 "늘 죽임을 담당하는 자를 둔다"라고 했다.

풀이

홍석주 풀이를 보자.

사살자(司殺者)는 법을 의미한다. 법으로 봐서 사형을 내려야 하는데도 내가 그를 위해 그 목숨을 구해보려 했다가 반드시 어떻게 해볼 도리가 없게 된 후에야 사형을 내리니, 이는 내가 사형을 내린 것이 아니라 법이 사형을 내린 것이다. 법으로 봐서 사형을 내리지 않아야 하는데도 내가 고의적으로 사형을 내린다면, 이는 내가 법을 대신해서 사형을 내린 것이다. 법으로 봐서 사형을 내려야 하더라도 나에게 측은히 여기고 차마 하지 못하는 마음[不忍之心=仁]이 없다면, 이 또한 내가 법을 대신해서 사형을 내린 것이다. "큰 목수를 대신해서 나무를 깎고 다듬게 될 경우 손을 다치지 않는 경우가 드물다"라는 것은 법을 대신해서 사형을 집행하다가 그 해침이 자신에게 미침을 비유한 것이다. 천하를 다스리면서 사람을 죽이지 않을 수 없는 경우는 단지 전쟁을 하고 형을 집행하는 것뿐이니, 그러므로 노자가 오직 이 2가지 일에 대해 근심했다.

74-2와 관련해서 『회남자(淮南子)』 권12 「도응훈(道應訓)」에 나오는 사례를 살펴보자.

옛날에 요임금을 잘 보좌했던 사람이 9명, 순임금을 잘 보좌했던 사람이 7명, 무왕을 잘 보좌했던 사람이 5명이었다. 요·순·무왕은 그 9명, 7명, 5명에 비하면 몸소 일을 잘 해낼 수 있는 것이 하나도 없었지만, 그러나 팔짱만 끼고 있으면서도 성공을 거뒀던 것은 훌륭한 자질이 있는 사람을 얻어서 잘 쓸 수 있었기 때문이다. 즉 사람은 준마와 달리기를 해 이길 수는 없지만, (좋은 말이 끄는) 수레를 타고 달리면 준마라 하더라도 사람에게 이길 수 없다.

북방에 궐(蹶)이라는 짐승이 있다. 그 궐은 앞다리가 쥐처럼 짧고 뒷다리가 토끼처럼 길기 때문에 달리려고 하면 넘어지거나 자빠진다. 궐은 언제나 공공거허(蛩蛩駏驉)를 위해 맛있는 풀을 뜯어다가 주고, 그 대신 궐에게 어려움이 있으면 공공거허는 반드시 궐을 등에 업고 달린다. 즉 자신이 할 수 있는 것으로써 남을 돕고 그 대신 자신이 할 수 없는 일은 남에게 부탁하고 의지하는 것이다.

그래서 노자가 말하기를 "무릇 큰 목수를 대신해서 나무를 깎고 다듬을 경우 손을 다치지 않는 경우가 드물다"라고 했다.

제75장

民之飢 以其上食稅之多 是以飢
민지기 이 기상 식세 지 다 시이 기

民之難治 以其上之有爲 是以難治
민 지 난치 이 기상 지 유위 시이 난치

民之輕死 以其上求生之厚 是以輕死
민 지 경사 이 기상 구 생지후 시이 경사

夫唯 無以生爲者 是賢於貴生
부 유 무이 생 위자 시 현어 귀생

백성이 굶주리는 것은 윗사람이 세금을 많이 받아먹기 때문이다. 이 때문에 굶주린다.

백성을 다스리기 어려운 것은 윗사람이 억지로 하는 바가 있기 때문이다. 이 때문에 다스리기 어렵다.

백성이 죽음을 가벼이 여기는 것은 윗사람이 풍요로운 삶을 찾기 때문이다. 이 때문에 죽음을 가벼이 여긴다.

무릇 오로지 어떤 의도를 가지고서 하는 바가 생겨나는 일이 없는 것, 이것이 삶을 귀하게 여기는 것보다 낫다.

왕필 주(王弼注)

言民之所以僻 治之所以亂 皆由上 不由其下也 民從上
也

백성이 궁벽해지는 까닭과 다스림이 어지러워지는 까닭은 모두 위
에서 비롯되지 아래 백성으로부터 비롯되지 않는다. 백성은 위를 따
른다.

풀이

도(道)를 모르는 임금이 통치하게 될 경우 백성이 겪게 되는 다양한
어려움을 보여준다. 마치 단단한 한 덩어리 같은 구절이다. 마지막 문
장이 핵심이다.

한마디로 윗사람이 무위(無爲)하면 그것은 유위(有爲)를 통해 백성
을 귀하게 해주는 것보다 훨씬 낫다는 말이다. 새로운 이야기는 없고,
무위지치(無爲之治)를 강조하는 내용이다.

제76장

人之生也 柔弱 其死也堅强

萬物草木之生也 柔脆 其死也 枯槁

故 堅强者 死之徒 柔弱者 生之徒

是以 兵强則不勝 木强則折

强大處下 柔弱處上

사람이 살아 있을 때는 부드럽고 약하지만 죽으면 딱딱하고 강하다.

만물이나 초목도 살아 있을 때는 부드럽고 무르지만 죽으면 마르고 딱딱하다.

그래서 딱딱하고 강한 것은 죽음의 무리고 부드럽고 약한 것은 삶의 무리다.

이 때문에 군대는 강하면 이기지 못하고 나무는 강하면 꺾인다.

(이렇게 되지 않으려면) 강하고 큰 것은 아래에 있어야 하고 부드럽고 약한 것은 위에 있어야 한다.

76-1

^{인지생 야 유약 기사 야 견강}
人之生也 柔弱 其死也堅强

^{만물 초목 지생야 유취 기사 야 고고}
萬物草木之生也 柔脆 其死也 枯槁

^{고 견강 자 사지도 유약 자 생지도}
故 堅强者 死之徒 柔弱者 生之徒

^{시이 병강 즉 불승 목강 즉 절}
是以 兵强則不勝 木强則折

사람이 살아 있을 때는 부드럽고 약하지만 죽으면 딱딱하고 강하다.

만물이나 초목도 살아 있을 때는 부드럽고 무르지만 죽으면 마르고 딱딱하다.

그래서 딱딱하고 강한 것은 죽음의 무리고 부드럽고 약한 것은 삶의 무리다.

이 때문에 군대는 강하면 이기지 못하고 나무는 강하면 꺾인다.

왕필 주(王弼注)

^{강병 이 폭어 천하 자 물 지 소오 야 고 필 부득 승 물 소가 야}
强兵以暴於天下者 物之所惡也 故 必不得勝 物所加也

강한 군대로 천하에 사나운 짓을 하는 것은 사람들이 싫어하는 바다. 그래서 결코 승리할 수가 없으니, 일이나 사람이 (반발해서 힘을) 가하게 된다.

앞서 봤던 삶의 길과 죽음의 길의 대조다.

76-2

강대 처하 유약 처상
强大處下 柔弱處上

(이렇게 되지 않으려면) 강하고 큰 것은 아래에 있어야 하고 부드럽고
약한 것은 위에 있어야 한다.

왕필 주(王弼注)

목지본 야 지조 시야
木之本也 枝條是也

(강하고 큰 것은) 나무의 뿌리다. (부드럽고 약한) 나뭇가지가 이것(-부드
럽고 약한 것)이다.

풀이

나무의 비유를 들어 강함이 아래에 있어야 한다고 말했다. 이는 권
고의 문장이니 다음과 같이 다시 쓸 수 있다.

강하고 큰 것은 반드시 아래에 있어야 하고 부드럽고 약한 것은 위에 있어

야 한다. 나무의 뿌리가 아래에 있고 가지와 잎이 위에 있듯이

이미 여러 차례 등장한 내용이라 따로 풀이가 필요 없다.

제77장

천지도 기 유 장궁 여 고자 억지 하자 거지 유여 자 손지 부족
天之道 其猶張弓與 高者抑之 下者擧之 有餘者損之 不

자 보지
足者補之

천지도 손 유여 이 보 부족 인지도 즉 불연
天之道 損有餘而補不足 人之道則不然

손 부족 이봉 유여 숙능 유여 이봉 천하 유 유도자
損不足以奉有餘 孰能有餘以奉天下 唯有道者

시이 성인 위 이 부시 공성 이 불처 기 불욕 현현
是以 聖人 爲而不恃 功成而不處 其不欲見賢

하늘의 도(道)는 아마도 활을 당기는 것과 같다고 할 수 있으리라. 높은 것은 눌러주고 낮은 것은 들어 올려주며 여유가 있는 자에 대해서는 덜어주고 모자란 자에 대해서는 더해준다.

하늘의 도는 (이처럼) 여유가 있으면 덜어주고 모자라면 더해주는데 사람의 도는 그렇지가 않다.

부족함에서 덜어내어 여유로움을 받든다. 누가 능히 여유로움으로 천하를 받들 수 있는가? 오직 도를 소유한 자일 뿐이다.

이 때문에 성인(聖人)은 '행하면서도 으스대지 않고 공로가 이뤄져도 자기가 했다고 하지 않으니' 그것은 현(賢-뛰어남)을 드러내고 싶어

하지 않기 때문이다.

77-1

^{천지도} ^{기 유 장궁} ^여 ^{고자} ^{억지} ^{하자} ^{거지} ^{유여} ^{자 손지} ^{부족}
天之道 其猶張弓與 高者抑之 下者擧之 有餘者損之 不
^{자 보지}
足者補之
^{천지도} ^{손 유여 이 보 부족} ^{인지도} ^{즉 불연}
天之道 損有餘而補不足 人之道則不然

하늘의 도(道)는 아마도 활을 당기는 것과 같다고 할 수 있으리라.
높은 것은 눌러주고 낮은 것은 들어 올려주며 여유가 있는 자에 대해
서는 덜어주고 모자란 자에 대해서는 더해준다.

하늘의 도는 (이처럼) 여유가 있으면 덜어주고 모자라면 더해주는데
사람의 도는 그렇지가 않다.

왕필 주(王弼注)

^{여 천지 합덕} ^{내 능 포지 여 천지도}
與天地合德 乃能包之如天之道
^{여인} ^{지 량 즉 각유 기신} ^{부득} ^{상균} ^{여유 무신 무사 호 자연 연후}
如人之量 則各有其身 不得相均 如唯無身無私乎自然 然
^{내 능 여 천지 합덕}
後乃能與天地合德

하늘땅과 덕(德)을 합치시키니, 능히 만물 만사를 품어 안음이 하늘
의 도와 같다.

사람과 같은 역량이라면 각자 제 몸을 갖고 있어 서로 고르게 할 수가 없다. 만약에 오직 자연스러움의 차원에서 제 몸을 없게 하고 사사로움을 없게 한다면, 그런 다음이라야 마침내 능히 하늘땅과 덕(德)을 합치할 수 있다.

풀이

여유 있는 것에서 덜어내어[損] 모자라는 것을 더해주는 것[益]은 자연스러운 도[天之道=自然之道]다. 그런데 사람의 도는 이와 정반대로 한다.

당시의 정치 현실에 대해 비판 문맥이 이어진다. 사람의 도는 다음에서 이어지듯이 "부족함에서 덜어내어 여유로움을 받든다." 부족함은 백성이고, 여유로움은 임금이다.

77-2

損不足以奉有餘 孰能有餘以奉天下 唯有道者
是以 聖人 爲而不恃 功成而不處 其不欲見賢

부족함에서 덜어내어 여유로움을 받든다. 누가 능히 여유로움으로 천하를 받들 수 있는가? 오직 도를 소유한 자일 뿐이다.

이 때문에 성인(聖人)은 '행하면서도 으스대지 않고 공로가 이뤄져도 자기가 했다고 하지 않으니' 그것은 현(賢-뛰어남)을 드러내고 싶어 하지 않기 때문이다.

왕필 주(王弼注)

言誰能處盈而全虛 損有以補無 和光同塵 蕩而均者唯
其道也
是以 聖人不欲示其賢 以均天下

누가 능히 가득함에 처해 있으면서도 비어 있음을 온전히 하고, 있는 쪽을 덜어내어 없는 쪽을 보내며 빛을 부드럽게 해 먼지와 티끌과 함께해서 평평하면서도 고르게 할 수 있는 자인가. 그것은 오직 도(道)를 가진 자뿐일 것이라는 것을 말하고 있다.

이 때문에 성인(聖人)은 자기의 뛰어남을 보여주고자 하지 않음으로써 천하를 고르게 하는 것이다.

| 풀이

공자는 성현(聖賢)이라는 말을 종종 썼으며, 덕(德)과 능(能)에 대해 두루 현(賢)이라는 말을 썼다. 이에 비해 노자는 성(聖)은 말해도 현(賢)은 거의 말하지 않았다.

앞서 본 제3장(3-1)에서는 "현능함을 (지나치게) 높이지 않아[不尙賢]"라고 했는데, 이때의 현(賢)은 능(能)과 같은 뜻이다. 덕(德)보다는 능(能)이나 재(才)와 관련해 현(賢)이라는 말을 쓰고 있는 것이다. 제75장에 나오는 현(賢)도 덕(德)과 관련된 어떤 의미가 아니라 그냥 '~보다 낫다[愈]'는 뜻일 뿐이다.

내용은 새로울 것이 없다.

제78장

天^{천하}下莫柔弱於水 而攻堅强者 莫之能勝 以其無以易之
弱之勝强 柔之勝剛 天下莫不知 莫能行
是以 聖人云 受國之垢 是謂社稷主 受國不祥 是謂天
下王
正言若反

천하에 물보다 부드럽고 약한 것은 없지만 딱딱하고 강한 것을 공격함에 있어 그 어떤 것도 물을 이길 수 없다. 물을 쓰지만, 그 어떤 것도 그것을 대체할 수 없다.

약함이 강함을 이기고 부드러움이 굳셈을 이기는 것을 천하가 알지 못함이 없지만, 누구도 능히 행하지는 못한다.

이 때문에 성인(聖人)이 말하기를 "나라의 더러움을 품어 안는[受=용] 자를 일러 사직의 주인이라고 하고 나라의 상서롭지 못함을 품어 안는 자를 일러 천하의 왕이라고 한다"라고 했다.

바른말은 마치 반대로 하는 것과도 같다.

천하 막 유약 어 수 이 공 견강 자 막지 능승 이 기 무이 역지
天下莫柔弱於水 而攻堅強者 莫之能勝 以其無以易之

천하에 물보다 부드럽고 약한 것은 없지만 딱딱하고 강한 것을 공격함에 있어 그 어떤 것도 물을 이길 수 없다. 물을 쓰지만, 그 어떤 것도 그것을 대체할 수 없다.

왕필 주(王弼注)

이 용야 기 위수야
以 用也 其 謂水也
언 용 수 지 유약   무물 가이 역지 야
言用水之柔弱 無物可以易之也

이(以)는 '쓰다[用]'이고, 기(其)는 물을 가리킨다.

물의 부드럽고 약함을 쓰지만 어떤 것도 그것을 바꿀 수 없다는 말이다.

풀이

앞에서도 물의 비유는 여러 차례 살펴봤다.

약 지 승강   유 지 승강   천하 막 부지 막 능행
弱之勝強 柔之勝剛 天下莫不知 莫能行

是以 聖人云 受國之垢 是謂社稷主 受國不祥 是謂天
下王
正言若反

약함이 강함을 이기고 부드러움이 굳셈을 이기는 것을 천하가 알지
못함이 없지만, 누구도 능히 행하지는 못한다.

이 때문에 성인(聖人)이 말하기를 "나라의 더러움을 품어 안는[受=
容] 자를 일러 사직의 주인이라고 하고, 나라의 상서롭지 못함을 품어
안는 자를 일러 천하의 왕이라고 한다"라고 했다.

바른말은 마치 반대로 하는 것과도 같다.

풀이

홍석주 풀이부터 보자.

천하의 큰일을 이룰 수 있는 자는 반드시 더러움을 받아들이고 욕을 참으
면서 남에게 낮춘다. 이것을 세속의 관점에서 보면 나라의 더러움과 불미
스러움을 받아들이는 것이니 모두 아래의 천한 자들 일이다. 그런데 여기
서 사직의 주인과 천하의 왕이라고 말씀하시고는 이렇게 말씀하신 것이
또한 역설이라고 평했으니, 그것이 실로 천하의 올바른 이치인지는 모르
겠다.

유학자이자 주자학자인 홍석주로서는 그것을 받아들이기 어려웠
을지도 모른다. 그러나 앞서 본 대로 관중(管仲)에 대한 공자의 적극적

인 평가를 감안하면서 『논어』「위령공(衛靈公)」편 26을 읽어보자. 노자와 공자는 이미 서로 통하는데 두 사람을 따르는 무리끼리 서로 공방을 일삼는 것은 아닌지를 생각게 한다.

공자가 말했다.
"교언은 다움을 어지럽히고[巧言亂德], 작은 일을 참지 못하면 큰 모의를 어지럽힌다[小不忍則亂大謀]."

소불인(小不忍)이란 작은 일에 발끈하는 것이다. 그런데 조심해야 한다. 작은 일에 발끈한다는 것은 작은 불의(不義)를 보고서 발끈하는 것이다. 그래서 어떤 행동이 얼핏 보면 어짊처럼 보이기도 하지만 결국 그것은 소인(小仁)일 뿐이다. 앞서 자로와 자공이 관중(管仲)에 대해 작은 잘못을 들어 발끈한 것이 바로 그것이다. 작은 잘못을 참아줄 때라야 대인(大仁)으로 나아갈 수 있다. 「헌문(憲問)」편 18에서 공자가 했던 말을 상기하는 것으로 후반부에 대한 풀이를 대신한다.

관중이 환공을 도와 제후들의 패자가 되자 한 번에 천하를 바로잡으니 지금에 이르기까지 그 혜택을 입고 있다. 관중이 없었더라면 우리는 이에 머리를 풀어헤치고 옷깃을 왼쪽으로 했을 것이다. 어찌 필부필부처럼 알량한 어짊을 베풀다가 하수구에 굴러떨어져 죽어도 아무도 알아주지 않는 그런 사람이 될 수야 있으랴!

78-2와 관련해서 『회남자(淮南子)』 권12 「도응훈(道應訓)」에는 3가

지 사례가 나오고 있다. 남김없이 풀어내는 셈이라 하겠다. 먼저 첫 사례다.

월왕(越王) 구천(句踐)은 오나라와 싸워 패했다. 나라는 무너지고 자신은 망명객이 돼 회계산에서 시련을 겪었다. 그곳에서 분노를 삼키며 복수를 굳게 맹세했다. 끓어오르는 혈기로 정병을 엄선해 불 속에라도 뛰어들도록 훈련을 시켰다.

그러는 한편 자신은 오왕의 가신이 되고 아내는 첩이 될 것을 청하면서 스스로 창을 쥐고 오왕의 전마병(前馬兵)이 됐다. 그리고 과연 간수(干隧)에서 오왕을 사로잡았다.

그래서 노자가 말하기를 "약함이 강함을 이기고 부드러움이 굳셈을 이기는 것을 천하가 알지 못함이 없지만, 누구도 능히 행하지는 못한다"라고 했다.

두 번째 사례다.

진(晉)나라가 초나라를 쳐서 추격해 90리에 이르렀지만, 공격을 그치지 않았다. 초나라 대부들이 진나라에 반격할 것을 청하자 초왕이 말했다.

"선군(先君) 때는 진나라가 우리 초나라를 친 적이 없다. 그런데 과인의 대가 돼 진나라가 초나라를 쳤다는 것은, 바로 과인이 과오가 있기 때문이다. 얼마나 치욕스러운가!"

여러 대부가 말했다.

"신들의 조상 때는 진나라가 우리 초나라를 친 적이 없었습니다. 그런데 저희 신하들의 대가 돼 진나라가 초나라를 쳤다는 것은, 바로 저희 신하들이 과오가 있기 때문입니다. 왕께서는 저들을 칠 수 있도록 허락해주소서."

왕은 고개를 숙이고 눈물로 옷깃을 적시며 일어나 대부들에게 절을 했다. 진나라 사람들이 이를 듣고서는 말했다.

"임금과 신하가 다퉈 과오를 자기 것이라 인정하고, 더구나 임금이 신하들에게 머리 숙이기를 사양치 않았다. 저들을 쳐서는 안 된다."

한밤중에 군사를 거둬 돌아갔다.

그래서 노자가 말하기를 "나라의 더러움을 품어 안는[受=容] 자를 일러 사직의 주인이라고 한다"라고 했다.

세 번째 사례다.

송나라 경공(景公) 때 화성(火星)이 심수(心宿)를 침범했다. 경공이 이를 근심해 사성(司星-천문 담당) 자위(子韋)를 불러 말했다.

"화성이 심수를 범한 것은 무슨 일인가?"

자위가 말했다.

"화성이란 하늘의 벌이고 심수는 송나라 분야이므로 재앙이 전하께 돌아갈 것입니다. 하지만 그 재앙을 재상한테 돌릴 수 있습니다."

경공이 말했다.

"재상은 국사를 다스리는 소중한 직책이다. 그들을 죽게 할 수는 없다."

자위가 말했다.

"그렇다면 백성한테 돌릴 수 있습니다."

경공이 말했다.

"백성이 죽는다면 과인은 대체 누구의 임금이란 말인가? 차라리 과인이 죽는 쪽을 택하겠다."

말했다.

"그렇다면 흉년이 드는 것으로 대신할 수 있습니다."

경공이 말했다.

"곡식은 백성의 생명이다. 흉년이 들면 백성은 틀림없이 굶어 죽을 것이다. 임금이 돼 그 백성을 죽이고 그 대신 자기가 살려고 한다면 대체 누가 과인을 군주로 섬기겠는가? 이렇게 된 이상 과인의 명운은 이미 끝난 것이다. 자위여! 더는 아무 말도 하지 말라."

자위가 서둘러 물러나서 북면하고 두 번 절했다. 그리고 말했다.

"감히 측하의 말씀을 드립니다. 하늘이 높긴 하지만 아래 인간 세상의 일을 두루 듣습니다. 전하께서 군주로서 해야 할 세 마디를 하셨으니, 하늘은 반드시 임금께 세 차례 상을 내려줄 것입니다. 오늘 저녁 화성은 세 번 사(舍)를 옮길 것인데, 그로 인해 전하의 수명이 21년 연장될 것입니다."

경공이 물었다.

"그대는 그것을 어떻게 알 수 있는가?"

자위가 대답했다.

"전하께서는 군주로서 해야 할 세 마디를 하셨습니다. 그래서 세 차례 상이 내려질 텐데, 화성은 틀림없이 세 번 사를 옮길 것입니다. 1사(舍)마다 7성(星)을 가는데 3사이니 21년, 즉 전하께서는 21년의 수명이 연장되는 것입니다.

바라건대 신으로 하여금 옥좌 아래에 엎드려 하늘을 올려다볼 수 있게 해주소서. 만약에 화성이 옮겨가지 않는다면 신에게 죽음을 내리소서."

경공이 말했다.

"좋다."

이날 저녁 화성이 과연 3도를 옮겼다.

그래서 노자가 말하기를 "나라의 상서롭지 못함을 품어 안는 자를 일러 천하의 왕이라고 한다"라고 했다.

제79장

<ruby>和<rt>화</rt></ruby> <ruby>大<rt>대</rt></ruby> <ruby>怨<rt>원</rt></ruby> <ruby>必<rt>필</rt></ruby> <ruby>有<rt>유</rt></ruby> <ruby>餘<rt>여</rt></ruby> <ruby>怨<rt>원</rt></ruby>
和大怨 必有餘怨

安可以爲善 是以 聖人執左契 而不責於人

有德司契 無德司徹 天道無親 常與善人

큰 원망은 풀어준다고 해도[和=解] 반드시 원망이 남게 된다.

어찌 이를 잘했다고 하겠는가? 이 때문에 성인(聖人)은 좌계(左契)를 쥐고 있어도 남에게 (갚으라고) 따지지 않는다.

덕(德)이 있는 사람은 계약을 담당하고 덕이 없는 사람은 사람들의 잘못을 살피는 일을 담당한다.

하늘과도 같은 도(道)는 사사로이 친하게 하는 바가 없고 늘 좋은 사람들과 함께한다.

79-1

^화^{대원} ^{필유} ^{여원}
和大怨 必有餘怨

큰 원망은 풀어준다고 해도[和=^화解^해] 반드시 원망이 남게 된다.

왕필 주(王弼注)

^불 ^{명리} ^{기계} ^{이치} ^{대원} ^{이지} ^이 ^{덕이} ^{화지} ^{기상} ^{불복} ^고 ^{필유}
不明理其契 以致大怨已至 以德以和之 其傷不復 故 必
^{여원} ^야
有餘怨也

약속을 명확하게 지키지 못해 큰 원망이 이미 생겨났다면 이를 덕
(德)으로 화해시키고자 해도 그 상처는 회복되지 않는다. 그래서 반드
시 원망이 남게 되는 것이다.

79-2

^{안가} ^{이위} ^선 ^{시이} ^{성인} ^집 ^{좌계} ^이 ^{불책} ^{어인}
安可以爲善 是以 聖人執左契 而不責於人

어찌 이를 잘했다고 하겠는가? 이 때문에 성인(聖人)은 좌계(左契)를
쥐고 있어도 남에게 (갚으라고) 따지지 않는다.

왕필 주(王弼注)

좌계 방 원 지 소유생 야
左契 防怨之所由生也

좌계(左契)는 원망이 생겨나게 하는 것을 막아준다.

번역 비평과 풀이

우계(右契)는 부절을 쪼갰을 때의 그 오른쪽을 말한다. 채권자와 채무자가 문서를 작성하고 나면 부절을 쪼개 징표로 삼게 되는데, 하나는 채권자가 가지고 하나는 채무자가 가졌다고 한다.

홍석주 풀이가 간명하다.

계(契)는 빚을 돌려받는 문서다. 빚 문서를 갖고 있는 자가 빚을 갚으라고 독촉할 수도 있으나 그렇게 하지 않는 것을 비유했다. 대개 화해라는 것은 지금 세상에서 말하는 사적으로 화해하는 것과 같으니, 비록 빚 문서를 찢어버림으로써 관청에 송사를 벌이지 않더라도 마음속으로는 여전히 잊어버리지 못하는 것이다. 그런데 빚 문서를 갖고 있으면서도 독촉하지 않는다면 잊은 것이니, 이는 진실로 좋다[善]고 할 수 있다.

79-3

유덕 사계 무덕 사철 천도 무친 상여 선인
有德司契 無德司徹 天道無親 常與善人

덕(德)이 있는 사람은 계약을 담당하고 덕이 없는 사람은 사람들의 잘못을 살피는 일을 담당한다.

하늘과도 같은 도(道)는 사사로이 친하게 하는 바가 없고, 늘 좋은 사람들과 함께한다.

왕필 주(王弼注)

<ruby>有<rt>유</rt></ruby><ruby>德<rt>덕</rt></ruby><ruby>之<rt>지</rt></ruby><ruby>人<rt>인</rt></ruby> <ruby>念<rt>염</rt></ruby><ruby>思<rt>사</rt></ruby><ruby>其<rt>기</rt></ruby><ruby>契<rt>계</rt></ruby> <ruby>不<rt>불</rt></ruby><ruby>令<rt>령</rt></ruby><ruby>怨<rt>원</rt></ruby><ruby>生<rt>생</rt></ruby><ruby>而<rt>이</rt></ruby><ruby>後<rt>후</rt></ruby><ruby>責<rt>책</rt></ruby><ruby>於<rt>어</rt></ruby><ruby>人<rt>인</rt></ruby><ruby>也<rt>야</rt></ruby> <ruby>徹<rt>철</rt></ruby> <ruby>司<rt>사</rt></ruby><ruby>人<rt>인</rt></ruby><ruby>之<rt>지</rt></ruby><ruby>過<rt>과</rt></ruby><ruby>也<rt>야</rt></ruby>

덕(德)이 있는 사람은 그 계약을 깊이 생각해 원망이 생겨나지 않도록 한 다음에야 (갚으라고) 요구한다. 철(徹)이란 다른 사람의 허물을 살핀다는 것이다.

풀이

덕(德)이 있다는 것은 천도를 얻은[得] 사람을 말하고, 덕이 없다는 것은 천도를 얻지 못한 사람을 말한다. 천도와 덕의 관계는 제49장에서 살펴본 바 있다. 49-2, 49-3, 49-4다.

잘하는 자에 대해 나는 좋다고 여기고 잘하지 못하는 자에 대해서도 나는 좋다고 여기니 덕(德)을 갖춘 자는 (남을) 좋게 여긴다.

믿을 만한 자에 대해 나는 그를 믿고 믿음직스럽지 못한 자에 대해서도 나는 그를 믿으니 덕을 갖춘 자는 (남을) 믿어준다.

성인(聖人)이 천하에 있으면 백성을 하나로 화합시켜 천하를 위해 자기 마음을 (백성과) 섞으니 백성은 모두 눈과 귀를 그에게 기울인다.

성인(聖人)은 (모든 백성을) 다 어린아이처럼 여긴다.

이런 유덕자(有德者)에 대한 존중은 비단 유가(儒家)에 한정된 것이 아니라 고대 중국 사회에서는 지극히 일반적이었다. 『춘추좌씨전』 희공(僖公) 5년(기원전 655년) 기사다.

우(虞)나라 임금이 말했다.

"나는 풍성하고 깨끗한 제물로 제사를 지냈으니 귀신이 반드시 우리나라를 편안하도록 도와줄 것이다."

궁지기(宮之奇)가 대답했다.

"신이 듣건대 귀신은 사람을 (따로) 친애하는 것이 아니라 오직 덕(德) 있는 사람에게 의지한다고 합니다. 그래서 「주서(周書)」에 이르기를 '하늘은 특별히 친애함이 없고[無親=不仁] 오직 덕 있는 사람을 돕는다'라고 하고, 또 '서직(黍稷-기장)이 향기로운 것이 아니라 밝은 덕이 향기로운 것이다'라고 하고, 또 '백성이 제물을 바꾸지 않아도 오직 덕이 제물이다'라고 했습니다. 이 말대로라면 덕이 없으면 백성이 화목하지 않고 귀신이 흠향하지 않을 것이니, 귀신이 의지하는 곳은 아마도 덕뿐일 것입니다."

제80장

<ruby>小<rt>소</rt></ruby><ruby>國<rt>국</rt></ruby> <ruby>寡<rt>과</rt></ruby><ruby>民<rt>민</rt></ruby>

<ruby>使<rt>사</rt></ruby><ruby>民<rt>민</rt></ruby> <ruby>有<rt>유</rt></ruby><ruby>什<rt>십</rt></ruby><ruby>佰<rt>백</rt></ruby><ruby>之<rt>지</rt></ruby><ruby>器<rt>기</rt></ruby><ruby>而<rt>이</rt></ruby><ruby>不<rt>불</rt></ruby><ruby>用<rt>용</rt></ruby>

<ruby>使<rt>사</rt></ruby><ruby>民<rt>민</rt></ruby> <ruby>重<rt>중</rt></ruby><ruby>死<rt>사</rt></ruby><ruby>而<rt>이</rt></ruby><ruby>不<rt>불</rt></ruby><ruby>遠<rt>원</rt></ruby><ruby>徙<rt>사</rt></ruby>

<ruby>雖<rt>수</rt></ruby><ruby>有<rt>유</rt></ruby><ruby>舟<rt>주</rt></ruby><ruby>輿<rt>여</rt></ruby> <ruby>無<rt>무</rt></ruby><ruby>所<rt>소</rt></ruby><ruby>乘<rt>승</rt></ruby><ruby>之<rt>지</rt></ruby> <ruby>雖<rt>수</rt></ruby><ruby>有<rt>유</rt></ruby><ruby>兵<rt>병</rt></ruby><ruby>甲<rt>갑</rt></ruby> <ruby>無<rt>무</rt></ruby><ruby>所<rt>소</rt></ruby><ruby>陳<rt>진</rt></ruby><ruby>之<rt>지</rt></ruby>

<ruby>使<rt>사</rt></ruby><ruby>民<rt>민</rt></ruby> <ruby>復<rt>부</rt></ruby><ruby>結<rt>결</rt></ruby><ruby>繩<rt>승</rt></ruby><ruby>而<rt>이</rt></ruby><ruby>用<rt>용</rt></ruby><ruby>之<rt>지</rt></ruby> <ruby>甘<rt>감</rt></ruby><ruby>其<rt>기</rt></ruby><ruby>食<rt>식</rt></ruby> <ruby>美<rt>미</rt></ruby><ruby>其<rt>기</rt></ruby><ruby>服<rt>복</rt></ruby> <ruby>安<rt>안</rt></ruby><ruby>其<rt>기</rt></ruby><ruby>居<rt>거</rt></ruby> <ruby>樂<rt>낙</rt></ruby><ruby>其<rt>기</rt></ruby><ruby>俗<rt>속</rt></ruby>

<ruby>鄰<rt>인</rt></ruby><ruby>國<rt>국</rt></ruby><ruby>相<rt>상</rt></ruby><ruby>望<rt>망</rt></ruby> <ruby>鷄<rt>계</rt></ruby><ruby>犬<rt>견</rt></ruby><ruby>之<rt>지</rt></ruby><ruby>聲<rt>성</rt></ruby><ruby>相<rt>상</rt></ruby><ruby>聞<rt>문</rt></ruby> <ruby>民<rt>민</rt></ruby><ruby>至<rt>지</rt></ruby><ruby>老<rt>노</rt></ruby><ruby>死<rt>사</rt></ruby> <ruby>不<rt>불</rt></ruby><ruby>相<rt>상</rt></ruby><ruby>往<rt>왕</rt></ruby><ruby>來<rt>래</rt></ruby>

나라가 작고 백성 수가 적다 해도

백성으로 하여금 10가지 100가지 기물이 있어도 쓰지 않게 하고

백성으로 하여금 죽음을 중하게 여겨서 먼 곳으로 옮겨가서 살지 않게 해야 한다.

비록 배와 수레가 있어도 그것을 탈 일이 없고 병기와 갑옷이 있어도 그것을 쓸 일이 없다.

백성으로 하여금 다시 매듭을 묶어 쓰게 하라. (그러면) 음식을 맛있어하고 옷을 아름답게 여기며 거처를 편안해하고 그 풍속을 즐긴다.

이웃 나라가 서로 바라다보이고 닭 울고 개 짖는 소리가 서로 들려도 백성은 늙어 죽을 때까지 서로 오가지 않는다.

80-1

<ruby>小<rt>소국</rt></ruby><ruby>國<rt></rt></ruby><ruby>寡<rt>과민</rt></ruby><ruby>民<rt></rt></ruby>
小國寡民

나라가 작고 백성 수가 적다 해도

왕필 주(王弼注)

國旣小 民又寡 尙可使反古 況國大民衆乎 故 擧小國而言
也

나라가 이미 작고 백성 또한 적어도 오히려 옛날로 돌아가게 할 수 있는데 하물며 나라가 크고 백성이 많음에랴! 그래서 작은 나라를 들어 말한 것이다.

번역 비평과 풀이

거의 모든 번역이 이를 "나라를 작게 하고 백성 수를 적게 하라"로 옮긴다.

그러나 앞에서 천하(天下)·대국(大國)·소국(小國)을 말했던 노자와

"나라를 작게 하고 백성 수를 적게 하라"라고 말하는 노자는 병립할 수 없다. 특히 취천하(取天下) 문제를 떠올려보라.

왕필 주를 봐도 "나라를 작게 하고 백성 수를 적게 하라"는 뜻이 아님을 쉽게 알 수 있다. 그런데 노자에 대한 편견과 텍스트 비평의 결여로 인해 이 같은 그릇된 번역 관행이 중국은 말할 것도 없고 우리나라에서도 횡행해왔다.

이 문장을 정확히 이해하려면 『논어』 「학이(學而)」편 5의 문장을 참조할 필요가 있다.

공자가 말했다.

"(천자국인 만승지국(萬乘之國)은 물론이고 제후국인) 천승지국을 다스릴 때라도 (왕실의) 재물을 아낌으로써 백성을 사랑해야 한다."

여기서도 마찬가지다.

"(대국중민(大國衆民)은 물론이고) 소국과민도"라고 해야 한다. 이를 명령형으로 해 노자가 그간 말했던 근본 주장을 뒤흔드는 것은 맥락도 없고 근거도 없다.

결국 이어지는 내용은 왕필이 말한 "옛날로 돌아가게 하는 것"일 뿐이다.

80-2

사민 유 십백 지 기 이 불용
使民有什佰之器而不用

백성으로 하여금 10가지 100가지 기물이 있어도 쓰지 않게 하고

왕필 주(王弼注)

^언 ^{사민} ^{수유} ^{십백} ^{지 기} ^{이 무 소용} ^{지 당} ^{하환} ^{부족}
言使民雖有什佰之器 而無所用之當 何患不足

'백성으로 하여금 비록 10가지 100가지 기물이 있다 해도 쓸 곳을 없게 만드니, 어찌 모자람을 걱정하겠는가'라는 말이다.

풀이

백성으로 하여금 절약하는 도리를 체화하게 하니 10가지 100가지 기물을 다 쓸 필요가 없는 것이다. 제59장(59-1)을 염두에 두면 된다.

사람을 다스리고 하늘을 섬기는 데 있어 아끼는 것보다 더 나은 것은 없다
^{치인} ^{사천} ^{막약} ^색
[治人事天 莫若嗇].

기물을 무기로 보고서 무기를 쓸 일이 없게 된다고 말하는 주장도 있지만, 그러면 "어찌 모자람을 걱정하겠는가"라는 말과 배치되니 따르지 않는다.

80-3

^{사민} ^{중사} ^{이 불 원사}
使民重死而不遠徙

백성으로 하여금 죽음을 중하게 여겨서 먼 곳으로 옮겨가서 살지
않게 해야 한다.

왕필 주(王弼注)

使民不用 惟身是寶 不貪貨賂 故 各安其居 重死而不遠徙
也

백성으로 하여금 기물을 쓰지 않고 (대신에) 오로지 몸을 보배처럼
여기고 재물을 탐하지 않게 해야 한다. 그래서 각자는 자기 거처를 편
안하게 여기고 죽음을 중하게 여겨서 먼 곳으로 옮겨가서 살지 않는다.

풀이

백성이 유리(流離)하는 것은 지금 사는 곳이 살 수가 없어서다. 그
래서 죽음을 무릅쓰고 먼 지방으로 달아나는 것이다. 『논어』「이인(里
仁)」편 11이다.

공자가 말했다.

"군자가 다움을 생각하면 소인은 땅을 생각하고, 군자가 형벌을 생각하
면 소인은 혜택을 생각한다[君子懷德 小人懷土 君子懷刑 小人懷
惠]."

정약용은 이렇게 말했다.

공자가 이 말을 한 것은 남의 군주 된 자에게 이런 사정을 알게 하고자 한 것이다.

그렇다면 소인이 땅을 생각한다는 것은 자기가 사는 땅을 편안하게 받아들인다는 말이 되고, 소인이 혜택을 생각한다는 것은 형벌을 피해서 자기에게 이익이나 혜택이 되는 곳을 찾아 목숨을 걸고서 자기가 살던 곳을 떠나간다는 말이 된다. 고스란히 80-3에 대한 풀이가 된다.

80-4

雖有舟輿 無所乘之 雖有兵甲 無所陳之
使民復結繩而用之 甘其食 美其服 安其居 樂其俗
鄰國相望 鷄犬之聲相聞 民至老死 不相往來

비록 배와 수레가 있어도 그것을 탈 일이 없고 병기와 갑옷이 있어도 그것을 쓸 일이 없다.

백성으로 하여금 다시 매듭을 묶어 쓰게 하라. (그러면) 음식을 맛있어하고 옷을 아름답게 여기며 거처를 편안해하고 그 풍속을 즐긴다.

이웃 나라가 서로 바라다보이고 닭 울고 개 짖는 소리가 서로 들려도 백성은 늙어 죽을 때까지 서로 오가지 않는다.

왕필 주(王弼注)

무 소욕구
無所欲求

(백성이 억지로 뭔가를) 구하려는 바가 없기 때문이다.

풀이

배와 수레가 있어도 멀리 이주할 일이 없으니 탈 일이 없다는 말이다. 임금 또한 도(道)를 본받아 체화한다면 대국이든 소국이든 전쟁을 하지 않으니 병기와 갑옷을 쓸 일이 없다. 이렇게 안팎으로 나라가 안정되면 백성은 소박한 삶을 중시하는 쪽으로 교화된다. 그것이 자연(自然)스러운 삶이다.

"백성으로 하여금 다시 매듭을 묶어 쓰게 하라"는 문자를 버리고 최소한의 계약에만 결승(結繩)을 쓰라는 말인데, 다소 지나치다. 그러나 문자(文字)에 담긴 국가주의에 주목한 통찰이라 볼 수도 있다. 지나치게 국가에 의존하는 삶에서 벗어나라는 비유적 메시지로 본다면 '결승(문자) 운운'은 문명 비판적 성격을 잘 드러냈다고 할 수 있다.

이노해노(以老解老)

그다음에 이어지는 마지막 제81장은 태평성대를 살아가는 백성의 지족(知足)하는 지혜를 다소 문학적으로 표현한 것이라 하겠다. 먼저 제33장(33-3)이다.

만족할 줄 아는 사람은 부유하다[知足者富].

또 제46장(46-3)이다.

재앙 중에는 만족을 모르는 것보다 큰 것이 없고 허물 중에는 얻기만을 바라는 것보다 큰 것이 없다. 그래서 만족할 줄 아는 (참된) 만족이야말로 오래가는 만족이다[禍莫大於不知足 咎莫大於欲得 故 知足之足 常足矣].

"음식을 맛있어하고 옷을 아름답게 여기며 거처를 편안해하고 그 풍속을 즐"기는 것이야말로 지족(知足)하는 삶이라 하겠다.

제81장

신언 불미
信言不美

미언 불신
美言不信

선자 불변 변자 불선 지자 불박 박자 부지
善者不辯 辯者不善 知者不博 博者不知

성인 부적 기 이 위인 기 유유 기 이 여인 기 유다
聖人不積 旣以爲人 己愈有 旣以與人 己愈多

천지도 이 이 불해 성인지도 위 이 부쟁
天之道 利而不害 聖人之道 爲而不爭

미더운 말은 아름답지 않고

아름다운 말은 미더움이 없다.

좋은 사람은 말을 잘하지 못하고 말을 잘하는 사람은 좋지 못하다.

도를 아는 자는 넓지 못하고 넓은 자는 알지 못한다.

성인(聖人)은 쌓아두는 일이 없이 이미 그것으로 남들을 위하지만

자기가 더욱 갖게 되고 이미 그것을 남들에게 주지만 자기가 더욱 많아

진다.

하늘의 도(道)는 (사람들에게) 이로움을 주지 해로움을 주지 않고

성인(聖人)의 도는 (백성을 위해) 일을 행하되 다투지 않는다.

81-1

<ruby>信<rt>신언</rt></ruby><ruby>言<rt></rt></ruby><ruby>不<rt>불미</rt></ruby><ruby>美<rt></rt></ruby>

미더운 말은 아름답지 않고

왕필 주(王弼注)

<ruby>實<rt>실</rt></ruby><ruby>在<rt>재질</rt></ruby><ruby>質<rt></rt></ruby><ruby>也<rt>야</rt></ruby>

실질은 바탕에 달려 있다.

풀이

다시 노자는 문질(文質) 중에서 질(質)에 강조점을 둔다. 미언(美言)
은 공자가 말한 교언(巧言)과 통한다. 그럴싸한 말이다.

81-2

<ruby>美<rt>미언</rt></ruby><ruby>言<rt></rt></ruby><ruby>不<rt>불신</rt></ruby><ruby>信<rt></rt></ruby>

아름다운 말은 미더움이 없다.

왕필 주(王弼注)

본 재박 야
本在樸也

근본은 질박함에 달려 있다.

번역 비평

질(質)은 실(實), 신(信), 박(樸)과 통한다.

81-3

선자 불변 변자 불선 지자 불박 박자 부지
善者不辨 辨者不善 知者不博 博者不知

좋은 사람은 말을 잘하지 못하고 말을 잘하는 사람은 좋지 못하다.
도를 아는 자는 넓지 못하고 넓은 자는 알지 못한다.

왕필 주(王弼注)

극 재일 야
極在一也

궁극의 표준은 하나에 달려 있다.

『도덕경』에서 아주 드물게 사람을 알아보는 지인지감(知人之鑑)이 나왔다. 그런데 "좋은 사람은 말을 잘하지 못하고 말을 잘하는 사람은 좋지 못하다"라는 것은 너무 단정적이고 거칠다. 이를 『논어』「위령공(衛靈公)」편 22에 나오는 공자의 말과 비교해보기를 바란다.

공자가 말했다.

"군자는 하는 말이 좋다 해 그 사람을 천거하지 않고, 사람이 나쁘다 해 그 사람이 하는 좋은 말까지 내버리지 않는다[君子 不以言擧人 不以人廢言]."

박(博)은 박학(博學)을 말한다. 이 또한 문(文)이니, 노자는 이를 배격한다.

정리하자면, 좋은 사람이나 도를 아는 자는 내면의 도에 충실한 사람이고 말을 잘하는 사람이나 넓은 자는 외면의 잡다함에 능한 사람이라는 뜻이다.

81-1부터 81-3까지는 모두 말을 통해 사람을 알아보는 문제를 다룬 것인데, 『논어』나 『주역』「계사전」의 결론 부분 역시 말을 통해 사람을 알아보는 문제를 다루고 있다. 먼저 『논어』「요왈(堯曰)」편 3이다.

남이 하는 말을 제대로 알지 못하면 사람을 알아볼 수가 없다.

다음은 『주역』「계사전」의 결론이다.

장차 배반할 사람[叛者^{반자}]은 그 말에 부끄러움[慙^참]이 있고, 마음속에 의혹을 품고 있는 사람[疑者^{의자}]은 그 말이 갈라지고[枝^지], 뛰어난 이[吉人^{길인}=賢人^{현인}]는 말이 적고, 초조해하는 사람[躁人^{조인}]은 말이 많고, 위선적인 사람[誣善^{무선}=僞善^{위선}]은 그 말이 둥둥 떠다니고[游^유] 지켜야 할 절의를 잃은 사람은 그 말이 비굴하다.

제왕에게 가장 중요한 것은 사람을 알아보는 문제이기 때문이라 여겨진다.

81-4

聖^성人^인不^부積^적 旣^기以^이爲^위人^인 己^기愈^유有^유 旣^기以^이與^여人^인 己^기愈^유多^다

성인(聖人)은 쌓아두는 일이 없이 이미 그것으로 남들을 위하지만 자기가 더욱 갖게 되고 이미 그것을 남들에게 주지만 자기가 더욱 많아진다.

왕필 주(王弼注)

無^무私^사自^자有^유 唯^유善^선是^시與^여 任^임物^물而^이已^이 物^물所^소尊^존也^야 物^물所^소歸^귀也^야

자기가 가진 것을 사사롭게 하지 않으니 오직 좋은 사람에게 주고 일을 맡길 뿐이다. (그러면) 만인이 높여주고 만물 만사가 그에게로 돌아간다.

김충열 교수의 풀이가 간결하다.

성인은 자기를 위해 무엇을 쌓아두지 않는다. 쌓였다 하면 모두 남을 위해 베풀지만, 그럴수록 오히려 계속 더 많은 것이 쌓이게 된다. 자기 소유로 하지 않고 모두를 위해 쓰지만, 결국은 세상 것이 모두 자기 것이 돼 더욱 많아진다.

81-5

<ruby>天<rt>천</rt></ruby><ruby>之<rt>지</rt></ruby><ruby>道<rt>도</rt></ruby> <ruby>利<rt>이</rt></ruby><ruby>而<rt>이</rt></ruby><ruby>不<rt>불</rt></ruby><ruby>害<rt>해</rt></ruby> <ruby>聖<rt>성</rt></ruby><ruby>人<rt>인</rt></ruby><ruby>之<rt>지</rt></ruby><ruby>道<rt>도</rt></ruby> <ruby>爲<rt>위</rt></ruby><ruby>而<rt>이</rt></ruby><ruby>不<rt>부</rt></ruby><ruby>爭<rt>쟁</rt></ruby>

하늘의 도(道)는 (사람들에게) 이로움을 주지 해로움을 주지 않고,
성인(聖人)의 도는 (백성을 위해) 일을 행하되 다투지 않는다.

왕필 주(王弼注)

<ruby>動<rt>동</rt></ruby><ruby>常<rt>상</rt></ruby><ruby>生<rt>생</rt></ruby><ruby>成<rt>성</rt></ruby><ruby>之<rt>지</rt></ruby><ruby>也<rt>야</rt></ruby> <ruby>順<rt>순</rt></ruby><ruby>天<rt>천</rt></ruby><ruby>之<rt>지</rt></ruby><ruby>利<rt>리</rt></ruby> <ruby>不<rt>불</rt></ruby><ruby>相<rt>상</rt></ruby><ruby>傷<rt>상</rt></ruby><ruby>也<rt>야</rt></ruby>

(하늘의 도는) 움직일 때마다 늘 (만물 만사를) 낳아주고 이뤄준다. 하늘이 사람을 이롭게 해주는 바를 고분고분 따르니 (사람들끼리) 서로 상하게 하지 않는다.

풀이

이제 드디어 끝에 이르렀다. 하늘의 도는 "(사람들에게) 이로움을 주지 해로움을 주지 않고" 바로 이런 도를 체득한 성인(聖人), 즉 성왕(聖王)은 무위지위(無爲之爲)를 행해 남과 다투지 않는다. 남과 다투지 않는 정치가 바로 노자가 말하려 했던 무위지치(無爲之治)였던 셈이다.

새삼 제8장(8-1)이 『도덕경』에서 얼마나 큰 비중을 갖는지를 깨달으면서 『도덕경』에 대한 관견(管見)을 마친다.

가장 잘하는 것은 물과 같다. 물은 만물 만사를 잘 이롭게 해주면서도 다투지 않고 뭇사람들이 싫어하는 곳(즉 가장 낮은 곳)에 처한다[上善若水 水善利萬物而不爭 處衆人之所惡].

KI신서 13061
이한우의 노자 강의
『도덕경』 5천 자에 담긴 무위자연의 제왕학

1판 1쇄 인쇄 2024년 9월 24일
1판 1쇄 발행 2024년 10월 21일

지은이 이한우
펴낸이 김영곤
펴낸곳 (주)북이십일 21세기북스

인문기획팀 팀장 양으녕 **책임편집** 노재은 **마케팅** 김주현
디자인 푸른나무디자인
출판마케팅팀 한충희 남정한 나은경 최명열 정유진 한경화 백다희
영업팀 변유경 김영남 강경남 황성진 김도연 권채영 전연우 최유성
제작팀 이영민 권경민

출판등록 2000년 5월 6일 제406-2003-061호
주소 (10881) 경기도 파주시 회동길 201(문발동)
대표전화 031-955-2100 **팩스** 031-955-2151 **이메일** book21@book21.co.kr

ⓒ 이한우, 2024

ISBN 979-11-7117-839-1 03140

(주)북이십일 경계를 허무는 콘텐츠 리더

21세기북스 채널에서 도서 정보와 다양한 영상자료, 이벤트를 만나세요!
페이스북 facebook.com/jiinpill21   **포스트** post.naver.com/21c_editors
인스타그램 instagram.com/jiinpill21   **홈페이지** www.book21.com
유튜브 youtube.com/book21pub

당신의 일상을 빛내줄 **탐**나는 **탐**구 생활 〈탐탐〉
21세기북스 채널에서 취미생활자들을 위한 유익한 정보를 만나보세요!

함께 읽으면 좋은 21세기북스의 책

이한우의 인물지
유소 『인물지』 완역 해설
『논어』와 『도덕경』의 핵심만 담은 인사人事의 정수
당태종, 홍무제, 강희제가 교과서로 삼은 인재등용술

이한우의 설원 전 2권
유향 찬집 완역 해설 상·하
말의 정원에서 만난 논어의 본질
새로운 설원 읽기: 유향식 논어 풀이

이한우의 태종 이방원 전 2권
태종풍太宗風 탐구 상·하
태종 이방원의
지공至公한 삶에 대한 첫 총체적 탐구

이한우의 태종실록 전 19권
재위 1년~재위 18년·별책
새로운 해석, 예리한 통찰!
5년에 걸쳐 완성한 태종실록 완역본

이한우의 주역 전 3권
입문·상경·하경
시대를 초월한 리더십 교과서이자
세종과 정조를 길러낸 제왕들의 필독서

(주)북이십일 경계를 허무는 콘텐츠 리더

21세기북스 채널에서 도서 정보와 다양한 영상자료, 이벤트를 만나세요!
페이스북 facebook.com/jiinpill21   포스트 post.naver.com/21c_editors
인스타그램 instagram.com/jiinpill21   홈페이지 www.book21.com
유튜브 youtube.com/book21pub

당신의 일상을 빛내줄 탐나는 탐구 생활 〈탐탐〉
21세기북스 채널에서 취미생활자들을 위한 유익한 정보를 만나보세요!